ŒUVRES
DE
WALTER SCOTT.
—
TOME VIII.

IMPRIMERIE DE LACHEVARDIERE,
RUE DU COLOMBIER, N° 30.

LA PRISON D'ÉDIMBOURG.

(𝔗𝔥𝔢 𝔥𝔢𝔞𝔯𝔱 𝔬𝔣 𝔐𝔦𝔡𝔩𝔬𝔱𝔥𝔦𝔞𝔫.)

TRADUCTION

DE M. DEFAUCONPRET,

AVEC DES ÉCLAIRCISSEMENS ET DES NOTES
HISTORIQUES.

PARIS.
FURNE, LIBRAIRE-ÉDITEUR,
QUAI DES AUGUSTINS, N° 39.

M DCCC XXXI.

AU

MEILLEUR DES PATRONS,

UN LECTEUR SATISFAIT ET INDULGENT,

JEDEDIAH CLEISHBOTHAM,

SOUHAITE

SANTÉ, RICHESSE

ET CONTENTEMENT,

LECTEUR COURTOIS,

Si l'ingratitude comprend tous les vices, assurément une tache si noire doit surtout être évitée par celui dont la vie a été consacrée à instruire la jeunesse dans la vertu et les belles-lettres. J'ai donc voulu, dans ce prolégomène, déposer à tes pieds le tribut de mes remerciemens pour l'accueil bienveillant que tu as fait aux *Contes de mon Hôte*. Certes, si tu as ri de bon cœur de leurs descriptions facétieuses et amusantes, ou si ton esprit a pris plaisir aux évènemens étranges qu'ils retracent, j'avoue que j'ai souri de mon côté en voyant le second étage avec des mansardes qui s'est élevé sur la base de mon petit domicile de Gander-Cleugh, après que le diacre Barrow a eu préalablement prononcé que les murs étaient capables de supporter cette augmentation. Ce n'a pas été non plus sans me délecter que j'ai revêtu un habit neuf (couleur de tabac, et à boutons de métal), avec la veste et la culotte assorties. Nous sommes donc vis-à-vis l'un de l'autre sous une réciprocité d'obligations : celles que j'ai reçues étant les plus solides (vu qu'une maison et un habit neuf valent mieux qu'un conte nouveau et une vieille chanson), il est juste que j'exprime ma reconnaissance avec plus de force et de véhémence. Et comment cela ? — Non pas seulement par des mots, mais par des actions. C'est donc dans ce seul but, plutôt que par le désir d'acheter l'espace de terre appelé le *Carlinescroft*[1], attenant à mon jardin, et d'une étendue de sept acres trois quarts d'acre et quatre perches, que j'offre à ceux qui ont pensé favorablement des tomes précédens, cette suite de quatre nouveaux volumes des *Contes de mon Hôte*. Néanmoins si Pierre Prayfort avait envie de vendre ledit terrain, il peut bien le dire, et peut-être trouvera-t-il un acheteur ; à moins, lecteur aimable, que les tableaux de Pierre Pattieson, que je t'adresse aujourd'hui en particulier, et au public en général, ne trouvent plus grâce à tes yeux ; mais j'en augure mieux, et j'ai tant de confiance dans la continuation de ton indulgence, que si tes affaires te conduisent à la ville de Gander-Cleugh, où presque tout le monde passe tôt ou tard une fois dans la vie, je régalerai tes yeux de la vue de ces précieux manuscrits qui ont fait ton amusement, ton nez d'une prise de mon tabac, et ton palais d'un petit coup de cette liqueur appelée, par les savans de Gander-Cleugh, les gouttes de Dominie.

C'est alors, lecteur estimable et chéri, que tu pourras porter témoignage contre les enfans de la vanité qui ont voulu identifier ton serviteur et ami avec je ne sais quel éditeur de vaines fables, qui a encombré le monde de ses inventions, en se déchargeant de toute responsabilité. Vraiment on a bien nommé notre génération une génération de peu de foi. Que peut faire un homme pour certifier la propriété d'un ouvrage, si ce n'est de mettre son nom sur le titre, avec son signalement, ou sa désignation comme disent les hommes de loi, et le lieu de sa demeure ? Je voudrais bien que ces sceptiques me dissent comment ils répondraient à celui qui attribuerait leurs ouvrages à d'autres, à celui qui traiterait de faussetés leurs noms et professions, et mettrait en question jusqu'à leur existence. Peut-être est-il vrai qu'il n'y

(1) L'enclos du paysan. — Éd.

aurait qu'eux qui s'inquiéteraient non seulement s'ils sont morts ou vivans, mais encore s'ils ont jamais vécu. Mes critiques ont poussé plus loin leurs malicieuses censures.

Ces chicaneurs pointilleux n'ont pas seulement mis en doute mon identité, mais ils ont encore attaqué ma franchise et l'authenticité de mes récits historiques! A dire vrai, je ne puis que répondre que j'ai été prudent pour citer mes autorités. J'avoue aussi que, si je n'avais écouté que d'une oreille, j'aurais pu rendre ma première histoire plus agréable à ceux qui n'aiment à entendre que la moitié de la vérité. Ce n'est peut-être pas un reproche à faire à notre bon peuple d'Ecosse, de dire que nous sommes très enclins à nous intéresser avec partialité à ce qu'ont fait et pensé nos ancêtres. Celui que ses adversaires peignent comme un Prélatiste parjure désire que ses prédécesseurs passent pour avoir été modérés et justes dans le pouvoir, tandis que le lecteur impartial des annales de ces temps-là les déclarera sanguinaires, violens et tyranniques. D'autre part, les descendans des malheureux non-conformistes veulent que leurs ancêtres les Cameroniens soient représentés non pas simplement comme d'honnêtes enthousiastes, opprimés pour leur conscience, mais comme des héros distingués par leur éducation et leur bravoure. En vérité l'historien ne peut satisfaire de telles préventions. Il faut qu'il décrive les *Cavaliers* comme valeureux, fiers, cruels, vindicatifs et sans remords, et le parti opprimé comme attaché honorablement à ses opinions, malgré les persécuteurs, mais sans cesser d'être grossier, farouche et cruel ; ces opinions mêmes furent absurdes et extravagantes, et ceux qui en étaient les martyrs auraient eu plutôt besoin d'ellébore que des condamnations à mort pour haute trahison. Toutefois, malgré le blâme que méritent les deux partis, il y avait, il n'en faut pas douter, des hommes vertueux et de mérite dans l'un et dans l'autre. On m'a demandé à moi Jedediah Cleishbotham, de quel droit je me suis constitué moi-même juge impartial de leurs différences d'opinion, considérant, a-t-on avancé, que je dois être nécessairement descendu de l'un ou de l'autre parti, avoir épousé l'un ou l'autre, selon la pratique d'Ecosse, et être tenu (pour parler sans métaphore, *ex jure sanguinis*) à défendre ses principes envers et contre tous.

Mais, sans nier en rien la juste raison de cette coutume, qui force la génération existante à régler ses opinions politiques et religieuses sur celles de ses aïeux, et quelque embarrassant que semble le dilemme par lequel mes critiques croient m'avoir mis au pied du mur, je vois encore un refuge, et n'en réclame pas moins le privilége de parler des deux partis avec impartialité. Car, écoutez-moi bien, messieurs les grands logiciens, lorsque les prélatistes et les presbytériens d'autrefois étaient en guerre dans ce malheureux pays, mon ancêtre (honneur à sa mémoire!) était membre de la secte des Quakers, et souffrit les persécutions des deux côtés, jusqu'à l'épuisement de sa bourse et l'incarcération de sa personne.

Là-dessus, aimable lecteur, je te demande pardon de ce peu de mots sur moi et les miens, et me dis comme auparavant ton ami constant et obligé.

J. C.

Gander-Cleugh, le 1ᵉʳ avril 1818.

LA

PRISON D'ÉDIMBOURG.

CHAPITRE PREMIER

SERVANT D'INTRODUCTION.

> « Romantique Ashbourne, ainsi sur les hauteurs
> » Glisse la diligence avec six voyageurs. »
>
> Frère.

Le temps n'a nulle part apporté plus de changemens (nous suivons, selon notre habitude, le manuscrit de Pierre Pattieson) que dans les moyens de transport et de communication entre les différentes parties de l'Ecosse. Il n'y a pas plus de vingt ou trente années, si l'on en croit plusieurs témoins respectables encore vivans, qu'une misérable petite carriole, faisant, avec beaucoup de peine, trente milles à la journée, portait les dépêches de la capitale de l'Ecosse à son extrémité ; et l'Ecosse n'était guère à cet égard plus mal servie que sa sœur plus opulente ne l'était il y a environ quatre-vingts ans. Fielding, dans son *Tom-Jones*, et Farquhar, dans une petite farce intitulée : *the Stage-Coach* [1], s'égaient sur la lenteur de ces voitures publiques. Au dire de ce dernier auteur, il fallait un pourboire très élevé pour arracher du cocher la promesse de devancer d'une demi-heure le moment de son arrivée au *Bull and Mouth* [2].

---

(1) La diligence. — Éd.
(2) *Au Taureau et à la Bouche ;* enseigne d'auberge, et nom de l'auberge elle-même. — Éd.

Mais ces carrosses antiques, lents et sûrs, ont maintenant entièrement disparu de l'une et de l'autre contrée : malles-postes et célérifères rivalisent de toutes parts, et traversent la Grande-Bretagne en tous les sens ; dans notre seul village, trois diligences en poste, quatre voitures avec leurs hommes armés, en casaque rouge, ébranlent les rues chaque jour, et le disputent par leur magnificence et leur vacarme à l'invention de ce tyran fameux

Demens ! qui nimbos et non imitabile fulmen
Ære et cornipedum pulsu simularat equorum [1].

Quelquefois même, pour compléter la ressemblance et pour corriger la présomption des postillons trop audacieux, la course rapide de ces impétueux rivaux de Salmonée est arrêtée par un évènement non moins violent que celui qui causa la perte de leur prototype ; c'est alors que les voyageurs de *l'inside* et de *l'outside* [2], pour me servir de l'expression technique, ont raison de regretter la marche lente et sûre des anciens célérifères qui, comparés aux chars modernes de M. Palmer, méritaient si peu leur nom. Ces anciennes voitures, aujourd'hui dédaignées, avaient coutume de cheminer tranquillement comme une barque abandonnée au cours progressif des eaux ; mais la moderne diligence brûle le pavé avec la vitesse du même navire poussé contre les brisans, ou plutôt avec la fureur d'une bombe qui éclate au terme de sa carrière au milieu des airs. L'ingénieux M. Pennant, qui s'était fait un rôle de combattre avec une vive opposition ces chars rapides, avait recueilli, m'a-t-on dit, un formidable catalogue des accidens qui, ajoutés à l'impôt des aubergistes dont le voyageur n'a guère le temps de discuter les comptes, à l'impertinence du cocher, et à la despotique et insolente autorité du tyran nommé conducteur, composaient un tableau d'horreur, auquel le vol, le meurtre, la fraude, le péculat, prêtaient leurs couleurs sombres. Mais tout ce qui flatte l'impatience de l'homme sera toujours bien accueilli,

(1) Insensé ! qui, en faisant rouler son char sur un pont d'airain, croyait imiter le bruit inimitable du choc des nuées et celui de la foudre. VIRG., *En*, liv. VI, v. 590. — ÉD.

(2) Intérieur, et extérieur ou impériale. — ÉD.

malgré les périls et les avertissemens : en dépit de l'antiquaire Cambrien [1], les malles-postes n'en font pas moins retentir la base de Penmen-Maur et de Cader-Edris [2]; même déjà

> Le fier Skiddaw entend avec effroi
> Du char roulant la course encor lointaine,

et peut-être les échos de Ben-Nevis s'éveilleront bientôt au son du sor, non de quelque Chef guerrier, mais d'un conducteur de malle-poste.

C'était un beau jour d'été, et notre petite école avait obtenu un demi-congé par l'intercession d'un inspecteur de joyeuse humeur [3]. J'attendais par la voiture un nouveau numéro d'une brochure périodique intéressante, et je me promenais sur la grande route avec l'impatience de l'habitant de la campagne qui soupire après les nouvelles, impatience si bien décrite par Cowper :

« — Les grands débats, la harangue populaire, — la ré-
» plique, les raisonnemens, la motion sage ou ingénieuse,
» — le rire de l'assemblée, — il me tarde de tout savoir; je
» brûle de délivrer les disputeurs de leur prison de papier,
» et de leur rendre la voix et la parole. »

Tels étaient les sentimens qui m'agitaient tandis que j'avais les yeux fixés sur le chemin par où devait arriver la nouvelle diligence, connue sous le nom du *Somerset*, et qui, à dire vrai, ne m'est pas indifférente, même lorsqu'elle n'a rien de très intéressant à m'apporter. Le bruit lointain des roues vint frapper mon oreille au moment où j'atteignais le sommet de ce coteau appelé le Goslin-Brae, du haut duquel la vue domine toute la vallée qu'arrose le Gander. La voie publique qui aboutit à cette rivière, et la traverse sur un pont situé environ à un quart de mille du lieu où je me trouvais, se continue en partie au milieu d'un enclos planté d'arbres et en partie à travers une terre de dépaissance; c'est un enfantillage peut-être; — mais j'ai passé toute ma vie avec des enfans, pourquoi ne m'amuserais-je pas comme

---

(1) Pennant était de l'antique Cambrie ou pays de Galles. — Éd.
(2) Montagnes du pays de Galles. — Éd.
(3) Son *Honneur* Gilbert Gosslin de Gander-Cleugh; car j'aime à être exact dans les matières importantes. — J. C.

eux? ainsi donc enfantillage soit; mais je dois avouer que j'ai souvent pris le plus grand plaisir à observer l'approche de la voiture, d'aussi loin que les détours de la route me permettaient de l'apercevoir. La vue de l'équipage, son exiguité apparente, qui contraste avec la rapidité de sa course, ses apparitions et ses disparitions successives, le bruit toujours croissant dont il est précédé, tout enfin pour le spectateur oisif qui n'a rien de mieux à faire, a je ne sais quel intérêt secret. On peut rire de moi comme de tant d'honnêtes bourgeois qui chaque jour attendent régulièrement à la fenêtre de leur maison de campagne le passage de la diligence; mais n'importe, cet amusement en vaut bien un autre, et tel qui fait chorus avec les rieurs n'est peut-être pas fâché d'en jouir sans s'en vanter.

Cette fois cependant il était écrit que je n'aurais pas le plaisir de voir la voiture passer devant le gazon sur lequel j'étais assis, et d'entendre la voix enrouée du conducteur quand il laisserait glisser entre mes mains mon paquet sans arrêter la voiture un seul instant. J'avais vu la diligence descendre la côte qui conduit au pont, avec plus de rapidité que d'ordinaire; elle brillait par intervalle au milieu du tourbillon de poussière qu'elle avait soulevé, et laissait derrière elle une longue traînée, semblable aux légers nuages, reste des brouillards d'une matinée de printemps. Mais je ne la vis pas reparaître sur l'autre rive après les trois minutes d'usage, qu'une observation répétée m'avait appris être le temps nécessaire pour traverser le pont et remonter la côte. Quand il se fut écoulé plus du double du temps, je commençai à concevoir quelque inquiétude, et je m'avançai rapidement; arrivé en vue du pont, la cause du délai ne me fut que trop manifeste: le Somerset avait bien mérité son nom [1], en faisant un saut périlleux. La chute était si complète, que l'impériale était dessous et les quatre roues en l'air. Le conducteur et le postillon, qui obtinrent chacun une mention honorable dans les papiers publics, après avoir réussi à relever les chevaux en coupant les harnais, procédaient à une espèce d'opération césarienne pour déli-

---

(1) Somerset en anglais veut dire *saut périlleux*. — Éd.

vrer les personnes de l'intérieur, en forçant les gonds d'une portière qu'ils ne pouvaient pas ouvrir autrement. C'est par ce moyen que deux inconsolables demoiselles furent tirées de cette prison de cuir; leur habillement, comme on le présume bien, avait été tant soit peu dérangé : leur premier soin fut de le rajuster; aussi je conclus qu'il ne leur était arrivé aucun mal, et je ne me hasardai pas à leur offrir mes services pour leur toilette; j'ai su depuis que les belles infortunées m'en avaient voulu. Les voyageurs de l'extérieur, qui devaient avoir sauté de leur poste élevé par un choc semblable à l'explosion d'une mine, s'en tirèrent avec les bosses et les contusions d'usage, excepté trois qui, ayant été jetés dans le Gander, se débattaient contre le courant, semblables aux derniers naufragés de la flotte d'Énée.

Apparent rari nantes in gurgite vasto.

Je donnai mon petit coup de main là où il paraissait le plus nécessaire, et avec le secours d'une ou deux personnes de la compagnie, qui s'étaient échappées saines et sauves, nous vînmes facilement à bout de repêcher deux des pauvres voyageurs; c'étaient deux gaillards actifs et courageux; si ce n'eût été la longueur démesurée de leurs redingotes et l'ampleur également extraordinaire de leurs pantalons à la Wellington, ils n'auraient eu besoin du secours de personne. Le troisième était un vieillard infirme, et il eût infailliblement péri sans les efforts qu'on fit pour le sauver.

Lorsque nos deux gentlemen aux longues redingotes furent sortis de la rivière, et qu'ils eurent secoué leurs oreilles comme font les barbets, une violente altercation s'éleva entre eux et le cocher et le conducteur sur la cause de l'accident. Dans le cours de la dispute, je m'aperçus que mes nouvelles connaissances appartenaient au barreau, et que la subtilité habituelle de la chicane allait vraisemblablement rendre la partie inégale entre eux et les conducteurs de la voiture avec leur ton bourru et officiel.

La dispute se termina par l'assurance donnée aux voyageurs qu'ils seraient placés dans une lourde voiture qui devait passer par là dans moins d'une demi-heure, pourvu qu'elle ne fût pas pleine. Le hasard sembla favoriser cet arrangement, car lorsque le véhicule si désiré arriva, il n'y avait que deux places prises sur six. Les deux dames qu'on avait exhumées du fond de la voiture renversée furent admises sans difficulté; mais les nouveaux voyageurs s'opposèrent formellement à l'admission des deux légistes, dont les vêtemens humides, assez semblables à des éponges trempées, paraissaient devoir rendre une partie de l'eau dont ils avaient été imbibés, à la grande incommodité de leurs compagnons de voyage. De l'autre côté, les légistes refusaient de monter sur l'impériale, alléguant qu'ils n'avaient pris cette place sur l'autre voiture que par goût, et qu'ils s'étaient réservé leur libre entrée dans l'intérieur, quand bon leur semblerait, ainsi que le portait spécialement leur contrat, auquel ils s'en référaient. Après une légère altercation, dans laquelle il fut dit quelques mots de l'édit *nautæ, caupones, stabularii*[1], la voiture se mit en marche, laissant là nos doctes voyageurs occupés de leurs actions en dommages-intérêts.

Ils me prièrent aussitôt de les guider au village voisin, et de leur indiquer la meilleure auberge; sur les renseignemens que je leur donnai des ARMES DE WALLACE, ils déclarèrent qu'ils préféraient s'arrêter là plutôt que de passer outre, d'après l'indication de cet imprudent conducteur du Somerset. Tout ce dont ils avaient besoin était un commissionnaire pour porter leur bagage : on leur en trouva facilement un dans une cabane voisine, et ils allaient se mettre en route, quand ils trouvèrent qu'il y avait un autre voyageur dans le même embarras, c'était le vieillard infirme qui avait été précipité dans la rivière avec eux. Il avait été trop modeste, à ce qu'il paraît, pour élever quelque réclamation contre le cocher, en voyant le résultat de celles de ses deux compagnons plus hardis, et maintenant il restait en arrière avec un air d'inquiétude timide, laissant assez deviner qu'il était entièrement dépourvu de ces moyens de recommandation qui sont un passe-port indispensable pour recevoir l'hospitalité dans une auberge.

---

(1) Sur les conducteurs de voitures d'eau, les aubergistes, etc.

Je me hasardai à appeler l'attention de ces deux jeunes élégans, car ils paraissaient tels, sur la triste condition de leur compagnon de voyage ; ils reçurent cet avis de très bonne humeur.

— Eh bien, M. Dunover, dit l'un de nos jouvenceaux, vous ne pouvez pas rester ici sur le pavé ; venez, vous dînerez avec nous, Halkit et moi nous allons prendre une chaise de poste, et, à tout évènement, nous vous conduirons partout où il vous conviendra.

Le pauvre homme, car son costume et sa modestie disaient assez qu'il était pauvre, répondit par ce salut de reconnaissance qui, chez les Écossais, veut dire : c'est trop d'honneur que vous faites à un homme comme moi, et il suivit humblement ses joyeux protecteurs. Ils arrosaient la poussière de la route de l'eau qui découlait de leurs habits trempés, et offraient le bizarre et risible spectacle de trois personnes souffrant d'un excès d'humidité en plein midi, quand le soleil faisait éprouver à tout ce qui les entourait le tourment contraire de la sécheresse et de la chaleur. Ce ridicule fut observé par les jeunes gens eux-mêmes, et ils n'avaient pas fait quelques pas, que déjà il leur était échappé quelques plaisanteries passables sur leur situation.

— Nous n'avons pas à nous plaindre, comme Cowley, dit l'un d'eux, que la toison de Gédéon reste sèche tandis que tout est humide à l'entour : c'est le miracle renversé.

— Nous devons être reçus avec reconnaissance dans la ville : nous y apportons quelque chose dont les habitans paraissent avoir grand besoin, dit Halkit.

— Et nous le distribuons avec une générosité sans égale, répondit son compagnon ; nous ferons ici l'office de trois tombereaux d'arrosage sur leur route poudreuse.

— Nous leur amenons aussi, dit Halkit, un bon renfort de gens du métier, un agent d'affaires et un avocat.

— Et peut-être aussi un client, dit son compagnon en regardant derrière lui ; puis il ajouta en baissant la voix : le camarade a bien l'air de n'avoir que trop fréquenté cette compagnie dangereuse.

Et dans le fait, il n'était que trop vrai que l'humble compagnon de nos gais jouvenceaux avait la triste apparence d'un plaideur ruiné; je ne pus m'empêcher de rire de l'allusion, quoique je prisse bien soin de cacher ma gaieté à celui qui en était l'objet.

Quand nous fûmes arrivés à l'auberge de WALLACE, le plus jeune de nos jeunes gens d'Édimbourg, qui était avocat plaidant, à ce que j'appris, insista pour que je prisse part à leur dîner; leurs questions et leurs demandes mirent bientôt mon hôte et toute sa famille en mouvement pour leur offrir le meilleur repas que pouvaient fournir la cave et l'office, et l'accommoder selon les règles de l'art culinaire, auquel nos deux amphitryons paraissaient n'être pas étrangers; du reste, c'étaient deux jeunes gens qui, pleins de cette aimable gaieté que donnent leur âge et la bonne humeur, jouent un rôle assez fréquent dans la haute classe des hommes de loi d'Édimbourg, et qui ressemble assez à celui des jeunes Templiers[1] du temps de Steele et d'Addison. Un air d'étourderie et de gaieté s'unissait chez eux à un fonds de bon sens, de goût et de connaissances que prouvait leur conversation. Ils semblaient avoir pour but d'associer les manières d'un homme du monde à celles d'un ami de la littérature et des arts. Un gentleman accompli, élevé dans cette belle oisiveté qui, à mon sens, est indispensable pour former ce caractère à la perfection, aurait probablement remarqué une légère teinte de la pédanterie du métier dans l'avocat, en dépit de ses efforts pour la cacher, et un air trop affairé dans son compagnon; sans doute qu'il eût découvert aussi dans l'entretien de l'un et de l'autre plus d'érudition que n'en exige la mode; mais pour moi, qui ne me pique pas d'être si difficile, mes compagnons me parurent offrir l'heureux mélange d'une bonne éducation et d'une instruction solide, avec cet esprit de gaieté, de saillies et de bons mots, qui ne déplaît pas à un homme grav parce que c'est celui qui lui est le moins familier.

L'homme au teint pâle, qu'ils avaient eu la bonté d'admettre dans leur société, semblait n'être pas à sa place, et

---

(1) Étudiant en droit avocat stagiaire, habitant les *inns* ou hôtels du Temple à Londres. — ÉD.

ne point partager leur bonne humeur. Il était assis sur le bord de sa chaise, à trois pieds de distance de la table, se tenant ainsi dans une situation très incommode pour porter les morceaux à la bouche, comme s'il eût voulu punir son audace de prendre part au repas de ses supérieurs. A la fin du dîner, il se refusa à toutes les instances qu'on lui fit de goûter le vin qui circulait à la ronde, demanda l'heure à laquelle la voiture devait se mettre en route, déclara qu'il voulait être prêt, de peur de la manquer, et sortit modestement de l'appartement.

— Jack, dit l'avocat à son compagnon, je me rappelle maintenant la figure de ce pauvre diable; tu disais plus vrai que tu ne croyais : c'est réellement un de mes cliens, le pauvre homme !

— Le pauvre homme ! répondit Halkit, je suppose que vous voulez dire que c'est votre seul et unique client.

— Ce n'est pas ma faute, Jack, répondit l'autre, que j'appris se nommer Hardie; vous devez me donner toutes vos affaires, et si vous n'en avez pas, monsieur qui est ici présent sait bien qu'on ne peut rien tirer de rien.

— Mais vous paraissez avoir converti quelque chose en rien dans l'affaire de ce brave homme, dit l'agent : il a l'air d'aller bientôt honorer de sa présence LE COEUR DE MIDLOTHIAN. (*The Heart of Mid-Lothian.*)

— Vous vous trompez, car il ne fait que d'en sortir. — Mais les regards de monsieur demandent une explication.— Dites-moi, M. Pattieson, êtes-vous jamais allé à Édimbourg ?

Je répondis affirmativement.

— Alors vous devez avoir passé, ne serait-ce que par hasard, quoique probablement ce ne soit pas aussi souvent que je suis condamné à le faire, par une allée étroite située à l'extrémité nord-ouest de Parliament-Square, et qui traverse un antique édifice avec des tours et des grilles de fer.

Vieux monument qui réalise
Un dicton connu dans ce lieu,
Près de l'Église,
Et loin de Dieu.

— Et dont l'enseigne est l'*Homme rouge*, dit M. Halkit en interrompant l'avocat pour être de moitié dans l'énigme.

— C'est en somme, répondit celui-ci en interrompant à son tour son ami, une espèce de lieu où l'infortune est heureusement confondue avec le crime, et d'où tous ceux qui y sont enfermés désirent sortir.

— Et où aucun de ceux qui ont eu le bonheur d'en sortir ne désire rentrer, reprit son compagnon.

— J'entends, messieurs, répliquai-je, vous voulez dire la prison.

— La prison, ajouta le jeune avocat, — vous l'avez deviné : —c'est la vénérable *Tolbooth* elle-même ; —et permettez-moi de vous dire que vous nous avez des obligations pour la description courte et modeste que nous vous en avons donnée, car de quelque amplification que nous nous fussions servis pour embellir le sujet, vous étiez entièrement à notre discrétion, puisque les pères conscrits de notre ville ont décrété que le vénérable édifice ne resterait pas debout pour confirmer notre récit ou pour le démentir.

—Ainsi donc, répondis-je, la Tolbooth d'Édimbourg est appelée le Cœur de Midlothian.

— Tel est son nom, je vous assure.

— Je pense, ajoutai-je avec la défiance d'un inférieur qui laisse échapper à demi-voix un calembourg en présence de son supérieur, je pense qu'on peut bien dire que le comté métropolitain a un triste cœur.

—Juste comme un gant, M. Pattieson, répliqua M. Hardie et un cœur fermé, un cœur dur. — A vous, Jack.

— Et un méchant cœur, un pauvre cœur, répondi Halkit, faisant de son mieux pour dire un bon mot.

— On pourrait dire aussi que c'est un cœur haut, un grand cœur, répondit l'avocat; vous voyez que lorsqu'il s'agit de cœur, je puis vous en montrer.

— Je suis au bout de toutes mes pointes sur le cœur, dit le plus jeune de ces messieurs.

— Alors il faudra choisir un autre sujet, répondit son compagnon; et, quant à la vieille Tolbooth condamnée, quelle pitié de ne pas lui rendre les mêmes honneurs qu'on a rendus à plusieurs de ses locataires? Pourquoi Tolbooth n'aurait-elle pas aussi ses dernières exhortations, sa confession, ses prières des agonisans? Ses vieilles pierres seront, à peu de chose près, aussi sensibles à cet honneur que maints pauvres diables pendus du côté de sa façade occidentale, tandis que les colporteurs criaient une confession dont jamais le patient n'avait entendu parler.

— J'ai bien peur, répondis-je, si toutefois il n'y a pas trop de présomption à donner mon opinon, que l'histoire de cet édifice ne fût un tissu de crimes et de douleurs.

— Non pas tout-à-fait, mon ami, dit Hardie; une prison est un petit monde par elle-même : elle a ses affaires, ses chagrins, ses joies qui lui sont propres; ses habitans quelquefois n'ont que peu de jours à vivre, mais il en est de même des soldats au service; ils sont pauvres relativement au monde du dehors, mais il y a parmi eux des degrés de richesses et de pauvreté, et plusieurs d'entre eux jouissent d'une opulence relative; ils n'ont pas grand espace pour se promener, mais la garnison d'un fort assiégé, l'équipage d'un navire en pleine mer, n'en ont pas davantage, et même à certains égards ils se trouvent dans une position plus avantageuse, car ils peuvent acheter de quoi dîner tant qu'ils ont de l'argent, et ils ne sont pas obligés de travailler, qu'ils aient de quoi manger ou non.

— Mais, répondis-je (non sans penser secrètement à ma tâche actuelle), quelle variété d'incidens pourrait-on trouver dans un ouvrage comme celui dont vous venez de parler?

— Ils seraient à l'infini, répliqua le jeune avocat : tout ce qu'il y a de fautes, de crimes, d'impostures, de folies, d'infortunes inouïes, de revers propres à jeter de la variété sur le cours de la vie, serait retracé dans les derniers aveux de la Tolbooth, et je trouverai assez d'exemples pour rassasier l'insatiable appétit du public pour l'horrible et le merveilleux. Les romanciers sont obligés de se creuser le cerveau pour diversifier leurs contes, et après tout, à peine peuvent-ils esquisser un caractère ou une situation qui ne soient usés et déjà familiers au lecteur, de sorte que leurs dénouemens, leurs enlèvemens, les blessures mortelles, dont leur héros ne meurt jamais, les fièvres dévorantes, dont leur héroïne peut être toujours certaine de guérir, sont devenus un véritable lieu commun. Moi je me joins à mon honnête ami Crabbe ; j'ai un malheureux penchant à espérer quand il n'y a plus d'espoir, et je me fie toujours à la dernière planche qui doit soutenir le héros du roman au milieu de la tempête de l'adversité. A ces mots le jeune avocat se mit à déclamer avec emphase le passage suivant :

« J'ai eu jadis beaucoup de craintes (mais je n'en ai plus)
» lorsqu'une chaste beauté, trahie par quelque misérable,
» était enlevée avec tant de promptitude, qu'elle ne pouvait
» deviner par anticipation le sort cruel qui l'attendait. Au-
» jourd'hui je ne m'effraie plus : — emprisonnez la belle
» dans des murs solides, creusez un fossé autour, mettez-y
» des serrures d'airain, des verrous de fer et des geôliers im-
» pitoyables ; qu'elle n'ait pas un sou dans sa bourse ; qu'elle
» éprouve les refus de tous ceux dont elle implorera la pi-
» tié ; que les fenêtres soient trop hautes pour oser les sau-
» ter ; que le secours soit si loin qu'on ne puisse entendre la
» voix qui l'appelle, quelque puissance secrète trouvera en-
» core des moyens d'arracher sa proie au tyran déçu. »

Ce qui tue l'intérêt, dit-il en concluant, c'est la fin de l'incertitude ;—voilà ce qui fait qu'on ne lit plus de romans.

— O dieux, écoutez! reprit son compagnon. Je vous assure, M. Pattieson, que vous n'avez qu'à faire une visite à ce docte *gentleman*, et vous êtes sûr de trouver sur sa table les nouveaux romans à la mode, proprement retranchés toutefois sous les Institutes de Stair, et un volume ouvert des Décisions de Morison.

— Je ne le nie pas, dit notre jeune jurisconsulte, et pourquoi le nierais-je, lorsqu'il est maintenant bien connu que ces Dalilas ont séduit nos plus fortes têtes? Ne les trouve-t-on pas cachés parmi les mémoires de nos plus célèbres consultans? et on les voit sortir de dessous le coussin du fauteuil de nos juges ; nos anciens dans le barreau, et même sur les siéges de la magistrature, lisent des romans ; bien plus, si l'on ne les calomnie pas, plusieurs d'entre eux en ont composé par-dessus le marché. Je dirai seulement que je les lis par habitude et par indolence, et non que j'y prenne aucun intérêt ; comme le vieux Pistol en rongeant son poireau[1], je lis et je jure jusqu'à ce que j'aie attrapé la fin. — Mais il n'en est pas ainsi dans l'histoire véritable des folies humaines, — dans les questions d'état ou dans le livre des ajournemens ; — c'est là qu'on rencontre à chaque instant quelque page nouvelle du cœur humain et des coups de la fortune bien plus surprenans qu'aucun de ceux qu'inventa jamais le plus hardi romancier.

—Vous pensez, demandai-je, que l'histoire de la prison d'Édimbourg pourrait fournir des matériaux pour des nouvelles intéressantes ?

— Certainement, mon cher monsieur, répondit Hardie, et une abondance prodigieuse ; — mais à propos, remplissez votre verre. — Cette prison n'a-t-elle pas été pendant plusieurs années le lieu où se réunissait le parlement d'Écosse ; n'a-t-elle pas servi d'asile au roi Jacques, quand la populace enflammée par un séditieux prédicateur se révolta contre lui, en criant : — L'épée du Seigneur et de Gédéon ! — que l'on nous amène ce misérable Aman ! — Depuis lors, que de cœurs ont palpité au sein de ses murailles, en entendant la cloche qui leur annonçait l'approche de l'heure fatale ; combien se sont laissé abattre par ce lugubre son, combien l'ont entendu avec une courageuse fierté et une mâle résignation ! — Combien ont dû leur consolation à la religion ; croyez-vous qu'il ne s'en est pas trouvé qui, jetant un regard sur ce qui les avait poussés au crime, pouvaient à peine comprendre qu'une aussi misérable tentation eût pu les détourner du sentier de la vertu ? Et ne s'en est-il pas peut-être rencontré d'autres qui, pleins du sentiment de leur innocence, étaient partagés entre l'indignation que leur causait un châtiment injuste, la conscience de leur innocence, et le désir inquiet de se venger ? Pouvez-vous supposer que des sentimens si profonds, si violens, pourraient être retracés sans exciter le plus puissant intérêt ? — Oh ! attendez que j'aie publié mon recueil de *Causes célèbres* de la Calédonie,

---

(1) Allusion à la scène d'*Henry V*, où le capitaine Flueller force Pistol de manger un poireau, sous peine de le faire mourir sous le bâton

et vous ne manquerez pas pour l'avenir de sujet de romans ou de tragédies. Le vrai triomphera des plus brillantes inventions d'une imagination ardente.

— *Magna est veritas, et prævalebit.*

— Il me semble, répliquai-je, encouragé par l'affabilité de mon conteur, que l'intérêt dont vous parlez doit être plus faible dans la jurisprudence écossaise que dans celle de tout autre pays : la moralité générale du peuple, ses habitudes sobres et sages...

— Le préservent bien, dit l'avocat, d'un plus grand nombre de voleurs et de brigands de profession, mais non des sauvages et bizarres écarts des passions qui enfantent des crimes accompagnés des plus extraordinaires circonstances; et ce sont précisément ceux dont le récit excite le plus vif intérêt. L'Angleterre est depuis très long-temps un pays civilisé : ses sujets sont très rigoureusement soumis à des lois appliquées avec impartialité; le travail s'est divisé et réparti entre tous les sujets, et les voleurs forment dans la société une classe à part, qui se subdivise ensuite, suivant le genre d'escroquerie de chacun d'eux et leur mode d'opérer; cette classe a ses habitudes et ses principes réguliers, que l'on peut calculer par anticipation à Bow-Street, Hatton-Garden, ou à Old-Bailey. — Ce royaume est comme une terre cultivée : le fermier sait que, malgré ses soins, un certain nombre d'herbes parasites doit croître avec son blé; il peut vous les nommer et vous les désigner par avance. Mais l'Écosse est comme le sol de ses montagnes : le moraliste qui consulterait les archives de la jurisprudence criminelle, trouverait autant de faits encore inconnus dans l'histoire de l'esprit humain, qu'un botaniste découvrirait de fleurs nouvelles dans ses vallons et sur ses rochers.

— Et c'est là tout le fruit que vous avez retiré de la triple lecture des—Commentaires sur la jurisprudence criminelle d'Écosse ?— dit son compagnon. Je crois que son savant auteur pensait peu que les faits que son érudition et sa sagacité ont accumulés pour l'éclaircissement des doctrines légales, fourniraient un jour matière aux volumes en demi-reliure des cabinets de lecture.

— Je vous gage une bouteille de bordeaux, dit le jeune avocat, qu'ils ne perdent pas au change. Mais, comme on dit au barreau, je demande qu'on me laisse parler sans interruption. — J'en ai plus encore à dire sur mon recueil des *Causes célèbres* d'Écosse ; veuillez seulement vous rappeler le but et le motif qui ont fait concevoir et exécuter tant de crimes si extraordinaires et si audacieux, les longues dissensions civiles de l'Écosse, — la juridiction héréditaire qui jusqu'en 1748 confiait la recherche des crimes à des juges ignorans ou intéressés, — les habitudes des nobles, vivant toujours dans leurs manoirs solitaires, et nourrissant des passions haineuses comme un aliment nécessaire à leur activité ; — pour ne pas parler ici de cette aimable qualification nationale appelée le *perfervidum ingenium Scotorum*, que nos légistes allèguent pour justifier la sévérité de quelques unes de leurs ordonnances. Quand je traiterai un sujet aussi mystérieux, aussi profond, aussi dangereux que celui qui naquit de telles circonstances, il n'est pas de lecteur qui ne sente son sang se glacer et ses cheveux se dresser sur la tête. — Mais chut ! voici notre hôte qui vient nous apporter des nouvelles ; je suppose que notre voiture est prête.

Il n'en était pas ainsi : — l'hôte annonça qu'on ne pouvait pas avoir de voiture, car sir Peter Plyem avait loué les deux paires de chevaux de mon hôte, et les avait conduits le matin même au bourg royal de Bubbleburgh, pour son *affaire* ; mais, comme Bubbleburgh n'est qu'un des cinq bourgs qui se réunissent pour nommer un membre du parlement, l'adversaire de sir Peter avait judicieusement profité de son départ pour intriguer dans Bitem, autre bourg royal, et qui, comme personne ne l'ignore, est situé au bout de l'avenue de sir Peter, et a été de temps immémorial sous l'influence de sir Peter et de ses ancêtres. Sir Peter était donc placé dans la situation d'un monarque ambitieux qui, après avoir fait une attaque sur le territoire ennemi, est rappelé subitement par une invasion sur ses domaines héréditaires. Il fut obligé de quitter Bubbleburgh à demi gagné pour retourner à Bitem à demi perdu, et les deux paires de chevaux qui l'avaient conduit à Bubbleburgh furent par lui retenues pour transporter son agent, son valet, son bouffon, son buveur, et les ramener à Bitem. Le motif de ce contre-temps, qui m'était assez indifférent, comme il l'est probablement au lecteur, suffit pour consoler mes compagnons. Comme les aigles, ils sentaient de loin le prochain combat; ils commandèrent donc un *magnum* [1] de bordeaux et deux lits à l'auberge, et les voilà sur la politique de Bubbleburgh et de Bitem, calculant par avance toutes les pétitions et plaintes probables qui allaient en résulter.

Au milieu d'une très vive et très inintelligible discussion sur les prevôts, baillis, diacres-syndics, bourgs royaux, cours foncières, clercs-municipaux, bourgeois résidans et non résidans, l'avocat s'interrompit tout-à-coup : — Et ce pauvre *Dunover*, dit-il, il ne faut pas l'oublier. Aussitôt on dépêcha l'hôte à la recherche du *pauvre honteux*, avec une invitation très pressante pour le reste de la soirée. Je ne pus m'empêcher de demander à ces jeunes messieurs s'ils connaissaient le pauvre homme; l'avocat mit la main à la poche pour prendre le mémoire sur lequel il avait réglé sa cause.

— Ce pauvre homme a eu recours, dit M. Hardie, à notre *remedium miserabile*, vulgairement appelé une *cessio bonorum*, une cession de biens. De même que plusieurs gens d'église ont douté de l'éternité des châtimens à venir, ainsi les avocats d'Écosse ont pensé que le crime de pauvreté était suffisamment expié par quelques jours d'emprisonnement. Au bout d'une détention d'un mois, comme vous devez le savoir, un pauvre diable a le droit, après en avoir obtenu permission de la cour suprême, en dressant un état de son actif et un exposé de sa perte, et en abandonnant tous ses biens à ses créanciers, de demander à être mis en liberté.

— J'avais entendu parler de cette loi pleine d'humanité, dis-je au jeune avocat.

— Oui, reprit Halkit, et le plus beau de l'histoire, c'est, comme on dit, qu'on peut faire *cession* quand les *biens* sont dépensés; — mais pourquoi fouiller dans votre poche pour chercher ce mémoire unique, parmi de vieux billets de spec-

---

(1) *Magnum bonum*, bouteille contenant deux mesures de vin. — Éd.

tacle, des lettres de convocation à la faculté, des règlemens de la Conférence Spéculative, extraits des leçons, et autres objets qui remplissent la poche d'un jeune avocat, dans laquelle il y a un peu de tout, hors des lettres de change et des billets de banque? — ne pouvez-vous pas nous exposer une cession de biens sans votre *mémoire?* — on en fait tous les samedis; la marche de ces affaires est régulière comme celle d'une horloge. — Toutes se ressemblent.

Cela n'a aucun rapport avec les infortunes que probablement le brave homme exposa si souvent aux juges, répondis-je.

— Il est vrai, répondit Halkit; mais Hardie parle de jurisprudence criminelle, et cette affaire est purement civile. Je pourrais plaider moi-même sur une cession de biens sans être décoré du costume inspirateur de la toge et de la perruque à trois marteaux; — mais écoutez : — mon client, ouvrier tisserand de son métier, avait gagné quelques écus; il prit une ferme (il en est de l'art de conduire une ferme comme de celui de mener une voiture, c'est la nature qui le donne) : — les malheurs des derniers temps — l'engagèrent à signer des lettres de complaisance à un ami qui ne lui fit pas les fonds. — Sur ce, séquestre du propriétaire; les créanciers acceptent un arrangement. — Notre homme ouvre une auberge. — Seconde faillite; — il est emprisonné pour une dette de 10 guinées 7 shillings, 6 pence. Son passif était zéro, ses pertes zéro, son actif zéro, — le tout formant en sa faveur une balance égale à zéro : — partant nulle opposition, et messieurs de la cour nommèrent une commission pour recevoir son serment.

Hardie renonça alors à son inutile recherche, à laquelle il avait peut-être mis un peu d'affectation, et il nous fit le récit des malheurs de ce pauvre Dunover, avec un accent de compassion et de sensibilité dont il semblait avoir honte comme indigne du métier, et qui, malgré ses prétentions à l'esprit, lui faisait cependant honneur; c'était une de ces histoires qui semblent prouver une espèce de fatalité attachée au sort du héros. Dunover était intelligent, industrieux et sans reproche, mais pauvre et timide; après avoir tenté vainement tous les moyens à l'aide desquels d'autres acquièrent l'indépendance, à peine avait-il réussi à se procurer de quoi vivre. Un rayon d'espérance plutôt qu'un bonheur réel ayant brillé un moment à ses yeux, il avait ajouté le souci d'une femme et d'une famille à ceux qu'il avait déjà ; mais bientôt cette lueur de prospérité s'évanouit ; tout semblait le pousser vers le bord de l'abîme qui appelle tous les débiteurs insolvables. Après s'être accroché à toutes les branches, et après les avoir vues toutes se dérober à ses efforts, il était enfin tombé dans la prison fatale, d'où Hardie l'avait retiré en sa qualité d'avocat.

— Et je suppose, dit Halkit, que maintenant que vous avez mis ce pauvre diable à terre, vous le laisserez à demi nu sur le rivage, sauf à lui à s'en tirer comme il pourra : écoutez : — et il lui murmura quelques mots à l'oreille ; *intéresser milord*, fut tout ce que je pus entendre.

— C'est en vérité *pessimi exempli*, dit Hardie en souriant, que de s'intéresser à des cliens ruinés ; cependant je pensais à ce dont vous me parlez, pourvu que cela puisse se faire ; — mais chut, le voici qui vient.

L'histoire récente des infortunes du pauvre homme lui attira (je me plaisais à l'observer) le respect et l'attention des jeunes gens, qui le traitèrent avec une grande civilité, et lièrent insensiblement une conversation qui, à ma grande satisfaction, roula de nouveau sur les causes célèbres d'Écosse. Encouragé par la bonté qu'on lui témoignait, M. Dunover commença à contribuer aux amusemens de la soirée : une prison, comme tout autre lieu, a ses anciennes traditions qui ne sont connues que de ses habitans, et qui se transmettent successivement de détenus en détenus. Une de celles que Dunover raconta était intéressante, et servit d'éclaircissemens à quelques jugemens remarquables que Hardie savait sur le bout du doigt, et que son compagnon connaissait aussi parfaitement. Ce genre d'entretien remplit toute la soirée, jusqu'à ce que M. Dunover se retira pour aller se reposer ; et moi, de mon côté, je fis retraite pour aller mettre en note ce que j'avais appris, dans le dessein d'ajouter un nouveau conte à ceux dont je m'amusais à composer un recueil; les deux jeunes gens firent venir des rôties, du *negus* au vin de Madère, avec un jeu de cartes, et commencèrent un piquet.

Le lendemain les voyageurs quittèrent Gander-Cleugh; j'appris depuis par les papiers publics qu'ils avaient figuré l'un et l'autre dans le grand procès politique qui s'éleva entre Bubbleburgh et Bitem. Cette cause aurait pu être expédiée promptement; cependant on croit qu'elle peut durer plus long-temps que la session du parlement à laquelle elle se rapporte. M. Halkit figura en qualité d'agent ou solliciteur, et M. Hardie débuta dans la cause de sir Peter Plyem avec un rare talent, de telle sorte que depuis il eut dans sa poche moins de billets de spectacle que de brefs[1]. Ces deux jeunes gens méritèrent leur bonne fortune; car Dunover, que je revis quelque temps après, me raconta, les larmes aux yeux, qu'à leur recommandation il avait obtenu une petite place qui donnait à sa famille une honnête aisance. C'est ainsi qu'après une suite non interrompue de malheurs, il dut ses nouvelles espérances à l'heureux accident qui l'avait fait tomber du haut d'une malle-poste dans le Gander, de compagnie avec un avocat et un écrivain du sceau; le lecteur ne croira peut-être pas avoir tant d'obligation à un accident qui lui procure le récit qui va suivre, et qui est fondé sur la conversation de la soirée.

CHAPITRE II.

» Quiconque a vu Paris doit connaître la Grève,
» Ce fatal rendez-vous des braves malheureux,
» Où maint héros souvent à la potence achève
» De ses nobles exploits le cours aventureux.

» Ici le trépas brise une chaîne importune;
» Du juge le bourreau complète les travaux;
» L'écuyer du poëte et celui des poteaux
» Viennent pour y fixer l'inconstante fortune. »

PRIOR.

Au temps jadis, l'Angleterre avait son Tyburn; c'était au lieu qu'on appelle aujourd'hui Oxford-Road, que l'on con-

(1) *Bref,* exposé d'une affaire, etc., etc. — ÉD.

duisait en procession solennelle les victimes que la justice avait condamnées. A Édimbourg, une grande rue, ou, pour mieux dire, une place en forme de carré long, entourée de maisons fort élevées, et appelée Grassmarket, était consacrée au même usage lugubre. Le local étant d'une grande étendue, et pouvant contenir le nombre considérable de spectateurs qui ne manquent jamais de s'assembler en une telle occasion, n'était pas mal choisi. D'ailleurs, les maisons qui l'entouraient n'étaient, pour la plupart, habitées depuis bien long-temps que par le peuple, de manière que les gens du bon ton, à qui ce spectacle n'inspirait que du dégoût, ou qui en étaient trop vivement affectés, ne se trouvaient pas obligés d'y assister. L'architecture de ces maisons n'offre rien de remarquable ; cependant cette place a bien aussi son caractère de grandeur, étant dominée du côté du sud par le rocher escarpé sur lequel s'élève le château, et par les remparts et les tours couvertes de mousse de cette antique citadelle.

C'était sur cette esplanade que se faisaient encore les exécutions il y a environ vingt-cinq ans. Un gibet peint en noir, élevé à l'extrémité orientale de la place, annonçait au public le jour fatal. Cet instrument de sinistre augure était d'une grande hauteur, et entouré d'un échafaud sur lequel étaient appuyées deux échelles destinées au malheureux criminel et à l'exécuteur. Tout l'appareil était disposé avant l'aurore ; on eût dit que l'enfer l'avait fait sortir du sein de la terre pendant la nuit, et je me rappelle encore l'effroi avec lequel mes camarades et moi nous voyions ces funestes préparatifs lorsque nous traversions Grassmarket pour aller à l'école. Pendant la nuit qui suivait l'exécution, le gibet disparaissait, et on le replaçait dans l'asile obscur et silencieux où il était ordinairement déposé, c'est-à-dire sous les voûtes souterraines de Parliament-House, où se tenaient les cours de justice. Aujourd'hui les exécutions se font à Édimbourg de la même manière qu'à Londres[1]. Ce chan-

---

(1) Un échafaud est dressé contre les murs de la prison de Newgate, en face d'une fenêtre par laquelle sort le condamné la corde au cou ; un bout de cette

gement est-il avantageux? c'est ce dont il est permis de douter. Il est bien vrai que les souffrances morales du condamné se trouvent abrégées. Il n'a plus à parcourir une grande partie de la ville, vêtu de ses habits de mort, entre les ministres qui l'exhortent, et semblable déjà à un cadavre ambulant, quoique encore habitant de ce monde ; mais, comme le principal but de la punition du crime est de le prévenir, il est à craindre qu'en abrégeant la durée de ce spectacle terrible, on n'ait diminué en partie l'impression qu'il produisait sur les spectateurs, seul résultat utile qui puisse, généralement parlant, justifier la peine capitale.

Le 7 septembre 1736, cet appareil sinistre était dressé sur la place dont nous venons de parler, et remplie de très bonne heure de différens groupes. Tous les regards se dirigeaient vers le gibet avec cet air de satisfaction et de vengeance si rare parmi la populace, dont le bon naturel oublie le plus souvent le crime du condamné, pour ne plus s'occuper que de son infortune. L'histoire du fait qui avait donné lieu à la condamnation du coupable dont le peuple attendait l'exécution est un peu longue; mais il est nécessaire d'en tracer au moins les principaux détails, qui ne seront peut-être pas sans quelque intérêt, même pour ceux qui en ont déjà entendu parler. D'ailleurs, ils sont indispensables pour l'intelligence des évènemens subséquens.

Quoique la contrebande sape la base de tout gouvernement légitime en diminuant ses revenus, quoiqu'elle nuise au négociant honnête, et qu'elle corrompe souvent le cœur de ceux qui s'y livrent, elle n'est pourtant pas regardée sous un jour très odieux, ni par le peuple, ni même par les gens d'une condition plus relevée. Dans les comtés d'Écosse où elle a principalement lieu, les paysans les plus hardis et les plus intelligens s'en occupent très activement, et souvent même sont secrètement favorisés par les fermiers et par les petits gentilshommes de campagne. Elle était presque générale en Écosse sous les règnes de George Ier et de George II ; le peuple n'étant pas accoutumé aux impôts,

---

corde tient à la potence, et, à un signal donné, une trappe s'ouvre sous les pieds du malheureux, qui reste suspendu, livré à des convulsions plus ou moins longues.

les regardait comme attentatoires à ses anciennes franchises, et ne se faisait pas scrupule d'en éluder le paiement par tous les moyens possibles.

Le comté de Fife, bordé par deux bras de mer au sud et au nord, et par la mer du côté de l'est, avec un grand nombre de petits ports, était un des cantons où la contrebande se faisait avec le plus de succès. Il s'y trouvait beaucoup de marins qui avaient été pirates ou boucaniers dans leur jeunesse ; on n'y manquait donc pas d'aventuriers entreprenans qui s'occupaient de ce commerce. Les officiers de la douane avaient surtout les yeux ouverts sur un nommé André Wilson, autrefois boulanger dans le village de Pathhead. C'était un homme vigoureux, doué d'autant de courage que d'adresse, connaissant parfaitement toute la côte, et capable de conduire les entreprises les plus hasardeuses. Il avait souvent réussi à mettre en défaut la vigilance et les poursuites des officiers du roi ; mais il fut surveillé de si près, qu'il se trouva ruiné par plusieurs saisies successives. Cet homme devint désespéré.

Il se regarda comme volé et pillé, et il se mit dans la tête qu'il avait le droit d'user de représailles s'il en trouvait l'occasion. Celle de faire le mal ne manque jamais de se présenter quand on la cherche. Wilson apprit un jour que le receveur des douanes de Kirkaldy était en tournée à Pittenweem et qu'il avait en sa possession une somme assez considérable des deniers publics. Cette somme ne dépassait pas la valeur des marchandises qui lui avaient été saisies, et il forma le projet de s'en emparer pour s'indemniser de ses pertes aux dépens du receveur et de la douane. Il s'associa un nommé Robertson et deux autres jeunes gens qui faisaient le même métier que lui, et parvint à leur faire envisager son entreprise sous le même jour qu'il la voyait lui-même. Ils épièrent les mouvemens du receveur, forcèrent la maison où il logeait, — et Wilson monta dans la chambre avec deux de ses complices, tandis que le quatrième, Robertson, restait à la porte, avec un grand coutelas à la main, pour empêcher qu'on ne vînt à son secours. Le douanier, croyant sa vie menacée, n'eut que le temps de se sauver en chemise par une fenêtre. Wilson ne trouva donc aucune difficulté à s'emparer de près de deux cents livres sterling appartenant au trésor public. Ce vol fut commis avec une singulière audace, car plusieurs personnes passaient en ce moment dans la rue. Mais Robertson leur disant que le bruit qu'elles entendaient venait d'une dispute entre le receveur et les gens de la maison, les honnêtes citoyens de Pittenweem ne se crurent pas appelés à se mêler des intérêts de l'officier de la douane, et, se contentant de ce récit superficiel de l'affaire, passèrent leur chemin comme le lévite de la parabole. L'alarme fut enfin donnée : un détachement de soldats fut appelé, se mit à la poursuite des voleurs, leur reprit le butin, et réussit à arrêter Wilson et Robertson, qui furent mis en jugement et condamnés à mort sur le témoignage d'un de leurs complices.

Bien des gens s'imaginaient qu'attendu que ces malheureux avaient envisagé sous un faux point de vue le crime qu'ils avaient commis, on ne les condamnerait pas à la peine capitale; mais le gouvernement jugea qu'un exemple de sévérité était indispensable. Quand on ne put douter que la condamnation à mort ne dût être exécutée, des amis trouvèrent le moyen de faire passer une lime aux prisonniers. Ils scièrent un des barreaux de fer qui grillaient leur fenêtre, et ils se seraient échappés sans l'obstination de Wilson, dont le caractère était aussi opiniâtre que résolu. Son camarade Robertson, jeune homme d'une taille déliée, voulait passer le premier, et élargir la brèche à l'extérieur pour faciliter l'évasion de Wilson, qui était puissant et chargé d'embonpoint. Celui-ci n'y voulut jamais consentir, et s'engagea tellement entre les barreaux restans, qu'il lui devint impossible de sortir de la chambre et même d'y rentrer. Il en résulta que leur tentative d'évasion fut découverte, et que le geôlier prit des mesures pour qu'ils n'en pussent faire une seconde.

Robertson ne fit pas un reproche à son camarade, mais Wilson s'en faisait assez à lui-même. Il savait que sans lui Robertson n'aurait pas commis l'action pour laquelle ils avaient été condamnés à mort, et que sans lui il se serait bien certainement échappé de prison. Des esprits comme celui de Wilson, quoique plus souvent occupés de projets criminels, sont quelquefois susceptibles de générosité. Il ne s'occupa plus que des moyens de sauver la vie de son compagnon, sans songer un instant à la sienne. Le plan qu'il adopta pour y parvenir, et la manière dont il l'exécuta, furent vraiment extraordinaires.

Près de la Tolbooth ou prison municipale d'Édimbourg est une des trois églises qui forment aujourd'hui la division de la cathédrale de Saint-Gile, et qu'à cause de son voisinage on nomme l'église de la Tolbooth. C'était l'usage que le dimanche qui précédait le jour fixé pour l'exécution des criminels condamnés à mort, on les y conduisit sous bonne escorte pour les faire assister aux prières publiques. On supposait que ces malheureux, quelque endurcis qu'ils fussent dans le crime, pouvaient se laisser attendrir en se trouvant pour la dernière fois réunis avec leurs semblables pour offrir leurs hommages à leur Créateur, et l'on croyait aussi que la vue de gens qui étaient si près de paraître devant le tribunal de la justice divine pouvait inspirer des réflexions salutaires au reste de l'auditoire; mais cette coutume a cessé d'être observée depuis l'évènement que nous allons rapporter.

Le ministre qui prêchait ce jour-là dans l'église de la Tolbooth venait de finir un discours pathétique, adressé en grande partie aux deux malheureux, Wilson et Robertson, qui étaient assis sans être chargés de fers dans un banc particulier, mais placés chacun entre deux soldats de la garde de la ville chargés de veiller sur eux. Il venait de leur rappeler que la prochaine assemblée où ils se trouveraient serait celle des justes ou des méchans, que les psaumes qu'ils entendaient aujourd'hui allaient dans deux jours être remplacés pour eux par d'éternels alleluia ou d'éternelles lamentations, et que cette terrible alternative dépendrait de l'état de leur âme au moment de paraître devant Dieu; ils ne devaient pas se désespérer d'être appelés si soudainement, mais plutôt trouver dans leur malheur cette consolation, que tous ceux qui maintenant élevaient la voix ou fléchissaient le

genou avec eux, étaient frappés de la même sentence d'une mort certaine, et qu'eux seuls avaient l'avantage d'en connaître le moment précis. « Ainsi donc, mes infortunés frè-
» res, ajouta le bon prédicateur d'une voix tremblante
» d'émotion, rachetez le temps qui vous est laissé, et sou-
» venez-vous qu'avec la grâce de celui pour qui le temps et
» l'espace ne sont rien, le salut peut encore être assuré,
» même dans le court délai que vous accordent les lois de
» votre pays. »

On observa que Robertson versa quelques larmes ; mais Wilson semblait n'avoir pas complètement compris le sens de ces paroles, ou être distrait par une tout autre pensée. — Cette expression était si naturelle dans sa situation, que personne n'en conçût de soupçon, et personne n'en fut surpris.

Dès que le ministre eut prononcé la bénédiction d'usage, chacun se disposa à sortir de l'église, en jetant un regard de compassion sur les deux criminels, sans doute à cause des circonstances atténuantes de l'affaire. Ceux-ci se levèrent ainsi que les quatre soldats qui les gardaient. Mais tout-à-coup Wilson, qui, comme je l'ai déjà dit, était un homme vigoureux, saisit au collet deux des soldats, en s'écriant :
— Cours vite, Geordy, cours ! et se jetant en même temps sur un troisième, il le retint par l'habit avec les dents. Robertson fut un instant immobile de surprise ; mais plusieurs autres voix ayant crié : — Courez ! courez ! il terrassa le quatrième soldat, s'élança hors du banc et se confondit dans la foule, où il ne se trouva personne qui voulût, en arrêtant un malheureux, le priver de la dernière chance qui lui restât pour échapper à la mort. Il sortit promptement de l'église, et toutes les perquisitions qu'on fit ensuite furent inutiles.

L'intrépidité généreuse que Wilson avait déployée en cette circonstance augmenta la compassion qu'il avait déjà inspirée. L'esprit public, quand il est sans préventions, se déclare ordinairement pour le parti du désintéressement et de l'humanité : on admira donc la conduite de Wilson, et l'on se réjouit de l'évasion de Robertson. Ce sentiment était si général, qu'un bruit vague se répandit dans la ville qu'on tenterait de sauver Wilson de vive force au moment de l'exécution. Les magistrats crurent de leur devoir de prendre des mesures pour assurer le respect dû aux lois, et ils firent mettre sous les armes une compagnie de la garde de la ville, commandée par le capitaine Porteous, homme dont le nom ne devint que trop fameux par les malheureux évènemens du jour et ceux qui en furent la suite. Il est peut-être nécessaire de dire un mot de sa personne et du corps qu'il commandait; mais le sujet est assez important pour mériter un autre chapitre.

CHAPITRE III.

« O toi, grand Dieu de l'eau-de-vie,
» Qui gouvernes cette cité
» Où l'on a vu parfois notre peuple agité,
» Protège-nous, je t'en supplie,
» Contre ces noirs bandits qu'on appelle le gué. »

FERGUSSON. *Les Jours de folie.*

Le capitaine John Porteous, nom mémorable dans les traditions d'Édimbourg comme dans les registres du tribunal criminel de cette ville, était fils d'un artisan qui n'avait d'autres vues sur son fils que de lui faire apprendre son métier; mais ce jeune homme avait autant de goût pour la dissipation que d'aversion pour l'ouvrage; il s'enfuit de la maison paternelle, et s'engagea dans le corps écossais qui fut long-temps au service de la Hollande, et appelé le corps Scoto-Hollandais. Il y apprit la discipline militaire, et étant revenu dans sa patrie en 1715, après une vie errante et oisive, il fut chargé, par les magistrats d'Édimbourg, dans cette année de troubles, d'organiser la garde de la Cité, dont il fut ensuite nommé capitaine. Il ne méritait cette promotion que par ses connaissances militaires, par un caractère intrépide et déterminé, car il passait pour un homme de mauvaise conduite, un fils dénaturé et un mari brutal. Il se rendit pourtant utile dans sa place, et il était, par sa rudesse et sa sévérité, l'effroi des tapageurs et de tous ceux qui troublaient la tranquillité publique.

Le corps qu'il commandait, composé d'environ cent vingt hommes en uniforme, est ou plutôt *était* divisé en trois compagnies, armées, vêtues et organisées régulièrement. La plupart étaient d'anciens soldats qui s'enrôlaient dans cette troupe, parce que, les jours où ils n'étaient pas de service, ils pouvaient travailler dans quelque métier. Ils étaient chargés de maintenir l'ordre, de réprimer le vol dans les rues, et de faire la police dans toutes les occasions où l'on pouvait craindre quelque trouble. Le pauvre Fergusson, à qui sa vie irrégulière procurait parfois de désagréables rencontres avec ces conservateurs militaires du repos public, dont il fait mention si souvent, qu'on pourrait le surnommer leur poète lauréat, avertit ainsi ses lecteurs, sans doute d'après sa propre expérience :

> Bonnes gens, sur les grands chemins
> Évitez cette noire garde ;
> Nulle part de pareils coquins
> N'ont jamais porté la cocarde.

Dans le fait, les soldats de la Garde de la Ville, étant généralement, comme nous l'avons dit, des vétérans réformés qui avaient encore assez de force pour ce service municipal, et de plus presque tous nés dans les Highlands, ni leur naissance, ni leur éducation, ni leurs premières habitudes, ne les rendaient propres à endurer avec patience les insultes de la canaille ou les provocations des jeunes étudians et des débauchés de toute espèce, avec lesquels leur emploi les mettait tous les jours en contact ; au contraire, le caractère de ces vétérans était encore aigri par les nombreux affronts de la populace, et fréquemment il y avait des motifs pour leur adresser ces autres vers plus supplians du poète déjà cité :

> Soldats, pour l'amour de vous-mêmes,
> Pour l'Écosse, votre pays,
> N'en venez plus à ces moyens extrêmes,
> Épargnez le sang de ses fils ;
> Laissez un peu dormir vos hallebardes ;
> Épargnez-nous, valeureux gardes,
> Laissez un peu reposer vos fusils.

Une escarmouche avec ces vétérans était un des divertissemens favoris de la populace, les jours de fêtes ou de cérémonies publiques. Bien des gens qui liront peut-être ces pages pourront sans doute encore se rappeler qu'ils furent autrefois témoins de ces scènes. Mais ce corps vénérable peut être regardé maintenant comme n'existant plus. Il a disparu peu à peu, de même que les cent chevaliers du roi Léar. Les édits de chaque nouvelle série de magistrature, tels que ceux de Gonerille et de Regane, ont diminué cette troupe après une semblable question : — Qu'avons-nous besoin de cent vingt hommes ? — Qu'avons-nous besoin de cent ? — Qu'avons-nous besoin de quatre-vingts ? — Enfin, on en est presque venu à dire : Qu'avons-nous besoin d'un seul ? — On voit bien encore çà et là le spectre d'un montagnard à cheveux gris, aux traits altérés et à la taille courbée par l'âge, couvert d'un antique chapeau à cornes, bordé d'un ruban de fil blanc au lieu de galon d'argent ; son manteau, son justaucorps et ses hauts-de-chausses sont d'un rouge sale ; sa main flétrie soutient une arme des anciens temps, appelée *hache de Lochaber*, c'est-à-dire une longue perche terminée par un fer en forme de hache à croc. Tel est le fantôme qui se traîne, m'a-t-on dit, autour de la statue de Charles II, dans la place du Parlement, comme si l'image d'un Stuart était le dernier refuge de tout ce qui rappelle nos anciennes mœurs. Deux ou trois autres se glissent aussi, ajoute-t-on, près de la porte du corps-de-garde qui leur fut assigné dans les Luckenbooths, quand leur ancien abri de High-Street fut démoli ; mais le destin des manuscrits légués à des amis et à des exécuteurs testamentaires est si incertain, que ces fragmens des annales de la vieille garde urbaine d'Édimbourg, qui, avec son farouche et vaillant caporal John Dhu (le plus terrible visage que j'aie jamais vu), était, dans ma jeunesse, tour à tour la terreur et la dérision des pétulans écoliers de High-School, ne verront peut-être le jour que quand tout souvenir de l'institution sera effacé. Ils serviront tout au plus d'explication aux caricatures de Kay, par qui ont été conservés les traits de quelques uns de ses héros. Dans la génération précédente, lorsque les complots et l'activité des jacobites excitaient une perpétuelle alarme, les magistrats d'Édimbourg s'occupaient de l'entretien de ce corps, malgré les élémens dont nous avons dit qu'il était composé, avec plus de zèle qu'on n'y en a mis depuis que leur service le plus dangereux n'est plus que des escarmouches avec la canaille, chaque anniversaire de la naissance du roi. Alors aussi ils étaient l'objet de plus de haine, mais de moins de mépris.

Le capitaine John Porteous attachait beaucoup d'importance à l'honneur du corps qu'il commandait. Il se trouva très mortifié de l'affront dont Wilson avait couvert les soldats qui le gardaient, en facilitant l'évasion de Robertson, et il exprima de la manière la plus violente son ressentiment contre lui. Mais quand il entendit parler de la crainte qu'on ne tentât de le sauver au moment de l'exécution, sa fureur ne connut plus de bornes, et il s'emporta en menaces et en exécrations, dont malheureusement on ne se souvint que trop. Dans le fait, si d'un côté l'activité et la résolution de Porteous le rendaient propre à commander des gardes destinés à étouffer les mouvemens populaires, il semblait en même temps peu fait pour une charge si délicate, tant à cause de son tempérament impétueux et farouche, toujours prêt à en venir aux coups et à la violence, que de son caractère sans principes. Il était d'ailleurs trop disposé à considérer la populace (qui manquait rarement de le maltraiter lui et ses soldats) comme un ennemi contre lequel il était juste de chercher une occasion de représailles : mais comme il était le plus actif et le plus dévoué des capitaines de son corps, ce fut lui que les magistrats chargèrent de commander les soldats appelés à veiller à l'ordre public pendant l'exécution de Wilson. Il fut donc mis à la tête de toute la force disponible, c'est-à-dire de quatre-vingts hommes, pour garder les alentours de l'échafaud.

Les magistrats prirent encore d'autres précautions, qui blessèrent l'orgueil de Porteous : ils requirent un régiment d'infanterie régulière d'entrer dans la ville, et de se ranger en bataille, non sur le lieu de l'exécution, mais dans la principale rue, afin d'intimider la populace en déployant une force à laquelle on ne pouvait songer à résister. Considérant combien est déchu cet ancien corps municipal, on trouvera peut-être ridicule que son officier se montrât susceptible sur le point d'honneur ; cela fut cependant. Le capitaine Porteous ne put voir sans dépit une troupe de fusiliers gallois entrer dans une ville où aucun autre tambour que les siens n'avait le droit de battre sans la réquisition ou la permission des magistrats. Comme il ne pouvait faire tomber son humeur sur ceux-ci, sa rage contre le malheureux Wilson et tous ses partisans, et son désir de vengeance, ne firent qu'augmenter. Cette agitation intérieure opéra sur sa physionomie un changement dont s'aperçurent tous ceux qui le virent dans la matinée du jour de l'exécution de Wilson. Porteous était de moyenne taille, et bien fait ; il avait l'extérieur assez prévenant, la tournure militaire, et cependant un air de douceur ; son teint était basané, son visage marqué de quelques taches de petite vérole, ses yeux plutôt tendres que menaçans. Ce matin il semblait comme possédé de quelque mauvais génie : sa démarche était incertaine, sa voix rauque, sa figure pâle, ses yeux égarés, ses discours sans suite ; et bien des gens remarquèrent ensuite qu'il avait l'air *fey*, expression écossaise pour désigner un homme entraîné vers sa destinée par une nécessité irrésistible.

Il faut convenir qu'il commença l'exercice de ses fonctions par un trait d'une grande inhumanité, s'il n'a pas été exagéré par l'animosité qu'on a conservée contre sa mémoire. Lorsque Wilson lui fut livré par le geôlier pour être conduit au lieu de l'exécution, il ne se contenta pas des précautions qu'on prenait ordinairement pour empêcher le criminel de s'échapper ; il ordonna qu'on lui mît les fers aux mains. Cette précaution pouvait se justifier d'après le caractère et la force du coupable, et par la crainte qu'on avait que le peuple ne fît un mouvement pour le sauver. Mais les menottes qu'on lui apporta étant trop étroites pour les poignets d'un homme aussi puissant que Wilson, Porteous employa toutes ses forces pour les serrer, et ne parvint à les faire servir qu'en soumettant le malheureux condamné à une espèce de torture. Wilson se récria contre cette barbarie, et lui représenta que la douleur qu'il lui faisait souffrir l'empêchait de se livrer aux réflexions sérieuses qu'exigeait sa situation.

— C'est bon, c'est bon ! répondit le capitaine ; vos souffrances ne dureront pas long-temps.

— Vous êtes bien cruel, répondit Wilson ; vous ne savez pas si un jour vous n'aurez point à réclamer vous-même la pitié que vous me refusez. Que Dieu vous pardonne !

Ce peu de mots, qu'on répéta bien des fois par la suite, furent la seule conversation qui eut lieu entre le capitaine et son prisonnier pendant tout le chemin. Mais ils avaient été entendus ; ils se répandirent parmi le peuple, augmentèrent l'intérêt qu'on prenait à Wilson, et excitèrent une indignation générale contre Porteous, qui, remplissant toujours avec rigueur et dureté les fonctions dont il était chargé, s'était déjà attiré la haine universelle, quelquefois à juste titre, plus souvent par suite des préventions conçues contre lui pour des torts imaginaires.

Lorsque cette marche pénible fut terminée, et que Wilson, avec l'escorte qui le conduisait, fut arrivé au pied de l'échafaud, dans Grassmarket, aucun symptôme d'insurrection ne se manifesta. Le peuple voyait ce spectacle avec plus d'intérêt qu'à l'ordinaire ; on pouvait remarquer sur plusieurs visages cette expression farouche d'indignation qui devait animer les anciens Cameroniens témoins du supplice de leurs frères exécutés sur la même place en glorifiant le Covenant. Cependant on ne tenta aucune violence ; Wilson lui-même paraissait disposé à franchir au plus tôt l'espace qui séparait pour lui le temps de l'éternité. A peine les prières d'usage furent-elles finies, qu'il se soumit à son sort, et la sentence de la loi fut accomplie.

Il était suspendu au gibet depuis plus d'une demi-heure, et ne donnait plus depuis long-temps aucun signe de vie, quand tout-à-coup une agitation soudaine se manifesta parmi le peuple, comme s'il venait de recevoir une nouvelle impulsion. On jeta des pierres contre Porteous et ses soldats, dont quelques uns furent blessés, et la populace les entoura, avec des cris, des sifflets, des hurlemens et des exclamations. Au même instant un jeune homme, portant un bonnet de matelot qui lui couvrait la moitié du visage, s'élança sur l'échafaud, et coupa la corde à laquelle Wilson était encore suspendu. Plusieurs autres le suivirent, et s'emparèrent de son corps pour l'enterrer décemment, ou peut-être pour chercher à le rappeler à la vie. Cette espèce de rébellion contre l'autorité du capitaine Porteous le transporta d'une telle rage, qu'il oublia que, n'ayant été chargé que de veiller à l'exécution de la sentence, et cette sentence ayant été exécutée, il ne lui restait qu'à se retirer avec sa troupe, sans en venir à des hostilités contre le peuple. Aveuglé par la fureur, il commanda à ses soldats de faire feu, et saisissant le fusil de l'un d'eux, il leur donna en même temps l'ordre et l'exemple, et tua un homme sur la place. Une décharge générale s'ensuivit; six ou sept hommes furent tués, et un grand nombre blessés plus ou moins dangereusement.

Après cet acte de violence, le capitaine donna ordre à sa troupe de se retirer vers le corps-de-garde dans High-Street, et comme la populace le suivait en lui jetant de la boue et des pierres, et en le chargeant d'exécrations, la troupe fit une seconde décharge qui dispersa la multitude. Il n'est pas bien certain qu'il eût donné l'ordre de faire feu une seconde fois; mais on le supposa, et tout l'odieux en retomba encore sur lui. En arrivant au corps-de-garde, il renvoya ses soldats, et se rendit à l'Hôtel-de-Ville, pour faire aux magistrats le rapport des tristes évènemens du jour.

Il avait eu le temps de réfléchir chemin faisant sur sa conduite, et il avait probablement reconnu que rien ne pouvait la justifier. Il s'en convainquit encore mieux par l'accueil qu'il reçut des magistrats. Il nia qu'il eût donné l'ordre de faire feu, et qu'il eût tiré lui-même sur le peuple; et pour prouver ce dernier point, il fit examiner son fusil qui était encore chargé : on fit entrer un mouchoir blanc dans le canon, et on l'en retira sans qu'il fût noirci; mais des témoins déposèrent qu'il avait tiré avec le fusil d'un soldat à qui il l'avait rendu ensuite, et tous les soldats déclarèrent qu'ils n'avaient pas fait feu sans ordre. Parmi les personnes tuées ou blessées, il s'en trouvait qui n'appartenaient pas aux derniers rangs du peuple; car quelques soldats, par humanité, ayant voulu tirer par-dessus les têtes des mutins, leurs coups avaient porté dans les fenêtres du premier étage, où se trouvaient des citoyens paisibles; les réclamations devinrent donc générales, et le capitaine Porteous fut renvoyé devant la haute cour de justice criminelle.

La fermentation était encore au plus haut degré quand le procès commença, et le jury eut la tâche difficile de prononcer dans une affaire où il s'agissait de la vie d'un homme, sur des témoignages entièrement contradictoires. Des témoins respectables déposaient qu'ils avaient entendu le capitaine donner à ses soldats l'ordre de faire feu, qu'ils l'avaient vu prendre le fusil d'un de ses soldats, et tirer sur un homme qu'ils avaient vu tomber; d'autres attestaient qu'ils étaient placés de manière à pouvoir entendre et voir le capitaine, qu'ils ne l'avaient ni entendu donner l'ordre de faire feu, ni vu tirer lui-même, et que le premier coup avait été tiré par un soldat qui était à côté de lui. Une partie de sa défense roulait sur l'attitude menaçante de la populace, et sur ce point les dépositions ne variaient pas moins. Suivant les uns, l'insurrection avait pris un caractère alarmant qu'on ne pouvait trop tôt réprimer; suivant les autres, ce n'était qu'un tumulte sans conséquence, tel qu'on en voyait tous les jours d'exécution, où l'exécuteur des hautes-œuvres et tous ceux qui étaient chargés de prêter main-forte à la justice, toujours assaillis par les cris et les imprécations de la populace, étaient même exposés à recevoir quelques coups de pierres. Le verdict des jurés prouve comment ils apprécièrent tous ces témoignages. Ils déclarèrent que le capitaine Porteous était convaincu d'avoir donné l'ordre de faire feu et tiré lui-même sur le peuple, mais qu'il avait été provoqué par les pierres lancées contre lui et sa troupe. Sur cette déclaration, les lords de la cour le condamnèrent à être pendu à un gibet sur la place ordinaire des exécutions, en arrêtant que tous ses biens-meubles seraient confisqués au profit du roi conformément aux lois d'Écosse, en cas de meurtre volontaire.

CHAPITRE IV.

« L'heure est sonnée, où donc est le coupable ? »
KELPIE.

Le jour que le malheureux Porteous devait subir sa sentence, le lieu de l'exécution, quelque spacieux qu'il fût, était rempli au point qu'on y étouffait. Il n'existait pas une fenêtre qui ne fût garnie d'un triple rang de spectateurs, dans tous les bâtimens qui en forment la circonférence, et dans ceux de la rue étroite de Bow, par laquelle la procession fatale devait passer en descendant de High-Street. L'élévation et la forme antique de ces maisons, dont quelques unes, ayant appartenu aux Templiers et aux chevaliers de Saint-Jean, offraient encore sur leur façade et leurs pignons la croix de fer de ces ordres, ajoutaient un nouvel effet à une scène si frappante par elle-même. La place de Grassmarket ressemblait à un grand lac couvert de têtes humaines, au milieu duquel s'élevait le long poteau noir et sinistre d'où pendait la corde fatale. L'intérêt qu'inspire un objet est proportionné à l'usage qu'il doit avoir et aux idées qu'il rappelle : une pièce de bois élevée en l'air et un bout de corde, choses si simples en elles-mêmes, étaient en cette occasion les causes d'une espèce de terreur solennelle.

Le plus grand silence régnait dans une assemblée si nombreuse : si quelqu'un parlait, c'était à voix basse. La soif de la vengeance était devenue moins ardente par la certitude qu'on croyait avoir qu'elle allait être apaisée. La populace même, sans cesser d'être implacable, s'abstenait de toutes clameurs, et semblait disposée à jouir en silence et avec plus de modération que de coutume de la vue des terribles représailles qui allaient être exercées contre le criminel. On aurait dit que sa haine dédaignait de se montrer avec l'expression bruyante de ses sentimens habituels. Un étranger qui n'aurait consulté que le témoignage de ses oreilles, aurait cru que cette multitude immense était réunie pour une cause qui l'affectait de douleur et de regret, et qui remplaçait par un morne silence le tumulte qu'on entend toujours dans de semblables réunions; mais s'il s'en était rapporté à l'évidence de ses yeux, — le froncement des sourcils, les lèvres comprimées, les yeux ardens de colère de chaque spectateur, lui auraient appris qu'ils n'étaient là que pour se repaître d'un spectacle de vengeance. Peut-être la vue du criminel aurait-elle changé les dispositions du peuple; peut-être aurait-il pardonné, en le voyant mourir, à l'homme contre lequel il nourrissait un si cruel ressentiment; mais l'instabilité de ces sentimens ne devait pas être mise à cette épreuve.

L'heure indiquée pour l'exécution était déjà passée depuis quelque temps, et cependant le condamné n'arrivait point. — Oserait-on manquer à la justice publique? se demandait-on de toutes parts, et la première réponse fut : — On ne l'oserait. Cependant, en y réfléchissant mieux, on trouva des motifs de doute. Porteous avait toujours été le favori des magistrats, qui n'étaient pas fâchés de trouver un certain degré d'énergie dans les fonctionnaires qu'ils employaient. On se rappela que dans la défense de Porteous on avait fait valoir que c'était un homme sur lequel on pouvait toujours compter dans les occasions qui exigeaient de la force et de la résolution ; qu'on avait prétendu que sa conduite lors de l'exécution de Wilson ne devait être attribuée qu'à un excès de zèle imprudent pour assurer l'exécution des lois. Et si ces considérations pouvaient faire voir aux magistrats l'affaire de Porteous sous un jour favorable, ils n'en manqueraient pas d'autres pour le servir auprès du gouvernement.

La populace d'Édimbourg, quand elle se soulève, est la plus formidable de l'Europe. Elle s'était insurgée à plusieurs reprises, depuis quelques années, contre le gouvernement, et souvent même avec succès. Le peuple savait donc qu'il n'était pas en bonne odeur à la cour, et que si elle n'approuvait pas tout-à-fait la conduite du capitaine Porteous, elle pouvait craindre, en la punissant de la peine capitale, de rendre les officiers publics de cette ville à l'avenir moins fermes et moins zélés pour réprimer toute tentative de sédition. On sentait aussi que tout gouvernement a une tendance naturelle à soutenir les autorités qui émanent de lui, et il n'était pas impossible que ce qui paraissait aux parens et aux amis de ceux qui avaient été victimes des ordres sanguinaires du capitaine, un attentat abominable, un meurtre sans provocation, fût considéré sous un autre point de vue dans le cabinet de Saint-James. On pouvait y représenter que Porteous était dans l'exercice d'une fonction à lui confiée par une autorité légale; enfin qu'assailli, ainsi que sa troupe, par la populace, obligé de repousser la force par la force, il n'avait agi que par le principe d'une défense personnelle et en accomplissant son devoir.

Ces considérations, très puissantes en elles-mêmes, finirent par faire penser qu'il pouvait bien avoir obtenu sa grâce. Aux différens motifs qui pouvaient avoir contribué à intéresser en sa faveur le gouvernement, les derniers rangs du peuple en ajoutaient un autre qui n'était pas le moins important à leurs yeux. On disait que, tandis qu'il punissait avec la dernière sévérité les moindres écarts du pauvre, non seulement il fermait les yeux sur la licence des jeunes nobles et des riches, mais qu'il les favorisait encore de toute son autorité.

Ce soupçon, peut-être fort exagéré, fit une profonde impression sur l'esprit de la populace, et comme plusieurs personnes de la haute classe avaient signé une pétition pour recommander Porteous à la clémence du roi, on supposa qu'elles avaient agi non dans la conviction qu'il fût injustement condamné, mais par crainte de perdre un complice commode de leurs désordres. On pense bien que cette idée ne put qu'augmenter la haine du peuple pour le coupable, et sa crainte de le voir échapper à la sentence prononcée contre lui.

Pendant que ces questions se discutaient ainsi parmi le peuple, le sombre silence qui avait régné jusqu'alors avait fait place à ce murmure sourd qui est, sur l'Océan, le précurseur d'une tempête; et cette foule naguère si tranquille offrait à présent la même agitation que les flots de la mer avant que les vents se soient déchaînés. Enfin la nouvelle que les magistrats avaient presque hésité à rendre publique fut annoncée, et se répandit parmi les spectateurs avec la rapidité de l'éclair. On venait de recevoir un ordre signé par le duc de Newcastle, secrétaire d'état, portant que la reine Caroline, régente du royaume pendant que George II était sur le continent, avait ordonné qu'il fût sursis à l'exécution de John Porteous pendant six semaines, à compter du jour fixé pour son exécution.

Alors des cris horribles d'indignation et de rage éclatèrent de toutes parts, semblables aux rugissemens d'un tigre que son gardien prive de sa proie au moment où il allait la dévorer. Cette terrible clameur semblait le présage d'une explosion soudaine de la fureur populaire, et les magistrats, qui s'y attendaient, avaient pris les mesures nécessaires pour la réprimer. Mais ces cris ne furent pas répétés, et il ne s'ensuivit nullement le tumulte qu'ils avaient annoncé. Le peuple parut comme honteux d'avoir exprimé sa colère par une vaine clameur. Le silence qui avait précédé l'arrivée de cette nouvelle outrageante pour lui fut remplacé par les murmures étouffés de chaque groupe, qui s'élevaient comme un bruit sourd au-dessus de l'assemblée. Cependant la populace, au lieu de se séparer, resta immobile, les yeux fixés sur l'appareil inutile du supplice, et excitant ses ressentimens en rappelant les droits que Wilson aurait eus à la clémence royale, si l'on avait fait valoir l'erreur qui l'avait entraîné, et sa générosité envers son complice.

— Cet homme, disait-on, si brave, si résolu, si généreux, a été exécuté pour avoir volé une somme qu'il pouvait en quelque sorte regarder comme un recouvrement, et l'on fait grâce à un scélérat qui a profité d'un léger tumulte inséparable d'un semblable évènement pour répandre le sang de vingt de ses concitoyens! cela peut-il se souffrir? nos pères l'auraient-ils souffert? ne sommes-nous pas comme eux Ecossais, citoyens d'Edimbourg?

Les officiers de justice commencèrent alors à enlever l'échafaud, dans l'espoir de décider par là le peuple à se disperser plus vite. En effet, dès qu'on vit tomber le fatal gibet, la populace, après avoir exprimé par une nouvelle clameur sa rage et sa mortification, se sépara peu à peu, et chacun retourna à ses occupations et à sa demeure.

Les fenêtres se dégarnirent de même insensiblement, et il se forma bientôt de nouveaux groupes de la classe plus aisée des citoyens, qui semblaient attendre pour rentrer chez eux que les rues fussent plus libres. Contre l'usage presque général, ces personnes étaient presque toutes de la même opinion que leurs inférieurs, dont ils considéraient la cause comme celle de tous les rangs. En effet, comme nous l'avons dit, ce n'était nullement parmi la dernière classe des spectateurs ou parmi ceux qui avaient eu part à l'émeute lors de l'exécution de Wilson, que les soldats de Porteous avaient fait des victimes. Plusieurs personnes avaient été tuées aux fenêtres. Aussi les bourgeois, jaloux et fiers de leurs droits comme le furent toujours les citoyens d'Edimbourg, étaient très exaspérés du sursis inattendu accordé à Porteous.

On remarqua en ce moment, et l'on se souvint encore mieux par la suite, que tandis que le peuple se dispersait, divers individus couraient de groupe en groupe, ne s'arrêtant long-temps nulle part, mais disant quelques mots à ceux qui déclamaient avec le plus de violence contre la conduite du gouvernement. Ces hommes si actifs avaient l'air d'être des paysans, et par conséquent pouvaient passer pour d'anciens associés de Wilson, qui n'étaient pas les moins animés contre le capitaine Porteous.

Si pourtant leur intention était d'exciter une insurrection parmi le peuple, ils n'y réussirent pas, au moins pour le moment. Les spectateurs se dispersèrent paisiblement, et ce n'était qu'en voyant l'indignation peinte sur leurs physionomies, et en écoutant leurs discours, qu'on pouvait juger de leur mécontentement. Pour en donner une idée au lecteur, nous allons rapporter la conversation de quelques personnes qui gravissaient péniblement la rue montante de West-Bow pour retourner à leur domicile dans Lawnmarket.

— N'est-il pas abominable, ma voisine, disait le vieux Plumdamas, marchand épicier, à mistress Howden, marchande de modes, en lui offrant le bras, de voir les gens en place à Londres contrevenir aux lois et à l'Évangile en lâchant un réprouvé comme ce Porteous contre une ville paisible ?

— Et de penser à tout le chemin qu'ils nous ont fait faire pour rien ! dit mistress Howden en gémissant. J'avais une si bonne place à une fenêtre juste au-dessus de l'échafaud ! Et il m'en coûte douze sous, mon voisin !

— Je crois, reprit M. Plumdamas, que ce sursis n'aurait pu avoir lieu sous les anciennes lois de l'Ecosse, quand le royaume *était* un royaume.

— Je ne connais pas beaucoup les lois, mon voisin ; mais je sais que quand nous avions un roi, un chancelier et un parlement à nous, on pouvait leur jeter des pierres s'ils ne se conduisaient pas en bons garçons ; mais qui a les ongles assez longs pour atteindre jusqu'à Londres ?

— Ne me parlez pas de Londres ni de ce qui en vient, s'écria miss Grizell Damahoy, vieille couturière. C'est de là qu'est venue la ruine de notre commerce. Nos gens à la mode ne croient pas aujourd'hui qu'une aiguille écossaise soit digne de coudre des manchettes à une chemise, ou de la dentelle à une cravate.

— Vous avez raison, miss Damahoy, dit Plumdamas. J'en connais qui tirent de Londres des raisins par pleines corbeilles en une fois. C'est de là que nous est venue cette armée de paresseux jaugeurs et de commis de l'excise anglais pour nous vexer et nous tourmenter, au point qu'un honnête homme ne peut porter une petite mesure d'eau-de-vie de Leith à Lawnmarket sans s'exposer à voir saisir ce qu'il a acheté et bien payé. Je ne veux pas excuser Wilson d'avoir mis la main sur ce qui n'était pas à lui ; mais enfin, s'il n'a pas pris plus qu'on ne lui avait pris, cela doit faire aux yeux de la loi une grande différence entre son cas et celui de cet autre.

— Si vous parlez des lois, dit mistress Howden, voilà M. Saddletree qui peut en parler aussi savamment qu'aucun homme de robe d'Edimbourg.

Ce M. Saddletree qu'elle nommait survint à ces mots, et offrit le bras à miss Damahoy. C'était un homme d'une cinquantaine d'années, vêtu d'un habit noir fort propre, et couvert d'une perruque superbe. Il faut dire que M. Bartholin Saddletree avait la boutique la plus achalandée d'Edimbourg en fait de selles et de harnais, à l'enseigne *du Cheval d'or*, en entrant dans Bess-Wynd(allée d'Elisabeth); mais son génie (comme il le disait, et comme le pensaient la plupart de ses voisins) le portait vers la jurisprudence, et on le trouvait moins souvent dans sa boutique que dans les cours de justice de *Parliament-Square* et dans le voisinage, pour y suivre les plaidoiries et les jugemens. Cette assiduité aurait fait un grand tort à son commerce, s'il n'avait eu une femme laborieuse et intelligente; mais celle-ci, en permettant à son mari de se livrer à son goût pour le barreau, avait exigé qu'il la laissât absolument maîtresse du département commercial et domestique, et elle savait mieux que personne au monde gronder ses garçons et flatter ses pratiques. M. Bartholin Saddletree avait une abondance de paroles qu'il prenait pour de l'éloquence, et qu'il prodiguait quelquefois à sa société habituelle jusqu'à faire naître l'ennui. Aussi courait-il un bruit avec lequel les plaisans interrompaient parfois sa rhétorique : on disait que s'il avait un cheval d'or à sa porte, il tenait une jument grise dans sa boutique [1]. Ce reproche engageait quelquefois M. Saddletree à élever le ton en parlant à sa chère moitié, qui lui laissait volontiers cette petite satisfaction; mais s'il voulait exercer quelque acte d'autorité réelle, elle se mettait en insurrection ouverte : rarement avait-elle besoin d'en venir à cette extrémité, Saddletree, comme le bon roi Jacques, étant alors plus jaloux de parler autorité que de l'exercer. Heureux du reste de ce caractère; car il devenait riche sans se donner la moindre peine, et sans interrompre ses études favorites.

Pendant que je donne au lecteur ce mot d'explication sur ce personnage, M. Bartholin Saddletree faisait avec précision l'application des lois au cas du capitaine Porteous, et il arrivait à cette conclusion « que si Porteous avait ordonné de faire feu trois minutes plus tôt, avant que la

---

(1) Jument grise. On dit d'une femme qui gouverne et gronde son mari que c'est une jument grise ou blanche. — Éd.

corde eût été coupée, il aurait été *versans in licito,* » c'est-à-dire qu'il aurait tout au plus mérité une punition légère *propter excessum,* pour manque de prudence, ce qui réduisait son affaire à une peine ordinaire.

— Pour manque de prudence! s'écria mistress Howden, qui n'entendait rien à cette distinction : quand est-ce donc que le capitaine Porteous a montré de la prudence ou de bonnes manières ? — Je me rappelle que son père...

— Mistress Howden, dit l'orateur interrompu...

— Avez-vous oublié, dit miss Damahoy, que lorsque sa mère...

— Miss Damahoy, de grâce!...

— Et moi je vous dirai, dit Plumdamas, que quand sa femme...

— M. Plumdamas, mistress Howden, miss Damahoy, mais écoutez donc ma distinction! comme dit l'avocat Crossmyloof. Je vous dis donc que, le criminel étant mort, l'exécution terminée, le capitaine Porteous n'avait plus de fonctions officielles à remplir, il n'était pas plus que *cuivis ex populo* [1].

— *Quivis,* M. Saddletree, *quivis!* s'écria M. Butler, sous-maître d'école dans un village voisin d'Édimbourg, qui venait d'entendre ce mauvais latin.

— Pourquoi m'interrompre, M. Butler? Ce n'est pas que je ne sois charmé de vous voir... Mais je parle d'après l'avocat Crossmyloof, et je l'ai entendu dire *cuivis.*

— Eh bien, l'avocat Crossmyloof mériterait de sentir la férule pour employer l'ablatif au lieu du nominatif. Il n'y a pas d'enfant des dernières classes qui ne fût châtié pour un tel solécisme.

— Je parle latin en légiste, M. Butler, et non en maître d'école.

— A peine en écolier, M. Saddletree.

— N'importe : tout ce que je veux dire, c'est que Porteous a mérité *pœna extra ordinem* ou la peine capitale, en bon écossais la potence, simplement parce qu'au lieu de

---

[1] Que qui que ce soit du peuple. — Tr.

faire faire feu quand il était en fonctions, il attendit que le corps fût descendu, que l'exécution fût terminée, et que lui-même fût dépouillé par le fait de la charge qui lui avait été confiée.

— Et vous croyez vraiment, M. Saddletree, dit Plumdamas, que si Porteous avait donné l'ordre de faire feu avant qu'on lui eût jeté des pierres, son cas aurait été meilleur?

— Je n'en fais nul doute, voisin, je n'en fais nul doute, reprit Bartholin avec assurance; — il était alors dans ses fonctions légales, l'exécution ne faisait que de commencer, ou du moins n'était pas finie; mais une fois Wilson pendu, il était hors d'autorité, il n'avait plus qu'à filer avec sa garde, en remontant cette rue de West-Bow aussi vite que s'il eût été poursuivi par un arrêt; car c'est la loi, je l'ai entendu exposer à lord Vincovincentem.

— A lord Vincovincentem? est-ce un lord de l'Etat ou un lord de siége, demanda mistress Howden.

— Un lord de siége, un lord de la cour des sessions; je n'aime guère les lords de l'Etat : ils m'ennuient de leurs questions sur leurs selles, leurs croupières, leurs palefreniers et leurs harnais, le prix de ce qu'ils commandent, le jour où tout sera prêt. — Oh! ce sont de vrais oisons à cheval; — ma femme est bonne pour les servir.

— Et de son temps elle eût servi le premier lord du royaume, quoi que vous en disiez, M. Saddletree, répondit mistress Howden un peu irritée du mépris avec lequel il citait sa commère. — Lorsqu'elle et moi nous étions jeunes filles, nous ne pensions guère être un jour les femmes de gens comme mon vieux David Howden, ou comme vous, M. Saddletree.

Pendant que Saddletree, qui n'était pas fort pour la réplique, se creusait la tête pour repousser cette attaque dirigée contre sa vie domestique, miss Damahoy s'en prit à lui à son tour.

— Quant aux lords de l'Etat, dit-elle, vous devriez vous souvenir des attelages du parlement, M. Saddletree, au bon temps, avant l'*Union*. La rente d'une année de maint bon domaine passait en harnais et autres objets d'équipement, sans compter les robes brodées, les manteaux à brocards d'or et autres objets qui étaient de mon commerce.

— Oui, dit Plumdamas [1], et le grand banquet! que de confitures fraîches ou sèches, que de fruits secs de toute espèce! mais l'Écosse alors était l'Écosse.

— Je vous dis ce qui en est, voisin, dit mistress Howden; je ne croirai jamais que l'Ecosse soit encore l'Ecosse si nos bons Ecossais digèrent tranquillement l'affront qu'ils viennent de recevoir. Ce n'est pas seulement le sang qui a été versé, c'est celui qui aurait pu l'être qui crie vengeance. Savez-vous que le fils de ma fille, le petit Eppie Daidle, — mon bijou, vous savez, miss Grizell, — savez-vous, dis-je, que Daidle avait fait l'école buissonnière le jour que Wilson fut pendu, comme font les enfans.

— Savez-vous ce qui devrait lui attirer une bonne correction? dit M. Butler.

— Il était allé voir pendre Wilson, comme c'est bien naturel. Ne pouvait-il pas attraper quelque dragée comme les autres? Je voudrais savoir ce qu'aurait dit votre reine Carline si elle avait eu un de ses enfans dans cette scène.

— Rien, probablement, répondit Butler.

— Eh bien! si j'étais homme, je voudrais avoir vengeance de Porteous, en dépit de toutes les Carlines du monde.

— J'arracherais la porte de la prison avec mes ongles, dit miss Grizell.

— Mesdames, mesdames, dit Butler, je vous conseille de ne point parler si haut.

— De ne point parler si haut! s'écria mistress Howden. Ah! cela fera assez de bruit d'un bout à l'autre d'Edimbourg, du Weigh-House à Water-Port, jusqu'à ce qu'on en ait eu raison.

Les dames rentrèrent alors chacune dans son domicile. Plumdamas se réunit à M. Saddletree et à Butler pour prendre leur *méridienne* (un verre de brandevin), dans la taverne bien connue de Lawnmarket. Après quoi M. Plumdamas se rendit à sa boutique, et M. Butler, qui avait besoin de faire

(1) Le nom de M. *Plumdamas* (pruneau de Tours ou pruneau de Damas) annonce qu'il est épicier, marchand de comestibles, etc. — Éd.

réparer une vieille courroie qui lui servait de martinet, accompagna M. Saddletree, parlant l'un des lois de l'état, et l'autre de celles de la syntaxe, sans écouter son compagnon.

CHAPITRE V.

« Il se fait en tous lieux craindre comme un lion ;
» Rentré chez lui, ce n'est plus qu'un mouton. »

Sir David Lindsay.

— Jock Driver, le voiturier, est venu chercher ses nouveaux harnais, dit mistress Saddletree dès qu'elle vit entrer son mari, non pour lui rendre compte de ce qui s'était passé en son absence, mais pour lui récapituler doucement tout ce qu'elle avait fait sans lui.

— Fort bien, répondit Bartholin sans daigner ajouter un mot de plus.

— Et le laird de Girdinghurst (un fort beau jeune homme) a envoyé son coureur, et puis est venu lui-même pour savoir si sa selle brodée était prête, car il désire l'avoir pour les courses de Kelso.

— Fort bien! fort bien! dit encore Bartholin toujours aussi laconique.

— Et Sa Seigneurie le comte de Blazonbury, lord Flash et Flame [1], va devenir fou si on ne lui envoie pas comme on le lui a promis les harnais pour six jumens de Flandre, avec les cimiers, les couronnes d'armoiries, les housses et les caparaçons assortis.

— Bien! fort bien! ma femme, dit Saddletree; s'il devient fou, on l'interdira ; c'est bien, très bien.

— Oui, c'est très bien que vous pensiez ainsi, M. Saddletree, reprit la ménagère un peu piquée de son indifférence ; il y a bien des gens qui se seraient crus offensés de voir tant de pratiques venir à la boutique, et rien que des

(1) Lord Éclair et Flamme. — Éo.

femmes pour leur répondre; car, comme vous ne pouvez en douter, tous les garçons sont partis, dès que vous avez eu le dos tourné, pour aller voir pendre Porteous; ainsi, vous n'y étant pas...

— Chut! silence! mistress Saddletree, répondit son mari d'un air important. J'avais affaire ailleurs : *non omnia possumus omnes*, comme disait l'avocat Crosmyloof quand il fut appelé par deux massiers à la fois : — *possumus — possimus — possimis*. — Je sais que notre latin de jurisprudence blesse les oreilles de M. Butler; mais il n'est au pouvoir de personne, pas même du lord président, d'être à la fois dans deux endroits différens.

— Et croyez-vous, M. Saddletree, dit sa prudente moitié avec un sourire ironique, qu'il soit raisonnable de laisser ici votre femme veiller aux selles et aux brides des jeunes gentilshommes, tandis que vous allez voir un homme qui ne vous a jamais fait de mal, tendre un licou?

—Femme, dit Saddletree avec un ton élevé auquel *la méridienne* contribuait un peu, désistez-vous;—cessez veux-je dire, de vous mêler d'affaires que vous ne pouvez comprendre. Pensez-vous que je sois né pour guider une aiguille à travers du cuir, quand des hommes comme Duncan-Forbes et cet autre nommé Arniston [1], sans beaucoup plus de talens que moi, peuvent être présidens et avocats du roi? Tandis que si les faveurs étaient également distribuées comme du temps de Wallace...

— Je ne sais si nous aurions beaucoup gagné à vivre sous ce Wallace, dit mistress Saddletree. On se battait alors, il est vrai, avec des fusils à bretelles de cuir, mais encore y avait-il la chance que ce grand guerrier achetât et oubliât de payer. Quant à vos talens, les hommes de loi doivent en faire plus de cas que moi pour les mettre si haut, Bartholin.

— Je vous dis, femme, reprit Bartholin avec un vrai dépit, que vous n'entendez rien à ces choses-là. Du temps de Wallace, il n'y avait pas d'homme cloué sur une chaise aussi vile que celle d'un sellier, car les harnais dont on avait besoin étaient tirés tout faits de Hollande.

(1) Magistrats de ce temps-là. — Éd.

— Eh bien, dit Butler, qui, comme plusieurs membres de sa profession, visait parfois à un bon mot, si cela est, M. Saddletree, tout n'en va que mieux, puisque nous faisons nous-mêmes nos harnais et ne tirons plus que nos avocats de Hollande.

— Cela n'est que trop vrai, répondit celui-ci en soupirant ; plût au ciel que mon père eût eu assez de bon sens pour m'envoyer à Leyde ou à Utrecht, étudier *les Substitutes* et le *Pandex*.

— Vous voulez dire les Institutes de Justinien, M. Saddletree.

— *Institutes, substitutes,* sont deux mots synonymes, M. Butler ; on les emploie indifféremment l'un ou l'autre dans les actes de substitution, comme vous pouvez le voir dans les *Practiques* de Balfour ou *le Style des lois* de Dallas Saint-Martin. J'entends tout cela assez bien, grâce à Dieu. Mais je n'en regrette pas moins de ne pas avoir étudié en Hollande.

— Pour vous consoler, reprit M. Butler, souvenez-vous que vous ne seriez guère plus avancé que vous l'êtes aujourd'hui, M. Saddletree, car nos avocats d'Écosse sont une race aristocratique, — leur métal est du vrai Corinthe, *et non cuivis contigit adire Corinthum*. — Ah ! ah ! M. Saddletree ?

— Et ah ! ah ! M. Butler, reprit Bartholin, qui, comme on le pense bien, n'entendit de cette citation plaisante que le son des mots ; il y a quelque temps vous me disiez qu'il fallait *quivis*, et je viens d'entendre de mes oreilles que vous aviez dit *cuivis*, aussi clairement que j'ai jamais entendu un mot au tribunal.

— Un peu de patience, M. Saddletree, et je vous expliquerai la différence de ces deux termes, dit Butler, qui, avec plus de jugement et de connaissances, était tout aussi pédantesque dans son département de magister, que Bartholin dans sa prétendue science de légiste. — Un moment de patience, — vous conviendrez que le *nominatif* est le *cas* par lequel une personne ou une chose est nommée ou désignée, et qu'on peut appeler le cas primitif, tous les autres étant formés de celui-ci par les changemens de terminaison dans les langues savantes, et par les prépositions dans nos jargons modernes, dignes de la tour de Babel ; — vous m'accorderez cela, je suppose, M. Saddletree?

Saddletree eut l'air ou voulut avoir l'air de comprendre ce qu'il entendait. — Je ne sais si je vous l'accorderai, ou non, dit-il ; vous savez que c'est à savoir — *ad avisandum.* — Personne ne doit se presser d'admettre une assertion, soit en point de droit, soit en point de fait.

— Et le *datif*, continua Butler...

— Je sais ce qu'est un tuteur datif [1], reprit vivement Saddletree.

— Le datif, dit le grammairien, est celui par lequel une chose est donnée ou assignée, comme appartenant à une personne, ou à une chose. — Vous ne pouvez nier cela, certainement.

— Certainement que je ne l'accorderai pas, répondit Saddletree.

— Alors, que *diable* croyez-vous que sont les cas *nominatif* et *datif?* reprit Butler, à qui la surprise et l'impatience firent oublier sa réserve habituelle d'expression, et la véritable prononciation des mots.

— Je vous dirai cela à loisir, M. Butler, répliqua Saddletree avec un air de malice ; — je prendrai un jour pour examiner et résoudre chaque article de vos concessions, et je vous ferai ensuite nier ou confesser ce dont il faut convenir.

— Allons, allons, M. Saddletree, dit sa femme, nous ne voulons ici ni confession, ni concession ; laissez ces marchandises à ceux qui sont payés pour les faire ; elles nous vont à nous, comme une selle de cavalerie légère irait à un bœuf de labour.

— Ah ! ah ! dit M. Butler, «*optat ephippia bos piger*[2].» Rien de nouveau sous le soleil, mais l'allusion de mistress Saddletree n'en est pas moins fort bonne.

— Et il vous conviendrait bien mieux, M. Saddletree,

---

(1) On appelle, en terme de loi d'Écosse, un tuteur ou un administrateur datif, le tuteur ou l'administrateur nommé d'office par les juges. — Éd.

(2) *Optat ephippia bos piger, optat arare caballus.*
(Hor., Epist. I, 14, 42.)

Le bœuf lourd demande une selle, le cheval veut labourer.

continua la dame, puisque vous êtes si savant dans les lois, de chercher si vous ne pouvez en faire pour Effie Deans, la pauvre fille, qui est dans la Tolbooth, mourant de froid, de faim et de privations, — une servante à nous, M. Butler, et aussi innocente, selon moi, qu'utile dans la boutique; — quand M. Saddletree sortait, — et soyez sûr qu'il est rarement au logis quand il y a une seule de ces maisons à procès ouverte, — la pauvre Effie m'aidait à remuer les pièces de cuir, à ranger les marchandises, et à chercher le goût du monde; — et vraiment, elle plaisait aux pratiques avec ses réponses, car elle était toujours polie, et jamais plus jolie fille ne servit dans Auld-Reekie. Puis quand les gens étaient impatiens et déraisonnables, elle les servait mieux que moi, qui ne suis plus aussi jeune que je l'ai été, M. Butler, et un peu vive de mon naturel par-dessus le marché; car lorsqu'il y a plusieurs personnes qui vous crient ensemble, et qu'on n'a qu'une langue pour leur répondre, il faut aller vite, ou jamais on ne finirait. — De sorte que tous les jours je m'aperçois qu'Effie me manque.

— *De die in diem*, ajouta Saddletree.

— Je crois, dit Butler après avoir hésité un instant, que j'ai vu cette fille, une fille à l'air modeste, une blonde!

— C'est Effie elle-même, M. Butler! dit mistress Saddletree. Est-elle coupable ou innocente du crime dont on l'accuse? je n'en sais rien; Dieu le sait. Mais si elle l'a commis, je ferais bien serment sur la Bible qu'elle n'avait pas la tête à elle dans ce moment.

Cependant M. Butler était devenu très ému; il allait et venait dans la boutique avec toute l'agitation que peut montrer une personne obligée par état à beaucoup de réserve. — Cette Effie n'était-elle pas fille, dit-il enfin, de David Deans, qui a pris la ferme du parc à Saint-Léonard? n'a-t-elle pas une sœur?

— Oui, sans doute. La pauvre Jeannie Deans, qui est plus âgée de dix ans. Elle était ici à pleurer sur sa sœur il n'y a qu'un moment. Et qu'y pouvais-je faire? je lui ai dit de revenir quand M. Saddletree y serait, afin de le consulter. Ce n'est pas que je croie qu'il y puisse plus que moi, mais c'était pour consoler le cœur de la pauvre fille, et lui donner un peu d'espérance. Le malheur arrive assez vite.

— Vous vous trompez, femme, dit Saddletree d'un air dédaigneux, je lui aurais donné beaucoup de satisfaction, je lui aurais prouvé que sa sœur est en jugement en vertu du statut 690, chapitre Ier, comme prévenue d'infanticide, pour avoir caché sa grossesse, et ne pouvant représenter l'enfant qu'elle a mis au monde.

— J'espère, dit Butler en balbutiant, je me flatte par ma confiance au Dieu de miséricorde, qu'elle pourra prouver son innocence.

— Je le désire aussi, M. Butler, dit mistress Saddletree. J'aurais répondu d'elle comme de ma propre fille, si j'en avais une. Mais malheureusement j'ai été malade tout l'été, je ne suis presque pas sortie de ma chambre pendant deux semaines. Quant à M. Saddletree, il serait au milieu d'un hôpital de femmes en couches, qu'il ne se douterait pas de la raison qui y a fait entrer une seule d'entre elles. Si j'avais eu le moindre soupçon de sa situation, je vous promets que... mais nous pensons tous que sa sœur doit être à même de dire quelque chose pour prouver son innocence.

— On ne parlait pas d'autre chose dans Parliament-House, dit Saddletree, avant que cette affaire de Porteous eût fait oublier Effie. — C'est un superbe cas de meurtre présumé, comme il n'y en a pas eu dans la haute cour criminelle depuis le cas de la mère Smith l'accoucheuse, qui fut exécutée en 1679.

— Mais qu'avez-vous, M. Butler? dit mistress Saddletree; vous êtes pâle comme un linceul : voulez-vous prendre une goutte de liqueur?

— Nullement, répondit Butler en faisant un effort pour parler : je suis venu de Dumfries à pied, hier, et il fait bien chaud.

— Asseyez-vous, dit mistress Saddletree en ajoutant à ces paroles un geste amical pour le faire asseoir, — et reposez-vous. Vous vous tuerez à cette vie-là, M. Butler. — Et faut-il vous faire notre compliment? aurez-vous l'école, M. Butler?

— Oui... Non... Je n'en sais rien.

— Vous ne savez pas si vous aurez l'école de Dumfries après y avoir été enseigner tout l'été?

— Je crois que je ne l'aurai pas, mistress Saddletree, reprit Butler. Le laird de Blak-at-the-Bane avait un fils naturel qu'il destinait à l'Eglise, mais le presbytère refuse de lui donner une licence, et ainsi...

— Ah! vous n'avez pas besoin de m'en dire davantage. S'il y a un laird qui ait un bâtard à qui la place convienne, il est bien sûr que... Ainsi donc vous retournez à Libberton? tout frêle qu'est M. Wackbairn, dont vous êtes l'aide, et à qui vous devez succéder, il vivra aussi long-temps que vous.

— Cela est probable, répondit Butler en soupirant, et je ne sais si je ne dois pas le désirer.

— Sans doute que c'est une chose vexante, continua la bonne femme, d'être dans cet état de dépendance ; et vous qui pourriez prétendre beaucoup plus haut, je m'étonne comme vous supportez toutes ces croix-là.

— *Quos diligit castigat* [1], répondit Butler. Le païen Sénèque lui-même voyait un avantage dans l'affliction; les païens avaient leur philosophie, et les juifs leur morale révélée, mistress Saddletree, et ils savaient supporter leurs infortunes. Les chrétiens ont quelque chose de plus qu'eux.
— Mais sans doute...

Il s'interrompit en soupirant.

— Je vous entends, dit mistress Saddletree en tournant les yeux vers son mari : il est des momens où nous perdons patience malgré le livre de prières et la Bible. — Mais, M. Butler, vous ne vous en irez pas ainsi; restez pour prendre un peu de soupe aux choux avec nous.

M. Saddletree quitta *les Practiques de Balfour* (sa lecture favorite, et grand bien lui fasse!) pour joindre ses instances à celles de sa femme. Tout fut inutile; Butler leur dit qu'il était obligé de partir, et prit congé d'eux à l'instant même.

— Il y a quelque chose là-dessous, dit mistress Saddletree en le voyant s'en aller; je ne sais pourquoi le malheur d'Effie

---

(1) Il châtie ceux qu'il aime. —Tr.

semble donner tant de tintoin à M. Butler. Je n'ai jamais entendu dire qu'ils se connussent. Il est vrai qu'ils étaient voisins quand David Deans demeurait sur les terres du laird de Dumbidikes. Peut-être connaît-il son père ou quelqu'un de sa famille. Levez-vous donc, M. Saddletree, vous êtes justement assis sur le coussin qui a besoin d'être recousu. Ah! voilà enfin le petit Willie, notre apprenti. Eh bien, petit vaurien, vous allez donc aussi courir les rues pour voir pendre les autres? Seriez-vous bien aise qu'on en fît autant pour vous? Votre tour viendra pourtant si vous ne changez de conduite. Allons, allez à votre ouvrage; dites à Peggy de vous donner d'abord une assiette de bouillon, car vous êtes sec comme un coucou. C'est un orphelin, M. Saddletree, sans père ni mère; nous devons avoir soin de lui, c'est un devoir de chrétien.

— Vous avez raison, ma femme, dit Saddletree; nous sommes pour lui *in loco parentis* pendant sa minorité, et j'avais eu la pensée de présenter une requête à la cour pour être nommé son curateur, *loco tutoris*, puisqu'il n'a aucun tuteur nominal, et que le subrogé tuteur ne veut pas agir en cette qualité; mais je crains que les frais de la procédure ne se retrouvent pas *in rem versam*[1]; car je ne sais trop si Willie a des biens qu'on puisse administrer.

M. Saddletree termina cette phrase par une petite toux qui exprimait son contentement de lui-même, après avoir ainsi, croyait-il, exposé la loi d'une manière complète.

— Ses biens! dit mistress Saddletree; et quels biens a-t-il, s'il vous plaît? Le pauvre diable était en guenilles quand sa mère mourut, et la première polonaise qu'il ait eue sur le corps, est celle qu'Effie lui a faite avec ma vieille mante bleue! Cette pauvre Effie! Mais avec toutes vos lois, M. Saddletree, ne pouvez-vous donc me dire s'il y a du danger pour elle quand on ne peut prouver qu'elle ait fait périr son enfant?

— Comment! dit Saddletree enchanté d'avoir une fois dans sa vie fixé l'attention de sa femme sur une discussion de jurisprudence. Comment! il y a deux sortes de *murdrum*

---

(1) Que les frais de la procédure ne se retrouvent pas dans la valeur des biens du pupille. — Tr.

ou *murdragium*, ou de ce que vous appelez *populariter* et *vulgariter* meurtre : je dis qu'il y en a de plusieurs sortes ; car il y a votre *murthrum per vigilias et insidias*, et votre *murthrum* par abus de confiance.

— Je suis sûre que c'est là le meurtre que les riches nous font subir, à nous marchands, et qui nous fait fermer boutique ; — mais cela n'a rien de commun avec le malheur d'Effie.

— Le cas d'Effie, ou Euphémie Deans, reprit Saddletree, est un cas de présomption de meurtre, c'est-à-dire que la loi présume le meurtre commis d'après certains *indicia* ou motifs de présomption.

— Ainsi donc, à moins qu'Effie ait révélé sa situation, il faut qu'elle soit pendue, quand même elle serait accouchée d'un enfant mort, quand même cet enfant vivrait encore !

— Assurément ! c'est une loi rendue par nos souverains maîtres le roi et la reine, pour prévenir le crime horrible de faire des enfans en secret. — Le crime est au mieux avec la loi, cette espèce de meurtre étant de sa création.

— Eh bien, dit mistress Saddletree, si la loi crée des meurtres, c'est la loi qu'il faut pendre ! ou si l'on voulait pendre un homme de loi à la place, ce ne sera pas une grande perte pour le pays.

On avertit M. et mistress Saddletree que le dîner les attendait, ce qui interrompit une conversation qui prenait un tour moins favorable à la jurisprudence et à ceux qui l'exercent, que ne l'avait espéré M. Bartholin Saddletree, leur admirateur dévoué.

CHAPITRE VI.

« Le peuple a pris les armes,
» Édimbourg est en proie au tumulte, aux alarmes. »
Les adieux de Johnie Armstrong.

Butler, en sortant de la boutique du *Cheval d'or*, se rendit chez un de ses amis qui appartenait au barreau, afin de lui faire quelques questions sur l'affaire dont il venait d'entendre parler. Le lecteur a sans doute déjà conjecturé qu'il prenait au sort d'Effie Deans un intérêt plus particulier que celui que lui eût inspiré la seule humanité. Malheureusement il ne trouva pas son ami chez lui ; et il ne fut pas plus heureux dans les visites qu'il fit chez deux ou trois autres personnes qu'il espérait intéresser à son histoire ; mais tout le monde était occupé ce jour-là de l'affaire Porteous à en perdre la tête : chacun blâmait ou défendait les affaires du gouvernement, et l'ardeur de la dispute avait excité une soif si universelle, que le débat avait été ajourné dans quelque taverne favorite, par la moitié des jeunes avocats et des procureurs, et leurs clercs avec eux. Or c'était parmi ces derniers que Butler allait chercher conseil. Un habile arithméticien calcula qu'il se but ce jour-là dans Edimbourg une quantité de bière suffisante pour mettre à flot un vaisseau de ligne de première classe.

Butler s'en alla de côté et d'autre jusqu'à la nuit close, résolu de profiter de cette occasion pour visiter la pauvre jeune fille, lorsqu'il pourrait le faire avec le moins de risque d'être observé ; car il avait ses raisons pour désirer que mistress Saddletree ne le vît pas ; la porte de sa boutique était à peu de distance de la prison, quoique de l'autre côté de la rue, et un peu plus haut. Il passa donc par la galerie étroite et couverte en partie qui y conduit, de l'extrémité nord-ouest de Parliament-Square.

Il arriva devant l'entrée gothique de l'ancienne prison, qui, comme chacun sait, présente son antique façade au milieu de High-Street, et forme, pour ainsi dire, le dernier mur d'une masse de bâtimens appelés *les Luckenbooths*, entassés par quelque inconcevable motif de nos ancêtres au milieu de la principale rue de la ville ; une autre rue étroite est le seul passage qu'ils laissent au nord et au midi où s'ouvre la porte de la prison. Les sombres murs de la Tolbooth et les maisons adjacentes d'un côté, et de l'autre les arcs-boutans de l'antique cathédrale, forment une allée étroite et tortueuse. Pour donner quelque gaieté à cet obscur passage (bien connu sous le nom du *Krames*), de petites boutiques, à la façon des échoppes des savetiers, sont comme appliquées contre les aboutissans et les saillies des murailles gothiques, de manière qu'on dirait que les marchands ont formé des espèces de nids semblables à ceux des martinets au château de Macbeth. Plus récemment, ces petits magasins ont dégénéré en simples boutiques de joujoux, où les marmots intéressés à ce commerce sont tentés de s'arrêter, enchantés par le riche étalage de chevaux de bois, de poupées et d'autres jouets de Hollande, disposés avec un désordre qui n'est pas sans art; mais ils reculent parfois, effrayés des regards de travers du vieux marchand ou de la femme en lunettes, par qui sont gardés ces trésors séduisans. Du temps dont nous parlons, les bonnetiers, les gantiers, les chapeliers, les merciers et les marchandes de modes occupaient cet étroit passage.

Mais, pour terminer cette digression, Butler trouva le geôlier, homme grand et maigre, à cheveux blancs, occupé à fermer la porte extérieure de la prison : il s'adressa à lui pour demander à voir Effie Deans, accusée d'infanticide.

—Personne ne peut entrer maintenant, répondit le geôlier en portant la main à son chapeau par respect pour l'habit noir de Butler.

—Mais vous fermez les portes plus tôt qu'à l'ordinaire, dit Butler : c'est peut-être à cause de l'affaire du capitaine Porteous?

Le geôlier cligna un œil en hochant la tête d'un air de mystère, comme le fait un homme en place qui veut bien laisser soupçonner ce qu'il ne veut pas dire, et continua son opération. Il baissa sur la serrure une forte plaque en fer qui la recouvrait en entier, et attachée par un ressort et des écrous; ensuite prenant une grosse clef qui avait près de deux pieds de longueur, il ferma le dernier guichet. Butler resta un moment immobile devant la porte, et puis regardant sa montre descendit la rue, en murmurant à voix basse, presque sans y penser :

Porta adversa, ingens, solidoque adamante columnæ,
Vi ut nulla virum, non ipsi exscindere ferro

Cœlicolæ valeant. Stat ferrea turris ad auras, etc. [1].

Butler, ayant encore une fois perdu du temps à aller chercher inutilement son ami le légiste, à qui il voulait demander conseil, pensa qu'il lui fallait enfin quitter la ville pour retourner au lieu de sa résidence, village à deux milles et demi au sud d'Édimbourg.

La métropole était alors entourée de hautes murailles garnies de créneaux à divers intervalles, et avait des portes qui se fermaient régulièrement tous les soirs[2]. Cependant un faible don offert aux gardiens permettait d'entrer et de sortir à toute heure de la nuit, un guichet étant pratiqué à cet effet dans la grande porte. Ce don était peu de chose en lui-même ; mais ce peu de chose était beaucoup pour Butler, qui était pauvre. Il vit que l'heure de la fermeture des portes approchait, et, voulant tâcher d'éviter le paiement de cette contribution, il résolut de sortir par celle dont il se voyait le plus près, quoique cela dût l'obliger à faire un détour assez considérable.

Sa route directe était par Bristo-Port ; mais West-Port, du côté de Grassmarket, était la porte la plus voisine du lieu où il était. Ce fut vers West-Port qu'il dirigea ses pas. Il y arriva assez à temps pour franchir les murs de la ville et entrer dans un faubourg appelé Portsburg, habité principalement par des citoyens et des ouvriers de la dernière classe. Là, sa marche fut interrompue d'une manière à laquelle il ne s'attendait point.

Quelques instans après avoir passé la porte, il entendit

---

(1) L'auteur cite ici en note la traduction de ces vers par Dryden, nous y substituerons celle de Delille :

> La porte inébranlable est digne de ces murs :
> Vulcain la composa des métaux les plus durs.
> Le diamant massif en colonnes s'élance ;
> Une tour jusqu'aux cieux lève son front immense :
> Les mortels conjurés, les Dieux et Jupiter,
> Attaqueraient en vain ses murailles de fer.
> Virgil. *Énéide*, liv. vi, v. 551—553.
> Éd.

(2) L'auteur ajoute que ces portes (*gates*) étaient appelées *ports* en écossais. — Éd.

le son du tambour, et, à sa grande surprise, il aperçut une foule considérable. Elle remplissait toute la rue, et s'avançait vers la ville à grands pas, précédée d'un tambour qui battait un appel. Butler cherchait le moyen d'éviter une troupe qui ne paraissait pas rassemblée pour un motif légitime, quand deux hommes s'avancèrent vers lui et l'arrêtèrent.

— Êtes-vous ecclésiastique? lui demanda l'un d'eux.

— Je suis dans les ordres, répondit Butler, mais je ne suis point placé.

— C'est M. Butler de Libberton, dit le second : il s'acquittera de cet office aussi bien que qui que ce soit.

— Il faut que vous nous suiviez, monsieur, lui dit d'un ton civil, mais impératif, le premier qui lui avait parlé.

— Et pourquoi, messieurs? dit Butler ; je demeure à quelque distance de la ville ; vous me portez préjudice en m'arrêtant... Les routes ne sont pas sûres pendant la nuit.

— On vous reconduira sain et sauf... Vous ne perdrez pas un cheveu de votre tête, mais vous viendrez, et il faut que vous nous suiviez.

— Mais, messieurs, quel besoin pouvez-vous avoir de moi? J'espère que vous serez assez honnêtes pour me l'apprendre.

— Vous le saurez en temps et lieu, mais de gré ou de force vous nous suivrez. Je vous avertis de ne regarder ni à droite ni à gauche, et de ne chercher à reconnaître personne. Considérez comme un rêve tout ce qui se passe devant vous.

— Plût à Dieu que ce fût un rêve ! pensa Butler. Mais n'ayant aucun moyen de résister à la violence dont on le menaçait, il se résigna à son sort. On le plaça en tête de la troupe, derrière le tambour, entre deux hommes qui avaient l'air de le soutenir pour l'aider à marcher, mais qui réellement le tenaient chacun par un bras, afin qu'il ne pût songer à leur échapper.

Pendant ce pourparler, les insurgés avaient couru à West-Port, et fondant sur les Waiters, comme on appelait les gardiens de la porte, ils s'étaient emparés des clefs. Ils fermèrent les battans aux verrous et avec des barres ; puis, comme ils ne savaient comment s'assurer du guichet, ils commandèrent à celui qui en avait habituellement le soin de le fermer pour eux. Cet homme, tremblant, perdit la tête, et n'en put venir à bout; mais les insurgés, qui semblaient avoir tout prévu, ayant fait approcher des torches, fixèrent eux-mêmes le guichet avec de longs clous dont ils s'étaient munis, probablement dans ce dessein.

Pendant que ces choses se passaient, Butler n'avait pu s'empêcher de remarquer, même malgré lui, quelques uns des individus au milieu desquels le hasard l'avait jeté. La lumière des torches tombait sur eux en le laissant dans l'ombre, ce qui lui donnait le moyen de les voir sans être vu. La plupart étaient vêtus en marins, quelques uns portaient de grandes redingotes et un chapeau à larges bords; on voyait des femmes parmi eux, mais quand ces amazones venaient à parler, on reconnaissait à leur voix, comme on aurait pu s'en douter à leur taille, qu'elles n'avaient du sexe féminin que les habillemens. L'une d'elles répondit au nom de Wildfire, et ce nom était souvent prononcé. Du reste on semblait agir d'après un plan convenu et bien concerté. On avait des signaux, des mots de ralliement, et de faux noms par lesquels on se reconnaissait.

Les insurgés laissèrent quelques uns d'entre eux pour observer West-Port, en menaçant les gardiens de les tuer s'ils tentaient de sortir de leur loge et de s'emparer de nouveau de la porte pendant cette nuit. Ils coururent ensuite rapidement dans la rue basse, appelée Cowgate, la populace se rendant de toutes parts au bruit du tambour, et se joignant à eux. Ils assurèrent la porte de Cowgate aussi facilement que la première, et y laissèrent encore un détachement pour s'y tenir en faction. On remarqua ensuite, comme un trait de prudence et d'audace singulièrement combinées, que ces hommes chargés de veiller aux portes, ne restèrent pas stationnaires à leur poste; ils allaient et revenaient, à quelque distance les uns des autres, se tenant assez près pour veiller à ce que personne ne pût tenter d'ouvrir; mais en même temps sans s'exposer à être eux-mêmes observés et reconnus.

Cet attroupement, composé d'abord de cent hommes, s'éleva peu à peu à des milliers, et il augmentait toujours. Ils se divisèrent pour gravir plus rapidement les divers passages étroits qui conduisent de Cowgate à High-Street ; ne cessant pas de battre le tambour et d'appeler à eux tous les vrais Écossais, ils remplirent toute la principale rue de la ville.

La porte de Netherbow pourrait être nommée le *Temple-Bar* d'Édimbourg, puisque, coupant High-Street à son extrémité, elle séparait Édimbourg proprement dit du faubourg de Canongate, comme Temple-Bar sépare Londres de Westminster. Il était de la dernière importance pour ces hommes en insurrection de s'emparer de cette porte. Un régiment d'infanterie, commandé par le colonel Moyle, était caserné dans ce faubourg, et, en entrant par cette porte, il aurait pu facilement mettre un obstacle insurmontable à l'accomplissement du plan des insurgés. Les chefs de l'émeute marchèrent donc sur-le-champ à Netherbow, et fermèrent cette porte comme les autres en y laissant un détachement proportionné à l'importance de ce poste.

Il s'agissait alors pour ces hardis insurgés de désarmer la garde de la ville et de se procurer en même temps des armes pour eux-mêmes ; car ils n'avaient encore que des bâtons. Le corps-de-garde (guard-house) était un bâtiment long, bas et informe (démoli en 1787), qu'une imagination capricieuse aurait pu comparer à un long limaçon noir rampant au milieu d'High-Street et nuisant au coup d'œil de sa belle esplanade. Cette formidable insurrection était si inattendue, qu'il ne s'y trouva que l'escouade ordinaire de six hommes commandés par un sergent ; il était impossible de supposer qu'une troupe si peu nombreuse pût opposer quelque résistance à une multitude si décidée.

Il y avait en sentinelle un soldat qui (afin qu'il fût dit qu'un soldat de la garde avait fait son devoir dans cette nuit mémorable) mit son fusil en joue, et cria au plus avancé des mutins de ne pas approcher. La jeune amazone dont Butler avait remarqué l'activité particulière, s'élança sur le factionnaire, le terrassa, et lui arracha son fusil. Un ou deux soldats qui voulaient venir au secours de leur camarade furent de même désarmés, et la populace se mit en possession du corps-de-garde sans coup férir. Il est à remarquer que, quoique ces soldats de la garde de la ville fussent ceux qui avaient tiré sur le peuple le jour de l'exécution de Wilson, aucun d'eux n'éprouva ni mauvais traitement ni insulte. Il semblait que la vengeance des insurgés dédaignât de s'exercer sur tout ce qui n'avait servi que d'instrument à cet acte arbitraire.

Dès qu'ils furent maîtres du corps-de-garde, ils crevèrent tous les tambours qui s'y trouvaient, de peur qu'on ne s'en servît pour donner l'alarme à la garnison du château; et, pour la même raison, ils firent cesser le bruit du leur, que battait un jeune homme, fils du tambour de Portsburgh, qu'ils avaient emmené de force; ensuite ils distribuèrent aux plus déterminés d'entre eux les fusils, les cartouches, les baïonnettes, les sabres, les pertuisanes et les haches d'armes, dites haches de *Lochaber*.

Jusqu'à ce moment, les principaux insurgés avaient gardé le silence sur le but de l'insurrection. Tous le connaissaient, le soupçonnaient au moins, aucun n'en parlait. Mais, dès que toutes ces opérations préliminaires furent terminées, on entendit s'élever un cri épouvantable:—Porteous! Porteous! à la Tolbooth! à la prison!

Ils étaient au moment d'atteindre leur but, cependant ils continuèrent à agir avec la même prudence qu'ils avaient montrée lorsque le succès était plus douteux : un détachement nombreux des insurgés se rangea devant les Luckenboots, et, faisant face à la partie inférieure de la rue, barrait tout accès du côté du levant, tandis que la partie occidentale du défilé formé par les Luckenboots était gardée de la même manière; par ce moyen la Tolbooth étant complètement entourée de toutes parts, ceux qui devaient enfoncer les portes ne couraient aucun risque d'être interrompus.

Cependant les magistrats avaient pris l'alarme, s'étaient assemblés dans une taverne, et cherchaient les moyens de lever une force suffisante pour réprimer l'insurrection. Les diacres ou présidens des corps des métiers, auxquels on s'adressa, déclarèrent qu'ils ne pouvaient espérer d'être utiles lorsqu'il s'agissait de sauver un homme si odieux. M. Lindsay, membre du parlement pour la ville d'Édimbourg, offrit de se charger de la tâche périlleuse de porter au colonel Moyle, commandant du régiment en quartier à Canongate, un message verbal du lord prevôt, en le requérant de forcer la porte de Netherbow, d'entrer dans la ville, et d'y rétablir le calme. Mais il refusa de se charger d'ordres par écrit, de crainte que la populace furieuse ne lui ôtât la vie si elle venait à les découvrir sur sa personne. Le résultat de cette démarche fut que le colonel, n'ayant pas de réquisition écrite des autorités civiles, et instruit par l'exemple de Porteous du danger que courait devant un jury un chef militaire qui agissait sur sa seule responsabilité, refusa de s'exposer au risque que lui ferait courir le message du prevôt.

On envoya aussi plusieurs messages à l'officier qui commandait dans le château pour le requérir de faire marcher ses troupes, de tirer quelques coups de canon, et même de jeter une ou deux bombes dans la ville pour nettoyer les rues. Mais toutes les avenues qui pouvaient y conduire étaient si bien gardées par les insurgés, que pas un des exprès ne put arriver à sa destination. Ils furent tous arrêtés et relâchés sans avoir reçu aucun mauvais traitement, et sans d'autres menaces que celles qui étaient nécessaires pour les détourner de se charger une seconde fois d'un pareil message.

On prit les mêmes précautions pour empêcher aucune personne des classes supérieures de la société, et qui par là même étaient suspectes à la populace, de paraître dans les rues où elles auraient pu observer les mouvemens des insurgés, et chercher à les reconnaître. Tout homme qu'on apercevait avec un costume d'homme comme il faut était arrêté sur-le-champ; on le priait et au besoin on l'obligeait de retourner sur ses pas. Plus d'une partie de quadrille fut manquée en cette nuit mémorable, car les chaises à porteur des dames et même de celles du plus haut rang furent interceptées malgré les laquais en livrée dorée et leurs brillans flambeaux. Cela se faisait généralement avec des égards pour les dames et une déférence qu'on ne pouvait guère attendre des éclaireurs d'une populace indisciplinée. Ceux qui arrêtaient une chaise disaient ordinairement pour s'excuser qu'il régnait en ce moment trop de trouble dans les rues pour qu'une dame pût s'y montrer sans danger. Ils offraient même de l'escorter jusqu'à la maison d'où elle sortait, sans doute de crainte que quelques uns des insurgés ne déshonorassent leur plan systématique de vengeance, en se livrant à quelques uns des excès communs en pareils cas.

Des gens qui vivent encore ont entendu des dames raconter qu'elles avaient été ainsi arrêtées et reconduites chez elles par des jeunes gens qui leur offraient même la main quand elles sortaient de leur chaise, avec une politesse qu'on n'aurait pas dû espérer de trouver sous les habits qui les couvraient et qui étaient ceux de simples ouvriers. On eût dit que les conspirateurs, de même que ceux qui avaient assassiné autrefois le cardinal Beatoun, s'imaginaient qu'ils exécutaient un jugement du ciel, auquel on devait procéder avec ordre et solennité, quoiqu'il ne fût pas sanctionné par l'autorité civile.

Tandis que les corps détachés exerçaient ainsi une surveillance active, sans que la crainte ou la curiosité de voir ce qui se passait ailleurs leur fissent rien négliger de ce qui leur était prescrit, une troupe d'élite se présentait à la porte de la prison et y frappait avec violence, en demandant à grands cris qu'on la lui ouvrît sans délai. Personne ne répondit, car le concierge de la première porte avait prudemment pris la fuite avec les clefs dès le commencement de l'émeute, et ne fut trouvé nulle part. Cette porte fut immédiatement attaquée avec des marteaux d'enclume, des barres de fer et des leviers; mais elle était en chêne doublé, garnie partout de gros et longs clous à tête ronde; les gonds et les ferrures étaient d'une solidité à toute épreuve, et elle résistait à tous les efforts. Les insurgés ne se rebutaient pourtant pas; et comme peu de personnes pouvaient travailler en même temps, dès qu'une bande était fatiguée elle était relevée par une autre, mais sans beaucoup avancer.

Butler avait été conduit sur la scène principale de l'action, et si près de la prison, qu'il était assourdi par le choc continuel des marteaux contre les battans ferrés de la porte. Il commençait à espérer que la populace, désespérant d'y réussir, renoncerait à son dessein, ou qu'il arriverait enfin une force suffisante pour la disperser. Il y eut même un instant où cette dernière chance parut probable.

Les magistrats ayant rassemblé les officiers de leur police et un certain nombre de citoyens qui consentirent à risquer leurs jours pour rétablir la tranquillité publique, sortirent de la taverne où ils s'étaient réunis, et se mirent en marche vers la scène du plus grand danger. Ils étaient précédés de leurs officiers civils portant des torches, et d'un héraut qui devait faire lecture de la loi contre les rassemblemens, si cela devenait nécessaire. Ils firent reculer aisément les avant-postes et les sentinelles avancées des insurgés; mais quand ils approchèrent de cette ligne de défense que la populace, ou pour mieux dire les conspirateurs avaient disposée en travers de la rue vis-à-vis des Luckenbooths, ils furent assaillis d'une grêle de pierres qu'on leur lança du plus loin qu'on les aperçut, et quand ils furent plus près, les piques, les baïonnettes et les haches de Lochaber dont la populace s'était armée furent tournés contre eux. Un officier de police, homme robuste et déterminé, arrêta pourtant un des factieux et se saisit de son mousquet. Mais à l'instant même on tomba sur lui; on le terrassa et on le désarma à son tour, sans se porter à aucune autre violence contre lui, ce qui offre une nouvelle preuve du système de modération qu'avaient adopté des hommes si opiniâtres dans leur projet exclusif de vengeance contre l'objet de leur ressentiment. Les magistrats, après avoir tenté de vains efforts pour faire entendre leur voix et se faire obéir, n'ayant plus les moyens nécessaires pour faire respecter leur autorité, furent obligés de se retirer promptement, afin d'éviter les pierres qui leur sifflaient aux oreilles, et ils laissèrent la populace maîtresse du champ de bataille.

La résistance passive qu'opposait la prison semblait devoir être plus nuisible aux projets des conjurés que l'intervention active des magistrats. Les pesans marteaux continuaient à battre la porte, et avec un bruit suffisant pour donner l'alarme à la garnison du château. Le bruit se répandit même qu'elle prenait les armes pour descendre dans la ville, et que si l'on ne réussissait à forcer promptement l'entrée de la prison, il faudrait renoncer à tout projet de vengeance; d'autant plus qu'une bombe ou deux jetées dans la rue étaient un moyen suffisant de répression.

On redoubla donc d'ardeur, mais sans obtenir plus de succès. Enfin une voix s'écria : — Il faut y mettre le feu ! Des acclamations unanimes s'élevèrent ; on se procura quelques vieux tonneaux qui avaient contenu de la poix, on les brisa, on les amoncela contre la porte, on y mit le feu, on l'entretint avec tous les combustibles qu'on put se procurer. Le feu ainsi alimenté vomit bientôt une colonne de flamme ; les reflets éclairaient les figures farouches des factieux et le visage pâle des citoyens inquiets, qui, des fenêtres du voisinage, observaient avec terreur cette scène alarmante. La populace entretint le feu avec toutce qu'elle put trouver sous sa main ; les flammes firent entendre leurs craquemens, et une acclamation de joie annonça bientôt que la porte allait être détruite ; alors on laissa le feu mourir de lui-même ; mais avant qu'il fût entièrement éteint, les plus impatiens des conjurés s'élancèrent l'un après l'autre à travers les débris encore enflammés, et pénétrèrent dans la prison. Des nuages d'étincelles voltigèrent dans les airs, éparpillées sous les pieds de ceux qui foulaient les tisons. Butler et tous les autres témoins ne purent plus douter que les insurgens ne se rendissent bientôt maîtres de leur victime, pour en faire tout ce que bon leur semblerait, quoi que ce pût être.

CHAPITRE VII.

« Nous ferons tout le mal que vous ordonnerez,
» Peut-être même encore davantage. »

SHAKSPEARE. *Le Marchand de Venise.*

Le malheureux qui se trouvait l'objet de cette insurrection populaire avait été, dans la matinée, délivré de la crainte d'un supplice public. Sa joie en fut d'autant plus grande, qu'il avait quelque sujet de craindre que le gouvernement ne voulût pas heurter l'opinion publique en épargnant un homme coupable d'un crime si odieux, et qui avait été condamné à mort d'après le *verdict* d'un jury. Délivré de cette incertitude, son cœur s'ouvrit à l'espérance, et il crut, selon l'expression de l'Ecriture dans une occasion semblable, que sûrement l'amertume de la mort était passée pour lui. Quelques uns de ceux qui s'intéressaient à lui, et qui avaient été témoins de la manière dont le peuple avait appris la nouvelle du sursis, pensaient différemment. Ce silence farouche de la populace leur fit craindre qu'elle ne formât quelque projet secret de vengeance. Ils conseillèrent donc à Porteous de ne pas perdre de temps, et d'adresser aux magistrats une pétition pour demander à être transféré dans le château, où il resterait jusqu'à ce que le gouvernement eût prononcé définitivement sur son sort. Habitué depuis long-temps à mépriser la canaille et à lui imposer, Porteous ne fit que rire de leurs inquiétudes, et ne put s'imaginer que l'on conçût jamais le projet d'enfoncer une prison aussi forte que l'était celle d'Edimbourg. Dédaignant l'avis qui aurait pu le sauver, il passa l'après-midi de ce jour mémorable à se réjouir avec plusieurs amis qui l'avaient visité dans la Tolbooth, et dont quelques uns restèrent à souper avec lui, quoique ce fût contraire au règlement, mais grâce à la complaisance du capitaine de la prison, avec qui Porteous avait des rapports d'intimité.

Ce fut donc au milieu de la joie du festin et d'une confiance peu fondée, que ce malheureux entendit les premières clameurs lointaines de l'attroupement se mêler aux chants joyeux de son intempérance ; soudain le geôlier, tout troublé, vient appeler ses hôtes, leur crie de se retirer au plus tôt, et leur apprend à la hâte qu'une multitude déterminée s'est emparée des portes de la ville et du corps-de-garde. Telle fut pour eux la première explication de ces effrayantes clameurs. Porteous aurait pu encore échapper à la fureur populaire contre laquelle les magistrats ne pouvaient le protéger, s'il eût pensé à se déguiser et à sortir de la prison avec ses amis : il est probable que le geôlier aurait favorisé son évasion, ou ne s'en serait pas aperçu dans ces momens de désordre. Mais ni Porteous ni ses amis n'eurent assez de présence d'esprit pour songer à ce plan de fuite ou pour l'exécuter. Ceux-ci se retirèrent à la hâte d'un lieu où leur propre sûreté semblait compromise, et Porteous, dans une sorte de stupéfaction, attendit dans sa chambre quelle serait l'issue de l'entreprise des révoltés. La cessation du bruit des instrumens avec lesquels ils avaient essayé d'abord d'enfoncer la porte lui rendit un moment l'espérance. Il pensa que la garnison du château ou le régiment du colonel Moyle était entré dans la ville, et avait dissipé le rassemblement. Mais bientôt, de nouveaux cris et la lueur des flammes qui éclairaient ses fenêtres lui apprirent que la populace n'avait pas renoncé à ses projets, mais avait seulement adopté un mode d'exécution plus prompt et plus certain.

Comment fuir ? comment se cacher ? l'un et l'autre paraissait impossible. Le seul moyen qui lui sembla praticable fut de tâcher de monter par la cheminée, dût-il étouffer en essayant d'y passer. Mais à peine était-il parvenu à la hauteur de quelques pieds, qu'il se trouva arrêté par ces barres de fer qu'on y place dans tous les édifices qui servent à renfermer des prisonniers. Elles servirent du moins à le soutenir à l'élévation où il était arrivé, et il les saisit avec l'ardeur d'un homme tenant le dernier fil qui l'attache à l'existence. La clarté répandue dans l'appartement par la lueur des flammes diminua graduellement et finit par s'évanouir. De grands cris se firent entendre dans l'intérieur de la prison. Ceux qui y étaient détenus, et qui voyaient arriver l'instant de leur délivrance, y répondirent par des acclamations de joie, et quelques uns d'entre eux indiquèrent aux chefs des factieux la chambre où devait se trouver la victime qu'ils cherchaient. Porteous entendit les pas de ses bourreaux dans l'escalier : les verrous s'ouvrirent ; la porte, dont ils n'avaient pas la clef, fut bientôt enfoncée, et ils entrèrent en proférant des sermens et des exécrations que nous n'osons rapporter, mais qui prouvaient évidemment les intentions horribles qui les amenaient, s'il avait pu en rester quelque doute.

L'endroit où Porteous s'était caché, faute d'en trouver un meilleur, ne pouvait échapper aux soupçons ; on l'y chercha naturellement, on l'y découvrit et il en fut arraché avec une violence qui faisait croire qu'on voulait le massacrer sur-le-champ. Dix baïonnettes furent dirigées contre lui, mais le jeune homme dont Butler avait remarqué le costume de femme s'interposa d'un ton d'autorité. — Êtes-vous fous ? leur dit-il ; voulez-vous exécuter un acte de justice comme si c'était un crime ou une barbarie ? Le sacrifice doit être offert sur l'autel, ou il perdrait la moitié de son prix. Il faut que cet homme meure comme doit mourir un assassin, sur le gibet. Il faut qu'il périsse dans l'endroit où il a fait périr tant d'innocens.

De grands cris d'approbation partirent de toutes parts. — Au gibet le meurtrier, au gibet ! à la place de Grassmarket ! Et les mêmes acclamations furent répétées au loin.

—Que personne ne le touche ! s'écria le même orateur. Qu'il tâche de faire sa paix avec Dieu, s'il le peut. Nous ne voulons pas tuer son âme avec son corps.

—Quel temps a-t-il donné aux autres pour se préparer à la mort ? il faut le traiter comme il a traité les autres ! s'écria-t-on.

Mais l'opinion du harangueur était plus d'accord avec le caractère de ceux à qui il s'adressait, caractère plus opiniâtre qu'impétueux, et ils avaient résolu de donner une apparence de justice et de modération à un acte de vengeance et de cruauté. Pour un moment ce chef laissa le prisonnier, dont il confia la garde à des hommes dont il était sûr, et après avoir dit que Porteous pouvait remettre à qui bon lui semblerait son argent et ses autres effets. Un prisonnier pour dettes reçut ce dernier dépôt de la main tremblante de la victime, à qui l'on permit même de faire quelques courtes dispositions avant sa mort prochaine. Les criminels et tous ceux qui voulurent déserter la prison se virent alors libres de le faire. Ce n'est pas que leur délivrance fût entrée pour quelque chose dans le projet des factieux, mais les portes se trouvant brisées, elle en était la conséquence nécessaire, et presque tous se hâtèrent d'en profiter. Il ne resta dans la prison qu'un homme d'environ cinquante ans, une fille de dix-huit ans, et deux ou trois prisonniers pour dettes, qui probablement ne voyaient aucun avantage à tenter de s'échapper. Les personnes que nous avons mentionnées restèrent alors dans la salle de la prison que tous les autres détenus avaient quittée. Quelqu'un qui avait été leur compagnon d'infortune, s'adressant à l'homme de cinquante ans, d'un ton de connaissance, l'invitait à s'échapper.

— Eh bien, Ratcliffe, prends donc le large, la route est libre.

— Cela se peut bien, Willie, répondit Ratcliffe avec calme, mais j'ai une idée de quitter le métier, de devenir homme de bien.

— Eh bien, reste, vieux fou! s'écria l'autre, reste pour te faire pendre comme un vieux diable imbécile! Et au même instant il descendit l'escalier de la prison.

Pendant ce temps, la personne que nous avons distinguée comme un des plus actifs conspirateurs s'était rendu dans la chambre de la jeune fille. Il n'eut que le temps de lui dire : — Fuyez donc, Effie, fuyez donc! Elle se retourna vers lui, et le regarda d'un air de crainte, de tendresse et de reproche, mêlé de surprise et de stupeur.

— Fuyez, répéta-t-il, au nom de tout ce qui vous est cher!

Elle jeta les yeux sur lui sans avoir la force de lui répondre.

En ce moment un grand bruit éclata, et l'on entendit appeler Wildfire à plusieurs reprises.

— Je viens, je viens! répondit celui qui était désigné par ce nom. — Effie, dit-il encore, pour l'amour du ciel, par pitié pour vous, pour moi, fuyez, ou vous êtes perdue! Et au même instant il se précipita hors de la chambre.

Elle le suivit des yeux un moment, et puis murmura à demi-voix. — Mieux vaut perdre la vie, puisque l'honneur est perdu! Et elle resta aussi insensible, en apparence, qu'une statue, au milieu du tumulte qui avait lieu autour d'elle.

Ce tumulte passa alors de la prison au dehors. La populace avait déjà fait descendre la victime jusqu'à la porte, et n'attendait plus que son chef pour la conduire au lieu où l'on avait décidé de consommer le sacrifice; c'était pour cela que les cris impatiens de ses compagnons l'avaient appelé.

Dès qu'il arriva près de Porteous : — Je vous promets cinq cents livres, lui dit celui-ci à voix basse en lui serrant la main, cinq cents livres sterling, si vous me sauvez la vie.

L'autre répondit sur le même ton de voix et en serrant sa main avec une étreinte également convulsive : — Cinq quintaux d'or monnayé ne vous sauveraient pas. — Souvenez-vous de Wilson. — Après cinq minutes de silence, Wildfire ajouta d'un ton plus calme : — Faites votre paix avec Dieu : où est l'ecclésiastique?

On amena Butler, pâle, tremblant et interdit, qu'on avait retenu près de la porte de la prison, tandis qu'on cherchait Porteous dans l'intérieur. On lui donna ordre de marcher à côté du prisonnier et de le préparer à la mort. Il supplia les factieux de considérer ce qu'ils allaient faire. — Vous n'êtes ni juges ni jurés, leur dit-il; ni les lois de Dieu, ni celles des hommes, ne vous donnent le droit d'ôter la vie à un de vos semblables, quelque digne qu'il fût de la mort. Un magistrat légal lui-même est coupable de meurtre, s'il exécute un condamné autrement qu'au lieu, au temps et de la manière que prescrit la sentence; à plus forte raison vous autres qui n'avez d'autre mandat que votre volonté. Au nom de celui qui est tout miséricorde, épargnez cet infortuné, et ne souillez pas vos mains de son sang; ne commettez pas le crime que vous avez l'intention de punir.

— Abrégez votre sermon! s'écria un des conjurés, vous n'êtes point ici dans votre chaire.

— Si vous bavardez davantage, lui dit un autre, nous vous pendrons avec lui.

— Paix! dit Wildfire, paix! n'insultez pas ce brave homme. Il obéit à sa conscience, et je ne l'en estime que davantage. A présent, monsieur, dit-il à Butler, nous vous avons écouté avec patience, mais il faut que vous compreniez bien que rien ne peut changer notre résolution, et qu'en nous parlant c'est comme si vous parliez aux verrous et aux barres de fer de la Tolbooth. Le sang demande du sang : nous nous sommes promis par le serment le plus solennel que Porteous périrait du supplice qu'il a si bien mérité et auquel il a été justement condamné; ainsi donc ne nous parlez plus, et préparez-le à la mort aussi bien que le permettent le peu d'instans qu'il lui reste à vivre.

Le malheureux Porteous avait ôté son habit et ses souliers pour monter plus facilement dans la cheminée : quand on l'en avait tiré, on lui avait mis sa robe de chambre et ses pantoufles. Dans cet état, on le fit asseoir sur les mains entrelacées de deux conjurés, de manière à former ce qu'on appelle en Ecosse le *coussin du roi*. Butler fut placé à sa droite, et on lui réitéra l'ordre de s'acquitter de son devoir, le devoir le plus pénible qu'on puisse imposer à un prêtre digne de ce nom, et qui le devenait doublement dans la circonstance particulière où se trouvaient Butler et l'infortuné qu'il était chargé d'exhorter. Porteous fit encore un appel à la pitié de ses bourreaux; mais, voyant que les prières étaient inutiles, il se résigna à son sort avec la fermeté que lui inspiraient son éducation militaire et son caractère fier et intrépide.

— Êtes-vous préparé pour ce terrible moment? lui demanda Butler d'une voix presque défaillante. Tournez-vous vers celui près duquel le temps et l'espace ne sont rien; aux yeux de qui quelques instans de vrai repentir valent la plus longue vie d'un juste.

— Je crois que je sais ce que vous voulez dire, répondit Porteous d'un air sombre. J'ai mené la vie d'un soldat. Si l'on m'assassine, que mes fautes retombent, comme mon sang, sur la tête de mes bourreaux!

— Qui est-ce, s'écria Wildfire, qui était à sa gauche, qui est-ce qui, à cette même place, dit à Wilson, quand il se plaignait que la douleur que lui causaient ses fers l'empêchait de prier, que ses souffrances ne dureraient pas long-temps?... On pourrait aujourd'hui vous payer de la même monnaie. Si donc vous ne profitez pas des exhortations de ce digne homme, n'en accusez pas ceux qui ont pour vous plus de compassion que vous n'en avez montré pour les autres.

Le cortége se mit alors en marche d'un pas lent et solennel, à la lueur d'un grand nombre de torches et de flambeaux, car les acteurs de cette scène tragique n'affectaient pas de la couvrir des ombres du mystère, et semblaient au contraire vouloir lui donner de la publicité. Les principaux chefs entouraient le prisonnier, dont on pouvait distinguer, à la clarté des torches, les traits pâles et l'air déterminé, car on le portait de manière que sa tête était élevée au-dessus de tous ceux qui se pressaient autour de lui. Ceux des factieux qui étaient armés d'épées, de fusils et de haches d'armes, etc., marchaient sur deux files de chaque côté, comme la garde régulière de la procession. Dans toutes les rues, les fenêtres étaient garnies d'une foule d'habitans dont le sommeil avait été troublé par le tumulte de cette nuit. Presque tous semblaient frappés de surprise et de terreur à la vue de ce spectacle étrange; quelques uns firent entendre quelques cris d'encouragement, mais pas un n'osait se permettre un mot, un geste d'improbation.

Les conjurés, de leur côté, agissaient toujours avec cet air de confiance et de sécurité qui avait marqué toutes leurs démarches. Une des pantoufles de Porteous s'étant détachée de son pied, on s'arrêta pour la ramasser, on la lui remit, et l'on continua de marcher. Quands ils descendirent la rue de Bow pour se rendre au lieu fatal où ils voulaient compléter leur projet, quelqu'un dit qu'il serait bon de se pourvoir d'une corde. Aussitôt on força la porte de la boutique d'un cordier, on y choisit une corde convenable à l'usage auquel on la destinait, et le lendemain le marchand trouva une guinée sur son comptoir, tant les auteurs de cette entreprise hardie avaient à cœur de prouver qu'ils ne voulaient contrevenir à aucune loi, et que la mort de Porteous était l'unique but du soulèvement.

Conduisant, ou pour mieux dire portant avec eux l'objet sur lequel ils voulaient assouvir leur vengeance, ils arrivèrent enfin sur la place de Grassmarket, lieu ordinaire des exécutions, théâtre du crime de Porteous, et qui devait l'être de son supplice. Plusieurs des conspirateurs, car on peut bien les nommer ainsi, s'occupèrent à lever la pierre qui couvrait le creux dans lequel on assujettissait le fatal gibet chaque fois qu'on devait en faire usage, et d'autres cherchèrent les moyens de construire une espèce de potence temporaire, car l'endroit où était déposée celle qui servait aux exécutions était situé dans un quartier trop éloigné pour qu'on pût songer à aller la chercher sans perdre beaucoup de temps et sans risque. Butler profita de ce délai pour tâcher de détourner de nouveau le peuple de ses projets sanguinaires.

— Pour l'amour du ciel! s'écria-t-il, souvenez-vous que c'est l'image de votre Créateur que vous voulez détruire dans la personne de cet infortuné! Misérable comme il est, quelque coupable qu'il puisse être, il a sa part des promesses de l'Écriture, et vous ne pouvez le mettre à mort dans son impénitence, sans effacer son nom du Livre de Vie. Ne détruisez pas son âme avec son corps, donnez-lui le temps de se préparer.

— Quel temps a-t-il donné, s'écria une voix farouche, à ceux qu'il a assassinés dans ce même lieu? Les lois divines et humaines commandent sa mort.

— Mais, mes chers amis, reprit Butler oubliant généreusement les risques qu'il courait lui-même, — mes chers amis, qui vous a établis ses juges?

— Nous ne sommes pas ses juges, répondit la même voix. Ses juges légitimes l'ont déjà condamné. Nous sommes ceux que le ciel et notre juste colère ont suscités pour mettre à exécution un jugement légal contre un meurtrier qu'un gouvernement corrompu aurait voulu protéger.

— Je ne le suis point ! s'écria le malheureux Porteous : l'acte que vous me reprochez a eu lieu pour ma propre défense, tandis que j'étais attaqué en exerçant légalement mes fonctions.

— Qu'il périsse ! s'écria-t-on de toutes parts, qu'il périsse !... A quoi bon perdre son temps pour faire un gibet !... Cette poutre de teinturier suffira pour l'homicide.

Le malheureux fut livré à son sort avec une précipitation sans remords ; Butler s'en trouvant séparé, par les flots de la presse, évita l'horrible spectacle de ses derniers momens. N'étant plus surveillé par ceux qui le retenaient prisonnier, il se mit à fuir du lieu fatal sans trop s'inquiéter dans quelle direction. Une bruyante acclamation proclama le plaisir avec lequel les instigateurs de ce supplice en saluaient la consommation. Ce fut alors que Butler, à l'entrée de la rue appelée Cowgate, se détourna avec terreur, et, à la lueur rouge et sombre des torches, il distingua une figure qui s'agitait suspendue au-dessus des têtes de la multitude ; cette vue était de nature à redoubler son horreur et à hâter sa fuite. La rue dans laquelle il courait aboutit à l'une des portes de la cité du côté du couchant. Butler ne s'arrêta qu'à cette porte, mais il la trouva fermée ; il attendit en se promenant près d'une heure en long et en large, dans un trouble inexprimable. Enfin il prit le parti d'appeler les gardiens épouvantés. Ceux-ci furent alors libres de reprendre tranquillement leurs fonctions. Butler leur demanda d'ouvrir ; ils hésitaient, Butler leur dit son nom et son état.

— C'est un prédicateur, dit l'un, je l'ai entendu prêcher dans le trou de Haddo.

— Il a été cette nuit d'un fameux sermon ! dit l'autre ; mais moins on parle, moins on risque.

Lui ouvrant alors le guichet, ils lui permirent de passer.

Butler alla porter son horreur hors des murs d'Edimbourg. Son premier dessein était de se rendre chez lui directement ; mais d'autres craintes et d'autres inquiétudes relatives à ce qu'il avait appris ce jour-là chez mistress Saddletree le déterminèrent à attendre le retour du jour dans le voisinage de la ville. Il eut soin de se tenir un peu à l'écart, et vit passer non loin de lui divers groupes qui marchaient à grands pas, en paraissant causer avec chaleur, mais à voix basse ; circonstances qui, jointes à l'heure qu'ils choisissaient pour voyager, lui firent penser qu'ils avaient pris une part active à l'acte sanguinaire qui venait d'avoir lieu.

Il est certain que la dispersion totale et soudaine des factieux, quand ils eurent assouvi leur soif de vengeance, fut un des traits les plus remarquables de cette singulière insurrection. En général, quel que soit le motif d'un soulèvement du peuple, il en résulte toujours divers désordres qui ne faisaient point d'abord partie des projets des séditieux, mais auxquels le cours des évènemens les entraîne. Il n'en fut pas de même à cette occasion. La vengeance que ces hommes avaient exercée semblait les avoir complètement rassasiés. Dès qu'ils furent assurés que leur victime avait perdu la vie, ils se séparèrent, et abandonnèrent même les armes dont ils ne s'étaient emparés que pour parvenir à l'exécution de leur projet. A la pointe du jour, il ne restait dans la ville d'autres traces du mouvement populaire qui avait eu lieu pendant la nuit que le corps du malheureux Porteous, encore suspendu à la poutre qui avait servi de gibet, et les armes qui avaient été prises dans le corps-de-garde de la ville, dispersées çà et là dans les rues.

Les magistrats reprirent leur autorité, non sans reconnaître en tremblant qu'elle tenait à un fil bien léger. Les premières marques qu'ils donnèrent du retour de leur énergie fut de faire entrer des troupes dans Edimbourg, et de commencer une enquête sévère sur les évènemens qui avaient eu lieu pendant la nuit. Mais ils avaient été conduits avec tant de secret, et d'après un plan si bien calculé, qu'on ne put obtenir que bien peu de renseignemens sur les auteurs de ce complot audacieux. Un exprès fut dépêché à Londres pour en porter la nouvelle, qui excita la surprise et l'indignation du conseil de régence et surtout de la reine Caroline ; elle regarda le succès de cette conspiration extraordinaire comme une insulte faite à son autorité. Pendant quelque temps il ne fut question que de projets de vengeance, non seulement contre ceux qui avaient joué un rôle dans cette tragédie, dès qu'on les aurait découverts, mais contre les magistrats qui ne l'avaient pas empêchée, et contre la ville où elle avait eu lieu. La tradition rapporte encore une réponse hardie que fit en cette occasion, à la reine, le célèbre John, duc d'Argyle. Elle lui disait que, plutôt que de souffrir qu'un tel outrage restât impuni, elle irait faire la chasse aux Écossais comme à des bêtes farouches. — En ce cas, madame, répondit ce fier seigneur avec un salut profond, il faut que je prenne congé de Votre Majesté pour aller préparer mes chiens.

Le sens que couvraient ces mots était assez clair, et comme toute la noblesse écossaise était animée du même esprit national, on crut devoir adopter des mesures moins violentes ; nous aurons peut-être occasion d'en parler par la suite.

CHAPITRE VIII.

« Le mont Arthur sera ma couche,
» Il n'en est plus d'autre pour moi.
» L'eau de Saint-Antony rafraîchira ma bouche,
» Puisque celui que j'aime a pu trahir ma foi ! »

Ancienne chanson.

Si j'avais à choisir un lieu pour admirer le lever ou le coucher du soleil, ce serait ce sentier sauvage qui serpente autour de la ceinture de rochers demi-circulaires appelés les rochers de Salisbury, et qui borne la pente rapide par laquelle on descend dans le vallon au sud-est de la ville d'Édimbourg. De là l'œil domine les édifices élevés d'une cité dont une imagination romantique pourrait comparer la forme à celle d'un dragon : on aperçoit tantôt un vaste bras de mer avec ses rochers, ses îles, ses rivages lointains, et l'horizon de montagnes qui les termine, tantôt une belle et fertile campagne que varient les collines, les vallons, et la chaîne pittoresque des monts Pentlands ; mais à mesure que le sentier tourne insensiblement autour de la base des rochers, la perspective composée de ce mélange d'objets enchanteurs et sublimes change à chaque pas, et les offre confondus ou divisés avec toute la variété capable de ravir la vue et l'imagination. Quand un tableau si beau et si vrai, — si séduisant par l'espèce de dédale qu'il présente, et cependant si sublime, — est éclairé des teintes du matin ou du soir, et déploie toute cette richesse d'ombres nuancées par des accidens de lumière qui donnent un caractère au plus modeste paysage, l'effet qu'il produit approche de l'enchantement. Ce sentier était ma promenade préférée du soir et du matin, quand j'étais occupé d'un auteur savant ou d'une nouvelle étude. Il est devenu maintenant, m'a-t-on dit, impraticable, ce qui, si l'on m'a dit vrai, fait peu d'honneur au goût de la bonne ville d'Édimbourg ou de ses magistrats [1].

Ce fut dans ce lieu ravissant — que je n'ai pu nommer sans une description épisodique, en me souvenant qu'il a été le théâtre de mes plus délicieuses rêveries, au temps où la jeunesse remplissait pour moi l'avenir d'espérance et de bonheur; ce fut, dis-je, dans ce romantique sentier que Butler vit le lever du soleil le lendemain du meurtre de Porteous. Il était encore trop matin pour qu'il pût se rendre dans la maison où il avait dessein d'aller, et tandis qu'il est assis sur un des nombreux fragmens détachés par les orages du haut des rochers qui s'élevaient sur sa tête, réfléchissant tantôt sur les circonstances de l'horrible catastrophe dont il avait été le témoin, tantôt sur la triste nouvelle, bien autrement intéressante pour lui, qu'il avait apprise chez M. Saddletree, nous allons faire savoir au lecteur qui était Butler, et quels étaient ses rapports avec Effie Deans, la malheureuse fille de boutique de la diligente mistress Saddletree.

Reuben Butler était né en Écosse, mais d'extraction anglaise. Son aïeul, Étienne Butler, servait dans l'armée de Monk, et faisait partie du corps de dragons qui prit d'assaut la ville de Dundee en 1651. On le surnommait l'Écriture

---

[1] Un sentier solide a été construit depuis autour de ces rochers romantiques. 1820.

Étienne et Bible Butler, à cause de son talent pour lire et commenter le texte saint. C'était un indépendant déclaré qui reçut dans son acception la plus large la promesse faite aux saints d'hériter de la terre. Comme de bons horions étaient tout ce qui lui était tombé en partage jusque là dans la division de la propriété commune, il ne manqua pas de profiter de l'occasion que lui offrait le pillage d'une ville riche et commerçante, pour s'en assurer une part plus raisonnable. Il paraît qu'il y avait passablement réussi, car depuis cette époque sa fortune parut sensiblement améliorée.

La troupe dont il faisait partie fut mise en quartier d'hiver dans le village de Dalkeith. Elle formait les gardes de Monk, qui, en qualité de général des forces de la république, résidait dans un château voisin. A la veille de la restauration de Charles II, quand Monk fut sur le point d'entrer en Angleterre, il réorganisa toute son armée, et mit un soin tout particulier à la composition du corps spécialement attaché à sa personne, afin qu'il ne s'y trouvât que des gens qui lui fussent entièrement dévoués. Bible Butler, pesé dans la balance, fut trouvé trop léger. On savait qu'il professait les principes des Indépendans, et qu'il ne coopérerait pas de bon cœur au rétablissement de Charles II sur le trône de ses pères. On lui donna donc le conseil amical de céder son cheval et ses armes à un des vieux dragons de Middleton, qui avait la conscience accommodante d'un militaire, et dont les principes ne consistaient qu'à se modeler exactement sur ceux de son colonel. Comme cet avis fut accompagné de l'offre de lui payer comptant tout l'arriéré de la solde, il eut assez de sagesse humaine pour accepter cette proposition, et il vit sans regret son ancien corps se rendre à Coldstream dans sa marche vers le sud, pour rétablir sur de nouvelles bases le gouvernement chancelant d'Angleterre.

La *ceinture* de l'ex-troupier, pour me servir de l'expression d'Horace, était assez pesante pour lui fournir les moyens d'acquérir une petite propriété, et il acheta une maison et quelques pièces de terre qui portent encore le nom de Bersheba, à environ un mille de Dalkeith, où il s'établit avec une compagne choisie parmi les jeunes filles du village, qui, désirant former dans ce monde un établissement confortable, se réconcilia avec les mœurs un peu rudes, le caractère sérieux et la figure hâlée du guerrier enthousiaste. Étienne ne survécut pas long-temps au — malheur de tomber dans les mauvais jours, et d'être livré à ces langues mauvaises — dont Milton se plaignait si amèrement dans la même situation : il laissa à la jeune veuve un fils de trois ans, dont l'air, les traits et la tournure faisaient honneur à sa mère, en le proclamant le digne rejeton de Bible Butler.

Les principes du défunt ne s'étaient propagés ni dans sa famille ni parmi ses voisins ; l'air de l'Écosse n'était pas favorable à l'indépendance, quoiqu'il le fût au fanatisme ; mais ils n'étaient pas oubliés. Un laird du voisinage, qui se vantait de ses principes de loyalisme, quoiqu'il n'en eût jamais donné d'autre preuve, que je sache, que de s'exposer à se faire casser la tête à coups de poing dans quelques querelles, quand il était échauffé par le vin et le cavaliérisme, avait trouvé à propos de ramasser toutes les accusations qu'on pouvait porter contre les principes religieux et politiques du défunt, et il fit prononcer tant d'amendes contre la malheureuse veuve, comme étant non-conformiste, et par tous les autres prétextes qu'on trouvait si aisément à cette époque, qu'il s'appropria enfin tout ce qu'elle possédait. Il eut pourtant alors assez de remords et de modération pour lui permettre d'habiter la maison et de cultiver les champs de son mari, à la charge de lui en payer une redevance à des termes assez raisonnables. Son fils Benjamin grandit, et, s'étant marié, eut un fils nommé Reuben, qui est celui que nous avons vu figurer dans le chapitre précédent, et qui vint partager et augmenter la pauvreté de Bersheba.

Le laird de Dumbiedikes avait jusqu'alors été modéré dans ses exactions, peut-être parce qu'il aurait eu honte de taxer trop haut les faibles moyens d'existence qui restaient à la veuve Butler. Mais quand il vit ses travaux partagés par un gaillard actif et vigoureux, Dumbiedikes commença à penser qu'une paire de si larges épaules pourrait porter un fardeau additionnel. Il réglait en effet la conduite de ses vassaux (heureusement ils étaient en petit nombre) d'après le principe des voituriers qu'il voyait charger leurs charrettes à une mine de charbon voisine; ces gens-là ne manquaient jamais d'ajouter quelques quintaux à la charge ordinaire, dès qu'ils avaient, par un moyen ou un autre, acquis un nouveau cheval plus fort que celui qu'ils avaient crevé la veille. Quelque raisonnable que parût cette méthode au laird de Dumbiedikes, il aurait dû observer qu'elle mène souvent à la perte du cheval, de la voiture et de la charge. C'est ce qu'il éprouva quand il augmenta la redevance de sa ferme. Benjamin Butler était un homme de peu de paroles et de peu d'idées, mais attaché au sol de Bersheba, à peu près comme le sont certains végétaux aux lieux où on les transplante. Loin de faire aucune remontrance au laird ou de chercher à éluder ses demandes, il travailla nuit et jour pour le satisfaire, et mourut d'une maladie occasionée par la fatigue et l'épuisement : sa femme le suivit de près au tombeau, et Reuben Butler, en 1705, se trouva, comme l'avait été son père, et au même âge que lui, orphelin et confié aux soins de son aïeule, la veuve de l'ancien troupier de Monk.

La même perspective de misère menaçait un autre fermier de ce seigneur à cœur dur. C'était un déterminé presbytérien nommé Deans, qui, quoiqu'en mauvaise odeur auprès du laird par ses principes religieux et politiques, se maintenait dans le domaine par sa régularité à payer le fermage, redevances en nature, arrérages, transport, mouture sèche, priviléges, service et dons de coutume, et autres exactions aujourd'hui converties en argent et comprises dans le mot emphatique de RENTES. Mais les années 1700 et 1701, accompagnées d'une disette qu'on n'a pas encore oubliée en Écosse, épuisèrent les moyens du fier presbytérien, et, après avoir encore lutté quelque temps, il entendit siffler à ses oreilles les citations faites par l'agent des redevances, les décrets de la cour-baron, les séquestres, les saisies de récolte et de semences, comme les balles des Torys avaient sifflé à celles des Covenantaires aux journées de Pentland et du pont de Bothwell ou d'Airdmoss; enfin Douce David Deans eut beau résister, et il résista beaucoup, il fut battu à pied et à cheval, et resta à la merci d'un seigneur avare, à l'instant où Benjamin Butler venait de mourir.

Chacun prévoyait quel serait le destin de ces deux malheureuses familles : on croyait les voir chasser de leur demeure au premier instant ; mais un évènement inattendu dérangea ces calculs.

Le jour même où leur expulsion devait avoir lieu, tandis que tous leurs voisins se préparaient à leur accorder toute leur compassion, et que pas un ne se disposait à leur donner le moindre secours, le ministre de la paroisse et un médecin d'Édimbourg reçurent une invitation de se rendre en toute hâte près du laird de Dumbiedikes. Tous deux en furent très surpris, car plus d'une fois en vidant sa bouteille il avait témoigné le peu de cas qu'il faisait de l'une et de l'autre profession.

Le médecin de l'âme et celui du corps arrivèrent en même temps dans la cour du vieux manoir. Ils se regardèrent tous deux d'un air d'étonnement, et conclurent qu'il fallait que Dumbiedikes se crût bien mal pour les avoir ainsi fait appeler en même temps. Avant que le domestique eût le temps de les annoncer, ils furent joints par un homme de loi, Nicol Novit, soi-disant *procurateur* devant la cour des shériffs, car à cette époque il n'y avait pas de solliciteur.

Ce dernier personnage fut introduit dans la chambre du laird, où peu de temps après le médecin de l'âme et celui du corps furent aussi invités à se rendre.

Dumbiedikes s'était fait transporter dans son plus bel appartement. C'était une chambre dans laquelle tous ses ancêtres étaient morts successivement, et qu'on nommait pour cette raison the dead-room (*la chambre des morts*). Outre le malade et M. Novit, il s'y trouvait encore le fils et unique héritier du laird, grand garçon d'environ quatorze ans, à l'air un peu niais, et la femme de charge, âgée d'environ quarante-cinq ans, à teint couleur de buis, et qui avait été chargée de la conduite de la maison depuis la mort de lady Dumbiedikes. Le laird, dont la tête, qui n'avait jamais été bien saine, était en ce moment plus dérangée que jamais, s'adressa à peu près en ces termes à ses conseillers spirituels et temporels :

— Ça va mal, messieurs mes voisins, ça va mal pour moi, presque aussi mal qu'en 1689, quand je fus poursuivi par les collégiens[1]. Ils se trompaient bien pourtant sur mon compte. —... Ils m'appelaient papiste; mais il n'y a jamais eu une parcelle de papiste dans tout mon individu, entendez-vous, ministre?—... Jean, prenez exemple sur moi, mon fils, c'est une dette qu'il faut que nous payions tous. —... Et voilà Nicol Novit qui vous dira que je ne fus jamais bon dans ma vie quand il s'agissait de payer des dettes. —... M. Novit, vous n'oublierez pas de retenir la rente annuelle qui est due par le billet du comte. —... Si je paie aux autres, je pense qu'il faut que les autres me paient à leur tour. —... Ce n'est que justice. Jean, quand vous n'aurez rien autre à faire, plantez un arbre, il poussera pendant que vous dormirez. Mon père me le disait il y a quarante ans, je n'ai jamais eu le temps d'y faire attention. —... Ne buvez jamais d'eau-de-vie le matin, mon fils, prenez plutôt de *l'eau admirable*. Jenny en fait d'excellente. Docteur, j'ai la respiration aussi pénible qu'un joueur de cornemuse qui a joué vingt-quatre heures de suite à une noce payante[2]. —... Eh bien, ministre, récitez-moi quelques petites prières, cela me fera peut-être du bien, cela me distraira de mes pensées. Allons, quelques prières, mon brave homme.

— Je ne puis réciter une prière comme on chante une chanson, répondit l'honnête ministre; faites-moi connaître l'état de votre âme, et nous prierons Dieu de lui faire miséricorde.

— Est-ce que vous ne devez pas le savoir? Vous ai-je payé les émolumens et les dîmes du vicariat et de la cure depuis 1689, pour ne pas avoir un petit bout de prière la première fois que je vous en demande? Décampez avec toute votre *whiguerie*, si c'est comme cela. Le vieux desservant Kilstoup m'aurait déjà lu la moitié du livre de prières. Allez-vous-en, je n'ai que faire de vous. Allons, docteur, voyons, que pouvez-vous faire pour moi?

---

(1) *Collegeaners*, les membres du collége de justice ou cour des sessions.—Éd.
(2) Noce où chacun se cotise pour payer la musique. — Éd.

Le docteur avait pris des informations, pendant ce temps, de la femme de charge, et ne voulant pas le flatter de vaines espérances, il lui avoua que tous les secours de la médecine ne pouvaient prolonger ses jours que de quelques heures.

— Oui-dà! Eh bien, allez-vous-en au diable avec le ministre! N'êtes-vous venus ici que pour me dire que vous ne pouvez m'être bons à rien? Hors d'ici! Jenny, mettez-les à la porte! Mon fils, je vous laisse ma malédiction et la malédiction de Cromwell, si vous leur donnez argent ou cadeaux, — si peu même qu'une bride.

Le docteur et le ministre se retirèrent à l'instant, pendant que Dumbiedikes se livrait à un de ces accès de langage profane qui lui avaient procuré le surnom de Damn-me Dikes.

— Donnez-moi la bouteille d'eau-de-vie, Jenny, cria-t-il d'une voix qui annonçait la colère et la souffrance : je puis bien mourir sans eux comme j'ai vécu. J'ai pourtant quelque chose sur le cœur, voisin Novit, quelque chose qu'une pinte d'eau-de-vie n'en chasserait pas. Les Deans de Woodend et cette vieille veuve du dragon de Bersheba, ils mourront de faim! — Regardez un peu, Jean, quel temps fait-il?

— Il neige, mon père, répondit Jean après avoir ouvert la fenêtre et regardé avec le plus grand sang-froid.

— Ils mourront dans les neiges! ils mourront de froid! dit le pécheur mourant; quant à moi, j'aurai assez chaud peut-être, si tout ce qu'on dit est vrai.

Cette dernière observation fut faite à demi-voix, et d'un ton qui fit frémir même le procureur. Il essaya, probablement pour la première fois de sa vie, de glisser un mot d'avis spirituel, et de verser un baume sur les plaies de l'âme du vieux laird, en lui conseillant la réparation des injures et la restitution des biens dont il avait dépouillé deux familles à force d'exactions, *restitutio in integrum*, dit-il, d'après les lois civiles. Mais Mammon combattait vigoureusement pour conserver la place que le remords voulait occuper dans son cœur, et ce démon de l'avarice y réussit en partie, comme un ancien tyran l'emporte sur une troupe d'insurgés.

— Ça ne se peut pas ! ça ne se peut pas ! ça me tuerait ! Pouvez-vous me dire de rendre de l'argent, quand vous savez que j'en ai tellement besoin ! Et, quant à Bersheba, ce bien est au milieu de mes domaines, il ne peut pas s'en séparer. Non, Novit, non, ça ne se peut pas ; ce serait me tuer que de les abandonner.

— Il faut pourtant mourir, laird, et peut-être mourrez-vous plus content. Si vous le voulez, je vais dresser les actes, c'est l'affaire d'un instant.

— Ne me parlez pas ainsi, dit le moribond en s'appuyant pour se soulever, ne me parlez pas ainsi, ou je vous jette la bouteille à la tête ! Jean, mon garçon, soyez humain avec ces pauvres gens, les Deans et les Butler. Ne souffrez pas qu'on empiète sur vos droits, mais soyez humain. Surtout conservez Bersheba. Laissez-y les Butler; ne chassez pas les Deans, faites-leur payer une rente modérée..., c'est-à-dire qu'ils puissent avoir la soupe et le pain : votre père s'en trouvera peut-être mieux là où il va.

Après avoir donné ces instructions contradictoires, le laird se trouva l'esprit tellement soulagé, qu'il but trois verres d'eau-de-vie coup sur coup, et il rendit le dernier soupir, en essayant de chanter la chanson qui commence par

Que le diable emporte le ministre.

Cette mort opéra une révolution favorable aux deux familles malheureuses. John Dumbie, devenu Dumbiedikes en son propre nom, paraissait être assez égoïste et serré ; mais il n'avait pas l'esprit de rapine et de cupidité de son père. Son tuteur pensa, comme lui, qu'il devait exécuter le désir que le défunt avait manifesté à son lit de mort. Les deux tenanciers ne furent donc pas immédiatement mis à la porte avec la neige; on leur permit de se procurer du beurre et des galettes à la farine de pois, qu'ils mangèrent sous le poids tout entier de la malédiction prononcée contre notre premier père. Le *cottage* de Deans, appelé Woodend, n'était pas très éloigné de Bersheba. Il y avait eu autrefois peu de liaison entre les deux familles. Deans était un franc Ecossais, rempli de préjugés contre les gens du Sud et la race du Sud. D'ailleurs, Deans, avons-nous dit, était un presbytérien déclaré, suivant avec une rigueur sentencieuse ce qu'il appelait la seule ligne directe entre les excès de la droite et les défections de la gauche. Il détestait donc et avait en horreur tous les indépendans et quiconque il supposait tenir à eux.

Mais, malgré ces préjugés nationaux et ce zèle religieux, Deans et la veuve étaient dans une situation qui devait faire naître quelque intimité entre les deux familles. Ils avaient partagé le même danger et la même délivrance. Ils avaient besoin d'une aide mutuelle comme ces voyageurs qui, traversant un torrent, sont forcés de se tenir serrés les uns contre les autres, de peur que le courant n'emporte celui d'entre eux qui ne serait pas ainsi soutenu par les autres.

Peu à peu, Deans laissa tomber quelques unes de ses préventions; il trouva que mistress Butler, sans être bien solide dans le vrai témoignage contre les défections du temps, n'avait aucune opinion en faveur du parti indépendant, et n'était pas non plus une anglaise. On pouvait donc espérer que, quoiqu'elle fût la veuve d'un enthousiaste sous-officier des dragons de Cromwell, il était possible que son petit-fils ne fût ni schismatique ni anti-national, deux titres qui causaient au fermier Deans autant de terreur que les papistes et les malveillans[1]. Par-dessus tout (car Douce Davie Deans avait son côté faible) il s'aperçut que la veuve Butler le regardait avec respect, écoutait ses avis, et tolérait une allusion par-ci par-là contre les doctrines de son défunt mari (doctrines auxquelles, avons-nous dit, elle n'était nullement attachée avec chaleur), en considération des utiles conseils que le presbytérien lui donnait pour l'exploitation de sa petite ferme. Ces conseils, Deans les terminait habituellement par : — on fait peut-être autrement en Angleterre, voisine Butler, que je sache ! ou : — c'est peut-être différent dans les pays étrangers; ou : — ceux qui

---

(1) *Malignant*, dans la bouche des républicains, était synonyme de *royaliste*. L'auteur emploie ici lui-même le style des sectaires comme Deans. — Ed.

pensent différemment sur le grand fondement de notre réformation par le Covenant, bouleversant et troublant le gouvernement et la discipline de l'Église, et brisant les ciselures du temple de notre Sion, sont peut-être pour semer le clos d'avoine, mais je dis qu'il faut semer des pois, moi, des pois ! — Et, comme son avis était sensé, quoique donné sous cette forme bizarre, il était reçu avec reconnaissance et respectueusement suivi.

La liaison des deux familles de Bersheba et de Woodend devint bientôt encore plus intime entre Reuben Butler, que le lecteur connaît déjà, et Jeanie Deans, la seule fille qu'eût Douce Davie Deans de sa première femme, — cette chrétienne parfaite, disait-il souvent, dont le nom était plein de douceur pour tous ceux qui la connaissaient comme digne d'un tel nom, Chrétienne Menzies de Hochmagirdle.

Nous allons maintenant raconter la source de cette liaison et ses conséquences.

CHAPITRE IX.

« S'aimant tous deux comme des tourterelles,
» Reuben, Rachel étaient pourtant discrets;
» L'amour en vain les couvrait de ses ailes,
» Ils refusaient ses dons les plus secrets.
» Tous deux, hélas! étaient dans l'indigence :
» L'amour est loin de donner l'opulence. »

CRABBE. *Le Registre de Paroisse.*

PENDANT que la veuve Butler et le veuf Deans luttaient contre la pauvreté et le sol stérile de « ces lots et portions » du domaine de Dumbiedikes qu'ils cultivaient, on s'apercevait que peu à peu Deans sortait de cette lutte avec avantage, tandis que la veuve était sur le point de succomber. Il est vrai que le premier était un homme dans l'âge mûr; mistress Butler était une femme, et sur le déclin de la vie. Ce désavantage aurait dû être balancé avec le temps, puisque Reuben grandissait pour aider sa grand'mère, et Jeanie

Deans, la pauvre fille, ne pouvait qu'ajouter aux charges de son père. Mais Douce David Deans avait tout prévu : il éleva si bien sa jeune favorite, comme il l'appelait, que, depuis qu'elle était en état de marcher, elle s'occupait journellement à quelque emploi conforme à son âge et à sa capacité, circonstance qui, jointe aux leçons et aux lectures de son père, contribua à lui donner de bonne heure un caractère grave, sérieux, ferme et réfléchi ; — un tempérament robuste, exempt de toute affection nerveuse et autres infirmités qui, attaquant le corps dans ses plus nobles fonctions, exercent si souvent leur influence sur l'esprit, contribuait aussi à la simplicité et à la résolution de ce caractère.

Au contraire, Reuben était d'une constitution faible et d'un caractère timide; il pouvait passer pour inquiet, indécis et craintif; il avait le caractère de sa mère, qui était morte de la consomption, jeune encore. Il était pâle, grêle, faible, maladif, et un peu boiteux par suite d'un accident dans son bas âge. C'était d'ailleurs l'enfant gâté d'une grand'-mère, dont la sollicitude trop attentive lui inspira de bonne heure une sorte de méfiance de lui-même et une disposition à s'exagérer sa propre importance, ce qui est une des conséquences d'un excès d'indulger pour les enfans.

Cependant Reuben et Jeanie se plaisaient l'un avec l'autre autant par goût que par habitude. Ils gardaient ensemble quelques moutons et deux ou trois vaches, que leurs parens envoyaient chercher leur maigre pâture dans les terrains communaux de Dumbiedikes. C'était là qu'on rencontrait les deux enfans, assis sous une touffe de genêt fleuri, rapprochant l'une de l'autre leurs joues vermeilles sous l'abri du même plaid, lorsque l'horizon s'obscurcissait autour d'eux, et qu'un nuage menaçait de la pluie.

En d'autres occasions, ils allaient ensemble à l'école, et, quand ils rencontraient en chemin des ruisseaux à franchir, ou des bœufs, des chiens, et d'autres dangers, le petit garçon recevait de sa compagne ces encouragemens que son sexe considère ordinairement comme son privilége d'accorder au sexe plus faible. Mais, une fois assis sur les bancs du pédagogue, et étudiant leurs leçons, Reuben, qui, pour l'intelligence, était aussi supérieur à Jeanie qu'il lui était inférieur du côté de la force du corps et de ce courage à braver la fatigue et le péril, qui est le résultat du tempérament, Reuben pouvait s'acquitter envers elle de ses bons offices dans d'autres circonstances. Il était décidément le meilleur élève de l'école de la paroisse, et son humeur était si douce qu'il était plutôt admiré qu'envié par le petit peuple qui occupait la bruyante maison, quoiqu'il fût le favori du maître. Plusieurs jeunes filles, en particulier (car en Ecosse on les élève avec les garçons), eussent volontiers accablé de leurs petits soins et consolé le pauvre enfant qui était plus savant que ses condisciples. Il y avait dans le caractère de Reuben de quoi exciter à la fois leur sympathie et leur admiration, sentimens par lesquels les femmes (ou du moins la partie la plus méritante du sexe) sont le plus aisément séduites; mais Reuben, naturellement retenu et timide, ne profitait d'aucun de ces avantages, et n'en devenait que plus attaché à Jeanie Deans, à mesure que l'approbation emphatique de son maître l'assurait d'un brillant avenir et éveillait son ambition. En même temps, chaque progrès que Reuben faisait (et, relativement au maître, ils étaient grands) le rendait de plus en plus incapable d'être utile à sa grand'mère dans les travaux de la ferme. Un jour qu'il étudiait le *Pons asinorum* d'Euclide, il laissa entrer ses moutons dans un champ de pois appartenant au laird; et, sans la promptitude de Jeanie et les efforts de son petit chien Dustyfoot, il aurait reçu une punition sévère, sans parler de ce qu'il en aurait coûté à sa mère. D'autres mécomptes signalèrent ses études classiques: il comprenait parfaitement les Géorgiques de Virgile, et ne savait pas distinguer l'orge de l'avoine; aussi il faillit perdre toutes les récoltes de Bersheba pour s'être opiniâtré à cultiver la terre d'après les principes de Columelle et de Caton le Censeur.

Ces bévues chagrinaient son aïeule, et déconcertaient la bonne opinion que Deans avait d'abord conçue de Reuben.

— Je ne vois pas ce que vous pourrez faire de ce pauvre garçon, dit-il un jour à la veuve, à moins que vous ne le destiniez à l'œuvre du ministère; et jamais on n'eut plus besoin de pauvres prédicateurs qu'aujourd'hui, époque de froideur, où les cœurs des hommes sont durs comme des meules de moulins, jusqu'à ce qu'ils en viennent au point de ne plus faire attention à aucune de ces choses. Il est évident que ce pauvre enfant ne pourra jamais faire un seul jour de bonne besogne, si ce n'est comme ambassadeur de notre Maître ; je me chargerai de lui procurer une licence [1] quand il en sera digne ; j'espère qu'il restera sans tache et fidèle à l'Église ; il ne se jettera pas comme une truie immonde dans le bourbier des hérésies extrêmes et des défections ; Reuben aura les ailes de la colombe, quoiqu'il soit né parmi les oiseaux de basse-cour.

La pauvre veuve dévora l'affront que Deans faisait ainsi indirectement aux principes de son mari. Elle se hâta de retirer Butler de High-school, pour lui faire étudier les mathématiques et la théologie, seules sciences qui fussent de mode en ce temps-là.

Jeanie Deans fut alors obligée de se séparer du compagnon de ses travaux, de ses études et de ses jeux, et ce fut avec des regrets au-dessus de leur âge que les deux enfans se quittèrent. Mais ils étaient jeunes, pleins d'espérance, et ils se dirent adieu en se flattant de se revoir dans un temps plus propice.

Tandis que Reuben acquérait à l'université de Saint-André les connaissances nécessaires pour devenir ministre, et qu'il imposait à son corps toutes les privations nécessaires pour procurer la nourriture à son esprit, son aïeule devenait tous les jours moins en état de faire valoir sa petite ferme, et elle fut enfin obligée d'en faire la remise au nouveau laird de Dumbiedikes. Ce grand personnage n'était pas tout-à-fait un juif, et il lui accorda un marché à peu près raisonnable ; il poussa même la générosité jusqu'à lui permettre d'habiter gratis la maison qu'elle avait occupée avec son mari ; mais il protesta qu'il n'y ferait jamais pour un farting de réparations, toute sa bienveillance étant purement passive.

Cependant, à force de travail, d'industrie et de talent, grâce aussi à quelques circonstances heureuses, David Deans

[1] Licence ou droit de prêcher. — Éd.

parvint à être sur un bon pied dans le monde ; il eut quelque fortune, avec la réputation d'en avoir davantage, et se sentit de plus en plus d'humeur d'épargner et de thésauriser, disposition qu'il était tenté de se reprocher même quand il y pensait sérieusement. Ses connaissances en agriculture, au point où en était alors cette science, en avaient fait une espèce de favori du laird, qui, n'étant ni homme de société, ni ami des exercices actifs, ne passait pas une seule journée sans rendre une visite au cottage de Woodend.

Là, n'étant pas riche en idées, et encore moins en moyens de les exprimer, il passait une heure ou deux assis au coin du feu, ou debout près de la porte, suivant les saisons, ayant à la bouche une pipe vide, et sur la tête un vieux chapeau galonné qui avait appartenu à son père, suivant des yeux Jeanie Deans, — la jeune fille, — comme il l'appelait, qui s'occupait des affaires du ménage ; ou bien il écoutait les discussions théologiques auxquelles se livrait le vieux presbytérien quand il avait épuisé le texte ordinaire du beau et du mauvais temps, de ses champs et de ses bestiaux ; il l'écoutait, disons-nous, avec une grande patience en apparence, mais sans rien répliquer, et même, croyait-on généralement, sans comprendre un seul mot de ce que disait l'orateur. Deans, il est vrai, niait cela obstinément, comme un double outrage pour son talent à expliquer les vérités cachées, talent dont il était passablement vain, et pour la capacité intellectuelle du laird. Il disait que — Dumbiedikes n'était pas un de ces brillans messieurs avec des dorures à leurs habits et des épées au derrière, qui étaient plutôt faits pour galoper jusqu'en enfer que pour aller pieds nus au ciel. — Il était bien différent de son père. — Il ne fréquentait point de compagnies profanes. — Il n'était pas jureur, — pas buveur, — n'allait ni au spectacle, ni au concert, ni au bal. — Ce n'était pas un perturbateur du jour du sabbat, — un de ces hommes qui exigent des sermens, ou des engagemens signés, et qui dénient la liberté au troupeau. — Il tenait au monde, et aux biens du monde ; mais c'est qu'alors un vent soufflait sur son esprit. — Voilà ce que disait et croyait l'honnête David.

L'attention avec laquelle le laird Dumbiedikes suivait tous les mouvemens de Jeanie n'avait pas échappé à la pénétration du père. Mais il existait dans la famille une autre personne qui s'en était aussi aperçue. C'était la seconde femme de Deans, qu'il avait épousée six ans après la mort de la première, ce dont nous avons négligé jusqu'ici d'instruire nos lecteurs. Cette circonstance avait surpris tous les voisins, car Deans n'était point partisan du mariage. Il disait souvent que cet état était un mal nécessaire, une chose tolérable dans l'état imparfait de notre nature, mais qui coupait les ailes à l'aide desquelles l'âme devait s'élever vers les choses d'en-haut ; une chose qui l'enchaînait dans sa prison d'argile et l'abaissait vers des affections terrestres. Sa conduite sur ce point n'avait pourtant pas été d'accord avec ses principes, puisque nous avons vu qu'il s'était laissé lier deux fois par ces nœuds dangereux et séduisans.

Son épouse Rebecca n'avait pas la même horreur du mariage. Son imagination en trouvait pour tous les jeunes gens et toutes les jeunes filles du voisinage, et ne manquait pas d'en prévoir un entre Dumbiedikes et sa belle-fille Jeanie. Deans levait les épaules toutes les fois que sa femme lui parlait de ses espérances à ce sujet ; il prenait sa toque, sortait de la maison, mais c'était pour cacher un air de satisfaction qui se peignait alors involontairement sur ses traits austères.

Mes plus jeunes lecteurs me demanderont sans doute si Jeanie Deans méritait par ses charmes les attentions muettes de son seigneur : en historien véridique je suis forcé d'avouer que les attraits de sa personne n'avaient rien de bien extraordinaire. Elle était petite et avait un peu trop d'embonpoint pour sa taille ; ses yeux étaient bleus, ses cheveux blonds, sa peau un peu brûlée par le soleil. Son charme particulier était un air de sérénité inexprimable, et elle le devait à une bonne conscience, à un excellent cœur, à un caractère toujours égal, et à la satisfaction intérieure qu'elle éprouvait en accomplissant tous ses devoirs. On peut bien supposer qu'il n'y avait dans les manières de notre héroïne de village, rien de plus imposant que dans ses traits, et cependant les jours, les semaines, les mois, les années s'écoulaient, et le laird Dumbiedikes venait payer régulièrement tous les matins ou tous les soirs son tribut d'admiration silencieuse à Jeanie ; mais, soit timidité, soit indécision, il n'avait pas encore dit un mot qui justifiât les prophéties de la belle-mère.

La bonne dame devenait pourtant tous les ans plus impatiente de voir le laird se déclarer. Un an après son mariage, elle avait donné le jour à une fille qu'on avait nommée Euphémie, et que, suivant l'usage d'Écosse, on appelait par abréviation Effie. Rebecca ne pouvait donc s'arranger de la lenteur du laird, car elle pensait judicieusement que comme lady Dumbiedikes n'aurait guère besoin de dot, la meilleure portion de la fortune de son père serait naturellement dévolue à l'enfant du second mariage. D'autres belles-mères ont pris des moyens moins louables pour parvenir au même but. Mais il faut rendre à Rebecca la justice de dire qu'elle désirait véritablement l'avantage de Jeanie, et qu'elle ne voyait celui qui devait en résulter pour sa propre fille que comme une considération secondaire qui n'était pas à dédaigner.

Elle mit donc en usage toutes les ruses que son peu d'expérience put lui suggérer pour forcer le laird Dumbiedikes à se déclarer ; mais elle eut la mortification de voir que ses efforts étaient semblables à ceux d'un pêcheur maladroit, qui ne fait qu'effaroucher la truite qu'il voudrait prendre. Un jour entre autres qu'elle avait voulu plaisanter le laird sur l'utilité dont lui serait une femme pour la conduite des affaires de sa maison, il tressaillit visiblement, et ni le chapeau bordé, ni la pipe, ni l'intelligent propriétaire de ces objets précieux, ne reparurent à Woodend du reste de la semaine. Elle prit donc le parti de le laisser marcher à pas de tortue, comme il l'entendrait, convaincue par expérience de l'aphorisme du fossoyeur, que ce n'est pas en le battant qu'on peut faire avancer un âne lourdaud [1].

Cependant Reuben Butler continuait ses études à l'uni-

---

[1] Voyez Hamlet, acte V. — Éd.

versité; pour se procurer les moyens de s'y maintenir, il donnait des leçons aux écoliers qui étaient moins avancés que lui, et non seulement il gagnait ainsi de quoi fournir à tous ses besoins, mais encore il fixait dans sa propre mémoire les élémens de ce qu'il avait déjà appris. Reuben pouvait encore envoyer quelques secours à son aïeule, devoir qui est rarement négligé en Écosse. Il fit des progrès considérables dans les connaissances générales comme dans les études de la profession qu'il avait choisie; mais sa modestie naturelle faisait qu'ils étaient peu remarqués, et il aurait pu, comme tant d'autres, se plaindre de sa mauvaise étoile et des préférences injustes accordées à son préjudice, s'il eût été de ces caractères pour qui se plaindre est un besoin.

Il obtint sa licence comme prédicateur de l'Évangile, avec quelques complimens du presbytère qui la lui accorda, mais on ne lui donna aucune place, et il fut obligé de retourner chez son aïeule à Bersheba, sans autre revenu que celui qu'il tira de quelques leçons qu'il donnait dans le voisinage. Quand il eut embrassé sa vieille grand'mère, sa première visite avait été à Woodend. Il y fut reçu par Jeanie avec cette affection que lui inspiraient des souvenirs qui n'étaient jamais sortis de son cœur, — par Rebecca avec une hospitalité amicale, et par le vieux David avec la réserve particulière de son caractère.

Malgré la haute vénération que Douce Deans accordait au clergé en général, il ne suffisait pas de porter l'habit ecclésiastique pour mériter son estime, et, un peu jaloux peut-être de la dignité de son jeune ami, il s'empressa de l'attaquer sur divers points de controverse, afin de découvrir s'il n'était tombé dans aucun des piéges ou dans quelque défection et désertion du temps. Butler n'était pas seulement un bon presbytérien, mais il voulut aussi éviter de contrarier son ancien ami, en discutant des points de peu d'importance. Il aurait donc pu espérer de sortir de l'interrogatoire de David aussi pur que l'or de la fournaise; mais le résultat n'en fut pas aussi favorable pour lui dans l'esprit de son sévère examinateur.

La vieille Judith Butler s'était transportée ce soir-là jusqu'à Woodend, afin de recevoir les félicitations de son voisin sur le retour de Reuben et ses progrès, dont elle n'était pas peu fière. Elle fut donc assez mortifiée quand elle trouva que le vieux Deans n'entrait pas dans le sujet avec la chaleur qu'elle attendait de lui. Il est vrai que d'abord il parut plutôt avare d'éloges que mécontent, et ce ne fut qu'après l'avoir ramené plusieurs fois sur cette matière, que Judith parvint à le faire expliquer dans le dialogue suivant :

— Eh bien, voisin Deans, je croyais que vous seriez content de revoir Reuben parmi nous, le pauvre garçon !

— *Je suis* content, mistress Butler ; telle fut la réponse concise du voisin.

— Depuis qu'il a perdu son grand-père et son père (loué soit CELUI qui donne et qui reprend), il n'a pas eu d'ami qui lui tînt lieu de père comme vous, voisin Deans.

— Dieu est le seul père des orphelins, répondit Deans en portant la main à sa toque, et levant les yeux au ciel. Rendez gloire à celui à qui elle est due, voisine, et non à son indigne instrument.

— Il vous plaît de parler ainsi, et vous faites pour le mieux, sans doute ; mais, David, vous avez plus d'une fois envoyé des provisions à Bersheba quand il n'en restait déjà plus guère à Woodend. Oui, et j'ai su que...

— Femme, interrompit David, ce sont là de vaines paroles qui ne sont bonnes qu'à réveiller l'homme intérieur. J'étais près du bienheureux Alexandre Peden, quand il dit que la mort et le témoignage de nos saints martyrs n'étaient que quelques gouttes de sang et des griffonnages d'encre. Que penser de tout ce que peut faire un homme comme moi ?

— Eh bien, voisin Deans, vous parlez pour le mieux, mais je dois dire que je suis sûre que vous êtes content de revoir mon garçon ; — le voilà fixé ici maintenant, si ce n'est qu'il peut aller à quelques milles de distance ; et il a sur ses joues une couleur de santé qui réjouit mes vieux yeux, et puis il porte un habit noir, propre comme celui du ministre.

— Je suis content qu'il soit en bonne santé et heureux, dit M. Deans avec une gravité qui semblait indiquer qu'il voulait couper court à l'entretien ; mais une femme qui a quelque chose en tête n'en démord pas aisément.

— Il peut monter en chaire maintenant, continua mistress Butler ; pensez donc un peu à ça, voisin Deans. — C'est mon enfant. — Et tout le monde l'écoutera comme si c'était le pape de Rome.

— Comme quoi ? — comme qui ? — femme ! dit David avec sévérité dès que ces derniers mots eurent frappé son oreille.

— Eh bon Dieu ! dit la pauvre femme, j'oubliais quelle dent vous avez toujours eue contre le pape, et c'était tout de même de mon pauvre homme, Stephen Butler. Il passait plus d'une après-dîner à protester contre le pape, le second baptême des enfans, *et cætera.*

— Femme, reprit Deans, parlez de ce que vous connaissez, ou taisez-vous. Je dis que l'indépendance est une hérésie, et l'anabaptisme une erreur décevante et damnable, qui devraient être extirpées de l'Ecosse avec le feu des magistrats spirituels et avec le fer du magistrat civil.

— Bien, bien, voisin, je ne dis pas que vous ayez tort : je sais que vous avez raison quand il s'agit de semer et de faucher, de tondre et de faire paître les troupeaux, pourquoi n'auriez-vous pas raison pour le travail de l'Eglise tout de même ! — mais mon petit-fils, Reuben Butler...

— Reuben Butler, femme, est un jeune homme à qui je veux autant de bien que s'il était mon propre fils ; — mais j'ai bien peur qu'il y ait du haut et du bas pour lui dans sa carrière. Je crains beaucoup que ses talens ne nuisent à sa grâce. Il a trop de science humaine, il lui faut broder et garnir de dentelles la robe de mariage, ou elle n'est plus assez bonne pour lui. Il est présumable qu'il est vain de ces talens qui lui permettent de parer la doctrine avec tant de recherche. Mais, — ajouta-t-il en voyant la pauvre femme affligée de ces paroles, — l'affliction peut lui donner une leçon : on peut espérer que le jeune homme fera bien, et deviendra une lumière brillante. Peut-être bientôt Dieu vous fera-t-il à vous la grâce de le voir, et à lui celle de le sentir.

La veuve Butler se retira sans pouvoir tirer autre chose de son voisin, dont le discours, qu'elle ne comprenait guère, lui inspira des craintes indéfinissables sur son petit-fils, et troubla la joie que lui avait d'abord causée son retour.

Nous ne devons pas dissimuler, de peur d'être injuste avec David Deans, que dans leur conférence Butler avait déployé plus de science qu'il n'était nécessaire : ce qui ne pouvait manquer de mortifier le vieux presbytérien, habitué à se considérer comme un juge en matière de controverses théologiques, et n'aimant pas à entendre citer des autorités au-dessus de lui. Dans le fait Butler n'avait pas échappé au vernis de pédanterie que devait lui donner son éducation universitaire, et sa vanité lui inspirait trop souvent de faire parade de sa science quand ce n'était pas le cas.

Jeanie Deans cependant ne fit que l'admirer davantage, peut-être par le même motif qui fait admirer à son sexe le courage et toutes les qualités dans lesquelles il est inférieur à l'autre. Le voisinage des deux familles rapprochait de plus en plus Reuben et Jeanie. L'intimité de leur enfance se renouvela par un sentiment plus convenable à leur âge, et ils convinrent enfin qu'ils demanderaient à leurs parens de les unir dès que Butler aurait obtenu quelque petite place qui pourrait lui fournir des moyens d'existence sur la stabilité desquels on pût compter, quelque modiques qu'ils fussent. Reuben forma plus d'un plan à ce sujet ; aucun ne réussit. Déjà Jeanie n'avait plus les joues parées de la fraîcheur de la première jeunesse, et Butler prenait la gravité de l'âge mûr, sans qu'il pût compter sur un établissement prochain. Heureusement pour ces deux amans leur passion n'était pas d'une nature ardente et enthousiaste ; et le sentiment du devoir leur faisait endurer avec courage et patience les retards prolongés qui les séparaient l'un de l'autre.

Cependant les années continuaient à s'écouler en amenant leurs vicissitudes d'usage. La veuve d'Etienne Butler, si long-temps l'appui de la maison de Bersheba, était réunie à ses pères, et Rebecca, la soigneuse épouse de notre ami Davie Deans, avait aussi été enlevée à ses plans d'économie domestique. Le lendemain de sa mort, Reuben se rendit dans la matinée chez son ancien ami, pour lui offrir quelques consolations, et fut témoin en cette occasion d'une lutte remarquable entre les sentimens de la nature et ce stoïcisme religieux que les principes du rigide presbytérien lui faisaient un devoir de montrer dans l'affliction comme dans le bonheur.

Lorsqu'il arriva à la porte du cottage, Jeanie, les yeux gros de larmes, lui montra le petit verger que son père n'avait pas voulu quitter, dit-elle tout bas en paroles entrecoupées, depuis son malheur. Alarmé à ces mots, Butler entra dans le verger, et s'avança à pas lents vers son vieux ami, qui, assis le dos appuyé contre un arbre, la tête penchée sur ses mains, paraissait plongé dans une profonde affliction. Il leva la tête quand Butler approcha, et le regarda d'un air sévère, comme s'il était offensé de cette interruption; mais, le voyant incertain s'il devait avancer ou se retirer, il se leva, alla à sa rencontre, et lui présenta la main d'un air de calme et même de dignité.

— Jeune homme, lui dit-il, le juste peut mourir, mais la mort ne fait que l'arracher aux misères de ce monde. Malheur à moi si je versais une larme pour une femme, quelque chère qu'elle fût à mon cœur, quand je devrais répandre des torrens de pleurs pour cette Eglise affligée et gémissant sous la malédiction des hommes charnels et de ceux qui ont le cœur mort.

— Je suis charmé, dit Butler, que la religion vous fasse oublier vos chagrins particuliers.

— Les oublier, Reuben? dit le pauvre Deans en portant son mouchoir à ses yeux. — Jamais elle ne sera oubliée dans ce monde; mais CELUI qui fait la blessure peut envoyer le baume. Je proteste que plusieurs fois cette nuit j'étais tellement absorbé dans mes méditations, que je ne sentais plus ma douloureuse perte. Il m'est arrivé comme au digne John Semple, surnommé Carspharn John, dans une semblable épreuve, — j'ai erré cette nuit sur les rives d'Ulaï, cueillant çà et là une pomme sur l'arbre.

Malgré ce courage forcé que Deans regardait comme un devoir chrétien, il avait un cœur trop aimant pour ne pas gémir profondément d'une telle perte. — Woodend lui devint odieux ; et comme, dans sa petite métairie, il avait acquis à la fois de l'expérience et quelques capitaux, il résolut de les employer au métier de fermier de laiterie, ou nourrisseur de vaches, comme on l'appelle en Ecosse. Il choisit pour son nouvel établissement un endroit appelé Saint-Léonard's Craigs [1], entre Edimbourg et la montagne d'Arthur's Seat, près du riche et vaste champ de dépaissance encore nommé the King's Park [2], ayant été autrefois un clos de réserve pour le gibier royal. Ce fut là qu'il loua une petite maison isolée, environ à un demi-mille de l'extrémité de la ville, mais dont l'emplacement est maintenant occupé par les bâtimens qui forment le faubourg du sud-est. Une vaste terre de dépaissance adjacente, que Deans afferma du gardien du Parc royal, servait à nourrir ses vaches-laitières; et l'infatigable industrie de l'active Jeanie, sa fille aînée, s'exerçait à tirer du lait le meilleur parti possible.

Jeanie avait alors moins d'occasions de voir Butler, qui, en attendant mieux, avait été obligé d'accepter une place de sous-maître dans une école paroissiale à quatre milles de la métropole. Il y obtint l'estime et la considération de plusieurs respectables bourgeois qui, pour raison de santé ou par d'autres motifs, voulaient faire faire la première éducation de leurs enfans dans ce petit village. L'avenir se présentait aux yeux de Butler sous des couleurs plus riantes. A chaque visite qu'il faisait à Saint-Léonard, il parlait de ses espérances à Jeanie; ces visites étaient nécessairement très rares, parce que les devoirs de l'école absorbaient presque tout le temps de Butler. Il n'osait même aller voir Jeanie aussi fréquemment qu'il aurait pu le faire; Deans le recevait, il est vrai, civilement et même avec bienveillance ; mais Butler, comme cela arrive dans ces occasions, s'imaginait que Deans lisait ses intentions dans ses yeux, et craignait par une explication prématurée d'amener un refus positif. Il n'osait donc pas aller chez lui plus souvent que ne l'y autorisaient ses anciennes relations de voisinage et d'amitié.

(1) Les rochers de Saint-Léonard, — Éd. — (2) Le Parc du roi, — Éd.

Mais il existait quelqu'un dont les visites à Saint-Léonard étaient beaucoup plus régulières.

Lorsque Deans annonça au laird Dumbiedikes son intention de quitter la ferme de Woodend, celui-ci ouvrit de grands yeux sans lui répondre. Il continua de s'y rendre tous les jours, suivant son usage; et la veille du départ de la famille, voyant qu'on s'occupait des préparatifs du déménagement, il ouvrit encore de grands yeux, s'appuya l'épaule contre la porte, et on l'entendit s'écrier : Eh, sirs! — Le lendemain il y alla encore, et parut aussi étonné de trouver la maison vide que s'il n'avait eu aucun sujet de s'y attendre. — Dieu nous guide! s'écria-t-il; et cette exclamation était chez lui une marque d'émotion bien extraordinaire. Depuis ce moment, il se trouva dépaysé, et ses mouvemens, jusqu'alors si réguliers, devinrent semblables à ceux d'une montre entre les mains d'un écolier qui en a brisé le grand ressort. De même que l'aiguille de cette montre parcourant le cadran en quelques minutes, il faisait le tour de son domaine avec une rapidité qui ne lui était pas ordinaire. Il n'existait pas une chaumière dans laquelle il n'entrât, pas une jeune fille sur laquelle il ne fixât ses regards : mais quoiqu'il rencontrât de plus belles fermes que Woodend, et de plus jolies filles que Jeanie, ses yeux ne s'arrêtaient sur aucune avec tant de plaisir que sur la fille de David Deans, et pas un banc ne lui semblait aussi commode que celui sur lequel il s'asseyait chez le vieux presbytérien. Après avoir tourné ainsi autour de ses possessions, et être ensuite resté stationnaire pendant une semaine, il réfléchit qu'il n'était point attaché au centre par un pivot autour duquel il ne pouvait que circuler, et qu'il était maître de prolonger le rayon et de s'élancer hors de la circonférence. Pour réaliser ce projet, il acheta un poney d'un marchand des Highlands, et, avec le secours et la compagnie de cette monture, il se rendit de faux pas en faux pas jusqu'à Saint-Leonard's Craigs.

Jeanie était si habituée à être regardée continuellement par le laird, qu'à peine s'apercevait-elle de sa présence; elle craignait pourtant quelquefois qu'il ne joignît un jour l'é-

loquence des discours à celle des regards, car en ce cas, pensait-elle, adieu tout espoir d'épouser Butler. Son père avait été élevé dans ce respect pour le seigneur de la glèbe qui était si remarquable chez les tenanciers écossais de cette époque. Quoiqu'il estimât Butler, il se livrait souvent à des sarcasmes contre ses connaissances charnelles; et s'ils ne lui étaient pas inspirés par la jalousie, au moins indiquaient-ils sa partialité pour celui qui en était l'objet. Enfin le mariage de sa fille avec Dumbiedikes aurait eu un charme irrésistible pour un homme qui se plaignait quelquefois d'être porté à prendre — une trop grande brassée des biens de ce monde.
— De sorte que sur le tout les visites quotidiennes du laird étaient désagréables à Jeanie, à cause des conséquences qu'elles pouvaient avoir; et ce qui ne contribua pas peu à consoler Jeanie d'avoir quitté Woodend, où elle était née et où elle avait été élevée, ce fut l'idée qu'elle avait vu pour la dernière fois. le laird, sa pipe et son chapeau galonné; car elle le croyait aussi fortement enraciné dans le domaine de Dumbiedikes, que les arbres qu'elle avait laissés dans le verger.

Elle éprouva donc plus d'étonnement que de plaisir quand, le sixième jour après son arrivée à Saint-Léonard, elle revit la pipe, le chapeau galonné, le petit cheval et le laird. Il lui fit en entrant son compliment ordinaire : — Comment vous va, Jeanie? où est le bonhomme [1]? seconde phrase qu'il n'ajoutait que lorsque Deans ne se trouvait pas chez lui à l'instant où il arrivait. Et s'étant assis dans le cottage de Saint-Léonard, autant que possible dans la même position qu'il avait occupée régulièrement et si long-temps à Woodend, toujours aussi court en moyens de conversation, il étendit la main vers Jeanie comme pour lui frapper doucement sur l'épaule; elle recula d'un pas, et Dumbiedikes resta la main ouverte en l'air, comme la griffe d'un griffon héraldique. — Dites donc, Jeanie, continua le soupirant, il fait un beau temps aujourd'hui, et les routes ne sont pas mauvaises pour ceux qui ont des guêtres.

---

(1) *Goodman.* Le fermier. — Éd.

— Le diable est dans ce corps si calme, murmura Jeanie entre ses dents; qui aurait cru qu'il en dirait jamais si long?

— Elle avoua depuis qu'elle mit quelque chose de ce sentiment peu aimable dans son accent et son air, car son père était absent; et ce — corps — (c'est avec cette irrévérence qu'elle parlait d'un propriétaire foncier), ce corps lui parut si alerte et si malin, qu'elle ne savait où il en pourrait venir.

Son air boudeur toutefois agit comme un vrai sédatif, et le laird retomba depuis ce jour dans sa taciturnité précédente, visitant trois ou quatre fois par semaine le cottage du nourrisseur de vaches quand la saison le permettait, sans autre but en apparence que d'admirer des yeux Jeanie Deans, pendant que Douce David prodiguait son éloquence sur les controverses et les témoignages du jour.

CHAPITRE X.

« Elle avait l'art de charmer tous les cœurs,
» Réunissant à des traits enchanteurs
» Air de santé, fraîcheur de la jeunesse,
» OEil séduisant, modeste gentillesse. »

CRABBE.

Les visites du laird reprirent ainsi leur cours accoutumé, sans qu'on eût à attendre ou à redouter de lui quelque chose de nouveau. S'il était possible à un amant de fasciner sa maîtresse comme on dit que certains serpens fascinent les oiseaux, par la seule force de leurs regards toujours fixés sur l'objet dont ils veulent faire leur proie, Dumbiedikes aurait infailliblement réussi à s'assurer le cœur de Jeanie; mais il paraît qu'il faut mettre la fascination au nombre des arts dont le secret est perdu, et je n'ai pas entendu dire que l'attention soutenue du laird produisît d'autre effet que d'exciter de temps à autre un bâillement.

Cependant l'objet de sa contemplation touchait aux bornes de la jeunesse, et approchait de ce qu'on appelle la maturité, époque fixée impoliment pour le sexe le plus fragile à un terme beaucoup plus rapproché de la naissance que chez les hommes.

Selon bien des gens le laird aurait mieux fait de consacrer ses regards à un objet doué de charmes bien supérieurs à ceux de Jeanie, même telle qu'elle fut dans sa fraîcheur, et qui commençait à être remarqué de tous ceux qui visitaient le cottage de Saint-Léonard's Craigs.

Effie Deans, élevée par les tendres soins de sa sœur, était devenue une jeune fille d'une beauté rare. Son front, d'une coupe grecque, était orné de nombreuses boucles de cheveux noirs qui, rassemblés par un snood[1] de soie bleu, relevaient encore la blancheur d'un visage digne d'Hébé, où se peignaient la santé, le plaisir et le bonheur. Sa courte jupe brune se dessinait sur des formes que le temps peut-être menaçait de rendre trop robustes, objection fréquemment faite aux beautés d'Écosse; mais à l'âge d'Effie elles étaient sveltes et arrondies, avec cette grâce de contours et cette aisance de mouvemens qui indiquent à la fois la santé et la parfaite symétrie du corps.

Ces charmes, malgré toute leur fraîcheur, ne purent ébranler l'âme constante du laird de Dumbiedikes, ni distraire son attention; mais il était peut-être le seul qui pût apercevoir ce modèle de grâce et de beauté sans se complaire à l'admirer. Le voyageur arrêtait sa monture fatiguée avant d'entrer dans la ville, terme de sa course, pour contempler cette sylphide qui passait près de lui avec son pot au lait sur la tête, se tenant si droite, et marchant d'un pas si agile, que son fardeau semblait plutôt un ornement. Les jeunes gens du faubourg voisin cherchaient à l'avoir pour témoin de leurs jeux et de leurs exercices, et c'était sa présence qui donnait du prix à la victoire. Même les rigides presbytériens, qui se reprochaient comme un crime, ou du moins comme une faiblesse, tout ce qu'ils accordaient aux plaisirs des sens, ne pouvaient s'empêcher de la regarder

---

(1) Ruban ; prononcez *snoud*. — Éd.

avec délices, et regrettaient qu'une si belle créature participât à la faute héréditaire et à l'imperfection de notre nature. On l'avait surnommée le *Lis de Saint-Léonard*, et elle méritait ce nom par la candeur et la pureté de son âme, autant que par le charme de son visage et de sa personne.

Cependant il y avait dans le caractère d'Effie quelque chose qui non seulement inspirait d'étranges inquiétudes à David Deans, dont les principes étaient rigides, comme on peut bien le croire, sur le sujet des amusemens de la jeunesse, mais qui donnait encore des craintes sérieuses à sa sœur, plus indulgente. Les enfans des Écossais de la classe inférieure sont ordinairement gâtés par l'imprudente complaisance de leurs parens. Je m'en rapporte à l'histoire instructive et intéressante de l'aimable auteur de *Glenburnie*[1], qui a donné assez de détails là-dessus pour en dispenser tous les écrivains présens et futurs. Effie avait éprouvé l'effet de cette tendresse inconsidérée; toute l'austérité de son père ne pouvait condamner les jeux de l'enfance, et aux yeux du bon vieillard sa plus jeune fille parut encore un enfant plus d'une année après qu'elle eut atteint l'âge d'une femme faite. Il continuait à l'appeler la petite fille, sa petite Effie, et lui permettait d'aller seule partout sans aucune contrainte, excepté les jours de dimanche ou les heures consacrées aux prières de famille. Sa sœur, avec tout l'amour et toute la surveillance d'une mère, ne put garder la même autorité, à mesure qu'Effie dans sa vanité crut pouvoir prétendre à être indépendante. Malgré l'innocence et la bonté de son caractère, le Lis de Saint-Léonard avait un fonds assez considérable d'amour-propre et d'obstination; et la liberté illimitée dont elle s'était accoutumée à jouir dès son enfance lui avait donné un certain degré d'irritabilité qui faisait qu'elle ne pouvait supporter la moindre contradiction. Une scène d'intérieur du cottage fera encore mieux apprécier son caractère.

Effie venait d'atteindre sa dix-septième année, quand un soir que son père était dans la vacherie, occupé de ces ani-

---

[1] Mistress Élisabeth Hamilton.

maux utiles et patiens d'où provenait son revenu, Jeanie commença à être inquiète de voir la nuit s'approcher sans que sa sœur fût de retour. Elle craignit qu'elle ne fût pas rentrée lorsque son père reviendrait pour la prière du soir, qu'il faisait toujours en commun avec ses deux filles, en présence de ses domestiques et de ses inférieurs; et elle savait que l'absence d'Effie lui causerait un véritable déplaisir. Ses inquiétudes étaient d'autant plus vives, qu'elle avait remarqué que depuis quelque temps sa sœur sortait tous les jours à la même heure, sous prétexte d'une promenade, et que la durée de cette promenade, qui n'était d'abord que d'un quart d'heure, s'était insensiblement prolongée jusqu'à durer des heures entières; mais ce jour-là elle avait été absente presque toute la soirée. Jeanie allait à chaque instant à la porte, et, plaçant une main devant ses yeux pour éviter les derniers rayons du soleil couchant, elle regardait de tous côtés pour apercevoir la taille de nymphe de sa sœur. Il y avait un mur et un échalier qui séparaient de la grande route le domaine royal ou Parc du roi, comme on l'appelle. Jeanie tournait souvent les yeux de ce côté, lorsqu'elle vit deux personnes sortir de derrière le mur, où elles paraissaient s'être promenées pour éviter d'être observées. L'une était un homme qui, dès qu'il se trouva sur le grand chemin, tourna sur la gauche, et s'éloigna à grands pas; l'autre, prenant sur la droite, entra dans le sentier qui conduisait à Saint-Léonard. C'était Effie. Abordant sa sœur avec cet air de vivacité affectée que les femmes, surtout celles de sa classe, savent si bien prendre quelquefois pour cacher la surprise et la confusion, elle se mit à chanter :

>Le prince des lutins était sous la feuillée.
>— Le genêt croît, le genêt va fleurir. —
>Survint bientôt une dame enjouée...
>Nous n'osons plus jusqu'au genêt venir.

— Chut, Effie, lui dit sa sœur, notre père va revenir de la vacherie. — Ces mots interrompirent le chant. Jeanie continua : — Où avez-vous été, que vous revenez si tard?

— Il n'est pas tard, Jeanie.

— Huit heures sont sonnées à toutes les horloges de la ville, et le soleil a disparu derrière les monts Corstorphines; où avez-vous donc été si tard?

— Nulle part, répondit Effie.

— Et avec qui étiez-vous derrière l'échalier?

Avec personne.

— Nulle part! Personne! Je voudrais, Effie, que vous eussiez été dans un endroit et avec des gens que vous pussiez avouer.

— Et qu'avez-vous besoin d'espionner les gens? reprit Effie; si vous ne me faisiez pas de questions, je ne vous dirais pas de mensonges. Est-ce que je vous demande ce qui amène ici tous les jours le laird de Dumbiedikes, qui vous regarde toujours avec des yeux brillans comme ceux d'un chat sauvage (excepté qu'ils sont plus verts et moins beaux), qui vous regarde jusqu'à vous faire bâiller?

— Vous savez qu'il vient pour voir notre père, répondit Jeanie à cette remarque impertinente.

— Et Dominie Butler vient-il aussi pour voir notre père, qui aime tant ses mots latins? dit Effie, charmée de pouvoir repousser l'attaque dirigée contre elle en en faisant une dans le camp de l'ennemi; et avec la pétulance de son âge elle poursuivit son triomphe sur sa prudente sœur aînée. Elle la regarda d'un air malicieux et même un peu ironique en fredonnant tout bas, mais avec un accent particulier, un refrain de vieille chanson écossaise:

> En traversant le cimetière
> J'ai rencontré le laird ce soir.
> Le pauvre corps ne parle guère;
> Mais avant qu'il ait fait bien noir,
> J'ai vu venir le clerc lui-même...
> . . . .

Ici la chanteuse s'interrompit en regardant sa sœur, et, voyant briller une larme dans ses yeux, elle lui sauta au cou, l'embrassa tendrement, et lui demanda pardon de l'avoir chagrinée. Jeanie, quoique peu satisfaite, ne put résister aux franches caresses de cet enfant de la nature, dont les bonnes qualités et les défauts semblaient plutôt le résultat de l'instinct que de la réflexion. Cependant, en lui rendant son baiser de sœur, elle ne put s'empêcher de lui adresser ce reproche amical : — Effie, si vous voulez apprendre de folles chansons, vous pourriez au moins en faire un meilleur usage.

—Oh! oui sans doute, Jeanie, dit Effie en embrassant encore sa sœur, je voudrais bien n'en avoir jamais appris aucune;—et je voudrais bien que nous ne fussions jamais venus ici, — et plût à Dieu que j'eusse perdu la langue avant de vous avoir offensée !

—N'y pensez plus, Effie, répondit sa bonne sœur, je ne puis être beaucoup offensée de tout ce que vous pouvez me dire; — mais, je vous en prie, n'offensez pas notre père.

—Non, non, je ne le ferai plus ! s'écria Effie : quand il y aurait sur la prairie autant de danses qu'on voit briller d'étoiles au firmament un jour de gelée, je vous promets que je n'irai plus.

—Des danses! dit Jeanie de l'air de la plus grande surprise; ho! chère Effie, qui a pu vous faire aller à une danse?

Il est probable que dans ce moment d'épanchement le Lis de Saint-Léonard aurait fait à sa sœur une confidence entière qui nous aurait épargné, à elle bien des chagrins, et à moi la peine de raconter une triste histoire; mais le mot *danse* avait frappé l'oreille du vieux David Deans, qui venait de tourner le coin de la maison, et arrivait auprès de ses filles avant qu'elles fussent averties de son approche. Le mot *prélat*, ou même le mot *pape*, n'aurait pas produit un effet plus terrible sur l'oreille de Deans; car, de tous les exercices, la danse était à ses yeux le plus opposé à toute pensée sérieuse ! Il définissait la danse comme un accès volontaire et régulier de folie qui conduisait le plus facilement à toute espèce de désordre; encourager et même permettre des assemblées ou des réunions parmi les grands ou parmi le peuple pour cet exercice absurde et extravagant ou pour une représentation dramatique, c'était, selon lui, se rendre coupable d'une des plus insignes preuves de défection, c'était une des causes les plus justes de la colère divine. Le seul mot *danse*, prononcé à sa porte par ses filles, suffit pour lui faire perdre patience. Danse ! s'écria-t-il, femmes pécheresses que vous êtes ! vous osez parler de danse à ma porte ! Savez-vous que c'est en dansant que les Israélites adorèrent le veau d'or à Béthel ? que ce fut après avoir dansé qu'une infâme créature demanda la tête de saint Jean-Baptiste ? Je prendrai ce soir ce chapitre de la Bible pour le texte de votre instruction, puisque je vois que vous en avez besoin. Il aurait mieux valu qu'elle se fût brisé les deux jambes que de les employer à cet exercice profane ; il aurait mieux valu pour elle qu'elle fût née estropiée, et qu'on l'eût portée, demandant l'aumône, de porte en porte, comme la vieille Bessie Bowie, que d'être la fille d'un roi, vivant comme elle a vécu dans les danses et les folies. Je bénis Dieu (avec le digne Pierre Walker, le colporteur de Bristo-Port) d'avoir tellement disposé de mon sort pendant mes jours de danse [1], que le danger de ma tête et de mon cou, et la peur de la corde sanglante et de la balle rapide, du tranchant de l'épée, de la botte [2] et des poucettes, du froid et de la faim, du sec et de l'humide, arrêtèrent la légèreté de ma tête et la folle agitation de mes pieds. Et maintenant, indignes filles, si jamais je vous entends prononcer ce mot de danse, si vous songez seulement qu'il existe des joueurs de cornemuse et de violon, je vous renonce pour mes filles, et n'ai plus rien de commun avec vous, comme il est vrai que l'âme de mon père est avec celles des justes. Allons, allons, mes poulettes, ajouta-t-il d'un ton radouci en voyant quelques larmes s'échapper des yeux de ses deux filles, et surtout de ceux d'Effie, rentrez, rentrez ; nous prierons la grâce du ciel de nous préserver de toutes ces folies profanes, qui engendrent le péché et servent le royaume de ténèbres contre le royaume des lumières.

Les intentions de David Deans étaient fort bonnes ; mais il avait mal choisi son temps pour faire cette remontrance à ses filles ; il opéra une diversion dans les sentimens d'Effie, et la confidence qu'elle était sur le point de faire à sa sœur resta renfermée dans son sein. — Elle me regarderait comme

---

(1) Les jours où j'aurais pu danser. — Éd.
(2) Instrument de torture. — Éd.

la boue de ses souliers, pensa-t-elle, si je lui disais que j'ai dansé avec *lui* quatre fois sur la prairie et une fois chez Maggie Macqueen. Peut-être même en parlerait-elle à mon père, et elle deviendrait maîtresse absolue. Mais je n'irai plus ; je ferai un pli à un feuillet de ma bible, ce sera comme si je faisais un serment. Non ! bien certainement, je n'irai plus. Elle tint toute une semaine la promesse qu'elle s'était faite ; mais, pendant tout ce temps, elle fut de mauvaise humeur, triste, maussade, ce qu'on n'avait jamais remarqué en elle, si ce n'est dans de courts instans de contrariété.

Ce changement avait un air de mystère qui inquiéta d'autant plus la prudente et bonne Jeanie, qu'elle aurait cru mal agir avec sa sœur en faisant part à son père de ses alarmes, qui pouvaient n'avoir d'autre cause que sa propre imagination, peut-être trop prompte à s'effrayer. D'ailleurs, son respect pour le bon vieillard ne l'empêchait pas de voir que sur tout ce qui tenait aux principes religieux, il était opiniâtre et absolu, et qu'il portait la haine des amusemens les plus innocens au-delà de ce qu'exigeaient la raison et la religion. Elle savait que, s'il était instruit des promenades qu'Effie avait recommencé à faire presque tous les soirs, il voudrait en savoir la cause, et les lui interdirait trop sévèrement peut-être ; que sa sœur, accoutumée à jouir d'une liberté illimitée, ne pourrait souffrir de se trouver gênée dans ses volontés ; que si elle s'habituait à mépriser les ordres de son père dans un seul point, elle finirait bientôt par les enfreindre dans tous, et qu'il en résulterait plus de mal que de bien. Dans le grand monde, une jeune fille, quelque légère qu'elle puisse être, se trouve restreinte par l'étiquette ; elle est sous la surveillance d'une maman et d'un chaperon[1] ; mais la jeune villageoise qui, dans l'intervalle de ses travaux, saisit un instant de plaisir, n'a que ses propres principes pour la retenir : c'est ce qui rend quelquefois ces amusemens dangereux. Toutes ces réflexions se présentaient à l'esprit de Jeanie, et la plongeaient dans l'incertitude sur

---

(1) *Chaperone*; c'est le vieux mot français *chaperon* signifiant une *duègne* une femme accompagnant une demoiselle. — Éd.

la conduite qu'elle devait tenir à l'égard de sa sœur ; mais il arriva une circonstance qui mit fin pour quelque temps à ses inquiétudes.

Mistress Saddletree, avec qui mes lecteurs ont déjà fait connaissance, était parente éloignée de David Deans, qui l'estimait parce que c'était une femme d'une vie exemplaire, et un digne membre de l'église presbytérienne; il avait donc toujours existé une sorte de liaison entre les deux familles. Cette digne dame, grâce aux soins de laquelle le commerce de son mari était dans un état florissant, était venue faire une visite à Saint-Léonard, environ un an avant l'époque à laquelle se rattache le commencement de notre histoire; elle avait besoin d'une servante, ou plutôt d'une fille de boutique. — M. Saddletree, dit-elle, n'est jamais dans sa boutique toutes les fois qu'il peut mettre le nez dans Parliament-House. C'est une chose embarrassante pour un corps de femme d'être debout au milieu des paquets de cuir, vendant des selles et des brides ; et j'ai jeté les yeux sur ma petite cousine Effie Deans, qui est tout juste l'espèce de fille qui peut me servir à ne pas perdre contenance dans ces occasions.

Cette proposition plut beaucoup, sous un certain rapport, au vieux David. Sa fille apprendrait un commerce honnête; elle serait logée et nourrie, recevrait des appointemens, et se trouverait sous les yeux de mistress Saddletree, qui marchait dans le droit chemin, et dont la maison était voisine de l'église de la prison, desservie par un ministre dont le genou n'avait pas fléchi devant Baal, selon l'expression de Deans, c'est-à-dire qui n'avait pas prêté le serment exigé des ministres écossais, depuis la réunion de l'Ecosse à l'Angleterre, quoiqu'on fermât souvent les yeux sur le refus que quelques uns faisaient de le prêter. Tout occupé de l'avantage qu'aurait Effie d'entendre la saine doctrine sortir d'une bouche si pure, il ne songeait nullement aux dangers que pouvait courir une fille jeune, jolie, et d'un caractère volontaire, au milieu de la corruption d'une grande ville. La seule chose qu'il regrettât était qu'elle eût à vivre sous le même toit qu'un homme mondain comme Bartholin Saddletree, qu'il était bien loin de regarder comme un ignorant, mais à qui il supposait au contraire toutes les connaissances en jurisprudence que le sellier prétendait avoir, ce qui était un motif pour qu'il le vît de plus mauvais œil : les avocats, les procureurs, et tout ce qui tenait à l'ordre judiciaire, s'étant toujours montrés les plus empressés à seconder le gouvernement dans toutes les mesures prises relativement au serment qui faisait une des plaies de l'Eglise presbytérienne : et c'était, suivant David Deans, usurper les droits du sanctuaire, anéantir sa liberté. Il eut de longues conférences avec sa fille, pour lui démontrer le danger que courait son âme si elle écoutait les doctrines d'un profane tel que Saddletree, et si elle venait à tomber dans quelque erreur de dogme religieux ; mais il ne pensa nullement à lui recommander d'éviter la mauvaise compagnie, de ne pas se livrer à trop de dissipation, et de conserver soigneusement son innocence ; points sur lesquels bien des pères, à sa place, auraient cru devoir particulièrement insister.

Jeanie se sépara de sa sœur avec un mélange de regrets, de craintes et d'espérances. Ses inquiétudes pour Effie n'étaient pas les mêmes que celles de son père : elle l'avait examinée de plus près, connaissait mieux son caractère, et pouvait apprécier plus exactement les tentations auxquelles elle était exposée. D'une autre part, mistress Saddletree était une femme d'une conduite exemplaire, attentive, soigneuse ; elle aurait le droit d'exercer sur Effie l'autorité d'une maîtresse, et elle le ferait sans doute avec prudence et discrétion. Le départ de sa sœur pour Édimbourg servirait à rompre quelques mauvaises connaissances qu'elle la soupçonnait d'avoir faites dans les environs ; ainsi donc, Jeanie finit par se réconcilier avec l'idée de la voir partir de Saint-Léonard, et ce ne fut qu'au moment des derniers adieux, où elle quitta pour la première fois de sa vie une sœur tendrement chérie, qu'elle sentit toute la douleur que lui causait cette séparation. Tandis que les deux sœurs s'embrassaient tendrement, elle saisit cet instant d'attendrissement pour recommander à Effie de veiller attentivement sur elle-même pendant son séjour dans la capitale. Effie l'écoutait en versant des larmes, sans lever les yeux sur elle, et elle lui promit, en l'embrassant encore, de ne jamais oublier ses bons avis.

Pendant la première quinzaine, Effie fut tout ce qu'avait espéré sa parente, et même mieux. Mais, avec le temps, la ferveur de son zèle se refroidit. Pour citer encore le poète qui peint si bien et si exactement les mœurs actuelles [1] :

> Il se passait, disait-on, quelque chose.
> Qu'était-ce donc ? On ne le disait pas;
> On chuchotait, on se parlait tout bas.
> Tout se saura ; mais à présent nul n'ose
> De tous ces bruits deviner le secret.

Pendant ce temps-là, mistress Saddletree était souvent mécontente d'Effie, parce que, lui donnait-on une commission à faire dans la ville, elle y employait trois fois le temps qui aurait été nécessaire, et elle montrait de l'humeur et de l'impatience si on lui en faisait l'observation. Mais mistress Saddletree l'excusait ; il était bien naturel à une jeune fille pour qui tout était nouveau dans Édimbourg de s'amuser un peu à regarder tout ce qui frappait les yeux, et c'était une enfant gâtée, accoutumée à suivre ses volontés, qui n'était pas encore soumise à la discipline domestique; on n'apprend pas tout de suite à être attentive et douce. Mais patience, pensait-elle, avec le temps cela viendra : on n'a pas bâti Holy-Rood en un jour.

Il semblait que la prévoyante dame eût deviné juste. Au bout de trois mois, Effie parut ne plus songer à autre chose qu'à accomplir tous ses devoirs; mais elle ne s'en acquittait plus avec cet air riant et enjoué qui avait d'abord frappé tout le monde. On la voyait souvent verser des pleurs qui annonçaient un secret chagrin, quoiqu'elle cherchât à les cacher dès qu'elle s'apercevait qu'on les remarquait. Ses yeux perdirent leur éclat, les couleurs de ses joues s'évanouirent, et sa démarche devint pesante et embarrassée. De pareils symptômes n'auraient pu faire prendre le change sur leur cause à l'œil éclairé de mistress Saddletree ; mais,

---

[1] Le poète Crabbe. — Éd.

pendant les derniers mois qu'Effie demeura chez elle, une maladie l'obligea de garder la chambre, de manière qu'elle n'eut que peu ou point d'occasions de la voir. La mélancolie d'Effie et son abattement augmentèrent encore pendant le dernier mois; elle se livrait même quelquefois à des accès de désespoir, sans que Bartholin Saddletree s'aperçût de rien, si ce n'est des erreurs fréquentes qu'elle commettait dans sa boutique, ce qui le força de donner aux affaires de son commerce des soins qui n'étaient pas compatibles avec son goût pour le barreau. Aussi perdit-il toute patience avec elle, et lui déclara-t-il dans son latin de légiste, sans beaucoup de respect pour les genres, qu'il fallait qu'elle fût *naturaliter fatuus et furiosus idiota* [1], et qu'on devrait la traduire devant un jury, pour décider s'il ne faudrait pas l'enfermer à Bedlam. Les voisins et les domestiques observaient, avec une curiosité maligne et une compassion méprisante, le changement survenu dans la taille et dans la santé de cette fille, naguère si jolie et encore intéressante; mais elle n'accorda sa confiance à personne, répondant aux railleries par des sarcasmes, et aux questions sérieuses par un désaveu formel ou par un déluge de pleurs.

Enfin, quand la santé de mistress Saddletree fut sur le point de lui permettre de reprendre ses occupations ordinaires dans la maison et dans la boutique, Effie, soit qu'elle craignît que sa maîtresse ne lui fît subir un interrogatoire pressant, soit que d'autres raisons pour s'absenter devinssent urgentes, demanda à Bartholin la permission d'aller passer quelques semaines chez son père, donnant pour motif de cette absence le mauvais état de sa santé, et le désir d'essayer si le repos et le changement d'air pourraient la rétablir. Saddletree, qui avait des yeux de lynx pour les distinctions les plus subtiles de la jurisprudence, était aveugle comme un professeur de mathématiques hollandais dans tout ce qui concerne les affaires ordinaires de la vie; il ne soupçonna rien, ne lui fit aucune question, et lui accorda la permission qu'elle demandait.

---

(1) Naturellement sotte et furieusement idiote. — Tr.

Malheureusement pour elle, il existait des gens plus clairvoyans, qui n'avaient nul doute sur l'état où elle se trouvait, et qui apprirent qu'il s'était passé un intervalle de huit jours entre son départ de chez Saddletree et son retour à Saint-Léonard, voyage qui n'exigeait pas plus d'une heure. Jeanie en apercevant Effie crut voir l'ombre de cette sœur si fraîche, si gaie, si charmante, qui avait quitté la maison de son père il n'y avait guère plus d'un an. Depuis plusieurs mois les deux sœurs ne s'étaient pas vues. Les affaires de la boutique avaient servi de prétexte à Effie pour ne point aller à Saint-Léonard, et les occupations de Jeanie, maintenant qu'elle était seule avec son père, ne lui laissaient guère le loisir d'aller à la ville. La retraite dans laquelle vivaient les paisibles habitans de Saint-Léonard avait empêché que les bruits de la médisance ne parvinssent jusqu'à eux. Jeanie fut donc épouvantée de l'état dans lequel elle revit sa sœur : elle lui fit les questions les plus pressantes, auxquelles celle-ci fit d'abord des réponses incohérentes et évasives ; enfin elle se trouva mal, l'affreuse vérité ne put plus se cacher, et Jeanie fut réduite à la cruelle alternative d'annoncer à son père la nouvelle désespérante du déshonneur de sa sœur, ou de chercher à la lui cacher. Elle la pressa de lui apprendre le nom et le rang de son séducteur, et demanda ce qu'était devenu l'enfant auquel elle avait donné le jour. A toutes ces questions Effie demeurait silencieuse comme le tombeau vers lequel elle paraissait descendre rapidement ; bien plus, la moindre allusion à ce sujet lui occasionait de nouveaux accès de désespoir.

Jeanie désolée se proposait d'aller chez mistress Saddletree, où elle espérait obtenir quelques lumières sur cette affaire mystérieuse, et lui demander des conseils sur ce qu'elle devait faire ; mais cette démarche devint inutile par un nouveau coup du destin qui mit le comble à l'affliction de cette malheureuse famille.

David Deans en rentrant avait été surpris et alarmé de l'état dans lequel il avait trouvé Effie. L'arrivée du laird Dumbiedikes, qui venait faire sa visite journalière, et l'adresse de Jeanie, qui chercha à attirer son attention sur d'autres objets, l'empêchèrent de questionner sa fille sur la cause du changement effrayant qu'il voyait en elle, quoiqu'il fût loin d'en rien soupçonner. Ce fut donc un vrai coup de foudre pour le bon vieillard, quand une demi-heure après son arrivée il vit entrer chez lui des hôtes qu'il n'attendait guère; c'étaient des officiers de justice porteurs d'un mandat de la cour criminelle, pour chercher et appréhender Euphémie ou Effie Deans, comme prévenue du crime d'infanticide. Un coup si terrible ne put être supporté par un homme qui dans sa jeunesse avait bravé la tyrannie civile et militaire, quoique entouré de persécutions, de tortures et d'échafauds. Il tomba privé de tout sentiment; et les officiers de justice, peut-être par humanité, pour lui épargner une scène déchirante, profitèrent du moment où il était sans connaissance, pour s'emparer de leur victime, et la mirent dans une voiture qu'ils avaient amenée avec eux. Les secours que Jeanie prodiguait à son père ne l'avaient pas encore rappelé à la vie quand le bruit des roues l'avertit qu'on emmenait sa malheureuse sœur. Elle se précipita à la porte en poussant de grands cris, mais elle fut arrêtée par quelques voisines que l'arrivée du carrosse avait attirées, spectacle qui n'était pas ordinaire à Saint-Léonard. L'affliction de ces bonnes femmes, sincèrement attachées à cette famille infortunée, fut presque aussi vive que celle du père et de la sœur; le laird lui-même se sentit ému à un point qu'on aura peine à croire. — Jeanie, s'écria-t-il en faisant sonner une bourse bien remplie, ne vous désolez point, Jeanie, l'argent remédie à tout.

Le vieillard venait de reprendre ses sens; on l'avait assis sur un fauteuil; jetant autour de lui des regards égarés, comme s'il eût cherché quelque chose qui lui manquait, et retrouvant le souvenir de ses malheurs: — Où est-elle? s'écria-t-il d'une voix qui fit retentir la chambre, où est la misérable qui a déshonoré mes cheveux blancs? où est celle qui n'a plus de place parmi les élus; mais qui est venue ici souillée de ses crimes, comme le malin esprit au milieu des enfans de Dieu? Amenez-la-moi, Jeanie, que je l'anéantisse d'un mot et d'un regard!

Chacun s'empressait de lui prodiguer des secours et des consolations : le laird faisait sonner sa bourse, Jeanie brûlait des plumes devant lui, ou lui faisait respirer du vinaigre, et les voisines lui disaient : — Allons, voisin Deans, allons, c'est une cruelle épreuve, sans doute; mais songez au rocher des siècles, songez aux promesses de l'Écriture.

— J'y songe aussi, voisines, et je remercie Dieu de pouvoir y songer au milieu de la ruine et du naufrage de tout ce que j'avais de plus cher; mais être le père d'une débauchée, d'une sanguinaire Zipporach... Oh! quel triomphe pour les épiscopaux et tous les hérétiques, de voir mon sang aussi impur que le leur! Oui, voisines, je suis triste, triste au fond de l'âme pour le crime de l'enfant de ma vieillesse; mais je le suis encore davantage à cause du scandale qui va en résulter pour tous les fidèles.

— David, dit le laird en lui montrant sa bourse verte, l'argent n'y peut-il rien?

— Dumbiedikes, répondit le vieillard, j'aurais donné de bon cœur tout ce que je possède au monde pour éviter qu'elle ne tombât dans le piége qui lui a été tendu par l'ennemi du salut; j'aurais consenti à sortir de chez moi, un bâton à la main, et à mendier mon pain pour l'amour de Dieu; j'aurais donné ma vie pour sauver son âme. Mais s'il ne fallait qu'un dollar, que la vingtième partie d'un dollar pour l'arracher au sort honteux, à la punition publique qu'elle a méritée, je n'en ferais pas le sacrifice. Non! un œil pour un œil, une dent pour une dent, la vie pour la vie, le sang pour le sang, c'est la loi des hommes, et c'est celle de Dieu. Mais qu'on me laisse, qu'on me laisse seul; c'est dans la solitude, c'est à genoux que je dois demander au ciel la force de supporter cette épreuve.

Jeanie, retrouvant un peu de présence d'esprit, fit la même prière que son père; et le laird se retira ainsi que les voisines. Le lendemain trouva Deans et sa fille plongés dans la même affliction; mais le vieillard, inspiré par l'orgueil de sa piété, supportait avec un austère courage le poids de l'adversité, et Jeanie imposait silence à sa douleur, de crainte d'éveiller celle de son père.

Telle était la situation de cette famille infortunée le matin qui suivit la mort de Porteous, époque à laquelle nous sommes maintenant arrivés.

CHAPITRE XI.

« Où sont-ils donc ces instans pleins de charmes,
» Où, confondant nos plaisirs et nos larmes,
» Nos cœurs cherchaient querelle au temps jaloux
» Qui séparait deux sœurs dont la tendresse
» Était alors le trésor le plus doux!
» As-tu, ma sœur, oublié ta promesse? »

SHAKSPEARE. *Le Songe d'une nuit d'été.*

Nous avons été bien long-temps pour conduire Butler à la porte de la ferme de Saint-Léonard, où nos lecteurs se doutent bien maintenant qu'il se rendait quand nous l'avons abandonné pour faire la narration qui précède. Ils en ont pourtant fait la lecture en moins de temps qu'il n'en passa sur les rochers de Salisbury, le matin qui suivit l'insurrection terminée par la mort de Porteous. Il avait ses motifs pour ce délai : d'abord le besoin de calmer l'agitation dans laquelle il avait été jeté par les évènemens dont il venait d'être témoin, et par la nouvelle qu'il avait apprise de la situation dans laquelle se trouvait la sœur de Jeanie : ensuite à cause de ses rapports avec la famille, il voulait choisir le moment pour arriver chez Deans, et il avait résolu de ne s'y montrer que vers huit heures, c'est-à-dire à l'instant où il déjeunait d'habitude.

Jamais le temps ne lui avait paru s'écouler si lentement : il entendit la grosse cloche de Saint-Gilles sonner successivement toutes les heures, qui étaient répétées ensuite par toutes les autres horloges de la ville. Enfin il compta sept heures, et il crut alors qu'il pouvait commencer à s'approcher de la demeure de David Deans, dont il n'était guère qu'à un mille de distance. Il descendit donc du haut des rochers escarpés de Salisbury dans l'étroite vallée qui les sépare des petites montagnes qui portent le nom de Saint-Léonard. C'est, comme peuvent le savoir quelques uns de mes lecteurs, une vallée sauvage, déserte, couverte d'énormes fragmens de pierres, détachés par le temps de la cime des rochers qui la bordent du côté de l'est.

Cet endroit écarté, comme plusieurs autres dans le parc du roi, servait souvent de rendez-vous aux braves du temps qui avaient quelque affaire d'honneur qu'ils ne pouvaient régler que l'épée à la main. Les duels étaient alors très fréquens en Ecosse; car la noblesse était oisive, orgueilleuse, vindicative, adonnée à la boisson, et ne manquait jamais de causes de querelles, ni d'envie de les vider par un combat singulier. L'épée, qui faisait toujours partie du costume d'un gentilhomme, était alors la seule arme dont on fît usage en pareil cas. Quand donc Butler aperçut un jeune homme qui semblait se cacher entre les débris de rochers épars çà et là dans la vallée, comme s'il eût craint d'être vu, il crut assez naturellement qu'il venait dans ce lieu solitaire pour un rendez-vous de cette nature, et cette idée s'empara tellement de son esprit, qu'il craignit de manquer à son devoir, comme membre de l'Eglise d'Ecosse, s'il passait près de lui sans lui parler.

— Il y a des momens, pensa-t-il, où la moindre intervention suffit pour détourner du mal; où un seul mot dit à propos a plus de force pour prévenir un malheur, que toute l'éloquence d'un Cicéron n'en aurait pour le réparer. Et quant à mes propres chagrins, ils me sembleront plus faciles à supporter, s'ils ne me détournent pas de l'accomplissement de mes devoirs.

D'après ce raisonnement, il quitta le sentier qu'il suivait, et s'avança du côté de l'inconnu. Celui-ci prit le chemin de la montagne comme pour éviter Butler; mais voyant qu'il le suivait, il se retourna brusquement, et s'avança vers lui comme pour braver son regard scrutateur.

Comme ils étaient à quelque distance l'un de l'autre, Butler eut le temps d'examiner ses traits: il paraissait avoir environ vingt-cinq ans. Il aurait été difficile de juger du rang qu'il tenait dans le monde d'après ses vêtemens; les jeunes gens bien nés en portaient souvent de semblables pour leurs courses du matin ; mais comme l'étoffe n'en était pas très chère, beaucoup de clercs et de commis-marchands avaient adopté le même costume. On ne pouvait cependant pas croire que l'inconnu fût vêtu d'une manière au-dessus de sa condition ; on aurait plutôt pensé que ses vêtemens n'y répondaient pas ; car il avait l'air fier et hautain, le regard assuré, la démarche hardie, et des manières qui semblaient dire qu'il pouvait réclamer la supériorité sur les autres. Sa taille était au-dessus de la moyenne, tous ses membres bien proportionnés, et sa figure très agréable ; tout son extérieur aurait intéressé et prévenu en sa faveur, sans cette expression indéfinissable que donne à la physionomie l'habitude de la dissipation, et s'il n'avait eu dans son air et dans ses gestes cette audace qui souvent n'est qu'un masque que prend la crainte.

Ils se regardèrent l'un l'autre en se rencontrant. L'étranger, portant la main à son chapeau, continuait son chemin en silence ; quand Butler, l'ayant salué à son tour, lui dit :

— Voilà une belle matinée, monsieur. Vous êtes de bonne heure sur ces hauteurs.

— J'ai affaire ici, répondit le jeune homme d'un ton qui n'invitait pas à continuer la conversation.

— Je n'en doute pas, monsieur, reprit Butler ; et vous me pardonnerez si j'ajoute que j'espère que cette affaire est de nature à ne pas être réprouvée par les lois.

— Monsieur, répondit l'inconnu d'un ton de surprise et de mécontentement, je ne pardonne jamais une impertinence, et je ne conçois pas à quel titre vous vous arrogez le droit de vous mêler de ce qui ne vous regarde en rien.

— Je suis soldat, monsieur, dit Butler, et je suis chargé d'arrêter, au nom de mon Maître, ceux qui méditent des projets criminels.

— Soldat ! s'écria l'étranger en reculant d'un pas en arrière et en portant la main sur la garde de son épée ; soldat déguisé ! chargé de m'arrêter ! Vous estimez donc bien peu votre vie pour vous charger d'une telle commission.

— Vous ne me comprenez pas, monsieur, dit Butler d'un

air grave, ni ma profession guerrière, ni mon *Warrant* ne sont de ce monde ; je suis un ministre de l'Évangile, et j'ai reçu de mon Maître le droit de recommander aux hommes la paix sur la terre conformément aux préceptes de l'Évangile.

—Un ministre ! dit l'inconnu avec un sourire méprisant : je sais que les gens de votre robe s'arrogent en Écosse le droit étrange de se mêler des affaires particulières ; mais j'ai voyagé, et je ne me laisse pas mener par les prêtres.

— S'il est vrai, monsieur qu'il existe des gens de ma robe, ou, comme vous auriez pu le dire plus décemment, de ma vocation, qui se mêlent des affaires des autres pour satisfaire leur curiosité, ou par des motifs encore plus condamnables, vous ne pouviez recevoir chez l'étranger une leçon plus sage que d'apprendre à les condamner. Mais je suis appelé à travailler à la moisson de mon Maître, et j'aime mieux m'attirer votre mépris en parlant, que les reproches de ma conscience en gardant le silence.

— Au nom du diable ! s'écria le jeune homme avec emportement, dites-moi donc ce que vous avez à me dire. Pour qui me prenez-vous ? Quelle affaire avez-vous avec moi ? Ne vous suis-je pas étranger ? Connaissez-vous mes actions et mes projets ? Je ne conçois rien à votre conduite ni à vos discours.

—Vous avez le projet de violer une des lois les plus sages de votre pays ; une loi, ce qui est bien pis encore, que Dieu lui-même a gravée dans nos cœurs, et à laquelle il nous est impossible de contrevenir sans que tous nos nerfs tressaillent.

— Et de quelle loi parlez-vous ?

— De celle qui dit : TU NE TUERAS POINT ! répondit Butler d'un ton grave et solennel.

L'inconnu parut violemment agité. Butler crut avoir produit sur son esprit une impression favorable, et résolut d'achever son ouvrage.—Pensez, jeune homme, dit-il en lui appuyant la main sur le bras, pensez dans quelle terrible alternative vous vous placez ! donner la mort ou la recevoir ! Pouvez-vous songer à paraître devant un Dieu offensé, le cœur encore plein du désir d'immoler votre frère ? Supposez que vous ayez le malheur non moins grand de sacrifier votre adversaire à votre vengeance, Dieu ne vous imprimera-t-il pas un signe sur le front comme à Caïn, comme au premier fratricide? un signe qui frappe d'horreur quiconque l'aperçoit; un signe qui dénonce le meurtrier à quiconque le regarde? Songez...

— Vos avis sont excellens, monsieur, dit l'inconnu en retirant son bras; mais vous les prodiguez en pure perte. Je ne suis pas venu ici avec de mauvaises intentions contre qui que ce soit. Je puis avoir commis bien des fautes. — Ne dites-vous pas, vous autres prêtres, que tous les hommes en commettent? Bien loin de vouloir attaquer la vie de personne, je ne suis ici que pour sauver les jours d'une victime de l'injustice. Si, au lieu de vous amuser à parler de ce que vous ne connaissez point, vous voulez faire une bonne action, une œuvre réellement méritoire, je vais vous en donner l'occasion. Voyez-vous là-bas sur la droite cette petite colline, au-dessus de laquelle on distingue les cheminées d'une maison située de l'autre côté? Rendez-vous à cette habitation; demandez-y Jeanie Deans, et dites-lui en secret, vous m'entendez! en secret, que *celui qu'elle sait bien* l'a attendue ici depuis la pointe du jour jusqu'à ce moment; mais qu'il ne peut l'y attendre davantage. Vous ajouterez qu'*il faut* qu'elle vienne me trouver cette nuit dans la Fondrière du Chasseur, dès que la lune se montrera derrière le mont Saint-Antoine, ou que dans mon désespoir elle me rendra capable de tout.

— Et qui donc êtes-vous? s'écria Butler, étrangement et peu agréablement surpris. — Qui êtes-vous, pour me donner une pareille commission?

— Je suis... je suis le diable, répondit précipitamment l'étranger.

Butler fit deux pas en arrière par instinct, et se recommanda à Dieu intérieurement. Malgré son instruction, on ne pouvait exiger de lui qu'il eût l'esprit élevé au-dessus des préjugés de son siècle et de son pays, où l'on regardait comme infidèle et comme athée quiconque ne croyait pas aux spectres et aux sorciers.

— Oui, continua l'inconnu sans prendre garde à son

émotion, donnez-moi le nom de Belzébuth, d'Astaroth, ou de tel autre des esprits infernaux des sphères inférieures ou supérieures que vous voudrez choisir; vous ne trouverez pas un nom qui soit plus odieux à celui qui le porte, que le mien ne l'est à moi-même.

Il parlait ainsi avec le ton d'amertume d'un homme à qui sa conscience fait des reproches auxquels il ne peut se soustraire, et sa physionomie avait pris une expression effrayante. Butler ne manquait pas de fermeté, mais il en fut ému et interdit.

L'étranger, après avoir parlé ainsi, fit quelques pas pour s'éloigner. Tout-à-coup il se retourna, revint près de Butler, et lui dit d'un ton fier et impérieux : — Je vous ai répondu; je vous ai dit qui je suis, ce que je suis. Répondez-moi à votre tour. Qui êtes-vous ? Quel est votre nom ?

— Butler, répondit-il; la surprise d'une question si subite, et le ton dont elle était faite lui ayant arraché cette réponse avant qu'il eût pu réfléchir s'il était convenable qu'il la fît: Reuben Butler, ministre de l'Évangile!

— Butler! répéta l'inconnu en enfonçant son chapeau sur ses yeux, Butler; sous-maître d'école à Libberton?

— Lui-même, répondit celui-ci d'un air calme.

L'étranger porta les deux mains à son front, comme frappé d'une réflexion soudaine, fit quelques pas pour s'éloigner, se retourna, et voyant que Butler le suivait des yeux, lui cria d'une voix ferme, mais qui semblait calculée de manière à arriver aux oreilles du jeune ministre, sans pouvoir être entendue trois pas plus loin : — Passez votre chemin, et exécutez mes ordres. Ne cherchez pas à voir ce que je deviendrai ; je ne descendrai pas dans les entrailles de la terre, et je ne m'enlèverai point sur une colonne de feu; mais l'œil qui oserait suivre mes mouvemens aurait à regretter de n'avoir pas été frappé d'aveuglement. Partez ne regardez pas derrière vous, et dites à Jeanie Deans que je l'attends dès que la lune se lèvera, au *Cairn*[1] de Nicol Muschat, près la chapelle de Saint-Antoine.

[1] On appelle *Cairn* en Écosse un tas de pierres. Ce sont souvent des indications de tombeaux. — Éd.

Après avoir ainsi parlé, il prit le chemin de la montagne, et s'éloigna d'un pas aussi précipité que son ton avait été impérieux.

Saisi de la crainte vague de quelques nouveaux malheurs, désespéré qu'il existât un homme qui pût envoyer à l'objet de toute son affection, à celle qu'il regardait comme sa fiancée, un message si extraordinaire, et conçu en termes si impératifs, Butler doubla le pas pour arriver à Saint-Léonard, afin de s'assurer jusqu'à quel point cet être singulier avait droit de faire à Jeanie une demande qu'aucune jeune fille prudente et modeste ne paraissait pouvoir accorder.

Butler n'était naturellement ni jaloux ni superstitieux ; cependant les sentimens qui nous disposent à devenir l'un ou l'autre existaient dans son cœur, comme dans celui de la généralité des hommes : il était désolant pour lui de penser qu'un libertin licencieux, tel que semblait être l'inconnu par ses manières et son ton, avait le pouvoir de commander à celle qui devait être un jour son épouse, à celle qu'il aimait si fidèlement, de se rendre à un lieu si écarté et à une heure si peu convenable. Cependant l'accent de cet homme ne ressemblait en rien à cette douce demi-voix d'un séducteur qui sollicite un rendez-vous. Cet accent était fier, hautain, impérieux, et il exprimait moins l'amour que la menace et le désir d'effrayer.

Les suggestions de la superstition auraient paru plus naturelles si Reuben y avait été accessible. — Était-ce là le lion rugissant, qui rôde pour chercher une proie à dévorer ? — C'était une question qui se présenta à l'esprit de Butler plus vivement qu'on ne peut le concevoir dans le temps présent. Ce regard fier, ces manières brusques, cette voix dure par saccades, et cependant soigneusement contenue, — ces traits dont la beauté régulière était tour à tour obscurcie par l'orgueil, altérée par la méfiance, et comme enflammée par la colère, — ces yeux noirs que l'inconnu cachait quelquefois en abaissant les bords de son chapeau, comme s'il n'eût pas voulu qu'on les observât pendant qu'il observait ceux des autres ; — ces yeux où l'on remarquait tantôt le trouble et la tristesse, tantôt le mépris, tantôt le feu de la fureur ; —...

étaient-ce bien les passions d'un simple mortel que ces manières, ces traits, ces regards exprimaient, ou les émotions d'un démon qui cherche vainement à dissimuler ses funestes projets sous le masque emprunté d'une beauté humaine? Il y avait dans le maintien, le langage, les traits de l'inconnu, quelque chose de l'archange tombé; et quelque imparfaite qu'ait pu être notre description, l'effet de cette entrevue sur Butler, agité déjà par les horribles scènes de la précédente nuit, fut plus grand que ne l'auraient voulu son jugement et son secret orgueil.

Le lieu même où il avait rencontré ce singulier personnage était en quelque sorte souillé et profané par les duels et les suicides, et l'endroit fixé pour un rendez-vous à une heure si avancée de la nuit passait généralement pour maudit depuis un meurtre épouvantable et barbare qui y avait été commis sur la personne de sa femme par le misérable qui lui avait donné son nom. C'était dans de tels lieux, suivant la croyance de cette époque (où les lois contre les sorciers étaient encore en vigueur, et avaient été même récemment invoquées), c'était dans de tels lieux que les malins esprits avaient le pouvoir de se rendre visibles aux yeux mortels et d'exercer leur influence sur le cœur et les sensations de l'homme. Des soupçons fondés sur ces considérations assaillirent l'âme de Butler, nullement préparé, dans ce moment de surprise, à nier ce que croyaient toutes les personnes de son temps, de son pays et de sa profession. Mais son bon sens rejetait ces vaines idées comme inconciliables, sinon avec le cours des choses possibles, du moins avec les lois générales qui gouvernent l'univers; — et Butler se dit que toute déviation de ces lois ne peut être admise que sur l'évidence la plus irrécusable. — Mais comment un amant mortel, ou un jeune homme, n'importe par quelle cause, avait-il le droit d'exercer une autorité si absolue sur celle qui était l'objet de son affection, affection éprouvée depuis long-temps, affection partagée en apparence par elle avec sincérité? — Certes il y avait encore dans cette alternative de quoi accabler l'esprit de Butler, autant que dans les idées que lui suggérait la superstition.

Épuisé de fatigue, troublé par tant d'inquiétudes déchirantes, de doutes et de souvenirs pénibles, Butler se traîna depuis le vallon jusqu'aux rochers de Saint-Léonard, et se présenta à la porte de Deans avec des sentimens qui se rapprochaient beaucoup des craintes et des réflexions désolantes des habitans du cottage.

CHAPITRE XII.

« Elle étendit alors sa main de lis,
» Et lui dit d'une voix émue :
» Va, je te rends les sermens que tu fis :
» Puisse à ton cœur la paix être rendue. »

Ancienne ballade.

BUTLER frappa à la porte.—Entrez, répondit la voix qu'il avait le plus de plaisir à entendre.

Il leva le loquet, et se trouva sous le toit de l'affliction. Jeanie n'eut le courage que de fixer un instant les yeux sur son amant, qu'elle revoyait dans des circonstances si pénibles et si humiliantes. On sait combien les Ecossais attachent de prix aux relations de famille. — Être né d'honnêtes gens, —c'est-à-dire de parens auxquels on ne peut faire le moindre reproche, est un avantage dont le peuple de ce pays est aussi fier que les nobles le sont d'une antique origine. L'estime et le respect qu'un individu mérite par sa conduite rejaillissent sur toute sa famille, et semblent garantir que tous les membres qui la composent ont droit à inspirer les mêmes sentimens. Au contraire, une tache semblable à celle qui venait de tomber sur une des filles de Deans s'étendait sur tout ce qui tenait à elle par les liens du sang, et Jeanie se sentait humiliée pour cette raison à ses propres yeux et à ceux de l'homme qui l'aimait. C'était en vain qu'elle cherchait à combattre ce sentiment, et qu'elle s'accusait d'égoïsme, au milieu des malheurs de sa sœur, dont elle aurait voulu s'occuper uniquement : la nature l'emportait, et les larmes amères qu'elle versait coulaient en même temps pour l'infortune et le danger de sa sœur, et pour son propre déshonneur.

Butler, en entrant, aperçut le vieux Deans assis près du feu, tenant en main une petite Bible bien usée, compagne des dangers de sa jeunesse, son soutien dans les persécutions, et qui lui avait été léguée sur l'échafaud par un des martyrs qui, en 1686, scellèrent de leur sang les principes d'un fanatisme enthousiaste. Les rayons du soleil, pénétrant par une petite fenêtre derrière le vieillard, et—brillant en atomes lumineux à travers la fumée, pour nous servir de l'expression d'un poète écossais de cette époque, répandaient une auréole de lumière sur les cheveux blancs de ce père malheureux et sur la page du livre sacré qu'il étudiait. Ses traits durs et sévères, grâce à l'expression de sa gravité habituelle et de son mépris des choses terrestres avaient cependant une véritable dignité stoïque. Ils auraient pu rappeler la physionomie que Southey attribue aux anciens Scandinaves, qu'il nous peint — fermes dans leurs projets et inflexibles dans leurs souffrances. — C'était un tableau dont le jour aurait dû être peint par Rembrandt, mais dont les traits auraient exigé la vigueur du pinceau de Michel-Ange.

Lorsque Butler entra, Deans leva les yeux sur lui, et les baissa aussitôt, comme s'il eût été surpris et fâché de le voir. Il s'était toujours arrogé sur le savant « suivant la chair », comme il nommait Butler, une telle supériorité, que sa présence dans son humiliation actuelle ajoutait encore à son chagrin. C'était le sentiment qui anime un Chef écossais dans la vieille ballade, *Earl Percy sees my fall*[1]. Deans prit la Bible de la main gauche, la leva à la hauteur de son visage, comme pour le cacher, et tendit la main droite à Butler. Celui-ci saisit cette main, qui avait tant de fois soutenu son enfance, l'arrosa de ses larmes, et ne put que s'écrier : — Que Dieu vous console ! que Dieu vous console !

— Il le fera ; il l'a déjà fait, mon ami, dit le vieillard reprenant de la fermeté en voyant l'agitation de Butler ; il le fait et il le fera encore davantage dans son temps. J'ai été

---

(1) Le comte Percy est témoin de ma chute ! — Éd.

trop fier de mes souffrances pour une bonne cause, Reuben, et je suis éprouvé aujourd'hui contre ces autres souffrances qui changeront mon orgueil et ma gloire en reproche et en huées. Combien je m'estimais au-dessus de ceux qui étaient sains et saufs, nourris de bons mets et désaltérés de bons vins, pendant que j'étais dans les fondrières, les marécages et les bruyères, avec le précieux Donald-Cameron et le digne M. Blackadder, appelé Guess-Again[1]; et combien j'étais fier d'être donné en spectacle aux hommes et aux anges, lorsque je fus mis au pilori dans Canongate, avant l'âge de quinze ans, pour la cause d'un Covenant national!

Quand je pense, Reuben, que j'étais si exalté et si honoré dans ma jeunesse (que dis-je? je n'étais encore qu'un enfant), et que j'ai porté témoignage contre ces défections du temps, chaque année, chaque mois, chaque jour, chaque heure, chaque minute, résistant et témoignant en levant la main et la voix; criant bien haut et sans ménagement contre tous les grands piéges de la nation, tels que l'abomination anti-nationale et funeste à l'Église, de l'union, de la tolérance, et du patronage imposé par la dernière femme de cette malheureuse race des Stuarts, comme aussi contre les infractions et les empiétemens sur le juste pouvoir des anciens, lorsque je fis paraître mon écrit intitulé, *Cri d'un Hibou dans le Désert*, imprimé à Bow-Head et vendu par tous les libraires de la ville et de la campagne; — et maintenant... —

Ici Deans s'arrêta; on peut bien supposer que Butler, quoiqu'il ne fût pas absolument d'accord avec le vieillard sur toutes ses idées relatives au gouvernement de l'église, avait trop de sens et d'humanité pour l'interrompre pendant qu'il rapportait avec une sorte d'orgueil ses souffrances et la constance de ses témoignages. Au contraire, lorsqu'il s'arrêta, déchiré par le cruel souvenir du moment, Butler se hâta de lui offrir quelques paroles d'encouragement.

— Vous êtes connu, mon ancien et respectable ami, comme un digne et vrai serviteur de la croix, comme un

---

(1) *Devine-encore.* C'était un de ces surnoms mystiques empruntés souvent à une phrase entière qui précédait le nom.

homme qui doit, ainsi que le dit saint Jérôme, *per infamiam et bonam famam grassari ad immortalitatem*, c'est-à-dire marcher à la vie éternelle à travers la bonne et la mauvaise renommée. Vous avez été un de ceux à qui les âmes tendres et timides crient pendant la solitude des ténèbres : — Sentinelle, où en est la nuit? Sentinelle, où en est la nuit?— et assurément, cette épreuve cruelle, qui n'est pas venue sans la permission divine, n'est pas venue non plus sans une spéciale destination.

— Je la reçois ainsi, dit David en serrant la main de Butler, et si je ne sais lire les saintes Écritures que dans ma langue naturelle (car au milieu de sa douleur la citation latine de Butler ne lui avait pas échappé), j'y ai du moins appris à porter ma croix sans murmure. Mais, ô Reuben Butler! moi qui ai toujours été regardé, quoique indigne, comme un pilier poli de l'Église, où depuis mon enfance j'ai toujours tenu place dans le conseil des Anciens, — que penseront les hommes légers et profanes du guide qui n'a pu empêcher sa propre famille de faire un faux pas? Ah! comme ils entonneront leur chant de reproche lorsqu'ils verront que les enfans des saints sont sujets aux mêmes souillures que les enfans de Bélial! mais je porterai ma croix avec cette consolation, que tout ce qui ressemblait au bien dans moi ou les miens, était comme la lumière qui jaillit des insectes rampant sur la bruyère dans une sombre nuit. Le ver brille à l'œil parce que tout est sombre à l'entour; mais quand le matin paraît sur les montagnes, ce n'est plus qu'un pauvre insecte. Il en sera de même de tout haillon de justice humaine, ou d'œuvres de lois judiciaires, dont nous pourrons nous entourer pour couvrir notre honte.

Comme il parlait ainsi, la porte s'ouvrit, et l'on vit entrer M. Saddletree; son chapeau à trois cornes rejeté en arrière pour éviter la chaleur, était fixé par un mouchoir de soie qui l'assujettissait en venant se nouer sous son menton; il tenait sa canne à pomme d'or à la main, et annonçait dans tout son extérieur le riche bourgeois qui pouvait espérer de siéger un jour parmi les magistrats de la ville, et d'y occuper peut-être la chaise curule.

La Rochefoucauld, qui a déchiré le voile qui couvre tant de vices du cœur humain, dit que nous trouvons dans les infortunes de nos meilleurs amis quelque chose qui ne nous déplaît pas tout-à-fait. Saddletree aurait été outré de colère si quelqu'un lui avait dit qu'il était charmé du malheur de la pauvre Effie Deans et de l'humiliation de sa famille; et cependant c'est une question de savoir si le plaisir de jouer le rôle d'un homme important, de rechercher, d'approfondir et de citer les dispositions des lois relatives à ce sujet, n'était pas pour lui une pleine compensation du chagrin que lui causait l'affliction d'une famille dont sa femme était parente éloignée. Il avait maintenant entre les mains une véritable affaire judiciaire; on allait lui demander son opinion, solliciter ses avis, qu'il donnait si souvent à des gens qui ne s'en embarrassaient guère. Il éprouvait donc la même satisfaction qu'un enfant qui jette avec mépris sa montre de deux sous, en en recevant une véritable, dont il voit tourner les aiguilles d'elles-mêmes autour du cadran quand il l'a remontée. Outre ce sujet de discussion, il avait aussi le cerveau rempli de l'affaire de Porteous, de sa mort violente, et des conséquences qui pouvaient en résulter pour la ville. Il éprouvait ce que les Français appellent *l'embarras des richesses*, une confusion d'idées occasionée par le trop grand nombre d'affaires qui l'occupaient, et qui se heurtaient et se croisaient dans sa tête. Il entra donc avec l'air de supériorité d'un homme qui sait des choses que ceux auxquels il s'adresse ignorent encore, et qui s'apprête à les écraser du poids de tout ce qu'il doit leur apprendre.

— Bonjour, M. Deans. Bonjour, M. Butler; je ne savais pas que vous connussiez M. Deans.

Butler fit quelque réponse insignifiante. On imagine facilement quelles étaient ses raisons pour éviter de causer souvent avec des personnes indifférentes telles que Saddletree, de sa liaison avec la famille Deans, liaison qui avait à ses yeux quelque chose de tendre et de mystérieux.

Le digne bourgeois, tout plein de son importance, s'assit dans un fauteuil, s'essuya le front, reprit haleine, et essaya d'abord ses poumons par un gros soupir, qui pouvait passer pour un gémissement.

— Nous vivons dans des temps terribles, voisin Deans, dans des temps terribles !

— Temps de péché, temps de honte et d'offense contre le ciel, dit le vieillard d'un ton plus bas et plus humble.

— Quant à moi, dit Saddletree d'un air important, entre les malheurs particuliers de mes amis, et les évènemens publics qui peuvent influer sur le sort de ma patrie, tout l'esprit que je pourrais avoir semble m'abandonner ; et je suis tenté de me croire aussi ignorant que si j'avais toujours vécu *inter rusticos*. Je m'étais couché en arrangeant dans ma tête le plan de ce qu'on pouvait faire pour la pauvre Effie ; j'avais combiné toutes les dispositions des lois, quand j'ai été distrait par l'attroupement qui a pendu Jean Porteous à la poutre d'un teinturier ; et cet évènement a bouleversé toutes mes idées.

Une nouvelle si extraordinaire eut le pouvoir de faire diversion un instant aux chagrins du vieux Deans, et il écouta avec quelque intérêt les détails circonstanciés dans lesquels Saddletree crut devoir entrer. Jeanie sortit de la chambre comme pour aller se livrer à ses occupations ordinaires ; et Butler, désirant avoir un entretien particulier avec elle, ne tarda pas à la suivre, laissant Deans et Saddletree tellement affairés, qu'il n'était pas probable qu'ils s'aperçussent de son absence.

Le lieu de leur entrevue fut une pièce au fond de la maison, où Jeanie déposait et mettait en ordre les produits de la laiterie : Butler l'y trouva silencieuse, abattue, et prête à fondre en larmes. Au lieu de l'activité habituelle avec laquelle elle employait ses mains à quelque occupation domestique, même en causant, elle était assise dans un coin, immobile, les bras croisés sur ses genoux, la tête penchée, et paraissant accablée du poids de ses tristes pensées. Cependant, dès qu'elle l'aperçut, elle s'essuya les yeux, et lui dit avec son air de franchise et de simplicité ordinaire :

— Je suis bien aise que vous soyez venu, M. Butler, je désirais vous voir pour vous dire que... oui, que tout doit être fini entre vous et moi. Il le faut pour le bien de tous deux.

— Fini ! répéta Butler surpris, et pourquoi donc ? Je conviens que ce malheur est terrible, mais il ne tombe directement ni sur vous, ni sur moi; il faut le supporter, puisque c'est la volonté de Dieu, mais il ne peut ni ne doit rompre la foi que nous nous sommes promise, Jeanie!

— Je sais, Reuben, dit Jeanie en le regardant avec tendresse, que vous pensez à moi plus qu'à vous, et c'est pourquoi je dois penser à vous plus qu'à moi. Vous avez une réputation intacte, et tout le monde dit que vous pourrez un jour vous élever dans l'Eglise, quoique la pauvreté vous retienne bien bas maintenant. La pauvreté est un perfide ennemi, vous le savez, Reuben; mais la mauvaise renommée est bien pire encore, et c'est une vérité que je ne veux pas que vous appreniez par moi!

— Que voulez-vous dire? Qu'est-ce que cela a de commun avec la faute de votre sœur, si toutefois elle est coupable; ce dont il est encore permis de douter? en quoi cela peut-il nous regarder l'un et l'autre?

— Pouvez-vous bien me le demander, M. Butler? N'est-ce pas une tache imprimée pour toujours sur nos fronts? Ne s'étendrait-elle pas sur nos enfans et sur les enfans de nos enfans? Être fille d'un homme honnête et respectable, c'était quelque chose pour moi et pour les miens, mais être sœur d'une... O mon Dieu!

Elle n'en put dire davantage; le courage lui manqua, et elle versa un torrent de larmes.

Celui qu'elle aimait employa tous ses soins pour la calmer, et parvint à y réussir; mais elle ne reprit son sang-froid que pour lui parler de nouveau d'une manière tout aussi positive.

— Non, Reuben, lui dit-elle, je ne porterai jamais mon humiliation sous le toit d'un autre; je puis supporter le fardeau de ma détresse, je le supporterai, le ciel m'en donnera la force; mais je n'en rejetterai pas une partie sur les épaules de mon prochain.

L'amour est naturellement méfiant et soupçonneux; la jalousie entra pour la première fois dans le cœur du pauvre Butler. La promptitude avec laquelle Jeanie s'empressait de renoncer à lui, sous prétexte de zèle pour sa réputation et pour son avancement dans l'Eglise, lui devint suspecte, et se rattacha dans son esprit à la commission qu'il venait de recevoir de l'inconnu. Ce fut presque en balbutiant qu'il lui demanda si la situation malheureuse où sa sœur se trouvait en ce moment était la seule cause qui la fît parler ainsi?

— Et quelle autre cause pourrais-je en avoir, Reuben? N'y a-t-il pas dix ans que nous nous connaissons?

— Dix ans! c'est un terme bien long! Assez long pour user chez une femme...

— Pour user une robe, et lui en faire désirer une nouvelle, mais non pour user ses sentimens. Les yeux peuvent souhaiter un changement, Reuben; mais le cœur, jamais!

— Jamais!... C'est une promesse bien hardie!

— Pas plus hardie qu'elle n'est vraie, reprit Jeanie avec cette simplicité tranquille qu'elle conservait toujours dans la joie comme dans l'affliction, dans les affaires ordinaires de la vie, et dans celles qui l'intéressaient le plus vivement.

Butler garda le silence un moment; puis, fixant sur elle un regard pénétrant,— Je suis chargé d'un message pour vous, Jeanie, lui dit-il.

— Pour moi! Et de la part de qui? Que peut-on me vouloir?

— De la part d'un étranger, dit Butler en affectant une indifférence qui démentait le son de sa voix, — d'un jeune homme que j'ai rencontré ce matin sur les rochers de Salisbury.

— Juste ciel! s'écria Jeanie; et que vous a-t-il dit?

— Qu'il ne pouvait vous attendre plus long-temps; mais qu'il fallait que vous allassiez le trouver cette nuit, près de la butte de Muschat, dès que la lune se lèvera.

— Dites-lui que je n'y manquerai pas, s'écria vivement Jeanie.

— Puis-je vous demander, dit Butler dont les soupçons croissaient à chaque instant, quel est ce jeune homme à qui vous paraissez si disposée à accorder un rendez-vous, à une heure et dans un endroit si extraordinaires?

— On est souvent obligé, répondit Jeanie, de faire des choses qu'on voudrait ne pas faire.

— D'accord ; mais qui vous y oblige?... Quel est ce jeune homme?... Ce que j'ai vu de lui ne me prévient pas en sa faveur. Qui est-il?

Je l'ignore, répondit tranquillement Jeanie.

— Vous l'ignorez! dit Butler en se promenant dans la chambre d'un air d'impatience : vous allez trouver un jeune homme pendant la nuit, dans un lieu solitaire ; vous dites que vous êtes obligée de le faire, et vous ignorez quel est celui qui exerce sur vous une influence si inconcevable! Comment expliquer cela, Jeanie? que dois-je en penser?

— Pensez seulement, Reuben, que je vous dis la vérité, comme je la dirai le jour du dernier jugement. Je ne connais pas cet homme ;... je ne sais pas si je l'ai jamais vu ; et cependant il faut que je me trouve au rendez-vous qu'il m'assigne. Il y va de la vie ou de la mort.

— Mais vous en parlerez à votre père? vous le prierez de vous accompagner?

— Je ne le puis, dit Jeanie, cela m'est défendu.

— Eh bien, voulez-vous que je vous accompagne? Je me trouverai ici près à la nuit tombante, et je vous joindrai quand vous sortirez.

— Cela est impossible : personne ne doit entendre notre entretien.

— Mais avez-vous bien réfléchi à ce que vous allez faire? Le temps,... le lieu,... un inconnu,... un homme suspect... Quand il vous aurait demandé à vous voir chez vous à une pareille heure, vous auriez dû le refuser!

— Il faut que j'accomplisse mon destin, M. Butler : mon sort et ma vie sont entre les mains de Dieu, mais je dois tout risquer pour l'objet dont il s'agit.

— Alors, Jeanie, dit Butler d'un air de mécontentement, je crois que vous avez raison : il faut nous faire nos adieux, et renoncer l'un à l'autre. Quand dans un point si important une femme manque de confiance envers l'homme à qui elle a donné sa foi, c'est une preuve qu'elle n'a plus pour lui les sentimens qui rendent l'union des cœurs si douce et si désirable.

Jeanie le regarda en soupirant.— Je croyais, lui dit-elle,

m'être armée d'assez de courage pour supporter cette séparation, mais je ne croyais pas qu'elle aurait lieu de cette manière. Au surplus, si vous la supportez plus aisément en pensant mal de moi, je ne désire pas que vous pensiez différemment.

—Vous êtes ce que vous avez toujours été, s'écria Butler, plus sage, plus modérée, moins égoïste que moi ! La nature a fait pour vous plus que n'ont pu faire pour moi tous les secours de la philosophie. Mais pourquoi, pourquoi persister dans un pareil projet? Pourquoi ne pas me permettre de vous accompagner, de vous conseiller, de vous protéger?

—Parce que je ne le puis ni ne l'ose, répondit Jeanie; mais écoutez, mon père fait bien du bruit dans la chambre voisine!

Le vieux Deans parlait effectivement à très haute voix, et d'un ton de colère. Avant d'aller plus loin, il est bon d'expliquer la cause de ce bruit.

Lorsque Jeanie et Butler furent sortis, M. Saddletree entama l'affaire qui concernait principalement la famille Deans. Au commencement de la conversation, le vieillard était tellement abattu par ses chagrins, par le déshonneur de sa fille, et le danger qu'elle courait, que contre son usage il écouta sans y répliquer, et peut-être sans l'entendre, une longue dissertation sur la nature du crime dont elle était accusée, et sur la marche qu'il convenait d'adopter pour sa défense. Il se contentait de répondre à chaque pause : —Je ne doute pas que vous ne nous vouliez du bien. Votre femme est notre cousine à un degré éloigné.

Encouragé par ces symptômes favorables, Saddletree, dont l'unique plaisir était de discuter un point de jurisprudence, en revint à l'affaire du capitaine Porteous, et prononça anathème contre tous ceux qui s'en étaient mêlés.

—C'est une chose délicate, M. Deans, bien délicate, que de voir le peuple retirer des mains des magistrats légitimes le droit de vie et de mort, et prétendre l'exercer lui-même ! Je pense, et M. Crossmyloof sera de cet avis, j'espère, comme le conseil privé, que ce rassemblement, dont le but était le meurtre d'un homme qui avait obtenu un sursis, sera déclaré un *perduellion*.

—C'est un point que je vous contesterais, M. Saddletree, si je n'avais la tête pleine de bien d'autres idées.

—Comment pourriez-vous contester ce que la loi déclare formellement? Il n'y a pas un clerc qui ait jamais porté un sac à procès qui ne vous dise que le *perduellion* est de toutes les trahisons la pire et la plus violente, puisque c'est une convocation publique des sujets-liges du roi contre son autorité (surtout quand cette convocation a lieu en armes, au son du tambour, choses accessoires que j'ai vues de mes yeux et ouïes de mes oreilles). C'est un délit pire que le crime de lèse-majesté, ou la non-révélation d'un complot de trahison : — c'est une chose incontestable, voisin !

—Il y aurait bien des choses à dire sur ce point, M. Saddletree, reprit Douce David Deans ; je crois la chose très contestable. Je n'ai jamais aimé vos autorités légales et constituées. Je fais peu de cas de Parliament-House depuis la terrible chute des espérances légitimes qui suivirent la révolution?

— Mais que voulez-vous donc, M. Deans? dit Saddletree d'un air d'impatience ; n'avez-vous pas la liberté politique et la liberté de conscience, droits qui vous sont acquis à vous et à vos héritiers par substitution?

— Je sais, M. Saddletree, que vous êtes du nombre de ceux qui sont sages selon le monde ; que vous marchez dans les voies des longues robes et des longues têtes, et que vous fréquentez la société de ces artificieux légistes de ce royaume. —Funeste est le sort qu'ils ont fait à ce malheureux pays, lorsque leurs mains noires de défection s'unirent aux mains rouges de sang de nos meurtriers ; lorsque ceux qui avaient compté les tours de notre Sion et les boulevards de notre réformation virent leur espoir changé en piège et leur joie en larmes.

— Je ne puis vous comprendre, voisin. Je suis un honnête presbytérien de l'Église d'Écosse, et je la respecte comme je respecte l'Assemblée Générale, les Quinze Lords-juges de la Cour de Sessions et les Cinq Lords-juges de la Cour de Justice criminelle.

— Fi, fi donc! M. Saddletree, s'écria David, à qui l'occasion de rendre témoignage contre les offenses et les trahisons du royaume fit oublier un moment ses propres malheurs domestiques,—honte à votre Assemblée Générale, et le dos de ma main [1] pour votre Cour des Sessions.—Qu'est-ce que l'Assemblée Générale, sinon un tas de froids chrétiens et de froids ministres, qui étaient assez bien vêtus et bien chauffés lorsque le débris persécuté du troupeau luttait contre la faim, le froid, la peur de la mort, le danger du feu et la menace de l'épée, sur le revers humide des montagnes, dans les fondrières et les marais? — Ils se montrent maintenant et sortent de leurs trous, comme les papillons quand luit le soleil, pour prendre les chaires et les places de ceux qui valent mieux qu'eux, — de ceux qui témoignèrent et combattirent, de ceux qui souffrirent dans les basses-fosses, les prisons ou l'exil.— Oh! voilà une jolie ruche de frelons! — Et quant à votre Cour de Sessions...

— Dites ce que vous voudrez de l'Assemblée Générale: que ceux que cela regarde la justifient; mais quant aux juges de la Cour de Sessions, ce sont mes voisins. Savez-vous que c'est un crime que d'en mal parler, c'est-à-dire de murmurer contre eux; un crime *sui generis*, M. Deans, remarquez bien cela, *sui generis!* entendez-vous ce que cela signifie?

— Je n'entends rien au langage de l'Antechrist! s'écria Deans. Quant à murmurer contre eux, c'est ce que font tous ceux qui perdent leurs procès et les neuf dixièmes de ceux qui les gagnent. Je veux bien que vous sachiez que tous vos avocats à langue effilée, qui vendent leur science pour quelques pièces d'argent; tous vos juges profanes qui donneront trois jours d'attention à une pelure d'ognon, et pas une demi-heure au témoignage de l'Évangile, sont à mes yeux des *légalistes* et des *formalistes*, favorisant par des phrases et d'artificieux termes de la loi, le cours des défec-

---

[1] Geste de mépris. — Éd.

tions nationales, commencées récemment,—l'union, la tolérance, le droit de patronage, et les sermens prélatiques et érastiens. Quant à votre Cour de Justice criminelle, qui tue en même temps les âmes et les corps...

L'habitude qu'avait Deans de considérer la vie comme devant être consacrée à rendre témoignage à ce qu'il appelait la cause souffrante et abandonnée de la vraie religion, l'avait entraîné jusque là. Mais en prononçant le nom de la cour devant laquelle sa malheureuse fille devait bientôt comparaître, le souvenir d'Effie se présenta tout-à-coup à son esprit; il s'arrêta au milieu de sa déclamation, poussa un profond soupir, et appuya sa tête sur ses deux mains.

Saddletree vit l'agitation du vieillard et ne put en méconnaître la cause; mais, quoiqu'il ne fût pas lui-même sans quelque émotion, il profita de cet instant de silence pour prendre la parole à son tour.—Sans doute, voisin, dit-il, sans doute il est fâcheux d'avoir affaire aux cours de justice, à moins que ce ne soit pour acquérir des connaissances dans la pratique, en assistant à leurs séances. Mais, pour en revenir à cette malheureuse affaire d'Effie... Vous avez sûrement vu l'acte d'accusation?

Il tira de sa poche un paquet de papiers, et commença à les examiner.

—Ce n'est pas cela... c'est l'information de Mungo Marsport [1] contre le capitaine Lackland [2], pour avoir passé sur ses terres de Marsport avec des faucons, des chiens et des filets, des fusils, des arbalètes, des haquebuses de fonte [3] ou autres engins pour la destruction du gibier, tels que le chevreuil, le daim, le coq de bruyère, la grouse, la perdrix, le héron et autres; ledit défendeur n'ayant pas le droit de chasser, aux termes du statut 62, puisqu'il ne possédait pas une charrue de terre [4]. La défense du capitaine est que la loi ne définit pas (*non constat*) ce que c'est qu'une charrue de terre, incertitude qui est suffisante pour éluder les conclusions de la défense; or la réponse à cette défense,

---

(1) *Marsport*, M. Trouble-chasse. — (2) *Lackland*, capitaine Sans-Terre. — (3) Arquebuse très pesante.—(4) *A plough-gate*, ce que peut labourer une charrue en un jour.

qui est signée par M. Crossmyloof (mais écrite par M. Younglad), objecte que peu importe *in hoc statu* en quoi consiste une charrue de terre, puisque le défendeur ne possède pas de terre du tout. Or admettez qu'une charrue de terre (ici Saddletree lut le papier qu'il avait en main) équivale à la dix-neuvième partie du terrain qu'occupe une tige de genêt (je crois que c'est bien le mot qu'a mis M. Crossmyloof, — je connais son style), — une tige de genêt, qu'y gagnera le défendeur puisqu'il n'a pas un sillon de terre dans toute l'Ecosse. L'*advocatus* pour Lackland réplique que *nil interest de possessione*, et que le demandeur doit mettre son affaire en rapport avec le statut, — écoutez bien ceci, voisin, — et qu'il doit montrer *formaliter et specialiter* aussi bien que *generaliter*, quelle est la qualification que ne possède pas le défendeur Lackland : qu'il dise d'abord ce que c'est qu'une charrue de terre, et je lui dirai si j'en ai une ou non ; certes le demandeur est obligé de comprendre son propre mémoire et le statut sur lequel il se fonde. Titius poursuit Mævius pour un cheval *noir* prêté à Mævius, — certes il obtiendra jugement ; mais s'il lui redemande un cheval vert ou cramoisi, il faudra qu'il prouve d'abord qu'un tel cheval existe *in rerum natura*... Personne n'est tenu de plaider contre un non-sens, — c'est-à-dire contre une imputation qui ne peut être ni expliquée ni comprise, — (et il a tort en cela, — car meilleure est la plaidoirie, moins on doit la comprendre) : ainsi donc il résulte de cette mesure de terre indéfinie et inintelligible, qu'il y aurait un statut qui punirait tout homme chassant avec chien ou faucon, sans avoir une... — Mais je vous fatigue, M. Deans, passons à votre affaire, quoique celle de Marsport contre Lackland ait fait du bruit dans la première chambre. — Voici l'acte d'accusation contre la pauvre Effie. « Attendu qu'il nous a
» été humblement remontré... et démontré... (c'est le style
» de forme). que, par les lois de ce royaume et de tout pays
» civilisé, le meurtre, et surtout l'infanticide, est un crime
» qui mérite la plus sévère punition ; ensuite que, sans préjudice
» de la susdite généralité, par un acte passé dans la
» seconde session du premier parlement assemblé sous le rè-

» gne de nos gracieux souverains Guillaume et Marie, il a
» été spécialement ordonné que toute femme qui aura ca-
» ché sa grossesse, et qui ne pourra représenter son enfant,
» sera jugée coupable d'infanticide, et que son procès lui
» sera fait suivant les lois, mais que cependant vous, Euphé-
» mie ou Effie Deans... »

— Ne m'en lisez pas davantage, s'écria le malheureux père, un coup de poignard dans le cœur me ferait moins de mal que cette lecture.

— Soit! voisin, dit Saddletree en remettant ses papiers dans sa poche; je croyais que vous seriez charmé de connaître tous les détails de l'affaire; au surplus, le plus important est de déterminer la marche qu'il faut suivre.

— C'est d'attendre, répondit Deans avec fermeté, que le Seigneur manifeste sa volonté... Oh! s'il avait daigné appeler à lui ma tête grise avant le déshonneur qui va la couvrir!... Mais je puis encore dire que sa volonté soit faite !

— Mais, voisin, nous retiendrons des avocats pour la pauvre fille. C'est une chose à laquelle il faut penser !

— Oui, s'il y en avait un parmi eux qui fût resté dans la voie étroite de l'intégrité. Mais je les connais bien. C'est une race de mondains, d'hommes charnels, d'Érastiens et d'Arminiens.

— Bon, bon, voisin, il ne faut pas prendre à la lettre tout ce qu'on dit. Le diable n'est pas si noir qu'on le peint. Je connais plus d'un avocat qui a de l'intégrité... c'est-à-dire à sa façon.

— Oui, ce n'est en effet qu'une façon d'intégrité que vous trouvez parmi eux, reprit David Deans, une façon de sagesse et de science charnelle, avec leur éloquence empruntée aux empereurs païens et aux décrets des papes. Ils ne peuvent même laisser aux hommes les noms qu'ils ont reçus lors de leur régénération par le baptême, il faut qu'ils leur donnent des noms maudits, comme celui de ce Titus qui servit d'instrument pour l'incendie du saint temple, et ces noms d'autres païens.

— C'est Titius que j'ai dit, et non pas Titus. M. Crossmyloof se soucie aussi peu que vous-même de Titus et du latin. — Mais c'est ici un cas de nécessité; il faut un conseil à Effie, et si vous le voulez, j'en parlerai à M. Crossmyloof. C'est un bon presbytérien, comme vous le savez, un des anciens de l'Église par-dessus le marché.

— C'est un franc Érastien, s'écria Deans; un de ces politiques et sages mondains qui se sont opposés à une confession générale de la cause au jour de la puissance.

— Mais que dites-vous du vieux laird de Cuffabout? Il faut voir comme il sait tirer parti d'une cause, comme il la débrouille et la polit!

— Lui?... Le faux traître! N'était-il pas tout prêt à joindre les méchans Highlands en 1715, s'ils avaient pu jamais traverser le Frith [1]?

— Soit! Mais Arniston? c'est bien là l'homme qui vous convient, dit Bartholin d'un air de triomphe.

— Oui! pour apporter jusque dans leur bibliothèque les médailles papistes envoyées par cette femme schismatique du nord, la duchesse de Gordon [2]!

— Il faut pourtant en choisir un!... Que dites-vous de Kittlepunt?

— C'est un Arminien [3].

— Woodsetter?

— Je le crois Coccéien [4].

— Le vieux Williewhaw!

— Il est tout ce qu'on veut.

— Le jeune Nœmmo?

— Il n'est rien du tout.

---

(1) Le golfe d'Édimbourg.
(2) David Deans fait ici allusion au jacobitisme de la faculté des avocats d'Édimbourg. Ce fut en 1711 que la duchesse de Gordon offrit à la faculté des avocats une médaille d'argent portant une tête du Prétendant d'un côté, et de l'autre les îles britanniques avec ce mot: *reddite* (restituez). Le doyen ayant présenté cette médaille à la première convocation des avocats, on mit aux voix si on la recevrait: 63 voix contre 12 furent pour l'affirmative. Deux avocats furent délégués pour aller remercier la duchesse. Le mari de la duchesse avait défendu le château d'Édimbourg au nom de Jacques II en 1685. Ce fait peu connu suffirait pour prouver combien un commentaire est quelquefois indispensable pour comprendre les allusions locales des *Contes de mon Hôte*.
(3) Secte ainsi nommée d'Harmensen, en latin *Arminius*, théologien hollandais.
(4) Sectateurs de Cocceius, théologien de Brême.

— Vous êtes difficile à contenter, voisin ; je ne sais plus qui vous proposer. Il faudra que vous en cherchiez un vous-même... Eh mais, j'oubliais ! que ne prenons-nous le jeune Mackenye? il a toutes les pratiques de son oncle au bout de la langue.

— Est-ce à moi que vous parlez ? s'écria le fougueux presbytérien en se levant brusquement. Osez-vous prononcer le nom d'un homme dont les mains sont encore teintes du sang des saints? Son oncle n'était-il pas connu sous le nom du sanguinaire Mackenye? N'était-il pas dans un de ces tribunaux qui envoyaient les martyrs à la torture et au gibet? Si la vie de cette malheureuse qui cause tous nos maux, si celle de Jeanie, si la mienne, dépendaient d'un mot qui dût être prononcé par un Mackenye, par un esclave de Satan! j'aimerais mieux nous jeter tous à l'eau que de lui devoir notre salut.

L'exaltation avec laquelle il prononça cette tirade fut ce qui interrompit l'entretien de Butler avec Jeanie. Ils rentrèrent dans la chambre où ils avaient laissé les deux champions, et trouvèrent Deans dans une sorte de transport de frénésie causé partie par ses chagrins, partie par la sainte colère dont il se sentait enflammé. Il avait le poing fermé, les joues en feu, les lèvres tremblantes, et paraissait ne pouvoir plus trouver de termes pour exprimer sa douleur et son indignation. Butler, craignant les suites d'une agitation si violente pour un vieillard encore plus abattu par l'affliction qu'épuisé par l'âge, se hasarda à lui recommander la patience.

— La patience ! répliqua Deans avec humeur, je n'en manque point ; j'en ai autant qu'un homme puisse en avoir dans le misérable temps où nous vivons ; et je n'ai pas besoin que des hérétiques, des fils ou petits-fils d'hérétiques viennent m'apprendre à porter ma croix.

C'était contre l'aïeul de Butler que se dirigeait cette allusion ; Reuben feignit de ne pas s'en apercevoir. — En pareille circonstance, lui dit-il, il n'est pas défendu de recourir aux moyens humains. Si vous appeliez un médecin, à coup sûr vous ne lui demanderiez pas quels sont ses principes religieux.

— Vous croyez cela?... C'est ce qui vous trompe, et s'il ne me prouvait pas qu'il fût dans le droit chemin, jamais une goutte des potions qu'il m'ordonnerait ne passerait par le gosier du fils de mon père.

Il est dangereux de risquer un argument du genre de celui que Butler venait d'employer, il nuit quelquefois au lieu de servir. Il venait d'en faire l'expérience ; mais, comme un brave soldat dont le coup de fusil n'a pas porté, il n'abandonna pas le terrain, et il fit une charge à la baïonnette.

—Vous interprétez trop rigoureusement les règles du devoir, monsieur, lui dit-il ; le soleil luit et la pluie descend sur le juste et sur l'injuste. La Providence les a placés dans le monde de manière à établir entre eux des rapports indispensables, peut-être pour que le méchant puisse être converti par le juste, et peut-être aussi pour que parmi les épreuves auxquelles le juste est exposé ici-bas, il se trouve celle d'être obligé de fréquenter quelquefois les profanes.

— Vous n'y entendez rien, Reuben, répliqua Deans ; vos argumens sont pitoyables. Peut-on toucher de la poix sans qu'il vous en reste aux doigts? Que pensez-vous donc des anciens champions du Covenant qui n'auraient pas voulu entendre le sermon d'un ministre, quelques grâces qu'il eût reçues d'en-haut, s'il n'avait rendu témoignage contre la dépravation des temps? Eh bien, pas un avocat ne parlera pour moi ni pour les miens, s'il n'a rendu témoignage comme les restes malheureux de cette Église dispersée, mais bien-aimée encore, qui a vécu dans le creux des cavernes.

A ces mots, comme s'il eût été fatigué des argumens et de la présence de ses hôtes, le vieillard se leva, leur fit ses adieux par un geste de la tête et de la main, et alla s'enfermer dans sa chambre à coucher.

— C'est sacrifier la vie de sa fille, dit Saddletree à Butler quand Deans se fut retiré. Où trouvera-t-il un avocat cameronien ? A-t-on jamais entendu parler d'un avocat qui se soit fait martyr d'une religion? Je vous dis que c'est sacrifier la vie de sa fille.

Pendant la dernière partie de cette discussion, le laird de Dumbiedikes était arrivé, suivant son usage presque journalier. Après être descendu de cheval, et en avoir passé la bride dans un crochet scellé dans le mur, il était entré, s'était assis à sa place accoutumée, et tout en fixant ses yeux sur Jeanie, selon sa coutume, il les portait cependant alternativement sur chacun des orateurs. La dernière phrase de Saddletree le frappa. Il se leva, traversa lentement la chambre, et, s'approchant de lui, il lui dit, d'une voix tremblante : — L'argent ne peut-il rien pour eux, M. Saddletree ?

— L'argent ? dit celui-ci en prenant un air grave : si vraiment ! on ne peut rien sans argent dans Parliament-House. Mais où en trouver ? vous voyez que M. Deans ne veut rien faire. Mistress Saddletree est amie de la famille, elle y prend beaucoup d'intérêt, mais elle ne peut s'exposer à être responsable *singuli in solidum* des frais d'une pareille affaire. Si chaque ami voulait supporter sa part du fardeau, on pourrait faire quelque chose... chacun ne répondant que pour soi, bien entendu... Je ne voudrais pas entendre condamner cette pauvre fille sans qu'elle ait été défendue... Cela ne serait pas honorable, quoi qu'en dise ce vieux corps whig.

— Je.... je.... oui, dit le laird en réunissant tout son courage, oui, je répondrai pour vingt livres sterling. Et il se tut, surpris lui-même de sa générosité inaccoutumée.

— Que le Dieu tout-puissant vous récompense ! s'écria Jeanie dans un transport de gratitude.

— J'irai même jusqu'à trente ! ajouta le laird en jetant les yeux avec embarras, tantôt sur elle, tantôt sur Saddletree.

— Très bien ! dit Saddletree en se frottant les mains ; et moi je mettrai tous mes soins et toute mon expérience pour que cet argent soit bien employé. Fiez-vous à moi !... je connais le moyen d'engager un parleur [1] à se contenter de modiques honoraires. Il ne s'agit que de lui faire accroire que vous avez à le charger de deux ou trois affaires importantes, et qu'il faut qu'il fasse bon marché de celle-ci pour gagner la pratique. Il n'y a pas de mal à ménager votre argent le plus que nous le pouvons ; car, après tout, ils ne vous vendent que des paroles qui ne leur coûtent rien, au lieu que dans mon métier de sellier, enharnacheur et marchand de

---

(1) *A birkie*, mot familier pour dire avocat. — Éd.

harnais, pour vendre une bride il faut que j'en achète le cuir.

—Ne puis-je être d'aucune utilité? dit Butler : je ne possède malheureusement que l'habit que je porte; mais je suis jeune, actif, dites-moi seulement ce que je puis faire.

—Vous pourrez nous aider à chercher des témoins, dit Saddletree; il ne faudrait qu'en trouver un qui déposât qu'Effie lui a seulement dit le moindre mot de sa situation, et il ne lui en coûterait pas un cheveu de sa tête : M. Crossmyloof me l'a répété. On ne peut forcer le ministère public, m'a-t-il dit, à administrer une preuve positive. M'a-t-il dit positive ou négative? je ne m'en souviens pas trop, mais c'est égal. C'est donc au défendeur à faire preuve des faits qu'il allègue pour sa défense. Cela ne peut être autrement.

—Mais le fait, monsieur, dit Butler, le fait que cette pauvre fille a donné le jour à un enfant, sans doute il faudra qu'on le prouve?

Saddletree hésita un instant, tandis que le visage de Dumbiedikes, prenant un air de sérénité en entendant cette question, se tournait alternativement vers Butler et vers Saddletree, comme s'il eût été placé sur un pivot.

— Mais..., répondit enfin Saddletree, mais... oui..., je pense que... que cela doit être prouvé. Ce sera sans doute l'objet d'un jugement interlocutoire. Au surplus, la preuve du fait est tout établie, car elle l'a avoué.

— Avoué le meurtre! s'écria Jeanie en changeant de couleur et en tremblant de tout son corps.

— Je ne dis pas cela, reprit Bartholin; mais elle a avoué qu'elle a donné le jour à un enfant.

— Et qu'est-il devenu? dit Jeanie. Je n'ai pu tirer d'elle que des soupirs et des larmes.

— Elle dit qu'il lui a été enlevé par la femme dans la maison de laquelle il est né, et qui lui a donné des secours en ce moment.

— Et qui était cette femme? demanda Butler : c'est par elle qu'on peut connaître la vérité. Où demeure-t-elle? Je vais l'aller trouver à l'instant même.

—Je voudrais, dit le laird, être aussi jeune et aussi leste que vous, et avoir comme vous le don de la parole !

—Eh bien, répéta Butler d'un ton d'impatience, qui est-elle donc?

—Effie seule pourrait le dire, répliqua Saddletree ; et lors de son interrogatoire elle a refusé de répondre à cette question.

—C'est donc elle que je vais aller trouver à l'instant, dit Butler ; et s'approchant de Jeanie : — Adieu, Jeanie, ajouta-t-il à voix basse ; ne faites pas de démarche imprudente jusqu'à ce que vous ayez de mes nouvelles. Et il partit sur-le-champ.

—J'irais bien aussi, dit le laird d'un ton d'humeur et de jalousie; mais il s'agirait de ma vie que mon cheval ne voudrait pas me conduire ailleurs que de Dumbiedikes ici et d'ici à Dumbiedikes.

—Ce que vous pouvez faire de mieux, lui dit Saddletree, comme ils sortaient ensemble de la ferme, c'est de m'envoyer les trente livres sterling.

—Trente livres! s'écria Dumbiedikes, qui n'avait plus alors devant lui les deux yeux qui avaient excité sa générosité. Je croyais avoir dit vingt livres.

—Vous avez dit trente, répondit Saddletree.

— Je ne le croyais; mais ce que j'ai dit je le tiendrai. Montant alors à cheval avec quelque difficulté : — Avez-vous remarqué, ajouta-t-il, que les yeux de Jeanie quand elle pleurait étaient brillans comme des grains d'ambre ?

—Je ne m'inquiète guère des yeux des femmes, répondit l'impassible Saddletree; je voudrais pouvoir en dire autant de leur langue. Ce n'est pas, ajouta-t-il en se rappelant la nécessité de maintenir sa réputation comme mari, que j'aie à me plaindre de la soumission de la mienne. Oh! je ne souffre pas chez moi de lèse-majesté ni de perduellion contre mon autorité souveraine.

Le laird ne trouva rien d'assez important dans cette observation pour y répondre; et après avoir rendu le salut muet que lui fit M. Saddletree, il se sépara de lui, et chacun d'eux s'en alla de son côté.

CHAPITRE XIII.

> « Je vous garantis que le coquin ne se noiera
> » point, quand même son navire ne serait pas
> » plus solide qu'une coquille de noix. »
>
> SHAKSPEARE. *La Tempête.*

BUTLER ne sentit ni fatigue ni appétit, quoique la manière dont il avait passé la nuit précédente eût dû lui donner l'un et l'autre ; mais il les oublia dans son empressement à aller au secours de la sœur de Jeanie.

Il marchait d'un pas si rapide qu'il semblait courir, lorsqu'il fut surpris de s'entendre appeler par son nom. La voix qui le prononçait semblait lutter contre une toux asthmatique, et se distinguait à peine au milieu du trot retentissant d'un poney des Highlands.

Il se tourna, aperçut le laird de Dumbiedikes qui pressait sa monture pour le rejoindre, celui-ci ayant à suivre le même chemin que lui pendant environ l'espace de deux cents toises. Butler s'arrêta, ne sachant pas trop bon gré au cavalier essoufflé de retarder ainsi son voyage.

— Oh ! oh ! cria le laird en retenant près de notre ami Butler son bidet au pas inégal, j'ai là une bête bien volontaire.

Butler aurait volontiers tourné à gauche pour reprendre la route d'Édimbourg, sachant bien que tous les efforts de Dumbiedikes auraient été inutiles pour vaincre l'obstination celtique de son bucéphale ; car Rory Bean (c'était le nom du bidet) n'aurait pas dévié d'une toise du sentier qui conduisait à son écurie. Alors même qu'il s'arrêta pour reprendre haleine après un trot inutile pour Rory comme pour son cavalier, la forte résolution de Dumbiedikes lui resta pour ainsi dire au gosier sans qu'il pût l'exprimer. Ce ne fut donc qu'au bout de deux minutes que Butler lui entendit prononcer les mots suivans, qui ne sortirent de sa bouche que par suite de deux efforts :

—Oh! oh! M. Butler, voilà une belle journée pour la moisson.

— Très belle! répondit Butler. Et il fit un pas pour s'éloigner.

— Un moment! s'écria le laird, un moment! ce n'est pas là ce que j'ai à vous dire.

— Dépêchez-vous donc! dit Butler en s'arrêtant : vous savez que je suis très pressé, et *tempus nemini...* Vous connaissez le proverbe.

Dumbiedikes ne connaissait pas le proverbe, et il ne chercha pas même à avoir l'air de le connaître, comme bien d'autres l'auraient fait à sa place; il recueillait ses esprits pour la grande affaire qui l'occupait tout entier, et ne pouvait pas s'amuser à défendre ses avant-postes.

—M. Butler, dit-il, savez-vous si M. Saddletree est un grand jurisconsulte?

— Je n'ai que sa parole pour le croire, répondit Butler d'un ton sec; mais il se connaît sans doute lui-même.

— Oui! dit le laird d'un ton qui signifiait—je vous comprends, M. Butler; — en ce cas, je chargerai de la défense d'Effie mon propre homme d'affaires, Nicol Novit (fils du vieux Nicol Novit, et presque aussi fin que son père).

Ayant ainsi montré plus de sagacité que Butler n'en attendait de lui, il porta la main à son chapeau galonné, et intima à son cheval, avec le talon, l'ordre de se remettre en route, signal auquel Rory Bean obéit avec cette promptitude que montrent toujours les hommes et les animaux quand on leur ordonne de faire ce qui est conforme à leur inclination.

Butler se remit en route, non sans un mouvement de cette jalousie que lui avait inspirée plusieurs fois l'assiduité du laird dans la famille de Deans. Mais il était trop généreux pour nourrir long-temps un sentiment si voisin de l'égoïsme.

—Il est riche de ce qui me manque, se dit-il à lui-même; pourquoi regretterais-je qu'il ait eu le cœur d'offrir quelque chose de ce qu'il possède pour rendre service à ceux pour qui je ne puis former que de stériles souhaits? Au nom du ciel, faisons chacun ce que nous pouvons. Qu'ELLE soit heureuse, il suffit! et sauvée de la honte et du malheur qui la menace; — que je puisse seulement trouver les moyens de prévenir la terrible épreuve de ce jour; et adieu à toute autre pensée, quoique mon cœur saigne de m'en séparer.

Il doubla le pas, et ne tarda pas à arriver devant la porte de la Tolbooth, ou, pour parler plus correctement, devant l'endroit où la porte avait existé. Son entrevue avec l'inconnu mystérieux, le message dont il l'avait chargé pour Jeanie, la conversation qu'il avait eue avec elle à ce sujet, tout cela occupait tellement son esprit, qu'il ne songeait plus à l'évènement tragique dont il avait été, la nuit précédente, le témoin involontaire. Il ne fit aucune attention aux groupes qui étaient dispersés dans la rue, causant à voix basse, et se taisant dès qu'un étranger en approchait; à la triple sentinelle en faction devant le corps-de-garde; ni enfin à l'air inquiet de la populace, parmi laquelle chacun sentait fort bien que, coupable ou non, il pouvait être soupçonné d'avoir pris part aux évènemens qui s'étaient passés. Tels sont, le lendemain d'une orgie nocturne, des buveurs hardis, devenus tout-à-coup timides et tremblans.

Rien de tout cela ne frappa les yeux de Butler. Toutes ses pensées étaient absorbées par un sujet tout différent, et bien plus intéressant pour son cœur. Mais quand il se trouva devant l'entrée de la prison, quand il vit les murs noircis par le feu qui en avait consumé la porte, et un double rang de grenadiers qui en remplaçait les verrous, toutes les horreurs de la nuit précédente se retracèrent à son souvenir. Il n'en avança pas moins vers la Tolbooth, et demanda s'il pouvait parler à Effie Deans, en s'adressant au même geôlier à cheveux blancs qu'il avait vu la veille.

— Je crois, dit celui-ci sans répondre directement à sa question, que c'est vous qui êtes venu demander à la voir hier dans la soirée?

— Moi-même, dit Butler.

— Oui, oui, dit le geôlier; vous m'avez demandé si c'était à cause de l'affaire du capitaine Porteous que je fermais la porte plus tôt qu'à l'ordinaire.

— Cela est possible, mais ce que je vous demande en ce moment, c'est si je puis voir Effie Deans.

— Entrez! entrez! montez l'escalier à droite et entrez dans la première chambre à main gauche.

Le geôlier suivit Butler, son trousseau de clefs à la main, sans même oublier la grosse clef de la porte qui n'existait plus, et qu'il portait encore par suite d'une ancienne habitude. Mais à peine Butler fut-il entré dans la chambre qu'il entendit la porte se refermer aux verrous derrière lui.

D'abord Butler n'en conçut aucune inquiétude, s'imaginant que c'était une suite de la précaution habituelle du porte-clefs; mais quand il entendit le commandement adressé à une sentinelle, et le bruit des armes d'un soldat mis en faction à la porte fermée sur lui, il appela de nouveau le geôlier. — Mon bon ami, lui dit-il, l'affaire pour laquelle j'ai besoin de parler à Effie Deans est très urgente, ne me laissez pas attendre long-temps.

Point de réponse.

— S'il était contre les règles de voir en ce moment votre prisonnière, j'aimerais mieux revenir plus tard, car j'ai beaucoup d'affaires aujourd'hui, et *fugit irrevocabile tempus*, se dit-il en lui-même.

— Si vous aviez des affaires, répondit l'homme aux clefs, vous auriez dû les faire avant de venir ici, car vous trouverez qu'il est plus facile d'y entrer que d'en sortir. Je ne crois pas qu'un autre rassemblement s'avise de revenir; les lois ont repris leur cours; vous l'apprendrez à vos dépens, mon voisin.

— Que voulez-vous dire, monsieur? s'écria Butler : vous me prenez certainement pour un autre. Je me nomme Reuben Butler, prédicateur de l'Évangile.

— Je le sais, je le sais fort bien.

— Eh bien, si vous le savez, je crois pouvoir vous demander aussi de quel droit vous prétendez me retenir ici! Ignorez-vous qu'on ne peut arrêter sans mandat aucun sujet de Sa Majesté Britannique?

— Sans mandat?... Le mandat est en ce moment à Libberton avec deux officiers du sheriff chargés de le mettre à exécution. Si vous étiez resté chez vous comme un homme honnête et tranquille, vous auriez eu la satisfaction de le voir. Mais vous êtes venu vous incarcérer vous-même. Pouvais-je vous en empêcher, mon garçon?

— Ainsi donc je ne puis ni voir Effie Deans, ni sortir d'ici?

— Non, voisin, non. Laissez la jeune fille songer à ses affaires, vous avez bien assez des vôtres; et quant à votre sortie d'ici, c'est le magistrat qui en décidera.—Mais adieu, j'attends les charpentiers qui vont mettre une nouvelle porte à la place de celle qui a été brûlée la nuit dernière par vos honnêtes gens, M. Butler.

Tout cela était non seulement très impatientant, mais alarmant. Il n'est nullement agréable de se trouver emprisonné, même sur une fausse accusation, et des hommes doués d'un courage naturellement plus ferme que Butler auraient pu en être inquiets. Il ne manquait pourtant pas de cette résolution que donne le sentiment de l'innocence, mais son imagination était facile à émouvoir, son tempérament délicat, et il était loin de posséder ce sang-froid dans le danger qui est l'heureux partage d'une santé robuste et d'une sensibilité moins susceptible. Une idée encore vague des dangers qu'il pouvait courir se présentait à ses yeux. Il essaya de se retracer tous les évènemens de la nuit précédente, dans l'espoir d'y trouver quelque moyen d'expliquer et de justifier sa conduite, car il ne doutait plus qu'il ne fût arrêté parce qu'on l'avait vu marcher à la tête de l'attroupement. Ce fut avec inquiétude qu'il reconnut qu'il ne pouvait citer aucune personne de sa connaissance qui eût été témoin des efforts qu'il avait faits plusieurs fois inutilement pour engager les factieux d'abord à ne pas le retenir, et ensuite à épargner les jours du malheureux Porteous. La détresse de la famille de Deans, la situation dangereuse d'Effie, le rendez-vous suspect où Jeanie avait promis de se trouver, et qu'il ne pouvait plus espérer d'interrompre, avaient part aussi à ses réflexions.

Quelque impatient qu'il fût d'obtenir des éclaircissemens certains sur la cause de son arrestation, et d'être remis en liberté, s'il était possible, il fut saisi d'un tremblement involontaire, qui lui sembla de mauvais augure, quand, après être resté une heure dans cette chambre solitaire, il reçut ordre de comparaître devant le magistrat. On le fit sortir de la prison, escorté d'un détachement de soldats, et avec cet appareil de précautions qu'on a toujours si ridiculement soin de prendre après un évènement qu'on aurait prévenu en les employant auparavant.

On l'introduisit dans la chambre du conseil, nom qu'on donnait à la salle où les magistrats tiennent leurs séances, et qui était à peu de distance de la prison; il s'y trouvait deux ou trois sénateurs de la ville qui paraissaient occupés à interroger un homme debout devant une table ronde couverte d'un tapis vert, au bout de laquelle ils étaient assis.

— Est-ce là le prédicateur? dit un des magistrats à l'officier de police qui amenait Butler. Celui-ci ayant répondu affirmativement : C'est bon, reprit le magistrat, qu'il attende un moment, nous nous occuperons de son affaire quand nous aurons expédié celle de cet homme. Elle ne sera pas longue.

— Ferons-nous sortir M. Butler? demanda l'officier de police.

— Cela n'est pas nécessaire : qu'il reste où il est.

On fit asseoir Butler entre deux gardes sur un banc au fond de la salle. Elle était grande et mal éclairée, n'ayant qu'une seule fenêtre; mais, soit par hasard, soit par un calcul de l'architecte qui avait vu les avantages qu'on pouvait tirer d'un tel arrangement, le jour tombait précisément sur l'endroit où l'on plaçait les prévenus, tandis que le côté de la salle où siégeaient les magistrats était entièrement dans l'ombre.

Butler examina avec attention le prisonnier qu'on interrogeait, dans l'idée qu'il reconnaîtrait peut-être en lui quelqu'un des principaux conspirateurs qu'il avait vus la nuit précédente. Mais, quoique les traits de cet individu fussent frappans, il ne put se souvenir de l'avoir jamais vu.

C'était un homme d'environ cinquante ans, fort basané,

ayant les cheveux coupés très près de la tête, légèrement bouclés et d'un noir jais, quoique commençant à grisonner. Sa physionomie annonçait un fripon plutôt qu'un scélérat; on y distinguait plus d'astuce que de férocité. Ses yeux noirs et vifs, son regard effronté, son sourire sardonique, lui donnaient ce qu'on appelle vulgairement un air *subtil*, ce qui veut dire généralement une disposition à la friponnerie. Dans une foire ou sur un marché, on l'aurait pris sans hésiter pour un maquignon bien au fait de toutes les ruses de son métier; mais, en le rencontrant dans un lieu écarté, on n'en aurait appréhendé aucune violence. Il portait un habit boutonné de haut en bas, ou *cache-coquin*, comme on l'appelait alors, avec de larges boutons de métal, des guêtres bleues, et un chapeau rabattu. En lui mettant un fouet sous le bras, on aurait complété le véritable costume du métier.

— Vous vous nommez James Ratcliffe? lui dit le magistrat.

— Oui, sauf le bon plaisir de Votre Honneur.

— C'est-à-dire que vous en trouveriez un autre, si celui-là ne me convenait point?

— Vingt à choisir, sauf votre bon plaisir.

— Enfin, James Ratcliffe est celui que vous vous donnez aujourd'hui? Eh bien! quel métier faites-vous?

— Je ne sais pas trop si je fais ce que Votre Honneur appelle un métier.

— Mais quels sont vos moyens de vivre? Quelles sont vos occupations?

— Bah! bah! bah! Votre Honneur sait cela tout aussi bien que moi!

— Peu importe, il faut que vous me le disiez.

— Moi dire cela! et le dire à Votre Honneur! Sauf votre bon plaisir, vous ne connaissez guère James Ratcliffe.

— Point d'évasion, monsieur; j'insiste pour que vous me répondiez.

— Eh bien, puisque Votre Honneur l'exige, il faut décharger ma conscience; car, voyez-vous, je suis ici, sauf votre bon plaisir, pour vous demander une faveur. Vous voulez savoir quelles sont mes occupations? Ce n'est pourtant pas trop une chose à dire dans une salle comme celle-ci. Mais, qu'est-ce que dit le huitième commandement ?

— Tu ne déroberas point, répondit le magistrat.

— En êtes-vous bien sûr? Alors mes occupations et ce commandement ne sont guère d'accord; mais ce n'est pas ma faute, on me l'a toujours fait lire ainsi : Tu déroberas ; et, quoiqu'il n'y ait que deux petits mots d'oubliés, cela fait une grande différence.

— En un mot, Ratcliffe, vous vous êtes notoirement livré au vol?

— Je crois, sauf votre bon plaisir, répondit Ratcliffe avec autant d'effronterie que de sang-froid, que toute l'Ecosse sait cela, montagnes et basses-terres, sans parler de l'Angleterre et de la Hollande.

— Et quelle fin croyez-vous qu'auront vos occupations ?

— Si Votre Honneur m'avait fait hier cette question, je crois que j'aurais pu y répondre assez juste, mais aujourd'hui je ne sais encore trop qu'en dire.

— Et quelle réponse auriez-vous faite hier à cette question?

— La potence, répondit Ratcliffe de l'air le plus calme.

— Vous êtes un hardi coquin ! Et qui peut vous faire croire que votre sort est changé aujourd'hui ?

— C'est que, sauf le bon plaisir de Votre Honneur, il est différent d'être détenu en prison sous une condamnation à mort ou d'y rester de bonne volonté quand on peut en sortir. Qu'est-ce qui m'empêchait hier de m'en aller avec ceux qui sont venus chercher Porteous? Votre Honneur croit-il que j'y sois resté pour le plaisir de me faire pendre?

— Je ne sais quels ont été vos motifs pour y rester, mais ce que je sais, c'est que la loi vous a condamné à être pendu, et que vous serez exécuté de mercredi en huit.

— Non, non, non ! dit Ratcliffe en secouant la tête, Votre Honneur veut s'amuser ; je ne le croirai que lorsque je le verrai. Je connais la loi depuis long-temps ; ce n'est pas la première fois que j'ai affaire à elle, et j'ai toujours trouvé qu'elle fait plus de bruit que de mal, qu'elle aboie plus qu'elle ne mord.

— Mais, si vous ne vous attendez pas à la potence à laquelle vous êtes condamné, me ferez-vous la grâce de me dire quelles sont vos espérances pour n'avoir pas pris la volée avec les autres oiseaux de nuit que vous aviez pour compagnons? J'avoue que je n'attendais pas de vous une telle conduite.

— Il est bien vrai que je ne serais pas resté une minute dans cette vieille vilaine maison, si je ne m'étais pris de fantaisie pour un poste que je veux y occuper.

— Un poste ! dites un poteau [1] pour y être bien fustigé.

— Fustigé ! Votre Honneur : non, non, cela ne m'a jamais passé par la tête. Après avoir été condamné quatre fois à être pendu par le cou jusqu'à ce que mort s'ensuive, je ne suis pas un homme à fustiger.

— Mais, au nom du ciel, qu'attendez-vous donc?

— Le poste de second porte-clefs, sauf votre bon plaisir; car je sais qu'il est vacant. Quant au poste de bourreau [2], il ne me convient pas; je n'ai jamais pu faire mal à une bête, comment pourrais-je mettre à mort un chrétien?

— J'avoue, dit le magistrat, que je trouve dans votre détermination de rester en prison, quand vous pouviez en sortir, quelque chose qui parle en votre faveur. Mais, quand on vous ferait grâce de la vie, comment pouvez-vous vous imaginer qu'on vous confiera une place dans une prison, à vous qui avez su vous échapper de presque toutes celles d'Écosse?

— Sauf le bon plaisir de Votre Honneur, c'est une raison de plus pour me la donner. Si je connais si bien les moyens d'en sortir, il est vraisemblable que je connais aussi ceux

---

(1) *Post*, poteau et poste. De ce double sens du mot naît le quiproquo volontaire du magistrat. — Éd.

(2) *Lochman*, le bourreau : ainsi nommé en écossais à cause de la petite mesure (*lock*) de farine qu'il avait droit de prendre sur chaque baril ou sac exposé au marché de la ville. A Édimbourg cet impôt est depuis long-temps racheté; mais à Dumfries l'exécuteur des hautes-œuvres exerce encore, ou exerçait il y a peu de temps, ce privilège ; la quantité de farine étant réglée par une cuillère de fer, mesure convenue. Ce terme de *lock* pour exprimer une petite quantité de substance sèche, comme le blé, la farine, le chanvre, etc., est encore employé non seulement par le peuple, mais en style de jurisprudence : on dit, par exemple, *the lock and gowpen*, une poignée ou une petite quantité exigible dans les cas de *banalités* et droits de mouture, etc. — (*Note de l'auteur.*)

d'empêcher les autres de les employer. Il faudrait être bien malin pour me retenir en prison contre mon gré ; mais il faudrait l'être encore plus pour en sortir malgré moi.

Cette remarque parut frapper le magistrat ; mais il n'y répondit rien, et donna ordre qu'on reconduisît Ratcliffe en prison.

Lorsque ce rusé coquin fut parti, le magistrat demanda au clerc du conseil ce qu'il pensait de son assurance.

— Il ne m'appartient pas de parler, monsieur, répondit celui-ci ; mais si James Ratcliffe voulait tourner à bien, jamais il n'a passé par les portes d'Édimbourg un homme qui puisse être plus utile à la ville pour dépister les voleurs et les bien garder. Je crois qu'il faudrait en parler à M. Sharpitlaw.

Après le départ de Ratcliffe, on fit avancer Butler près de la table pour l'interroger. Le magistrat fit son enquête avec civilité, mais de manière à laisser voir qu'il avait de violens soupçons contre lui. Butler, avec la franchise qui convenait à son caractère et à sa profession, avoua qu'il avait été présent involontairement au meurtre de Porteous ; et, sur la demande du magistrat, il détailla toutes les circonstances que nos lecteurs connaissent déjà, et dont le clerc rédigea un procès-verbal minutieux.

Lorsqu'il eut terminé son récit, l'interrogatoire commença. C'est toujours une tâche pénible et difficile que d'y répondre, même pour l'homme le plus innocent : il a beau chercher à mettre dans ses réponses de la précision et de la clarté, une erreur, un oubli, une ambiguité, peuvent souvent prêter à la vérité même les couleurs du mensonge.

Le magistrat remarqua d'abord que Butler avait déclaré qu'il retournait à Libberton quand il avait été arrêté par le rassemblement à West-Port ; et il lui demanda d'un air ironique s'il prenait ordinairement cette route pour aller d'Édimbourg à Libberton.

— Non certainement, répondit Butler : je voulais passer hier par cette porte, parce que je m'en trouvais moins éloigné que de toute autre, et que l'heure de les fermer approchait.

— C'est une circonstance fâcheuse, dit le magistrat. Vous

prétendez n'avoir suivi que malgré vous le rassemblement ; vous avez été spectateur contraint de scènes qui répugnent à l'humanité, et surtout à l'habit que vous portez ; —n'avez-vous donc fait aucune tentative pour résister ou pour échapper à leur violence?

— Je ne pouvais résister à une multitude furieuse, et j'étais surveillé de trop près pour pouvoir m'enfuir.

— Cela est encore fâcheux.

Il continua à l'interroger avec décence et politesse, mais avec une raideur mêlée d'ironie, sur tous les évènemens qui s'étaient passés, et sur la figure et le costume des chefs de l'attroupement ; mais, quand il vit qu'il fallait endormir la prudence de Butler, s'il cherchait à le tromper, il revint avec adresse sur des questions qu'il lui avait déjà faites, et demanda de nouvelles explications sur les détails les plus minutieux, sans découvrir aucune contradiction qui pût confirmer ses soupçons.

Enfin il arriva au chef mystérieux, Wildfire; et, quand le magistrat prononça son nom pour la première fois, le clerc et lui jetèrent l'un sur l'autre un regard significatif. Si le destin de la ville d'Édimbourg eût dépendu de la connaissance que le digne magistrat pourrait acquérir de ses traits et de ses vêtemens, il n'aurait pu faire des questions plus multipliées ; mais Butler ne pouvait le satisfaire, car la figure de ce personnage était barbouillée de rouge et de noir comme celle d'un sauvage marchant au combat, et sa tête était couverte d'un chapeau de femme. Il déclara même qu'il ne pourrait le reconnaître s'il le revoyait, à moins que ce fût à la voix, encore ne put-il l'assurer.

— Par quelle porte êtes-vous sorti de la ville? lui demanda le magistrat.

— Par celle de Cowgate.

— Était-ce le chemin le plus court pour vous rendre à Libberton?

— Non, répondit Butler avec embarras; mais c'était par là que je pouvais plus facilement me retirer de la foule.

Le clerc et le magistrat se regardèrent encore d'un air d'intelligence.

— La porte de Bristo-Port ne vous aurait-elle pas conduit plus directement de Grassmarket à Libberton que celle de Cowgate ?

— Il est vrai ; mais je n'allais pas à Libberton : je voulais aller voir un de mes amis à Saint-Léonard.

— Sans doute pour lui apprendre ce dont vous veniez d'être témoin ?

— Je ne lui en ai pas même ouvert la bouche.

— Vous aviez donc quelque raison pour garder le silence à cet égard ?

— J'avais à lui parler d'affaires personnelles plus importantes pour lui.

— Par quelle route êtes-vous allé à Saint-Léonard ?

— Par les rochers de Salisbury.

— En vérité ! il paraît que vous n'aimez pas à prendre les chemins les plus courts. Et avez-vous rencontré du monde en sortant de la ville ?

Butler lui fit la description des groupes qu'il avait rencontrés, comme nous l'avons déjà dit, et lui parla même de l'étranger mystérieux qu'il avait trouvé dans la vallée de Salisbury. Il désirait ne pas donner de grands détails à ce sujet ; mais le magistrat ne l'eut pas plus tôt entendu parler de cette circonstance, qu'il résolut de connaître toutes les particularités de cette entrevue.

— Écoutez-moi, M. Butler, lui dit-il, vous êtes un jeune homme qui jouissez d'une excellente réputation ; moi-même je rendrai témoignage en votre faveur ; mais il se trouve parmi les gens de votre robe des hommes irréprochables sous tout autre rapport, mais mal disposés pour le gouvernement, et qui ne se font pas scrupule de protéger les infractions aux lois. Je veux vous parler franchement... je ne suis pas très content de vos réponses. Vous sortez deux fois d'Édimbourg par la même porte, pour aller à deux endroits différens, et toujours par une route qui vous fait faire un long circuit : pas un de ceux que nous avons interrogés sur cette malheureuse affaire n'a vu dans votre conduite la moindre chose qui pût lui faire croire qu'on vous retenait contre votre gré. Les gardiens de la porte de Cowgate vous ont vu entrer en tête du rassemblement, derrière le tambour, et ils ont déclaré en outre que vous leur avez ordonné le premier de rouvrir la porte, lors de votre seconde sortie, avec un ton d'autorité, comme si vous aviez encore été à la tête d'une troupe de factieux.

—Que Dieu leur pardonne! s'écria Butler; ils se sont grossièrement trompés, s'ils n'ont pas eu intention de me calomnier.

— Eh bien! je suis très disposé, M. Butler, à interpréter favorablement vos motifs et votre conduite; je désire pouvoir le faire; mais il faut que vous soyez franc avec moi. Vous m'avez parlé très légèrement de l'individu que vous avez rencontré près des rochers de Salisbury, il faut que je sache tout ce qui s'est passé entre vous.

Pressé de cette manière, Butler, qui n'avait d'autre raison pour en faire un mystère que parce que Jeanie y était intéressée, crut que le mieux était de dire la vérité tout entière.

— Et croyez-vous, lui demanda le magistrat, que cette jeune fille accepte un rendez-vous si mystérieux?

— Je le crains, répondit Butler.

— Pourquoi dites-vous que vous le *craignez?*

— Parce que je crois qu'il n'est pas prudent à elle d'aller joindre, à une pareille heure et dans un pareil lieu, un homme dont le ton, les manières, et le mystère dont il se couvre, doivent inspirer la méfiance.

—On veillera à sa sûreté, dit le magistrat. Je suis fâché, M. Butler, de ne pouvoir ordonner sur-le-champ votre mise en liberté; mais j'espère que vous ne serez pas détenu bien long-temps.—Qu'on reconduise M. Butler en prison, qu'on lui donne un appartement convenable, et qu'il soit traité convenablement sous tous les rapports.

Butler fut reconduit en prison; mais il fut logé et nourri conformément à la recommandation du magistrat.

CHAPITRE XIV.

> « Lugubre et noire était la nuit,
> » La route était triste et déserte,
> » Lorsque, mettant sa mante verte,
> » Jeanne à Miles'Cross se rendit. »
>
> *Ballade écossaise.*

Laissant Butler se livrer aux tristes réflexions que lui inspirait sa situation, et qui roulaient particulièrement sur l'impossibilité où il était réduit par son emprisonnement d'être de quelque utilité à la famille de Saint-Léonard, nous allons retourner auprès de Jeanie, qui l'avait vu partir sans pouvoir avoir avec lui une plus longue explication, et livrée à ces angoisses qui suivent toujours l'adieu que fait le cœur d'une femme aux sensations compliquées, si bien décrites par Coleridge :

> Tendre espérance et crainte non moins tendre,
> Doux sentimens qu'on ne peut définir,
> Désirs charmans qu'on cherche à contenir,
> Et que la bouche enfin nous laisse entendre.

Le cœur le plus ferme (et Jeanie sous sa mantille brune en avait un qui n'aurait pas fait honte à la fille de Caton) ne peut pas toujours maîtriser ses émotions. Elle pleura amèrement quelques minutes, sans même essayer de retenir ses larmes. Mais ce peu de temps suffit pour qu'elle se reprochât de songer à ses propres chagrins, pendant que son père était plongé dans l'affliction la plus profonde, et que la vie de sa sœur était en danger. Elle tira de sa poche une lettre qui avait été jetée dans sa chambre, dès la pointe du jour, par une fenêtre restée ouverte, et dont le contenu était aussi singulier que le style en était énergique. Si elle voulait, lui disait-on, sauver l'honneur et la vie de sa sœur des coups d'une loi injuste et sanguinaire, il fallait qu'elle vînt sur-le-champ trouver celui qui lui écrivait ; *elle* seule pouvait sauver sa sœur, et *lui* seul pouvait lui en indiquer les moyens.

Elle ne devait ni communiquer cette lettre à son père, ni amener qui que ce fût à cette conférence, sans quoi elle ne pourrait avoir lieu, et la mort de sa sœur serait certaine. La lettre était terminée par les protestations les plus solennelles exprimées en termes incohérens, pour garantir à Jeanie qu'elle ne courait pas le moindre risque.

Le message dont Butler avait été chargé par l'inconnu qu'il avait rencontré dans le parc se trouvait parfaitement d'accord avec cette lettre, excepté qu'il désignait une autre heure et un autre lieu pour le rendez-vous. Apparemment c'était pour annoncer ce changement, que celui qui l'avait écrite avait été forcé de mettre Butler en partie dans sa confidence.

Plus d'une fois Jeanie avait été sur le point de montrer à son amant la lettre qu'elle avait reçue, pour écarter les soupçons qu'elle voyait qu'il avait conçus. Mais l'innocence craint souvent de se dégrader en cherchant à se justifier, et l'injonction formelle qui lui était faite de garder le secret était une seconde raison qui l'engageait au silence. Il est cependant probable que, si elle fût restée plus long-temps avec lui, elle se serait décidée à lui faire une confidence entière, et qu'elle se serait laissé guider par ses avis. Ayant perdu, par l'interruption subite de leur entretien, l'occasion de lui donner cette preuve de confiance, elle se regarda comme coupable d'injustice envers un ami sur l'attachement duquel elle pouvait compter, et se reprocha de s'être mal à propos privée des seuls conseils qu'il lui fût possible de demander.

Il aurait été imprudent de consulter son père en cette occasion. Il ne jugeait jamais des choses que d'après des principes religieux dont elle avait reconnu l'exagération, et elle ne pouvait regarder ses conseils comme devant régler sa conduite dans les affaires de ce monde. Elle aurait bien désiré pouvoir être accompagnée par une personne de son sexe à ce rendez-vous, qui lui inspirait une terreur involontaire : mais on lui disait dans cette lettre que, si elle amenait quelqu'un à cette entrevue, dont on faisait dépendre la vie de sa sœur, elle ne pouvait avoir lieu, et cette menace était bien suffisante pour la détourner de cette idée. D'ailleurs elle n'aurait su à qui s'adresser pour demander un tel service. Elle n'avait avec ses voisines que des relations et des rapports sans conséquence. Jeanie les connaissait peu; et tout ce qu'elle savait d'elles ne lui inspirait guère le désir d'en faire ses confidentes. Elles étaient de ces commères bavardes qu'on trouve ordinairement dans cette classe de la société, et leur conversation était sans aucun attrait pour une jeune fille à qui la nature, aidée d'une vie solitaire, avait donné une profondeur de réflexion et une force de caractère qui la rendaient supérieure aux personnes frivoles de son sexe, quel que fût leur rang dans le monde.

Abandonnée à elle-même, et ne pouvant demander d'avis à personne sur la terre, elle eut recours à celui dont l'oreille est toujours ouverte aux humbles prières du pauvre et de l'affligé. Elle se mit à genoux, et pria Dieu avec ferveur de la guider et de la protéger. Après avoir rempli ce devoir religieux, elle se sentit plus de force et plus de courage, et, en attendant l'heure du rendez-vous, elle alla retrouver son père.

Le vieillard, ferme dans les principes de sa jeunesse, cachait ses chagrins intérieurs sous une apparence de calme et de tranquillité. Il gronda même sa fille d'avoir négligé dans le cours de la matinée quelques soins domestiques. — Eh! quoi donc, Jeanie, qu'est-ce que cela signifie? le lait de la Brune de quatre ans n'est pas encore passé, ni les seaux de lait placés sur la planche : si vous négligez vos devoirs terrestres au jour de l'affliction, quelle confiance puis-je avoir en vos soins pour la grande affaire du salut? Dieu sait que nos seaux de lait, nos jattes de laitage et nos morceaux de pain, nous sont plus chers que le pain de la vie?

Jeanie ne fut pas fâchée de voir que les pensées de son père ne fussent pas tellement concentrées dans son affliction, qu'il ne pût s'occuper d'autres idées. Elle s'acquitta des devoirs qui lui restaient à remplir, tandis que Deans, incapable de rester en place, courait d'un endroit à l'autre sous différens prétextes, mais véritablement pour se distraire ou du moins cacher son agitation; seulement un soupir ou un mouvement convulsif de la paupière, indiquaient toute l'amertume de son cœur.

Le soir, l'heure du souper frugal arriva. Le pauvre vieillard se mit à table avec sa fille, appela la bénédiction du ciel sur la nourriture qui leur était préparée ; à sa prière il en ajouta une autre pour demander au ciel que le pain mangé dans l'amertume fût aussi nourrissant, et les eaux de Merah aussi salutaires que le pain tiré d'une corbeille abondamment garnie, et que l'eau versée d'une coupe pleine. Ayant conclu sa bénédiction et replacé sur sa tête la toque qu'il avait « mise respectueusement de côté » pour la prononcer, il voulut engager sa fille à manger, par le précepte, sinon par l'exemple. — L'homme d'après le cœur de Dieu, dit-il, ne laissa pas de se laver, de s'oindre et de manger, pour exprimer sa soumission, sous les coups de la main qui le frappait, et il ne convient pas à une femme chrétienne, ou à un homme chrétien, de tenir tellement aux terrestres consolations, telle qu'une femme ou des enfans... qu'il doive oublier le premier devoir... la soumission à la volonté divine. Ces derniers mots sortirent avec peine de ses lèvres.

Pour donner plus de force à ce précepte, il prit un morceau sur son assiette ; mais la nature ne lui permit pas l'effort qu'il voulait faire sur lui-même, et, honteux de sa faiblesse, il se leva précipitamment de table pour la cacher. En moins de cinq minutes, il revint ; étant heureusement parvenu à recouvrer le calme habituel de son âme et de ses traits, il essaya de donner un prétexte à son absence momentanée, en disant qu'il croyait avoir entendu le poulain qui s'était détaché dans l'étable.

Il ne se fia pas cependant assez à ses forces pour reprendre la conversation interrompue, et sa fille fut charmée de voir qu'il évitait même toute allusion à ce sujet pénible. Les heures s'écoulent... elles s'écoulent et doivent s'écouler, qu'elles fuient sur les ailes de la joie, ou sous le poids de l'affliction. Le soleil s'éclipsa derrière la sombre éminence du château et le rideau des collines de l'occident. C'était l'heure où David Deans et sa fille se réunissaient en famille pour la prière du soir. Jeanie se rappela avec amertume le temps où elle avait coutume de suivre le progrès des ombres prolongées en se mettant sur la porte pour voir si elle n'apercevrait pas sa sœur revenant à la maison. Hélas! à quels malheurs avait abouti cette vaine et frivole perte du temps! Était-elle tout-à-fait innocente elle-même de n'avoir pas averti son père pour interposer son autorité, lorsqu'elle s'était aperçue qu'Effie se livrait à une société dangereuse?

— Mais j'ai fait pour le mieux, se dit-elle ; et qui se serait attendu à un si grand mal, causé par un seul grain de levain, mêlé à tant de qualités ingénues, tendres et généreuses!

Lorsqu'ils s'assirent pour l'exercice, c'est ainsi qu'on l'appelle, le hasard voulut qu'une chaise restât vacante à la place qu'Effie occupait autrefois; Deans, qui allait commencer la prière, vit que les yeux de Jeanie se remplissaient de larmes en se tournant de ce côté, et il ôta la chaise d'un air d'impatience, comme pour éloigner tout souvenir terrestre, au moment où il allait s'adresser à la Divinité. Il lut alors quelques versets des saintes écritures, prononça la prière, chanta une hymne, et l'on remarqua qu'en accomplissant ce devoir il eut la présence d'esprit d'éviter tous les passages et toutes les expressions, en si grand nombre dans l'Écriture, qu'on aurait pu regarder comme applicables à ses malheurs domestiques. En agissant ainsi, son intention était peut-être de ménager l'émotion de sa fille, peut-être aussi voulait-il ne pas risquer de perdre lui-même les dehors de cette patience stoïque qui fait supporter tous les maux que la terre peut produire, et qui ne voit que néant dans tous les évènemens de la vie humaine.

Lorsque la prière fut finie, il s'approcha de Jeanie, l'embrassa tendrement, et lui dit : — Que le Dieu d'Israël veille sur vous, ma chère enfant, et qu'il vous accorde les bénédictions de ses promesses!

David Deans était bon père, mais il n'était ni dans son caractère ni dans ses habitudes de le paraître. Il laissait rarement apercevoir cette plénitude de cœur qui cherche à se répandre en caresses ou en expressions de tendresse sur ceux qui nous sont chers. Il blâmait ces effusions de l'âme comme des faiblesses qu'il avait souvent censurées dans plusieurs de ses voisins, et particulièrement dans la pauvre veuve Butler. Il résultait de la rareté des émotions que témoignait cet homme toujours en garde contre ses sensations, que ses enfans attachaient une sorte d'intérêt plus vif et une véritable solennité aux marques d'affection qu'ils en recevaient quelquefois, parce qu'ils les considéraient comme des preuves d'un sentiment qui ne se manifestait que lorsque le cœur en était trop plein pour pouvoir les contenir.

Ce fut donc avec une profonde émotion que Deans donna à sa fille et que celle-ci reçut sa bénédiction et son baiser paternel.

— Et vous, mon cher père, s'écria Jeanie quand la porte fut fermée sur le vieillard, puissent toutes les bénédictions nombreuses et méritées se multiplier sur *vous!* — sur *vous* qui marchez dans ce monde comme si vous n'étiez pas de ce monde, et qui regardez tous les dons qu'il peut vous faire et tout ce qu'il peut vous ravir comme les vapeurs qu'amène le matin et que le vent du soir dissipe.

Elle fit ensuite ses préparatifs pour sa sortie nocturne. Son père dormait dans une chambre séparée, et, réglé dans ses habitudes, il quittait bien rarement son appartement une fois qu'il y était entré pour se coucher. Il était donc facile à Jeanie de sortir de la maison, sans que personne le remarquât, dès que l'heure du rendez-vous approcherait. Mais, quoiqu'elle n'eût pas à craindre les yeux de son père, les siens n'étaient pas fermés sur les inconvéniens et les dangers de la démarche qu'elle allait faire. Elle avait passé toute sa vie dans une retraite paisible, uniquement occupée des soins uniformes du ménage; et la nuit, qu'on regarde à la ville comme devant amener des scènes de plaisir et de gaieté, ne lui offrait qu'un spectacle imposant et solennel. La résolution qu'elle avait prise lui paraissait si étrange et si hasardeuse, que lorsqu'elle vit arriver le moment de l'exécuter, elle eut toutes les peines du monde à s'y résoudre. Sa main tremblait en attachant le ruban qui retenait ses cheveux blonds, seul ornement de tête que se permettent les Écossaises avant leur mariage, et en plaçant sur ses épaules le plaid de tartan rouge, vêtement assez semblable au grand voile noir dont les femmes se couvrent encore aujourd'hui dans les Pays-Bas[1]; quand elle quitta le toit paternel pour aller à un rendez-vous si extraordinaire, à une heure si avancée de la nuit, dans un lieu si désert, à l'insu de son père, sans aucune protection, il lui sembla qu'elle courait volontairement à sa perte. Mais le sort de sa sœur était, disait-on, attaché à cette démarche, et cette idée eut le pouvoir de la soutenir et de lui donner la force d'accomplir son projet.

Lorsqu'elle se trouva en plein champ, de nouveaux sujets de crainte se présentèrent à elle. Les pâles rayons de la lune, en lui montrant les montagnes et les vallées couvertes de débris de rochers, qu'elle avait à traverser pour arriver au lieu du rendez-vous, lui rappelèrent une foule d'histoires sinistres qu'elle avait entendu raconter. Cet endroit était jadis le repaire de voleurs et d'assassins, dont la tradition conservait le souvenir. On nommait encore les plus fameux de ces brigands, dont plusieurs avaient subi le châtiment dû à leurs crimes; et maintenant ce lieu retiré servait, comme nous l'avons dit, de théâtres à de fréquens duels; plusieurs personnes y avaient perdu la vie dans ces sortes de combats, depuis que Deans était établi à Saint-Léonard. Des idées de sang et d'horreur occupaient donc l'esprit de Jeanie à mesure qu'elle approchait de cet endroit formidable, en perdant l'espérance de pouvoir obtenir le moindre secours, s'il arrivait qu'elle en eût besoin. D'autres motifs de terreur effrayaient encore son imagination, lorsque la lune commença à répandre sur ces lieux une lumière douteuse et solennelle; mais comme ils étaient la suite des préjugés de son siècle, et de sa condition, il est nécessaire d'en retracer brièvement l'origine: c'est ce que nous ferons dans le chapitre suivant.

---

(1) Reste des costumes espagnols dans ces contrées. — Éd.

CHAPITRE XV.

« Cet esprit que j'ai vu, c'est le démon peut-être :
» Sous des traits séduisans ne peut-il pas paraître ?

SHAKSPEARE. *Hamlet.*

La croyance aux sorciers et à la démonologie, comme nous avons déjà eu occasion de le remarquer, était alors presque générale en Écosse, mais surtout dans la classe des plus sévères presbytériens ; aussi dans le temps qu'ils avaient été investis de l'autorité publique leur gouvernement s'était souillé par une infinité d'actes de rigueur contre ces crimes imaginaires. Les rochers de Saint-Léonard et le pays adjacent étaient, sous ce point de vue, des lieux de mauvaise renommée. C'était là non seulement que s'étaient tenus les sabbats de sorcières, mais encore récemment l'Enthousiaste ou Imposteur cité dans *le Monde des Esprits* de Baxter avait pénétré à travers les fentes de ces rochers pittoresques jusqu'aux retraites cachées où les fées célèbrent leurs banquets dans les entrailles de la terre.

Jeanie Deans était trop familiarisée avec ces légendes pour s'être affranchie de l'impression qu'elles font ordinairement sur l'imagination. En effet ces contes d'apparitions avaient nourri son esprit depuis son enfance, car ils étaient la seule distraction que la conversation de son père lui offrît après les discussions de controverse, ou la sombre histoire des luttes, des témoignages, des évasions, des captures, des tortures et des supplices de ces martyrs du Covenant, avec lesquels il se vantait si volontiers d'avoir vécu. Dans les retraites des montagnes, dans les cavernes et les marécages où ces enthousiastes persécutés étaient poursuivis si impitoyablement, ils s'imaginaient avoir souvent à combattre contre les assauts visibles de l'ennemi du genre humain, comme dans les villes et les champs cultivés ils étaient exposés au gouvernement tyrannique des soldats. Telles étaient les terreurs qui faisaient dire à un de leurs saints prophètes, quand ses compagnons revinrent auprès de lui, après l'avoir laissé seul dans une caverne hantée par les esprits, à Sorn et dans le Galloway : — Il est dur de vivre dans ce monde avec des démons incarnés sur la terre et des démons sous la terre ! Satan a été ici depuis votre départ ; mais je l'ai renvoyé par ma résistance : nous ne serons plus troublés par lui cette nuit. David Deans croyait cela ainsi que maint autre combat et mainte autre victoire remportée par les esprits sur la foi des Ansars ou auxiliaires des prophètes bannis. L'évènement ci-dessus était antérieur au temps de David ; mais il répétait souvent avec terreur, non sans éprouver toutefois un sentiment d'orgueilleuse supériorité vis-à-vis ses auditeurs, comment lui-même il avait été présent à une assemblée en plein champ à Crochmade, lorsque le devoir pieux du jour fut interrompu par l'apparition d'un grand homme noir qui, voulant traverser un gué pour joindre la congrégation, perdit terre, et fut en apparence emporté par la force du courant. Chacun s'empressa d'aller à son secours, mais avec si peu de succès, que dix ou douze hommes robustes qui tenaient la corde qu'on lui avait jetée pour l'aider, furent eux-mêmes en danger d'être entraînés par les flots, et exposés à perdre la vie, plutôt que de sauver celle du prétendu noyé. « Mais, ajoutait David avec un ton de triomphe, le fameux John Semple de Carsphairn vit le démon au bout de la corde. —Laissez aller la corde, nous cria-t-il (car, tout jeune que j'étais, j'avais aussi mis la main à la corde moi-même); c'est le grand ennemi : il brûlera, mais ne se noiera pas : son dessein est de troubler la bonne œuvre en attaquant vos esprits par la surprise et la confusion, afin de vous distraire de tout ce que vous avez entendu et senti. — Nous laissâmes donc aller la corde, et il roula dans l'eau, criant et beuglant comme un taureau de Basan, ainsi qu'il est nommé dans l'Écriture. »

Il n'est donc pas surprenant que Jeanie, élevée dans la croyance de semblables légendes, commençât à éprouver une inquiétude vague. Non seulement elle craignait d'apercevoir quelques unes de ces apparitions surnaturelles, qui, d'après la tradition, avaient eu lieu si souvent dans cet endroit, mais elle concevait même des doutes sur la nature de l'être mystérieux qui avait choisi une heure et un lieu si extraordinaires pour lui donner un rendez-vous. Il fallait donc un degré de résolution que ne peuvent apprécier ceux qui ont secoué les préjugés auxquels elle était livrée, pour persévérer dans son dessein ; mais le désir de sauver sa sœur agit sur son cœur plus puissamment que la crainte des dangers, effrayans pour son imagination.

Comme Christiana dans le Voyage du Pèlerin, lorsque d'un pas timide mais résolu elle traverse les terreurs de la vallée de l'ombre de la mort, elle franchit les pierres et les rochers, — « tantôt éclairée, tantôt dans les ténèbres » —, suivant que la lune brillait ou se cachait, et elle s'efforça de dompter les mouvemens de la crainte, — soit en fixant son attention sur la condition malheureuse de sa sœur, et le devoir qu'elle s'était imposé de lui être utile si c'était en son pouvoir, — soit plus fréquemment en demandant par des prières mentales la protection de cet Être pour qui la nuit est comme le midi.

C'est ainsi qu'en faisant taire ses craintes devant un intérêt plus puissant, ou en les réfutant par son invocation à la Divinité protectrice, elle approcha enfin du lieu fixé pour cette entrevue mystérieuse.

Ce lieu était situé dans la profonde vallée qui règne entre les rochers de Salisbury et le revers nord-ouest de la montagne nommée Arthur's-Seat. Sur le penchant d'Arthur's-Seat on voit encore les ruines d'une ancienne chapelle ou d'un ermitage qui était consacré à saint Antoine l'ermite. Il eût été difficile de choisir un site plus propice pour un semblable édifice, car la chapelle, bâtie parmi ces rocs escarpés, est au milieu d'un désert, même dans le voisinage immédiat d'une riche, populeuse et bruyante capitale, et le bruit de la ville pouvait se mêler aux oraisons de l'anachorète sans l'émouvoir davantage pour le monde que si c'était le murmure lointain de l'Océan.

Au penchant de la hauteur où ces ruines sont encore visibles, on montrait, et peut-être encore montre-t-on l'endroit où le misérable Nicol Muschat, déjà cité dans cette histoire, avait terminé une longue suite de cruautés contre sa femme en l'assassinant avec les raffinemens d'une barbarie extraordinaire. L'exécration inspirée par le crime s'étendait jusque sur le lieu même où il avait été commis ; il était désigné par un petit *cairn* ou tas de pierres, formé de celles que chaque passant avait jetées en témoignage d'horreur, et, à ce qu'il semblerait, d'après le principe de l'antique malédiction bretonne : « Puissiez-vous avoir un cairn pour votre sépulture [1]. »

Le cœur de notre héroïne battait vivement en approchant de ce lieu de mauvais augure. La lune, qui répandit en ce moment une clarté plus vive, lui fit découvrir la butte de Muschat ; elle fut un moment désappointée en n'apercevant aucune créature vivante près de ces pierres que la lune revêtait d'une couleur blanche. Mille idées confuses s'élevèrent en même temps dans son esprit. Celui qui avait écrit n'avait-il voulu que la tromper ?... N'était-il pas encore arrivé au rendez-vous qu'il lui avait donné ?... Quelque circonstance imprévue l'avait-il empêché de s'y trouver ?... Si c'était un être surnaturel, ce qui était le principal objet de ses appréhensions, voulait-il ne paraître qu'au dernier instant, et l'effrayer par une apparition subite ?

Ces réflexions ne l'empêchaient pas d'avancer, et elle n'était plus qu'à quelques pas du lieu où elle désirait et craignait d'arriver, quand elle vit paraître un homme qui était resté jusqu'alors caché derrière la butte, et qui, s'approchant d'elle, lui demanda d'une voix tremblante et agitée :
— Etes-vous la sœur de cette malheureuse fille ?

— Oui... Je suis la sœur d'Effie Deans, s'écria Jeanie. Dieu vous bénira si vous pouvez m'indiquer le moyen de la sauver.

— Dieu ne me bénira point. Je ne le mérite ni ne l'espère.

— Jeanie resta muette de terreur en entendant un langage si contraire à toutes ses idées religieuses. Etait-ce bien un homme qui pouvait s'exprimer ainsi ? n'avait-elle pas sous

---

(1) Selon quelques auteurs, ces amoncèlemens de pierres étaient au contraire des témoignages d'affection et de respect ; mais Walter Scott est une autorité en ces matières.

les yeux l'ennemi du genre humain déguisé sous la forme humaine ?

L'inconnu continua sans paraître remarquer son agitation.

— Vous voyez devant vous un être condamné au malheur avant sa naissance et après sa mort.

— Pour l'amour du ciel, qui nous entend et qui nous voit, s'écria Jeanie, ne parlez pas de cette manière ! l'Evangile a été envoyé au plus misérable des misérables, au plus grand des pécheurs.

— J'y dois donc avoir droit, si vous regardez comme le plus grand des pécheurs l'être qui a attiré la destruction sur la mère qui l'a enfanté, sur l'ami qui l'a secouru, sur la femme qui lui avait accordé sa confiance, et sur l'enfant auquel il a donné le jour. Si avoir fait tout cela c'est être un pécheur, si survivre à tout cela c'est être misérable, je suis alors bien coupable et bien misérable en effet.

— C'est donc vous qui êtes la cause coupable de la ruine de ma pauvre sœur ? dit Jeanie avec un ton d'indignation qu'elle ne put réprimer.

— Maudissez-moi, si vous le voulez, je ne m'en plaindrai pas : je l'ai bien mérité.

— J'aime mieux prier Dieu qu'il vous pardonne.

— Maudissez, priez, faites tout ce que vous voudrez, s'écria l'inconnu avec violence, mais jurez que vous suivrez mes avis et que vous sauverez la vie de votre sœur.

— Il faut que je connaisse d'abord quels sont les moyens que je dois employer.

— Non ; il faut avant tout faire le serment solennel que vous les emploierez quand je vous les aurai fait connaître.

— Il n'est pas besoin de serment pour que je fasse, dans l'intérêt de ma sœur, tout ce qu'il est permis à un chrétien de faire.

— Permis !... Chrétien ! s'écria l'étranger d'une voix de tonnerre ; je ne veux pas de réserve. Chrétien ou païen, légitime ou non légitime, il faut que vous juriez de faire ce que je voudrai, ce que je vous prescrirai, ou bien... Vous ne savez pas à la colère de qui vous vous exposez !

— Je réfléchirai à ce que vous me dites, répondit Jeanie, épouvantée de sa violence, et ne sachant si elle était en présence d'un furieux privé de raison ou d'un démon incarné; je réfléchirai à ce que vous me dites, — et demain je vous donnerai ma réponse.

— Demain! dit l'étranger avec un sourire de mépris; et où serai-je demain?... Et où serez-vous ce soir si vous ne jurez de vous laisser guider par mes conseils?... Ce lieu a déjà vu commettre un crime, il va être témoin d'un autre si vous refusez de prêter le serment que j'exige de vous.

En parlant ainsi, il montra sa main armée d'un pistolet.

La fuite était impossible, les cris auraient été inutiles, la malheureuse Jeanie tomba à genoux, et le supplia d'épargner sa vie.

— Est-ce là tout ce que vous aviez à me dire?

— Ne trempez pas vos mains dans le sang d'une créature sans défense, qui a eu confiance en vous, dit Jeanie toujours à genoux.

— Est-ce là tout ce que vous pouvez me dire, pour sauver votre vie?... Voulez-vous la mort de votre sœur?... Voulez-vous me forcer à répandre encore du sang?

— Je ne puis promettre que ce que la religion permet.

Une nouvelle fureur parut transporter l'inconnu, et il s'avança contre Jeanie le bras armé du pistolet.

— Que le ciel vous pardonne!... et elle se couvrit les yeux avec les mains.

— Damnation! s'écria l'étranger... Écoutez, écoutez-moi... Je suis un scélérat plongé dans le crime; mais pas assez avant pour vouloir vous assassiner... Je ne voulais que vous effrayer!... Elle ne m'entend pas!... Elle est morte!... Encore un crime de plus!... Grand Dieu! Misérable que je suis!

Jeanie, après une angoisse qui avait l'amertume de celle de la mort, avait recouvré ses sens pendant qu'il parlait ainsi, et son courage, d'accord avec sa raison, lui fit voir qu'il n'en voulait point à ses jours.

— Non, lui répéta-t-il, je ne veux point avoir à me reprocher votre mort avec celle de votre sœur et de son enfant. Tout furieux, tout désespéré que je suis, quoique livré à un mauvais génie, quoique à jamais perdu, je ne vous ferais pas le moindre mal pour me procurer l'empire de la terre. Mais jurez que vous suivrez mes avis... Prenez ce pistolet, arrachez-moi une vie que je déteste, vengez les injures de votre sœur; mais suivez la marche, la seule marche qui puisse la sauver.

— Hélas! est-elle innocente ou coupable?

— Elle est innocente; elle n'a rien à se reprocher... rien que d'avoir eu trop de confiance en un misérable... Et cependant, sans ceux qui sont plus méchans que je ne le suis... oui, plus méchans que je ne le suis, quoique je le sois bien assez... ce malheur ne serait pas arrivé.

— Et l'enfant de ma sœur vit-il encore?...

— Non, il est assassiné!... le nouveau-né a été barbarement assassiné!... mais sans qu'elle y eût consenti, sans qu'elle en fût informée.

— Et pourquoi le coupable n'est-il pas livré à la justice, au lieu de laisser périr l'innocence?

— Ne me tourmentez pas de questions inutiles, répondit-il d'un air sombre et farouche... Ceux qui ont commis le crime ne craignent rien, ils sont à l'abri de toutes poursuites... Vous seule avez le pouvoir de sauver Effie.

— Malheureuse que je suis! et comment le pourrais-je? demanda Jeanie avec désespoir.

— Écoutez-moi. Vous avez du bon sens, vous me comprendrez facilement. Votre sœur est innocente du crime dont on l'accuse.

— Et j'en bénis le ciel, dit Jeanie.

— Silence, écoutez-moi! s'écria l'étranger en fronçant le sourcil. Taisez-vous, et écoutez. La personne qui a veillé votre sœur malade a assassiné l'enfant à l'insu de sa mère... Il n'a reçu le jour que pour le perdre. C'est peut-être un bonheur pour lui... Mais Effie est innocente comme son propre enfant; et cependant la loi la condamne; il est impossible de la sauver.

— On ne peut donc découvrir les misérables, les livrer à la justice? dit Jeanie.

— Croyez-vous persuader à ceux qui sont endurcis dans

le crime, de mourir pour en sauver un autre?— Est-ce là tout ce que vous savez?

—Mais vous disiez qu'il y avait un moyen, s'écria de nouveau la malheureuse Jeanie.

—Il y en a un, et il ne dépend que de vous. Écoutez bien. La loi est précise, on ne peut parer le coup qu'elle va frapper; mais il est possible de l'éluder. Elle déclare votre sœur coupable d'infanticide, parce qu'elle a caché sa grossesse; elle n'exige pas d'autre preuve. Mais, si quelqu'un déclare qu'elle lui a fait confidence de son état, l'affaire change de face; il faut qu'on prouve le crime dont on l'accuse; et la chose est impossible, puisqu'elle en est innocente. Maintenant vous devez m'entendre. Vous avez vu plus d'une fois votre sœur pendant l'époque qui a précédé la naissance de son enfant. Cela seul suffit, d'après leur jargon, pour mettre le cas hors du statut, car on écarte ainsi l'accusation de réticence. Je connais leur jargon, et pour mon malheur, je vous dis donc que le secret gardé sur la grossesse est essentiel pour constituer le délit contre le statut. Il était bien naturel qu'elle vous confiât sa situation... Je suis certain qu'elle l'a fait. Réfléchissez!

—Hélas! malheureuse, dit Jeanie, jamais elle ne m'en a parlé. Quand je lui demandais la cause du dépérissement de sa santé, de la perte de sa gaieté, elle ne me répondait que par ses larmes.

—Je vous dis qu'*il faut* que vous vous rappeliez que vous lui avez fait des questions à ce sujet; qu'elle vous a répondu qu'elle avait été abusée par un misérable, un cruel, un barbare... tous les noms que vous voudrez; qu'elle portait dans son sein les suites de sa faute; que son séducteur lui avait promis de veiller à sa sûreté et à celle de son enfant. Oui, ajouta-t-il avec un ton d'ironie déchirante, et en se frappant la tête, il a bien rempli sa promesse! Vous en souviendrez-vous? ajouta-t-il d'un ton plus calme; voilà tout ce qu'il s'agit de dire.

—Comment pourrais-je me souvenir, répondit-elle avec simplicité, de ce dont elle ne m'a pas dit un seul mot?

—Êtes-vous donc si bornée? Avez-vous donc l'intelligence si dure? s'écria-t-il d'un ton de colère, en lui saisissant le bras et la serrant fortement. Je vous répète (ajouta-t-il en serrant les dents et à demi-voix, mais avec énergie) qu'il faut que vous vous souveniez qu'elle vous a dit tout cela, quand même elle n'en aurait jamais prononcé une syllabe. Il faut que vous répétiez cette histoire, dans laquelle il n'y a pas un mot qui ne soit vrai, excepté qu'elle ne vous a pas été confiée, il faut que vous la répétiez devant les juges, — ce tribunal criminel, — n'importe comme ils appellent leur cour sanguinaire. Il faut que vous les empêchiez d'être des meurtriers, et votre sœur d'être leur victime. N'hésitez pas! Je vous jure qu'en parlant ainsi vous ne direz que la pure vérité.

— Mais, répondit Jeanie, dont le jugement discerna sur-le-champ le sophisme de ce raisonnement, on me fera prêter serment sur la chose pour laquelle on a besoin de mon témoignage; car c'est le secret gardé par Effie sur sa grossesse qui fait son crime, et vous voulez me faire dire un mensonge sur ce point.

— Je vois bien, dit-il avec un dépit concentré, que je vous avais d'abord bien jugée. Vous laisserez périr sur l'échafaud votre malheureuse sœur, malgré son innocence, plutôt que de prononcer un seul mot qui pourrait la sauver?

— Je donnerais tout mon sang pour racheter sa vie, dit Jeanie en versant des larmes amères; mais je ne puis faire que le mensonge devienne la vérité.

— Fille extravagante! sœur dénaturée! craignez-vous de courir quelque risque? Les ministres de la loi acharnés après la vie des autres comme les levriers après les lièvres, se réjouiront de voir échapper une créature si jeune et si belle. Ils vous croiront, ou s'ils doutent de votre véracité, ils vous pardonneront; ils vous trouveront même digne d'éloges, à cause de votre tendre affection pour votre sœur.

— Ce ne sont pas les hommes que je crains, dit Jeanie en levant les yeux au ciel, c'est le Dieu dont je prendrais le nom à témoin de la vérité de ce que je dirai, en sachant que je profère un mensonge.

— Ne connaîtra-t-il pas vos motifs? Ne saura-t-il pas que

vous parlez ainsi pour sauver l'innocence, pour empêcher un crime légal, plus horrible encore que celui qu'on prétend punir?

— Il nous a donné une loi, dit Jeanie, qui doit nous servir de flambeau pour nous éclairer dans le droit chemin. Si nous nous en écartons, nous péchons contre notre conscience. Nous ne devons pas faire le mal, même pour qu'il en résulte un bien. Mais vous, vous qui aviez promis à Effie, dites-vous, de veiller à sa sûreté, vous qui connaissez la vérité de tout ce que vous venez de me dire, et qu'il faut que je croie sur votre parole, pourquoi n'allez-vous pas rendre un témoignage public à son innocence? Vous pouvez le faire avec une conscience pure.

—A qui parlez-vous de conscience pure? s'écria l'inconnu d'un ton qui renouvela toutes les terreurs de Jeanie. A moi! à moi qui n'en connais plus depuis tant d'années!... Rendre témoignage à son innocence! moi! moi! comme si mon témoignage pouvait être de quelque poids dans la balance de la justice! Croyez-vous que ce soit sans motif que je vous ai donné un rendez-vous à une telle heure et dans un tel lieu?... Quand vous verrez les hibous et les chauves-souris voler dans les airs en plein midi comme l'alouette, vous verrez un homme comme moi dans les assemblées des hommes... Mais chut, écoutez!

On entendait dans le lointain chanter un de ces airs monotones sur lesquels ont été composées une grande partie des anciennes ballades écossaises; le son cessa et puis recommença de plus près. L'inconnu semblait tout attention; il tenait toujours par le bras Jeanie plus morte que vive, comme pour l'empêcher de faire le moindre bruit, soit en parlant, soit par un mouvement d'étonnement ou de frayeur. La voix, par intervalles, cessait de se faire entendre, recommençait ensuite à chanter, et semblait approcher. Enfin on entendit distinctement les paroles suivantes:

> Blottissez-vous, pauvre alouette,
> Le faucon plane dans les airs;
> Daims, cherchez des taillis couverts,
> La meute cruelle vous guette.

La personne qui chantait avait une voix forte et sonore qu'elle étendit au plus haut ton de manière à être entendue de très loin. Après un instant d'intervalle, on distingua le bruit des pas et des chuchotemens de quelques personnes qui s'approchaient. Le chant recommença, mais ce n'était plus le même air.

> Quand je vois à votre poursuite
> Courir des ennemis armés,
> Eh quoi, sir James, vous dormez !
> Réveillez-vous, prenez la fuite.

— Je ne puis rester plus long-temps, dit l'inconnu; retournez chez vous, ou cachez-vous ici jusqu'à ce que ces gens soient passés... Vous n'avez rien à craindre... Ne dites pas que vous m'avez vu... Souvenez-vous de tout ce que je vous ai dit, et songez que la vie de votre sœur dépend de vous.

A ces mots il s'éloigna précipitamment, en se dirigeant du côté opposé à celui d'où partait le bruit qu'on entendait.

Jeanie resta quelques instans immobile de frayeur, incapable même de réfléchir sur le parti qu'elle avait à prendre. Elle ne fut pas long-temps dans l'incertitude à cet égard; car à peine commençait-elle à reprendre sa présence d'esprit, qu'elle vit deux ou trois hommes déjà si près d'elle, que la fuite aurait été inutile et impolitique.

CHAPITRE XVI.

> « De ses moindres discours le ton est exalté ;
> » On n'y trouve qu'erreur, folie, absurdité :
> » Jamais d'un sens complet on ne saisit la suite .
> » On n'y peut découvrir ni dessein, ni conduite.
> » Mais pour qui sait lier leur fil interrompu,
> » L'avis qu'ils ont donné n'est pas toujours perdu. »
>
> SHAKSPEARE. *Hamlet*.

DE même que l'Arioste, poète à digressions, je me trouve obligé, pour lier les différentes branches de mon histoire, de retourner à un autre de mes personnages dont il faut que je conduise les aventures au point où j'ai laissé celles de Jeanie Deans. Ce n'est peut-être pas la manière de conter une histoire avec le plus d'art, mais elle a l'avantage d'épargner à l'auteur la nécessité de *relever des mailles,* comme le dirait une tricoteuse, si l'invention des métiers à faire des bas en a laissé une dans nos contrées : or ce travail est en général aussi fatigant que peu profitable pour un écrivain.

— Je risquerais une petite gageure, dit le clerc au magistrat, que si ce coquin de Ratcliffe avait sûreté pour son cou, il ferait lui seul plus que dix de nos officiers de police et de nos constables, pour nous mettre sur la voie dans cette affaire de Porteous ; il connaît tous les contrebandiers, les filous et les voleurs d'Edimbourg : on pourrait l'appeler le patriarche des bandits d'Ecosse, car il a passé vingt ans parmi eux, sous le nom de Daddy Rat.

— Un plaisant pendard, dit le magistrat, pour croire qu'on lui confiera une place dans notre cité !

— Je demande pardon à Votre Honneur, dit le procureur fiscal de la ville, qui était chargé des fonctions de surintendant de police. M. Fairscrieve a parfaitement raison : c'est un homme comme Ratcliffe qu'il faudrait à la ville, dans mon département ; et s'il est vrai qu'il soit disposé à s'y rendre utile, personne ne pourrait l'être davantage. Ce ne sont pas des saints qui nous découvriront les fraudeurs, les voleurs et les autres ; les gens honnêtes ne valent rien pour ce métier : on s'en méfie ; ils ont des scrupules, ils ne savent pas mentir, même pour le service de la ville ; ils n'aiment pas à fréquenter les mauvais lieux, et, dans une nuit bien froide et bien obscure, ils restent au coin de leur feu plutôt que d'aller à la découverte. C'est ainsi qu'entre la crainte de Dieu et la crainte des hommes, la peur de s'enrhumer ou celle de recevoir une volée de bons coups, nous avons une douzaine de valets de ville, d'officiers et de constables, qui ne peuvent rien trouver qu'une affaire de fornication pour le bénéfice du trésorier de l'église. Jean Porteous ! ah ! c'est celui-là qui était ferme et zélé ; le pauvre diable ! il en valait lui seul une douzaine : jamais ni doutes, ni craintes, ni scrupules ne l'ont empêché de faire ce que vous lui ordonniez.

— C'était un bon serviteur de la ville, dit le bailli, et si vous pensez que ce coquin de Ratcliffe puisse nous découvrir quelqu'un de ses assassins, je lui assurerai la vie et la place qu'il désire. C'est une affaire fâcheuse pour la ville, M. Fairscrieve; elle fera du bruit là-haut. La reine Caroline, Dieu la bénisse, est une femme... je dois le croire du moins, et ce n'est pas lui manquer de respect que de parler ainsi; et quoique vous soyez garçon, vous pouvez savoir aussi bien que moi, puisque vous avez une femme de charge, que les femmes sont absolues, et ne veulent pas être contrariées. Cela sonnera mal à ses oreilles, quand elle apprendra qu'un tel évènement a eu lieu à Edimbourg, sans qu'on ait encore mis un seul homme en prison.

— Si vous pensez ainsi, monsieur, dit le procureur fiscal, il est bien aisé de faire arrêter une douzaine de vagabonds comme suspects d'avoir pris part à l'insurrection : j'en ai plusieurs sur ma liste qui ne s'en porteront pas plus mal pour passer une quinzaine en prison. Si vous ne croyez pas la chose strictement juste, vous aurez une plus belle occasion de leur rendre justice la première fois qu'ils feront quelque chose pour mériter d'être mis à la Tolbooth; et cela viendra bientôt.

— Cela ne suffirait pas dans ce cas-ci, M. Sharpitlaw, dit le clerc de la ville [1], ou je me trompe fort.

— Je vais aller parler de Ratcliffe au lord-prevôt [2], dit

(1) Le clerc ou secrétaire général du conseil de ville. —Éd.

(2) Quelques détails sur le gouvernement municipal d'Édimbourg sont peut-être ici indispensables pour aider le lecteur à se familiariser avec les titres de certaines fonctions qui sont fréquemment citées dans un ouvrage où la métropole de l'Écosse est quelquefois mise en scène tout entière, ou représentée par ses magistrats.

Édimbourg est gouverné par un conseil municipal (*town council*) de trente-trois membres, qui ont la direction de toutes les affaires publiques dans la juridiction de la cité. Le conseil ordinaire n'est cependant que de vingt-cinq membres; les huit autres sont nommés *extraordinairement*. Les membres sont choisis dans les différentes professions industrielles et commerçantes. Le principal magistrat, dont la charge répond à celle du lord-maire de Londres, s'appelle le lord-prevôt. Il est grand sheriff, coroner et admiral de la cité d'Édimbourg et du port de le magistrat, et je vous engage à y venir avec moi, M. Sharpitlaw, pour recevoir ses instructions. On peut faire quelque chose aussi de l'histoire de M. Butler avec son inconnu. Que faisait cet homme dans ce lieu écarté? Pourquoi dire qu'il est le diable, à la terreur des honnêtes gens, qui ne se soucient d'en entendre parler que le dimanche dans la chaire? Quant au ministre, je ne puis croire qu'il fût vraiment un des chefs de l'attroupement, quoiqu'il ait été un temps où les gens de sa robe n'étaient pas les derniers à exciter des troubles.

—Il y a long-temps de cela! dit M. Sharpitlaw. Du temps de mon père, la recherche des ministres réduits au silence, aux environs de Bow-Head, ou de Covenant-Close, et de toutes les tentes de Cedar, comme on appelait les demeures des saints en ce temps-là;—cette recherche, dis-je, occupait plus alors qu'aujourd'hui celle des voleurs et des vagabonds dans la partie basse de Calton et derrière Canongate, mais ces temps-là sont passés. Si le bailli veut me procurer des instructions et l'autorisation du prevôt, je parlerai avec

---

Leith, etc. Dans la ville, il a le pas sur les grands-officiers de l'état et sur la haute noblesse; dans les cérémonies, il marche à la droite du roi ou du commissaire du roi, précédé d'une épée et d'une masse. Ses émolumens sont de 890 liv. par an. Après le lord-prevôt viennent quatre baillis, dont les fonctions correspondent à celles des aldermen de Londres; puis le doyen des corporations, un trésorier (emploi purement nominal); trois conseillers marchands, et deux du corps des métiers; les quatorze diacres ou chefs des métiers, et sept membres du conseil de l'année précédente.

Le conseil ordinaire s'assemble tous les vendredis; quatre avocats y sont attachés comme *assesseurs*, pour aider à la discussion des points de droit.

Les baillis forment un tribunal de police correctionnelle, et sont de droit juges de paix.

La police d'Édimbourg est aujourd'hui faite par un corps régulier d'officiers de police organisé d'après un acte du parlement. Autrefois les magistrats municipaux en étaient seuls chargés: la Garde de la Ville, dont il est question dans l'affaire Porteous, en était l'instrument armé. Il y avait en outre des agens ou officiers civils nommés par les magistrats avec différens titres. Un corps de soixante constables, élus annuellement, est chargé de veiller à la sûreté de la ville. En 1805, l'ancien système de police fut changé et remplacé par une cour spéciale de police, présidée par un juge de police, avec un secrétaire ou clerc et six inspecteurs. Depuis, le nombre des inspecteurs a été augmenté, et chaque quartier a le sien.

Daddy Rat moi-même, parce que je crois que je tirerai de lui plus que vous autres.

M. Sharpitlaw étant nécessairement un homme de confiance, reçut du lord prevôt tout pouvoir pour faire avec Ratcliffe les arrangemens qu'il jugerait convenables pour l'utilité de la ville. En conséquence, il se rendit à la prison.

Les relations respectives d'un officier de police avec un voleur de profession varient selon les circonstances. La comparaison vulgaire d'un faucon qui fond sur sa proie est souvent la moins juste. Le défenseur des lois a plus ordinairement l'air d'un chat qui, guettant une souris, ne se presse pas de tomber sur elle, mais surveille tous ses mouvemens, de manière qu'elle ne soit jamais hors de sa portée. Quelquefois, jouant un rôle encore plus passif, c'est le serpent à sonnettes, dont l'œil fascine l'oiseau qu'il veut dévorer, et qui se contente de fixer ses regards sur lui en le suivant dans ses détours, certain que la terreur et le trouble de sa victime l'amèneront enfin dans sa gueule vorace. L'entrevue de Ratcliffe avec Sharpitlaw eut pourtant un autre caractère ; ils restèrent assis pendant cinq minutes en face l'un de l'autre, devant une petite table, silencieux, mais se regardant d'un air de défiance, mêlé d'un sourire sardonique, comme deux chiens, entre lesquels un os se trouve placé, s'arrêtent à deux pas, s'accroupissent, chacun attendant que l'autre cherche à s'en emparer pour commencer le combat.

— Eh bien, M. Ratcliffe, dit l'officier de police, jugeant qu'il était de sa dignité de parler le premier, on m'assure que vous voulez quitter les affaires.

— Oui, dit Ratcliffe d'un air important, je ne veux plus m'en mêler, et je crois que cela épargnera quelque embarras à vos gens, M. Sharpitlaw.

— Jean Dalgleish, reprit le procureur fiscal, saurait bien le leur épargner.

Jean Dalgleish était alors exécuteur des hautes œuvres d'Édimbourg.

—Oui, si je voulais attendre en prison qu'il vînt arranger ma cravate. Mais ce sont là des paroles inutiles, M. Sharpitlaw.

— Je présume que vous n'avez pas oublié que vous avez contre vous une sentence de mort, M. Ratcliffe?

— C'est le sort commun de tous les hommes, comme le disait ce digne ministre dans l'église de la prison, le jour que Robertson s'est échappé; mais personne ne sait quand la sentence sera exécutée. Il ne se doutait guère de parler si juste ce jour-là.

— Connaissez-vous ce Robertson? dit Sharpitlaw en baissant la voix, et d'un ton presque confidentiel, c'est-à-dire, pourriez-vous m'informer où l'on pourrait en avoir des nouvelles?

— Je serai franc avec vous, M. Sharpitlaw. Ce Robertson est un cran au-dessus de moi; c'est un luron : il a joué plus d'un bon tour; mais, excepté l'affaire du collecteur, dont il ne s'était mêlé que par complaisance pour Wilson, et quelques petites disputes avec les douaniers, il ne faisait rien dans notre trafic.

— Cela est bien singulier, attendu la compagnie qu'il fréquentait.

— C'est pourtant le fait, sur mon honneur, dit gravement Ratcliffe : il ne se mêlait pas de notre genre d'affaires. Je n'en dirai pas tout-à-fait autant de Wilson; j'en ai fait plus d'une avec celui-ci. Mais Robertson y viendra, ne craignez rien! avec la vie qu'il mène il faut qu'on y vienne tôt ou tard.

— Mais qui est donc ce Robertson? Vous le savez, je suppose?

— Pas trop exactement; je soupçonne qu'il est de meilleure condition qu'il ne veut le paraître. Il a été soldat, il a été comédien... Je ne sais pas ce qu'il n'a pas été, car il a commencé de bonne heure à faire des folies et des sottises.

— Il a dû jouer plus d'un tour dans son temps, n'est-ce pas, Ratcliffe?

— Vous pouvez bien le dire! Et... c'est un diable pour les fillettes!

— Je le crois bien. Ah çà, Ratcliffe, ne barguignons point. Vous savez de quelle manière vous pouvez obtenir faveur auprès de moi : il faut vous rendre utile.

— C'est juste, monsieur, répondit l'ex-déprédateur : rien pour rien ; je connais les règles.

— Eh bien ! ce qui nous occupe le plus aujourd'hui, c'est cette affaire de Porteous ;... et, si vous pouvez nous donner un coup de main pour la débrouiller,... la place de porte-clefs aujourd'hui, peut-être celle de capitaine de la prison avec le temps... Vous m'entendez ?

— Fort bien, monsieur ; un coup d'œil est aussi bon qu'un signe de tête pour un cheval aveugle. Mais cette affaire de Porteous !... Pensez donc que j'étais en prison pendant tout ce temps-là. J'avais peine à m'empêcher de rire quand je l'entendais crier merci aux braves garçons qui le tenaient. Ah ! ah ! voisin, pensais-je, tu m'as fait venir la chair de poule plus d'une fois ; mais, à ton tour, tu vas voir ce que c'est que d'être pendu !

— Allons, allons, Ratcliffe, cela ne prendra pas avec moi ; il faut en venir au fait, si vous voulez que nous soyons amis. Vous savez le proverbe : *Donnant donnant*, c'est ce qui fait les bons amis.

— Mais comment puis-je en venir au fait, comme vous le dites, répondit Ratcliffe d'un air de simplicité, puisque j'étais en prison avant et après cette affaire ?

— Et comment peut-on vous faire grâce, Ratcliffe, si vous ne faites rien pour le mériter ?

— Eh bien donc, puisqu'il le faut, j'ai reconnu Geordy Robertson parmi ceux qui sont venus ici chercher Porteous : de quelle utilité cela sera-t-il ?

— Voilà ce que j'appelle en venir au point... Maintenant, où croyez-vous qu'on puisse le trouver ?

— Du diable si j'en sais rien : il a sans doute quitté le pays ; il ne manque pas d'amis d'une façon ou d'une autre ; car, malgré la vie qu'il mène, il paraît avoir été bien *éduqué*.

— Il n'en figurera que mieux sur le gibet... Le chien maudit ! assassiner un officier de la ville pour avoir fait son devoir !... Qui sait ce qu'il pourrait faire ensuite ?... Mais êtes-vous bien sûr de l'avoir vu ?

— Aussi sûr que je vous vois.

— Comment était-il habillé ?

— Je ne saurais trop dire : il avait sur la tête quelque chose comme une coiffure de femme : on ne peut avoir l'œil à tout.

— N'a-t-il parlé à personne ?

— Ils se parlaient les uns aux autres, répondit Ratcliffe, qui évidemment ne se souciait pas de répondre trop clairement à cette interrogation.

— Cela ne peut passer comme ça, Ratcliffe ; il faut tout révéler, dit le procureur fiscal avec emphase, en frappant du point sur la table, et répétant sa phrase.

— Cela est dur, M. Sharpitlaw ; et sans cette place de porte-clefs...

— Et un jour celle de capitaine de la Tolbooth, en cas de bonne conduite.

— Oui, en cas de bonne conduite, c'est là le diable ! et puis il faut attendre les souliers des morts.

— Mais la tête de Robertson a son prix, Ratcliffe ; songez à la récompense promise pour son arrestation ; songez que, si vous la gagnez, et que vous obteniez le poste que vous désirez, vous pourrez mener à l'avenir une vie honorable.

— Je ne sais, dit Ratcliffe ; c'est commencer drôlement le métier de l'honnêteté, M. Sharpitlaw ; mais du diable si je m'en inquiète ! Au surplus, je puis vous dire que j'ai vu Robertson parler à Effie Deans, cette fille qui est ici pour infanticide.

— Oui-dà, Ratcliffe ! Un moment donc ! Je crois que nous approchons la main du nid !... Cet homme qui a parlé à Butler dans le parc... ce rendez-vous de nuit avec Jeanie Deans à la butte de Muschat... En rapprochant tout cela... je parierais qu'il est le père de l'enfant d'Effie !

— On pourrait plus mal deviner, dit Ratcliffe en mâchant du tabac, et en faisant jaillir sa salive entre ses dents. J'ai entendu parler d'une maîtresse qu'il avait, et c'est tout ce qu'a pu faire Wilson que de l'empêcher de l'épouser.

Un officier de police entra en ce moment, et dit à Sharpitlaw que ses gens tenaient la femme qu'il lui avait donné ordre d'arrêter.

— Peu importe à présent, répondit le procureur fiscal,

l'affaire prend une autre face. Au surplus, faites-la entrer.

L'officier se retira, et amena une femme de vingt à vingt-deux ans, d'une très grande taille, et singulièrement vêtue. Elle avait une espèce de redingote bleue garnie de vieux galons ; ses cheveux, relevés comme ceux d'un homme, étaient couverts d'une toque de montagnard avec un panache de plumes brisées ; elle portait un jupon de camelot écarlate, où l'on voyait encore quelques vestiges de broderie fanée. Elle avait les traits mâles et hardis ; de grands yeux noirs, un nez aquilin, et un profil bien dessiné, lui donnaient de loin une apparence de beauté ; elle agita une houssine qu'elle tenait à la main, fit la révérence aussi profondément qu'une dame de province introduite dans une grande soirée, se recueillit gravement comme Audrey, dans la scène où Touchstone lui fait la leçon [1], et ouvrit la conversation sans attendre qu'on l'interrogeât.

— Dieu donne à Votre Honneur d'heureux jours accompagnés de plusieurs autres, bon M. Sharpitlaw. Bonjour, Daddy Ratton ; on m'avait dit que vous étiez pendu, mon homme ; vous êtes-vous tiré des mains de Jean Dalgleish comme Maggie Dickson ?

— Taisez-vous, bavarde, lui dit Ratcliffe, et écoutez ce qu'on a à vous dire.

— De tout mon cœur, Rat. Je suis si contente qu'on m'ait envoyé chercher par un grand homme à habit brodé, qui m'a conduite en plein jour, et à la vue de toute la ville, pour venir parler à des prevôts, des baillis, des proquiteurs [2] !... C'est de l'honneur sur la terre, une fois dans la vie du moins.

— Aussi, Madge, vous avez mis vos beaux habits, dit Sharpitlaw d'un air goguenard, ce n'est pas là votre costume de tous les jours ?

— Eh bien ! que le diable soit au bout de mes doigts, dit Madge. — Eh ! messieurs, ajouta-t-elle en voyant entrer Butler, que le procureur fiscal avait envoyé chercher, — un mi-

---

(1) Voyez *Comme il vous plaira*, de Shakspeare.

(2) Pour dire procureurs fiscaux. Ce nouveau personnage a son patois assez étrange ; tantôt il dénature la prononciation d'un mot, tantôt il mêle une phrase poétique à une phrase vulgaire, et toujours en écossais. — Éd.

nistre dans la prison! il est sans doute pour la bonne vieille cause; mais ce n'est pas la mienne. Et elle se mit à chanter:

> Des Cavaliers! des Cavaliers! alerte!
> Patapan, patapan.
> Vieux Belzébut, alerte! alerte!
> Patapan, patapan;
> Olivier s'enfuit tout tremblant [1].

— Avez-vous jamais vu cette folle? demanda Sharpitlaw à Butler.

— Non pas que je sache, monsieur...

— Je le pense de même, répliqua le procureur fiscal en jetant à Ratcliffe un regard d'intelligence, que celui-ci paya en même monnaie.

— Elle se nomme pourtant Madge Wildfire, ajouta-t-il en regardant Butler.

— Sans doute, c'est mon nom. C'est mon nom depuis que je... Et un air de tristesse se répandit sur ses traits pendant une minute. Mais il y a long-temps, je ne m'en souviens plus; je n'y mettrai plus le pouce!

> Ma voix a l'éclat du tonnerre;
> Et l'éclair brille dans mes yeux. —
> On me voit errer sur la terre,
> Dans le vallon, au mont audacieux.

— Retenez votre langue, mauvaise fille! dit l'officier de police qui avait servi d'introducteur à cette fille extraordinaire, et qui était scandalisé du peu de respect qu'elle montrait pour un personnage aussi important que le procureur fiscal, M. Sharpitlaw : si vous ne vous taisez, je vous ferai chanter sur un autre ton.

— Laissez-la, Georges, dit Sharpitlaw, ne la déroutez pas. J'ai quelques questions à lui faire. Mais d'abord, M. Butler, examinez-la bien encore une fois.

— Oui, ministre, oui! s'écria Madge, regardez-moi : ma figure vaut bien tous vos livres. Je puis vous parler de grâce efficace, de justification et de témoignage. C'est-à-dire je le pouvais, mais vous savez qu'on oublie.

(1) Fragment de vieille chanson jacobite sur Olivier Cromwell. — Éd.

Et la pauvre Madge poussa un profond soupir.

— Eh bien ! monsieur, qu'en pensez-vous maintenant ? demanda le procureur fiscal à Butler.

— Ce que je vous ai déjà dit. Jamais je n'ai vu cette pauvre insensée.

— Vous êtes donc bien sûr que ce n'est pas elle à qui l'on donnait, la nuit dernière, le nom de Wildfire ?

— Parfaitement sûr. C'est à peu près la même taille, mais du reste, pas l'ombre d'une ressemblance.

— Et le costume ?

— Etait tout différent.

— Madge, ma bonne fille, dit Sharpitlaw, qu'avez-vous fait des habits que vous mettez tous les jours ?

— Je n'en sais rien.

— Où étiez-vous hier soir ?

— Hier ! je ne m'en souviens pas. Est-ce qu'on se souvient d'hier ? Un jour est bien assez long, quelquefois trop.

— Mais vous vous en souviendriez peut-être, Madge, si je vous donnais cette demi-couronne ? dit Sharpitlaw en lui montrant une pièce de monnaie.

— Cela me ferait rire, mais cela ne me rendrait pas la mémoire.

— Mais si je vous envoyais à la maison de peine de Leith-Wynd, en chargeant Jean Dalgleish de vous chatouiller le dos avec des verges ?

— Cela me ferait pleurer, mais cela ne me rendrait pas la mémoire.

— Elle n'a pas assez de raison, monsieur, dit Ratcliffe, pour que l'argent ou les verges en puissent tirer quelque chose ; mais si vous vouliez me le permettre, je saurais bien la faire jaser.

— Essayez donc, Ratcliffe, dit Sharpitlaw, car son jargon m'ennuie, et je l'enverrais à tous les diables.

— Madge, dit Ratcliffe, avez-vous quelque amoureux à présent ?

— Vous le demande-t-on ? dites que vous n'en savez rien... Voyez donc ce vieux Daddy Rat ! — me demander si j'ai des amoureux !

— Je vois bien que vous n'en avez pas.

— Je n'en ai point! s'écria-t-elle en secouant la tête de l'air d'une beauté outragée; ah! je n'en ai point! Et qu'est-ce que c'est donc que Rob Ranter, et Will Fleming, et Geordy Robertson? Ah! ah! que dites-vous de celui-là, du gentil Geordy?

Ratcliffe sourit, cligna l'œil en regardant le procureur fiscal, et continua son interrogatoire à sa manière.—Ah! je le connais bien, dit-il, il est fier, il ne vous aime que quand vous êtes brave: il ne voudrait pas vous toucher avec des pincettes, quand vous avez vos habits de tous les jours.

— Eh bien! c'est ce qui vous trompe! Pardi! il les a mis lui-même hier! il les a promenés dans toute la ville, et il avait aussi bonne mine qu'une reine!

— Je n'en crois rien, dit Ratcliffe avec un autre coup d'œil adressé au procureur fiscal : ces haillons avaient la couleur de la lune dans l'eau, je pense; Madge — la robe avait été jadis bleu de ciel.

— Cela n'est pas vrai! s'écria Madge, qui, poussée par la contradiction, laissait échapper tout ce qu'elle aurait voulu cacher, si son jugement n'avait été en défaut. — Ils n'étaient ni bleus ni rouges; c'était ma robe brune, le vieux chapeau de ma mère, et ma mante rouge. Il m'a donné une couronne pour les lui prêter, et m'a embrassée par-dessus le marché, ce qui valait encore mieux!

— Et vous a-t-il rapporté vos habits? lui demanda Sharpitlaw. Savez-vous où il est maintenant?

— Le procureur fiscal a tout gâté! dit Ratcliffe sèchement.

Il ne se trompait pas. Cette question si directe rappela à Madge qu'elle devait garder le silence sur les objets dont Ratcliffe venait de la faire parler. Ah! vous nous écoutiez donc? dit-elle à Sharpitlaw d'un air qui prouvait qu'elle n'avait guère moins d'astuce que de folie.

—Oui, oui; dites-moi à quelle heure et dans quel endroit Robertson vous a rendu vos vêtemens?

— Robertson! eh mon Dieu! qu'est-ce que Robertson?

— Celui dont vous parlez, que vous nommez gentil Geordy.

— Geordy Gentil? je ne connais personne qui s'appelle Geordy Gentil.

— Ne comptez pas m'échapper ainsi! dit Sharpitlaw. Il faut que vous répondiez à ma question.

Au lieu de répondre, Madge se mit à chanter :

> Qu'avez-vous fait de mon anneau,
> De mon anneau de mariage?
> L'amour dont il était le gage
> Devait durer jusqu'au tombeau.

De toutes les folles qui ont jamais chanté depuis le siècle d'Hamlet le Danois, si Ophélie fut la plus attendrissante, Madge était la plus impatientante. Le procureur fiscal était désolé.

— Je saurai, s'écria-t-il, prendre des mesures avec cette diablesse échappée de Bedlam, pour lui faire retrouver sa langue.

— Si vous m'en croyez, monsieur, dit Ratcliffe, le mieux serait de laisser son esprit se calmer quelque temps. Nous en avons déjà tiré quelque chose.

— Sans doute! dit Sharpitlaw, un vieux chapeau, une robe brune, et une mante rouge. M. Butler, ce costume convient-il à votre Wildfire d'hier soir?

— Parfaitement, dit Butler.

— Et je puis attester, *maintenant*, dit Ratcliffe...

— Oui, interrompit Sharpitlaw, à présent que nous l'avons découvert sans vous.

— Justement, puisque les choses en sont à ce point, je puis dire que c'est sous ces habits que j'ai reconnu, hier soir, Robertson dans la prison, à la tête de l'émeute.

— Témoignage direct! s'écria Sharpitlaw. Ratcliffe, je vais faire un rapport favorable au lord-prevôt sur votre compte. Il se fait tard; il faut que j'aille au logis manger un morceau. Je reviendrai sur le soir. En attendant je laisse Madge avec vous. Tâchez de la mettre dans une bonne gamme.

A ces mots il quitta la prison.

CHAPITRE XVII.

> « L'un jouait de la cornemuse,
> » L'autre sifflait, un troisième chantait,
> » Le cor retentissait, et l'écho répétait :
> » Fuyez, Musgrave, on vous accuse. »
>
> *La ballade du petit Musgrave.*

Lorsque le procureur fiscal revint au Cœur de Midlothian, il reprit sa conférence avec Ratcliffe, sur le secours et l'expérience duquel il croyait maintenant pouvoir compter.

— Ratcliffe, dit-il, il faut que vous parliez à Effie Deans. Je suis sûr qu'elle connaît tous les endroits où se cache Robertson. Il faut que vous lui tiriez son secret.

— Non, non, dit le porte-clefs élu, c'est ce que je ne suis pas libre de faire.

— Et pourquoi? Que diable avez-vous qui vous arrête? Je croyais que tout était arrangé entre nous?

— Je ne vois pas cela, monsieur, dit Ratcliffe... J'ai parlé à cette Effie, — elle est étrangère à ce lieu-ci et à ce qui s'y passe, comme à l'argot de notre clique. Elle pleure, la pauvre fille, et son cœur se brise en songeant à son enfant perdu. Si elle était la cause de la capture de Georges, elle en mourrait de douleur.

— Elle n'en aurait pas le temps, mon garçon, dit Sharpitlaw : elle ne tardera pas à être pendue. — Le cœur d'une femme est long-temps à se briser.

— C'est suivant l'étoffe dont elles sont faites, monsieur, dit Ratcliffe. — Mais pour abréger — je ne puis me charger de cette affaire : — elle répugne à ma conscience.

— Votre conscience, Ratcliffe ! dit Sharpitlaw avec un ironique sourire que le lecteur croira probablement très naturel dans cette occasion.

— Oui, monsieur, répondit Ratcliffe avec sang-froid. — ma conscience... chacun a une conscience. Je crois la mienne aussi bonne que celle des autres ; et cependant, semblable au coude de ma manche, elle attrape parfois quelque tache dans un coin.

— Eh bien, puisque vous êtes si délicat, je parlerai moi-même à la fillette.

Il se fit conduire dans une petite chambre obscure qu'Effie occupait. La pauvre fille était assise sur son lit, plongée dans une profonde rêverie. Son dîner était encore sur une table, sans qu'elle y eût touché, et le porte-clefs qui était chargé d'elle dit qu'elle passait quelquefois vingt-quatre heures sans autre nourriture qu'un verre d'eau.

Sharpitlaw prit une chaise, ordonna au porte-clefs de se retirer, et ouvrit la conversation, en s'efforçant de donner à son ton et à sa physionomie une apparence de commisération et de bonté. La chose n'était pas facile, car il avait la voix aigre et dure, et ses traits n'annonçaient qu'égoïsme et astuce.

— Comment vous trouvez-vous, Effie? comment va votre santé?

Un soupir fut toute la réponse qu'il obtint.

— Se conduit-on civilement envers vous, Effie?... C'est mon devoir de m'en informer.

— Très civilement, monsieur, dit Effie faisant un effort pour parler, et sachant à peine ce qu'elle disait.

— Votre santé paraît bien faible; désireriez-vous quelque chose? êtes-vous contente de votre nourriture?

— Très contente, monsieur, dit la pauvre prisonnière d'un ton où il ne restait plus rien de l'enjouement et de la vivacité du Lis de Saint-Léonard; elle n'est que trop bonne pour moi.

— Il faut que celui qui a causé vos malheurs soit un bien grand misérable, Effie! dit Sharpitlaw.

Cette remarque lui était dictée partie par un sentiment naturel, dont il ne pouvait se dépouiller entièrement en ce moment, quelque accoutumé qu'il fût à mettre en jeu les passions des autres et maîtriser les siennes, et partie par le désir qu'il avait de faire tomber la conversation sur un sujet qui pouvait être utile à ses projets; car, pensait-il,

— plus ce Robertson est un misérable, plus il y a de mérite à le faire tomber dans les mains de la justice.

— Oui, répéta-t-il, un bien grand misérable!... Je voudrais qu'il fût ici à votre place.

— Je suis plus à blâmer que lui, dit Effie : j'ai été élevée dans de bons principes, et le pauvre malheureux... Elle s'arrêta.

— A été toute sa vie un vaurien. C'était le compagnon de ce vagabond, de ce scélérat de Wilson, je crois; n'est-il pas vrai, Effie?

— Il aurait été bien heureux pour lui qu'il ne l'eût jamais vu!

— Cela est bien vrai, Effie. — Dans quel endroit Robertson vous donnait-il rendez-vous? N'est-ce pas du côté de Calton?

Simple et naïve, Effie avait suivi, sans s'en apercevoir, l'impulsion que lui avait donnée le procureur fiscal, parce qu'il avait eu l'art de faire coïncider ses discours avec les réflexions qu'il présumait bien devoir occuper l'esprit de la prisonnière; de manière qu'en répondant, elle ne faisait pour ainsi dire que penser tout haut; ce qu'on obtient assez facilement, par d'adroites suggestions, de ceux qui sont naturellement distraits, ou absorbés par quelque grand malheur. Mais la dernière observation ressemblait trop à un interrogatoire direct, et elle rompit le charme à l'instant même.

— Que disais-je donc? s'écria Effie en se levant et en écartant de son front des cheveux noirs qui couvraient ses traits flétris et décolorés, mais dont on pouvait encore apercevoir la beauté; et fixant ses regards sur Sharpitlaw : — Vous êtes trop honnête, trop humain, lui dit-elle, pour prendre avantage de ce qui peut échapper à une pauvre fille qui n'a plus l'esprit à elle! Dieu me soit en aide!

— J'en voudrais prendre avantage pour vous servir, Effie, lui dit-il d'un ton patelin; et je ne connais rien qui pût vous être si utile que de contribuer à l'arrestation de ce bandit de Robertson.

— Pourquoi injurier quelqu'un qui ne vous a jamais injurié, monsieur?... Robertson, dites-vous? Je n'ai rien à dire, je ne dirai rien contre personne qui se nomme ainsi.

— Mais si vous lui pardonnez vos propres malheurs, Effie,

songez au désespoir dans lequel il a plongé toute votre famille.

— Que le ciel ait pitié de moi! s'écria la pauvre Effie: c'est là le coup le plus rude à supporter!... Mon pauvre père! ma chère Jeanie... Ah! monsieur, si vous avez quelque compassion... car tous ceux que je vois ici ont le cœur dur comme marbre... permettez que ma sœur entre la première fois qu'elle demandera à me voir. Je sais qu'elle est venue, j'ai reconnu sa voix, je l'ai entendue pleurer. J'ai cherché inutilement à monter à cette fenêtre pour l'apercevoir un instant; j'ai cru que j'en perdrais l'esprit.

Elle sanglottait en parlant ainsi, et le regardait d'un air si attendrissant, que M. Sharpitlaw n'y put résister.

— Vous verrez votre sœur, lui dit-il, si vous voulez me dire... Non, non, non! ajouta-t-il, que vous parliez ou que vous vous taisiez, vous la verrez, je vous le promets. — Et se levant précipitamment, il se retira.

Quand il eut rejoint Ratcliffe, — Vous aviez raison, lui dit-il, on n'en peut rien tirer... J'ai pourtant deviné une chose; c'est que Robertson est le père de l'enfant, et je gagerais une bonne pièce d'or que c'est lui qui doit attendre cette nuit Jeanie Deans à la butte de Muschat; mais certes! nous l'enclouerons, Ratcliffe, ou je ne m'appelle pas Gédéon Sharpitlaw.

— Mais il me semble, dit Ratcliffe, qui peut-être ne se souciait pas de coopérer à la découverte et à l'arrestation de Robertson, il me semble que, si cela était, M. Butler, en lui parlant au bas du rocher de Salisbury, aurait reconnu que c'était lui qui, sous le nom de Wildfire, était à la tête de la populace.

— Point du tout, répondit Sharpitlaw; le trouble où était M. Butler, le changement de costume du coquin, sa figure peinte de plus d'une couleur, la différence de la lumière du jour à celle des torches, tout peut avoir contribué à le tromper. Mais, parbleu! vous que voilà, Ratcliffe, je me rappelle vous avoir vu déguisé de manière que votre père le diable n'aurait osé lui-même jurer que ce fût vous.

— Et cela est vrai! dit Ratcliffe.

— Et d'ailleurs, stupide que vous êtes, continua Sharpitlaw d'un air de triomphe, le ministre m'a dit qu'il lui avait semblé que les traits de l'étranger à qui il avait parlé ne lui étaient pas inconnus, quoiqu'il ne pût dire ni où ni quand il l'avait vu.

— Il est possible que Votre Honneur ait raison.

— En conséquence, nous irons cette nuit, vous et moi, lui tendre nos filets, et j'espère bien que nous l'y prendrons.

— Je ne vois pas trop de quelle utilité je puis être à Votre Honneur, dit Ratcliffe d'un air de mauvaise grâce.

— De quelle utilité? Vous me servirez de guide... Vous connaissez le terrain... Vous ne me quitterez, mon bon ami, que quand il sera dans mes mains.

— Ce sera comme il plaira à Votre Honneur, dit Ratcliffe d'un ton peu satisfait : mais songez que c'est un homme déterminé.

— Nous aurons avec nous de quoi le mettre à la raison, s'il est nécessaire.

— Mais cependant, reprit Ratcliffe, je ne sais trop si je pourrai vous conduire à la butte de Muschat pendant la nuit, sans me tromper. Il y a tant de buttes et de monticules dans la vallée! et elles se ressemblent toutes comme le diable et un charbonnier; c'est vouloir prendre la lune dans un seau d'eau.

— Que veut dire cela, Ratcliffe? dit Sharpitlaw en jetant sur lui un regard sinistre; avez-vous oublié que vous êtes encore sous sentence de mort?

— Non, non! répondit Ratcliffe, c'est une chose qui ne s'oublie pas si aisément. Si vous jugez ma présence nécessaire, je vous suivrai; mais ce que je vous dis, c'est pour le bien de la chose : il y a quelqu'un qui vous guiderait mieux que moi, et c'est Madge Wildfire.

— Que diable! il faudrait que je fusse atteint d'une folie pire que la sienne, pour m'en rapporter à elle dans une semblable occasion.

— Votre Honneur en est le meilleur juge; mais je saurai la tenir en bonne humeur, et je réponds bien qu'elle nous mènera par le bon chemin. — Elle dort souvent à la belle étoile, ou erre dans ces montagnes toute la nuit pendant l'été.

— Eh bien, Ratcliffe, j'y consens... Mais prenez bien garde à ce que vous ferez! votre vie dépend de votre conduite.

— C'est une triste chose pour un homme, quand une fois il a été aussi loin que moi, de ne pouvoir être honnête de quelque façon qu'il s'y prenne.

Telle fut la réflexion de Ratcliffe, quand il resta quelques minutes livré à lui-même pendant que l'officier de la justice allait chercher le mandat dont il avait besoin, et prendre toutes les dispositions nécessaires.

La lune se levait lorsque Sharpitlaw, avec ses gens, sortit de l'enceinte d'Édimbourg et entra dans la pleine campagne. Arthur's Seat, tel qu'un immense lion couchant [1] — et les Salisbury-Craigs, semblables à une vaste ceinture de granit, se dessinaient obscurément dans l'ombre. Suivant le sentier au sud de Canongate, ils atteignirent l'abbaye d'Holyrood-House, et de là pénétrèrent, en franchissant quelques haies et quelques rochers, dans le Parc du roi. Ils n'étaient d'abord que quatre ; Sharpitlaw et un officier de police, armés de sabres et de pistolets ; Ratcliffe, à qui l'on n'avait pas cru devoir confier d'armes, peut-être de peur qu'il n'en fît un mauvais usage, et Madge, qui avait consenti à leur servir de guide. Mais, en descendant la montagne, ils trouvèrent quatre autres officiers de police armés jusqu'aux dents, auxquels Sharpitlaw avait donné ordre de se rendre d'avance en cet endroit, et de l'y attendre, afin d'avoir une force suffisante pour rendre toute résistance inutile, et pour exciter moins d'attention en sortant de la ville.

Ratcliffe ne vit pas avec plaisir cette augmentation d'auxiliaires. Il avait pensé jusqu'alors que Robertson, jeune, alerte, vigoureux et plein de courage, se débarrasserait aisément de Sharpitlaw et de son acolyte, grâces à sa force ou à son agilité ; et, comme on ne lui avait point donné d'armes, on ne pouvait attendre ni exiger de lui aucune coopération active. Mais quand il vit la troupe renforcée de quatre hommes robustes et bien armés, il comprit que le seul moyen de sauver Robertson (et le vieux pécheur était disposé à s'y prê-

---

[1] Terme de blason : la configuration du mont d'Arthur prête en effet à cette comparaison avec un lion accroupi. — Éd.

ter, pourvu que ce fût sans compromettre sa propre sûreté) serait de l'avertir, par un signal, de leur approche.

C'était dans cette intention que Ratcliffe avait demandé que Madge lui fût associée, se fiant à la propension qu'elle avait à exercer ses poumons. En effet, elle leur avait donné tant de preuves de sa bruyante loquacité, que Sharpitlaw était presque résolu à la renvoyer, avec un des officiers de police, plutôt que de mener plus avant une personne si peu propre à servir de guide dans une expédition secrète. Il semblait aussi que l'air plus vif, l'approche des collines et la clarté de la lune, qu'on suppose avoir tant d'influence sur les cerveaux malades, excitaient ses chants plus que de coutume. La réduire au silence par la persuasion paraissait impossible ; les ordres ni les promesses n'en venaient à bout, et les menaces ne faisaient que la rendre plus intraitable.

—Quoi ! dit Sharpitlaw, impatienté, pas un de vous n'est en état de me conduire à cette maudite butte, à cette infernale butte de Muschat? Il n'y a que cette folle criarde qui en connaisse le chemin !

— Du diable si aucun de ces poltrons la connaît ! s'écria Madge ; mais moi, combien de nuits j'ai couché sur cette butte, depuis le vol de la chauve-souris jusqu'au chant du coq ! combien de fois j'y ai causé avec Nicol Muschat et Ailie Muschat sa femme, qui dorment par-dessous !

— Au diable votre folle tête ! s'écria Sharpitlaw ; ne permettrez-vous pas qu'on me réponde?

Ratcliffe étant parvenu à occuper un moment l'attention de Madge, tous les officiers de police déclarèrent à leur chef qu'ils connaissaient parfaitement la butte de Muschat, mais qu'il leur serait impossible de la distinguer à la lumière douteuse de la lune, de manière à y aller directement pour assurer le succès de l'expédition.

— Mais que faire, Ratcliffe? dit Sharpitlaw ; s'il nous entend avant que nous soyons près de lui (et il n'est que trop sûr qu'il nous entendra), il prendra la fuite, et nous échappera facilement. Je donnerais pourtant de bon cœur cent livres sterling pour le prendre, pour l'honneur de la police, et parce que le prevôt dit qu'il faut pendre quelqu'un dans cette affaire de Porteous, quoi qu'il en arrive.

— Je crois, dit Ratcliffe, que nous pouvons parler à Madge, et je vais tâcher de la forcer à plus de silence; mais d'ailleurs s'il l'entend fredonner ses vieilles chansons, il ne croira pas pour cela qu'elle ne soit pas seule.

— Cela est assez vraisemblable; et s'il croit qu'elle est seule, il est même possible qu'il vienne à sa rencontre au lieu de la fuir. Allons, messieurs, en avant, ne perdons pas de temps, et surtout grand silence. Que la folle seule parle, puisqu'on ne peut la faire taire. Ratcliffe, faites en sorte qu'elle ne nous égare point.

— Et comment Muschat et sa femme vivent-ils ensemble maintenant? demanda Ratcliffe à Madge pour entrer dans l'humeur de sa folie;—ils ne faisaient pas trop bon ménage autrefois, si l'on dit vrai.

— Oh! dit-elle d'un ton d'une commère qui raconte l'histoire de ses voisins, ils ne songent plus au passé. Je leur ai dit que ce qui est fait est fait. Cependant la femme a son gosier dans un triste état: elle le couvre de son linceul pour qu'on ne voie pas la blessure; mais cela n'empêche pas le sang de couler. Je lui avais conseillé de le laver dans la source de Saint-Antoine; et si le sang peut se laver, c'est là; mais on dit que le sang ne s'efface jamais sur un linceul: la nouvelle eau à nettoyer le linge, du diacre Sanders, n'y pourrait rien. Je l'ai essayé moi-même sur un linge teint du sang d'un enfant qui avait été blessé quelque part: rien ne put l'effacer. Vous direz que c'est drôle; mais je veux le porter à la source Saint-Antoine, et, dans une belle nuit comme celle-ci, j'appellerai Ailie Muschat; elle et moi nous ferons une grande lessive, et nous étendrons notre linge au clair de la bonne lune, que j'aime mieux que le soleil: celui-ci est trop chaud pour ma pauvre tête. Mais la lune, la rosée, le vent et la nuit sont un baume frais sur mon front; et parfois je pense que la lune ne brille que pour mon plaisir, et ne se fait voir qu'à moi.

En tenant ces discours inspirés par la folie, elle marchait avec rapidité, tenant par le bras et entraînant Ratcliffe, qui l'engageait ou plutôt qui avait l'air de l'engager à parler plus bas.

Tout-à-coup elle s'arrêta sur le sommet d'une petite hauteur, et, fixant les yeux sur le ciel, elle resta immobile deux ou trois minutes.

— A qui diable en a-t-elle maintenant? dit Sharpitlaw à Ratcliffe; ne pouvez-vous pas la faire avancer?

— Un moment de patience, monsieur : elle ne fera pas un pas plus vite qu'elle ne l'a mis dans sa tête.

— De par tous les diables! jaurai soin qu'elle fasse une visite à Bedlam ou à Bridewell [1], ou dans ces deux endroits; car elle est aussi méchante que folle.

En s'arrêtant, elle avait l'air pensif; tout-à-coup elle partit d'un grand éclat de rire ; enfin, ayant soupiré, elle chanta, les yeux tournés vers la lune :

> Lune, chère lune, bonsoir!
> Ne te cache pas, je t'en prie :
> Qu'à ta clarté je puisse voir
> L'amant par qui je suis chérie.

— Mais qu'ai-je besoin de demander cela à la bonne dame Lune? je le connais bien, quoiqu'il ait été infidèle... Mais personne ne dira que j'en ai parlé. Si l'enfant... mais il y a un ciel au-dessus de nous (ici elle soupira amèrement), et une belle lune dans le ciel pour nous éclairer, ajouta-t-elle avec un grand éclat de rire.

— Ratcliffe! s'écria Sharpitlaw, resterons-nous ici toute la nuit? faites-la donc marcher.

— C'est fort aisé, monsieur, mais de quel côté? Si je ne la laisse pas choisir son chemin, elle est fille à nous égarer. Eh bien! Madge, lui dit-il, si nous n'avançons pas, nous arriverons trop tard pour voir Muschat et sa femme : si vous ne nous montrez le chemin, ils seront endormis.

— C'est vrai, Ratton, marchons. Et elle se mit à marcher à si grands pas, que Sharpitlaw et ses gens pouvaient à peine la suivre.

— Savez-vous bien, Ratton, continua-t-elle, que Muschat sera bien content de vous voir. Il sait qu'il n'y a pas sur la

---

(1) On renferme les fous à Bedlam, et les femmes de mauvaise vie à Bridewell.
Éd.

terre un plus grand coquin que vous; et vous connaissez le proverbe : qui se ressemble s'assemble. Vous êtes une paire de favoris du diable, et je voudrais bien savoir qui des deux mérite le coin le plus chaud de son feu.

Ratcliffe protesta contre une telle association. — Je n'ai jamais versé le sang, lui dit-il.

— Mais vous l'avez vendu, Ratton, vous l'avez vendu plusieurs fois. On tue avec la langue comme avec le poignard.

> Le boucher à face vermeille,
> Avec ses bouts de manche bleus,
> Vous vendra d'un air tout joyeux
> Le mouton qu'il tua la veille.

— Et que fais-je en ce moment? pensa Ratcliffe. Mais je ne vendrai pas le sang de Robertson, si je puis m'en dispenser. Madge, lui dit-il tout bas, est-ce que vous avez oublié toutes vos ballades?

— Oh! que j'en sais de jolies! dit Madge, et comme je les chante! car joyeuse chanson rend le cœur joyeux ; et elle chanta :

> Blottissez-vous, pauvre alouette,
> Le faucon plane dans les airs;
> Daims, cherchez des taillis couverts,
> La meute cruelle vous guette.

— Faites taire cette maudite folle, Ratcliffe, s'écria Sharpitlaw, quand vous devriez l'étrangler! J'aperçois quelqu'un là-bas. Allons, mes enfans, tournez le revers de la hauteur. Georges Poinder, restez avec Ratcliffe et cette chienne enragée. Vous autres deux, tournez par ici avec moi sous l'ombre de la montagne.

Ratcliffe le vit s'avancer en prenant toutes les précautions d'un chef de sauvages indiens qui conduit sa troupe pendant la nuit pour surprendre un parti ennemi qui ne l'attend point, faisant même un détour pour éviter le clair de lune, et se cacher le plus long-temps possible sous l'ombre de la montagne.

— Robertson est perdu! pensa-t-il. Que diable aussi a-t-il à dire à cette Jeanie Deans, ou à toutes les femmes du monde, pour exposer son cou avec elle ! Et cette infernale folle qui, après avoir caqueté toute la nuit comme une poule de paon, se tait juste quand son caquetage aurait pu faire quelque bien ! Mais il en est toujours de même avec les femmes ; si elles font jouer leurs langues, vous êtes sûr que c'est pour quelque malheur. Je voudrais bien la remettre en train sans que ce suceur de sang y prît garde ; mais il est aussi fin que l'alêne de Mackeachan, qui, à travers six bandes de cuir, pénétra de six lignes dans le talon du roi.

Il commença alors à fredonner à voix basse le premier vers d'une ballade favorite de Madge Wildfire, qui avait quelque rapport éloigné avec la situation de Robertson, espérant que la folle continuerait le couplet :

> Un limier court sous le feuillage,
> Je vois de loin briller l'acier ;
> La jeune fille est sous l'ombrage.
> Elle chante un refrain guerrier.

Madge n'eut pas plus tôt entendu ces vers, qu'elle prouva à Ratcliffe que sa sagacité avait deviné juste, en continuant :

> Quand je vois à votre poursuite
> Courir des ennemis armés,
> Et quoi ! sir James, vous dormez !
> Sir James, réveillez-vous vite.

Quoique Ratcliffe fût encore à une grande distance de la butte de Muschat, ses yeux, habitués comme ceux d'un chat à distinguer les objets dans l'obscurité, virent que Robertson avait pris l'alarme ; mais ni Georges Poinder moins clairvoyant ou moins attentif, ni Sharpitlaw et ses acolytes ne purent s'apercevoir de sa fuite, quoique ceux-ci fussent plus près de la butte, dont le terrain inégal leur interceptait la vue. Enfin, au bout de quelques minutes, Ratcliffe entendit Sharpitlaw s'écrier de toutes ses forces, avec une voix aigre comme le son d'une scie : — Il est parti ! je l'ai vu sur le rocher. En chasse, mes amis ! ici ! vite à moi ! Et continuant à donner ses ordres à son arrière-garde, il ajouta : Ratcliffe, venez ici et retenez la femme ; — Georges, courez et suivez la haie de la promenade du duc [1]. Ratcliffe ! vite à moi ! mais assommez d'abord cette chienne enragée !

— Je vous conseille d'avoir recours à vos jambes, Madge, lui dit Ratcliffe ; il n'est pas bon de se frotter à un homme en colère.

Malgré la folie de Madge, il lui restait encore assez de bon sens pour profiter de cet avis, et il ne fut pas nécessaire de le lui répéter deux fois.

Cependant Ratcliffe courut à Sharpitlaw en affectant tout l'empressement du zèle et de l'obéissance, et celui-ci, qui avait fait une prisonnière, l'attendait avec impatience pour la lui donner en garde. Ainsi toute la bande se sépara, courant dans diverses directions, excepté Ratcliffe, et Jeanie que Ratcliffe tenait par sa mante, quoiqu'elle ne fît aucun effort pour s'éloigner du cairn ou butte de Muschat.

CHAPITRE XVIII.

> « Vous vous êtes acquitté de vos fonctions envers
> » le ciel, et du devoir de votre ministère envers le
> » prisonnier. »
>
> SHAKSPEARE, *Mesure pour mesure.*

JEANIE DEANS, — car son histoire se rattache à cette partie de notre récit qui se termine avec le quatorzième chapitre, — attendait avec terreur et scrupule les trois ou quatre hommes qui s'avançaient rapidement vers elle; mais elle fut encore plus étonnée de les voir tout-à-coup se séparer et poursuivre dans différentes directions celui qui tout à l'heure causait seul sa peur, et qui, en ce moment, sans qu'elle pût bien expliquer pourquoi, était devenu plutôt l'objet de son intérêt. Un de ces hommes (c'était Sharpitlaw) vint droit à elle, et lui dit : — Vous vous nommez Jeanie Deans, vous êtes ma prisonnière, mais si vous me

---

(1) Partie du parc ainsi nommée parce que le duc d'York (Jacques II) s'y promenait souvent pendant son séjour à Édimbourg. — ÉD.

dites de quel côté il s'est enfui, je vous remettrai en liberté.

— Je n'en sais rien, monsieur, — fut tout ce que put répondre la pauvre fille : telle est en effet la réponse qui se présente naturellement à ceux qui veulent éviter de répondre à une question qui les embarrasse ; aussi le procureur fiscal crut-il qu'elle voulait le tromper.

— Mais vous savez du moins à qui vous parliez il n'y a qu'un moment, lui dit-il, près de cette butte, et au clair de la lune ; vous savez au moins cela, ma jolie fille.

— Je n'en sais rien, répéta Jeanie, qui réellement, dans sa terreur, ne comprenait pas les questions qu'on lui faisait l'une sur l'autre en ce moment de surprise.

— Nous tâcherons de vous rendre la mémoire, ma poulette, dit Sharpitlaw. Et il cria, comme nous l'avons dit, à Ratcliffe de venir garder la prisonnière, pendant que lui-même se mit à la tête de ses gens pour diriger leurs recherches, se flattant encore qu'elles ne seraient pas infructueuses. Ils se séparèrent, marchant deux à deux de différens côtés, et en peu d'instans on les perdit de vue. Jeanie tremblait en se trouvant seule sous la garde d'un homme qu'elle ne connaissait pas, mais elle aurait tremblé bien davantage encore si elle l'avait connu.

Après quelques minutes de silence, Ratcliffe s'approcha d'elle, et voulant lui passer le bras sur l'épaule : — Eh bien, jeune fille, lui dit-il, voilà une bien belle nuit pour être sur la verte colline avec votre amoureux.

Jeanie recula sans lui répondre.

— Allons, allons, lui dit-il avec ce ton de froid sarcasme familier à l'homme dépravé, croyez-vous que je m'imagine que les jeunes filles viennent trouver les jeunes garçons à minuit sur la butte de Muschat pour casser des noisettes ; et il voulut encore la saisir.

— Si vous êtes un officier de police, monsieur, dit Jeanie en le repoussant encore, vous méritez d'être dépouillé de votre habit.

— Très vrai, poulette ! dit Ratcliffe, qui réussit enfin à la saisir ; supposez que je commence par vous dépouiller d'abord de votre mante...

— Vous êtes trop honnête homme, j'en suis sûre, pour me faire mal, monsieur, dit Jeanie; pour l'amour de Dieu, ayez pitié d'une malheureuse créature qui a presque perdu la raison.

— Allons, allons, dit Ratcliffe, vous êtes une jolie fille, et vous ne voulez pas être prise de force : j'allais devenir honnête homme, mais il faut que le diable mette aujourd'hui sur mon chemin, d'abord un procureur, ensuite une femme. Écoutez-moi, Jeanie, je connais un recoin où tous les procureurs de l'Ecosse ne seraient pas en état de nous déterrer. Je vais vous y conduire. J'avertirai Robertson de venir nous y joindre; nous passerons tous ensemble dans le Yorkshire, où je connais une troupe de bons vivans avec lesquels j'ai travaillé plus d'une fois; et nous laisserons Sharpitlaw souffler sur son pouce.

Il fut heureux pour Jeanie de reprendre sa présence d'esprit et de retrouver son courage dans un moment si critique. Aussitôt qu'elle fut revenue de sa première surprise, elle vit tout ce qu'elle avait à redouter d'un bandit qui non seulement était sans scrupule par profession, mais qui encore avait, ce soir-là, cherché à s'étourdir par la boisson sur la répugnance que lui causait la commission dont Sharpitlaw avait résolu de le charger.

— Ne parlez pas si haut, dit-elle à Ratcliffe; il y a quelqu'un là-bas.

— Qui? Robertson? dit Ratcliffe.

— Oui, là-bas. — Elle lui montrait du doigt les ruines de la chapelle et de l'ermitage.

— Par Dieu! il faut que je m'en assure. Attendez-moi!

Jeanie ne le vit pas plus tôt s'éloigner, qu'elle reprit le chemin de Saint-Léonard, et elle le parcourut avec une telle rapidité, qu'aucun des limiers de justice qui étaient aux champs n'aurait été capable de la joindre. Dès qu'elle arriva à la ferme, ouvrir le loquet, entrer, fermer la porte, pousser les verrous, baisser une grosse barre de fer, tout cela fut l'ouvrage d'un instant, et cependant exécuté sans bruit. Elle s'approcha doucement de la porte de la chambre de son père, afin de s'assurer qu'il ne s'était aperçu ni de son départ, ni de son retour. Il n'était pas endormi, et elle l'entendit qui faisait cette prière :

— « Quant à l'autre fille que tu m'as donnée, ô mon Dieu ! disait-il, pour être le soutien et la consolation de ma vieillesse, accorde-lui de longs jours sur la terre, comme tu l'as promis aux enfans qui honoreraient leurs père et mère; veille sur elle dans l'ombre de la nuit, comme dans la clarté du jour, et fais voir que tu n'as pas tout-à-fait appesanti ton bras sur ceux qui te cherchent dans la droiture et dans la vérité. »

Il se tut à ces mots, mais probablement il continua sa prière en esprit et avec ferveur.

Jeanie se retira dans sa chambre, consolée par l'idée que, pendant qu'elle s'était exposée au danger, sa tête avait été protégée par les prières du juste comme par un bouclier. Sa confiance lui persuada que tant qu'elle serait digne de la bienveillance du ciel, elle s'apercevrait de cette protection; une voix intérieure sembla lui dire en ce moment qu'elle était destinée à sauver la vie de sa sœur, maintenant qu'elle était sûre qu'elle était innocente du meurtre dont on l'accusait, et elle éprouva un calme auquel son cœur avait été étranger depuis l'arrestation d'Effie. Elle se mit donc au lit, sans oublier ses prières de chaque soir, qu'elle prononça avec une double ferveur à cause de sa récente délivrance, et elle dormit profondément malgré l'agitation de son cœur.

Mais retournons à Ratcliffe, qui était parti comme un lévrier excité par le cri du chasseur, aussitôt que Jeanie lui avait montré les ruines. Le motif de sa course était-il d'aider ceux qui cherchaient Robertson à l'arrêter, ou de faciliter son évasion, c'est ce que nous ignorons; peut-être ne le savait-il pas trop lui-même, et se réservait-il d'agir suivant les circonstances. Au surplus, il n'eut l'occasion d'exécuter ni l'un ni l'autre projet, car il ne fut pas plus tôt à la chapelle, qu'au détour d'un mur, il se vit appuyer un pistolet sur la poitrine, tandis qu'une voix aigre lui ordonnait, au nom du roi, de se rendre prisonnier.

— Eh quoi ! c'est Votre Honneur, M. Sharpitlaw, dit Ratcliffe étonné.

— N'est-ce que vous ? Dieu vous damne ! dit le procureur

fiscal encore plus mécontent ; et qu'avez-vous fait de la prisonnière ?

— Elle m'a dit qu'elle avait vu Robertson près de la chapelle, et j'étais accouru à toutes jambes pour l'arrêter.

— Oh ! la chasse est finie ! nous ne le verrons plus cette nuit. Mais, s'il reste en Écosse, il faudra qu'il soit caché dans le terrier d'un lapin, si je ne le trouve pas... Rappelez nos gens, Ratcliffe.

Ratcliffe les appela à grands cris, et tous s'empressèrent d'obéir à ce signal, car aucun d'eux ne souhaitait de rencontrer celui qu'ils cherchaient, et d'être obligé de se mesurer corps à corps avec un gaillard vigoureux et déterminé comme Robertson.

— Et que sont devenues les deux femmes ? demanda Sharpitlaw.

— Elles ont pris leurs jambes à leur cou, je soupçonne, répondit Ratcliffe ; et il fredonna cette fin de la vieille chanson :

— « Ah ! jouez-lui : Décampez, ma fillette :
» La voilà de mauvaise humeur. »

— C'est assez d'une femme, dit Sharpitlaw, car, comme tous les coquins, c'était un grand calomniateur du beau sexe, — c'est assez d'une femme pour faire avorter le plus sage de tous les projets : comment pouvais-je être assez fou pour espérer que je réussirais dans le mien, en ayant deux femelles sur mes talons ?... Heureusement je sais où les retrouver si j'en ai besoin, c'est toujours cela !

Comme un général battu, ayant rallié ses troupes défaites, il les reconduisit à la capitale, et les congédia pour la nuit.

Le lendemain matin, il fut obligé de faire le rapport de son expédition malencontreuse. Or, celui qui occupait le fauteuil d'office, car les baillis en Écosse (comme les aldermen en Angleterre, exercent à tour de rôle) était le même qui avait interrogé Butler. C'était un homme respectable et respecté. Il avait une tournure d'esprit singulière, n'avait pas reçu une éducation très soignée, était zélé pour la justice, aimait à découvrir un coupable, mais encore plus à découvrir un innocent. Il avait acquis par une industrie honnête une fortune qui le rendait indépendant, et il tenait dans l'opinion publique la première place parmi ses confrères.

M. Middleburgh, après avoir entendu le rapport du procureur fiscal, et s'être occupé de quelques affaires peu importantes, était sur le point de lever la séance, quand on lui apporta une lettre avec cette adresse : Au bailli Middleburgh, pour lui être remise à l'instant. Elle contenait ce qui suit :

« Monsieur,

» Je sais que vous êtes un magistrat sensé et prudent, un homme qui, comme tel, consentiriez à adorer encore Dieu, quand ce serait le diable qui vous dirait de le faire. J'espère donc que, malgré la signature de cette lettre, qui constate la part que j'ai prise à une action qu'en temps et lieu convenables je n'hésiterais pas à avouer, et que je pourrais justifier, vous ne rejetterez pas le témoignage que je vous offre en ce moment. L'ecclésiastique Butler est innocent de ce dont on l'accuse. Il a été forcé d'être présent à un acte de justice qu'il n'avait pas assez d'énergie pour approuver, et dont il a tâché de nous détourner par de belles phrases. Mais ce n'est pas de lui que j'ai principalement à vous parler. Il existe dans votre prison une femme sous le coup d'une loi si cruelle, qu'elle est restée sans effet pendant vingt ans, comme une vieille armure rongée par la rouille, suspendue à une muraille ; et maintenant on aiguise le tranchant de cette arme pour répandre le sang de la plus belle, de la plus innocente créature que les murs d'une prison aient jamais renfermée. Sa sœur connaît son innocence, puisque Effie lui avait confié qu'elle était la victime d'un traître : ô que le ciel ne peut-il

> *Would put in every honest hand a whip*
> *To scourge me such a villain through the World*[1] !
> D'un fouet vengeur armer tout homme honnête,
> Pour châtier un lâche tel que moi !

(1) Shakspeare. — Éd.

» J'écris en insensé, — mais cette fille, — cette Jeanie Deans est une puritaine entêtée, superstitieuse et scrupuleuse comme on l'est dans sa secte. Je prie donc Votre Honneur (puisqu'il faut que je le dise) de lui faire bien comprendre que la vie de sa sœur dépend de son témoignage. Mais quand elle garderait le silence, n'allez pas croire qu'Effie soit coupable, ne permettez pas qu'elle soit punie de mort. Songez que celle de Wilson a été vengée, que je suis au désespoir; qu'il existe encore des gens qui vous feraient boire la lie de votre coupe empoisonnée. — Je ne vous dis plus qu'un mot, souvenez-vous de Porteous, et dites que vous avez reçu un bon avis de

» L'UN DE SES MEURTRIERS. »

Le magistrat lut deux ou trois fois cette lettre extraordinaire. D'abord il fut tenté de la regarder comme l'œuvre d'un insensé; mais à la seconde lecture, il crut y démêler un air de vérité à travers l'incohérence et les menaces auxquelles la passion avait entraîné celui qui l'avait écrite, surtout à cause des deux vers cités, qu'il appela des lambeaux d'un recueil de comédies.

— C'est une loi véritablement cruelle, dit-il à son clerc, et je voudrais bien qu'on pût mettre en jugement cette pauvre fille sous un autre chef d'accusation. Son enfant peut lui avoir été enlevé pendant ses souffrances, pendant qu'elle était privée de ses sens; il peut être mort en naissant; elle peut ignorer qui le lui a ravi, ce qu'il est devenu; — en un mot, son crime n'est pas prouvé; et cependant, si elle n'a confié à personne sa situation, il faut qu'elle périsse! le crime a été trop fréquent; il faut un exemple.

— Mais si elle en a parlé à sa sœur, dit le clerc de la ville, elle ne doit plus être jugée d'après ce statut.

— Cela est vrai. J'irai moi-même un de ces jours à Saint-Léonard, et j'interrogerai cette Jeanie. Je connais un peu le vieux Deans. C'est un vrai bleu cameronien [1]. Il verrait mourir toute sa famille plutôt que de renoncer à un de ses

---

(1) Vrai bleu cameronien, un cameronien renforcé. Les Têtes-Rondes étaient aussi appelés les *bleus* tout court.

principes, et il défendra peut-être à sa fille de prêter serment devant un magistrat civil. Si ces sectaires continuent à montrer tant d'obstination, il faudra qu'on se contente de leur affirmation, comme de celle des quakers. Cependant un père, une sœur, dans un cas semblable, ne doivent pas être arrêtés par de tels scrupules. Au surplus, comme je le disais, j'irai chez eux, quand cette affaire de Porteous sera un peu éclaircie; cela vaudra mieux que de les faire comparaître tout d'un coup devant une cour de justice.

— Et je suppose que Butler restera en prison? dit le clerc de la ville.

— Certainement, quant à présent; mais j'espère pouvoir lui rendre bientôt la liberté sous caution.

— Croyez-vous au témoignage que rend en sa faveur la lettre que vous venez de recevoir?

— Pas tout-à-fait. Et cependant j'y trouve quelque chose de frappant. Elle semble écrite par un homme hors de lui par l'effet d'une grande passion ou d'un remords cuisant. Mais, pour en revenir à Butler, il jouit d'une excellente réputation. J'ai pris ce matin des renseignemens sur lui, et j'ai su qu'il n'était arrivé à Édimbourg que la veille de l'insurrection : il n'a donc pu tremper dans les complots des séditieux, et il n'est pas vraisemblable qu'il se soit joint à eux spontanément.

— Il ne faut pas dire cela... Le zèle prend feu à la moindre étincelle comme une mèche de soufre, observa le secrétaire; j'ai vu un ministre rester maint jour et mainte nuit dans sa paroisse, aussi tranquille qu'une fusée au bout d'un bâton, jusqu'à ce que vous mentionniez les mots serment, — abjuration, — patronage ou autres : alors crac! le voilà parti, et volant dans les airs à cent milles du sens commun et de la décence.

— Je ne crois pas que le zèle du jeune Butler soit d'une nature si inflammable, dit le bourgmestre. Mais je prendrai de nouvelles informations. Avons-nous d'autres affaires? Ils procédèrent alors à une information minutieuse sur la mort de Porteous, et autres affaires qui sont étrangères au sujet de cette histoire.

Au bout de quelque temps ils furent interrompus par une vieille femme de la dernière classe du peuple, qui entra précipitamment dans la salle du conseil.

— Qui êtes-vous, bonne femme? lui dit M. Middleburgh. Que voulez-vous?

— Ce que je veux! dit-elle avec humeur : je veux ma fille, je ne veux rien de plus de vous autres, tout grands que vous êtes; — et marmottant entre ses dents, avec l'air chagrin de la vieillesse, elle ajouta : — Il faut sans doute leur donner du *milord* et du *Votre Honneur*, — les exalter, ces gens de rien! du diable s'il y a un gentilhomme parmi eux! — Puis, s'adressant au magistrat : — Eh bien! *Votre Honneur* me rendra-t-il mon cerveau fêlé de fille? *Son* Honneur! ajouta-t-elle en grommelant; j'ai vu un temps où il se serait contenté d'un moindre titre, — le petit-fils d'un patron de paquebot!

— Bonne femme, dit le magistrat, expliquez-vous clairement, et ne nous interrompez pas plus long-temps.

— Autant vaut dire, Aboie, Bawtie[1], et va-t'en. Ne vous ai-je pas dit que je veux ma fille? n'est-ce pas du bon écossais?

— Qui êtes-vous? qui est votre fille?

— Et qui serais-je, sinon Meg Murdockson? Qui serait ma fille, sinon Madge Murdockson? Vos constables, vos gardes, vos officiers de police nous connaissent bien quand ils viennent nous arracher les habits du corps pour les impositions, et quand ils nous conduisent à la maison de correction de Leith-Wynd, pour nous y mettre au pain et à l'eau et autre pitance de même sorte.

— Qui est-elle donc? demanda M. Middleburgh à un des officiers de police qui était derrière lui.

— Rien de bon, monsieur, répondit celui-ci en haussant les épaules et en souriant.

— Qu'osez-vous dire? s'écria la furie, l'œil étincelant d'une rage impuissante. Si je vous tenais à dix pas d'ici, je vous imprimerais mes dix ongles sur votre figure d'épouvantail. Et en parlant ainsi elle étendait ses deux mains qui

---

(1) Nom de chienne : Aboie, chienne. — Éd.

ressemblaient aux griffes du dragon de saint Georges sur une enseigne de cabaret de village.

— Mais que veut-elle enfin? dit le magistrat impatienté. Qu'elle s'explique, ou qu'on la fasse retirer.

— Je veux ma fille, Madge Murdockson, s'écria la commère en mettant son aigre voix à son plus haut diapason; n'y a-t-il pas une demi-heure que je vous le dis? — Si vous êtes sourd, qu'est-ce que vous faites ici? Est-on obligé de s'égosiller pour se faire entendre?

— Monsieur, dit l'officier qui s'était déjà attiré son animadversion, elle demande sa fille qui avait été arrêtée comme suspecte d'avoir pris une part active dans l'affaire de Porteous. On l'a retrouvée la nuit dernière dans les rues d'Edimbourg, chantant des ballades à une heure induc et troublant le repos public; et comme on ignorait si sa mise en liberté avait été ordonnée, et qu'il était trop tard pour déranger M. le procureur fiscal, on l'a reconduite en prison. C'est cette fille qu'on nomme Madge Wildfire.

— Madge Hell-Fire! s'écria la mère : et qui êtes-vous donc pour donner des sobriquets à la fille d'une honnête femme?

— La fille d'une *honnête* femme, Madge! répéta l'officier de paix en appuyant sur l'épithète avec un accent ironique et un sang-froid propre à exciter au plus haut degré la fureur de la vieille mégère.

— Si je ne le suis plus, je l'ai été, répliqua-t-elle, et c'est plus que vous n'en pourriez dire, vous qui, né voleur, n'avez jamais su distinguer le bien d'autrui du vôtre, depuis le jour que vous êtes sorti de votre œuf. — *Honnête!* vous n'aviez que cinq ans quand vous avez volé douze sous d'Ecosse dans la poche de votre mère, disant adieu à votre père, au pied de la potence.

— Attrape, Georges! s'écrièrent ses camarades, et le rire fut général, car le sarcasme était approprié au lieu où il était prononcé. Cet applaudissement général satisfit un moment la vieille sorcière : ses traits renfrognés se déridèrent; elle sourit même, mais ce fut le sourire d'un amer dédain; apaisée cependant par le succès de sa saillie, elle condescendit à expliquer son affaire un peu plus clairement, quand le magistrat, commandant le silence, daigna encore une fois l'inviter à parler de manière à être entendue, ou à se retirer.

— Ma fille est ma fille, dit-elle, et si elle n'a pas autant d'esprit que les autres, c'est que les autres n'ont pas souffert ce qu'elle a souffert. Mais ce n'est pas une raison pour qu'on la retienne entre les quatre murs d'une prison. Je puis prouver par cinquante témoins, et cinquante autres s'il le faut, qu'elle n'a jamais vu Jean Porteous mort ou vif, depuis qu'il lui a donné un coup de canne pour avoir jeté un chat mort sur la perruque du lord-prevôt, le jour de la naissance de l'électeur de Hanovre.

Malgré l'air misérable et le ton grossier de cette femme, le magistrat sentit que sa demande était juste et qu'elle pouvait aimer sa fille autant qu'une mère riche et mieux élevée aimerait la sienne. Il se fit donc représenter toutes les pièces relatives à l'affaire de Porteous, et voyant qu'il était constant que Madge Murdockson, ou Wildfire, n'avait pris aucune part à l'insurrection, et que c'était un autre qui avait paru sous son nom et ses habits, il ordonna qu'on la rendît à sa mère, et il se contenta de recommander aux officiers de police d'avoir les yeux ouverts sur leur conduite.

Pendant qu'on était allé chercher Madge dans la prison, M. Middleburgh tâcha de découvrir si la mère était pour quelque chose dans le prêt que la fille avait fait de ses habits à Robertson. Mais il ne put en obtenir aucun éclaircissement. Elle persista à déclarer qu'elle n'avait pas vu Robertson depuis le jour où il s'était échappé, grâce à Wilson, à la fin du service divin, et que si sa fille lui avait donné ses habits, ce ne pouvait être que pendant qu'elle était au hameau de Duddingstone, où elle prouverait qu'elle avait passé toute la nuit de l'insurrection.

Un officier de police attesta la vérité de cette déclaration. Ayant fait, cette nuit, des visites domiciliaires à Duddingstone, pour y retrouver du linge volé, il avait rencontré Meg Murdockson chez une blanchisseuse, et sa présence lui avait rendu la maison d'autant plus suspecte, que Madge ne jouissait pas d'une bonne réputation.

—La! dit la sorcière, vous voyez que c'est quelque chose que d'avoir une réputation, bonne ou mauvaise! Eh bien, si vous le voulez, je vous dirai, à propos de Porteous, quelque chose qu'à vous tous vous ne trouveriez jamais, vous autres corps du conseil municipal, malgré tout le mouvement que vous vous donnez.

Tous les yeux se tournèrent vers elle, toutes les oreilles furent attentives : —Allons, parlez! lui dit le magistrat.

—Vous vous en trouverez bien, ajouta le clerc d'un ton insinuant.

—Ne faites pas attendre le bailli! s'écria un des officiers de police.

Elle garda le silence deux ou trois minutes, jetant sur les spectateurs des regards qui peignaient le malin plaisir dont elle jouissait en les tenant dans l'incertitude de ce qu'elle avait à leur dire.

—Eh bien, reprit-elle enfin, ce que j'ai à vous apprendre, c'est que c'était un fripon et un vaurien comme la plupart de vous. Il aurait servi long-temps cette bonne ville, avant que le prevôt ou le bailli eussent trouvé cela, mon brave! Qu'est-ce que vous me donnerez pour cette nouvelle?

Pendant cette discussion, Madge Wildfire survint, et sa première exclamation fut : —Eh! ne voilà-t-il pas ma vieille diablesse de mère! Eh, messieurs! vous en prenez deux d'un coup de filet! Nous sommes une belle famille, j'espère! Mais nous avons vu des temps plus heureux, n'est-ce pas, ma mère?

Les yeux de la vieille Meg avaient brillé d'une sorte de plaisir en voyant sa fille en liberté, mais soit que son affection naturelle, comme celle de la tigresse, ne pût se montrer sans quelque mélange de férocité, soit que les paroles de Madge eussent éveillé en elle des idées qui avaient irrité de nouveau son caractère farouche, elle la poussa rudement en la regardant de travers. —Qu'importe ce que nous étions, coureuse? s'écria-t-elle; je vous dirai ce que vous êtes, une enragée vagabonde, une échappée de Bedlam que je mettrai pour quinze jours au pain et à l'eau pour récompense de tout l'embarras que vous me donnez, coureuse!

Madge échappa pourtant à sa mère, et accourant vers le juge, elle lui fit une révérence tronquée, et lui dit avec un grand éclat de rire : — Notre mère a de l'humeur suivant son usage, monsieur ; elle a sans doute eu querelle avec son bon ami... avec Satan... vous savez? — Elle prononça ces mots à voix basse, et d'un ton confidentiel qui fit frémir les auditeurs de cette génération crédule et superstitieuse. — Le bon ami et elle, ajouta-t-elle, ne dansent pas toujours d'accord, et alors c'est moi qui paie les violons ; mais j'ai bon dos après tout... Ici elle répéta sa révérence.

— Magde! cria la mère d'une voix aigre, s'il faut que j'aille vous chercher!

— Vous l'entendez! Mais cela ne m'empêchera pas de m'enfuir cette nuit pour aller danser au clair de la lune sur les montagnes, quand elle sera partie par la fenêtre sur un manche à balai pour aller voir Jeanne Jap qu'on a enfermée dans la prison de Kirkaldy. Oh! il y aura un joli vaisseau par-dessus Inch-Keith [1], et par-dessus les vagues qui se brisent contre les rochers, où la lune laisse tomber ses rayons d'argent. — Je viens, ma mère, je viens. — Et voyant sa mère se disputer avec les officiers de police qui l'empêchaient de s'avancer, Magde leva la main vers le plafond, et se mit à chanter aussi haut qu'elle put :

Là-haut dans les airs,
Sur ma bonne jument grise
Je la vois, je la vois, je la vois dans les airs.

Puis, avec trois sauts, elle s'échappa de la salle, comme les sorcières de Macbeth, dans des temps moins avancés pour les représentations dramatiques, faisaient semblant de s'envoler du théâtre.

Quelques semaines se passèrent avant que M. Middleburgh pût exécuter son projet inspiré par la bienveillance d'aller à Saint-Léonard pour voir s'il pourrait obtenir le témoignage indiqué dans la lettre anonyme au sujet d'Effie Deans.

(1) Ile du golfe d'Édimbourg. — Éd.

Les recherches dont on s'occupait toujours pour découvrir les meurtriers de Porteous absorbaient tout le temps et toute l'attention de ceux que concernait l'administration de la justice.

Il arriva pendant ce temps deux évènemens qui sont essentiels pour notre histoire. Butler, après un nouvel examen de sa conduite, fut déclaré innocent et mis en liberté ; mais comme il avait été présent à tout ce qui s'était passé la nuit de la mort de Porteous, on exigea de lui sous cautionnement qu'il ne s'absenterait pas de Libberton, sa résidence ordinaire, afin qu'il pût paraître comme témoin toutes les fois qu'on croirait sa présence nécessaire. Le second incident fut la disparition de Meg et de Madge Murdockson ; elles trouvèrent le moyen de se soustraire à la vigilance de la police ; et M. Sharpitlaw ayant voulu leur faire subir un nouvel interrogatoire, il fut impossible de découvrir leur retraite.

Cependant le désir d'assurer la punition de ceux qui s'étaient rendus coupables de la mort de Porteous dicta au conseil de régence des mesures dans lesquelles on consulta le désir de la vengeance plus que le caractère du peuple et surtout celui des ministres de la religion. Un acte du parlement promit une récompense de deux cents livres sterling à quiconque découvrirait un des auteurs ou complices du meurtre de Porteous ; et, par une disposition sévère et inusitée, la peine de mort fut prononcée contre quiconque cacherait les coupables. Mais ce qui souleva tous les esprits, ce fut une clause qui ordonnait que cet acte serait lu par le ministre dans chaque église le premier dimanche de chaque mois, avant le sermon. Les ministres qui refuseraient d'obéir à cet ordre seraient déclarés pour une première fois inhabiles à occuper en Écosse aucune fonction ou à donner aucun vote dans les tribunaux ecclésiastiques, et, pour la seconde, incapables d'obtenir aucun grade ecclésiastique en Écosse.

Ce dernier ordre réunissait dans une même cause ceux qui pouvaient se réjouir seulement de la mort de Porteous sans oser en approuver la forme illégale, et ces presbytériens plus scrupuleux qui estimaient que prononcer même le nom de lords spirituels dans une chaire écossaise, c'était en quelque sorte reconnaître l'épiscopat, et que l'injonction de la législature était un empiètement du gouvernement civil sur le *droit divin* du Presbytère, puisqu'à l'assemblée générale seule, représentant le chef invisible de l'Eglise, appartenait le droit unique et exclusif de régler tout ce qui concernait le culte public. Plusieurs personnes, encore de différentes opinions politiques ou religieuses, peu touchées, par conséquent, de ces considérations, croyaient voir dans un acte si violent du parlement un esprit de vengeance indigne de la législature d'un grand État, et comme un dessein prémédité de fouler aux pieds les droits et les priviléges de l'Écosse. Les diverses mesures adoptées contre les chartes et les libertés d'Edimbourg pour punir cette ville du tumulte d'une populace violente et désordonnée furent regardées par bien des gens comme un prétexte qu'on avait saisi pour humilier l'antique métropole de l'Ecosse. En un mot, on avait excité généralement le mécontentement et la désaffection par ces mesures inconsidérées.

Ce fut dans ces entrefaites qu'on fixa le jour où devait avoir lieu le jugement d'Effie Deans, qui était en prison depuis plusieurs semaines. Peu de jours auparavant, M. Middleburgh se rendit chez le père de la pauvre fille. Il choisit un beau jour pour cette promenade.

L'excursion paraissait assez longue dans ce temps-là pour un digne bourgeois de cette ville, quoique aujourd'hui la plupart d'entre eux aient des maisons de campagne à une distance plus considérable. Une promenade de trois quarts d'heure, faite du pas convenable à la gravité d'un magistrat, suffit pourtant pour conduire le bienveillant bailli aux rochers de Saint-Léonard et à l'humble demeure de David Deans.

Le vieillard était assis à sa porte sur un banc de gazon et s'occupait à raccommoder un harnais de ses propres mains; car à cette époque tous les ouvrages qui demandaient un degré de soin et d'adresse un peu plus qu'ordinaire étaient le partage du chef de famille, même quand il jouissait d'une certaine aisance. Il leva la tête en voyant un étranger s'approcher, et n'interrompit pas son travail. Il était impossible de découvrir sur son visage ou dans son maintien aucun signe des angoisses intérieures qui l'agitaient ; M. Middleburgh espéra un instant que Deans lui prouverait de quelque manière qu'il s'était aperçu de sa présence et qu'il ouvrirait la conversation ; mais, comme il semblait déterminé à garder le silence, il fut obligé de parler le premier.

—Mon nom est Middleburgh, James Middleburgh, l'un des magistrats actuels de la ville d'Edimbourg.

— Cela peut être, répondit Deans laconiquement en continuant son ouvrage.

— Vous devez savoir que les devoirs d'un magistrat ne sont pas toujours très agréables à remplir.

— Cela est possible, répliqua David sans lever les yeux de son harnais ; je n'ai rien à dire à cela ; et il garda de nouveau un silence bourru.

— Vous savez aussi que nos fonctions nous obligent souvent à faire des questions aussi pénibles pour ceux qui les font que pour ceux qui ont à y répondre.

— Cela peut être, reprit encore Deans ; je n'ai rien à dire là-dessus, ni d'une manière ni d'une autre ; mais je sais qu'il fut un temps où il y avait dans votre ville d'Edimbourg une magistrature juste et craignant Dieu, qui ne portait pas le glaive en vain, mais qui était la terreur des malfaisans et l'orgueil de ceux qui suivaient le droit sentier. On a vu, au temps glorieux du fidèle prevôt Dick, une véritable assemblée générale marcher d'accord avec des barons, vrais Écossais et vraiment nobles, et avec les magistrats des diverses villes ; gentilshommes, bourgeois et peuple, ne voyaient que du même œil, n'entendaient que d'une même oreille, et soutenaient l'arche en réunissant leurs forces ;— alors on voyait les hommes livrer leurs pièces d'argent pour les besoins de l'État, comme si c'étaient de viles ardoises. Mon père vit descendre des sacs de dollars de la fenêtre du prevôt Dick, pour être déposés dans les voitures qui devaient les porter à l'armée campée à Dunselaw ; et, si vous ne croyez pas le témoignage de mon père, il y a la fenêtre elle-même qui existe encore dans le quartier de Luckenbooth; — je crois que c'est aujourd'hui celle d'un marchand de draps, — là où il y a des barreaux de fer, cinq portes au-dessus de la cour de Gossfort. — Mais maintenant il n'y a plus un semblable esprit parmi nous; nous nous occupons plus du dernier veau de notre étable que de la bénédiction donnée par l'ange du Covenant à Pemel et à Manahaïna, ou de l'obligation de nos vœux nationaux; et nous achèterions plus volontiers, au prix d'une livre d'Écosse, l'onguent pour délivrer nos vieilles poutres et nos lits des punaises anglaises, comme on les appelle, que nous ne donnerions un plack pour délivrer le pays de l'essaim des chenilles Arminiennes, des fourmis Sociniennes et des miss Katies déistes, qui sont sorties de l'abîme sans fond pour être le fléau de cette génération perverse, insidieuse et tiède.

Il arriva à David Deans, en cette occasion, comme il est arrivé à maint autre orateur. Quand une fois il s'était embarqué dans son sujet favori, le cours de son enthousiasme l'entraînait en dépit de ses peines morales, et sa mémoire lui fournissait amplement tous les tropes de rhétorique particuliers à sa secte et à sa cause.

M. Middleburgh se contenta de lui répondre :

— Tout cela peut être, comme vous le disiez tout à l'heure, M. Deans. Mais il faut que je vous informe du sujet de ma visite. Vous avez deux filles, je crois?

Le vieillard parut souffrir les tourmens d'un homme dont on sonde la blessure. Mais il recueillit bientôt toutes ses forces, et répondit d'un air calme, quoique sombre : — Je n'ai qu'une fille, monsieur, qu'une seule fille !

— Je vous comprends : vous n'avez qu'une fille avec vous; mais cette jeune infortunée qui est en prison... n'est-elle pas aussi votre fille?

— Ma fille! oui, selon la chair, selon le monde; mais, quand elle est devenue celle de Bélial, qu'elle s'est écartée des voies de la grâce pour entrer dans celles de la perdition, elle a cessé d'être ma fille.

— Hélas, M. Deans, dit Middleburgh en s'asseyant près de lui et en tâchant de prendre sa main que le vieillard retira avec fierté, — nous sommes tous pécheurs, et les fautes de nos enfans ne doivent pas être une cause pour les bannir de notre cœur, puisqu'elles sont une suite de la corruption de notre nature.

— Monsieur! s'écria Deans avec impatience, je sais aussi bien que... je veux dire, reprit-il en contraignant la colère qu'il éprouvait en se voyant donner une leçon que reçoivent toujours mal ceux qui sont les plus prêts à en donner aux autres, je veux dire que votre observation peut être juste et raisonnable, mais je ne suis pas libre de parler de mes affaires particulières avec des étrangers. Et d'ailleurs, dans le moment où nous nous trouvons, quand l'acte sur l'affaire de Porteous vient d'arriver de Londres, et inflige à ce pauvre royaume pécheur, et à l'Église souffrante, des plaies plus cruelles qu'aucune de celles dont on a entendu parler depuis l'acte funeste du Test; c'est dans un temps comme celui-là...

— Mais, mon brave homme, dit le magistrat en l'interrompant, il faut d'abord songer à vos propres enfans, ou vous êtes pire que les infidèles.

— Je *vous* dis, bailli Middleburgh, répondit Deans, je vous dis, si vous êtes bailli, ce qui n'est pas un grand honneur dans ce temps déplorable, je vous dis que j'ai entendu le gracieux Saunders Peden, — je ne dis pas à quelle époque, — mais c'était dans ce temps de mort où les laboureurs traçaient leurs sillons sur l'église d'Ecosse, — je l'entendis dire à ses auditeurs, et c'étaient de bons et pieux chrétiens, qu'il y en avait quelques uns d'entre eux qui verseraient plus de larmes sur la perte d'un veau ou d'un bœuf noyés, que sur les défections et les oppressions du jour, — et qu'il y en avait quelques uns qui pensaient à ceci ou à cela; et qu'il y avait lady Hundlestone qui pensait à pleurer Jean auprès du feu; et j'entendis cette dame avouer qu'en effet une larme d'inquiétude avait été répandue par elle sur son fils qu'elle avait laissé à la maison à peine relevé d'une maladie. — Et qu'aurait-il dit de moi si j'avais cessé de penser à la bonne cause pour une réprouvée?... Ah! cela me tue de songer à ce qu'elle est...

—Mais la vie de votre fille, brave homme, la vie de votre fille ! s'il était possible de lui sauver la vie? dit Middleburgh.

—Sa vie ! s'écria Deans,—je ne donnerais pas un de mes cheveux blancs pour la lui sauver, si sa bonne réputation est perdue... Mais je me trompe, je les donnerais tous, je donnerais ma vie pour qu'elle eût le temps de se repentir et de faire pénitence ; car, que reste-t-il aux méchans, si ce n'est le souffle de leurs narines ?... Mais je ne la verrai plus, j'y suis déterminé, je ne la verrai plus ! — Ses lèvres continuèrent à remuer encore quelques instans quoiqu'il ne parlât plus, comme s'il eût répété intérieurement le même vœu.

— Bien, M. Deans, dit M. Middleburgh, je vous parle comme un homme de sens, et je vous dis que si vous voulez sauver la vie de votre fille, il faut avoir recours aux moyens humains.

—J'entends ce que vous voulez dire. — M. Novit, qui est avocat d'un digne seigneur, le laird de Dumbiedikes, fera ce que la prudence humaine peut faire en pareil cas. Quant à moi, je ne puis m'en mêler. Je n'ai rien de commun avec vos juges et vos cours de justice, constituées comme elles le sont aujourd'hui. J'ai une délicatesse et un scrupule dans mon âme à leur sujet.

— C'est-à-dire que vous êtes un Cameronien, et que vous ne reconnaissez pas l'autorité de nos cours de justice, ni celle du gouvernement actuel?

— Monsieur, avec votre permission, reprit David, qui était trop fier de sa propre science polémique pour se dire le sectateur de personne ; monsieur, vous me relevez avant que je sois tombé. Je ne sais trop pourquoi on m'appellerait cameronien, surtout maintenant que vous avez donné le nom de ce fameux et précieux martyr à un corps régulier de soldats, dont on dit que plusieurs blasphèment, jurent, et emploient un langage profane avec autant d'assurance que Richard Cameron en avait pour prêcher ou prier. Bien plus encore, n'avez-vous pas, autant que vous avez pu, rendu le nom de ce martyr vain et méprisable, en jouant, avec les cornemuses, les tambours et les fifres, l'air charnel appelé le *rigodon cameronien*, que dansent trop de fidèles.

Pratique bien indigne d'un fidèle, que de danser n'importe sur quel air, surtout pêle-mêle, c'est-à-dire avec le sexe. C'est là une mode brutale, qui est le commencement de la défection pour plusieurs, comme j'ai autant de motifs que personne pour l'attester.

— Fort bien. Mais, M. Deans, répondit M. Middleburgh, je voulais dire seulement que vous étiez un Cameronien, un Mac Millanite, un membre de cette secte enfin qui croit contraire à ses principes de prononcer aucun serment sous un gouvernement par lequel le Covenant n'a pas été ratifié.

— Monsieur, reprit le controversiste, qui oubliait même sa douleur récente dans une semblable discussion, vous ne pouvez me faire prendre le change aussi aisément que vous vous l'imaginez. Je ne suis ni un Mac Millanite, ni un Russelite, ni un Hamiltonien, ni un Harleyite, ni un Howdenite. — Je ne veux que personne me mène par le bout du nez. — Je n'emprunte mon nom à aucun vase d'argile. J'ai mes principes et ma pratique dont je dois répondre, et je suis un humble plaideur pour la vieille bonne cause, dans les formes légales.

— C'est-à-dire, M. Deans, que vous êtes un *Deanite*, et avez une opinion particulière à vous.

— Il peut vous être agréable de le dire, continua David Deans; mais j'ai soutenu mon témoignage devant de grands noms et dans des temps bien amers. Je ne veux ni m'exalter ni abaisser personne; mais je désire que tout homme et toute femme de ce royaume d'Ecosse conserve le vrai témoignage, et suive le sentier droit sur le revers d'une montagne exposée au vent et à la pluie, évitant les piéges et les embûches de droite, et les détours de gauche, aussi fidèlement que Johnny Dodds, de Farthing's Acre, et un autre que je ne nommerai pas.

— Je suppose, reprit le magistrat, que c'est comme si vous disiez que Johnny Dodds, de Farthing's Acre, et David Deans, de Saint-Léonard, composent à eux deux les seuls membres de la véritable, réelle et pure église d'Ecosse?

— Dieu me préserve de tenir un propos si vain, quand il y a tant de fidèles chrétiens; mais je dois dire que tous les hommes agissant d'après les dons du ciel et la grâce, il n'est pas merveilleux que...

— Tout cela est fort beau, interrompit M. Middleburgh ; mais je n'ai pas de temps à perdre pour l'écouter. — Voici l'affaire en question : — J'ai fait remettre une citation entre les mains de votre fille ; si elle paraît le jour du jugement pour témoigner, il y a des motifs d'espérer qu'elle peut sauver la vie de sa sœur ; — si, d'après vos idées étroites sur la légalité de la conduite qu'elle doit tenir comme bonne sœur et fidèle sujette, vous l'empêchez de comparaître dans une cour ouverte sous les auspices de la loi et du gouvernement, je dois vous dire, quelque dure que soit la vérité pour votre oreille, que vous qui donnâtes la vie à cette infortunée, vous deviendrez la cause de sa mort violente et prématurée.

En parlant ainsi, M. Middleburgh se leva pour partir.

— Un moment, un moment, arrêtez ! s'écria Deans d'un air d'embarras et de perplexité. Mais le bailli, prévoyant qu'une discussion prolongée ne pourrait qu'affaiblir l'effet qu'il voyait que son argument avait produit, lui dit qu'il ne pouvait rester plus long-temps, et reprit le chemin d'Edimbourg.

Deans retomba sur son siége, comme étourdi du coup qu'il venait de recevoir. C'était une grande matière de controverse que de savoir jusqu'à quel point les vrais presbytériens pouvaient, sans péché, reconnaître le gouvernement qui avait succédé à la révolution ; Presbytériens, Anti-Papistes, Anti-Episcopaux, Anti-Erastiens et Anti-Sectaires, se divisaient entre eux en plusieurs petites sectes au sujet du degré de soumission qu'on pouvait accorder sans péché aux lois existantes et au gouvernement établi.

Dans une orageuse et tumultueuse assemblée tenue en 1682 pour discuter ces points importans et délicats, les témoignages du petit nombre de fidèles se trouvèrent complètement contradictoires les uns avec les autres. Le lieu où se fit cette conférence était singulièrement adapté à la convocation d'une telle assemblée. C'était un vallon séquestré du Tweeddale, entouré de montagnes, et loin de toute habitation humaine. Une petite rivière, ou plutôt un torrent appelé le Talla, se précipite dans le vallon avec furie, formant une suite de petites cascades qui ont retenu le nom de Talla-Linns. Ce fut là que se réunirent les chefs des partisans dispersés du Covenant, hommes que l'éloignement de toute société humaine et le souvenir des persécutions avaient rendus à la fois sombres par caractère et extravagans dans leurs opinions religieuses. Ils se réunirent, les armes à la main, et ils discutèrent auprès du torrent, avec un tumulte que le bruit de son onde ne put couvrir, des points de controverse aussi vides que son écume.

Ce fut le jugement arrêté de la plupart des membres de l'assemblée, que tout paiement d'impôt ou de tribut direct au gouvernement, était un acte illégitime et un sacrifice aux idoles. Quant aux autres taxes et aux autres degrés de soumission, les opinions furent divisées : et peut-être rien ne fait mieux connaître l'esprit de ces pères armés du presbytérianisme, que cette violente controverse sur la question de savoir si on pouvait légitimement payer aux barrières et aux ponts les droits destinés à l'entretien des routes et autres dépenses nécessaires ; tandis que tous déclaraient impie la taxe levée pour l'entretien de l'armée et de la milice. Il y en avait quelques uns qui, quoique répugnant à ces impôts de barrières et de routes, se croyaient encore exemptés en conscience de payer le passage ordinaire des bacs publics; ainsi un des plus scrupuleux de ces enthousiastes, James Russel, un des assassins de l'archevêque de Saint-André, avait donné son témoignage même contre cette dernière ombre de soumission à l'autorité constituée. Cet homme éclairé d'en-haut et ses adhérens avaient eu aussi de grands scrupules sur la coutume de donner les noms ordinaires aux jours de la semaine et aux mois de l'année, qui sentaient pour eux le paganisme à un tel point, qu'ils en vinrent enfin à cette conclusion, que ceux qui reconnaissaient les noms de lundi, mardi, janvier, février, etc., héritaient pour le moins des châtimens dénoncés contre les anciens idolâtres.

David Deans avait été présent à cette mémorable assemblée, quoique trop jeune encore pour porter la parole parmi les combattans de cette polémique. Toutefois sa tête avait été complètement échauffée par le bruit, les clameurs et la subtile métaphysique de la discussion. C'était une controverse à laquelle son esprit se reportait souvent. Quoiqu'il déguisât soigneusement en quoi il s'était écarté des opinions des autres, et peut-être des siennes, depuis ce temps, il n'avait jamais pu parvenir à rien décider sur ce sujet. Dans le fait, son bon sens naturel avait servi de contre-poids à son enthousiasme de controverse. Il n'était nullement satisfait de l'indifférence avec laquelle le gouvernement du roi Guillaume tolérait les erreurs du temps, lorsque loin de rendre à l'église presbytérienne son ancienne suprématie, on fit passer un acte d'oubli en faveur de ceux qui avaient été ses persécuteurs, et plusieurs d'entre eux obtinrent même des titres de grâce et des emplois. Lorsque dans la première assemblée générale qui fut tenue après la révolution de 1688, une proposition fut faite pour renouveler la Ligue et le Covenant, ce fut avec horreur que David Deans entendit des hommes dont l'esprit et la politique étaient selon la chair, disait-il, éluder cette proposition sous prétexte qu'elle était inapplicable au temps présent, et contraire au type moderne de l'Église. Le règne de la reine Anne l'avait convaincu de plus en plus que le gouvernement de la révolution n'était pas de la véritable trempe presbytérienne. Mais, plus sensé que les exaltés de sa secte, il ne confondit pas la modération et la tolérance de ces deux règnes avec la tyrannie et l'oppression active de Charles II et de Jacques II. Le culte presbytérien, quoique dépouillé de l'importance attachée naguère à ses sentences d'excommunication, et forcé de tolérer la co-existence de l'épiscopat et des autres sectes dissidentes, était encore le culte de l'Église nationale; et quoique la gloire du second temple fût bien inférieure à celle qui avait brillé depuis 1639 jusqu'à la bataille de Dunbar, c'était encore un édifice qui, avec sa force et ses terreurs de moins, conservait encore la forme et la symétrie du modèle primitif. Vint ensuite l'insurrection de 1715, et la peur qu'eut David du retour de la faction *papiste* et *prélatiste* le réconcilia beaucoup au gouvernement du roi Georges, quoiqu'il s'affligeât que ce monarque pût être soupçonné d'un penchant pour l'Érastianisme. En un mot, sous l'influence de tant de considérations, il avait modifié plusieurs fois le degré d'opposition qu'il pouvait se permettre contre le gouvernement établi, qui, quoique doux et paternel, n'était pas cependant selon le Covenant. Et maintenant il se sentait appelé par l'intérêt le plus puissant qu'on puisse supposer, à autoriser le témoignage de sa fille devant une cour de justice, démarche que les Cameroniens traitaient de défection directe et déplorable. La voix de la nature cependant s'élevait dans son cœur contre celle du fanatisme, et son imagination féconde dans la solution des difficultés de la polémique, cherchait un expédient pour se tirer de cet effrayant dilemne qui lui présentait d'un côté une déviation à ses principes, et de l'autre une scène de douleur à laquelle un père ne peut penser sans frémir.

— J'ai été ferme et constant dans mon témoignage, disait David Deans; mais qui a jamais dit de moi que j'ai jugé mon prochain trop rigoureusement, parce qu'il s'est donné plus de latitude dans sa voie que moi dans la mienne? Je ne fus jamais un *Séparatiste* ni un censeur sévère des âmes timides qui croyaient pouvoir se soumettre aux impôts et aux taxes de seconde classe. Ma fille Jeanie peut avoir sur ce sujet une lumière qui est inaperçue par mes yeux plus vieux: cela regarde sa conscience et non la mienne. Si elle se sent libre de paraître devant cette cour de justice et d'y lever la main, pourquoi lui dirais-je qu'elle dépasse les limites qui lui sont imposées? mais si sa conscience le lui défend!... Il s'arrêta un instant: une angoisse inexprimable resserra son cœur, et lui ôta même le pouvoir de la réflexion; mais sa force d'esprit l'emporta bientôt. — Si elle le lui défend! à Dieu ne plaise que je l'empêche d'écouter cette voix. Non; je ne chercherai pas à détruire les scrupules religieux d'une de mes filles, pas même pour sauver la vie de l'autre.

D'autres motifs et d'autres sentimens auraient déterminé un Romain à dévouer sa fille à la mort; mais il n'aurait pas mis plus d'héroïsme à exécuter ce qu'il aurait regardé comme un devoir.

CHAPITRE XIX.

« Dans les épreuves de la vie,
» Comme sur des flots orageux,
» L'homme du moins peut dans les cieux
» Jeter enfin une ancre amie. »

Les Hymnes de Wath.

Ce fut d'un pas ferme que Deans se rendit auprès de sa fille, résolu de la laisser à sa propre conscience pour se guider dans le doute critique où il la supposait placée.

La petite chambre de Jeanie avait été celle des deux filles de David, et il y restait un petit lit qui avait servi à **Effie**, lorsque, se plaignant d'être malade, elle avait refusé de partager celui de sa sœur, comme dans des jours plus heureux. Les yeux de Deans s'arrêtèrent involontairement sur cette petite couche, ornée de rideaux verts ; et les idées qu'elle fit naître en lui accablèrent tellement son âme, qu'il se sentit presque incapable de parler à sa fille de l'objet qui l'amenait. Heureusement il la trouva dans une occupation qui lui fit rompre la glace. Elle était à lire une assignation qu'elle venait de recevoir pour comparaître comme témoin dans le procès de sa sœur. Le digne magistrat, M. Middleburgh, déterminé à ouvrir à Effie toutes les portes de salut que la loi n'avait pas fermées, et à ne laisser à sa sœur aucun prétexte pour ne pas rendre témoignage en sa faveur, si sa conscience ne le lui défendait pas absolument, avait, avant de partir d'Édimbourg, fait préparer la citation ordinaire, ou *la subpæna* de la cour criminelle d'Écosse, et ordonné qu'elle fût portée à Jeanie pendant qu'il s'entretenait avec son père. Cette précaution fut heureuse pour Deans, puisqu'elle lui épargna la peine d'entrer en explication avec sa fille ; il se contenta de dire d'une voix sourde et tremblante : — Je vois que vous êtes instruite de ce dont il s'agit.

— Oh, mon père ! nous sommes cruellement placés entre les lois de Dieu et celles de la nature ! Que faire ? que faire ?

Ce n'est pas que Jeanie se fît aucun scrupule de comparaître devant une cour de justice. Elle pouvait avoir entendu son père discuter ce point plus d'une fois ; mais nous avons remarqué déjà qu'elle était accoutumée à écouter avec respect beaucoup de choses qu'elle ne comprenait pas, et que les argumens subtils et casuistiques de David Deans trouvaient en elle un auditeur patient plutôt qu'édifié. Quand elle avait reçu la citation, sa pensée ne s'était pas arrêtée aux scrupules chimériques qui alarmaient l'esprit de son père, mais à ce qui lui avait été dit par l'inconnu au Cairn de Muschat. En un mot, elle ne doutait pas qu'elle allait être traînée devant la cour de justice pour y être placée dans la cruelle alternative de sacrifier sa sœur en disant la vérité, ou de commettre un parjure pour lui sauver la vie : c'était tellement là l'idée qui l'occupait, qu'elle appliqua les mots, —*Vous savez ce dont il s'agit*, à la recommandation qui lui avait été faite avec une force et une chaleur si effrayantes. Elle leva les yeux avec une surprise inquiète, non sans quelque mélange de terreur, qui ne pouvait être calmée par l'interprétation qu'elle donna à ce qu'ajouta son père : — Ma fille, lui dit-il, j'ai toujours pensé qu'en matière de doute et de controverse, un chrétien ne doit prendre que sa conscience pour guide : consultez la vôtre, après vous y être préparée dévotement ; et ce qu'elle vous inspirera...

—Mais, mon père, dit Jeanie, dont l'esprit se révoltait contre ce qu'elle croyait comprendre, peut-il y avoir ici le moindre doute ? rappelez-vous le neuvième commandement : —Tu ne porteras point de faux témoignage contre ton prochain.

Deans fut un instant sans répondre, car appliquant toujours les paroles de Jeanie à ses objections préconçues, il lui semblait qu'*elle*, femme et sœur, ne devait peut-être pas se montrer trop scrupuleuse, quand *lui*, homme, et qui avait rendu tant de témoignages dans un temps d'épreuves, il l'avait presque encouragée indirectement à suivre les inspirations naturelles de son cœur. Mais il se tint ferme dans sa résolution jusqu'à ce que ses yeux se fixassent involontairement sur le petit lit qui lui rappela l'enfant de sa vieillesse ;

il se la figura pâle, malade et désolée : cette image prêta à ses paroles un accent bien différent de sa précision dogmatique accoutumée, lorsqu'il essaya de dicter à Jeanie des argumens propres à sauver la vie de sa malheureuse sœur.

— Ma fille, lui dit-il, je ne dis pas que votre sentier soit sans pierres d'achoppement ; — et sans doute cet acte, aux yeux de quelques uns, peut paraître une transgression coupable, puisque celui qui sert de témoin illégitimement et contre sa conscience, porte en quelque sorte faux témoignage contre son voisin. Cependant, quand il s'agit d'une affaire de condescendance, le péché est moins dans la condescendance que dans la conscience de celui qui condescend. C'est pourquoi, quoique mon témoignage n'ait point été épargné dans les défections publiques, je ne me suis pas senti libre de me séparer de la communion de plusieurs qui ont pu aller entendre les ministres soumis à la fatale tolérance du gouvernement, parce qu'ils pouvaient extraire quelque bien de leurs discours, ce que je ne pouvais pas... Mais David, à cet endroit de son discours, sentit que sa conscience lui reprochait de chercher à ébranler indirectement la foi de sa fille et sa sévérité de principes. Il s'arrêta donc tout-à-coup, et changea de ton : — Jeanie, je m'aperçois que nos viles affections, — c'est ainsi que je les appelle, relativement à notre soumission à la volonté de Dieu notre père ; — je m'aperçois que nos viles affections émeuvent trop mon cœur en cette heure d'épreuve douloureuse, pour que je puisse ne pas perdre de vue mon devoir et vous éclairer sur le vôtre.
— Je ne dirai plus rien sur ce trop pénible sujet. Jeanie, si vous pouvez, selon Dieu et votre bonne conscience, parler en faveur de cette pauvre infortunée... Ici la voix lui manqua un instant. — Elle est votre sœur, suivant la chair, Jeanie ; tout indigne qu'elle est aujourd'hui, elle est fille d'une sainte qui, dans le ciel, vous tint lieu de mère quand vous eûtes perdu la vôtre. Mais si votre conscience ne vous permet pas de parler pour elle dans une cour de justice, ne le faites point, Jeanie, et que la volonté du ciel soit accomplie ! — Après cette adjuration il quitta l'appartement, et sa fille resta livrée à une douloureuse perplexité.

Le chagrin de Deans aurait été bien plus cuisant encore, s'il avait su que sa fille interprétait ses paroles, non comme ayant rapport à un point de forme sur lequel les presbytériens même n'étaient pas d'accord entre eux; mais comme une sorte d'encouragement à contrevenir à un commandement divin que les chrétiens de toutes les sectes regardent comme sacré.

— Est-il possible que ce soit mon père qui m'ait parlé ainsi? pensa Jeanie quand Deans se fut retiré. N'est-ce pas l'ennemi qui a pris sa voix et ses traits pour me conduire à ma perte éternelle? Une sœur prête à périr, et un père qui me montre le moyen de la sauver!—O mon Dieu,—délivrez-moi d'une si terrible tentation!

Dans l'incertitude de ses pensées, elle s'imagina un instant que son père s'attachait au sens littéral du neuvième commandement, comme défendant le faux témoignage *contre* son prochain, mais non pour le sauver. Son bon sens lui fit rejeter bien vite une interprétation si bornée et si indigne de l'auteur de la loi. Elle resta donc dans une agitation pleine de terreur, n'osant communiquer franchement ses idées à son père, de peur de lui entendre exprimer un avis qu'elle ne pourrait suivre;—déchirée surtout de douleur en pensant à Effie, qu'elle avait le pouvoir de sauver, mais par un moyen que réprouvait sa conscience. Elle était comme un vaisseau battu par une mer orageuse, et n'ayant plus qu'un seul câble, une seule ancre,—sa confiance en la Providence et sa résolution de faire son devoir.

L'affection de Butler, ses sentimens religieux, auraient été son soutien et sa consolation dans la circonstance pénible où elle se trouvait; mais depuis sa mise en liberté il ne venait plus à Saint-Léonard, ayant promis de ne pas quitter la paroisse de Libberton. Elle fut donc réduite à n'avoir d'autre guide que sa propre conscience pour distinguer ce qui était bien de ce qui était mal.

Elle espérait, elle croyait que sa sœur était innocente; mais elle n'avait pu en recevoir l'assurance de sa propre bouche, et ce n'était pas le moindre de ses chagrins.

L'hypocrite conduite de Ratcliffe à propos de Robertson

n'avait pas empêché qu'il fût récompensé comme le sont souvent les fourbes. Sharpitlaw lui trouvait un génie qui avait quelque rapport avec le sien. Aussi était-ce lui qui avait intercédé en sa faveur auprès des magistrats. Il fit valoir qu'il serait dur d'ôter la vie à un homme qui aurait pu si facilement se sauver s'il l'avait voulu, lorsque la populace avait forcé les portes de la prison. Un pardon sans réserve lui fut donc accordé, et bientôt après James Ratcliffe, le plus grand voleur et le plus grand escroc de l'Ecosse, fut choisi, peut-être sur la foi d'un ancien proverbe, pour garder les autres habitans de la prison.

Depuis que Ratcliffe était ainsi placé dans un poste de confiance, le savant Saddletree et d'autres personnes qui prenaient quelque intérêt à la famille Deans, le sollicitaient souvent de procurer une entrevue aux deux sœurs; mais les magistrats avaient donné des ordres contraires, parce qu'ils espéraient qu'en les tenant séparées ils pourraient en obtenir quelques renseignemens sur Robertson, dont l'arrestation était toujours le principal objet de leurs désirs. Jeanie fut interrogée sur le fugitif par M. Middleburgh; mais que pouvait-elle lui dire? Elle lui déclara qu'elle ne le connaissait nullement, qu'il était possible que ce fût avec lui qu'elle avait eu un entretien près de la butte de Muschat; qu'il lui avait demandé ce rendez-vous pour lui donner quelques avis relativement à sa sœur, ce qui, dit-elle, ne regardait que Dieu et sa conscience; qu'enfin, elle ne savait ni ce qu'il avait été, ni où il était, ni quels étaient ses projets.

Effie garda le même silence, quoique par une cause différente. On lui offrit inutilement une commutation de peine et même sa grâce, si elle voulait indiquer les moyens de le découvrir; elle ne répondait que par ses larmes, et quand, à force de persécutions, ceux par qui elle était interrogée l'obligeaient à parler, ils n'en obtenaient que des réponses peu respectueuses.

On différa plusieurs semaines à la mettre en jugement, dans l'espoir qu'on pourrait la déterminer à s'expliquer sur un sujet bien plus intéressant pour les magistrats que son crime ou son innocence; mais, trouvant qu'il était impossible de lui arracher le moindre renseignement, les juges perdirent patience, et fixèrent le jour où elle comparaîtrait devant la cour.

Ce ne fut qu'alors que M. Sharpitlaw, se rappelant enfin la promesse qu'il avait faite à Effie, et peut-être fatigué des instances perpétuelles de mistress Saddletree, qui était sa voisine, et qui ne cessait de lui répéter que c'était une cruauté indigne d'un chrétien, que d'empêcher ces deux pauvres sœurs de se voir, se décida à donner au geôlier l'ordre de permettre à Jeanie Deans d'entrer dans la prison.

Ce fut la veille du jour redoutable où le sort d'Effie devait se décider, que Jeanie obtint enfin la permission de voir sa sœur. Pénible entrevue et qui avait lieu dans un moment qui la rendait encore plus déchirante! Elle faisait partie de la coupe amère réservée à Jeanie en expiation d'un crime auquel elle n'avait pris aucune part. Midi étant l'heure fixée pour entrer dans la prison, elle se rendit à cette heure dans ce séjour du crime et du désespoir, pour y voir sa sœur pour la première fois depuis plusieurs mois.

CHAPITRE XX.

« Bonne sœur, je vous en supplie,
» Quel crime trouvez-vous à me sauver la vie?
» Ou, si c'en était un, il est si naturel,
» Qu'il deviendrait vertu. »

SHAKSPEARE. *Mesure pour mesure.*

JEANIE DEANS fut introduite dans la prison par Ratcliffe. Ce drôle, aussi éhonté que scélérat, lui demanda, en ouvrant la triple serrure de la porte, si elle se souvenait de lui.

Un *non* timide et prononcé à demi-voix fut la réponse qu'il obtint.

— Quoi! vous ne vous souvenez pas du clair de lune et de la butte de Muschat, de Robertson et de Ratcliffe? Votre mémoire a donc besoin d'être aidée, ma bonne amie!

Si quelque chose avait pu augmenter les chagrins de Jeanie, c'eût été de trouver sa sœur sous la garde d'un tel homme. Ce n'était pourtant pas qu'il n'y eût dans son caractère quelque chose qui pût balancer tant de mauvaises qualités et d'habitudes vicieuses. Dans la carrière criminelle qu'il avait parcourue, jamais sa main n'avait été souillée de sang, jamais il ne s'était montré cruel, et il n'était même pas inaccessible à l'humanité dans la nouvelle fonction qu'il exerçait. Mais Jeanie ne connaissait pas ses bonnes qualités : elle ne se rappelait que la scène qui s'était passée entre elle et lui à la butte de Muschat, et elle eut à peine la force de lui dire qu'elle avait obtenu du bailli Middleburgh la permission de voir sa sœur.

— Je le sais, je le sais, la jeune fille! à telles enseignes que j'ai ordre de ne pas vous perdre de vue tout le temps que vous serez avec elle.

— Est-il possible? s'écria Jeanie d'un ton suppliant.

— Très possible. Et quel malheur, s'il vous plaît, que James Ratcliffe entende ce que vous avez à vous dire? Du diable si vous dites un mot qui lui fasse connaître les malices de votre sexe mieux qu'il ne les connaît déjà! Et pourvu que vous ne comploties pas les moyens de forcer la prison, le diable m'emporte si je répète un mot de tout ce que vous pourrez dire en bien ou en mal!

En parlant ainsi, ils arrivèrent à la porte de la chambre dans laquelle Effie était enfermée.

La pauvre prisonnière avait été prévenue de cette visite, et pendant toute la matinée, la honte, la crainte et le chagrin s'étaient disputé la possession de son cœur. Tous ces sentimens se confondirent ensemble, non sans quelque mélange de joie, quand elle aperçut sa sœur. Elle se précipita dans ses bras : — Ma chère Jeanie! s'écria-t-elle, ma chère Jeanie! qu'il y a long-temps que je ne vous ai vue! Jeanie lui rendit ses embrassemens avec une tendresse qui allait presque jusqu'aux transports. Mais c'était une émotion semblable à un rayon du soleil qui se fait jour entre d'épais nuages, et qui disparaît au même instant. Elles s'assirent sur le bord du lit en se tenant par la main et sans pouvoir se parler pendant quelques minutes. Leurs traits, sur lesquels la joie avait brillé un moment, prirent peu à peu l'expression plus sombre de la mélancolie, et puis celle de la douleur. Enfin, se jetant dans les bras l'une de l'autre, elles élevèrent la voix, pour me servir des paroles de l'Ecriture, et pleurèrent amèrement.

Ratcliffe lui-même, dont le cœur s'était naturellement endurci par suite de la vie qu'il avait menée pendant près de quarante ans, ne put voir cette scène sans une sorte d'attendrissement. Il en donna la preuve par une action qui n'est en elle-même qu'insignifiante, mais qui annonçait plus de délicatesse qu'on ne devait en attendre de son caractère et du poste qu'il remplissait. La fenêtre de cette misérable chambre était ouverte, et les rayons du soleil tombaient en plein sur le lit où les deux sœurs étaient assises. Il s'approcha de la croisée avec une attention respectueuse, en poussa doucement le contre-vent, et sembla ainsi jeter un voile sur cette scène de douleur.

—Vous êtes malade, Effie, bien malade! Tels furent les premiers mots que Jeanie put prononcer.

—Que ne le suis-je cent fois davantage, Jeanie! répondit sa sœur. Que ne donnerais-je pas pour être morte demain avant dix heures du matin!—Et notre père... mais non, je ne suis plus sa fille, je n'ai plus d'ami dans le monde.—Oh! que ne suis-je déjà morte à côté de ma mère dans le cimetière de New-Battle!

—Allons, allons, jeune fille, dit Ratcliffe, qui voulut montrer l'intérêt qu'elle lui inspirait réellement; il ne faut pas vous décourager. On ne tue pas tous les renards qu'on chasse. Nicol Novit est un fameux avocat : il a tiré plus d'un accusé d'affaires aussi glissantes que la vôtre.—Et puis, pendu ou non, c'est une satisfaction de savoir qu'on a été bien défendu. Vous êtes jolie fille d'ailleurs; il faudra relever un peu vos cheveux, et une jolie fille trouve toujours quelque faveur auprès des juges et des jurés qui condamneraient à la déportation un vieux coquin comme moi, pour avoir volé la quinzième partie de la peau d'une puce : Dieu les damne!

Les deux sœurs ne firent aucune réponse à cette grossière consolation ; elles étaient tellement absorbées dans leur douleur, qu'elles oublièrent même la présence de Ratcliffe.

—O Effie! dit Jeanie, pourquoi m'avez-vous caché votre situation? Avais-je mérité cela de votre part?—Si vous aviez seulement dit un mot,—nous nous serions affligées ensemble, nous n'aurions pas évité la honte, mais cette cruelle extrémité nous eût été épargnée.

—Eh! quel bien en pouvait-il résulter? répondit la prisonnière. Non, non, Jeanie, tout fut fini quand une fois j'eus oublié ce que j'avais promis en faisant un pli au feuillet de ma Bible. Voyez, dit-elle en lui montrant le livre saint, elle s'ouvre d'elle-même à cet endroit. Oh! voyez, Jeanie, quelle effrayante menace!

Jeanie prit la Bible de sa sœur, et trouva que la marque fatale était faite sur ce texte frappant du livre de Job:

—« Il m'a dépouillé de ma gloire, et m'a ôté la couronne qui ornait ma tête : il m'a détruit de toutes parts, et je suis perdu. Et mon espérance a été arrachée comme un arbre. »

—Tout n'a-t-il pas été vérifié? dit la prisonnière; ne m'a-t-on pas enlevé *ma* couronne, *mon* honneur? Et que suis-je, si ce n'est un arbre déraciné et jeté sur la grande route, afin que l'homme et les animaux me foulent aux pieds? Vous rappelez-vous l'aubépine que mon père arracha au dernier mois de mai, au moment où elle était en fleurs? Elle fut abandonnée dans la cour, où le troupeau l'eut bientôt mise en pièces. Je pensais peu, quand je regrettais sa verdure et ses blanches fleurs, que le même sort m'attendait!

—Oh! si vous aviez dit un seul mot! répéta Jeanie en sanglotant, si je pouvais jurer que vous m'aviez dit un seul mot de votre état, votre vie ne courrait aucun danger.

—Ne courrait aucun danger! répéta Effie avec émotion, tant l'amour de la vie est naturel même à ceux qui la regardent comme un fardeau : qui vous a dit cela, Jeanie?

—Quelqu'un qui savait probablement bien ce qu'il me disait, répondit Jeanie, ne pouvant se résoudre à prononcer le nom du séducteur de sa sœur.

— Dites-moi son nom, s'écria Effie ; je vous en conjure, dites-le-moi. Qui pouvait prendre intérêt à une malheureuse comme moi ? Était-ce... était-ce *lui ?*

— Eh! allons donc, dit Ratcliffe, pourquoi laisser cette pauvre fille dans le doute ? Je réponds bien que c'est Robertson qui vous a appris cela quand vous l'avez vu à la butte de Muschat.

— Était-ce lui, Jeanie ? s'écria Effie, était-ce bien lui ?... Oh ! je vois que c'était lui ! Pauvre Georges ! quand je l'accusais de m'avoir oubliée ! Dans un moment où il courait tant de dangers ! Pauvre Georges !

— Comment pouvez-vous parler ainsi d'un tel homme, ma sœur ? dit Jeanie, peu satisfaite de cet élan de tendresse pour celui qui avait causé tous les malheurs de sa sœur.

— Vous savez que nous devons pardonner à ceux qui nous ont offensés, répondit Effie, mais en baissant les yeux et d'un air timide, car sa conscience lui disait que le sentiment qu'elle éprouvait encore pour celui qui l'avait séduite n'avait rien de commun avec la charité chrétienne dont elle tâchait de le couvrir.

— Et après avoir tant souffert à cause de lui, il est possible que vous l'aimiez encore ! lui dit Jeanie d'un ton mêlé de reproche et de compassion.

— L'aimer ? — Si je ne l'avais pas aimé comme une femme aime rarement, je ne serais pas en ce moment entre les murs de cette prison ; et croyez-vous qu'un amour comme le mien puisse aisément s'oublier ? Non, non ; vous pouvez couper l'arbre, mais vous ne pouvez changer la courbure de son tronc. — Jeanie, si vous voulez me faire du bien en ce moment, répétez-moi tout ce qu'il vous a dit, et apprenez-moi s'il a été bien affligé ou non pour la pauvre Effie !

— Et quel besoin ai-je de vous parler de cela ? dit Jeanie ; vous pouvez être bien sûre qu'il avait assez de ses affaires, pour parler longuement de celles des autres.

— Cela n'est pas possible, Jeanie, quoiqu'une sainte le dise, reprit Effie avec un retour de cette susceptibilité de caractère qui lui était si naturelle... Vous ne savez pas jusqu'à quel point il a hasardé sa vie pour sauver la mienne !... Mais elle jeta les yeux sur Ratcliffe, et se tut.

— Je crois, dit Ratcliffe en ricanant, que la jeune fille pense être la seule qui ait des yeux. N'ai-je pas vu que Jean Porteous n'était pas la seule personne que Robertson voulût faire sortir de prison? Mais vous avez pensé, comme moi, mieux vaut attendre et se repentir, que courir et se repentir. — Vous n'avez pas besoin de me regarder avec de grands yeux ouverts. — Je sais peut-être encore plus de choses que vous ne pensez.

— O mon Dieu! mon Dieu! s'écria Effie en se levant comme en sursaut et se jetant à genoux devant lui, sauriez-vous où l'on a mis mon enfant. — O mon enfant! mon enfant! le pauvre petit innocent! — Os de mes os! chair de ma chair! — Oh! si vous voulez jamais mériter une place dans le ciel ou la bénédiction d'une créature au désespoir sur la terre, dites-moi où ils ont mis mon enfant! — Le signe de ma honte, l'associé de mes douleurs, dites-moi qui me l'a enlevé, ou ce qu'on en a fait.

— Allons, laissez donc, laissez donc, dit le porte-clefs en cherchant à dégager son habit qu'elle tenait avec force, c'est me prendre par mes paroles... et devant un témoin! Son enfant! et comment diable saurais-je quelque chose de votre enfant? Il faut le demander à la vieille Meg Murdockson, si vous ne le savez pas vous-même.

Cette réponse détruisant l'espérance qui s'était présentée à elle, la malheureuse prisonnière tomba la face contre terre, saisie d'un violent accès convulsif.

Jeanie Deans avait, dans la plus extrême infortune, autant de force d'esprit que de jugement. Elle ne se laissa point abattre par ses sentimens douloureux, et ne songea qu'à prodiguer à sa sœur les secours qu'il était possible de lui procurer dans le triste lieu où elle se trouvait. Il faut même rendre cette justice à Ratcliffe, qu'il se montra empressé à donner ses indications et alerte à les remplir; et même, lorsque Effie fut revenue à elle, il eut la délicatesse de se retirer dans un coin de la chambre, de manière que sa présence officielle gênât le moins possible les deux sœurs dans ce qu'elles avaient à se dire.

Effie alors conjura de nouveau Jeanie, dans les termes les

plus pressans, de lui faire part de tous les détails de l'entrevue qu'elle avait eue avec Robertson, et celle-ci sentit qu'il était impossible de lui refuser cette satisfaction.

—Vous souvenez-vous, lui dit-elle, qu'un jour vous aviez la fièvre avant que nous eussions quitté Woodend, et que votre mère, qui est aujourd'hui dans un meilleur monde, me gronda de vous avoir donné de l'eau et du lait, parce que vous pleuriez pour en avoir? Vous n'étiez qu'un enfant alors, aujourd'hui vous êtes une femme, et vous ne devriez pas me demander ce qui ne peut vous faire que du mal. — Mais, allons, bien ou mal, je ne puis vous refuser une chose que vous me demandez avec des larmes.

Effie se jeta de nouveau à son cou, l'embrassa et pleura :

—Si vous saviez, lui dit-elle, combien il y a long-temps que je n'ai entendu parler de lui! combien cela me ferait de plaisir d'apprendre de lui quelque chose de doux et de tendre! vous ne seriez pas surprise de ma demande.

Jeanie soupira, et elle lui raconta, en abrégeant autant que possible, tout ce qui s'était passé entre elle et Robertson. Effie l'écoutait avec inquiétude, presque sans oser respirer ; elle tenait une main de sa sœur entre les siennes, semblait la dévorer des yeux, et ne l'interrompait que pour s'écrier de temps en temps avec des soupirs et des demi-mots : — Pauvre ami! pauvre Georges!

Quand Jeanie eut fini, il y eut un long intervalle de silence.

—Et voilà l'avis qu'il vous donna? telles furent les premières paroles d'Effie.

—Comme je viens de vous le dire, reprit la sœur.

—Et il voulait que vous parlassiez à ces gens-là pour sauver ma jeune vie?

—Il voulait, répondit Jeanie, que je me parjurasse.

—Et vous lui dîtes que vous ne vous placeriez pas entre moi et la mort qui me menace lorsque je n'ai que dix-huit ans?

—Je lui dis, répliqua Jeanie qui tremblait de la tournure que semblaient prendre en ce moment les réflexions de sa sœur, que je ne pouvais me résoudre à jurer un mensonge.

—Qu'appelez-vous un mensonge? s'écria Effie se laissant aller à son ancien caractère; vous êtes bien blâmable, ma fille, si vous pensez qu'une mère voudrait ou pourrait faire périr son propre enfant. Faire périr! — J'aurais donné ma vie seulement pour le voir un instant.

— Je suis bien convaincue que vous êtes aussi incapable, aussi innocente de ce crime, que le nouveau-né lui-même.

— Je suis vraiment ravie, continua Effie sur le même ton, que vous vouliez bien me rendre cette justice! les personnes qui, comme vous, n'ont rien à se reprocher, ne sont souvent que trop portées à soupçonner les autres de ce dont elles n'ont pas même eu la tentation d'être coupables.

— Je ne mérite pas cela de vous, Effie! lui dit Jeanie en pleurant, émue par l'injustice de ce reproche, et le pardonnant cependant à sa sœur dans la situation où elle se trouvait.

— Cela est impossible, ma sœur, mais vous trouvez mauvais que j'aime Robertson, et comment n'aimerais-je pas celui qui m'aime mieux que son corps et son âme tout ensemble? N'a-t-il pas risqué sa vie pour forcer la prison et m'en faire sortir? Et je suis bien convaincue que, s'il dépendait de lui comme de vous...

A ces mots, elle s'arrêta.

— Ah! s'il ne fallait que risquer ma vie pour vous sauver! s'écria Jeanie.

— Holà! ma fille, cela est facile à dire, mais moins facile à croire, puisque vous n'avez qu'un mot à dire pour me sauver; et, si c'était un mot coupable, vous auriez tout le temps de vous en repentir.

— Mais ce mot, ma sœur, est un grand péché, et le péché n'en est que plus grand quand on le commet volontairement et avec présomption.

— Fort bien, fort bien, Jeanie! Je penserai à tous les péchés de présomption, n'en parlons plus! et vous pouvez conserver votre langue pour dire votre catéchisme; et, quant à moi, je n'aurai bientôt plus rien à dire sur personne.

— Je dois dire, s'écria Ratcliffe, qu'il est diablement dur, quand trois mots de votre bouche pourraient donner à la jeune fille la chance de faire la nique à Moll-Blood, de vous faire tant de scrupules pour les jurer! Que Dieu me damne si je n'en jurerais pas un millier pour lui sauver la vie, si l'on voulait m'admettre au serment. — J'y suis accoutumé pour de moindres affaires. — Oh ! j'ai baisé la peau de veau plus de cinquante fois en Angleterre pour un tonneau d'eau-de-vie.

— N'en parlez plus, dit la prisonnière, et il vaut autant que je... Adieu, ma sœur, nous retenons trop long-temps M. Ratcliffe ; j'espère que je vous reverrai avant que... Elle ne put achever, et son visage se couvrit d'une pâleur mortelle.

— Est-ce donc ainsi que nous nous séparerons ! s'écria Jeanie : dites, ma sœur, dites ce que vous voulez que je fasse, et je crois que je trouverai dans mon cœur assez de force pour vous le promettre.

— Non, ma sœur, non, ma chère Jeanie ! s'écria Effie après un effort. J'y ai réfléchi : vous avez toujours valu deux fois mieux que moi ; et pourquoi commenceriez-vous à être moins bonne pour me sauver, moi qui ne mérite pas de l'être ? Dieu sait que, lorsque j'ai ma présence d'esprit, je ne voudrais pas que qui que ce soit me sauvât la vie aux dépens de sa conscience. J'aurais pu fuir de cette prison dans cette terrible nuit où la porte fut forcée, j'aurais fui avec quelqu'un qui m'eût emmenée avec lui, qui m'eût aimée et protégée ; mais je dis : A quoi bon conserver la vie, puisque mon honneur est perdu ? Hélas ! il a fallu ce long emprisonnement pour abattre mon âme, et il y a des momens où, livrée tristement à moi seule, j'achèterais volontiers le seul don de la vie au prix de toutes les mines d'or et de diamans des Indes ; car je crois, Jeanie, que je suis en proie au même délire qui m'agitait quand j'avais la fièvre,—excepté qu'au lieu des loups et du taureau furieux de la veuve Butler que je me figurais voir s'élancer sur moi dans mon lit, je ne rêve plus que d'un gibet bien élevé, où je me vois debout, entourée de figures étranges qui regardent la pauvre Effie Deans, et se demandent si c'est bien elle que Georges Robertson appelait le Lis de Saint-Léonard ; — et puis ces figures-là fixent sur moi des regards moqueurs, et je vois une femme au sourire méchant comme la Meg Murdockson quand elle me dit que je ne verrais plus mon pauvre enfant.

Dieu nous protège, Jeanie! cette vieille a un visage affreux.

Elle se mit les mains devant les yeux après cette exclamation, comme si elle eût craint de voir apparaître l'objet hideux auquel elle faisait allusion.

Jeanie Deans resta encore deux heures avec sa sœur. Pendant ce temps, elle chercha à en tirer quelque aveu qui pût servir à sa justification; mais elle ne lui dit que ce qu'elle avait déclaré lors de son premier interrogatoire, que nos lecteurs connaîtront en temps et lieu. — Ils n'ont pas voulu me croire, ajouta-t-elle, je n'ai rien de plus à leur dire.

Enfin Ratcliffe, quoique à regret, fut obligé d'annoncer aux deux sœurs qu'il était temps de se séparer : — M. Novit, dit-il, devait visiter la prisonnière, et peut-être M. Langlate aussi. Langlate aime à voir une jolie fille, en prison ou hors de prison.

Ce ne fut donc qu'à contre-cœur et lentement, après avoir versé bien des larmes, et après s'être embrassées bien des fois, qu'elles se firent leurs adieux. Jeanie en sortant entendit de gros verrous se fermer sur sa malheureuse sœur. S'étant un peu familiarisée avec son conducteur, elle lui offrit une pièce d'argent, en le priant de faire ce qui dépendrait de lui pour qu'il ne manquât rien à Effie. A sa grande surprise, il refusa ce présent.

— Je n'ai jamais répandu de sang quand je travaillais sur le grand chemin, lui dit-il; maintenant que je travaille dans une prison, je ne prends pas d'argent, c'est-à-dire au-delà de ce qui est juste et raisonnable. Gardez le vôtre, et votre sœur ne manquera de rien de ce qui sera en mon pouvoir. Mais j'espère que vous réfléchirez encore à son affaire. Qu'est-ce qu'un serment? le diable m'emporte si cela vaut un cheveu. J'ai connu un digne ministre, un homme qui parlait aussi bien que pas un de ceux que vous avez pu entendre en chaire, qui en a fait un pour un boucaut de tabac, de quoi remplir sa poche. Mais peut-être vous ne dites pas ce que vous avez envie de faire... Bien, bien! il n'y a pas de mal à cela. Quant à votre sœur, j'aurai soin qu'on lui serve son dîner bien chaud, et je tâcherai de l'engager à faire un somme après dîner, car du diable si elle ferme l'œil cette nuit. J'ai de l'expérience. La première nuit est la pire de toutes. Je n'ai jamais connu personne qui ait dormi la nuit d'avant son jugement. Mais celle d'après, même celle qui précède l'exécution, on peut dormir d'un bon somme. C'est tout simple : le plus grand des maux, c'est l'incertitude. Mieux vaut un doigt coupé qu'un doigt pendant.

CHAPITRE XXI.

« S'il faut qu'à l'échafaud une loi trop cruelle,
» En flétrissant ton nom te traine en criminelle,
» Ma fidèle amitié, mes soins toujours constans
» Adouciront l'horreur de tes derniers instans. »

JEMMY DAWSON.

Après avoir consacré à la prière une grande partie de la matinée, car ses bons voisins avaient voulu se charger de ses occupations journalières pour cette fois, David Deans descendit dans la chambre où le déjeuner était préparé. Il y entra les yeux baissés, n'osant les lever sur Jeanie, et ne sachant encore si sa conscience lui avait permis de comparaître devant la cour de justice criminelle pour y porter le témoignage qu'il savait bien qu'elle possédait pour disculper sa sœur. Enfin, après une longue hésitation, il regarda ses vêtemens pour voir s'ils annonçaient l'intention d'aller à la ville. Elle avait quitté le costume qu'elle mettait pour ses travaux du matin ; mais elle n'avait pas pris celui qu'elle portait les jours de fête pour se rendre à l'église ou dans quelque réunion. Son bon sens naturel lui avait fait sentir que, s'il eût été peu respectueux de paraître devant un tribunal avec un extérieur trop négligé, il ne serait pas moins inconvenant d'avoir une parure recherchée dans une occasion où il ne s'agissait de rien moins que de la vie de sa sœur. Son père ne trouva donc rien dans sa mise qui pût lui faire deviner ses intentions.

Les préparatifs pour le déjeuner frugal furent faits en

pure perte ce jour-là. Le père et la fille se mirent à table, l'un et l'autre faisant semblant de manger quand leurs yeux se rencontraient, et la main qui se dirigeait vers la bouche retombant sur la table dès que cet effort occasioné par l'affection n'était plus nécessaire.

Ce moment de contrainte ne fut pas long: l'horloge de Saint-Giles fit entendre l'heure qui précédait celle où la séance de la cour devait commencer. Jeanie se leva de table, et, avec un calme dont elle était surprise elle-même, prit son plaid et se disposa à partir. Sa fermeté offrait un contraste étrange avec l'incertitude et la vacillation qu'annonçaient tous les gestes de son père; quelqu'un qui ne les aurait pas connus aurait eu peine à croire que l'une fût une fille docile, douce, tranquille et même timide, et l'autre un homme d'un caractère ferme, stoïque, incapable de plier, religieux jusqu'au fanatisme, et qui, dans sa jeunesse, avait couru bien des dangers et souffert bien des persécutions sans dévier un instant de ses principes. La cause de cette différence était que Jeanie, déjà décidée sur la démarche qu'elle devait faire, se résignait à toutes les conséquences qui pouvaient en résulter, tandis que son père, n'ayant osé interroger sa fille sur rien, de peur d'exercer la moindre influence sur elle, épuisait son imagination à chercher ce qu'elle pourrait dire au tribunal, et à conjecturer l'effet que produirait sa déclaration.

Enfin, quand il la vit prête à partir: —Ma chère fille, lui dit-il, je vais vous... il ne put finir sa phrase, mais Jeanie le voyant mettre ses gants de laine tricotée et prendre son bâton, devina qu'il avait dessein de l'accompagner.

—Mon père, lui dit-elle, vous feriez mieux de rester ici.

—Non, répondit le vieillard! Dieu me donnera de la force; j'irai.

Il prit le bras de sa fille sous le sien et sortit avec elle, marchant à si grands pas, qu'elle avait peine à le suivre.

—Et votre toque, mon père? lui dit Jeanie qui s'aperçut qu'il était sorti la tête découverte; circonstance minutieuse sans doute, mais qui prouve combien son esprit était troublé. Il rentra chez lui, rougissant presque d'avoir laissé échapper une preuve de l'agitation de son âme ; et ayant mis sa grande toque bleue écossaise, d'un pas plus lent et mesuré, comme si cet incident l'avait forcé de rassembler toute sa résolution, il prit de nouveau le bras de sa fille, et reprit avec elle le chemin d'Édimbourg.

Les cours de justice étaient alors tenues, comme elles le sont encore aujourd'hui, dans ce qu'on appelait le clos du Parlement, ou, selon l'expression moderne, Parliament-Square. Elles occupaient le bâtiment destiné dans l'origine aux États écossais. Cet édifice, quoique d'un style imparfait d'architecture et de mauvais goût, avait du moins un aspect grave, décent, et pour ainsi dire judiciaire, que son antiquité au moins rendait respectable. Lors de mon dernier voyage à la métropole, j'ai observé que le goût moderne lui a substitué, à grands frais sans doute, un édifice si peu en harmonie avec les antiques monumens qui l'entourent, et d'ailleurs si bizarre et si lourd en lui-même, qu'on pourrait le comparer aux décorations de Tom Errand le Porteur, dans la pièce, *Un Tour au Jubilé* [1], quand il se montre attifé de la parure pimpante de Beau Clincher [2]. *Sed transeat cum cæteris erroribus.*

L'annonce du fatal spectacle dont ce jour devait être témoin se voyait déjà dans la petite cour quadrangulaire, ou le Clos, si nous pouvons nous permettre de lui donner ce nom suranné qu'à Lichtfield, à Salisbury et ailleurs, on emploie avec raison pour désigner la place adjacente d'une cathédrale.

Les soldats de la Garde de la Ville étaient rangés en haie, repoussant avec les crosses de leurs fusils le peuple qui se pressait en foule pour jeter un coup d'œil sur l'infortunée qui allait être mise en jugement. Il n'est personne qui n'ait eu occasion de remarquer avec dégoût l'apathie avec laquelle la populace regarde les scènes de cette nature, et combien il est rare, à moins que sa compassion ne soit excitée par quelque circonstance frappante et extraordinaire, qu'elle montre un autre intérêt que celui d'une curiosité brutale et irréfléchie. On rit, on plaisante, on se querelle,

---

(1) Pièce de Farquhar. — Éd. — (2) *Clincher* le petit-maître. — Éd.

on se pousse, on se heurte avec autant d'indifférence et d'insensibilité que s'il s'agissait de voir passer un cortége, ou d'assister à quelque divertissement. Cependant cette conduite si naturelle à la population dégradée d'une grande ville fait place quelquefois à un accès momentané de compassion et d'humanité, et c'est ce qui arriva en cette occasion.

Plus Deans et sa fille approchaient de la place du parlement où se trouvait le local des séances de la cour, plus la foule augmentait, et quand ils cherchèrent à s'y faire faire place pour avancer vers la porte, le costume et la figure du vieux Deans attirèrent sur eux maints brocards.

La canaille a un singulier instinct pour deviner le caractère des gens sur leur extérieur.

> Vous êtes, whigs, les bienvenus,
> Du pont de Bothwell sur la Clyde,

chanta un homme (car la populace d'Édimbourg était alors jacobite, probablement parce que c'était l'opinion la plus diamétralement opposée à l'autorité existante).

> Maître David Williamson
> Est choisi sur vingt, monte en chaire;
> Et là chante en haussant le ton
> De Killycranky l'air de guerre.

Ainsi chanta une syrène dont la profession était annoncée par son costume. Un cadie [1], ou commissionnaire que David avait coudoyé en passant, s'écria avec un accent du nord très prononcé : — Au diable ce Cameronien ! — quel droit a-t-il de pousser les gentilshommes ? — Faites place à l'Ancien [2] ! il vient voir une précieuse sœur glorifier Dieu dans Grassmarket.

— Paix donc ! s'écria quelqu'un : c'est une honte ! et il ajouta d'un ton plus bas, mais distinct: c'est le père et la sœur.

Tous reculèrent à l'instant pour leur faire place ; les plus grossiers et les plus dissolus gardèrent, comme le reste, le silence de la honte.

---

(1) Presque tous ces cadies sont originaires des montagnes. — Éd.
(2) Membre du presbytère. — Éd.

David, demeuré seul avec sa fille dans la place que la foule venait de leur faire, prit la main de Jeanie, et lui dit avec une expression de regard austère qui révélait toute l'émotion intérieure de son âme: — Vous entendez de vos oreilles et vous voyez de vos yeux à qui sont attribuées par les moqueurs les erreurs et les défections des fidèles; non pas à eux seuls, mais à l'Église dont ils sont membres et à son chef invincible et sacré. Nous pouvons donc bien prendre en patience notre part d'un reproche qui porte si haut.

L'homme qui avait parlé n'était autre que notre ancien ami le laird de Dumbiedikes, dont la bouche, comme celle de l'âne du prophète, s'était ouverte par l'urgence du cas. Il se joignit aux autres avec sa taciturnité ordinaire, et les suivit au tribunal. Personne n'apporta le moindre obstacle. On prétend même qu'un des gardes qui étaient à la porte refusa un shelling que lui offrit généreusement le laird, qui pensait que l'argent rend tout facile. Mais ce fait mérite confirmation.

En entrant dans l'enceinte de la cour, ils la trouvèrent remplie, suivant l'usage, de la foule ordinaire des hommes de loi et des oisifs qui assistent à un procès, les uns par devoir, les autres par goût. Des bourgeois regardaient d'un air curieux sans rien dire; de jeunes avocats allaient et venaient, riaient et plaisantaient, comme s'ils eussent été au parterre d'un théâtre; d'autres, assis sur un banc à part, discutaient gravement la doctrine du crime par interprétation, et sur le sens précis du statut. Le banc du tribunal était prêt pour les juges. Les jurés étaient déjà à leur place; les conseillers de la couronne feuilletaient leurs *brefs* et leurs notes de la déposition des témoins, avaient l'air grave et se parlaient à l'oreille; ils occupaient un côté d'une large table placée sous le banc des juges. De l'autre étaient assis les avocats à qui l'humanité de la loi écossaise (plus libérale ici que celle d'Angleterre) non seulement permet, mais encore enjoint d'assister de leurs conseils tous les accusés. Nicol Novit avait l'air affairé et important; il ne cessait de parler au conseil du *panel* (c'est ainsi qu'on appelle le prévenu, style de palais en Écosse).

— Où sera-t-elle placée? demanda au laird le malheureux père d'une voix basse et tremblante, lorsqu'ils entrèrent dans la salle.

Dumbiedikes fit un signe à Novit, qui s'approcha d'eux, et qui leur montra un espace vacant à la barre, en face des siéges des juges. Il offrit de les y conduire.

— Non! s'écria Deans, non! je ne puis me placer près d'elle. Je ne veux pas qu'elle me voie; je veux pouvoir en détourner mes yeux. Cela vaudra mieux pour tous deux.

Saddletree, qui, en voulant dire son mot au conseil de l'accusée, avait reçu plus d'une fois l'avis de se mêler de ses affaires, vit avec plaisir qu'il avait une occasion de montrer son importance; et, grâce à son crédit près des huissiers, il obtint pour Deans et sa fille une place dans un coin où ils étaient presque entièrement cachés par la protection du banc des juges.

— Il est bon d'avoir des amis en cour, dit-il au vieillard, qui n'était en état ni de l'écouter ni de lui répondre. — Sans moi, vous n'auriez pu vous procurer une place comme celle-ci. Les lords vont arriver incontinent, et ouvrir *instanter* la séance; ils n'ont pas besoin de clore la cour d'une barrière comme dans les circuits: la haute cour criminelle est toujours close. — Et mais! pour l'amour du Seigneur, qu'est-ce que cela! — Jeanie, vous êtes un témoin cité. — Huissier, cette fille est témoin; — il faut qu'on l'enferme; — elle ne saurait rester avec tout le monde. — N'est-il pas vrai, M. Novit, qu'il faut enfermer Jeanie Deans?

Novit fit un signe de tête affirmatif, et offrit à Jeanie de la conduire dans la chambre des témoins: suivant l'usage scrupuleux des cours d'Ecosse, ils y restent jusqu'à ce qu'on les appelle pour faire leur déposition, séparés de tous ceux qui pourraient exercer quelque influence sur la déclaration qu'ils ont à faire, ou les informer de ce qui se passe au tribunal pendant l'instruction du procès.

— Cela est-il absolument nécessaire? demanda Jeanie, qui éprouvait beaucoup de répugnance à quitter son père.

— Indispensable! dit Saddletree. Qui a jamais vu un témoin rester dans la salle des séances?

—C'est réellement une chose nécessaire, dit M. Novit;— et Jeanie bien à contre-cœur se rendit dans la chambre des témoins, à la suite de l'huissier.

—C'est là ce qu'on appelle séquestrer un témoin, M. Deans, dit Saddletree, ce qui n'est pas la même chose que de séquestrer les biens. J'ai été souvent moi-même séquestré comme témoin, car le sheriff est dans l'usage de m'appeler pour attester les déclarations par révélation anticipée, M. Sharpitlaw de même; mais je n'ai jamais eu mes biens séquestrés qu'une fois, et il y a long-temps, avant mon mariage. Mais chut! chut! voici la cour qui arrive.

En ce moment les cinq lords de la cour de justice, revêtus de leurs robes écarlates bordées de blanc, entrèrent dans la salle précédés de leur massier, et prirent séance.

Tout l'auditoire se leva par respect à leur arrivée; et le bruit que ce mouvement avait occasioné cessait à peine, qu'il s'en éleva un bien plus considérable, causé par la multitude qui s'empressait d'entrer par les portes de la salle et des galeries, ce qui annonçait que l'accusée allait paraître à la barre. Les portes ne sont ouvertes d'avance qu'aux personnes qui ont droit d'être présentes, ou à celles qui occupent un rang dans la société; et le tumulte a lieu lorsqu'on laisse entrer tous ceux que la curiosité fait accourir à l'audience. La multitude de ces derniers se précipita, le visage enflammé, les habits en désordre, se coudoyant avec rudesse, ou tombant les uns sur les autres, tandis que quelques soldats, formant comme le centre de ce flux et reflux, pouvaient à peine procurer un passage libre à l'accusée jusqu'à la place qui lui était assignée. Enfin le désordre fut apaisé par l'autorité de la cour et les efforts des huissiers, et la malheureuse fille fut placée à la barre du tribunal entre deux soldats qui avaient la baïonnette au bout du fusil pour y entendre la sentence qui devait décider de sa vie ou de sa mort.

CHAPITRE XXII.

« Nous avons des statuts et des lois rigides—(frein
» nécessaire à des passions fougueuses) que nous
» avons laissés dormir depuis dix-neuf ans, comme
» un vieux lion qui ne sort plus de sa caverne pour
» aller chercher sa proie. »

SHAKSPEARE.

— Euphémie Deans, dit le juge président d'un ton de dignité où l'on remarquait un mélange de compassion, levez-vous, et écoutez l'accusation criminelle intentée contre vous.

L'infortunée, qui avait été comme étourdie par le tumulte du peuple, à travers les flots duquel les gardes avaient eu peine à lui frayer un passage, jeta des regards égarés sur la multitude de têtes dont elle était environnée, et qui semblait former, pour ainsi dire, sur les murs, depuis le plafond jusqu'en bas, une tapisserie vivante. Elle obéit comme par instinct à l'ordre que lui donnait une voix qui lui parut aussi formidable que le son de la trompette du jugement dernier.

— Relevez vos cheveux, Effie, lui dit un des huissiers ; car ses longs cheveux noirs, que, suivant la coutume d'Ecosse, les femmes non mariées ne couvrent jamais d'un chapeau ni d'un bonnet, et qu'elle n'osait plus retenir avec le *snood* ou ruban blanc, symbole de la virginité, tombaient sur son visage et cachaient presque entièrement ses traits. En recevant cette espèce d'avertissement, la pauvre fille, avec un geste empressé, mais presque mécanique, sépara les belles tresses qui ombrageaient son front, et montra un visage qui, quoique pâle et maigre, était si beau encore, malgré sa profonde affliction, qu'il excita un murmure universel de compassion et de sympathie. Cette expression d'attendrissement la fit sortir de cette stupeur de la crainte qui, dans le premier moment, avait fait taire en elle toute autre sensation, et réveilla dans son cœur le sentiment non moins pénible de la honte attachée à la situation où elle se trouvait.

Ses yeux, qu'elle avait d'abord portés de toutes parts d'un air égaré, se baissèrent vers la terre; et ses joues, naguère pâles comme la mort, se couvrirent d'une telle rougeur, que lorsque, dans l'angoisse de la honte, elle voulut se cacher le visage, son cou, son front, tout ce que ses mains délicates ne pouvaient voiler était écarlate.

Chacun remarqua ce changement, chacun en fut ému, excepté un seul homme; c'était le vieux Deans, qui, immobile à sa place, où il ne pouvait ni voir ni être vu sans se lever, n'en restait pas moins les yeux fixés à terre, comme s'il eût craint d'être témoin oculaire de la honte de sa maison.

— Ichabod! se dit-il à lui-même, Ichabod, ma gloire est éclipsée!

Pendant qu'il se livrait à ces réflexions, on fit la lecture de l'acte d'accusation, et le président, suivant l'usage, demanda à l'accusée si elle se déclarait *coupable* ou *non coupable*.

— Non coupable de la mort de mon pauvre enfant, répondit-elle d'une voix dont les accens doux et plaintifs, ajoutant à l'intérêt que ses traits avaient déjà inspiré, firent naître une nouvelle émotion dans le cœur de tous les auditeurs.

La cour invita ensuite l'avocat de la couronne à plaider la *relevance*, c'est-à-dire à exposer les argumens en point de droit et l'*évidence* en point de fait contre la prévenue et en sa faveur. Après quoi, c'est une coutume de la cour de prononcer un jugement préliminaire, en renvoyant la cause à la connaissance du jury, ou des assises.

L'avocat de la couronne parla, en peu de mots, de la fréquence du crime d'infanticide, qui avait fait porter le statut spécial sous la menace duquel l'accusée se trouvait. Il cita les divers exemples, dont quelques uns étaient accompagnés de circonstances atroces, qui avaient forcé, malgré lui, l'avocat du roi à essayer si, en donnant à l'acte du parlement porté pour prévenir ce crime, toute l'extension et la force dont il était susceptible, il ne pourrait pas le rendre plus rare.

— « Je crois, dit-il, pouvoir prouver, par les déclarations des témoins et celles de l'accusée elle-même, qu'elle est dans le cas prévu par le statut. L'accusée n'avait communiqué sa grossesse à personne; elle en a elle-même fait l'aveu. Ce secret est le premier point sur lequel se fonde la prévention. Il conste de la même déclaration qu'elle a mis au monde un enfant mâle, et dans des circonstances qui ne donnent que trop de raisons de croire qu'il est mort par les mains ou du consentement de la malheureuse mère. » — Il n'était cependant pas nécessaire à l'avocat du roi de donner des preuves positives que l'accusée était complice du meurtre, ni même d'établir que l'enfant avait péri; il lui suffisait pour soutenir l'accusation qu'il eût disparu. D'après la sévérité nécessaire de la loi, celle qui cachait sa grossesse, et se passait des secours presque indispensables lors de l'accouchement, était supposée avoir médité la mort de son fruit. A moins qu'elle ne parvînt à prouver que l'enfant était mort naturellement, ou à le produire en vie, elle devait être déclarée coupable, et condamnée à mort en conséquence.

L'avocat de l'accusée, homme renommé dans sa profession, ne prétendit pas réfuter directement les argumens de l'avocat du roi.

— « Il suffit à Vos Seigneuries, observa-t-il, de savoir que telle est la loi, et le ministère public a eu le droit de réclamer le cas de *relevance;* mais j'espère atténuer l'accusation. L'histoire de ma cliente est courte, mais bien triste. Elle a été élevée dans les plus austères principes de la religion et de la vertu; c'est la fille d'un homme estimable, qui, dans les temps critiques, s'est fait connaître par son courage en souffrant la persécution pour sa conscience. »

David Deans se leva par une sorte de mouvement convulsif, en entendant parler de lui de cette manière, et se rassit au même instant en s'appuyant la tête sur les deux mains. Les avocats whigs présens à la séance firent entendre un léger murmure d'approbation, tandis que les torys au contraire se mordaient les lèvres.

— « Quelque opinion que nous puissions avoir des dogmes religieux de cette secte, continua l'avocat, qui sentait la nécessité de se concilier la faveur des deux partis, personne ne peut nier que la morale n'en soit pure, et que les enfans n'y soient élevés dans la crainte de Dieu. C'est pourtant la fille d'un tel homme qu'on citerait devant un jury pour la convaincre d'un crime appartenant plutôt à un pays païen ou aux nations sauvages qu'à un royaume chrétien et civilisé. Je ne nierai pas que, malgré les excellens principes qu'elle avait reçus, la malheureuse fille n'ait cédé, dans un moment de faiblesse, aux artifices d'un séducteur qui cache sous un extérieur prévenant une âme capable de tous les crimes, qui lui avait promis de l'épouser, et qui aurait peut-être exécuté cette promesse, si son emprisonnement, sa condamnation à mort, sa fuite et la nécessité de se cacher, n'y eussent mis obstacle. En un mot, messieurs, l'auteur des malheurs de ma cliente, le père de l'enfant dont la disparition est un mystère, est le trop célèbre Georges Robertson, le complice de Wilson, et le principal auteur de l'insurrection qui se termina par la mort de Porteous. »

— Je suis fâché d'interrompre l'avocat dans une telle cause, dit le président, mais je dois lui rappeler que tous ces faits sont étrangers à l'affaire dont il s'agit.

L'avocat répondit au président par un salut. — Il avait cru nécessaire, reprit-il, de parler de Robertson, parce que la position où se trouvait cet homme rendait assez raison du silence sur lequel l'avocat du roi s'était appuyé pour prouver que sa cliente méditait le meurtre de son enfant. Elle n'avait pas déclaré à ses amies qu'elle avait été séduite ; — et pourquoi ne l'avait-elle pas fait ? — Parce qu'elle espérait tous les jours que son honneur lui serait rendu par celui qui le lui avait ravi, et qu'elle croyait en état et dans l'intention de réparer, en l'épousant, les torts dont il était coupable envers elle. Était-il naturel, était-il raisonnable de vouloir qu'elle devînt *felo de se*, c'est-à-dire qu'elle rendît sa honte publique, lorsqu'elle pouvait espérer qu'en la cachant pour un temps elle la voilait à jamais ? N'était-il pas au contraire pardonnable que, dans une telle extrémité, une jeune femme fût éloignée de faire sa confidente de chaque commère curieuse qui venait lui demander l'explication d'un changement suspect survenu en elle, et que les femmes de la basse classe, les femmes de tous les rangs, dit même l'avocat, sont si promptes à remarquer, et qu'elles découvrent même là où la chose n'existe pas ? Était-il étrange qu'Effie eût repoussé leurs importunes questions par de brusques dénégations? Le sens commun devait faire dire non.—Mais quoique ma cliente eût gardé le silence envers celles qui n'avaient aucun droit d'exiger qu'elle leur fît part de sa grossesse, à qui même, dit le savant avocat, il eût été imprudent de se confier, cependant j'espère écarter cette difficulté, j'espère obtenir le renvoi honorable de la pauvre fille, en prouvant qu'en effet, en temps et lieu, elle révéla sa malheureuse situation à une personne plus digne de cette confiance. C'est ce qui arriva après la condamnation de Robertson, et lorsqu'il était en prison dans l'attente du sort auquel il échappa d'une manière si étrange. Ce fut alors que, n'espérant plus la réparation de sa faute, et qu'une union avec son séducteur, si elle eût été probable, aurait pu être regardée comme un surcroît de honte; — ce fut alors, j'espère le prouver, que l'accusée s'ouvrit sur ses dangers et son malheur à sa sœur, jeune femme plus âgée qu'elle, et fille d'un premier lit, si je ne me trompe.

—Si en effet vous pouvez nous prouver ce point, M. Fairbrother, dit le président. —

—Si je puis le prouver, milord! reprit Fairbrother; j'espère non seulement servir ma cliente, mais dispenser Vos Seigneuries de ce qui serait pour vous un pénible devoir, et donner à tous ceux qui m'entendent la douce satisfaction de voir une personne si jeune, si ingénue, et si belle, renvoyée d'une accusation qui compromet à la fois son honneur et sa vie.

Cette apostrophe parut affecter la plupart des auditeurs, et fut accueillie par un léger murmure d'approbation.

Deans, en entendant citer la beauté et l'innocence présumable de sa fille, allait involontairement tourner les yeux sur elle; mais, se contraignant, il les reporta vers la terre.

—« Mon savant confrère, l'avocat du roi, continua Fairbrother, ne partagerait-il pas la joie générale, lui qui concilie si bien l'humanité avec l'accomplissement de ses devoirs? Je le vois secouer la tête d'un air de doute, et montrer du doigt la déclaration de l'accusée. Je le comprends parfaitement : — il voudrait insinuer que le fait que j'avance ne s'accorde pas avec les aveux d'Euphémie Deans elle-même.

Je n'ai pas besoin de rappeler à Vos Seigneuries que sa défense actuelle ne doit nullement être restreinte dans les bornes de ses premières déclarations. Son jugement doit dépendre de ce qui sera prouvé ultérieurement pour elle ou contre elle. Je ne suis point obligé de dire pourquoi elle n'a point parlé, dans sa déclaration, de la confidence qu'elle avait faite à sa sœur. Elle peut n'avoir pas connu l'importance de ce fait; elle peut avoir craint d'impliquer sa sœur; elle peut avoir oublié cette circonstance dans la terreur et le trouble qui l'agitaient. Il n'est aucune de ces raisons qui ne suffise pour motiver cette réticence. Je m'en tiens surtout à sa crainte erronée de compromettre sa sœur, parce que j'observe que, par la même tendresse pour son amant (tout indigne qu'il en est), Euphémie Deans n'a pas une seule fois prononcé le nom de Robertson dans son interrogatoire.

» Mais, milords, continua Fairbrother, je sais que l'avocat du roi exigera que je fasse concorder la preuve que j'offre avec d'autres circonstances que je ne puis ni ne veux nier. Il me demandera comment concilier l'aveu d'Effie Deans à sa sœur avec le mystère dont elle a couvert la naissance de son enfant, — avec sa disparition, et peut-être sa mort (car j'admets tout ce qui est possible et ce que je ne puis réfuter). Milords, l'explication de ces contradictions apparentes se trouve dans la douceur, et je puis dire la flexibilité du sexe. Les *dulces Amaryllidis iræ*, comme le savent Vos Seigneuries, sont aisément apaisées. Il n'est pas possible de concevoir une femme tellement offensée par l'homme qu'elle a aimé, qu'elle ne conserve pour lui un fond de pardon auquel son repentir réel ou affecté peut pleinement avoir recours sans craindre de refus. Nous pouvons prouver, par une lettre, que ce Robertson, du sein de sa prison, où il méditait sa fuite, exerçait encore une pleine autorité sur l'esprit de la pauvre Effie, dont il dirigeait en quelque sorte tous les mouvemens. Ce fut pour lui complaire que l'accusée suivit un plan de conduite tout opposé à celui que ses bonnes intentions lui auraient suggéré. Ce fut par ses insinuations que, lorsque son terme approchait, au lieu de se confier à sa famille, elle se livra aux soins de quelque vil agent de son coupable séducteur, et fut conduite dans un de ces repaires secrets qui, à la honte de notre police, existent dans nos faubourgs, où, par l'assistance d'une personne de son sexe, elle accoucha d'un enfant mâle, avec des circonstances qui augmentèrent encore l'amertume des souffrances auxquelles fut condamnée notre première mère.

» Quelle était l'intention de Robertson? Il est difficile de le deviner. Peut-être voulait-il épouser Effie Deans, car son père est dans l'aisance. Mais quant au dénouement de cette histoire et à la conduite de celle qu'il avait placée auprès de l'accusée, c'est ce dont il est encore plus embarrassant de rendre raison.

» Euphémie fut attaquée de la fièvre qui survient aux femmes en couche. Il paraît que la personne qui la soignait profita de son délire pour la tromper: en revenant à elle, Euphémie se trouva sans enfant dans ce séjour de l'opprobre et de la misère. Son enfant lui avait été enlevé, peut-être dans de criminelles intentions, peut-être a-t-il été en effet assassiné ! »

Ici Fairbrother fut interrompu par le cri perçant d'Effie. Ce ne fut qu'avec peine qu'on parvint à lui rendre le calme. Son avocat profita de cette interruption tragique pour terminer son plaidoyer, en produisant de l'effet.

—« Milords, dit-il, dans ce cri douloureux vous avez entendu l'éloquence de l'amour maternel, supérieure à toutes mes paroles:—c'est Rachel pleurant ses enfans. La nature elle-même témoigne en faveur des sentimens de cette jeune mère. Je n'ajouterai pas un mot de plus à cette voix du cœur. »

— Avez-vous entendu rien de pareil, laird Dumbiedikes? dit alors Saddletree; il vous couvrirait toute une bobine avec un bout de fil: il est dans le cas de tirer bon parti de la déclaration; il suppose que Jeanie Deans était prévenue par sa sœur. M. Crossmyloof fait peu de cas de cette supposition. Mais il tirerait un gros oiseau d'un petit œuf. Il tirerait tous les poissons du Frith. Ah! pourquoi mon père ne m'a-t-il pas envoyé à Utrecht! Mais chut, la cour va prononcer sur la *relevance.*

En effet, les juges, après quelques mots de préambule,

prononcèrent leur jugement, qui portait que la prévention, si elle était prouvée, était suffisante pour motiver les peines de la loi ; et que la défense établissant que l'accusée avait communiqué sa situation à sa sœur était aussi une défense suffisante ; enfin les juges soumettaient ladite prévention et ladite défense au jugement d'un jury.

CHAPITRE XXIII.

« Très équitable juge, une sentence ; allons, préparez-
» vous. »

SHAKSPEARE. *Le Marchand de Venise.*

CE n'est nullement mon intention de décrire minutieusement les formes d'un procès criminel d'Écosse, et j'aurais peur de ne pas être assez exact pour être à l'abri de la critique des messieurs de la robe d'Édimbourg : il suffit de dire que l'accusée fut traduite devant le jury, et que le procès continua. On demanda de nouveau à Effie si elle plaidait non coupable. — Elle répondit encore : Non coupable, avec le même son de voix déchirant.

L'avocat de la couronne fit alors entendre comme témoins deux ou trois femmes, qui déposèrent toutes qu'elles s'étaient aperçues de la situation dans laquelle Effie s'était trouvée, qu'elles lui en avaient parlé plusieurs fois, en l'engageant à convenir de sa faute, mais que celle-ci en avait toujours fait le désaveu le plus absolu.

Mais, comme il arrive souvent, la déclaration de l'accusée était le témoignage le plus sévère contre elle-même.

Dans le cas où ces contes viendraient à être lus au-delà des frontières d'Écosse, il est bon d'informer nos lecteurs qu'il est d'usage en ce pays, lorsque quelqu'un est arrêté sur une présomption de crime, de lui faire subir un interrogatoire judiciaire devant un magistrat. Il n'est obligé de répondre à aucune des questions qu'on lui fait, et il peut garder le silence s'il juge qu'il soit de son intérêt de le faire.

Mais toutes ses réponses sont constatées par écrit, signées par lui et par le magistrat, et on les produit contre lui lors de son jugement. Il est bien vrai que ces réponses ne sont pas produites comme des preuves directes de son crime, mais seulement comme venant à l'appui de celles qu'on a obtenues d'ailleurs. Malgré cette distinction subtile, introduite par les praticiens pour concilier cette forme de procédure avec cette règle générale qu'un homme ne peut porter témoignage contre lui-même, il arrive souvent que ces déclarations deviennent des moyens puissans contre l'accusé, qui se trouve pour ainsi dire condamné par sa propre bouche. Le prévenu, comme nous l'avons déjà dit, a le droit de garder le silence, mais il use rarement de cette faculté, parce qu'il sent que le refus de répondre à des questions qui lui sont faites par une autorité légale augmente les soupçons déjà conçus contre lui, et qu'il espère, par une apparence de franchise et par des déclarations spécieuses, déterminer le juge à le remettre en liberté. Mais, soit en disant un peu trop la vérité, soit en y substituant une fiction, l'accusé s'expose souvent à des contradictions, qui fournissent des armes contre lui dans l'esprit des jurés.

La déclaration d'Effie Deans fut faite d'après d'autres principes; nous allons la citer ici dans les formes judiciaires, et telle qu'on la trouve au registre de la cour.

La prévenue avoue une intrigue criminelle avec un individu dont elle désire cacher le nom.—Étant interrogée sur ses raisons pour garder le secret sur ce point; elle a déclaré qu'elle n'avait pas le droit de blâmer la conduite de la personne plus que la sienne propre, qu'elle voulait bien avouer sa faute, mais ne rien dire qui pût compromettre un absent. Interrogée si elle avait avoué sa situation à quelqu'un, ou préparé ses couches; déclare que non: et étant interrogée, pourquoi elle s'abstint de faire ce que sa situation exigeait si impérieusement; déclare qu'elle était honteuse de parler à ses amis, et qu'elle espérait que la personne mentionnée par elle pourvoirait à ses besoins et à ceux de son enfant. Interrogée si la personne le fit; déclare que la personne ne le fit pas elle-même; mais que ce ne fut pas sa faute, car la prévenue est certaine qu'il aurait donné sa vie pour son enfant et pour elle. Interrogée sur les causes qui l'avaient empêché de tenir sa promesse ; déclare qu'il lui était impossible de le faire, et refuse de répondre davantage à cette question. Interrogée où elle avait été depuis le temps qu'elle avait quitté la maison de son maître, M. Saddletree, jusqu'à son retour chez son père la veille du jour de son arrestation ; déclare ne pas s'en souvenir. Et l'interrogation étant réitérée ; déclare qu'elle dira la vérité, même pour sa perte, tant qu'on ne l'interrogera pas sur les autres, et reconnaît avoir passé ce temps-là dans la maison d'une femme de la connaissance de celui qui lui avait indiqué cet endroit pour y accoucher, et que là elle avait mis au monde un enfant mâle. Interrogée sur le nom de cette femme ; déclare qu'elle refuse de répondre. Interrogée sur le lieu où elle demeure ; déclare qu'elle n'en est pas certaine ; il était nuit quand elle l'avait conduite chez elle. Interrogée si c'était dans la ville, ou dans les faubourgs ; déclare qu'elle refuse de répondre à cette question. Interrogée si en quittant la maison de M. Saddletree, elle monta ou descendit la rue ; déclare qu'elle refuse de répondre à cette question. Interrogée si elle avait jamais vu la femme avant d'être dirigée chez elle par la personne dont elle refuse de dire le nom ; déclare et répond qu'elle ne croit pas l'avoir jamais vue. Interrogée si cette femme lui fut présentée par ladite personne verbalement ; déclare n'être pas libre de répondre à cette question. Interrogée si l'enfant était né vivant ; déclare que,—Dieu lui soit propice à elle et à l'enfant,—que l'enfant était certainement vivant. Interrogée si l'enfant était mort naturellement après sa naissance ; déclare ne pas le savoir. Interrogée où il est ; déclare qu'elle donnerait sa main droite pour le savoir, mais qu'elle craint bien de n'en plus voir que les os. Interrogée pourquoi elle le suppose mort ; la prévenue pleure amèrement et ne fait pas de réponse. Interrogée si la femme chez qui elle était paraissait avoir les connaissances nécessaires pour sa situation ; déclare qu'elle semblait bien en avoir assez, mais que c'était une bien méchante femme : interrogée s'il se trouvait chez elle d'autres personnes qu'elles deux; déclare qu'elle croit qu'il s'y trouvait une autre femme, mais qu'elle avait la tête si troublée qu'elle y avait fait peu d'attention. Interrogée quand on lui avait enlevé son enfant; déclare qu'elle avait eu la fièvre et le délire, et que quand, revenue à elle-même, elle avait redemandé l'enfant, la femme lui a dit qu'il était mort; qu'elle avait répondu : S'il est mort, on lui a fait un mauvais parti; que là-dessus la femme avait été très irritée et l'avait accablée de menaces et d'injures; elle avait eu peur et s'était traînée hors de la maison dès que la femme avait eu le dos tourné, et s'était rendue à Saint-Léonard aussi bien qu'on le pouvait dans son état. Interrogée pourquoi elle n'avait pas conté cette histoire à son père et à sa sœur, afin de faire chercher l'enfant mort ou vif; elle déclare que c'était son intention de le faire, mais elle n'en avait pas eu le temps. Interrogée pourquoi elle cachait le nom et la demeure de la femme, l'accusée garde le silence un moment, et dit qu'en les faisant connaître elle ne remédierait pas au mal qui était fait, et en pourrait causer davantage. Interrogée si elle avait eu jamais elle-même quelque idée de faire périr son enfant par violence; répond : Jamais ;—que Dieu lui fasse miséricorde ;—et déclare de nouveau que jamais elle n'y a pensé dans sa pleine raison, mais elle ne peut répondre des mauvaises pensées que l'ennemi a pu lui mettre dans la tête pendant qu'elle était hors d'elle-même. Interrogée de nouveau solennellement; déclare qu'elle aurait mieux aimé être tirée à quatre chevaux que de faire le moindre mal à son enfant. Interrogée : déclare que dans les injures que lui disait la femme, elle prétendait qu'elle avait blessé son enfant dans son délire; mais la prévenue croit que cela ne lui a été dit que pour l'effrayer. Interrogée sur ce que la femme lui avait encore dit; déclare que lorsque les cris qu'elle poussait en apprenant que l'enfant était mort lui firent craindre que les voisins ne l'entendissent, entre autres menaces, elle lui dit que ceux qui avaient pu empêcher l'enfant de crier, sauraient bien en empêcher la mère si elle ne se taisait pas, et que cette menace lui fit conclure que l'enfant était mort et elle-même en danger; car cette femme était une bien méchante femme comme elle la jugeait d'après son langage. Interrogée : déclare que la fièvre et son délire lui furent occasionés par de mauvaises nouvelles ; mais refuse de dire quelles étaient ces nouvelles. Interrogée pourquoi elle refuse de donner des détails qui pourraient être utiles au magistrat pour découvrir si son enfant est mort ou vivant, sauver sa propre vie, et retirer l'enfant des mauvaises mains où il paraît être tombé, s'il vit encore ; et comme on lui observe que ces réticences ne sont pas d'accord avec son intention prétendue de s'ouvrir à sa sœur ; déclare qu'elle sait que l'enfant est mort, ou que s'il vit, il y a quelqu'un qui veillera sur lui ; que quant à elle, sa vie est entre les mains de Dieu qui connaît l'innocence de ses intentions par rapport à son enfant ; qu'elle avait le projet de parler en quittant la maison de la femme, mais qu'elle a changé d'avis à cause d'une chose qu'elle a apprise depuis ; et déclare en général qu'elle est fatiguée et ne répondra plus ce jour-là.

Dans un interrogatoire subséquent, Euphémie Deans s'en référa à la précédente déclaration, en ajoutant sur la présentation d'un papier trouvé dans la malle qu'elle avait, que c'était la lettre d'après laquelle elle s'était confiée à la femme dont elle avait parlé. Cette lettre contenait ce qui suit :

« MA CHÈRE EFFIE,

» J'ai trouvé les moyens de vous assurer les secours d'une femme qui est en état de vous donner les soins qui vous seront nécessaires dans la situation où vous allez vous trouver. Elle n'est pas tout ce que je désirerais qu'elle fût, mais je ne puis faire mieux dans ma position actuelle, et je suis forcé d'avoir recours à elle en ce moment pour vous et pour moi. Je suis dans une cruelle situation, mais ma pensée est libre, et je ne suis pas sans espérances. Je crois que Handie Andie et moi pourrons narguer encore le gibet. Vous me gronderez de vous écrire ainsi, mon petit Lis cameronien, mais si je vis assez pour vous servir de soutien ainsi qu'à notre enfant, vous aurez le temps de gronder. De la discrétion surtout.

Ma vie dépend de cette sorcière. Elle est dangereuse et rusée, mais elle a des motifs pour ne pas me trahir. Adieu, cher Lis : dans une semaine vous me reverrez, ou vous ne me reverrez jamais.

» *P. S.* S'il faut que je périsse, mon plus grand sujet de repentir à mon dernier moment sera le tort que j'ai fait à mon Lis. »

Effie refusa de déclarer qui lui avait écrit cette lettre, mais on en savait assez pour ne pas douter qu'elle n'eût été écrite par Robertson, et la date se rapportait à l'époque où Wilson et lui avaient fait pour s'évader de prison une tentative qui avait été découverte comme on l'a vu au commencement de cette histoire.

La couronne ayant produit ses preuves, ce fut le tour de l'avocat d'Effie, qui demanda à faire examiner les témoins qui devaient déposer sur le caractère de l'accusée. Tous en firent l'éloge, mais surtout mistress Saddletree, qui, les larmes aux yeux, déclara qu'Effie lui avait inspiré la même amitié que si elle eût été sa fille. Tout le monde fut touché du bon cœur de cette digne femme, excepté son mari, qui dit tout bas à Dumbiedikes :

— Votre Nicol Novit n'y entend rien. A quoi bon amener ici une femme pour pleurnicher ? C'était moi qu'il fallait citer. J'aurais fait une telle déclaration, qu'on n'aurait pu toucher à un cheveu de sa tête.

— Eh mais, est-il donc trop tard ? dit le laird : je vais dire un mot à Novit.

— Non, non ! reprit Saddletree : ce serait une déclaration spontanée, et je sais ce qui en résulterait. Il aurait dû me faire citer *debito tempore*. Et, s'essuyant la bouche avec un mouchoir de soie, d'un air d'importance, il reprit l'attitude d'un auditeur attentif et intelligent.

M. Fairbrother avertit alors brièvement qu'il allait faire paraître son témoin le plus important, et de la déclaration duquel dépendait en grande partie le succès de sa cause. On venait de voir ce qu'était sa cliente d'après les témoins précédens; et, si les termes les plus vifs de recommandation et même les larmes pouvaient intéresser à son sort, elle avait déjà obtenu cet avantage; il devenait nécessaire cependant de produire des preuves plus positives de son innocence que celles qui résultaient de ces rapports en sa faveur, et c'étaient ces preuves qu'il allait obtenir de la bouche de la personne à qui elle avait communiqué sa situation,—de la bouche de sa confidente naturelle,—de sa sœur.—Huissier, faites comparaître Jeane ou Jeanie Deans, fille de David Deans, nourrisseur de vaches laitières à Saint-Léonard's-Craigs.

A ces mots, Effie se tourna vivement du côté par où sa sœur devait entrer, et, quand elle la vit s'avancer lentement précédée par un huissier vers la table, ses bras tendus vers elle, ses cheveux épars, ses yeux en larmes, semblaient dire à sa sœur :— O Jeanie, sauvez-moi ! sauvez-moi !

Par un sentiment différent, mais d'accord avec son caractère fier et stoïque, le vieux Deans, quand il entendit appeler sa fille, prit un nouveau soin de se cacher à tous les yeux; et quand Jeanie en entrant jeta un coup d'œil timide du côté où elle savait qu'il était placé, il lui fut impossible de l'apercevoir.

Il s'assit auprès de Dumbiedikes, en changeant de côté, se tordit les mains, et dit tout bas :— Ah! laird, c'est là le plus pénible de tout;— si je puis surmonter la douleur de ce moment.— Je sens ma tête qui se trouble; mais mon divin maître est fort, si son serviteur est faible.—Après une courte prière mentale, il se releva, comme incapable, dans son impatience, de garder long-temps la même posture, et peu à peu il se retrouva à la place qu'il avait quittée.

Jeanie cependant s'était avancée vers la table, et, ne pouvant contenir son affection, elle tendit tout-à-coup la main à sa sœur. Effie était à si peu de distance, qu'elle put la saisir avec les siennes, l'approcher de ses lèvres, la couvrir de baisers, et la mouiller de ses larmes avec la tendre dévotion qu'éprouve un catholique pour l'ange gardien descendu des cieux pour le sauver. Jeanie, se cachant le visage avec son autre main, pleurait amèrement. Cette vue aurait touché un cœur de pierre : plusieurs des spectateurs répandirent des larmes, et il se passa quelque temps avant que le président lui-même fût assez maître de son émotion pour dire au témoin de se calmer, et à la prisonnière de s'abstenir de ces marques d'affection, qui, quoique bien naturelles, ne pouvaient lui être permises en ce moment.

Il lui fit alors prêter le serment solennel—de dire la vérité, de ne rien cacher de la vérité sur tout ce qu'elle savait, sur tout ce qui lui serait demandé, et comme elle répondrait à Dieu même le jour du jugement : serment auguste qui manque rarement de faire impression sur les hommes les plus corrompus, et qui pénètre les plus justes d'une crainte respectueuse. Jeanie le répéta à voix basse, mais distincte, après le président qui lui en dictait les termes ; car, dans les cours d'Écosse, c'est lui, et non un officier inférieur de justice, qui est chargé de guider le témoin dans cet appel solennel, véritable sanction de son témoignage. Élevée dans la crainte de la Divinité, Jeanie ne put le prononcer sans une vive émotion, et elle sentit une force intérieure qui l'élevait au-dessus de toutes les affections terrestres, et qui ne lui permettait de penser qu'à celui dont elle venait de prendre le nom à témoin de la vérité de ce qu'elle allait dire.

L'importance dont devait être son témoignage détermina le président à lui adresser quelques mots.

— Jeune femme, lui dit-il, il est de mon devoir de vous dire que, quelles qu'en puissent être les conséquences, la vérité est ce que vous devez à votre pays, à la cour, à vous-même et au Dieu dont vous venez d'invoquer le nom. Prenez le temps qui vous sera nécessaire pour répondre aux questions qui vont vous être faites par cet avocat (montrant l'avocat d'Effie) ; mais n'oubliez pas que, si vous vous écartez de la vérité, vous en répondrez dans ce monde et dans l'autre.

On lui fit ensuite les questions d'usage, si elle n'était influencée ni par les promesses ni par les menaces de qui que ce fût ; si personne ne lui avait dicté la déclaration qu'elle venait faire ; enfin, si elle n'avait ni haine ni ressentiment contre l'avocat de Sa Majesté, contre lequel elle était citée en témoignage : demandes auxquelles elle répondit tour à tour négativement, mais qui scandalisèrent le vieux Deans, ignorant que c'était une affaire de forme.

— Ne craignez rien! s'écria-t-il assez haut pour être entendu, ma fille n'est pas comme la veuve de Tékoah ? personne n'a mis des paroles dans sa bouche.

Un des juges, qui connaissait peut-être les livres des procès-verbaux mieux que le livre de Samuel, demanda tout bas au président s'il ne conviendrait pas de faire une enquête contre cette veuve qui lui paraissait être une suborneuse de témoin; mais le sage président, plus versé dans la connaissance de l'Écriture, fit tout bas à son savant confrère l'explication de cette phrase. Le délai qu'occasiona cet incident procura à Jeanie Deans les moyens de recueillir ses forces pour la tâche pénible qu'elle avait à remplir.

Fairbrother, qui ne manquait ni de pratique ni d'intelligence, vit la nécessité de donner à Jeanie le temps de retrouver toute sa présence d'esprit. Il avait quelque soupçon qu'elle venait rendre un faux témoignage pour sauver la vie de sa sœur. — Mais après tout, pensait-il, c'est son affaire; la mienne est de lui donner le temps de se remettre de son agitation, afin qu'elle puisse répondre catégoriquement aux questions que je suis obligé de lui faire. *Valeat quantùm!*

En conséquence, il commença son interrogatoire par quelques questions insignifiantes qui ne pouvaient causer ni embarras ni émotion.

— Êtes-vous sœur de la prisonnière?
— Oui, monsieur.
— Sœur germaine?
— Non, monsieur : nous sommes de différentes mères.
— Vous êtes plus âgée que votre sœur?
— Oui, monsieur. — Etc., etc.

Après ces questions préliminaires et quelques autres qui n'étaient pas plus importantes, l'avocat, jugeant qu'elle devait alors être suffisamment familiarisée avec sa situation, lui demanda si, dans les derniers temps du séjour d'Effie chez mistress Saddletree, elle ne s'était pas aperçue d'une altération dans la santé de sa sœur?

— Oui, monsieur, répondit Jeanie.

— Et elle vous en a sans doute dit la cause? continua l'avocat d'un ton d'aisance qui semblait la conduire à la réponse qu'elle devait faire.

— Je suis fâché d'interrompre mon confrère, dit l'avocat de la couronne en se levant, mais je demande à la cour si cette question peut être faite de cette manière.

— S'il faut discuter ce point, dit le président, je vais faire retirer le témoin.

Le barreau d'Écosse se fait généralement un scrupule d'adresser à un témoin une question de manière à lui donner à entendre quelle est la réponse qu'on attend de lui. Cette délicatesse, quoique partant d'un excellent principe, est pourtant quelquefois poussée trop loin, car un avocat qui a de la présence d'esprit peut toujours éluder la difficulté qu'on lui fait, et c'est ce qui arriva en cette occasion.

— Il n'est pas nécessaire, milord, répondit Fairbrother, de faire perdre le temps de la cour; puisque l'avocat du roi croit devoir critiquer la forme de ma dernière question, je vais la mettre en d'autres termes. Dites-moi, miss Deans, avez-vous fait quelques questions à votre sœur quand vous vous êtes aperçue de son état de souffrance? Prenez courage!... Eh bien?

— Je lui ai demandé ce qu'elle avait.

— Fort bien! Calmez-vous. Prenez le temps de répondre. Et que vous a-t-elle répondu?

Jeanie garda le silence, et son visage se couvrit d'une pâleur mortelle. Ce n'est pas qu'elle balançât sur la réponse qu'elle avait à faire. L'idée d'un parjure ne pouvait entrer dans son esprit; mais il était bien naturel qu'elle hésitât à anéantir la dernière espérance de sa sœur.

— Prenez courage, reprit Fairbrother; je vous demande ce qu'elle vous a répondu.

— Rien! répondit Jeanie d'une voix presque éteinte, mais qui fut entendue dans toutes les parties de la salle d'audience, tant il régnait un profond silence pendant l'intervalle qui s'était écoulé entre la question que l'avocat avait faite et la réponse qu'il avait reçue.

Fairbrother changea de visage, mais il ne perdit pas cette

présence d'esprit qui est souvent aussi utile dans une affaire litigieuse que dans une bataille. — Rien? reprit-il. Sans doute, lorsque vous l'interrogeâtes pour la première fois ; mais ensuite elle vous confia sa situation?

Il fit encore cette question d'un ton propre à lui faire comprendre toute l'importance de sa réponse, si elle ne l'avait déjà bien comprise. Mais la glace était rompue; Jeanie hésita moins que la première fois, et répondit assez promptement :
— Hélas! monsieur, jamais elle ne m'en a dit un seul mot.

Un profond gémissement rompit le silence qui régnait encore dans l'assemblée : c'était le malheureux père qui, en dépit de sa fermeté, ne put résister au coup qui faisait évanouir le peu d'espérance qu'il conservait encore malgré lui, et il tomba sans connaissance sur le plancher aux pieds de sa fille épouvantée.

L'infortunée prisonnière l'aperçut. — Mon père ! s'écria-t-elle en luttant avec les gardes qui la retenaient ; — laissez-moi, laissez-moi, leur dit-elle : je veux le voir, je le verrai. Il est mort! c'est moi, c'est moi qui l'ai tué !

Son air de désespoir, ses accens déchirans émurent tout l'auditoire, et retentirent long-temps dans tous les cœurs.

Dans ce moment d'angoisse et de confusion générales, Jeanie ne perdit pas cette supériorité d'âme qui la distinguait. Elle courut au vieillard. — C'est mon père! dit-elle à ceux qui voulaient la retenir. Quel autre que moi a le droit de le soulager? Et, écartant ses cheveux blancs, elle se mit à frotter ses tempes.

Le président, essuyant plusieurs fois ses larmes, ordonna qu'on transportât Deans dans une chambre voisine, et qu'on lui donnât tous les soins qu'exigeait sa situation. La prisonnière suivit des yeux son père porté par deux huissiers, et sa sœur qui l'accompagnait; mais, dès qu'ils furent sortis, elle sembla puiser un nouveau courage dans son isolement même et dans l'excès de son désespoir.

— J'ai bu le plus amer de ma coupe, dit-elle en s'adressant à la cour d'un ton ferme; si tel est votre bon plaisir, milords, je suis prête à aller jusqu'au terme de cette affaire; le jour le plus pénible doit avoir sa fin.

Le juge, qui, il faut le dire à son honneur, avait partagé le sentiment de pitié que tout l'auditoire avait éprouvé, ne put se défendre d'un mouvement de surprise en entendant la prisonnière le rappeler à ses fonctions. Il demanda à M. Fairbrother s'il avait d'autres témoins à faire entendre, et celui-ci répondit négativement d'un air triste.

L'avocat du roi parla au jury, au nom de la couronne; il dit en peu de mots—que personne ne pouvait être plus touché que lui de la scène affligeante qu'on venait de voir. Mais c'était la conséquence des grands crimes d'entraîner la ruine et le désespoir de tous ceux qui étaient liés avec les criminels. Il fit un simple résumé des preuves pour montrer que toutes les circonstances de l'affaire répondaient à celles qu'exigeait le statut invoqué contre l'infortunée prisonnière; le conseil de l'accusée avait échoué complètement en voulant prouver qu'Euphémie Deans avait communiqué sa situation à sa sœur: quant à la bonne conduite précédente d'Effie, c'était une observation pénible à faire que de dire que les femmes qui possédaient l'estime du monde, et à qui cette estime était justement précieuse, étaient celles qui étaient le plus fortement tentées de commettre le crime d'infanticide, par la crainte de la honte et des censures du monde. Lui, avocat du roi, il n'avait aucun doute sur le meurtre de l'enfant. Il se fondait sur les déclarations incohérentes de la prévenue et ses refus de répondre sur certains articles, tandis qu'il semblait avantageux pour elle autant que naturel de s'expliquer avec franchise. Il ne doutait pas davantage de la complicité de la mère: quelle autre qu'elle avait intérêt à cet acte inhumain? Certes, ni Robertson, ni l'agent de Robertson chez qui elle était accouchée, ne pouvaient être tentés de commettre ce crime, si ce n'est à cause d'elle, avec sa connivence, et pour sauver sa réputation. Mais la loi n'exigeait pas que le meurtre fût prouvé, non plus que la complicité de la mère. Le but de la loi était de substituer une suite de présomptions à la preuve complète qu'il était difficile d'obtenir dans ces cas-là. Les jurés pouvaient lire le statut, et ils avaient aussi l'acte d'accusation et l'*interlocutoire de relevance* pour les guider en point de droit. Il s'en remettait à la conscience des jurés pour décider s'il n'avait pas raison de réclamer un arrêt de culpabilité.

L'avocat de l'accusée, trompé par la déclaration de son témoin le plus important, n'avait plus que peu de choses à dire ; mais il combattit jusqu'à la fin avec courage et persévérance ; il osa censurer la sévérité de la loi elle-même.

— Ordinairement, dit-il, la première chose requise de l'accusateur public est de prouver, sans équivoque, que le crime désigné dans l'accusation a été commis : c'est ce que les juristes appellent prouver le *corpus delicti* (le *corps du délit*). Mais ce statut, avec les meilleures intentions et par une juste horreur pour le crime contre nature de l'infanticide, risque de causer le plus cruel des meurtres, la mort d'une personne innocente, pour venger un meurtre qui peut-être n'a pas eu lieu. Je suis si loin de reconnaître la probabilité de la mort violente de l'enfant, qu'on ne peut même me certifier que cet enfant ait jamais vécu.

L'avocat du roi en appela à la déclaration de l'accusée ; à cela M. Fairbrother répondit :

— Une déclaration faite dans un moment de terreur, d'angoisses, et presque de délire, ne saurait être un témoignage raisonnable contre celui qui l'a faite : mon savant confrère ne l'ignore pas. Il est vrai qu'une confession judiciaire, en présence des juges de paix eux-mêmes, est la plus forte des preuves, puisque la loi dit : *In confitentem nullæ sunt partes judicis*. Mais cela n'est vrai que de la confession judiciaire, et par ces mots la loi entend la confession faite en présence des juges de paix, avec enquête légale. Quant aux confessions extrajudiciaires, tous les auteurs soutiennent avec les illustres Farinaci et Mathews que : *Confessio extrajudicialis in se nulla est, et quod nullum est non potest adminiculari*. C'est une confession totalement vide, sans effet ni force depuis le commencement jusqu'à la fin, et nullement admissible. Il faut donc laisser de côté la confession extrajudiciaire, comme réduite à néant, et le ministère public doit prouver d'abord qu'un enfant est né avant d'établir qu'il a été tué. Si quelque membre du jury trouve que c'est là donner au statut un sens bien restreint, qu'il considère que ce statut de pénalité est si sévère, qu'il ne saurait être accueilli sans une certaine défaveur.

Fairbrother conclut son plaidoyer par une péroraison élégante fondée sur la scène dont on venait d'être témoin, et pendant cette péroraison Saddletree s'endormit.

Ce fut alors le tour du juge-président de faire son allocution aux jurés; il s'en acquitta avec clarté et brièvement.

— C'est au jury d'examiner si l'avocat du roi a bien soutenu l'accusation; quant à moi, je le dis avec un regret sincère, il ne me reste pas le moindre doute sur le *verdict* qu'appelle l'enquête judiciaire. Je ne suivrai pas l'avocat de l'accusée dans ses objections contre le statut du roi Guillaume et de la reine Marie. Le devoir du jury, comme le mien, est de juger d'après les lois, telles qu'elles sont, et non de les critiquer, de les éluder, ou même de les justifier. Dans une affaire civile je n'aurais pas permis qu'un avocat plaidât la cause de son client contre la loi elle-même; mais dans une cour criminelle, voulant accorder toute latitude à la défense, je ne l'ai pas interrompu. La loi actuelle a été instituée par la sagesse de nos pères pour arrêter les progrès alarmans d'un crime épouvantable; si elle est trouvée trop sévère, elle sera modifiée par la législature : jusque là c'est la loi du pays, la règle de la cour, et, d'après votre serment, ce doit être celle du jury. On ne peut mettre en doute la situation de la malheureuse fille : elle a fait un enfant, l'enfant a disparu; ce sont là des faits. Le savant avocat n'a pu prouver qu'elle eût communiqué sa grossesse; toutes les circonstances du statut sont donc réunies. Le savant avocat aurait voulu infirmer la propre confession de l'accusée : c'est la ressource ordinaire de tout avocat qui voit son client compromis par ses propres déclarations; mais la loi d'Écosse a prêté un certain poids à ces déclarations, quoique *extrajudiciaires* en quelque sorte. C'est ce qui est évident par l'usage de l'avocat du roi de s'en servir pour appuyer en grande partie ses conclusions; quiconque a entendu les témoins qui ont décrit l'état de la jeune fille avant son départ de la maison de Saddletree et son état quand elle y est revenue, ne pourrait douter de la grossesse et de l'accouchement. Son propre aveu n'est donc plus un témoignage isolé, mais appuyé par les circonstances les plus fortes.

—Je ne vous fais pas ces observations, ajouta le président, dans la vue d'influer sur votre opinion. La scène de détresse domestique que nous avons sous les yeux m'a ému autant que qui que ce soit dans l'auditoire ; jamais je n'avais senti comme aujourd'hui combien il est quelquefois, pénible de s'acquitter de son devoir; et si, sans blesser les lois divines et humaines, sans trahir votre propre conscience, vous pouvez donner une déclaration favorable à la prisonnière, je me réjouirai d'être déchargé du surplus de la tâche que je crains d'avoir à remplir.

Les jurés, après avoir entendu l'exhortation du juge, se retirèrent dans la salle de leurs délibérations, précédés d'un huissier de la cour.

CHAPITRE XXIV.

« Impitoyables lois, prenez votre victime !
» Puisse à son repentir le ciel, dans sa merci,
» Accorder le pardon qu'on lui refuse ici ! »

Anonyme.

Les jurés restèrent une heure à délibérer. En rentrant dans la salle d'audience, ils la traversèrent à pas lents, comme des hommes chargés d'une terrible responsabilité, et qui avaient à s'acquitter d'un devoir douloureux. Un silence profond, grave et solennel régna dans l'auditoire.

— Avez-vous choisi votre chancelier ? Ce fut la première question du juge.

Le foreman (ou chef du jury), qu'on nomme en Ecosse le chancelier du jury, s'avança vers le président ; et après l'avoir salué respectueusement, lui remit un papier cacheté contenant la déclaration du jury. Les jurés restèrent debout tandis que le président ouvrit le paquet, lut à voix basse la déclaration, et la remit, d'un air de gravité mélancolique, au greffier de la cour, pour qu'il la transcrivît sur les registres. Il restait une dernière forme à remplir, forme peu importante en elle-même, mais qui fait impression sur l'esprit, attendu les circonstances dans lesquelles on l'emploie. Une bougie allumée fut placée sur le bureau, et lorsque la déclaration eut été transcrite, on la remit sous enveloppe, le président la scella de son cachet pour qu'on la déposât ensuite aux archives, suivant l'usage. Comme toutes ces formalités s'accomplissent en silence, l'action d'éteindre la bougie semble faire préjuger aux spectateurs qu'ainsi s'éteindra bientôt la vie de l'infortuné qui va être condamné. C'est le même sentiment qu'on éprouve en Angleterre quand on voit le juge se couvrir de sa toque fatale [1]. Le président ordonna alors à Euphémie Deans d'écouter la lecture du verdict du jury.

Après les premiers mots du protocole obligé, le verdict disait que le jury ayant fait choix de John Kirk pour chancelier, et de Thomas Moore pour secrétaire, avait, à la pluralité des voix, trouvé Euphémie Deans COUPABLE du crime dont elle était accusée, mais qu'attendu sa grande jeunesse et les circonstances de l'affaire, il suppliait la cour à l'unanimité de la recommander à la clémence du roi.

— Messieurs, dit le président, vous avez fait votre devoir, un devoir pénible pour des hommes pleins d'humanité comme vous. Je ne manquerai pas de transmettre votre recommandation au pied du trône ; mais je dois vous prévenir que je n'ai pas le plus léger espoir que la grâce de la coupable soit accordée. Vous savez que ce crime s'est multiplié en ce pays, et il n'y a nul doute qu'on ne veuille en prévenir la répétition par un exemple de sévérité. Les jurés répondirent par un salut respectueux, et, délivrés de leurs pénibles fonctions, se dispersèrent dans la foule des spectateurs.

La cour demanda ensuite à Fairbrother s'il avait à faire quelque observation. Celui-ci avait examiné avec grand soin la déclaration du jury ; mais elle était dans toutes les formes, et il fut obligé d'avouer tristement qu'il n'avait rien à dire.

Le président alors s'adressa de nouveau à la prisonnière,

---

(1) Les présidens des tribunaux criminels en Angleterre se couvrent la tête quand ils doivent prononcer une condamnation à mort. — Éd.

et lui dit : — Euphémie Deans, écoutez la sentence de la cour qui va être prononcée contre vous.

Elle se leva d'un air qui annonçait plus de calme et de résolution qu'elle n'en avait montré jusqu'alors, et surtout au commencement de la séance. Il en est des souffrances de l'âme comme de celles du corps : les premiers coups sont toujours les plus difficiles à supporter, et occasionent une sorte d'apathie qui rend presque insensible à ceux qui les suivent : Mandrin le disait en subissant le supplice de la roue, et tous ceux qui ont éprouvé des malheurs continuels et successifs ont fait la même expérience.

— Jeune femme, dit le président, c'est un devoir pénible pour moi de vous annoncer que votre vie est condamnée par une loi sévère jusqu'à un certain point, mais nécessaire pour faire connaître à celles qui peuvent se trouver dans la situation où vous avez été, quel risque elles courent en cachant par une fausse honte la faute dont elles se sont rendues coupables. En refusant de découvrir la vôtre à votre sœur, à votre maîtresse, aux autres personnes de votre sexe qui s'en étaient aperçues, et dont votre bonne conduite antérieure vous aurait mérité la compassion, vous avez contrevenu à la loi qui vous condamne, et vous vous êtes rendue coupable tout au moins de l'oubli des précautions nécessaires pour assurer la vie de l'être auquel vous deviez donner le jour. Qu'est-il devenu? sa disparition ou sa mort est-elle votre ouvrage ou celui de quelqu'autre personne? c'est ce que Dieu et votre conscience ne peuvent ignorer. Malgré la recommandation que l'humanité des jurés a faite en votre faveur, je ne puis vous donner aucune espérance de pardon. Ne comptez donc pas que votre vie puisse se prolonger au-delà du terme fixé par la sentence de la cour. Nous l'avons reculé autant que la loi le permettait, pour vous laisser le temps de vous réconcilier avec le ciel. Vous pouvez appeler près de vous tel ministre que vous voudrez choisir; ne pensez plus à ce monde, et préparez-vous, par le repentir, à la mort et à l'éternité. Exécuteur de la justice, faites lecture de la sentence.

L'exécuteur des hautes œuvres en Écosse est chargé de

faire la lecture des condamnations à mort, et il semble qu'en passant par sa bouche, elles acquièrent un nouveau degré d'horreur. Lorsqu'il se présenta vers le bureau des juges, chacun recula comme par instinct à la vue de cette figure hideuse, vêtue d'un habit étrange, noir et gris, avec des passemens de galons. On se serait regardé comme souillé par le seul contact de ses vêtemens. Il paraissait sentir lui-même qu'il était l'objet d'une horreur générale, et, comme les oiseaux de ténèbres qui se dérobent au grand jour, il ne se montrait qu'à regret en public et à l'air pur, malgré son brutal endurcissement.

Répétant chaque phrase après le greffier de la cour, il murmura la sentence qui condamnait Euphémie Deans à être reconduite dans la prison d'Édimbourg, pour y être détenue pendant six semaines, à compter de ce jour, et à l'expiration de ce terme être conduite le mercredi... jour de... à la place ordinaire des exécutions, pour y être pendue jusqu'à ce que mort s'ensuivît; Et voilà la sentence que je prononce, ajouta le bourreau en grossissant sa voix avec emphase.

Il disparut aussitôt, semblable à un esprit de vengeance qui vient d'accomplir un sinistre message sur la terre; mais l'impression d'horreur que sa présence avait excitée dura encore long-temps après son départ.

La malheureuse criminelle, car c'est ainsi qu'il faut maintenant la nommer, quoique naturellement plus susceptible et moins résignée que son père et sa sœur, prouva en cette circonstance qu'elle participait à leur fermeté. Elle était restée debout et immobile, tandis qu'on lisait la sentence, et avait fermé les yeux en voyant paraître le bourreau; mais dès que cet homme odieux se fut retiré, elle fut la première à rompre le silence.

— Que Dieu vous pardonne, milords, dit-elle: ne trouvez pas mauvais que je fasse ce souhait. Quel est celui de nous qui n'a pas besoin de pardon? Quant à moi, je ne puis vous blâmer : vous avez agi d'après votre conscience. Si je n'ai pas causé la mort de mon pauvre enfant, vous avez tous vu que j'ai causé aujourd'hui celle de mon malheureux père. Je reçois donc votre sentence comme une punition des hommes et de Dieu. Mais Dieu est plus miséricordieux pour nous que nous ne le sommes les uns envers les autres.

Le président leva la séance : Effie fut reconduite en prison, et le public sortit de la salle d'audience avec autant de tumulte qu'il y était entré, chacun se pressant, se poussant et s'agitant des coudes et des épaules pour se faire jour à travers la foule. La plupart oublièrent, en reprenant leurs occupations ordinaires, les diverses émotions qu'ils avaient éprouvées : les hommes de loi, endurcis par l'habitude de voir de pareilles scènes, n'y étaient pas plus sensibles que des chirurgiens qui voient pratiquer une opération de leur art, et ils s'en retournèrent en discutant froidement le principe de la condamnation qui venait d'être prononcée, la nature des preuves produites contre l'accusée, les dépositions des témoins, les discours des avocats, et même ceux du président.

Les spectatrices, dont le cœur est toujours plus ouvert à la compassion, se récriaient vivement contre la dureté du juge, qui n'avait laissé aucun espoir de pardon.

— Il lui convient bien, disait mistress Howden, de dire à la pauvre créature qu'elle doit se disposer à la mort, quand un homme aussi honnête et aussi instruit que M. John Kirk a pris la peine d'intercéder pour elle !

— Oui, voisine, dit miss Damahoy, en relevant sa taille maigre avec toute la dignité d'une vieille fille ; mais il faut véritablement mettre un terme à cette affaire contre nature, de procréer des bâtards ; — il n'y a plus une fille au-dessous de trente ans que nous puissions recevoir chez nous, sans qu'il vienne des enfans. — Les petits clercs, les apprentis, et qui sait combien d'autres encore sont à courir après elles pour leur perte, et pour le discrédit d'une honnête maison par-dessus le marché. — J'en perds patience.

— Allez, allez, voisine, dit mistress Howden, il faut savoir vivre et laisser vivre les autres. Nous avons été jeunes nous-mêmes, et il ne faut pas juger au pire les filles et les garçons qui se fréquentent.

— Nous avons été jeunes ! s'écria miss Damahoy : je ne suis pas si vieille, mistress Howden ; et quant à ce qui est du pire, je ne sais ni ce qu'il y a de bien ni ce qu'il y a de mal dans toute cette affaire, grâce à mon étoile !

— Vous rendez grâce pour de petits services alors, dit mistress Howden en branlant la tête, et quant à votre jeunesse, je crois que vous étiez majeure lors du dernier parlement tenu en Écosse, et c'était dans l'année 1707.

Plumdamas, qui était l'écuyer de ces deux dames, vit qu'il était dangereux de les laisser traiter de pareils points de chronologie ; et, comme il aimait à maintenir la paix et les relations de bon voisinage, il s'empressa de faire retomber la conversation sur le sujet dont on s'écartait.

— Le juge ne nous a pas dit tout ce qu'il aurait pu nous dire, s'il l'avait voulu, concernant la recommandation à la clémence du roi, s'écria-t-il ; il y a toujours quelque détour dans ce que dit un homme de loi. Mais c'est un secret.

— Dites-nous-le, dites-nous-le, voisin ! s'écrièrent à la fois mistress Howden et miss Damahoy, la fermentation acide de leur dispute, si l'on veut me permettre cette locution chimique, étant neutralisée tout-à-coup par le puissant alkali du mot secret.

— Voici M. Saddletree, qui peut vous le dire mieux que moi, dit Plumdamas, car je le tiens de lui.

Saddletree les rejoignit en ce moment, donnant le bras à sa femme, qui paraissait inconsolable.

La question lui fut faite à l'instant par les deux dames, et il ne se fit pas prier pour y répondre.

— Ils parlent d'empêcher la multiplicité des infanticides, dit-il : croyez-vous que les Anglais, nos anciens ennemis, comme Glendook les appelle dans son livre des statuts, donneraient une épingle pour nous empêcher de nous tuer les uns les autres, parens, étrangers, hommes, femmes et enfans ; *omnes et singulos*, comme dit M. Crossmyloof ? Non, non ! ce n'est pas cette raison qui empêchera qu'on ne fasse grâce à Effie. Voici le fond du sac. Le roi et la reine sont tellement mécontens à cause de l'affaire de Porteous, qu'ils n'accorderaient pas le pardon d'un seul Ecossais, quand il s'agirait de pendre tous les habitans d'Edimbourg, depuis le premier jusqu'au dernier.

—Qu'ils s'en retournent dans leur basse-cour d'Allemagne, comme dit mon voisin Mac Croskie, dit mistress Howden : sont-ils venus en Angleterre pour nous gouverner ainsi ?

— On dit pour certain, ajouta miss Damahoy, que le roi Georges a jeté sa perruque au feu en apprenant l'émeute de la mort de Porteous.

— Il en a fait autant pour moins de chose, dit Saddletree.

— Eh bien, dit miss Damahoy, il pourrait avoir des colères plus raisonnables, car il ne fait le profit que de son perruquier. Je vous l'assure.

— La reine en a déchiré son béguin de rage, dit Plumdamas : vous devez l'avoir entendu dire, et l'on assure que le roi a donné un coup de pied à sir Robert Walpole, pour n'avoir pas su contenir le peuple d'Edimbourg. Mais je ne puis croire que cela soit vrai.

— Cela est pourtant vrai, reprit Saddletree, et il voulait aussi donner un coup de pied au duc d'Argyle.

— Un coup de pied au duc d'Argyle ! s'écrièrent tous les autres sur les différens tons qui expriment la surprise.

— Oui, ajouta Saddletree, mais le sang de Mac-Callummore n'aurait pu supporter cette injure. Il était à craindre qu'André Ferrare ne se mît en tiers dans la partie.

— Le duc est un véritable Ecossais, dit Plumdamas, un véritable ami de son pays.

—Sans doute, continua Saddletree, fidèle à son pays comme à son roi, et je vous le prouverai si vous voulez entrer au logis, car il y a des choses dont il est sage de ne parler qu'*intra privatos parietes*.

On accepta sa proposition avec empressement. En entrant dans sa boutique, il en fit sortir ses apprentis, et, ouvrant son secrétaire, il prit un morceau de papier sale et à demi usé. — Voilà du fruit nouveau, dit-il, tout le monde ne pourrait pas vous en offrir autant. Ce n'est ni plus ni moins que le discours tenu par le duc d'Argyle sur l'insurrection relative à Porteous. Vous allez entendre ce que dit Ian Roy Cean. Mon correspondant l'a acheté d'un colporteur, dans la cour du palais, au nez du roi, comme on dit. Il me l'a envoyé en me demandant le renouvellement d'une lettre de change. — A propos, il faudra que vous voyiez cela, mistress Saddletree.

La bonne mistress Saddletree était si péniblement occupée de la situation d'Effie, qu'elle n'avait rien entendu de toute la conversation que nous venons de rapporter. Mais les mots de *renouvellement d'une lettre de change* la réveillèrent de sa léthargie; elle s'empara de la lettre que son mari lui présentait; et ayant mis ses lunettes, après en avoir essuyé soigneusement les verres, elle s'occupa à l'examiner, tandis que son mari lisait à voix haute et d'un ton de déclamation quelques extraits du discours du duc.

— « Je ne suis point ministre, je ne l'ai jamais été, je ne le serai jamais... »

— Je n'avais jamais entendu dire que Sa Grâce eût pensé à se faire ministre, dit mistress Howden.

M. Saddletree eut assez de complaisance pour lui expliquer qu'il s'agissait ici de ministre d'état, et non de ministre de l'Évangile; après quoi il continua sa lecture.

« Il fut un temps où j'aurais pu le devenir, mais je sentais trop mon incapacité pour en avoir l'ambition. Je rends grâce à Dieu d'avoir su me rendre justice à moi-même. Depuis mon entrée dans le monde, et peu de gens y sont entrés plus jeunes, j'ai toujours servi mon roi, sans intérêt, de ma bourse et de mon épée. J'ai occupé des places que j'ai perdues, et si je devais être privé demain de celles que j'occupe encore, ma fortune et ma vie n'en seraient pas moins à la disposition de mon souverain. »

Mistress Saddletree interrompit ici l'orateur.

— Que signifie tout cela, M. Saddletree? vous vous amusez à bavarder du duc d'Argyle, tandis que voilà ce Martingale qui va nous faire banqueroute de soixante bonnes livres. Le duc les paiera-t-il, s'il vous plaît? il ferait mieux de payer ses propres dettes. Il y a bientôt six mois qu'il nous doit cent livres pour de l'ouvrage fait pour lui la dernière fois qu'il est venu à Roystoun. Je sais que c'est un homme juste; qu'il n'y a rien à perdre avec lui; que, s'il n'a pas payé, c'est qu'on ne lui a rien demandé. Mais je n'ai pas la patience d'entendre parler de ducs aujourd'hui. N'avons-nous pas là-haut Jeanie

Deans et son pauvre père? N'est-ce pas assez de cette affaire avec ce coquin de Martingale, qui vient nous acheter des cuirs à crédit pour les revendre au comptant et ne pas nous payer? Asseyez-vous, voisines, je ne vous renvoie pas ; mais je crois qu'avec ses cours de justice, ses parlemens et ses ducs, ce brave homme perdra la tête.

Les voisines connaissaient la civilité : elles n'acceptèrent pas la légère invitation que leur avait faite mistress Saddletree en finissant de parler ; elles se retirèrent presque sur-le-champ. Saddletree dit à l'oreille à Plumdamas qu'il irait le rejoindre dans une heure au cabaret de Mac-Croskie, et qu'il aurait soin de mettre en poche le discours de Mac-Callummore.

Débarrassée de ses hôtes importuns, mistress Saddletree s'empressa d'aller trouver David Deans et sa fille, qui avaient accepté l'hospitalité chez elle.

CHAPITRE XXV.

« — Pour conserver ses jours quels sont donc mes moyens ?
» — Vous pourrez en trouver. »

SHAKSPEARE. *Mesure pour mesure.*

QUAND mistress Saddletree entra dans l'appartement où ses hôtes étaient venus cacher leur douleur, elle en trouva les fenêtres à demi fermées. La faiblesse qui avait succédé à l'évanouissement du vieillard avait rendu nécessaire de le mettre au lit. Les rideaux en étaient tirés, et Jeanie assise restait immobile à côté de son père. Mistress Saddletree était une excellente femme, compatissante, mais ne sachant ce que c'était que la délicatesse des procédés. Elle ouvrit la fenêtre, tira les rideaux du lit, et, prenant son parent par la main, elle l'exhorta à s'armer de courage, à se lever, et à supporter ses chagrins en homme et en chrétien. Mais quand elle abandonna la main, Deans la laissa retomber sans force, et il n'essaya pas de faire la moindre réponse.

—Tout est-il fini? lui demanda Jeanie en tremblant, ne reste-t-il plus d'espérance pour elle?

—Aucune, répondit mistress Saddletree, pas la moindre. J'ai entendu de mes propres oreilles ce vilain juge l'annoncer. N'est-il pas honteux de voir tant d'hommes en robes rouges et en robes noires s'assembler pour faire périr une pauvre jeune insensée? Je n'ai jamais trop aimé tout le rabâchage de mon mari sur les lois, mais je l'aimerai encore moins à l'avenir. Je n'ai entendu dire qu'une seule chose raisonnable, c'est quand ce brave M. Kirk a dit qu'il fallait la recommander à la clémence du roi. Mais il parlait à des gens sans raison, — il aurait mieux fait de garder son souffle pour souffler sur sa soupe.

—Est-ce que le roi *peut* lui faire grâce? s'écria vivement Jeanie : j'avais entendu dire que le roi ne pouvait en accorder dans les cas de meur... dans les cas semblables au sien.

—S'il *peut* faire grâce, mon enfant? sans doute il le peut quand il le veut! N'a-t-il pas fait grâce au jeune Singlesword, qui avait tué le laird de Ballencleugh ; au capitaine anglais Hackum, qui avait tué le fermier de lady Colgrain, et au Maître de Saint-Clair qui avait assassiné les deux Shaw, et à bien d'autres encore, et tout cela de mon temps? c'étaient, il est vrai, des gens comme il faut, et ils avaient du monde pour parler pour eux. Et tout récemment encore, n'avait-on pas accordé la grâce à Jean Porteous? Ah! je vous réponds que ce n'est pas le pouvoir de faire grâce qui manque, c'est le moyen de l'obtenir.

—Porteous! dit Jeanie. Mais cela est vrai! Comment est-il possible que j'oublie ce dont je devrais si bien me souvenir? Adieu, mistress Saddletree, puissiez-vous ne jamais connaître le besoin d'avoir des amis!

—Quoi, Jeanie, vous ne demeurez pas avec votre père? vous feriez mieux de rester ici, mon enfant.

— J'ai besoin là-bas, répondit-elle en indiquant la prison du geste, et il faut que je profite de ce moment pour quitter mon père, ou je n'en aurai jamais la force ; je ne crains pas pour sa vie, je sais qu'il a du courage, je le sais, et, ajouta-t-elle en plaçant sa main sur son cœur,—je le sens en ce moment à mon propre cœur.

—Eh bien, ma chère, si vous croyez que cela vaut mieux, il restera ici plutôt que de retourner à Saint-Léonard.

— Oh oui! bien mieux, bien mieux; Dieu vous bénisse!

— Dieu vous bénisse! — Ne le laissez pas en aller avant que je vous donne de mes nouvelles.

— Mais vous reviendrez? lui dit mistress Saddletree; on ne vous laissera pas rester là-bas?

—Mais il faut que j'aille à Saint-Léonard. J'ai peu de temps et beaucoup d'ouvrage; il faut que je parle à quelques amis. Adieu, que Dieu vous bénisse! Ayez bien soin de mon père.

Quand elle fut à la porte de l'appartement, elle retourna tout-à-coup, et s'agenouillant près du lit : — O mon père, s'écria-t-elle, donnez-moi votre bénédiction! je ne puis partir sans que vous m'ayez bénie; dites-moi seulement : Que Dieu vous bénisse, Jeanie! je ne vous demande que cela.

Le vieillard, par instinct plutôt que par une volonté intelligente, murmura une prière pour que la bénédiction du ciel se multipliât sur elle.

— Il a béni mon voyage, dit-elle en se relevant, et je sens dans mon cœur un pressentiment que je réussirai.

A ces mots elle sortit.

Mistress Saddletree secoua la tête en la voyant partir.

— Fasse le ciel, dit-elle, que la pauvre fille n'ait pas le cerveau dérangé! Au surplus, tous ces Deans ont une tournure d'esprit singulière. Je n'aime pas les gens qui valent mieux que les autres. Il n'en résulte souvent rien de bon. Mais si elle va visiter les étables à Saint-Léonard, c'est une autre affaire. A coup sûr, il faut en avoir soin. Grizie, venez ici! Montez près de ce brave homme, et ayez soin qu'il ne lui manque rien. Allons, allons, qu'avez-vous besoin de vous friser si bien les cheveux? j'espère que vous avez un bel exemple aujourd'hui! qu'il vous serve de leçon! ne songez pas tant à vos rubans et à vos falbalas!

Laissons la bonne dame déclamer contre les vanités du monde, et transportons-nous dans la nouvelle chambre où Effie venait d'être enfermée; car les prisonniers condamnés sont toujours resserrés plus étroitement que lorsqu'ils n'étaient qu'accusés.

Elle était plongée depuis une heure dans cet état de stupeur et d'anéantissement si naturel à sa situation, quand elle en fut retirée par le bruit des verrous de sa porte qui s'ouvraient.

Ratcliffe entra.—C'est votre sœur qui vient vous voir, lui dit-il.

— Je ne veux voir personne, s'écria Effie avec aigreur, et ma sœur moins que personne. Dites-lui qu'elle prenne soin de son père. Je ne suis rien pour eux maintenant, et ils ne sont rien pour moi.

—Elle dit pourtant qu'il faut qu'elle vous voie, répondit Ratcliffe.

Et au même instant Jeanie, se précipitant dans la chambre, courut embrasser sa sœur en fondant en larmes, tandis que celle-ci cherchait à se soustraire à ses embrassemens.

—A quoi bon ces pleurs? dit Effie. N'est-ce pas vous qui êtes cause de ma mort, puisqu'un seul mot de votre bouche pouvait me sauver? moi qui suis innocente! innocente du crime dont on m'accuse au moins! moi qui aurais donné ma vie pour vous sauver un doigt de la main!

—Vous ne mourrez point! s'écria Jeanie avec enthousiasme. Dites de moi, pensez de moi ce qu'il vous plaira, mais promettez-moi que vous n'attenterez pas à vos jours, car je connais votre cœur fier, et je crains votre désespoir. Non! vous ne mourrez point de cette mort honteuse!

— Non, Jeanie, je ne mourrai pas de cette mort *honteuse*. Je l'ai bien résolu. Je n'attendrai pas qu'on me conduise sur un échafaud. J'ai mangé ma dernière bouchée de pain.

— Oh! c'est là ce que je craignais! s'écria Jeanie.

— Laissez donc! laissez donc! dit Ratcliffe à Jeanie : vous ne connaissez rien à tout cela. Il n'y a personne qui, après avoir été condamné à mort, ne forme une pareille résolution, et il n'y a personne qui l'exécute. On y songe à deux fois. Je sais cela par expérience. J'ai entendu lire trois fois ma sentence de mort, et cependant vous me voyez ici, moi, James Ratcliffe. Si, dès la première fois, et il ne s'agissait que d'une vache rousse qui ne valait pas dix livres sterling, j'avais serré trop fort le nœud de ma cravate comme j'en avais envie, où en serais-je à présent?

— Et comment vous êtes-vous échappé? lui demanda Jeanie ; le destin de cet homme, qui lui était d'abord si odieux, prenant un nouvel intérêt à ses yeux, depuis qu'elle y trouvait quelque conformité avec celui de sa sœur.

—Comment je me suis échappé? répondit-il en clignant l'œil d'un air malin:—ah! d'une manière qui ne réussira jamais à personne dans cette prison tant que j'en aurai les clefs.

— Ma sœur en sortira à la face du soleil, dit Jeanie. Je vais aller à Londres. Je vais demander son pardon au roi et à la reine. Puisqu'ils avaient fait grâce à Porteous, ils peuvent bien l'accorder à Effie. Quand une sœur leur demandera à genoux la vie de sa sœur, ils ne la lui refuseront pas; ils ne pourront la lui refuser, et ils gagneront mille cœurs par cet acte de clémence.

Effie l'écoutait avec surprise. Elle voyait tant d'assurance dans l'enthousiasme de Jeanie, qu'un rayon d'espoir se glissa malgré elle dans son cœur, mais la réflexion le fit bientôt évanouir.

— Le roi et la reine demeurent à Londres, Jeanie, bien loin d'ici, bien loin au-delà de la mer !—Je serai morte avant que vous y soyez seulement arrivée.

—Non, non, ma sœur, ce n'est pas si loin que vous le croyez, et je sais qu'on y va par terre. Reuben Butler m'en a parlé plusieurs fois.

— Ah! Jeanie, vous êtes bien heureuse! vous n'avez jamais eu que des amis qui vous ont donné de bons conseils, tandis que moi... et elle se couvrit le visage des deux mains en pleurant amèrement.

— Ne pensez point à cela maintenant, ma sœur : vous en aurez le temps, si la vie vous est accordée. Adieu ; à moins que je ne meure en route, je verrai celui qui peut pardonner. — O monsieur, dit-elle à Ratcliffe, ayez de l'humanité pour elle, protégez-la! hélas! c'est la première fois qu'elle a besoin de la protection d'un étranger! Adieu, Effie, adieu, ne me dites rien! Il ne faut pas que je pleure maintenant, déjà la tête me tourne.

S'arrachant des bras de sa sœur, elle sortit de la chambre. Ratcliffe la suivit, et lui fit signe d'entrer avec lui dans une petite pièce, d'un air qui semblait annoncer qu'il avait quelque chose d'important à lui communiquer. Elle le suivit, non sans un tremblement involontaire.

—Pourquoi tremblez-vous? lui dit-il : diable! vous n'avez rien à craindre. Je ne vous veux que du bien; je vous respecte : je ne puis m'en empêcher. Écoutez-moi. Vous voulez aller à Londres? vous avez raison. Vous avez tant de courage, Dieu me damne! qu'il est possible que vous réussissiez. Mais diable! il ne faut pas aller trouver le roi de but en blanc! il faut vous faire quelque ami. Essayez de voir le duc; oui, voyez Mac-Callummore, c'est l'ami des Écossais. Je sais que les grands ne l'aiment point, mais ils le craignent, c'est la même chose. Connaissez-vous quelqu'un qui puisse vous donner une lettre pour lui?

—Le duc d'Argyle! s'écria Jeanie : est-il parent du seigneur du même nom qui a souffert la persécution du temps de mon père?

—C'est son fils ou son petit-fils, je crois. Mais qu'importe?

—Que Dieu soit loué! s'écria Jeanie.

—Oui, oui, vous autres Whigs, vous louez Dieu à chaque instant du jour : c'est fort bien, mais diable!... écoutez-moi, j'ai un secret à vous dire. Sur les confins de l'Écosse et de l'Angleterre, et surtout dans le comté d'York, il est possible que vous rencontriez des gens qui ne sont pas les plus polis du monde. Mais du diable si l'un d'eux touche une connaissance de Daddy Rat! Quoique je sois retiré des affaires publiques, ils savent que je puis encore leur faire du bien ou du mal; et il n'y en a pas un qui exerce le métier seulement depuis un an, soit sur les côtes, soit sur un grand chemin, qui ne respecte ma passe et ma signature plus que celles de tous les juges de paix des deux royaumes. Mais c'est le latin des voleurs pour vous.

Il se servait en effet d'un argot à peu près inintelligible pour Jeanie. La pauvre fille était impatiente de lui échapper, mais il la força d'attendre, et griffonnant quelques lignes sur un morceau de papier sale, il le plia en quatre, et le présenta à Jeanie. Comme elle semblait hésiter à le prendre : — Prenez donc! s'écria-t-il, prenez! craignez-vous qu'il ne vous morde? que diable! s'il ne vous fait pas de bien, il ne vous fera pas de mal. N'oubliez pas de le montrer, si vous rencontrez quelqu'un des clercs de Saint-Nicolas.

— Hélas, je ne vous comprends pas, lui dit-elle.

— Je veux dire, si vous tombez aux mains des voleurs, ma précieuse, voilà une phrase de l'Écriture, si vous en voulez une; le plus audacieux d'entre eux respectera le griffonnage de ma plume d'oie. Maintenant partez, et tâchez de voir le duc d'Argyle. Si quelqu'un peut vous servir dans l'affaire, c'est lui.

Après avoir jeté un dernier regard d'inquiétude sur les murs noircis et les fenêtres grillées de la vieille Tolbooth, et un autre sur la maison hospitalière de mistress Saddletree, Jeanie quitta Édimbourg, et ne tarda point à arriver à Saint-Léonard. Elle ne rencontra personne de sa connaissance, et elle s'en félicita. — J'ai besoin de tout mon courage, pensa-t-elle, et je dois éviter tout ce qui pourrait tendre à l'affaiblir.

Elle envoya chercher une femme qui avait servi long-temps chez son père, et qui, ayant amassé quelque peu d'argent, vivait alors tranquillement dans une cabane voisine. Elle lui dit que des affaires l'obligeaient à faire un voyage qui durerait quelques semaines; elle l'engagea à venir passer le temps de son absence à Saint-Léonard, et à s'y charger de tous les détails domestiques.

May Hetly ayant consenti à cette proposition, elle lui détailla avec une précision dont elle fut elle-même surprise, dans la situation d'esprit où elle se trouvait, tous les soins dont elle aurait à s'occuper, principalement ceux dont son père devait être l'objet. Elle lui dit qu'il reviendrait probablement à Saint-Léonard le lendemain, ou du moins très incessamment; qu'il fallait que tout fût bien en ordre à son arrivée, attendu que son esprit était déjà assez fatigué de ses chagrins, sans avoir encore à s'occuper de ses affaires.

Elle-même aida May Hetly dans les travaux de la journée, et la soirée était déjà bien avancée quand tout fut terminé. La bonne femme lui demanda alors si elle ne désirait pas qu'elle restât près d'elle cette nuit.—Vous avez eu une terrible journée, lui dit-elle, et le chagrin est un mauvais compagnon quand on se trouve seul avec lui.

— Vous avez raison, lui dit Jeanie, mais c'est un compagnon à la présence duquel il faut que je m'habitue, et autant vaut commencer ici que pendant mon voyage.

Elle renvoya donc la vieille femme, qui lui promit de revenir le lendemain de bonne heure, et de ne plus quitter la maison jusqu'à son retour; Jeanie fit ses préparatifs de départ.

La simplicité de son éducation et des mœurs de son pays rendit ces apprêts aussi courts que faciles. Son plaid pouvait lui servir en même temps d'habit de voyage et de parapluie, et un petit paquet à porter sous le bras contenait le peu de linge qui lui était indispensable. Elle était arrivée nu-pieds dans ce monde, comme dit Sancho, et elle se proposait de faire nu-pieds son pèlerinage, réservant ses souliers et ses bas blancs pour les occasions d'apparat. Elle ne savait pas qu'en Angleterre on attache à l'usage de marcher pieds nus une idée de la plus extrême misère, car si l'on lui avait fait contre cette coutume une objection tirée de la propreté, elle y aurait répondu en citant l'habitude où sont les Écossaises d'une certaine aisance de faire des ablutions aussi fréquentes que les sectateurs de Mahomet.

Jusque là tout allait bien.

Dans une espèce d'armoire en bois de chêne, où le vieux Deans serrait quelques livres et tous ses papiers, elle chercha, et parvint à trouver, dans deux ou trois liasses qui contenaient des extraits de sermon, des comptes avec les ouvriers, des copies des dernières paroles prononcées par des martyrs lors des persécutions, etc., deux ou trois pièces qui lui parurent devoir être utiles pour ses projets, et qu'elle plaça soigneusement dans un petit porte-feuille. Mais il restait une difficulté, la plus importante de toutes, à laquelle elle n'avait pas encore songé, le manque d'argent; et il était impossible sans cela qu'elle entreprît un voyage tel que celui qu'elle avait dessein de faire.

David Deans était dans l'aisance, comme nous l'avons déjà dit; on pourrait même dire qu'il jouissait, dans son état, d'une certaine opulence ; mais sa richesse, comme celle des anciens patriarches, consistait en ses troupeaux, sauf de petites sommes qu'il avait prêtées à quelques voisins, qui, loin d'être en état de rendre le capital, n'en pouvaient payer les intérêts qu'avec peine. Il était donc inutile que Jeanie pensât à s'adresser à ces débiteurs, même avec le consentement de son père ; elle ne pouvait d'ailleurs espérer d'obtenir ce consentement qu'après des explications, des observations, des réflexions qui lui feraient perdre un temps qui était si précieux pour l'exécution de son projet ; et, quelque hardi et quelque hasardeux qu'il fût, elle était déterminée à faire cette dernière tentative pour sauver la vie de sa sœur.

Sans manquer au respect filial, Jeanie avait une conviction intime que les sentimens de son père, tout honorables, tout religieux qu'ils étaient, avaient trop peu de rapport avec l'esprit du siècle, pour qu'il fût un bon juge des mesures à adopter en cette crise. Plus flexible dans ses opinions, quoique non moins sévère dans ses principes, elle sentait qu'en lui demandant la permission d'entreprendre ce voyage, elle courait le risque d'être refusée, et elle aurait craint, en le faisant malgré sa défense, d'être privée des bénédictions du ciel. Elle avait donc résolu de ne lui faire connaître son projet, et les motifs qui le lui avaient fait concevoir, qu'après son départ. Mais il était impossible de lui demander de l'argent sans lui exposer le motif de cette demande ; et venait alors la discussion qu'elle voulait éviter sur l'utilité de ce voyage. Enfin elle savait qu'il n'avait pas d'argent comptant ; il aurait fallu qu'il en cherchât lui-même, et de là eussent résulté des délais qui pouvaient faire manquer sa courageuse entreprise. C'était donc ailleurs qu'elle devait chercher les secours pécuniaires dont elle avait besoin.

Elle pensa alors qu'elle aurait dû consulter mistress Saddletree à ce sujet. Mais, outre le temps qu'il fallait encore perdre maintenant pour cela, elle sentait une répugnance presque invincible à s'adresser à elle en cette occasion. Elle savait que mistress Saddletree avait un bon cœur, qu'elle prenait un intérêt véritable aux malheurs de sa famille ; mais elle n'ignorait pas que son esprit était d'une trempe ordinaire et mondaine ; que son caractère la rendait incapable de voir la résolution qu'elle avait formée avec l'enthousiasme qui l'avait inspirée. Il aurait fallu discuter longuement avec elle pour lui en démontrer l'utilité, la convenance, la nécessité, et peut-être encore n'aurait-elle pu parvenir à l'en convaincre.

Elle aurait pu compter sur le secours de Butler, s'il n'eût été plus pauvre encore qu'elle-même. Enfin, pour surmonter cette difficulté, elle forma une résolution extraordinaire, dont nous rendrons compte dans le chapitre suivant.

CHAPITRE XXVI.

« Je reconnais sa voix ; écoutez la paresse :
» — Vous m'éveillez trop tôt, je veux me rendormir.
» Comme on voit une porte et tourner et gémir,
» La paresse en son lit se retourne sans cesse. »

Le docteur WATTS.

LE manoir du laird de Dumbiedikes, dans lequel nous allons maintenant introduire nos lecteurs, était à trois ou quatre milles (l'exactitude topographique n'est pas ici bien nécessaire) au sud de Saint-Léonard. Il avait eu autrefois une espèce de célébrité, car l'ancien laird, bien connu dans tous les cabarets à un mille à la ronde, portait l'épée, avait un beau cheval et deux lévriers, jurait, et faisait des gageures à toutes les courses de chevaux et à tous les combats de coqs, suivait les faucons de Somerville de Drum et les chiens de lord Ross, et s'appelait lui-même un homme comme il faut. Le propriétaire actuel avait fait perdre à son lignage une partie de sa splendeur, car il vivait retiré chez lui en avare sauvage, tandis que son père avait vécu en dissipateur égoïste et extravagant.

Ce château était ce qu'on appelle en Écosse une *maison seule*, c'est-à-dire qui n'a qu'une chambre dans l'étendue de chaque étage. Chacune de ces pièces était éclairée par six ou huit fenêtres percées irrégulièrement, et qui toutes ensemble ne laissaient pas entrer autant de jour qu'en aurait donné une croisée moderne. Cet édifice sans art, ressemblant à ces châteaux de cartes que construisent les enfans, était surmonté d'un toit couvert de pierres grises plates, en place d'ardoises; une tour demi-circulaire, adossée à la maison, contenait un escalier en limaçon qui conduisait à chaque étage; au bas de la tour était la porte d'entrée, garnie de clous à large tête, et le haut du mur était percé de barbacanes. Une espèce de basse-cour, dont les murs tombaient en ruines, renfermait étables, écuries, etc. La cour avait été pavée; mais le temps avait déplacé une partie des pierres, et une belle moisson d'orties et de chardons fleurissait à leur place. Un petit jardin, dans lequel on entrait par une haie sans porte pratiquée dans le mur de la cour, paraissait dans un état aussi prospère. Au-dessus de la porte était une pierre sur laquelle on voyait quelques restes des armoiries de la famille de Dumbiedikes qui y avaient été gravées autrefois.

On arrivait à ce château de plaisance par une route formée de fragmens de pierres jetés presque au hasard, et entourée de terres labourées, mais non encloses. Sur une prairie maigre on voyait le fidèle palefroi du laird, qui, attaché à un poteau, tâchait d'y trouver son déjeuner. Tout accusait l'absence de l'ordre et de l'aisance. Ceci n'était pourtant pas l'effet de la pauvreté; cet état n'avait pour cause que l'indolence et l'apathie.

Ce fut par une belle matinée du printemps, et de très bonne heure, que Jeanie Deans, non sans un peu de honte et de timidité, arriva devant le palais que nous venons de décrire, et entra dans la cour. Jeanie n'était pas une héroïne de roman; elle regarda donc avec intérêt et curiosité un château dont elle pouvait penser qu'elle aurait pu alors être la maîtresse, si elle avait voulu donner au propriétaire un peu de cet encouragement que les femmes de toutes les conditions savent par instinct distribuer avec tant d'adresse. D'ailleurs elle n'avait pas des idées plus relevées que ne le comportait son état et son éducation, et elle trouva que la maison, quoique inférieure au château de Dalkeith, et à quelques autres qu'elle avait vus, était certainement un superbe édifice dans son genre, et que les terres en seraient fertiles si elles étaient mieux cultivées. Mais le cœur de Jeanie était incapable de se laisser séduire par des idées de grandeur et d'opulence; et tout en admirant la splendeur de l'habitation de son ancien adorateur, et en rendant justice à la bonté de ses terres, il ne lui vint pas un moment à l'esprit de faire au laird, à Butler et à elle-même, l'outrage que tant de dames d'un plus haut rang n'auraient pas hésité de faire à tous trois avec de moindres motifs de tentation.

Etant venue dans l'intention de parler au laird, Jeanie chercha de tous côtés un domestique pour lui faire annoncer son arrivée et lui demander un moment d'entretien. N'en apercevant point, elle se hasarda à ouvrir une porte. C'était le chenil de l'ancien laird, et il servait maintenant de blanchisserie, ainsi que le prouvaient quelques baquets et autres ustensiles qu'elle y vit. Elle en ouvrit une seconde, c'était l'ancienne fauconnerie, comme l'attestaient quelques bâtons pourris sur lesquels se perchaient autrefois les faucons qui servaient aux plaisirs de leur maître. Une troisième la conduisit au trou à charbon, qui était assez bien garni, un bon feu étant presque le seul point sur lequel le laird actuel ne voulût pas entendre parler d'économie. Quant au surplus des détails domestiques, il les laissait entièrement à la disposition de sa femme de charge, la même qui avait servi son père, et qui, d'après la chronique secrète, avait trouvé le moyen de se faire un bon nid à ses dépens.

Jeanie continua à ouvrir des portes, comme le second Calender borgne dans le château des cent demoiselles obligeantes [1], jusqu'à ce que, de même que ce prince errant, elle arriva à l'écurie. Le pégase montagnard Rory Bean, qui en était l'unique habitant de son espèce, et qu'elle avait vu paître dans la prairie en arrivant, était son ancienne connaissance; elle reconnut sa selle et son harnais qui tapissaient la muraille. Il partageait son appartement avec une

---

(1) Mille et une nuits. — ÉD.

vache, qui tourna la tête du côté de Jeanie dès qu'elle l'aperçut, comme pour lui demander sa pitance du matin. Ce langage était intelligible pour Jeanie, et voyant quelques bottes de luzerne dans un coin, elle en délia une et la mit dans le râtelier. Cette besogne aurait dû être faite depuis long-temps ; mais les animaux n'étaient pas traités avec plus de soin que les terres et les bâtimens dans ce château du paresseux.

Tandis qu'elle s'acquittait de cet acte de charité pour le pauvre animal qui lui en témoignait sa reconnaissance à sa manière, en mangeant de bon appétit, arriva la fille de basse-cour, qui venait de s'arracher non sans peine aux douceurs du sommeil ; voyant une étrangère s'occuper des fonctions qu'elle aurait dû remplir plus tôt, elle s'écria : — Oh ! oh ! le Brownie ! le Brownie ! et elle s'enfuit comme si elle avait vu le diable.

Pour expliquer la cause de cette terreur, il est bon de faire observer ici qu'une ancienne tradition assurait que le manoir du laird était depuis long-temps hanté par un Brownie[1]. C'est ainsi qu'on appelle ces esprits familiers qu'on croyait autrefois venir dans les maisons pour y faire l'ouvrage que les domestiques laissaient en retard par paresse :

Agitant le fléau, promenant le balai.

Certes cette assistance d'un être surnaturel n'aurait été nulle part plus utile et plus nécessaire que dans une habitation où tous les domestiques étaient si peu enclins à l'activité, et cependant cette fille était si peu tentée de se réjouir de voir un substitut aérien s'acquitter de sa tâche, qu'elle jeta l'alarme dans toute la maison par ses cris, comme si le Brownie l'eût écorchée. Jeanie, qui avait quitté son occupation, tâchait de la rejoindre pour calmer sa frayeur, et lui apprendre pourquoi elle s'était trouvée là. Avant d'y avoir réussi, elle rencontra mistress Jeanneton Balchristie, qui était accourue au bruit ; elle était la sultane favorite de l'ancien laird, suivant la chronique scandaleuse, et la

---

[1] Le brownie est plus particulièrement le lutin des fermes. — Éd.

femme de charge du maître actuel. C'était la femme à teint couleur de buis, âgée d'environ quarante-cinq ans, dont nous avons parlé en rapportant la mort de l'ancien laird de Dumbiedikes, et qui pouvait en avoir alors environ soixante-dix. Mistress Balchristie était fière de son autorité, jalouse de tous ceux qui pouvaient avoir quelque influence sur l'esprit de son maître, humble avec lui, et acariâtre avec tout autre. Sachant que son crédit n'était pas appuyé près du fils sur une base aussi solide qu'il l'avait été près du père, elle avait introduit dans sa maison comme sa coadjutrice une de ses nièces, la criarde dont nous venons de parler, qui avait de grands yeux noirs et des traits assez réguliers ; elle ne fit pourtant pas la conquête du laird, qui semblait ignorer qu'il existât dans l'univers une autre femme que Jeanie Deans, et qui n'était pas même trop tourmenté de l'affection qu'il avait conçue pour elle.

Malgré cette indifférence de son maître pour le beau sexe, mistress Balchristie n'en était pas moins jalouse de le voir faire régulièrement une visite tous les jours à la ferme de Saint-Léonard, quoique depuis dix ans ses visites n'eussent amené aucun résultat ; et lorsqu'il la regardait fixement, et qu'il lui disait en s'arrêtant à chaque mot, selon sa coutume : — Jenny, je changerai demain,... elle tremblait toujours qu'il n'ajoutât : — de condition, et elle se trouvait bien soulagée quand il avait dit : — de souliers.

Il est cependant certain que mistress Balchristie nourrissait une malveillance bien prononcée contre Jeanie Deans, sentiment qu'on accorde assez ordinairement à ceux que l'on craint ; mais elle avait aussi une aversion générale pour toute femme jeune et de figure passable qui montrait seulement l'intention d'approcher du château, et surtout de parler au laird ; enfin, comme elle s'était levée ce matin deux heures plus tôt qu'à l'ordinaire, grâce aux cris de sa nièce, elle se trouvait d'humeur à quereller tout le genre humain, *inimicitiam contra omnes mortales*, comme disait notre ami Sadd-letree.

— Qui diable êtes-vous ? dit la grosse dame à Jeanie, qu'elle n'avait vue que très rarement, et qu'elle ne reconnut pas :

de quel droit venez-vous causer tout ce tapage dans une maison honnête à une pareille heure ?

— C'est que... j'ai besoin... de parler au laird, dit en hésitant Jeanie, qui, de même que tous les habitans des environs, avait une sorte de frayeur de cette mégère.

— De parler au laird?... Et que pouvez-vous avoir à lui dire? Quel est votre nom? Croyez-vous que Son Honneur n'ait autre chose à faire que d'écouter les bavardages de la première vagabonde qui court les rues, et cela tandis qu'il est encore dans son lit, le brave homme!

— Ma chère mistress Balchristie, répondit Jeanie d'un ton soumis, est-ce que vous ne me connaissez pas? je suis Jeanie Deans.

— Jeanie Deans! dit le dragon femelle qui, affectant la plus grande surprise, s'approcha d'elle en la regardant d'un air malin et méprisant : oui, en vérité, ajouta-t-elle, c'est Jeanie Deans! On devrait plutôt vous nommer Jeanie Devil[1]. Vous avez fait de la belle besogne, vous et votre sœur! avoir assassiné un pauvre petit innocent! Mais elle sera pendue, et c'est bien fait. Et c'est vous qui osez vous présenter dans une maison honnête, et qui demandez à voir un homme à l'heure qu'il est, pendant qu'il est encore au lit! Allez, allez!

Une pareille brutalité rendit Jeanie muette : dans son trouble et sa confusion, elle ne put trouver un mot pour se justifier de l'infâme interprétation qu'on donnait à sa visite; et la mégère, profitant de l'avantage que lui donnait son silence, continua sur le même ton.

— Allons, allons, tournez-moi les talons bien vite, et que cette porte ne vous revoie jamais. Si votre père, le vieux David Deans, n'avait été fermier du laird, j'appellerais les domestiques, et je vous ferais donner un bain dans la mare pour vous punir de votre impudence.

Jeanie, dès les premiers mots, avait déjà repris le chemin de la porte de la cour, de sorte que mistress Balchristie, ne voulant pas qu'elle perdît rien de ses menaces, éleva sa voix de stentor jusqu'au plus haut diapason. Mais, de même que

(1) Jeanie-le-Diable. Mistress Balchristie rapproche les deux mots par l'analogie des sons. — Éd.

plus d'un général, elle perdit le fruit de sa victoire pour en avoir voulu trop profiter.

Le laird Dumbiedikes avait été troublé dans son sommeil par les premiers cris de la fille de basse-cour; il se retourna sur son oreiller, et comme il était assez accoutumé à entendre crier chez lui la tante et la nièce, il ne songea qu'à se rendormir. L'éloquence bruyante de mistress Balchristie l'en empêcha, et dans la seconde explosion de la colère de cette virago, le nom de Deans ayant frappé son oreille, il en conclut que c'était un message qui lui était envoyé de la part de cette famille, et que la bile de sa femme de charge s'était échauffée en se voyant éveillée de si grand matin. Comme il savait qu'elle n'aimait point cette famille, il sauta à bas de son lit, se hâta de mettre les vêtemens les plus nécessaires, se couvrit d'une vieille robe de chambre de brocard, prit le chapeau galonné de son père (car il est nécessaire de démentir ici le bruit généralement répandu qu'il le portait même dans son lit, comme Don Quichotte son casque, quoiqu'il soit vrai qu'on le vît rarement sans cet appendice), et ouvrant la fenêtre de la chambre à coucher, il vit, à sa grande surprise, Jeanie qui se retirait, et sa femme de charge qui, un poing sur la hanche, et l'autre bras étendu vers elle, lui prodiguait plus d'injures que le pauvre laird n'en avait entendu prononcer de sa vie.

Sa colère ne fut pas moindre que son étonnement.—Hé! hé! s'écria-t-il, vieille fille de Satan! comment diable osez-vous traiter ainsi la fille d'un honnête homme?

Mistress Balchristie se trouva prise dans ses propres filets. Elle voyait, par la chaleur extraordinaire avec laquelle son maître venait de s'exprimer, qu'il prenait l'affaire au sérieux; elle savait que, malgré son indolence habituelle, il y avait des points sur lesquels on ne pouvait le contrarier sans danger, et sa prudence lui avait appris à craindre sa colère. Elle tâcha donc de revenir sur ses pas le mieux possible. Elle n'avait parlé, dit-elle, que pour l'honneur de la maison. D'ailleurs, elle ne pouvait se résoudre à éveiller Son Honneur de si bonne heure, la jeune fille pouvait bien attendre ou revenir plus tard. Et puis, on pouvait se méprendre sur les deux sœurs; à coup sûr l'une d'elles n'était pas une connaissance dont il fallût se vanter.

— Taisez-vous, vieille criarde, dit Dumbiedikes : les souliers de la dernière des misérables seraient trop bons pour vos pieds, si tout ce qu'on dit est vrai. Jeanie, Jeanie, mon enfant, entrez dans la maison. Mais tout est peut-être encore fermé; attendez-moi un instant, et ne vous inquiétez pas des propos de Jeanneton.

— Non, non, dit mistress Balchristie en tâchant de sourire agréablement, ne vous inquiétez pas de ce que je dis, mon enfant; tout le monde sait que j'aboie plus que je ne mords. Pourquoi ne m'avez-vous pas dit que vous aviez un rendez-vous avec le laird? Dieu merci, je sais vivre. Entrez, miss Deans, entrez, ajouta-t-elle en ouvrant la porte avec un passe-partout.

— Je n'ai pas de rendez-vous avec le laird, dit Jeanie en reculant quelques pas : je n'ai que deux mots à lui dire, et je les lui dirai fort bien ici.

— Quoi! dans la cour! cela ne se peut pas, mon enfant, je ne suis pas assez incivile pour le souffrir. Et comment va votre brave homme de père?

L'arrivée de Dumbiedikes épargna à Jeanie la peine de répondre à cette question hypocrite.

— Allez faire le déjeuner, dit-il à la femme de charge, et écoutez-moi! vous déjeunerez avec nous. Préparez le thé, et veillez surtout à ce qu'il y ait bon feu. Eh bien, Jeanie, entrez! entrez donc! vous vous reposerez.

— Non, non, répondit Jeanie en affectant autant de calme qu'elle le put, quoiqu'elle fût encore toute tremblante, je ne puis entrer, j'ai bien du chemin à faire aujourd'hui. Il faut que je sois ce soir à vingt milles d'ici, si mes pieds peuvent m'y porter.

— A vingt milles d'ici! s'écria Dumbiedikes, dont les plus longs voyages n'excédaient jamais cinq à six : ne songez pas à une pareille chose! allons, entrez, entrez.

— Je n'ai qu'un mot à vous dire, reprit Jeanie, et je puis vous le dire ici, quoique mistress Balchristie...

— Que le diable emporte mistress Balchristie, s'écria le

laird, et il en aura sa bonne charge. Je parle peu, Jeanie, mais je suis le maître chez moi, et je sais faire obéir gens et bêtes, excepté pourtant Rory Bean, mon cheval, et l'on ne me contrarie pas sans que le sang me bouille dans les veines.

— Je voudrais donc vous dire, continua Jeanie, qui vit la nécessité d'entrer en matière, que je vais faire un long voyage sans que mon père le sache.

— Sans que votre père le sache! répéta Dumbiedikes avec un air d'intérêt : cela est-il bien vrai, Jeanie? réfléchissez-y encore. Non, cela n'est pas bien!

— Si j'étais à Londres, dit Jeanie pour se justifier, je suis presque sûre que je trouverais le moyen de parler à la reine, et que j'en obtiendrais la grâce de ma sœur.

— Londres!... la reine!... la grâce de sa sœur!... La pauvre fille a perdu l'esprit! dit le laird en sifflant d'étonnement.

— Je n'ai pas perdu l'esprit, et je suis bien résolue à aller à Londres, quand je devrais demander l'aumône de porte en porte pour m'y rendre ; ce qu'il faudra que je fasse, à moins que vous ne vouliez bien me prêter une petite somme pour faire mon voyage. Vous savez que mon père est en état de vous la rendre, et qu'il ne voudrait pas que personne eût à se repentir d'avoir eu confiance en moi, et vous moins que qui que ce soit.

Dumbiedikes, comprenant le motif de sa visite, en pouvait à peine croire ses oreilles. Il ne lui fit aucune réponse, et resta les yeux fixés à terre.

— Je vois, continua Jeanie, que vous n'avez pas dessein de m'obliger : adieu donc ; allez voir mon pauvre père le plus souvent que vous le pourrez. Il va se trouver bien seul maintenant!

En même temps, elle fit quelques pas pour s'en aller.

— Où va donc la folle? s'écria Dumbiedikes; et, la prenant par le bras, il la fit entrer dans la maison. — Ce n'est pas que je n'y aie déjà pensé, dit-il, mais les paroles me restaient au gosier.

Il la conduisit dans un salon meublé et décoré à l'antique, et en ferma la porte aux verrous dès qu'ils y furent entrés. Jeanie, surprise de cette manœuvre, resta le plus près de la porte qu'il lui fut possible ; et le laird ayant touché un ressort secret caché dans la boiserie, un des panneaux s'ouvrit, et laissa voir des tiroirs qui étaient presque entièrement remplis de sacs d'or et d'argent.

— Voilà ma banque, Jeanie, lui dit-il en portant alternativement un regard de complaisance sur elle et sur son trésor. Cela vaut mieux que tous les billets des meilleurs marchands et banquiers qui ruinent ceux qui y prennent confiance.

Alors, changeant tout-à-coup de ton, il dit avec plus de résolution qu'il ne s'en supposait : — Jeanie, je veux qu'avant le coucher du soleil vous soyez lady Dumbiedikes, et alors vous pourrez avoir un équipage à vous pour aller à Londres si vous le voulez.

— Non, non, dit Jeanie, cela ne se peut pas. Le chagrin de mon père... la situation de ma sœur... le soin de votre honneur...

— C'est mon affaire. Vous n'en parleriez pas si vous n'étiez pas une folle, mais je ne vous en aime que mieux. Dans le mariage, c'est assez que l'un des deux époux soit sage et prudent. Au surplus, si votre cœur est trop plein en ce moment, prenez là tout ce que vous voudrez, et nous remettrons la noce à votre retour. Autant vaut alors qu'aujourd'hui.

Jeanie sentit la nécessité de s'expliquer franchement avec un amant si extraordinaire.

— Je ne puis vous épouser, lui dit-elle, parce qu'il existe un homme que j'aime mieux que vous.

— Que vous aimez mieux ! Comment cela se peut-il ? vous me connaissez depuis si long-temps !

— Mais je le connais depuis plus long-temps encore.

— Depuis plus long-temps ? cela ne se peut pas. Vous êtes née sur mes terres. Mais vous n'avez pas encore tout vu, Jeanie. Il ouvrit un second tiroir. — Voyez, Jeanie, il n'y a que de l'or dans celui-ci. Et puis voilà le livre aux rentes. Trois cents livres sterling clair et net, sans compter le produit des terres. Ensuite la garde-robe de ma mère et de ma grand'mère ; des robes de soie, des dentelles aussi fines que des toiles d'araignée, un collier de perles, des bracelets et des boucles d'oreilles de diamant. Tout cela est là-haut. Venez voir, Jeanie, venez voir.

Jeanie ne succomba point aux tentations auxquelles le laird croyait peut-être avec raison qu'il était bien difficile à une femme de résister.

— Cela est impossible, dit-elle, je vous l'ai déjà dit. Vous me donneriez la baronnie de Dalkeith et celle de Lugton par-dessus le marché que je ne voudrais pas lui manquer de parole.

— Lui manquer de parole! dit le laird d'un ton piqué; mais qui est-il donc? Vous ne m'avez pas encore dit son nom! Bah! c'est qu'il n'existe pas. Vous faites des façons. Qui est-il enfin, qui est-il?

— Reuben Butler, répondit Jeanie.

— Reuben Butler! s'écria Dumbiedikes d'un air de mépris, Reuben Butler! le fils d'un paysan! un sous-maître d'école! un homme qui n'a pas dans sa poche la valeur du vieil habit qu'il a sur le dos! Fort bien, Jeanie, fort bien! vous êtes bien la maîtresse! Et, refermant les tiroirs de son armoire et le panneau de boiserie qui les cachait :—Une belle offre refusée, Jeanie, ajouta-t-il, ne doit pas être une cause de querelle. Un homme peut conduire son cheval à l'abreuvoir, mais vingt ne le feraient pas boire malgré lui. Quant à dépenser mon argent pour les amoureuses des autres...

La fierté de Jeanie se trouva humiliée. — Je ne vous demandais qu'un emprunt, lui dit-elle, et je ne m'attendais pas que vous y mettriez de telles conditions. Au surplus, vous avez toujours eu des bontés pour mon père, et je vous pardonne votre refus de tout mon cœur.

En même temps, elle tira le verrou, ouvrit la porte, et s'en alla sans écouter le laird, qui lui disait :—Un instant! Jeanie, un instant, écoutez-moi donc! Traversant la cour à grands pas, elle sortit du château, remplie de la honte et de l'indignation qu'on éprouve naturellement quand on se voit refuser inopinément un service sur lequel on avait cru pouvoir compter.

Elle courut sans s'arrêter jusqu'à ce qu'elle eût regagné la grande route. Alors, ralentissant le pas, elle calma son dépit, et commença à réfléchir sur les conséquences du refus qu'elle venait d'essuyer. Entreprendrait-elle véritablement d'aller à Londres en mendiant? Retournerait-elle à Saint-Léonard pour demander de l'argent à son père, au risque de perdre un temps précieux, et de l'entendre peut-être lui défendre de faire le voyage qu'elle regardait comme le seul espoir de salut qui restât à sa sœur? Elle ne voyait pourtant pas de milieu entre ces deux alternatives, et tout en réfléchissant sur ce qu'elle devait faire, elle s'avançait lentement sur la route de Londres.

Tandis qu'elle était dans cette incertitude, elle entendit derrière elle le pas d'un cheval, et une voix bien connue qui l'appelait par son nom. Elle se retourna, et reconnut Dumbiedikes. Il était sur sa monture, en robe de chambre et en pantoufles, mais toujours avec le chapeau galonné de son père, et, dans l'ardeur de sa poursuite, il était parvenu pour la première fois à vaincre l'obstination de Rory, qui, au bout de l'avenue du château, avait voulu tourner du côté de Saint-Léonard, tandis que le laird voyait Jeanie à cent pas de lui sur la route de Londres. Il avait pourtant réussi, à force de faire jouer le bâton et les talons, à lui faire franchir cette distance, tandis que l'animal tournant la tête à chaque pas, témoignait son mécontentement de se trouver forcé d'obéir à son cavalier.

Dès que Dumbiedikes eut rejoint Jeanie: — Jeanie, lui dit-il, on dit qu'il ne faut jamais prendre une femme à son premier mot.

— Vous pouvez pourtant me prendre au mien, répondit-elle sans s'arrêter et sans lever les yeux sur lui: je n'ai jamais qu'un mot, et ce mot est toujours la vérité.

— Mais alors, Jeanie, c'est moi que vous ne deviez pas prendre au premier mot. Je ne veux pas que vous fassiez un tel voyage sans argent, quoi qu'il puisse arriver. En même temps, il lui mit en mains une bourse de cuir assez bien remplie. Je vous donnerais bien aussi Rory, ajouta-t-il, mais il est aussi entêté que vous, et il n'y a pas moyen de le faire aller sur un autre chemin que celui que nous avons fait ensemble, trop souvent peut-être.

— Je sais que mon père vous rendra cet argent jusqu'au

dernier sou, laird Dumbiedikes, et cependant je ne l'accepterais pas, si je croyais que vous pussiez penser à autre chose qu'à vous le voir rendre.

— Il s'y trouve juste vingt-cinq guinées, dit le laird en soupirant : mais que votre père me les rende ou non, elles sont à votre service sans aucune condition. Allez où vous voudrez. Faites ce que vous voudrez! Épousez tous les Butler du pays si vous le voulez. Adieu, Jeanie!

— Que le ciel vous récompense! s'écria Jeanie dont le cœur en ce moment fut plus ému de la générosité inattendue de ce caractère bizarre, que Butler ne l'aurait peut-être trouvé bon s'il eût connu les sentimens qu'elle éprouvait alors : que la bénédiction du Seigneur, que tout le bonheur du monde vous accompagnent à jamais, si nous ne devons plus nous revoir !

Dumbiedikes aurait voulu se retourner pour jeter sur elle un dernier regard, et lui faire une seconde fois ses adieux ; mais il ne lui fut possible que de lui faire un signe de la main. Rory, enchanté de pouvoir reprendre son chemin ordinaire, l'emportait avec une telle rapidité, que le cavalier, qui, dans sa précipitation, était monté sans selle et sans étriers, était trop occupé du soin de se maintenir sur sa bête pour oser courir le risque de regarder en arrière.

J'ai presque honte d'avouer que la vue d'un amant en robe de chambre et en pantoufles, avec un grand chapeau galonné, entraîné malgré lui par un petit cheval qu'il montait à poil, avait quelque chose d'assez ridicule en soi pour calmer l'élan d'une estime et d'une reconnaissance bien méritée, et la figure de Dumbiedikes sur son poney montagnard était trop plaisante pour ne pas confirmer Jeanie dans les premiers sentimens qu'il lui avait inspirés.

— C'est une bonne créature, pensa-t-elle, un homme obligeant ; c'est dommage qu'il ait un cheval si volontaire.

Elle songea alors au voyage important qu'elle commençait, et réfléchit avec plaisir que, grâce à ses habitudes économiques, elle se trouvait maintenant plus d'argent qu'elle n'en avait besoin pour aller à Londres, y séjourner, et retourner à Saint-Léonard.

CHAPITRE XXVII.

> « D'étranges sentimens
> » Se glissent quelquefois dans l'esprit des amans.
> » — Si je ne devais plus revoir mon Amélie!
> » Si par la mort, pensai-je, elle m'était ravie ! »
>
> WORDSWORTH.

En continuant son voyage solitaire, notre héroïne, après avoir passé le domaine de Dumbiedikes, se trouva sur une petite éminence d'où l'on apercevait, vers l'orient, en suivant le cours d'une onde gazouillante ombragée par des saules épars et des frênes, les chaumières de Woodend et de Bersheba, théâtre des premiers jeux de sa jeunesse. Elle reconnut la prairie où elle avait souvent gardé les troupeaux avec Reuben ; les sinuosités du ruisseau sur les rives duquel elle avait cueilli des joncs avec lui pour en former des couronnes et des sceptres pour sa sœur Effie, alors enfant gâtée de trois ou quatre ans. Les souvenirs que ce spectacle lui rappelait étaient si amers, que, si elle s'y était abandonnée, elle se serait assise pour soulager son cœur en pleurant.

—Mais je me demandai, dit Jeanie, quel bien résulterait de mes pleurs. N'était-il pas plus convenable de remercier le Seigneur dont la bonté avait suscité, pour me faciliter mon voyage, un homme que bien des gens appellent un avare, un Nabal, et qui me fit part de ses richesses avec autant de générosité que le ruisseau m'offrirait ses eaux? N'aurais-je pas été coupable du même péché que le peuple d'Israël à Mirebah, quand il osait murmurer, quoique Moïse vînt de faire jaillir une source vivifiante du sein du rocher? Aussi je n'osai pas jeter un dernier regard sur Woodend, car tout jusqu'à la fumée bleuâtre que je voyais sortir des cheminées, me rappelait les tristes changemens de notre sort.

Ce fut dans cet esprit de résignation chrétienne qu'elle continua son voyage, et qu'elle s'éloigna d'un endroit qui lui rappelait des souvenirs trop attendrissans. Elle se trouva bientôt à peu de distance du village où demeurait Butler. L'église gothique, surmontée d'un clocher en aiguille, y est située au milieu d'un bouquet d'arbres sur le haut d'une éminence au sud d'Edimbourg. A un quart de mille de distance est une vieille tour carrée où demeurait, dans les anciens temps, un laird qui se rendait redoutable à la ville d'Édimbourg par ses habitudes de chevalerie germanique, qui consistaient dans le pillage des provisions et des marchandises qui venaient du côté du sud.

Ce village, cette église, cette tour, n'étaient pas exactement sur le chemin qui devait conduire Jeanie en Angleterre, mais ne l'en éloignaient pas beaucoup. Elle avait d'ailleurs besoin de voir Butler, parce qu'elle désirait le prier d'écrire à son père pour lui faire part de son voyage, et de l'espoir qui le lui avait fait entreprendre. Un autre motif qui l'y portait aussi, presque à l'insu d'elle-même, était le désir de revoir encore une fois l'objet d'une tendresse déjà ancienne et toujours sincère, avant de commencer un voyage dont elle ne se dissimulait pas les périls, quoiqu'elle s'efforçât de n'y point songer pour ne pas risquer d'affaiblir l'énergie de sa résolution. Une visite faite à un amant par une jeune personne d'une condition plus élevée que Jeanie aurait été une démarche peu convenable en elle-même; mais la simplicité de ses mœurs champêtres ne lui permettait pas de concevoir ces scrupules d'un décorum rigoureux, et sa conscience fut bien loin de lui rien reprocher pour aller prendre congé d'un ami d'enfance, avant de s'en éloigner peut-être pour long-temps.

Un autre motif inquiétait vivement son cœur à son approche du village. Elle s'était imaginé que Butler, autant par suite de l'intérêt qu'il devait prendre à l'ancien protecteur de son enfance, que par affection pour elle, se trouverait dans la salle d'audience lors du jugement de sa sœur. Elle l'avait cherché des yeux parmi les spectateurs, ne l'avait pas aperçu, et ses yeux ne pouvaient l'avoir trompée. Elle savait bien qu'il était dans un certain état de contrainte; mais elle avait espéré qu'il trouverait quelque moyen de s'en affranchir, au moins pour un jour. En un mot, ces pensées étranges et vagues, que Wordsworth[1] attribue à l'ima-

---

[1] Voyez l'épigraphe du chapitre. — Éb.

gination d'un amant absent, lui suggérèrent que, si Butler n'avait pas paru, c'était pour cause de maladie. Cette idée s'était tellement emparée de son imagination, que, lorsqu'elle approcha de la chaumière dans laquelle son amant occupait un petit appartement, et qui lui avait été indiquée par une jeune fille portant un pot au lait sur sa tête, elle tremblait en songeant à la réponse qu'on pourrait lui faire quand elle demanderait à lui parler.

Ses craintes n'étaient pas chimériques. Butler était d'une constitution délicate. Il n'avait pu résister aux fatigues de corps et aux inquiétudes d'esprit qu'il avait éprouvées depuis le jour de la mort de Porteous, et par suite de cet événement tragique; l'idée que même en l'élargissant on avait conservé des soupçons contre lui, vint encore aggraver ses souffrances morales.

Mais ce qui lui parut le plus difficile à supporter fut la défense formelle que lui firent les magistrats d'avoir, jusqu'à nouvel ordre, aucune communication avec Deans et sa famille. Il leur avait paru vraisemblable que Robertson tenterait d'avoir encore quelque relation avec cette famille, qu'il pourrait une seconde fois prendre Butler pour intermédiaire, et ils désiraient l'en empêcher, dans l'espoir que quelque indiscrétion de sa part pût conduire à sa découverte. Cette mesure n'avait pas été inspirée aux magistrats par un esprit de méfiance contre Butler; mais, dans la circonstance où il se trouvait, il en avait été humilié, et il était en outre désespéré en pensant que Jeanie, qu'il aimait si tendrement, pourrait croire qu'il s'éloignait d'elle, et qu'il l'abandonnait dans le moment où elle avait le plus besoin de consolations.

Cette idée pénible, la crainte d'être exposé à des soupçons qu'il était si éloigné de mériter, se joignant aux fatigues de corps qu'il avait essuyées, lui occasionèrent une fièvre lente qui finit par le rendre incapable de s'occuper même des devoirs journaliers et sédentaires qu'il remplissait dans son école, et qui formaient tous ses moyens d'existence. Heureusement pour lui, le vieux M. Whackbairn, qui était son supérieur dans l'école de la paroisse, lui était sincèrement attaché. Outre qu'il connaissait le mérite et les talens de son sous-maître, qui avait attiré chez lui un assez grand nombre d'élèves, il avait lui-même reçu une bonne éducation; il conservait du goût pour les auteurs classiques; et, lorsque ses écoliers étaient congédiés, il se délassait volontiers de l'ennui que lui occasionaient les leçons qu'il était obligé de donner à des enfans, en lisant avec son sous-maître quelques pages d'Horace ou de Juvénal. Une conformité de goûts ayant engendré l'amitié, il prit le plus grand intérêt à Butler pendant sa maladie, le suppléa dans ses fonctions, malgré son grand âge, et veilla à ce qu'il ne manquât d'aucun des secours qui pouvaient lui être nécessaires, quoiqu'il n'eût lui-même que des moyens très bornés.

Telle était la situation de Butler. La fièvre venait pourtant de le quitter, et il commençait, malgré les remontrances du bon M. Whackbairn, à se traîner une fois par jour dans la salle où il donnait ses leçons, quand le jugement et la condamnation d'Effie vinrent mettre le comble à sa détresse, et lui inspirèrent de nouvelles inquiétudes sur tout ce qu'il avait de plus cher au monde.

Il avait appris le détail exact de tout ce qui s'était passé, d'un ami, habitant du même village, qui, ayant assisté à la séance de la cour de justice, n'était que trop en état de lui en tracer un tableau désespérant. On juge bien que le sommeil n'approcha pas de ses yeux pendant la nuit suivante. Son imagination fut tourmentée de mille idées sombres et funestes, et il était encore plongé le lendemain dans l'affaissement de la fièvre, quand on vint lui annoncer une visite qui ne pouvait qu'ajouter à sa douleur, la visite d'un sot importun.

C'était celle de Bartholin Saddletree. Le digne et docte sellier n'avait pas manqué la veille de se trouver à son rendez-vous chez Mac-Croskie, avec Plumdamas et quelques autres voisins, pour discuter les discours du duc d'Argyle, la justice de la condamnation d'Effie, et le peu de probabilité qu'elle pût obtenir sa grâce. La discussion avait été longue et chaude, grâce à l'eau-de-vie qui n'avait pas été épargnée, et le lendemain matin la tête de Bartholin offrait encore la même confusion que le sac de bien des procureurs.

Pour y rétablir le calme et la sérénité, il résolut d'essayer le pouvoir du grand air. En conséquence, il monta sur un cheval qu'il entretenait à frais communs avec Plumdamas et un autre boutiquier de ses voisins, et dont ils se servaient à tour de rôle pour leurs affaires et leurs plaisirs. Comme il avait deux fils en pension chez Whackbairn, et qu'il aimait assez la société de Butler, il prit Libberton pour but de son excursion, et vint, comme nous le disions, faire souffrir au pauvre ministre le tourment dont l'Imogène de Shakspeare se plaint, quand elle dit : — Je suis persécutée par l'apparition d'un sot que je ne saurais voir sans colère [1].

Pour comble de vexation, Saddletree choisit pour sujet de ses harangues la condamnation d'Effie et la probabilité qu'elle serait exécutée. Le son de sa voix semblait à Butler le cri sinistre du hibou ou le glas de la cloche des funérailles.

Jeanie s'arrêta à la porte de l'humble demeure de son amant, en entendant résonner dans l'intérieur la voix pompeuse et sonore de Saddletree. — Soyez-en bien sûr, M. Butler, lui disait-il, cela sera comme je vous le dis. Rien ne peut la sauver. Il faudra qu'elle saute le pas. J'en suis fâché pour la pauvre fille; mais la loi, mon cher monsieur, la loi doit être exécutée : vous savez ce que dit Horace :

Vivat rex,
Currat lex!

Je ne me rappelle plus dans laquelle de ses odes, mais n'importe !

L'ignorance et la brutalité dont Bartholin faisait un si triste amalgame arrachèrent à Butler un mouvement d'impatience; mais Saddletree, comme la plupart des bavards, avait l'intelligence trop obtuse et l'esprit trop gonflé de son prétendu mérite, pour s'apercevoir de l'impression défavorable qu'il produisait souvent sur ses auditeurs. Il continua, sans merci, à étaler ses lambeaux de connaissances légales, et finit par dire d'un ton satisfait de lui-même : — Eh bien !

---

[1] *I'm sprighted with a fool —*
Sprighted, and angered worse. —
CYMBELLINE.

M. Butler, qu'en pensez-vous? N'est-ce pas bien dommage que mon père ne m'ait pas envoyé faire un cours de jurisprudence à Utrecht? J'aurais été un *clarissimus ictus*, comme le vieux Grunwiggin lui-même. Eh! n'est-il pas vrai? un *clarissimus ictus?*

— Je ne vous comprends pas, M. Saddletree, répondit Butler d'une voix triste et faible, voyant qu'il fallait absolument lui répondre.

— Vous ne me comprenez pas? *Ictus* est pourtant latin. Cela ne signifie-t-il pas jurisconsulte?

— Non pas, que je sache, répondit Butler du même ton.

— Comment diable! j'ai pourtant trouvé ce mot-là ce matin même dans un mémoire de M. Crossmyloof. Un moment... Je dois l'avoir dans ma poche... Oui, le voici. Eh bien! voyez; *ictus clarissimus et perti... peritissimus.* C'est bien du latin, car ces mots sont imprimés en italique.

— Ah! je comprends maintenant; mais *ictus* est une abréviation pour *jurisconsultus.*

— Une abréviation! Non, non, les lois n'abrègent rien. Elles disent tout bien au long. Lisez plutôt le titre des servitudes; c'est-à-dire *tillicidian*[1]. Mais vous direz encore que ce n'est pas du latin.

— Cela est possible, dit Butler en soupirant, je ne suis pas en état de disputer contre vous.

— Ce n'est pas pour me vanter, M. Butler, mais peu de personnes, très peu de personnes seraient en état de le faire. Mais, ajouta-t-il après avoir regardé à sa montre, puisque je vous ai parlé des servitudes, et que vous avez encore une bonne heure avant de descendre à votre école, je vais vous aider à passer ce temps agréablement en vous contant l'histoire d'un procès qui s'instruit en ce moment, relativement à une servitude de chute d'eau, ou *tillicidian*. La plaignante est mistress Crombie, une femme fort honnête, mon amie depuis long-temps. Je l'ai appuyée de tout mon crédit en la cour, et, qu'elle perde ou qu'elle gagne sa cause, elle en sortira à son honneur. Voici ce dont il s'agit. Sa mai-

---

[1] Il voulait probablement dire *stillicidium*. Éd.

son est obligée de recevoir les eaux qui tombent d'une maison voisine, appartenante à mistress Mac-Phail (c'est là ce qu'on appelle *tillicidian*), mais cela ne peut s'entendre que des eaux naturelles, c'est-à-dire de celles qui tombent du ciel sur le toit et qui découlent de là sur le nôtre. Mais, il y a quelques jours, une servante jeta, par une fenêtre donnant sur le toit de mistress Mac-Phail, une potée de je ne sais quelle eau qui tomba d'abord sur son toit et ensuite sur le nôtre, ce qui n'est certainement ni dans l'esprit ni dans la lettre de la loi. Mistress Mac-Phail envoya la coquine de servante faire des excuses à mistress Crombie, et je crois que celle-ci s'en serait contentée. Fort heureusement j'étais là : je lui fis sentir qu'elle devait demander justice, et faire faire défense à mistress Mac-Phail de ne plus à l'avenir jeter sur son toit aucunes autres eaux que celles que le ciel y fait tomber naturellement. J'ai fait citer la maîtresse, assigner la servante...

Saddletree aurait fait durer les détails de ce procès au-delà de l'heure qui restait au pauvre Reuben, ennuyé et fatigué de l'entendre ; mais il fut interrompu par le bruit de quelques voix qu'on entendit à la porte. La femme à qui appartenait la maison où logeait Butler, rentrant chez elle avec un seau qu'elle avait été remplir à une fontaine voisine, trouva à la porte Jeanie Deans, qui s'impatientait de la prolixité de l'orateur, et qui pourtant ne se souciait pas d'entrer avant qu'il fût parti.

La bonne femme abrégea son attente en lui demandant :—Est-ce à moi que vous voulez parler, la jeune fille, ou à M. Butler ?

—Je désire voir M. Butler, s'il n'est pas en affaires, répondit Jeanie.

— Eh bien ! entrez donc, mon enfant, répondit la bonne femme ; et ouvrant la porte,—M. Butler, dit-elle, voici une jeune fille qui a besoin de vous parler.

—La surprise de Butler fut extrême quand, après cette annonce, il vit entrer Jeanie, dont les plus longues courses ne s'étendaient guère au-delà d'un demi-mille de Saint-Léonard.

—Bon Dieu ! s'écria-t-il, il faut que quelque nouveau malheur soit arrivé. Et la crainte rendit à ses joues les couleurs dont la maladie les avait privées.

—Non, M. Reuben, c'est bien assez de ceux que vous connaissez déjà. Mais vous êtes donc malade ? ajouta-t-elle, car le coloris momentané dont ses joues s'étaient revêtues était déjà dissipé, et elle voyait les ravages qu'une maladie lente et l'inquiétude d'esprit avaient faits sur son amant.

—Je suis bien maintenant, parfaitement bien, dit Butler, et si je puis faire quelque chose pour vous être utile, à vous ou à votre père...

—Oui, dit Saddletree ; car on peut maintenant regarder la famille comme n'étant composée que de vous deux, comme si Effie n'eût jamais existé, la pauvre fille! Mais, Jeanie, qu'est-ce qui vous amène de si bonne heure à Libberton, tandis que votre père est encore à Édimbourg?

—Il m'a donné une commission pour M. Butler, dit Jeanie d'un air embarrassé. Mais se reprochant aussitôt ce léger écart de la vérité que jamais Quaker ne respecta plus qu'elle, —c'est-à-dire, ajouta-t-elle, j'ai besoin de parler à M. Butler, relativement aux affaires de mon père et de la pauvre Effie.

—Est-ce une affaire du ressort des tribunaux? demanda Saddletree : en ce cas, vous feriez mieux de prendre mon opinion que la sienne.

—Non, répondit Jeanie, qui trouvait de grands inconvéniens à mettre le bavard Saddletree dans la confidence de ses projets, c'est une lettre que je veux prier M. Butler d'écrire pour moi.

—Eh bien ! dites-moi de quoi il s'agit, et je la dicterai à M. Butler comme M. Crossmyloof à son clerc. Allons, M. Butler, prenez plume et encre.

Jeanie regarda Butler, et se tordit les mains d'un air d'impatience.

—Mais, M. Saddletree, dit Butler, M. Whackbairn sait que vous êtes ici. Il sera mortifié si vous n'assistez pas à la leçon de vos enfans, et l'heure en est plus qu'arrivée.

—Vous avez raison, M. Butler. D'ailleurs, j'ai promis aux

enfans de demander un demi-congé pour toute l'école, le jour de l'exécution, afin qu'ils puissent y assister; cela ne peut produire qu'un bon effet sur leur esprit, car qui sait ce qui peut leur arriver à eux-mêmes ? Ah ! mon Dieu ! je ne pensais pas que vous étiez ici, Jeanie ; mais n'importe, il faut vous habituer à en entendre parler. M. Butler, retenez Jeanie jusqu'à mon retour. Je ne serai pas absent plus d'un quart d'heure.

Après leur avoir donné cette assurance d'un retour prochain, qu'aucun d'eux ne désirait, il les délivra de l'embarras que leur causait sa présence.

— Reuben, dit Jeanie qui vit la nécessité d'en venir sur-le-champ au sujet qui l'amenait, je commence un bien long voyage : je vais à Londres demander la grâce d'Effie au roi et à la reine.

— Y pensez-vous bien, Jeanie? s'écria Butler dans la plus grande surprise : vous, aller à Londres ; vous, parler au roi et à la reine !

— Et pourquoi non, Reuben ? dit Jeanie du ton de simplicité qui lui était naturel; ce n'est parler qu'à un homme et à une femme, après tout. Ils doivent être de chair et de sang comme nous, et, quand leur cœur serait de pierre, ils auront pitié du malheur d'Effie. D'ailleurs, j'ai entendu dire qu'ils ne sont pas si méchans que le disent les Jacobites.

— Cela est vrai, Jeanie ; mais leur magnificence..., leur suite..., la difficulté de parvenir jusqu'à eux.

— J'ai pensé à tout cela, Reuben ; mais je ne veux pas me laisser décourager. Sans doute ils auront de bien beaux habits, des couronnes sur la tête, des sceptres dans leurs mains, ainsi que le grand roi Assuérus quand il était sur son trône devant la porte de son palais, comme dit l'Écriture. Mais je sens dans mon cœur quelque chose qui me soutient, et je suis presque sûre que j'aurai la force et le courage de leur dire ce que j'ai à leur demander.

— Hélas ! Jeanie, les rois aujourd'hui ne s'asseyent plus à la porte de leurs palais pour rendre la justice, comme du temps des patriarches. Je ne connais pas les cours par expérience plus que vous ; mais, d'après tout ce que j'ai lu et tout ce que j'ai entendu dire, je sais que le roi d'Angleterre ne fait rien que par le moyen de ses ministres.

—Si ce sont des ministres justes et craignant Dieu, je n'en ai que plus d'espoir de réussir.

—Vous n'entendez pas même les mots en usage à la cour, Jeanie : les ministres dont je parle sont les serviteurs du roi, ceux qui ont sa confiance, qui sont chargés de toutes les affaires.

—Sans doute, et je pense bien qu'il en a un plus grand nombre que la duchesse[1] à Dalkeith, quoiqu'elle n'en manque point. Je sais aussi que les domestiques des grands seigneurs sont toujours plus impertinens que leurs maîtres; mais je m'habillerai proprement, et je leur offrirai une demi-couronne pour qu'ils me laissent entrer dans le palais. S'ils me refusent, je leur dirai que je viens pour parler au roi et à la reine d'une affaire dans laquelle il y va de la vie et de la mort, et bien certainement ils me permettront alors de leur parler.

— C'est un rêve, Jeanie, dit Butler en remuant la tête, un projet impraticable. Jamais vous ne pourrez parvenir jusqu'à eux sans être protégée par quelque grand seigneur, et cela est-il possible ?

— Peut-être y réussirai-je, Reuben, surtout avec un peu d'aide de votre part.

—Un peu d'aide de ma part ! Jeanie, mais c'est encore un rêve, et le plus étrange de tous !

—Pas du tout, Reuben. Ne vous ai-je pas ouï dire que votre grand-père, dont mon père n'aime pas à entendre parler, a sauvé la vie au père ou grand-père de Mac-Callummore quand il était seigneur de Lorn ?

— Il est vrai ! s'écria vivement Butler, et je puis le prouver. J'écrirai au duc d'Argyle; on dit qu'il a de l'humanité, il est connu pour un brave militaire, pour un loyal Écossais, je lui écrirai pour le prier de solliciter la grâce de votre sœur. C'est une bien faible espérance de succès ! mais enfin il ne faut rien négliger.

(1) La duchesse de Buccleugh. — Éd.

—Cela est vrai, Reuben; il ne faut rien négliger. Ce n'est pas assez d'une lettre. Une lettre ne peut prier, supplier, conjurer. Elle ne peut parler au cœur aussi bien que la voix et les regards. Une lettre est comme une feuille de musique sur un instrument. C'est du noir sur du blanc, mais quand on entend chanter l'air qu'elle contient, c'est bien différent: il faut que je parle moi-même, Reuben.

—Vous avez raison, dit Reuben en rappelant sa fermeté; j'espère que le ciel vous a inspiré cette résolution courageuse comme le seul moyen de sauver la vie de votre malheureuse sœur. Mais, Jeanie, vous ne pouvez faire seule un voyage si périlleux. Je ne puis souffrir que vous vous exposiez à tous les risques qu'il peut offrir. Donnez-moi le droit de vous suivre; consentez que je devienne aujourd'hui votre époux, et dès demain je pars avec vous pour vous aider à vous acquitter de ce que vous devez à votre famille.

—Non, Reuben, cela n'est pas possible. Quand ma sœur obtiendrait sa grâce, son pardon n'effacerait pas la tache dont elle est couverte. Et que dirait-on d'un ministre qui aurait épousé la sœur d'une femme condamnée pour un tel crime? Quel cas ferait-on de tout ce qu'il pourrait dire dans la chaire?

—Mais, Jeanie, je ne puis croire, je ne crois pas qu'elle en soit coupable.

—Que le ciel vous récompense de parler ainsi! mais le blâme ne s'en attachera pas moins à elle.

—Mais ce blâme, quand même elle le mériterait, ne peut retomber sur vous.

—Ah! Reuben, vous savez que c'est une tache qui s'étend sur toute la famille, sur toute la parenté. Ichabod! la gloire de notre famille est passée, comme disait mon pauvre père, car la plus pauvre famille peut avoir sa gloire, celle qui résulte de la bonne conduite de tous ceux qui la composent, et cet avantage est perdu pour nous.

—Mais, Jeanie, vous m'avez donné votre parole, vous m'avez promis votre foi; pouvez-vous entreprendre un tel voyage sans un homme pour vous protéger, et cet homme ne doit-il pas être votre époux?

— Je connais votre affection et votre bon cœur, Reuben, je sais que vous me prendriez pour femme malgré la honte dont ma sœur nous a couverts, mais vous conviendrez que ce n'est pas dans un pareil moment que je puis songer au mariage : nous aurons le loisir d'y réfléchir plus tard, dans un temps plus convenable. Et vous parlez de me protéger pendant mon voyage ! mais qui vous protégerait vous-même, Reuben ? Depuis dix minutes que vous êtes debout, vos jambes tremblent déjà sous vous ; comment pourriez-vous entreprendre le voyage de Londres ?

— Je me porte très bien, mes forces reviennent, dit Butler en se laissant retomber d'épuisement sur sa chaise : demain je me trouverai beaucoup mieux.

— Il faut que je parte, que je parte sur-le-champ, dit Jeanie, et vous ne l'ignorez pas. Vous voir en cet état, ajouta-t-elle en lui prenant la main, et en le regardant avec tendresse, augmente encore mes chagrins ; ayez bien soin de votre santé, pour l'amour de Jeanie : si elle n'est pas votre femme, elle ne sera jamais celle de personne. A présent, donnez-moi la lettre pour Mac-Callummore, et priez Dieu de faire réussir mon dessein.

Il y avait sans doute quelque chose de romanesque dans le projet de Jeanie ; mais Butler vit qu'il serait impossible de l'en détourner, et reconnut qu'il ne pouvait l'aider que de ses avis. Il chercha donc, parmi ses papiers, deux pièces qu'il lui remit en lui recommandant de les montrer au duc d'Argyle : c'était tout ce qu'il lui restait de son aïeul, l'enthousiaste Bible Butler.

Pendant ce temps, Jeanie avait pris la Bible de Reuben, et la replaçant sur la table : — J'y ai marqué, lui dit-elle, deux versets que vous lirez quand je serai partie ; ils contiennent des leçons utiles. A présent, il faudra que vous écriviez tout ceci à mon père ; je n'ai pas l'esprit assez présent pour le faire moi-même, et d'ailleurs je n'en ai pas le temps, et je m'en rapporte à vous pour ce qu'il convient de lui dire. Dites-lui que j'espère le revoir bientôt. Quand vous le verrez, Reuben, je vous en prie, pour l'amour de moi, ne le contrariez pas dans ses idées, ne lui dites pas des mots latins ou anglais. Il est du vieux temps; laissez-le dire ce qu'il voudra, quand même vous croiriez qu'il ait tort; répondez-lui en peu de mots, et laissez-le parler tant qu'il lui plaira : ce sera sa plus grande consolation. Et ma pauvre sœur? Reuben; mais je n'ai pas besoin de la recommander à votre bon cœur, persuadée que vous la verrez aussitôt qu'on vous permettra de la voir, et que vous lui donnerez toutes les consolations qui seront en votre pouvoir. Penser qu'elle est dans cette prison... Mais ne parlons plus d'elle, je ne veux pas vous quitter en pleurant, ce serait un mauvais augure. Adieu, adieu, Reuben.

Elle sortit précipitamment; sur ses traits brillait encore le sourire mélancolique qu'elle avait adressé à son amant pour l'aider à supporter son absence.

Butler, après son départ, crut avoir perdu la faculté de voir, d'entendre et de réfléchir. Il lui semblait qu'il venait de faire un songe, ou de voir une apparition. Saddletree, qui rentra presque au même instant, l'accabla de questions sans pouvoir en obtenir une réponse. Heureusement le docte sellier se souvint que le baron de Loan-Head devait tenir son tribunal ce matin, et il était temps qu'il partît pour y assister.—Je ne veux pas y manquer, dit-il à Butler, ce n'est pas que je croie que la séance sera intéressante; mais le bailli est un brave homme, et je sais qu'il aime que je sois là, afin d'avoir un mot d'avis au besoin.

Dès qu'il fut parti, Butler courut à sa Bible, que Jeanie venait de toucher. A sa grande surprise, il en tomba un papier dans lequel étaient enveloppées deux pièces d'or. Elle avait marqué au crayon les versets 16 et 25 du psaume XXXVII.

« Le peu que possède l'homme de bien, vaut mieux que
» toutes les richesses du méchant. »

« J'ai été jeune, et je suis vieux, mais je n'ai jamais vu le
» juste abandonné, ni ses enfans mendiant leur pain. »

Touché jusqu'aux larmes de la tendre délicatesse avec laquelle Jeanie avait cherché à lui faire accepter un secours dont elle supposait qu'il pouvait avoir besoin, il pressa cet or contre ses lèvres et contre son cœur avec plus d'ardeur que ne fit jamais un avare. Imiter sa fermeté, sa confiance dans le secours du ciel, devint l'objet de son ambition, et son premier soin fut d'écrire à Deans pour l'informer de la généreuse résolution de sa fille, et du voyage qu'elle avait entrepris. Il réfléchit avec attention sur toutes les idées, sur toutes les phrases et même sur toutes les expressions de sa lettre, afin qu'elle pût déterminer le vieillard à approuver une entreprise si extraordinaire. Nous verrons, par la suite, l'effet que produisit cette épître. Butler en chargea un honnête paysan dont le commerce lui donnait de fréquentes relations avec Deans, et qui, pour le modique salaire d'une pinte de bière, se chargea de la lui remettre en mains propres [1].

CHAPITRE XXVIII.

« Ma terre natale, adieu ! »
BYRON.

Un voyage d'Édimbourg à Londres est, au temps où nous sommes, une chose aussi simple que sûre pour le voyageur le plus novice et le plus faible. De nombreuses voitures à tout prix, et autant de paquebots, sont continuellement en route par terre et par mer pour aller d'une capitale à l'autre, et pour en revenir; et le voyageur le plus timide et le plus indolent peut en quelques heures former le projet, et faire les préparatifs de ce voyage. Mais il n'en était pas de même en 1737. Il y avait alors si peu de relations entre Londres et Édimbourg, que des hommes qui vivent encore se souviennent d'avoir vu la malle de la première de ces deux villes arriver au bureau de poste général dans la capitale de l'Écosse, avec

(1) J'ai fait des recherches considérables pour découvrir le nom de ce paysan, et j'ai la satisfaction de pouvoir assurer mes lecteurs qu'il se nommait Saunders Pied-Large, et que le commerce dont il s'occupait était la vente du lait de beurre.

JEDEDIAH CLEISHBOTHAM.

une seule lettre. La manière ordinaire de voyager était de prendre les chevaux de poste, un pour le voyageur, l'autre pour son guide. On en changeait de relais en relais, et ceux qui pouvaient endurer cette fatigue arrivaient en assez peu de temps. C'était un luxe pour les riches de se faire ainsi briser les membres en changeant de monture toutes les deux ou trois heures ; quant aux pauvres, ils n'avaient d'autres moyens de transport que ceux dont la nature les avait pourvus, et ils étaient dans la nécessité de s'en servir.

Grâce à un cœur plein de courage et à une santé robuste, Jeanie Deans, faisant environ vingt milles par jour et quelquefois davantage, traversa la partie méridionale de l'Écosse, entra en Angleterre, et arriva sans accident jusqu'à Durham.

Tant qu'elle avait été parmi ses concitoyens, et même parmi les habitans de la frontière, son plaid et ses pieds nus n'avaient pas attiré l'attention : on était trop habitué à ce costume pour le remarquer. Mais en approchant de cette dernière ville, elle s'aperçut que sa mise excitait des sarcasmes, et faisait jeter sur elle des regards de mépris. Elle pensa que c'était manquer de charité et d'hospitalité, que de se moquer d'un voyageur étranger, parce qu'il est vêtu suivant l'usage de son pays. Cependant elle eut le bon esprit de changer les parties de son costume qui l'exposaient aux railleries. En arrivant à Durham, elle plia sa mante à carreaux dans le petit paquet qu'elle portait sous le bras, et se conforma à l'usage extravagant des Anglais de porter toute la journée des bas et des souliers.

Elle avoua depuis que, sans parler de la dépense, elle fut long-temps avant de pouvoir marcher aussi commodément avec des souliers que sans souliers ; mais il y avait souvent un peu de gazon sur le bord de la route, et là elle soulageait ses pieds. Pour suppléer à la mante qui lui couvrait la tête comme un voile, elle acheta ce qu'elle appela une *bonne-grâce*[1], c'est-à-dire un grand chapeau de paille, semblable à ceux que portent les paysannes d'Angleterre pour travailler aux champs.—Mais je fus bien honteuse, dit-elle,

---

(1) Mot français devenu écossais. — Éd.

quand je mis pour la première fois sur ma tête une *bonne-grâce* de femme mariée, tandis que j'étais encore fille.

Après ces changemens dans son costume, elle croyait n'avoir plus rien qui pût la faire reconnaître pour étrangère. Mais elle vit bientôt que son accent et son langage devenaient aussi une source inépuisable de plaisanteries, qu'on lui adressait dans un *patois* encore plus grossier que le jargon de son pays. Elle jugea donc qu'il était de son intérêt de parler le moins et le plus rarement qu'il lui serait possible. Si quelque passant lui adressait quelques mots d'honnêteté sur la route, elle se contentait de le saluer civilement en continuant son chemin, et elle avait soin de s'arrêter dans des endroits qui semblaient tranquilles et retirés. Elle trouva que le peuple anglais, quoique moins prévenant envers les étrangers qu'on ne l'était dans son pays moins fréquenté, ne manquait pas pourtant tout-à-fait aux devoirs de l'hospitalité. Elle obtenait aisément sa nourriture et son logement pour un prix fort modéré, et quelquefois l'hôte refusait de rien recevoir d'elle, en lui disant :—Vous avez une longue route à faire, jeune fille : gardez votre argent, c'est le meilleur ami que vous puissiez avoir en chemin.

Parfois aussi son hôtesse, frappée de la bonne mine de la jeune Ecossaise, lui procurait soit une compagne de voyage, soit une place dans un chariot pour quelques milles, et lui donnait des avis sur les endroits où elle devait s'arrêter ensuite.

Notre voyageuse passa une journée presque entière dans la ville d'York, d'abord pour se reposer, ensuite parce qu'elle eut le bonheur de se trouver dans une auberge dont la maîtresse était sa compatriote; un peu aussi parce qu'elle voulait écrire à son père et à Reuben, opération qui n'était pas sans difficulté pour elle, n'ayant guère l'habitude des compositions épistolaires. Voici la lettre qu'elle adressa à son père :

« Mon cher père,

» Ce qui me rend le voyage que je fais en ce moment plus pénible et plus douloureux, c'est la triste réflexion que je l'ai entrepris à votre insu; ce que je n'ai fait qu'à contre-cœur,

Dieu le sait, car l'Écriture dit : « Le vœu de la fille ne pourra
» la lier sans le consentement du père. » Il se peut donc que
je doive me reprocher d'avoir commencé ce pèlerinage sans
avoir demandé votre agrément. Mais j'avais dans l'esprit que
je devais servir d'instrument pour sauver ma sœur dans cette
extrémité, sans quoi, pour tout l'or et toutes les richesses du
monde, pour tout le territoire des baronnies de Dalkeith et
de Lugton, je n'aurais jamais pris un tel parti sans votre
connaissance et votre permission.

» Oh! mon cher père, si vous désirez que la bénédiction
du ciel se répande sur mon voyage et sur votre maison, dites
un mot ou du moins écrivez une ligne de consolation à la
pauvre prisonnière. Si elle a péché, elle en a été punie par
ses souffrances, et vous savez mieux que moi que nous devons accorder le pardon aux autres, si nous voulons l'obtenir pour nous-mêmes. Pardonnez-moi de vous parler ainsi ;
il ne convient pas à une jeune tête de donner une leçon à vos
cheveux blancs ; mais je suis si loin de vous, et je désire si
vivement apprendre que vous lui avez pardonné, que ces
deux motifs m'en font dire sans doute plus que je ne devrais.

» Les gens de ce pays sont fort civils, et, comme les barbares au saint Apôtre, ils m'ont témoigné beaucoup de bonté.
C'est une sorte de peuple élu sur la terre, car j'y vois quelques églises sans orgues comme les nôtres [1], et qu'on les appelle des *maisons d'assemblées;* le ministre y prêche sans
surplis. Mais presque tout le pays est *prélatiste,* ce qui est
terrible à penser ! J'ai vu deux ministres suivre les chiens à
la chasse, au plus hardi, comme pourraient le faire Roslin
ou Driden, le jeune laird de Loup-the-Dyke [2]; spectacle bien
triste à voir !

» O mon cher père, songez à me donner une bénédiction
chaque matin et chaque soir, et souvenez-vous dans vos
prières de votre fille soumise et affectionnée,

» JEANIE DEANS.

(1) La plupart des sectes dissidentes de l'église anglicane n'admettent dans
leurs églises aucune musique instrumentale. — ÉD.

(2) Saute-le-Fossé. — ÉD.

P. S. » J'ai appris d'une brave femme, la veuve d'un nourrisseur de bétail, qu'on a dans le Cumberland un remède contre la maladie des vaches qui règne en ce moment. J'en ai pris la recette. C'est une pinte de bière (à ce qu'ils disent, car leur pinte, en comparaison de la nôtre, est à peine une demi-chopine) bouillie avec du savon et de la corne de cerf, et qu'on fait avaler à la bête malade. Vous pourriez l'essayer sur votre génisse d'un an à la tête blanche ; si cela ne lui fait pas de bien, cela ne lui fera pas de mal. C'était une bonne femme, et elle paraissait bien entendue en ce qui concerne le bétail à cornes. Quand je serai à Londres, j'ai dessein d'aller voir votre cousine mistress Glass, la marchande de tabac, à l'enseigne du Chardon, qui a l'honnêteté de vous en envoyer tous les ans en présent. Elle doit être bien connue dans Londres, et je présume que je n'aurai pas de peine à trouver sa demeure. »

Puisque nous avons tant fait que de trahir les confidences de notre héroïne pour une première lettre, nous communiquerons encore au lecteur celle qu'elle écrivit à son amant.

« Monsieur Reuben Butler,

» Espérant que cette lettre vous trouvera mieux portant, j'ai le plaisir de vous dire que je suis arrivée sans accident dans cette grande ville. Je ne suis pas fatiguée du voyage, et je ne m'en porte que mieux. J'ai vu bien des choses que je me réserve de vous conter quelque jour, comme la grande église de cette ville et des moulins qui n'ont ni roues ni écluses, et que le vent fait mouvoir : chose bien étrange ! Un meunier voulait m'y faire entrer pour m'en montrer le travail ; mais je ne suis pas venue en ce pays pour faire connaissance avec des étrangers : je vais droit mon chemin : je salue ceux qui me parlent civilement, mais je ne réponds de la langue qu'aux femmes de ma religion.

» Je voudrais connaître quelque chose qui pût vous faire du bien, monsieur Butler, car il y a dans cette ville d'York des apothicaires qui ont plus de remèdes qu'il n'en faudrait pour guérir toute l'Écosse ; mais comment connaître quel est celui qu'il vous faudrait? Je voudrais vous savoir une espèce de bonne mère pour vous soigner, qui vous empêchât de trop vous fatiguer à lire ou à donner des leçons aux enfans, et qui vous présentât le matin un verre de lait bien chaud : alors je serais plus tranquille sur votre compte.

» Cher monsieur Butler, ayez bon courage, car nous sommes entre les mains de celui qui sait mieux ce qui nous convient que nous ne le savons nous-mêmes. Je n'ai aucun doute de réussir dans le projet qui m'a fait partir. Je n'en doute pas et n'en veux pas douter, parce que j'ai besoin de toute mon assurance pour me conduire en présence des grands de ce monde. Mais penser que nos intentions sont bonnes et avoir le cœur fort, voilà de quoi se tirer de la tâche des plus mauvais jours. La ballade *des Enfans*[1] dit que le vent le plus violent de l'orage ne put faire mourir les trois pauvres petits; et si c'est le bon plaisir de Dieu, après nous être séparés dans les larmes, nous pourrons nous revoir dans la joie, même sur cette rive du Jourdain. Je ne vous prie pas de vous rappeler ce que je vous ai dit en vous quittant à l'égard de mon père et de ma pauvre sœur; je sais que vous le ferez par charité chrétienne encore plus que par complaisance pour les prières de votre obéissante servante,

» JEANIE DEANS. »

Cette lettre avait aussi un post-scriptum.

« Si vous croyez, mon cher Reuben, que j'aurais dû vous écrire plus au long, vous dire des choses plus amicales, supposez que je l'ai fait, car je désire que vous ne puissiez douter de mes sentimens pour vous. Vous penserez que je suis devenue prodigue, car je porte des bas et des souliers en Angleterre; mais il n'y a que les pauvres gens qui s'en passent ici; chaque pays a ses usages. Si le moment de rire revient jamais pour nous, vous rirez bien de voir ma figure enterrée sous une énorme *bonne-grâce* qui est aussi large que la plus grosse cloche de l'église de Libberton. Je vous écrirai

---

[1] Ballade très populaire en Angleterre et en Écosse. — Éd.

ce que m'aura dit le duc d'Argyle dès que je serai arrivée à Londres. Écrivez-moi, pour me donner des nouvelles de votre santé, à l'adresse de mistress Glass, marchande de tabac, à l'enseigne du Chardon, à Londres. Si j'apprends que vous vous portez bien, j'en aurai l'esprit plus libre. Excusez mon orthographe et mon écriture, car j'ai une bien mauvaise plume. »

Il est bien vrai que l'orthographe de cette lettre et de la précédente n'était point parfaitement correcte, et cependant nous pouvons assurer nos lecteurs que, grâce aux leçons de Butler, elle était de beaucoup préférable à celle de la moitié des femmes bien nées d'Écosse, dont la mauvaise orthographe et le style étrange forment un singulier contraste avec le bon sens qu'on trouve ordinairement dans leurs lettres.

Au surplus Jeanie, dans ses deux épîtres, montrait peut-être plus de courage, de résolution et d'espérance qu'elle n'en avait réellement, mais c'était dans le désir de dissiper l'inquiétude que son père et son amant pouvaient concevoir pour elle, n'ignorant pas que leurs craintes à cet égard ne pouvaient qu'ajouter considérablement à leurs chagrins.— S'ils savent que je me porte bien et que j'espère réussir, pensait la pauvre pèlerine, mon père aura plus d'indulgence pour Effie, et Butler prendra plus de soin de lui-même; car je sais que tous deux pensent à moi plus que je ne le fais moi-même.

Elle cacheta ses lettres avec soin, et les porta elle-même à la poste, où elle ne manqua pas de s'informer avec soin du jour où elles arriveraient à Édimbourg, et fut tout émerveillée d'apprendre combien il faudrait peu de temps pour qu'elles fussent rendues à leur destination. Après s'être acquittée de ce devoir, elle retourna chez son hôtesse, qui, comme nous l'avons dit, était sa compatriote, et qui l'avait invitée à dîner, et à rester chez elle jusqu'au lendemain matin.

On a souvent reproché aux Écossais, comme un préjugé et un sentiment étroit, cet empressement avec lequel ils se cherchent, se trouvent, et se rendent les uns aux autres tous les services dont ils sont capables. Nous croyons, au contraire, qu'il prend sa source dans un honorable patriotisme, et que les principes et les usages d'un peuple forment une sorte de garantie du caractère des individus. Si cette opinion n'était pas juste, il y a long-temps que l'expérience en aurait démontré la fausseté. Quoi qu'il en soit, si l'on considère l'influence de cet esprit national comme un nouveau lien qui attache les hommes les uns aux autres, et qui les porte à se rendre utiles à ceux de leurs concitoyens qui peuvent avoir besoin de leurs services, il nous semble qu'on doit l'envisager comme un motif de générosité plus puissant, plus actif que ce principe plus étendu de bienveillance générale qui fait souvent qu'on n'accorde de secours à personne.

Mistress Bickerton, maîtresse de l'auberge des Sept-Étoiles dans Castle-Gate, à York, possédait au plus haut degré ce sentiment national (née dans le comté de Merse, qui est limitrophe du Midlothian où était née Jeanie). Elle montra une bonté maternelle à sa jeune concitoyenne, et lui témoigna tant d'intérêt sur son voyage, que Jeanie, quoique d'un caractère réservé, finit par lui confier toute son histoire.

Pendant ce récit, l'hôtesse leva plus d'une fois les yeux et les mains vers le ciel, et montra autant d'étonnement que de compassion; mais elle fit plus encore, car elle donna quelques bons avis à Jeanie.

Elle voulut savoir ce que contenait sa bourse. Il s'y trouvait encore dix-huit guinées, le reste (déduction faite des deux qu'elle avait laissées à Libberton) avait été employé aux dépenses de la route.

— Cela pourra suffire, dit l'hôtesse, pourvu que vous puissiez les porter à Londres.

— Que je puisse les y porter! répondit Jeanie : je vous en réponds, sauf les frais du voyage.

— Oui, mais les voleurs, mon enfant! Vous êtes à présent dans un pays plus civilisé, c'est-à-dire plus dangereux, que le nord, et je ne sais que faire pour que vous ne couriez aucun danger sur la route. Si vous voulez attendre une huitaine de jours, nos chariots partiront; je vous recommanderai à Joe Broadwheel, et il vous conduira, sans frais et sans risque, au Cygne à deux Têtes à Londres. Il pourra bien vous dire quelques galanteries sur la route, mais ne vous en inquiétez pas, c'est un brave et digne garçon ; et qui sait? les Anglais ne sont pas de mauvais maris, témoin Moïse Bickerton, mon pauvre homme! aujourd'hui dans le cimetière.

Jeanie se hâta de lui dire qu'il lui était impossible d'attendre le départ de Joe Broadwheel, et elle se félicita intérieurement de ne pas se trouver exposée à être l'objet de ses attentions pendant le voyage.

— Eh bien, mon enfant, dit la bonne hôtesse, comme vous le voudrez ; chacun serre sa ceinture comme il l'entend: mais, croyez-moi, ne laissez dans votre poche qu'une couple de guinées et votre argent blanc, et cousez le reste dans votre corset, en cas d'accident ; car les routes ne sont pas sûres à vingt milles d'ici. Mais quand vous serez à Londres, pensez-vous demander à tous ceux que vous rencontrerez où demeure mistress Glass, marchande de tabac, au Chardon? on vous rira au nez, et de votre vie vous ne la trouverez. Je veux donc vous donner une lettre pour un brave homme qui connaît presque tous les Écossais qui sont à Londres, et qui, bien sûrement, saura trouver la demeure de votre cousine.

Jeanie reçut la lettre avec beaucoup de remerciemens; mais les voleurs dont lui parlait mistress Bickerton lui causèrent beaucoup d'inquiétude. Elle se rappela le papier que lui avait donné Ratcliffe, et ayant raconté brièvement à son hôtesse de quelle manière et dans quelles circonstances il le lui avait remis, elle le lui montra.

— Je n'entends rien à ce jargon ! dit l'hôtesse après l'avoir lu : ce qui n'était pas étonnant, puisqu'il était écrit dans ce langage auquel on a donné le nom d'argot. Elle ne tira pas une sonnette, car elles n'étaient pas encore à la mode à cette époque, mais elle souffla dans un sifflet d'argent qui était suspendu à son côté, et une grosse servante se présenta aussitôt.

— Dites à Dick Ostler [1] de venir me parler, dit mistress Bickerton.

(1) Le garçon d'écurie. — Éd.

Dick Ostler arriva sur-le-champ. C'était un drôle dont la figure était couverte de cicatrices, boiteux, louche, et dont l'air était en même temps bête, malin et sournois.

— Dick Ostler, lui dit l'hôtesse d'un ton d'autorité qui montrait qu'elle était du comté d'York, au moins par adoption, vous connaissez le pays, et les gens qui rôdent sur les routes.

— Hé! hé! maîtresse, répondit-il avec un mouvement d'épaules qui pouvait indiquer également le repentir de ce qu'il avait fait, ou le regret de ne plus le faire, sans doute, sans doute, j'ai connu tout cela de mon temps. En même temps il sourit d'un air malin, et poussa un profond soupir, pour se disposer à prendre le ton que la circonstance exigerait.

— Savez-vous ce que signifie ce chiffon de papier? lui demanda l'hôtesse en lui montrant la sauvegarde donnée à Jeanie par Ratcliffe.

Il regarda le papier, cligna un œil, ouvrit la bouche dans sa largeur, se gratta la tête, et dit : — Hé! hé! maîtresse, il se pourrait bien que j'y connusse quelque chose, si ce n'était pas pour lui nuire.

— Pas le moins du monde, et il y aura un verre de *Gin*.[1] pour vous, si vous voulez parler.

— Eh bien donc, répondit-il en tirant ses hauts-de-chausse d'une main, et en poussant un pied en avant pour donner plus de grâce à cette partie importante de ses vêtemens, j'ose dire que cette passe sera reconnue partout sur la route, si c'est là tout ce que vous voulez savoir.

— Mais quelle espèce d'homme est celui qui a donné cette passe, comme vous appelez ce papier? demanda mistress Bickerton en faisant un signe d'intelligence à Jeanie.

— Hé, hé! que sais-je? Jim-the-Rat. Hé! c'était le coq du nord, il y a un an; — lui et Wilson l'Ecossais Handie Dandie, comme on l'appelait. Il y a quelque temps qu'on ne l'a vu de ce côté, mais il n'y a pas un gentleman des grandes routes d'ici à Stamford, qui ne respecte la passe de Jim-the-Rat.

(1) **Esprit de genièvre.** — Éd.

Sans lui faire d'autre question, l'hôtesse lui remplit un grand verre de genièvre de Hollande. Dick baissa la tête, les épaules et la poitrine, avança le bras, se releva, s'inclina de nouveau, vida le verre d'un seul trait, le remit sur la table, et retourna à son écurie.

Après avoir passé la soirée avec Jeanie, mistress Bickerton fit servir le souper ; mangea de deux ou trois plats, but une pinte d'*ale* et deux verres de *négus*, et fit à Jeanie une longue histoire des souffrances que lui occasionait la goutte, maladie dont elle était d'autant plus surprise d'être attaquée, que jamais aucun de ses ancêtres, dignes fermiers à Lammermoor en Ecosse, n'en avait éprouvé le moindre symptôme. Sa jeune amie ne voulut pas lui dire ce qu'elle pensait de l'origine du mal dont elle se plaignait, et malgré toutes les instances de son hôtesse elle borna son repas à quelques légumes et à un verre d'eau.

Mistress Bickerton lui déclara qu'il ne fallait pas qu'elle songeât à rien payer pour son écot, lui donna des lettres pour quelques aubergistes qu'elle connaissait sur la route ; lui rappela les précautions qu'elle devait prendre pour cacher son argent ; et, comme Jeanie se proposait de partir le lendemain matin de bonne heure, elle lui dit affectueusement adieu, en lui faisant promettre de la venir voir, lorsqu'elle retournerait en Ecosse, et de lui dire en détail tout ce qui lui serait arrivé, ce qui est le *summum bonum*, c'est-à-dire le souverain bien pour une commère. Jeanie s'y engagea de bon cœur.

CHAPITRE XXIX.

« Des périls journaliers, le vice et la misère,
» De ces êtres, hélas ! firent le caractère. »

NOTRE voyageuse se leva le lendemain de très bonne heure ; elle allait sortir de l'auberge quand Dick, qui s'était levé plus matin encore, ou qui peut-être ne s'était pas couché, l'un étant aussi probable que l'autre dans son état de palefrenier, lui cria :—Bon voyage, la jeune fille, bon voyage ! prenez garde de vous heurter contre la montagne de Gunnersbury. Robin Hood est mort et trépassé, mais il y a encore de ses amis dans la vallée de Bever. Jeanie le regarda comme pour lui demander une explication plus claire, mais, avec un sourire, un geste et un mouvement d'épaules inimitables (excepté par Emery [1]), Dick se retourna vers le maigre coursier qu'il pansait ; et chanta en employant l'étrille :

> Robin était un bon vivant,
> Adroit à tirer une flèche ;
> Robin Hood autrefois fut un archer vaillant,
> Et sa flèche fendait les airs avec vitesse.
> Sur la route Robin arrêtait le passant ;
> Qui nous empêchera d'imiter son adresse !

Jeanie poursuivit son voyage sans questionner Dick davantage, car il n'y avait rien dans ses manières qui lui donnât l'envie de prolonger l'entretien. Elle arriva vers le soir à Ferry-Bridge, où est encore la meilleure auberge sur la grande route du nord. La lettre de recommandation que mistress Bickerton lui avait remise pour l'hôtesse du Cygne, et son air simple et modeste, prévinrent tellement celle-ci en sa faveur, qu'elle lui procura l'occasion d'un cheval de poste de renvoi, qui la conduisit jusqu'à Tuxford, de manière que le lendemain de son départ d'York elle fit la plus longue journée qu'elle eût encore faite depuis qu'elle avait quitté Saint-Léonard. Il est vrai qu'étant plus accoutumée à marcher qu'à monter à cheval, elle se trouva très fatiguée, et elle ne fut qu'un peu tard, le jour suivant, en état de se remettre en chemin.

Vers midi elle aperçut les ruines noircies du château de Newark, démoli pendant la grande guerre civile. On peut bien juger qu'elle n'eut pas la curiosité d'aller examiner des débris qui auraient attiré toute l'attention d'un antiquaire ; elle entra dans la ville, et se rendit sur-le-champ à l'auberge.

---

[1] Acteur mort en 1824, et qui excellait dans les rôles de paysan du Yorkshire.

qui lui avait été indiquée à Ferry-Bridge. Pendant qu'elle se reposait en prenant quelques rafraîchissemens, la fille qui les lui avait apportés la regardait d'une manière toute particulière, et finit par lui demander, à sa grande surprise, si elle ne se nommait pas Deans, si elle n'était pas Ecossaise, et si elle ne se rendait pas à Londres pour une affaire judiciaire.

Jeanie, malgré son caractère simple et naïf, avait quelque chose de la prudence de son pays; suivant l'usage général des Ecossais, elle ne répondit à cette question qu'en en faisant une autre, et la pria de lui dire pourquoi elle lui faisait cette demande.

— Deux femmes qui ont passé par ici ce matin, répondit la Maritorne de la *Tête du Sarrasin*, de Newark, ont pris des informations sur une Jeanie Deans, jeune Ecossaise qui se rendait à Londres pour solliciter une grâce ; et elles ne pouvaient se persuader qu'elle n'eût pas encore passé par ici.

Fort surprise et un peu alarmée (car on s'alarme ordinairement de ce qu'on ne comprend point), Jeanie fit à son tour diverses questions à la servante sur ces deux femmes, mais tout ce qu'elle put en apprendre fut que l'une était vieille et l'autre jeune; que la jeune était d'une grande taille; que la vieille parlait beaucoup, et paraissait avoir de l'autorité sur sa compagne; enfin que toutes deux avaient l'accent écossais.

Ces renseignemens ne lui apprenaient rien ; cependant elle en conçut un pressentiment fâcheux ; elle craignit que ces étrangères n'eussent quelque mauvais dessein contre elle; comme elle avait encore un chemin assez long à faire pour arriver à l'endroit où elle comptait coucher, et qu'elle craignait d'être surprise par la nuit, elle résolut de prendre des chevaux de poste et un guide. Elle en parla à l'hôte, mais malheureusement il avait passé beaucoup de voyageurs dans la matinée, et il ne se trouvait pas un cheval dans l'écurie. Il lui dit pourtant que si elle voulait attendre une heure ou deux, quelques chevaux qui étaient allés vers le sud reviendraient probablement. Mais Jeanie, qui avait déjà honte de sa frayeur pusillanime, dit qu'elle préférait continuer son voyage à pied.

— La route est belle, lui dit l'hôte, tout est pays plat, excepté la montagne de Gunnersbury, qui est à trois milles de Grantham.

C'était là que Jeanie comptait se rendre pour finir sa journée.

— Je suis bien aise d'apprendre qu'il y ait une montagne, dit-elle, il y a si long-temps que je n'en ai vu! Depuis York jusqu'ici on dirait qu'on a nivelé tout le terrain. Quand j'ai perdu de vue une colline bleuâtre qu'on appelle Ingleborro, j'ai cru n'avoir plus d'ami dans cette terre étrangère.

— Si vous aimez tant les montagnes, jeune fille, reprit l'hôte, je voudrais que vous pussiez emporter avec vous celle de Gunnersbury, car c'est un enfer pour les chevaux de poste. — Mais, allons, à votre santé : puissiez-vous faire votre voyage sans mauvaise rencontre, car vous êtes une fille sage et courageuse.

En parlant ainsi, il prit un grand pot rempli d'ale fabriquée chez lui, et y but de manière à calmer la soif la plus ardente.

— J'espère qu'il n'y a pas de voleur sur la route? demanda Jeanie.

— Je paverai de biscuits l'étang de Groby, dit mon hôte, quand il n'y en aura plus; cependant il y en a moins aujourd'hui, et depuis qu'ils ont perdu Jim-Rat, ils ne sont plus organisés en troupe. Allons, buvez un coup avant de partir, ajouta-t-il en lui présentant le pot d'ale.

Jeanie le remercia, et lui demanda quel était son *lawing*[1].

— Votre *lawing*? Que le ciel me confonde si je sais ce que vous voulez dire.

— Je désire savoir ce que je dois vous payer.

— Me payer? Rien, mon enfant, rien. Vous n'avez bu qu'un demi-pot de bière, et la *Tête du Sarrasin* peut bien donner une bouchée à manger à une pauvre créature qui ne sait pas deux mots de langage chrétien. Allons, encore une fois à votre santé! et il fit une nouvelle accolade au pot d'ale.

Les voyageurs qui ont visité Newark depuis peu ne man-

---

(1) Mot écossais qui signifie *écot*. — Éd.

queront pas de se rappeler ici les manières civiles et le savoir-vivre de l'hôte qui y tient la principale auberge, et trouveront quelque amusement à en faire la comparaison avec la rudesse inculte de son prédécesseur; mais nous croyons qu'on s'apercevra que le poli a fait perdre au métal une partie de sa valeur intrinsèque.

Prenant alors congé de ce Gaius du Lincolnshire, Jeanie se remit solitairement en route. Elle éprouva quelque inquiétude quand elle se trouva surprise par l'approche de la nuit dans la plaine qui s'étend jusqu'aux pieds du Gunnersbury, et qui est coupée par des taillis et des fondrières. Cet endroit paraissait disposé par la nature pour fournir aux bandits des retraites bien cachées, et la facilité d'échapper aux poursuites. Le manque d'énergie de la police y exposait le voyageur à un brigandage porté à un point inconnu aujourd'hui, si ce n'est dans le voisinage immédiat de la capitale de l'Angleterre.

Jeanie venait de doubler le pas, quand elle entendit derrière elle le bruit d'un cheval qui trottait. Elle se retira, comme par instinct, sur un des bords de la route, afin de laisser le pavé libre. Le cheval ne tarda pas à arriver ; elle vit qu'il portait deux femmes, l'une placée sur la selle, et l'autre en croupe sur un coussin.

— Bonsoir, Jeanie Deans, dit celle qui était sur la selle ; comment trouvez-vous cette belle montagne là-bas qui semble vouloir embrasser la lune? croyez-vous que ce soit la porte du ciel que vous aimez tant? peut-être nous y arriverons avant la nuit, quoique ma mère voyage quelquefois d'une manière plus prompte.

En parlant ainsi, elle s'était retournée sur la selle, et avait mis son cheval au pas afin de pouvoir faire la conversation : sa compagne semblait la presser d'avancer, mais elle parlait plus bas, et Jeanie n'entendit que ces mots :

— Taisez-vous, sotte lunatique ; qu'avez-vous à faire avec le ciel ou avec l'enfer ?

— Pas grand'chose avec le ciel, quand je considère que je mène derrière moi ma mère : pour ce qui est de l'enfer, nous verrons cela dans le temps. Allons, bidet, marche, mon enfant, cours comme si tu étais un manche à balai ; songe que tu portes une sorcière :

> Ma coiffe au pied, ma pantoufle à la main,
> Comme le feu follet, du soir au lendemain
> J'erre gaîment le long du marécage...
> . . . .

Le reste de la chanson se perdit dans le bruit des pas du cheval qui s'éloignait rapidement ; mais, pendant quelques minutes, des sons inarticulés parvinrent encore aux oreilles de Jeanie.

Notre voyageuse resta étourdie et agitée d'une crainte indéfinissable. Être appelée par son nom d'une façon si étrange dans un pays inconnu, par une personne qui disparaissait tout-à-coup loin d'elle, tout cela ressemblait à ces voix surnaturelles du Comus de Milton :

« Ces langues aériennes, qui prononcent les noms des hommes sur les sables » du rivage et dans la solitude des déserts. »

Et quelque différente que fût Jeanie de la dame de ce *masque* enchanteur, on peut lui appliquer heureusement la suite de ce passage :

« Ces pensées peuvent surprendre, mais non effrayer l'âme vertueuse qui » marche toujours escortée d'un courageux champion, — la conscience. »

Dans le fait, en se rappelant le dévouement qui lui avait fait entreprendre son voyage, elle pouvait bien avoir le droit, j'oserais dire, de s'attendre à une protection méritée.

Après une demi-heure de marche, elle eut sujet de concevoir une frayeur plus sérieuse. Deux hommes, qui étaient cachés derrière un buisson, avancèrent tout-à-coup sur la grande route, se présentèrent devant elle, et lui barrèrent le chemin.

— Arrêtez et payez, lui dit l'un des deux qui avait l'air d'un coquin vigoureux et déterminé, quoique de courte taille, et vêtu d'une blouse comme celle des rouliers.

— Cette belle, Tom, ne t'entend point, dit le plus grand,

laisse-moi lui parler. Allons, ma précieuse, la bourse ou la vie, dépêchons.

— J'ai bien peu d'argent, messieurs, leur dit Jeanie, leur offrant la portion qu'elle avait séparée de son petit trésor d'après le conseil de la bonne hôtesse d'York; j'en ai besoin, mais si vous l'exigez, le voilà.

— Cela ne prendra pas, reprit Tom : vous devez en avoir davantage. Croyez-vous que les gens risquent leur vie sur la grande route pour se laisser tromper de cette manière? Non, non, il faut nous donner jusqu'au dernier farting, ou, de par Dieu, nous vous déshabillerons!

— Eh non, Tom, eh non, dit son camarade, qui semblait moins inaccessible à la compassion que son féroce compagnon. Je vois que c'est une de ces bonnes âmes avec qui il ne faut que savoir s'y prendre. — Allons, ma belle, levez la main; jurez que vous n'avez pas plus d'argent, et nous vous laisserons passer sur votre parole, sans chercher d'autres preuves.

— Je ne puis pas jurer cela, répondit Jeanie, mais je fais un voyage où il s'agit de la vie ou de la mort. Je vais vous montrer ce qui me reste d'argent, et si vous me laissez seulement de quoi me procurer du pain et de l'eau, je vous remercierai, et je prierai le ciel pour vous.

— Au diable vos prières, s'écria Tom : cette monnaie n'a point de cours avec nous; en même temps il la saisit par le bras.

— Un moment, messieurs, dit Jeanie, songeant tout-à-coup au papier que lui avait remis Ratcliffe, j'ai quelque chose à vous montrer. Connaissez-vous ce papier?

— Que diable veut-elle dire, Frank? Regarde donc ce chiffon, car pour moi, du diable si je sais lire!

— C'est une passe de Jim Ratcliffe, dit Franck, et, d'après les règlemens du métier, nous ne pouvons arrêter cette jeune fille.

— Du diable si elle va plus loin, dit son compagnon : Rat nous a abandonnés, et l'on dit même qu'il est devenu limier.

— N'importe, reprit l'autre, nous pouvons encore avoir besoin de lui.

—Et que diable faire donc? s'écria Tom. N'avons-nous pas promis de la dépouiller de tout, et de la renvoyer en mendiante dans son pays de mendians? Et vous voulez que nous la laissions passer?

—Je ne dis pas cela, répondit Frank : et il dit à son compagnon quelques mots à voix basse.

—A la bonne heure, répondit Tom. Mais dépêchons-nous, il ne faut pas rester sur la grande route plus long-temps; il peut survenir des voyageurs.

—Allons, jeune fille, suivez-nous, dit Frank.

—Au nom du ciel, s'écria Jeanie, au nom de l'humanité, laissez-moi continuer mon chemin ; prenez plutôt tout ce que je possède au monde.

—Que diable craint la belle? dit Tom : je vous dis qu'on ne vous fera aucun mal. Mais si vous ne voulez pas nous suivre, que le diable m'emporte si je ne vous fais pas sauter la cervelle hors de la tête.

—Tu es un vrai ours, Tom, lui dit son camarade; si tu la touches, je te secouerai de manière à faire danser tes dents dans tes gencives. Ne craignez rien, mon enfant, je ne souffrirai pas qu'il vous touche du bout du doigt, si vous nous suivez: mais si vous nous tenez plus long-temps à parlementer sur la grande route, je m'en vais, et je vous laisse régler vos comptes avec lui.

Cette menace fit une grande impression sur l'esprit de Jeanie, qui voyait qu'elle ne pouvait espérer qu'en lui pour obtenir quelque protection contre la brutalité de son camarade. Non seulement elle le suivit, mais elle saisit le pan de son habit, comme pour empêcher qu'il ne s'éloignât d'elle. Cette marque de confiance parut flatter le brigand ; il lui répéta qu'elle n'avait rien à craindre, qu'il ne souffrirait pas qu'on lui fît le moindre mal.

Ils conduisirent leur prisonnière dans une direction qui s'éloignait de plus en plus de la grande route; elle remarqua qu'ils suivaient un petit sentier, ce qui la délivra d'une partie de ses craintes, qui auraient été bien plus vives, s'ils s'étaient écartés de tout chemin battu. Après avoir marché environ une demi-heure dans le plus profond silence, ils arrivèrent à une espèce de vieille grange située loin de toute habitation. Elle était pourtant occupée, car on y voyait de la lumière à travers une croisée.

Un des voleurs[1] frappa doucement à la porte; elle s'ouvrit, et ils entrèrent avec leur malheureuse prisonnière. Une vieille femme préparait le souper sur un feu de charbon. Dès qu'elle les vit : — Au nom du diable, s'écria-t-elle, pourquoi amenez-vous ici cette femme? pourquoi ne l'avez-vous pas dépouillée et renvoyée chez elle?

— Ecoutez, la mère Sang, dit Frank; nous voulons bien faire ce qu'il faut pour vous obliger, mais nous n'en ferons pas davantage. Nous ne valons pas grand'chose, Dieu merci! mais nous ne sommes pas encore ce que vous voudriez, des diables incarnés.

— Elle a une passe de James Ratcliffe, dit Tom, et Frank n'a pas voulu qu'elle fût mise au moulin.

— Non, de par Dieu, je ne le souffrirai pas. Mais si la vieille mère Sang veut la garder ici quelque temps, ou la renvoyer en Ecosse, sans lui faire de mal et sans lui rien prendre, à la bonne heure.

— Frank Levitt! s'écria la vieille, si vous m'appelez encore mère Sang, voici un couteau qui saura de quelle couleur est le vôtre.

— Il faut que le vieux oing soit bien cher dans le nord, dit Frank, puisque la mère Sang est de si mauvaise humeur.

Sans hésiter un instant, la furie lança son couteau avec tant de force, qu'il alla s'enfoncer en sifflant dans le mur; Frank, qui était sur ses gardes, l'ayant évité par un mouvement de tête fait fort à propos.

— Allons, allons, la mère, lui dit le voleur en la saisissant par les deux poignets, je vous apprendrai qui est votre maître : et la poussant avec force, il la fit reculer et tomber à la renverse sur quelques bottes de paille qui étaient dans un coin de la chambre. Il lui fit alors un geste de menace qui produisit l'effet qu'il en attendait, car elle ne chercha plus à se porter à des actes de violence, et se contenta de

---

(1) *Foot-pads*, voleur à pied; vrai voleur roturier, qu'il ne faut pas confondre en Angleterre avec les voleurs à cheval. — Éd.

tordre ses bras flétris avec une rage impuissante, et de hurler comme une démoniaque.

— Je tiendrai ce que je vous ai promis, vieille diablesse, ajouta Frank; elle n'ira pas plus avant sur le chemin de Londres, mais vous ne toucherez pas à un cheveu de sa tête, quand ce ne serait que pour vous punir de votre insolence.

Cette assurance sembla calmer la vieille, qui ne fit plus entendre qu'une sorte de grognement sourd.

Un autre personnage vint en ce moment se joindre à la compagnie.

C'était une jeune fille qui entra en sautant.—Eh bien, Frank Levitt, dit-elle, est-ce que vous voulez tuer notre mère, ou coupez-vous le cou au grognard[1] que Tom a volé hier soir? ou bien lisez-vous vos prières à rebours pour faire venir ici notre bon ami le diable?

Il y avait quelque chose de si remarquable dans le son de voix de cette jeune fille, que Jeanie la reconnut aussitôt pour celle qui lui avait parlé sur la route environ deux heures auparavant. Cette circonstance augmenta sa terreur, car elle vit évidemment qu'il existait un complot prémédité contre elle. Mais par qui? mais pourquoi? c'est ce qu'elle ne pouvait concevoir.

D'après les propos de ce nouveau personnage, le lecteur a sûrement aussi reconnu une de ses anciennes connaissances.

— Taisez-vous, s'écria Tom qu'elle avait interrompu tandis qu'il avait dans la bouche le goulot d'une bouteille pleine de quelque liqueur dont il avait trouvé moyen de faire son butin. Un honnête homme serait plus à son aise dans la chaudière du diable qu'entre une enragée comme votre mère et une folle comme vous.

Jeanie, quoique saisie de terreur, n'en était pas moins attentive à tout ce qui se passait, afin de ne laisser échapper aucune occasion, soit de s'enfuir, s'il était possible, soit du moins de mieux connaître les dangers auxquels elle pouvait être exposée.

— Mais, qu'est-ce que cela! dit Madge, s'approchant d'elle

---

(1) Au porc. — Éd.

en dansant. Quoi ! une fille du vieux Whig Douce David Deans dans une vieille grange avec des Égyptiens, à l'entrée de la nuit ! c'est une chose curieuse à voir ; et dame ! c'est la chute des saints ! l'autre sœur est dans la Tolbooth à Édimbourg ; j'en suis fâchée pour elle. Ce n'est pas moi, c'est ma mère qui lui veut du mal ; et pourtant j'en aurais bien autant de raisons qu'elle.

— Écoutez, Madge, dit Frank, vous n'êtes pas aussi diablesse que votre sorcière de mère ; emmenez cette jeune fille dans votre chenil ; et n'y laissez pas entrer le diable, quand il vous le demanderait pour l'amour de Dieu.

— Oui, oui, Frank, j'en aurai soin, dit Madge en prenant Jeanie par le bras. Il n'est pas décent que de jeunes filles chrétiennes comme elle et moi restent à une pareille heure de la nuit avec des gens comme vous et comme Tyburn Tom. Bonsoir, messieurs ; puissiez-vous dormir jusqu'à ce que le bourreau vous éveille — pour le bien du pays !

Alors, quittant le bras de Jeanie et semblant obéir au caprice de sa pensée égarée, elle s'avança doucement vers sa mère, qui était assise près du feu, dont la lueur rougeâtre éclairait ses traits ridés et portant l'empreinte de la rage et de la haine ; elle semblait Hécate célébrant les rites infernaux. Se mettant à genoux devant elle et joignant les mains, Madge lui dit, comme aurait pu le faire un enfant de dix ans : — Maman, écoutez-moi réciter mes prières avant que j'aille me coucher, et donnez votre bénédiction à ma jolie figure comme autrefois.

— Que le diable prenne ta peau pour s'en faire des souliers ! cria la vieille en répondant par la menace d'un soufflet à cet acte de respectueuse requête.

Madge connaissait probablement, par expérience, la manière dont sa mère donnait ses bénédictions maternelles ; elle fit un saut en arrière avec agilité, et le coup ne l'atteignit pas. Meg Murdockson, furieuse de l'avoir manquée, saisit de vieilles pincettes qui étaient près de la cheminée ; elle allait en décharger un coup sur la tête de sa fille ou de Jeanie, car peu lui importait sur qui elle assouvirait sa rage, quand Frank lui arrêta le bras, et la repoussant avec violence : — Encore! mère damnée, s'écria-t-il ; et en ma présence! Allons, Madge de Bedlam, retirez-vous dans votre trou avec votre camarade, sans quoi nous ferons ici payer le diable, et nous ne lui paierons rien.

Madge profita de l'avis de Levitt, et fit une retraite précipitée, traînant Jeanie après elle, dans un réduit séparé de la grange par une cloison en planches, et rempli de paille, ce qui annonçait qu'il servait de chambre à coucher. La clarté de la lune l'éclairait par une espèce de fenêtre, et laissait voir une selle, un coussin, une bride et une valise, équipage de voyage de Meg et de sa fille.

— La! dit Madge à Jeanie, dites-moi si, dans toute votre vie, vous avez jamais vu une plus jolie chambre. Il n'y en a pas une pareille dans tout Bedlam! Avez-vous jamais été à Bedlam?

— Non, répondit Jeanie, étonnée de la question et de la manière dont elle était faite, mais ne voulant pas mécontenter sa compagne, dont la présence, toute folle qu'elle était, lui semblait une sorte de protection.

— Jamais à Bedlam! s'écria Madge d'un ton de surprise. Je crois vraiment que les magistrats n'y envoient que moi. Oh! ils ont pour moi beaucoup d'attentions; car toutes les fois qu'on me mène devant eux, ils ne manquent jamais de m'y faire conduire, et me donnent même deux de leurs gardes pour me suivre. Au surplus, ajouta-t-elle en baissant le ton, je vous dirai en confidence que vous n'y perdez pas grand'chose, car le gardien est méchant, et il faut que tout aille à sa fantaisie. Eh! mais, quel tapage! à qui en veulent-ils donc? Appuyons le dos contre la porte, personne ne pourra entrer.

— Madge! Madge Wildfire! Madge la diablesse! criaient les deux bandits, où est donc le cheval? qu'en avez-vous fait?

— Il est à son souper, la pauvre bête. Je voudrais que le diable vous servît le vôtre, et qu'il vous échaudât le gosier; vous feriez moins de tapage.

— Mais où est-il? s'écria Tom ; répondez, ou je vais vous faire sauter votre cervelle de Bedlam.

— Eh bien! il est dans le champ de blé de Gaffer Gabblewood.

— Dans le champ de blé ! s'écria Frank.

— Eh! oui, dans le champ de blé. N'avez-vous pas peur que les épis lui écorchent la langue, Tyburn Tom?

— Ce n'est pas la question ; mais que dira-t-on de nous demain matin, Frank, quand on verra notre jument dans le clos de Gaffer? il nous faudra changer de quartier.

— Tom, va bien vite l'en retirer, mon garçon, et aie soin d'éviter la terre molle pour qu'on ne voie point la trace de ses pieds.

— Quand il y a une mauvaise commission, dit Tom, une commission où il n'y a rien à gagner, c'est toujours sur moi qu'elle tombe.

— Allons, saute, Laurence; allons, dépêche-toi !

Tom partit sans répliquer davantage.

Pendant ce temps, Madge avait arrangé sa paille de manière à se coucher le dos à demi appuyé contre la porte, qui s'ouvrait en dedans, mais qui n'avait pas de serrure.

— Jeanie, dit Madge Wildfire, quel autre que moi aurait songé à faire un verrou de son corps? Mais il n'est pas si fort que celui que j'ai vu dans la prison d'Édimbourg. Les ouvriers d'Écosse sont les plus habiles du monde pour fabriquer des chaînes, des verrous, des cadenas et des serrures. Je me rappelle le jour où je voulais faire des gâteaux pour mon pauvre enfant qui est mort.—Mais vous autres Cameroniens, Jeanie, vous renoncez à tout, et vous vous faites un enfer sur la terre pour la quitter avec moins de regret. Mais je vous parlais de Bedlam. Je vous recommande cet endroit, par quelque porte que vous y entriez,... vous savez la chanson !—Et s'abandonnant sans doute aux étranges souvenirs de son imagination, elle se mit à chanter à haute voix :

> Moi, de Bedlam, voyez-vous,
> A vingt ans je fis connaissance ;
> Et quand j'étais sous les verrous,
> J'avais toujours en abondance
> Du pain, de l'eau, des fers, des coups.

— Jeanie, je ne puis chanter aujourd'hui, j'ai la voix enrouée; je crois que je vais dormir.

En même temps elle laissa tomber sa tête sur sa poitrine

comme si elle allait s'assoupir; et Jeanie, qui désirait pouvoir réfléchir tranquillement aux moyens de s'échapper, se garda bien de rien dire ou de faire aucun mouvement qui pût la troubler.

Mais l'esprit inquiet de Madge lui fit rouvrir les yeux au bout de quelques minutes. — Je ne sais pourquoi j'ai envie de dormir aujourd'hui, dit-elle; je ne dors jamais avant que la bonne lune aille dormir elle-même, et je la vois encore dans son char d'argent. Combien de fois ai-je dansé devant elle avec les autres morts, comme Porteous! ils venaient me trouver, car j'ai été morte aussi, moi; écoutez :

> Mon corps est dans le cimetière
> Où me conduisit mon amant :
> Et ce n'est qu'une ombre légère
> Qui vous parle dans ce moment.

—Et qui sait d'ailleurs qui est mort et qui est vivant? ou qui a été dans le pays des fées? C'est une autre question ! Parfois je pense que mon pauvre enfant est mort. — Vous savez bien qu'il est enterré, mais cela ne signifie rien. Je l'ai, depuis ce temps-là, bercé plus de cent fois sur mes genoux. Et comment cela serait-il, s'il était mort? — Oh! c'est impossible !

Et ici une sorte de remords faisant diversion à ses rêveries, elle s'écria, comme dans un transport : — Malheur à moi! malheur à moi! —

Enfin, après avoir gémi et sangloté, elle tomba dans un profond sommeil, laissant Jeanie à ses réflexions mélancoliques.

CHAPITRE XXX.

> « Hâtez-vous donc de la lier!
> » Ou redoutez, dans ma colère,
> » Mon bras armé de cet acier. »
>
> FLETCHER.

La faible clarté que la lune répandait dans la chambre suffit pour convaincre Jeanie qu'elle ne pouvait espérer de s'échapper ; le trou qui servait de fenêtre était percé très haut dans le mur, et quand elle aurait pu y monter, il lui paraissait trop étroit pour pouvoir y passer. Elle craignait d'ailleurs de faire du bruit, et sentait bien qu'après une vaine tentative d'évasion, elle n'en serait que plus maltraitée et plus surveillée ; elle résolut donc d'attendre une occasion sûre avant de hasarder une fuite si dangereuse.

La cloison qui formait une séparation dans la grange était faite de planches vieilles et pourries. Il s'y trouvait plusieurs fentes, et Jeanie parvint à en agrandir une sans bruit, de manière à voir ce qui se passait dans l'autre pièce. La vieille Meg et Frank Levitt étaient assis aux deux coins du feu. Une nouvelle terreur s'empara de la malheureuse pèlerine en voyant les traits durs et féroces de la mère de Madge ; et quoique la physionomie du voleur fût naturellement moins repoussante, elle offrait pourtant le caractère que donne l'habitude du vol et d'une profession proscrite par les lois.

— Mais je me souvins, dit Jeanie, de ce que m'avait raconté mon vertueux père, un soir d'hiver, au coin du feu : comment il s'était trouvé en prison avec le saint martyr M. James Rennick, qui releva l'étendard de la véritable Église réformée d'Écosse, après la mort du célèbre Daniel Cameron, notre dernier porte-bannière, immolé par les glaives des méchans à Aird-Moss ; je me rappelai que les cœurs des malfaiteurs et des meurtriers avec lesquels ils étaient enfermés s'étaient amollis, comme la cire, à la voix de leur doctrine. Je pensai que le même secours qu'ils obtinrent me serait accordé, et que le Seigneur me délivrerait du piége où mes pieds avaient été surpris. Je répétai alors en moi-même ce que dit le roi prophète dans les 42e et 43e psaumes :

— Pourquoi es-tu abattue, ô mon âme ! et pourquoi es-tu dans l'inquiétude ? espère au Seigneur, car je chanterai sa louange : il est ma force, mon salut et mon Dieu. —

La pauvre captive, douée d'une grande présence d'esprit et d'une âme naturellement ferme et calme, fut encore fortifiée par sa confiance religieuse. Elle parvint à écouter la conversation de ceux entre les mains de qui elle était tombée. Elle n'en comprit pourtant qu'une partie, parce que de temps en temps ils baissaient la voix, qu'ils se servaient souvent de termes d'argot, et suppléaient par des gestes à beaucoup de réticences, selon l'habitude des gens de leur criminelle profession.

— Vous voyez bien, Meg, disait Frank, que je sais tenir ma parole. Je n'ai pas oublié que c'est vous qui m'avez fait passer un couteau qui m'a aidé à sortir de la prison d'York : j'ai fait votre besogne sans vous faire une question, parce qu'un service en mérite un autre. Mais à présent que cette folle de Madge est endormie, et que Tom court après le cheval, il faut que vous me disiez quelles sont vos intentions et ce que voulez faire ; car, avec la passe de Jim-Rat, du diable si je touche à cette fille, et si je souffre qu'on y touche.

— Vous êtes un brave garçon, Frank ; mais vous êtes trop tendre pour votre état. Votre bon cœur vous mettra dans l'embarras, je vous verrai quelque jour pendu sur le témoignage de quelqu'un qui n'aurait dit mot si vous lui aviez coupé le sifflet.

— Et vous vous trompez : j'ai vu pendre plus d'un brave jeune homme pour avoir été un peu trop vite en affaires. D'ailleurs un homme n'est pas fâché d'avoir, pendant sa courte vie, la conscience en repos. Ainsi donc, dites-moi sur-le-champ ce que je puis faire pour vous en tout bien, tout honneur.

— Je vais vous le dire, Frank. Mais d'abord buvez un verre de genièvre. Elle lui en versa un grand verre, qu'il vida tout d'un trait, en disant qu'il était excellent. Je vous dirai donc... mais encore un coup du flacon, Frank ; cela vous fortifiera le cœur.

— Non, non ! quand une femme veut vous induire au mal, elle cherche toujours à vous griser. Au diable le courage des Hollandais ! Ce que je fais, je veux le faire avec connaissance de cause... et j'en durerai plus long-temps.

— Eh bien donc, continua la vieille, renonçant à le faire boire davantage, vous saurez que cette fille va à Londres ?

Ici la vieille parla d'une voix si basse, que Jeanie ne put entendre que le mot de *sœur*.

— C'est fort bien, dit Frank, et qu'est-ce que cela vous fait ?

— Ce que cela me fait? si elle coupe la corde, il épousera cette autre?

— Et à qui cela fera-t-il mal?

— A qui? à moi, vaurien! et je l'étranglerai de mes propres mains, plutôt que de voir faire cette injustice à Madge.

— A Madge! Êtes-vous plus folle qu'elle de croire qu'il veuille épouser une échappée de Bedlam? En voilà une bonne! épouser Madge Wildfire!

— Mais, gibier de potence, mendiant de naissance, voleur de profession, s'il ne l'épouse pas, ce n'est pas une raison pour qu'il en épouse une autre, pour que cette autre prenne la place de ma fille, qui est devenue folle, tandis que je suis mendiante, et tout cela à cause de lui. Mais j'ai de quoi le faire pendre, et je le ferai pendre : oui, je le ferai pendre, répéta-t-elle en grinçant des dents avec l'emphase d'une rage diabolique.

— Eh bien! faites-le pendre, pendre et rependre, répéta Frank; il y aurait plus de bon sens à cela qu'à vouloir nuire à deux pauvres filles qui ne vous ont fait aucun mal.

— Aucun mal! tandis qu'il épouserait cet oiseau en cage, s'il pouvait jamais reprendre sa volée.

— Mais comme il n'y a aucune apparence qu'il épouse jamais un oiseau de votre couvée, je ne vois pas pourquoi vous vous en mêlez, dit le voleur en levant les épaules. Je vais tout aussi loin qu'un autre quand il y a quelque chose à gagner, mais je n'aime pas à faire le mal pour faire le mal.

— Et la vengeance! dit la sorcière, la vengeance! n'est-ce pas le meilleur morceau qui ait jamais été préparé dans la cuisine de l'enfer?

— Eh bien! que le diable le garde pour son dîner, car je veux être pendu si j'aime la sauce que vous y mettez.

— La vengeance! continua-t-elle : c'est la plus douce récompense que le diable puisse jamais nous accorder. J'ai fait bien des choses pour goûter ce plaisir, mais je le goûterai, ou il n'y a de justice ni sur la terre ni dans l'enfer.

Frank avait allumé sa pipe, et écoutait de sang-froid et d'un air tranquille les cris de rage de la vieille Meg. Il avait le cœur trop endurci par la vie qu'il menait, pour en être révolté, et il était trop indifférent à l'affaire dont elle parlait pour partager ses transports de fureur.

— Mais enfin, la mère, lui dit-il après quelques instans de silence, si vous êtes si friande de vengeance, que ne vous en prenez-vous à celui qui vous a offensée ?

— Je le voudrais, s'écria-t-elle en faisant des gestes d'énergumène, oui, je le voudrais! mais je ne le puis, non! je ne le puis.

— Comment, vous ne le pouvez ? Il vous serait bien facile de le faire pendre pour cette affaire d'Édimbourg. Mille dieux! on en fait plus de bruit que si l'on eût volé la banque d'Angleterre.

— Savez-vous que ces mamelles l'ont nourri? s'écria la vieille en rapprochant ses bras de sa poitrine comme si elle eût tenu un enfant ; et quoiqu'il soit devenu une vipère pour mon sein, quoiqu'il m'ait détruite moi et les miens, quoiqu'il m'ait destinée au diable et à l'enfer, si le diable et l'enfer existent, je ne puis m'armer contre sa vie. Je l'ai voulu, je l'ai essayé, Frank, mais cela est impossible. C'est le premier enfant que j'aie nourri. Un homme ne peut concevoir toute la tendresse d'une femme pour le premier enfant qu'elle a nourri.

— Certainement, nous n'en pouvons juger par expérience, dit Frank ; mais, la mère, on dit que vous n'avez pas eu la même tendresse pour tous les enfans qui se sont trouvés sur votre chemin. Holà! s'écria-t-il en la voyant saisir un couteau d'un air de fureur, songez que je suis chef et capitaine ici, et que je n'y souffre pas de rébellion.

Meg laissa tomber l'arme qu'elle tenait en main ; et s'efforçant de sourire, — Des enfans, mon garçon, lui dit-elle ; et qui voudrait toucher à des enfans ? Il est bien vrai que Madge a eu un malheur, comme vous savez ; mais quant à l'autre. — Ici elle baissa tellement la voix, que Jeanie ne put entendre que la fin de la phrase : — enfin, Madge, dans sa folie, le jeta dans le North-Loch ; voilà ce que c'est.

Madge, comme les infortunées dont la raison est dérangée, avait un sommeil court et facilement interrompu ; ces derniers mots parvinrent à son oreille.

— C'est un gros mensonge, ma mère, s'écria-t-elle; je n'ai pas fait une pareille chose.

— Te tairas-tu, démon d'enfer? cria Meg. Par le ciel! ajouta-t-elle, l'autre pourrait être éveillée aussi, et nous avoir entendus.

— Cela pourrait être dangereux, dit Frank.

— Lève-toi! dit Meg à sa fille, ou je te donne un coup de couteau à travers les fentes de la porte.

Et joignant sur-le-champ l'effet aux promesses, elle fit passer la lame d'un couteau à travers une des fentes, et Madge en ayant senti la pointe, se retira précipitamment.

La porte s'ouvrit, et la vieille entra, le couteau dans une main et une chandelle dans l'autre. Frank la suivit, peut-être pour l'empêcher de se livrer à quelque acte de violence. La présence d'esprit de Jeanie la sauva dans ce danger pressant. Elle feignit de dormir profondément; et, malgré l'agitation que devait lui occasioner la terreur, elle sut régler sa respiration de manière à n'inspirer aucun soupçon.

La vieille sorcière lui passa la lumière devant les yeux, et quoique Jeanie s'aperçût de ce mouvement, quoiqu'elle crût voir à travers ses paupières fermées les figures de ses deux meurtriers, elle eut assez de résolution pour ne pas se démentir dans une feinte dont sa vie dépendait peut-être.

Frank l'ayant regardée avec attention, tira Meg par le bras, et l'entraîna dans la chambre voisine. Madge était déjà endormie dans un autre coin. Ils reprirent leur place au coin du feu, et Jeanie, qui commençait à respirer plus librement, entendit, à sa grande joie, le voleur dire à Meg : — Vous voyez bien qu'elle est en état de nous entendre comme si elle était dans le Bedfordshire; — et maintenant, la mère, je veux être damné, si je comprends rien à votre histoire. Je ne vois pas ce qui vous en reviendra de faire pendre une de ces filles et de tourmenter l'autre; mais n'importe, je veux vous servir, quoique ce soit une mauvaise affaire; et voici ce que je puis faire pour vous : Tom Moonshine a son lougre sur la côte à Surfleet sur la Walsh, j'irai le prévenir demain; à la nuit je la conduirai à bord, et on l'y gardera trois semaines ou un mois si cela vous convient. Mais du diable si je souffre qu'on la maltraite ou qu'on la vole, avec la passe de Daddy Rat.

— Comme vous voudrez, Frank, comme vous voudrez. Il faut toujours vous passer vos fantaisies. Au surplus peu m'importe qu'elle vive ou qu'elle meure. Je ne demande pas sa mort. C'est sa sœur, oui, sa sœur...

— Allons, n'en parlons plus. Voilà Tom qui rentre. Nous allons faire un somme, et je vous conseille d'en faire autant.

Jeanie entendit Tom rentrer, et au bout de quelques minutes, tout fut plongé dans le silence en ce repaire d'iniquité. L'inquiétude ne permit pas à Jeanie de fermer les yeux de toute la nuit. A la pointe du jour elle entendit sortir les deux bandits; n'ayant plus auprès d'elle que des personnes de son sexe, elle reprit un peu de confiance, et la lassitude lui procura quelques heures de repos.

Lorsque la captive s'éveilla, le soleil était déjà levé sur l'horizon, et la matinée commençait à s'avancer. Madge était encore dans le réduit où elles avaient couché. Elle dit bonjour à Jeanie en la regardant d'un air égaré, selon sa coutume : — Savez-vous qu'il est arrivé une drôle de chose pendant que vous étiez dans le pays du sommeil? lui dit-elle. Les constables sont venus ici; ils ont trouvé ma mère à la porte et l'ont emmenée chez le juge de paix, à cause du blé que notre cheval a mangé cette nuit. Ces rustres anglais font autant de bruit pour quelques épis de blé qu'un laird écossais pour ses lièvres et ses perdix. Maintenant, ma fille, voulez-vous que nous leur jouions un joli tour; allons nous promener ensemble? ils feront un beau tapage, mais nous reviendrons pour l'heure du dîner. Voulez-vous déjeuner? Peut-être aimeriez-vous mieux vous recoucher. Quelquefois je passe des journées entières sans bouger, la tête sur mes mains, comme cela. D'autres fois je ne puis rester en place. Ah! vous pouvez vous promener avec moi sans crainte.

Quand Madge Wildfire eût été la lunatique la plus furieuse, au lieu d'avoir encore un sorte de raison incertaine et douteuse, qui variait probablement sous l'influence des causes les plus légères, Jeanie n'aurait guère refusé de quitter un lieu où, captive, elle avait tant à craindre. Elle se hâta de l'assurer qu'elle n'avait besoin ni de manger ni de dormir, et espérant au fond de son cœur qu'elle ne commettait aucun péché en agissant ainsi, elle entra pleinement dans le projet de promenade proposée par sa folle gardienne.

Elle prit son petit paquet sous son bras, et Madge s'en étant aperçue, lui dit :—Ce n'est pas tout-à-fait pour cela, mais je vois que vous voulez sauver ce que vous avez de meilleur, des mains de ces gens ; non que ce soit précisément de mauvaises gens, mais ils ont de singulières manières ; et j'ai pensé quelquefois que ce n'était pas bien à ma mère et à moi de fréquenter semblable compagnie !

La joie, la crainte et l'espérance agitaient le cœur de Jeanie quand, prenant son petit paquet, elle sortit en plein air, et jeta les yeux autour d'elle pour chercher quelque habitation ;—mais elle n'en aperçut aucune. Le terrain était partie cultivé, partie couvert de broussailles, de taillis et de fondrières. Elle chercha ensuite à s'assurer où était la grande route, persuadée que, si elle pouvait la gagner, elle y trouverait quelques maisons ou quelques passans ; mais elle vit à regret qu'elle n'avait aucun moyen de diriger sa fuite avec certitude, et qu'elle était dans la dépendance absolue de la folle, sa compagne.

Après avoir marché une demi-heure : — Pourquoi n'allons-nous pas sur la grande route ? dit-elle à Madge sans affectation, nous nous y promènerions plus commodément qu'au milieu des broussailles.

Madge avait marché fort vite jusqu'alors. A cette question elle s'arrêta, et regardant Jeanie d'un air de soupçon : — Oui-dà ! lui dit-elle. Est-ce là votre projet ? Vous avez envie d'appeler vos talons au secours de votre tête, je crois.

Jeanie, en entendant sa compagne s'exprimer ainsi, hésita un moment sur ce qu'elle devait faire. Elle avait grande envie de prendre la fuite sur-le-champ, mais elle ne savait encore en quelle direction elle devait fuir, ni si elle serait la plus agile à la course, et elle voyait évidemment que, pour la force physique, la folle l'emportait de beaucoup sur elle. Elle résolut donc de prendre patience, dit quelques mots pour calmer les soupçons de sa compagne, et la suivit où elle voulut la conduire.

Les idées de Madge ne pouvaient rester long-temps fixées sur le même objet, elles ne tardèrent pas à prendre un autre cours, et elle se mit à parler avec sa prolixité habituelle:

— C'est une chose délicieuse de se promener ainsi dans les bois par une belle matinée comme celle-ci ! on n'entend pas, comme à la ville, une foule d'enfans crier après soi parce qu'on est un peu jolie et un peu mieux mise que les autres. Et cependant, Jeanie, que les beaux habits et la beauté ne vous rendent pas trop fière... Je sais à quoi cela mène.

— Connaissez-vous bien le chemin? lui demanda Jeanie, qui voyait qu'elle s'enfonçait de plus en plus dans le bois, et qui craignait de s'éloigner encore davantage de la grande route.

— Si je le connais! n'ai-je donc pas demeuré long-temps ici? N'est-ce pas ici que...? Oui, j'aurais pu l'oublier, j'ai oublié bien des choses; mais il en est qu'on n'oublie jamais.

Elles arrivaient en ce moment dans une clairière. Un beau peuplier s'y élevait solitairement sur un petit tertre couvert de gazon, semblable à un de ceux qu'a décrits le poète de Grasmere dans l'épigraphe de notre chapitre. Dès que Madge l'aperçut, elle joignit les mains, poussa un grand cri, et tomba par terre sans mouvement.

Il eût été bien facile à Jeanie de fuir en ce moment; mais elle ne put se déterminer à abandonner cette infortunée sans secours dans l'état où elle se trouvait, d'autant mieux qu'au milieu de son délire elle lui témoignait une sorte d'amitié. Elle parvint, non sans peine, à la relever, l'assit au pied du peuplier, chercha à ranimer son courage par quelques paroles de consolation, et vit avec surprise que son teint, ordinairement animé, était pâle et livide, et qu'elle versait des larmes en abondance.

— Laissez-moi, dit la pauvre insensée, laissez-moi ; cela fait tant de bien de pleurer ! Je ne pleure qu'une fois ou deux par an, quand je viens en cet endroit. Ce sont mes larmes qui arrosent ce gazon et qui font verdir ce peuplier.

— Mais qu'avez-vous? lui demanda Jeanie ; pourquoi pleurez-vous si amèrement?

— Je n'en ai que trop de sujet, Jeanie ; mais asseyez-vous

près de moi, et je vous conterai tout cela, car je vous aime : tout le monde nous disait du bien de vous quand nous étions vos voisines à Saint-Léonard, et je n'ai pas oublié le verre de lait que vous me donnâtes un matin, après que j'avais passé vingt-quatre heures sur Arthur's Seat, cherchant des yeux sur la mer un vaisseau sur lequel quelqu'un devait se trouver.

Jeanie se rappela effectivement qu'elle avait rencontré un matin près de la maison de son père une jeune fille qui semblait privée de raison et qui tombait de faiblesse, et qu'elle lui avait donné du pain et du lait qu'elle avait dévorés en affamée. Cet incident, léger en lui-même, devenait d'une grande importance, s'il pouvait avoir fait une impression favorable pour Jeanie dans l'esprit de celle qui avait été l'objet de sa charité.

— Oui, dit Madge, je vous conterai tout. Vous êtes la fille d'un homme respectable, de David Deans, et vous consentirez à me tirer du sentier étroit, car j'ai brûlé des briques en Égypte, et, pendant de longs jours, j'ai erré dans l'affreux désert de Sinaï ; mais quand je pense à mes erreurs, je suis prête à me fermer la bouche de honte.

Ici elle leva les yeux et sourit.

— Voilà une chose étrange, continua-t-elle, je vous ai dit plus de bonnes paroles en dix minutes que je n'en dirais à ma mère en dix années. Ce n'est pas que je n'y pense, et parfois elles sont au bout de ma langue ; mais soudain le diable survient, passe ses ailes noires sur mes lèvres et appuie sa large et hideuse main sur ma bouche : oui, Jeanie, sa hideuse main. Il me ravit mes bonnes pensées, ainsi que mes bonnes paroles, et leur substitue d'impures chansons et des vanités mondaines.

— Essayez, Madge, dit Jeanie, essayez de calmer votre âme et de purifier votre cœur : il sera plus léger. Résistez au démon, et il fuira. Souvenez-vous, comme le répète mon vertueux père, qu'il n'est pas de démon plus perfide que nos pensées vagabondes.

— C'est vrai, ma fille, dit Madge en tressaillant, je prendrai un sentier où le démon ne me suivra pas. Vous y viendrez avec moi ; mais je vous tiendrai par le bras de peur qu'Apollyon ne pénètre dans ce sentier, comme il fit dans le *Voyage du Pèlerin*. A ces mots elle se leva, et, prenant Jeanie par le bras, elle commença à marcher à grands pas, et bientôt, à la grande joie de sa compagne, elle entra dans un sentier frayé dont elle paraissait connaître parfaitement tous les détours.

Jeanie essaya de la remettre sur la voie des aveux qu'elle avait promis ; mais son imagination était en campagne. Dans le fait l'esprit dérangé de cette pauvre fille ressemblait à un amas de feuilles desséchées, qui peuvent bien rester immobiles pendant quelques minutes, mais qui, au moindre souffle, sont agitées de nouveau. Madge s'était mis en tête de parler de l'allégorie de John Bunyan à l'exclusion de toute autre chose, et elle continua avec une grande volubilité :

— N'avez-vous jamais lu le *Voyage du Pèlerin ?* Vous serez la femme Christiana, et moi la vierge Merci, car vous savez que Merci était plus belle et plus attrayante que sa compagne ; et si j'avais ici mon petit chien, il serait Grand-Cœur, leur guide, car il était brave, et il aboyait comme s'il eût été dix fois plus gros. Ce fut ce qui causa sa perte, car il mordit aux talons le caporal Mac-Alpine un jour qu'il m'emmenait au corps-de-garde, et le caporal tua le fidèle animal avec sa pique de Lochaber. Que le diable casse les os à ce montagnard !

— Fi ! Madge, dit Jeanie, ne dites pas de telles choses.

— Il est vrai, reprit Madge en secouant la tête ; mais alors il ne faut pas que je pense à mon pauvre petit Snap que je vis étendu expirant dans un fossé. Hélas ! c'était peut-être un bien pour lui, car il souffrait du froid et de la faim quand il vivait, et dans la tombe il y a le repos pour tout le monde, le repos pour mon petit chien, pour mon pauvre enfant et pour moi.

— Votre enfant ! s'écria Jeanie, qui espérait ramener Madge à un entretien plus sérieux, si elle parvenait à lui parler d'un sujet qui l'intéressât réellement. — Mais elle se trompa ; Madge rougit, et répondit avec dépit :

— Mon enfant? Oui certes, mon enfant! Est-ce que je ne peux pas avoir eu un enfant et l'avoir perdu, comme votre jolie petite sœur, le Lis de Saint-Léonard?

Cette réponse alarma Jeanie; et s'empressant de calmer l'irritation de Madge, elle lui dit : — Je suis bien fâchée de votre malheur.

— Fâchée! — et de quoi seriez-vous fâchée? reprit Madge.

— C'était un bonheur pour moi d'avoir un enfant, c'en aurait été un du moins sans ma mère, car ma mère est une bien singulière femme. — Voyez-vous, il y avait un vieux rustre qui avait des terres et des écus par-dessus le marché.

— Le vrai portrait du vieux M. *Faible-Esprit*, ou M. *Prêt-à-s'Arrêter*, que *Grand-Cœur* délivra de *Mort-aux-Bons* le géant, au moment où il allait le voler et le tuer, car Mort-aux-Bons était de l'espèce des mangeurs d'hommes, — et *Grand-Cœur* tua aussi le géant *Désespoir*. — Pourtant je crois que le géant Désespoir vit encore, malgré l'histoire du livre. Parfois je le sens qui attaque mon cœur.

— Eh bien, et le vieux rustre? dit Jeanie, qu'un pénible intérêt excitait à savoir la vérité sur l'histoire de Madge, qu'elle ne pouvait s'empêcher de croire liée à la destinée de sa sœur. Elle désirait aussi amener sa compagne à quelque aveu qui lui fût fait d'un son de voix plus bas; car elle craignait que Madge ne fût entendue de sa mère ou des voleurs, qui pouvaient bien déjà être à leur recherche.

— Ainsi donc le vieux rustre, — répéta Madge; j'aurais voulu que vous le vissiez marcher avec ses deux jambes, dont l'une était d'un demi-pied plus courte que l'autre. Comme je riais quand je voyais le gentil Geordy le contrefaire! Je riais peut-être moins qu'à présent; mais il me semble que c'était de meilleur cœur.

— Et qui était ce gentil Geordy? lui demanda Jeanie, pour tâcher de la ramener à son histoire.

— Vous ne le connaissez pas? celui qu'on nomme Robertson à Édimbourg; et ce n'est pas encore là son vrai nom. Mais pourquoi me demandez-vous son nom? Cela n'est pas honnête de demander le nom des gens. J'ai vu quelquefois chez ma mère huit ou dix personnes, et jamais elles ne s'ap-

pelaient par leur nom; c'est pour cela que j'ai pris celui de
Wildfire. J'ai entendu vingt fois Daddy Raton dire qu'il n'y
avait rien de si incivil que de demander le nom de quelqu'un,
parce que si les baillis, les prevôts et les juges veulent savoir
si vous connaissez un tel ou un tel, ne sachant pas leur nom
vous-même, vous ne pouvez le leur dire.

— Avec qui a donc vécu cette pauvre créature, pensa
Jeanie, pour qu'on ait pu lui suggérer de pareilles idées?
Reuben et mon père auraient de la peine à me croire, si je
leur disais qu'il existe des gens qui prennent de telles précautions par crainte de la justice !

Ses réflexions furent interrompues par un éclat de rire
que fit Madge en voyant une pie traverser le sentier qu'elles
suivaient.

— Voyez, dit-elle, voilà comme marchait mon vieil amoureux. Pas si légèrement pourtant; il n'avait pas d'ailes pour
suppléer à ses vieilles jambes. Il fallait pourtant que je l'épousasse, Jeanie, ou ma mère m'aurait tuée. Mais alors vint
l'histoire de mon pauvre enfant. Ma mère craignit que le
vieux ne fût étourdi par ses cris, et elle le cacha sous le gazon, là-bas, près du peuplier, afin qu'il ne criât plus. Je crois
qu'elle a enterré mon esprit avec lui; car depuis ce moment
je ne me reconnais plus. Mais voyez un peu, Jeanie, après
que ma mère eut pris toute cette peine, le vieux boiteux
ne montra plus son nez au logis. Ce n'est pas que je m'en
soucie. J'ai mené une vie bien agréable depuis ce temps,
courant, dansant, chantant la nuit comme le jour. Je ne
rencontre pas un beau monsieur qui ne s'arrête pour me
regarder, et il y en a plus d'un qui me donne une pièce de
six pence, uniquement pour mes beaux yeux.

Ce récit, tout décousu qu'il était, fit entrevoir à Jeanie
l'histoire de la pauvre Madge. Elle jugea qu'elle avait été
courtisée par un amant riche dont sa mère avait favorisé les
prétentions, malgré sa vieillesse et sa difformité; qu'elle
avait été séduite par un autre; que sa mère, pour cacher sa
honte, et ne pas mettre obstacle au mariage qu'elle avait en
vue, avait fait périr le fruit de cette intrigue; enfin que le
dérangement de son esprit en avait été la suite. Telle était en
effet, à peu de chose près, l'histoire de Madge Wildfire.

CHAPITRE XXXI.

« Libres de tout danger, libres de toute crainte,
» De la cour avec joie ils traversent l'enceinte. »

CHRISTABELLE.

Madge et Jeanie suivaient toujours le même sentier, et celle-ci ne vit pas sans un vrai contentement, derrière un bouquet d'arbres, un assez grand nombre de maisons qui probablement faisaient partie d'un village. Le chemin sur lequel elles étaient paraissait y conduire. Jeanie résolut donc de ne plus faire de questions à Madge tant qu'elle le suivrait, ayant observé qu'en lui parlant elle courait risque d'irriter son guide, ou de réveiller des soupçons auxquels les personnes dans la situation de Madge sont très disposées.

Madge, n'étant point interrompue, poursuivit le babil sans suite que lui suggérait son imagination vagabonde. C'était dans cette disposition d'esprit qu'elle était plus communicative sur son histoire et celle des autres, que lorsqu'on cherchait à la faire parler par des interrogations directes ou d'adroites insinuations.

— Il est bien singulier, dit-elle, qu'il y ait des momens où je puis parler de mon enfant aussi tranquillement que si c'était celui d'un autre, et qu'il y en ait où mon cœur soit prêt à se fendre, seulement d'y penser. Avez-vous jamais eu un enfant, Jeanie?

— Non, répondit celle-ci.

— Ah! mais votre sœur en a eu un du moins, et je sais ce qu'il est devenu.

— Vous le savez! s'écria Jeanie, oubliant qu'elle avait résolu de ne lui faire aucune question : au nom du ciel, au nom de ce que vous avez de plus cher, apprenez-moi ce qu'il est devenu!

Madge s'arrêta, la regarda fixement d'un air sérieux, puis partant d'un éclat de rire : — Ah! ah! ah! s'écria-t-elle, attrapez-moi, si vous le pouvez. On peut donc vous faire croire tout ce qu'on veut! Comment saurais-je ce qu'est devenu l'enfant de votre sœur? Les jeunes filles ne devraient jamais faire d'enfans jusqu'à leur mariage. Et puis toutes les commères arrivent et se mettent à table comme si c'était le plus beau jour du monde. Elles vous disent que les enfans des jeunes filles sont heureux ; je sais que ce n'est pas vrai de celui de votre sœur et du mien. Mais il y aurait de tristes histoires à faire ; j'ai besoin de chanter un peu pour me remettre le cœur. Je veux chanter la chanson que le gentil Geordy fit pour moi dans le temps, lorsque j'allais avec lui à la fête de Lockington pour le voir jouer la comédie avec les autres acteurs. Il aurait bien mieux fait de m'épouser cette nuit-là, comme il l'avait promis. Mieux vaut se marier sur le fumier que sur la bruyère[1], dit le proverbe de l'Yorkshire : il peut aller loin et trouver pire. Mais chantons :

Je suis Madge du hameau,
Je suis Madge de la ville ;
Malgré tous ses bijoux, la dame du château
N'a pas un cœur aussi tranquille.

Je suis la reine de mai,
C'est moi qui conduis la danse ;
Le *feu follet* n'est pas plus brillant et plus gai,
Je vis d'amour et d'espérance.

— C'est de toutes mes chansons celle que j'aime le mieux, continua la folle, parce que c'est lui qui l'a faite, et je la chante souvent. C'est peut-être pour cela que les gens m'appellent Madge Wildfire. Je réponds à ce nom, quoique ce ne soit pas le mien, car à quoi bon se fâcher?

— Mais vous ne devriez pas du moins chanter le jour du sabbat, dit Jeanie, qui, au milieu de son anxiété, ne pouvait s'empêcher d'être scandalisée de la conduite de sa compagne, surtout à l'approche du hameau.

— Ah! c'est dimanche, dit Madge. Ma mère mène une telle vie, et fait si souvent de la nuit le jour, que, perdant

---

[1] Il vaut mieux épouser une voisine qu'une étrangère. — Éd.

le compte des jours de la semaine, on ne distingue plus le dimanche du samedi. D'ailleurs c'est votre *Whigerie* qui se scandalise ; en Angleterre, les gens chantent quand il leur plaît. Et puis, vous savez, vous êtes Christiana et je suis Merci ; elles s'en allaient en chantant. A ces mots, elle chanta une des stances de John Bunyan.

> Ah ! plaignez moins le cœur humble et timide,
> Il ne craint plus les chutes de l'orgueil ;
> Le dieu du ciel lui servira de guide !
> Et du péché lui montrera l'écueil.
>
> 1 . . . .
> L'abondance est un vrai fardeau
> Dans ce triste pèlerinage ;
> Peu de chose ici-bas, dans un monde nouveau
> Si le bonheur nous dédommage.

— Et savez-vous, Jeanie, qu'il y a beaucoup de vérité dans ce livre du *Voyage du Pèlerin ?* L'enfant qui chante ainsi gardait les moutons de son père dans la vallée de l'Humiliation, et Grand-Cœur dit qu'il vivait plus heureux, qu'il avait dans son sein de l'herbe appelée *Calme du cœur* en plus grande abondance que ceux qui portent comme moi la soie et le velours, et sont parés comme moi.

Jeanie Deans n'avait jamais lu l'allégorie pleine de charmes et d'imagination à laquelle Madge faisait allusion. Bunyan était, il est vrai, un rigide calviniste, mais il était aussi membre d'une congrégation d'*Anabaptistes,* de sorte que ses ouvrages ne trouvaient point place parmi les livres théologiques de Deans. Madge, dans une époque de sa vie, avait connu apparemment cette production populaire, qui manque rarement de faire une impression profonde sur l'enfance et les gens du peuple.

— Je puis bien dire, continua-t-elle, que je sors de la ville de la destruction, car ma mère est mistress *OEil-de-Chauve-souris*, qui vit au coin de la rue du Mort ; Frank Levitt et Tyburn Tom peuvent se comparer à *Mauvaise Foi* et à *Crime*, qui arrivèrent au grand galop, terrassèrent le pè-

---

(1) L'auteur passe ici une strophe. — Éd.

lerin avec une grosse massue, et lui volèrent une bourse d'argent qui était presque tout son avoir. C'est ce que Frank et Tom ont fait à plus d'un voyageur, et ils continueront. Mais allons à la maison de l'interprète, car je connais un homme qui en jouera le rôle parfaitement. Il a les yeux levés au ciel, le meilleur des livres à la main, et la loi de vérité gravée sur ses lèvres. Oh! si j'avais écouté ce qu'il me disait, je n'aurais jamais été la créature errante que je suis. Mais tout est fini. Allons; nous frapperons à la porte; le portier recevra Christiana, Merci restera dehors. Je me tiendrai sur la porte tremblante et pleurant. Alors, Christiana (c'est vous, Jeanie), Christiana intercédera pour moi; alors Merci (c'est moi), Merci s'évanouira; alors l'interprète (c'est M. Staunton lui-même) viendra me prendre par la main, moi la pauvre et coupable folle; il me donnera une grenade, un rayon de miel et une fiole de liqueur pour me rappeler à la vie; alors les bons temps reviendront, et nous serons les plus heureuses filles du monde [1].

Au milieu de cette confusion d'idées, Jeanie crut entrevoir dans Madge une intention d'aller chercher le pardon de quelqu'un qu'elle avait offensé, ce qui lui faisait espérer de pouvoir bientôt se trouver à même d'implorer pour elle la sauvegarde des lois. Jeanie résolut donc de se laisser guider par Madge, et d'agir selon les circonstances.

Elles étaient alors à peu distance des maisons. C'était un de ces jolis villages si communs en Angleterre, où les maisons, au lieu d'être rangées à la suite les unes des autres, des deux côtés d'une route couverte de boue ou de poussière, se trouvent dispersées en groupes, entourées d'ormes, de chênes et d'arbres fruitiers, qui étant alors en pleine fleur, faisaient de cet endroit comme un bosquet enchanté. Au centre, on voyait l'église de la paroisse avec une tour gothique, et l'on entendait le son des cloches qui appelait les fidèles.

— Restons ici jusqu'à ce que tout le monde soit entré dans

---

[1] Madge raconte à peu près son histoire ou ses sensations, en empruntant les termes mêmes du récit de Bunyan. — Éd.

l'église, dit Madge, car tous les enfans courraient après moi en criant, et le bedeau serait assez brutal pour s'en prendre à nous. Ce n'est pas que j'aime les cris des enfans plus que lui, mais comment les empêcher ?

Jeanie consentit d'autant plus aisément à s'arrêter, que Madge lui avait dit que ce n'était pas dans ce village que les constables avaient conduit sa mère, et que les deux écuyers de grand chemin étaient allés d'un autre côté. Elle voyait que ses vêtemens avaient beaucoup souffert des évènemens de la veille, d'une nuit passée sur la paille, et de la course qu'elle venait de faire à travers des buissons et des taillis fourrés; aussi elle eût bien voulu donner un air de propreté à ses ajustemens, afin de pouvoir intéresser davantage ceux à qui elle s'adresserait pour implorer leur protection.

Elles s'assirent donc au pied d'un chêne, au bord d'une fontaine, miroir ordinaire des jeunes Ecossaises de la condition de Jeanie; et celle-ci, profitant de ce secours, s'occupa de mettre un peu d'ordre dans sa toilette; mais, quelque nécessaire que ce soin lui eût paru d'abord, elle ne tarda pas à regretter d'y avoir songé.

Madge avait une grande opinion de ses charmes, auxquels elle devait tous ses malheurs. Son esprit, semblable à une barque abandonnée sur un lac, se livrait toujours à la première impulsion qui l'agitait. Dès qu'elle vit Jeanie renouer ses cheveux, replacer son chapeau, secouer la poussière de ses souliers et de ses vêtemens, mettre un fichu blanc, et se laver les mains et la figure, le génie de l'imitation et de la coquetterie s'empara d'elle, et d'un petit paquet dont elle s'était aussi chargée elle tira les restes flétris de son ancienne élégance, commençant une toilette qui la rendit vingt fois plus ridicule qu'elle ne l'était auparavant.

Jeanie en gémissait tout bas, mais elle n'osa faire aucune observation : sur un chapeau de voyage qui lui couvrait la tête, Madge plaça une plume de paon et une vieille plume blanche cassée que le temps avait noircie. Elle attacha au bas de sa robe en forme de redingote une sorte de falbala de fleurs artificielles passées; un morceau de soie jaune, garni de clinquant, reste d'une robe qui avait rendu de longs services d'abord à une dame et ensuite à sa femme de chambre, fut jeté sur une de ses épaules, et ramené en avant, en forme de baudrier ; une paire d'escarpins de satin, brodés, sales, à talons hauts, remplacèrent ses gros souliers d'usage. Elle avait coupé une branche de saule le matin, presque aussi longue qu'une canne à ligne. Elle se mit à la peler sérieusement, et la transforma en une baguette semblable à celle que le trésorier ou le grand intendant de la couronne porte dans les cérémonies publiques. Elle dit alors à Jeanie que, puisqu'elles avaient maintenant une mise aussi décente que pouvait l'avoir une jeune fille le dimanche matin, elle voulait la conduire à la maison de l'interprète.

Jeanie trouvait bien pénible d'être obligée de paraître en public avec une compagne si grotesquement affublée ; mais nécessité n'a point de loi. Elle ne pouvait se séparer d'elle sans risquer d'avoir une querelle sérieuse, et la prudence le lui défendait.

Madge, au contraire, était enchantée d'elle-même, et sa vanité lui persuadait que personne au monde ne pouvait lui disputer de charmes et de parure. Elles entrèrent dans le village, et n'y rencontrèrent qu'une vieille femme presque aveugle, qui, voyant briller quelque chose sur les vêtemens de Madge, la salua avec autant de respect qu'elle en aurait montré à une duchesse. Cette marque de déférence mit le comble au ravissement de la pauvre insensée. Elle releva la tête encore plus haut, chercha à se donner des grâces, et regarda Jeanie avec l'air de protection et d'importance d'une vieille dame qui va conduire une jeune provinciale dans le monde pour la première fois.

Jeanie la suivait patiemment, baissant les yeux, qu'elle levait seulement de temps à autre pour chercher quelqu'un dont elle pût implorer le secours ; mais tous les habitans étaient alors au service divin, ou enfermés dans leurs maisons. Elle tressaillit quand, après avoir monté deux ou trois marches, elle se trouva dans le cimetière, et qu'elle vit sa compagne s'avancer directement vers la porte de l'église. Jeanie n'avait nulle envie d'y entrer dans une telle compagnie, et, s'asseyant sur une pierre funéraire, elle lui dit d'un ton décidé : — Vous pouvez entrer dans l'église si vous le désirez, Madge; mais je ne vous y suivrai pas : je vais vous attendre ici.

— M'attendre ici! s'écria Madge en la saisissant par le bras; croyez-vous donc, ingrate que vous êtes, que je souffrirai que vous restiez assise sur le tombeau de mon père? Si vous ne me suivez pas, si vous ne venez pas avec moi écouter le ministre dans la maison de Dieu, je vous arracherai tous les haillons qui vous couvrent.

L'effet suivit de près la menace. Elle saisit le chapeau de Jeanie, le lui arracha de la tête, et le jeta sur un vieux saule aux branches duquel il s'accrocha à une hauteur trop considérable pour que celle-ci pût l'y reprendre. La première pensée de Jeanie fut de crier ; mais réfléchissant que Madge, dans sa folie, pouvait lui donner quelque coup dangereux avant qu'on fût venu à son secours, quoiqu'elles fussent très près de l'église, elle jugea plus prudent de l'y suivre, étant bien sûre que là elle trouverait le moyen de lui échapper, et qu'elle n'aurait plus rien à craindre de sa violence. Elle lui dit donc qu'elle consentait à l'accompagner. Madge la tenait toujours par le bras, mais ses idées avaient déjà pris un autre cours. Elle fit retourner Jeanie vers la pierre qu'elle venait de quitter, et lui montrant une inscription : — Lisez cela, lui disait-elle, lisez tout haut.

Jeanie obéit, et lut ce qui suit :

« CE MONUMENT FUT ÉRIGÉ A LA MÉMOIRE DE DONALD MUR-
» DOCKSON, SOLDAT DU XXVI DU ROI, OU RÉGIMENT CAMERONIEN,
» CHRÉTIEN SINCÈRE, BRAVE MILITAIRE ET FIDÈLE SERVITEUR, PAR
» SON MAÎTRE RECONNAISSANT, ROBERT STAUNTON. »

—Vous lisez bien, Jeanie; c'est bien cela, dit Madge, dont la colère avait fait place à une profonde mélancolie; et d'un air grave et tranquille qui ne lui était pas ordinaire, elle la conduisit à la porte de l'église.

Le bâtiment dans lequel Jeanie allait être introduite était une de ces églises gothiques dont on trouve un si grand nombre en Angleterre, et qui, de tous les édifices consacrés au culte chrétien, sont peut-être les plus propres à produire sur l'âme une impression de piété respectueuse. Cependant Jeanie, fidèle à ses principes presbytériens, ne serait pas entrée, en toute autre occasion, dans une église de la religion anglicane. Elle aurait cru voir à la porte la figure vénérable de son père étendre le bras pour l'arrêter, et lui défendre d'écouter des instructions qui ne partaient pas de la bonne source. Mais, dans la situation alarmante où elle se trouvait, elle regardait ce lieu comme un asile pour elle, de même que l'animal poursuivi par les chasseurs se réfugie quelquefois dans la demeure des hommes, ou dans les endroits les plus contraires à ses habitudes naturelles. Les sons profanes de l'orgue n'eurent même pas le pouvoir de l'arrêter.

Madge n'eut pas plus tôt mis le pied dans l'église, que, se voyant l'objet de l'attention générale, elle se livra de nouveau à toute l'extravagance qu'un accès momentané de mélancolie avait interrompue. Elle s'avança d'un pas léger vers le centre de l'église, la tête haute, traînant après elle Jeanie qu'elle tenait toujours par le bras. Celle-ci aurait bien désiré entrer dans un des bancs les plus voisins de la porte, et laisser Madge s'approcher seule des places d'honneur; mais elle ne pouvait le faire sans une résistance qui aurait causé du scandale et du tumulte dans la congrégation. Elle se laissa donc mener comme en triomphe par sa conductrice, qui marchait le sourire sur les lèvres, d'un pas délibéré, paraissant enchantée de voir tous les yeux fixés sur elle, distribuant à droite et à gauche des révérences ridicules et affectées, et traînant sa compagne, qui, rouge de honte, les yeux baissés, les cheveux épars, formait avec elle le contraste le plus frappant.

Enfin elle entra dans un banc, donnant en même temps un coup de pied sur les jambes de Jeanie, pour l'avertir de la suivre, et appuya sa tête sur ses mains pendant environ une minute comme pour se livrer au recueillement. Jeanie, pour qui cette dévotion mentale était toute nouvelle, au lieu de l'imiter, jeta autour d'elle des regards inquiets que ceux qui pouvaient la voir attribuaient assez naturellement à la folie. Chacun chercha à s'éloigner de ce couple extraordinaire ; mais un vieillard qui se trouvait près de Madge ne fut point assez leste. Elle lui arracha des mains son rituel, et se mit à répondre aux prières d'un ton de voix qu'on distinguait au-dessus de toutes celles de la congrégation.

Jeanie, accablée de honte, n'osait plus lever les yeux pour chercher un protecteur. Elle pensa d'abord naturellement à l'ecclésiastique. C'était un homme d'un âge déjà avancé, dont l'air inspirait la confiance et le respect, et qui avait déjà rappelé à une attention décente les plus jeunes membres de la congrégation que l'extravagance de Madge Wildfire avait distraits du service divin. Jeanie résolut donc de s'adresser à lui quand l'office serait terminé.

Il est bien vrai que ses yeux étaient choqués de voir un prédicateur revêtu d'un surplis, abomination contre laquelle elle avait entendu son père déclamer tant de fois, mais dont elle n'avait jamais été témoin. Elle n'était pas moins contrariée du changement d'attitude qu'exigeaient certaines parties du rituel ; et Madge, qui paraissait en bien connaître le cérémonial, prenait soin de l'en avertir avec un bruit et des gestes qui attiraient encore davantage sur elles l'attention générale. Elle crut pourtant que Dieu, voyant dans le fond des cœurs, lui pardonnerait de l'adorer avec des formes qui n'étaient pas celles de sa croyance. S'écartant donc de Madge autant qu'il lui était possible de le faire, elle donna toute son attention au service divin, et goûta un peu de calme, sa persécutrice ayant fini par s'endormir.

Quoique involontairement sa pensée se reportât quelquefois sur sa propre situation, elle fut comme forcée d'écouter attentivement un discours plein de sens, énergique et bien fait sur les doctrines pratiques du christianisme ; elle ne put même s'empêcher de l'approuver, quoique ce fût un discours écrit d'avance par le prédicateur, et débité avec un accent et des gestes bien différens de ceux de Boanerges Stormheaven, prédicateur favori de son père. L'air sérieux et attentif avec lequel Jeanie l'écoutait n'échappa point à l'ecclésiastique. L'entrée de Madge lui avait fait craindre quelque scandale ; pour y mettre ordre, il tournait souvent les yeux vers le banc où les deux jeunes filles étaient placées, et il reconnut bientôt que, malgré ses cheveux épars et ses regards inquiets, elle n'était pas dans une situation d'esprit semblable à celle de sa compagne. Quand le service fut terminé, il la vit jeter les yeux autour d'elle d'un air égaré, s'approcher de deux ou trois hommes âgés, comme pour leur parler, et reculer ensuite par timidité en voyant qu'ils semblaient la fuir. Il jugea qu'il y avait dans sa conduite quelque chose d'extraordinaire, et en homme bienfaisant, en digne ministre des autels, il résolut d'approfondir cette affaire.

CHAPITRE XXXII.

« Or pour bedeau l'église avait un drôle
» Grondeur, bourru, mais qui savait son rôle.
CRABBE.

Tandis que M. Staunton, c'est ainsi que se nommait ce digne ecclésiastique, était allé ôter son surplis dans la sacristie, Jeanie en venait à une rupture ouverte avec Madge.

— Il faut que nous retournions sur-le-champ à la grange des Fous, lui dit Madge; il sera tard quand nous arriverons, et ma mère aura de l'humeur.

— Je ne retournerai pas avec vous, Madge, répondit Jeanie en lui offrant une guinée; il faut que je continue mon voyage.

— Comment, ingrate! s'écria Magde, quand je suis venue ici pour vous faire plaisir, vous m'exposerez à être grondée par ma mère! Ah! je vous réponds que vous me suivrez. Et en même temps elle la prit par le bras, et chercha à l'entraîner.

— Pour l'amour du ciel, secourez-moi, dit Jeanie à un homme qui était près d'elle, délivrez-moi de ses mains, elle est folle.

— Je le sais, répondit le rustre, et je crois bien que vous êtes deux oiseaux du même plumage. Mais n'importe. Allons! Madge, laisse-la aller, si tu ne veux avoir une bonne taloche.

Toute la populace, tous les enfans, s'étaient assemblés autour d'elles. — Venez! venez! criaient-ils; il va y avoir un combat entre Madge Wildfire et une autre folle de Bedlam! On faisait cercle dans l'espoir de jouir de ce spectacle intéressant, quand on aperçut le chapeau galonné du bedeau, et chacun s'empressa de faire place à ce personnage important. Il s'adressa d'abord à Madge.

— Qu'est-ce qui te ramène ici, maudite coureuse? As-tu encore quelque bâtard à porter à la porte d'un honnête homme? T'imagines-tu que la paroisse se chargera de cette oie, qui est aussi folle que toi? comme si nous ne payions pas déjà assez de taxes pour les pauvres! Sors de la paroisse sur-le-champ, ou je t'en chasse avec le bâton! Va retrouver ta voleuse de mère qui vient d'être mise en prison à Barkston.

Madge garda le silence un instant. Le bedeau lui avait fait trop souvent connaître sa puissance par des moyens peu aimables, pour qu'elle osât contester son autorité.

Enfin elle s'écria: — Quoi! ma mère, ma pauvre vieille mère en prison à Barkston! Tout cela à cause de vous, miss Jeanie Deans; mais vous me le paierez, aussi sûr que je me nomme Madge Wildfire; c'est-à-dire Murdockson. Bonté divine! dans mon trouble, j'oublie jusqu'à mon nom.

A ces mots, elle tourna les talons, et s'enfuit aussi vite que ses jambes purent la porter, pour éviter la poursuite de tous les enfans du village qui couraient après elle en poussant de grands cris.

Jeanie la vit partir avec bien de la satisfaction, quoiqu'elle eût désiré pouvoir la récompenser de manière ou d'autre du service qu'elle lui avait rendu sans le vouloir.

S'adressant alors au bedeau, elle lui demanda s'il y avait dans le village une maison où elle pût être reçue en payant, et s'il lui serait permis de parler à l'ecclésiastique.

— Oui, oui, nous aurons soin de toi, répondit le fonctionnaire de l'église, et, si tu ne réponds pas comme il faut au recteur, nous épargnerons ton argent et nous te logerons aux dépens de la paroisse, jeune femme.

— Et où m'allez-vous conduire? demanda Jeanie un peu alarmée.

— D'abord chez Sa Révérence, pour lui rendre compte de ce que tu es, et empêcher que tu ne tombes à la charge de la paroisse.

— Je ne veux être à la charge de personne; je ne manque de rien, et je ne demande qu'à continuer ma route en sûreté.

— C'est une autre affaire, si cela est vrai; au reste, j'avoue que vous n'avez pas un air aussi égaré que votre camarade. Vous seriez une assez belle fille, si vous étiez un peu plus requinquée. Mais, allons, venez voir le recteur, ne craignez rien, c'est un brave homme!

— Est-ce le ministre qui a prêché? demanda Jeanie.

— Le ministre! Dieu te bénisse! Quelle presbytérienne es-tu donc? Je te dis que c'est un recteur, le recteur lui-même, et qui n'a pas son pareil dans le comté, ni dans les quatre comtés voisins. Allons, partons, partons, je n'ai pas de temps à perdre.

— Je ne demande pas mieux que de voir le ministre, répondit Jeanie; quoiqu'il ait lu son discours et porte le surplis, comme on l'appelle ici, je ne puis m'empêcher de reconnaître que ce doit être un bien digne homme, craignant Dieu, ayant prêché comme il vient de le faire.

La canaille, désappointée de ne pas trouver un sujet d'amusement dans cette rencontre, s'était dispersée pendant ce temps-là, et Jeanie, avec sa patience ordinaire, suivit son guide plus bourru et plus suffisant que brutal jusqu'au rectorat.

La maison cléricale était grande, belle et commode, car le bénéfice en était très lucratif. La présentation en appartenait à une famille riche du pays, dont le chef avait toujours soin de destiner un fils ou un neveu à l'Eglise, afin de pouvoir le lui donner, quand l'occasion s'en offrait. Le rectorat de Willingham était donc regardé comme un apanage direct et immédiat de Willingham-Hall, et les riches baronnets de ce domaine avaient ordinairement un fils, un frère ou un neveu, qui s'étaient occupés de rendre leur résidence non seulement commode, mais encore magnifique.

Elle était située à quatre cents toises environ du village, et sur une élévation dont la pente douce était couverte de petits enclos disposés irrégulièrement, de manière que les vieux chênes et les ormeaux qui étaient plantés en haie se confondaient ensemble dans la perspective avec une ravissante variété ; plus près de la maison, Jeanie et son guide entrèrent par une jolie grille dans une pelouse, peu large, il est vrai, mais bien tenue, et où croissaient çà et là de beaux marronniers et des bouleaux. La façade de la maison était irrégulière : une partie semblait très ancienne, et avait été en effet la résidence du premier bénéficiaire dans le temps du catholicisme. Ses successeurs y avaient fait des additions considérables et des embellissemens, suivant le goût de chaque siècle, et sans trop respecter la symétrie ; mais ces irrégularités d'architecture étaient si bien graduées et si heureusement fondues, que loin d'être blessé de ce mélange de styles, l'œil ne pouvait qu'être charmé de la variété de l'ensemble ; des arbres fruitiers en espalier sur le mur du midi, des escaliers extérieurs, diverses entrées, les toits et les cheminées des différens siècles, contribuaient à rendre la façade, non pas précisément belle ni grande, mais bizarre ou, pour emprunter à M. Price le mot propre, — pittoresque. Les additions les plus considérables étaient celles du recteur actuel, homme à bouquins, comme le bedeau prit la peine d'en instruire Jeanie, sans doute pour lui inspirer plus de respect pour le personnage devant lequel elle allait paraître : — Il avait, lui dit-il, fait bâtir une bibliothèque, un salon et deux chambres à coucher. — Bien des gens auraient hésité à faire cette dépense, continua le fonctionnaire paroissial, attendu que ce bénéfice doit passer à qui sir Edmond voudra le donner ; mais Sa Révérence a du bien à lui et n'a pas besoin de regarder les deux faces d'un penny.

Jeanie ne put s'empêcher de comparer le bel et grand édifice qu'elle avait sous les yeux aux misérables manses d'Ecosse, où une suite d'héritiers avares, professant le plus grand dévouement au presbytérianisme, s'étudient à découvrir ce qui peut être économisé sur un bâtiment qui n'est qu'une résidence incommode pour le ministre actuel, et méprisent l'avantage d'une construction solide en maçonnerie ; aussi, au bout de quarante ou cinquante ans, leurs descendans sont-ils forcés de refaire la même dépense, dont une honorable libéralité aurait affranchi le domaine pour plus d'un siècle.

Derrière la maison coulait une petite rivière avec une charmante bordure de saules et de peupliers; le bedeau dit à Jeanie qu'on y pêchait d'excellentes truites, car la patience de l'étrangère et l'assurance qu'elle ne serait pas à la charge de la paroisse l'avaient rendu plus communicatif. — Oui, répéta-t-il, c'est bien l'eau qui fournit les meilleures truites du Lincolnshire, car plus bas il n'y a plus moyen de pêcher à la ligne.

Au lieu de se présenter à l'entrée principale, il conduisit Jeanie à une petite porte communiquant à l'ancien bâtiment, qui était, en grande partie, occupé par les domestiques. Celui qui vint l'ouvrir portait une livrée écarlate, digne d'un riche fonctionnaire de l'Eglise.

—Bonjour, Thomas, dit le bedeau; et comment va le jeune M. Staunton?

—Tout doucement, M. Stubbs, tout doucement. Désirez-vous voir Sa Révérence?

—Oui, Thomas, oui. Dites-lui que je lui amène la jeune femme qui est venue ce matin à l'office avec la folle Madge Murdockson. Elle paraît bien tranquille pourtant, mais je ne lui ai pas fait de questions. Vous pouvez pourtant dire à Sa Révérence qu'elle paraît Écossaise, autant que j'en puis juger, et aussi pauvre que les marais de Holland [1].

Thomas honora Jeanie de ce regard que les domestiques des grands, spirituels ou temporels, se croient toujours le droit de jeter sur le pauvre, et la fit entrer, ainsi que M. Stubbs, en leur disant d'attendre qu'il eût informé son maître de leur visite.

La pièce où il les introduisit était une espèce de salle d'intendant, tapissée de deux ou trois cartes de comtés, et de trois ou quatre gravures représentant des personnages tenant au pays, tels que sir William Monson [2], James Jork, le ma-

[1] Le comté de Lincoln forme trois divisions, celle de Lindsey, celle de Vresteven, et celle de Holland. — Éd.
[2] Fameux amiral du temps d'Élisabeth. — Éd.

réchal de Lincoln et le fameux Peregrine, lord Willoughby, armé de pied en cap, et comme s'il prononçait les vers de la légende inscrits sous son portrait :

> Tenez ferme, braves piquiers ;
> Archers, visez avec adresse :
> Nous repousserons ces guerriers,
> Je compte sur votre prouesse.
> Et vous mes braves canonniers,
> J'en appelle à votre constance ;
> Imitez mes bons écuyers,
> Lord Willoughbie et sa vaillance.

Lorsqu'ils furent entrés dans l'appartement, Thomas ne manqua pas d'offrir et M. Stubbs d'accepter un morceau à manger et un coup à boire : il servit en conséquence les restes encore respectables d'un jambon, et un *whiskin* entier, c'est-à-dire un pot d'ale double.

Le bedeau s'occupa activement de ces comestibles, et nous devons même ajouter, à son honneur, qu'il invita Jeanie à prendre sa part de ce repas. L'offre n'était pas hors de saison, car elle n'avait rien mangé de la journée ; mais elle avait l'esprit trop inquiet pour sentir le besoin de prendre quelque nourriture, et d'ailleurs sa timidité ne lui aurait pas permis de se mettre à table avec deux hommes qu'elle ne connaissait pas, car Thomas avait été trop honnête pour ne pas tenir compagnie au bedeau. Le repas dura une bonne demi-heure, et peut-être se serait-il prolongé plus longtemps, si la sonnette du révérend M. Staunton ne se fût fait entendre. Thomas se leva à ce signal, et ayant profité de cette occasion pour annoncer à son maître l'arrivée de M. Stubbs avec l'autre folle, comme il lui plut de désigner Jeanie, il reçut l'ordre de les faire entrer sur-le-champ.

Le bedeau se hâta d'avaler sa dernière bouchée de jambon, et se rinça la bouche avec ce qui restait encore du pot d'ale, après quoi il conduisit Jeanie par des passages qui communiquaient de l'ancien corps de logis aux bâtimens modernes, et la fit entrer dans une petite salle qui précédait la bibliothèque, et dont une porte vitrée s'ouvrait sur la pelouse.

— Restez ici, lui dit-il, jusqu'à ce que j'aie annoncé à Sa Révérence que vous attendez ses ordres.

A ces mots il entra dans la bibliothèque.

Jeanie ne cherchait pas à entendre leur conversation, mais elle n'en perdit pas un seul mot, car Stubbs avait laissé la porte entr'ouverte; il était resté près du seuil par respect, et Sa Révérence étant à l'autre bout de la salle, ils parlaient nécessairement assez haut.

— Vous m'amenez donc enfin cette jeune femme, dit M. Staunton; je croyais que vous seriez arrivé plus tôt. Vous savez que je n'aime pas faire attendre ceux que je crois devoir interroger.

— C'est que, n'en déplaise à Votre Révérence, la jeune femme n'avait encore rien pris de la journée, et M. Thomas lui a fait manger une bouchée et boire un coup.

— Thomas a bien fait. Et qu'est devenue l'autre, Madge Murdockson?

— Oh! elle a levé le pied. Elle est allée rejoindre sa mère, qui est dans l'embarras dans la paroisse voisine.

— Dans l'embarras! c'est-à-dire en prison, je suppose?

— Oui, s'il plaît à Votre Révérence; oui, quelque chose comme cela.

— Malheureuse et incorrigible femme! dit le recteur. Et quelle espèce de personne est celle que vous m'amenez?

— Mais, Votre Révérence, elle a l'air assez tranquille, bien paisible, et puis elle dit qu'elle a assez d'argent pour sortir du comté!

— L'argent! ah! c'est toujours à quoi vous songez d'abord, Stubbs, mais il s'agit de savoir si elle a du bon sens, de l'intelligence? est-elle capable de prendre soin d'elle-même?

— Je ne saurais trop dire à Votre Révérence, répliqua Stubbs, je crois bien qu'elle n'est pas née à Witt-Ham[1], car Gaffer Gibbs, qui l'a regardée tout le temps du service, dit qu'elle ne pouvait prononcer une seule phrase comme un chrétien, quoique Madge Murdockson lui soufflât les mots; mais quant à savoir prendre soin d'elle-même, elle est Écos-

---

(1) Expression proverbiale et prêtant à équivoque, du comté de Lincoln, pour dire qu'une personne n'a pas beaucoup d'esprit. — Éd.

saise, et, Votre Révérence, on dit que les plus bornés de ce pays savent se tirer d'affaire ; d'ailleurs elle est mise décemment, elle n'est pas couverte de fanfreluches comme l'autre.

—Allons, faites-la entrer, et restez en bas, M. Stubbs.

—A l'instant où cette conversation finissait, on ouvrit la porte vitrée qui conduisait de la salle où se trouvait Jeanie dans le jardin. Un jeune homme pâle et paraissant malade, soutenu ou plutôt porté par deux domestiques, entra, et s'étendit sur un sopha qui était placé près de la porte de la bibliothèque. Dans le même moment Stubbs en sortait pour dire à Jeanie d'y entrer. Elle lui obéit en tremblant, car indépendamment de la situation nouvelle où elle se trouvait, il lui semblait que le succès de son voyage dépendait de l'entretien qu'elle allait avoir avec M. Staunton.

Il est vrai qu'il était difficile de concevoir sous quel prétexte on pourrait empêcher une personne qui voyageait à ses frais, qui ne demandait rien à personne, de continuer sa route. Mais sa dernière aventure ne lui avait que trop appris qu'il existait, à peu de distance, des gens qui désiraient mettre obstacle à son voyage, et qui avaient assez d'audace pour essayer une seconde fois d'y réussir. Elle sentait donc la nécessité d'avoir sur la route une protection qui pût la mettre à l'abri de leur scélératesse. Pendant que ces idées se présentaient à son esprit avec plus de rapidité que la plume ne peut les transmettre, et que l'œil du lecteur ne peut les suivre, elle était déjà dans la bibliothèque du recteur de Willingham, dont les rayons offraient à ses yeux plus de livres qu'elle croyait qu'il n'en existait dans tout l'univers ; car elle regardait comme une grande collection ceux qui se trouvaient sur deux tablettes dans la chambre de son père, et que Deans disait être la fleur de toute la théologie. Des globes, des sphères, des télescopes et d'autres instrumens de physique inconnus à Jeanie, lui inspirèrent une admiration mêlée de crainte, car ils lui paraissaient devoir servir à des opérations magiques plutôt qu'à toute autre chose ; enfin, quelques animaux empaillés ajoutaient encore à l'impression que faisait sur elle la vue de cet appartement.

— Jeune femme, lui dit M. Staunton avec douceur, vous vous êtes présentée ce matin dans l'église d'une manière bien étrange, propre à troubler le service divin, et dans une compagnie qui, je dois le dire, ne prévient pas en votre faveur; j'ai voulu vous interroger, afin de voir quelles mesures mon devoir exige que je prenne à votre égard; je dois vous dire que je suis juge de paix, en même temps que recteur de cette paroisse : mais ne vous troublez pas, je n'ai pas dessein de vous troubler.

— Votre *Honneur* a bien de la bonté, répondit Jeanie d'un air timide; car ses principes de presbytérianisme ne lui permettaient pas de lui donner le titre de Révérence.

—Eh bien, qui êtes-vous? que faites-vous dans ce comté? ignorez-vous qu'on n'y souffre pas de vagabondage?

Ce terme injurieux rendit à Jeanie toute son énergie.

—Je ne suis point une vagabonde, monsieur, répliqua-t-elle d'un ton ferme : je suis une honnête fille écossaise, voyageant pour mes affaires et à mes frais; j'ai été assez malheureuse pour rencontrer hier soir mauvaise compagnie; on m'a retenue toute la nuit, et cette pauvre créature, dont la tête est un peu légère, m'a fait sortir ce matin.

— Mauvaise compagnie! oui sans doute, et je crains, jeune femme, que vous n'ayez pas pris assez de soin pour l'éviter.

— On m'a toujours appris à la fuir, monsieur; mais les gens dont je vous parle étaient des voleurs, et m'ont retenue de force.

—Des voleurs? dit M. Staunton; et que vous ont-ils pris?

—Pas la moindre chose, monsieur; ils ne m'ont fait d'autre mal que de me forcer à rester avec eux contre mon gré.

Le recteur lui demanda alors un détail circonstancié de cette aventure, et elle la lui conta avec la plus grande exactitude.

—Voilà une histoire bien extraordinaire, bien peu vraisemblable, jeune femme, dit-il alors : d'après votre récit, on a commis contre vous un acte de violence sans aucun motif apparent; au surplus, connaissez-vous les lois de ce pays? savez-vous que si vous formez une plainte à ce sujet, vous serez obligée de faire des poursuites?

Jeanie ne le comprenait point, et il fut obligé de lui expliquer qu'indépendamment de la perte soufferte par la personne qui a été volée ou injuriée de quelque manière que ce soit, les lois anglaises ont la bonté de la charger en outre de tout l'embarras et de tous les frais de la poursuite.

Elle lui répondit que l'affaire qui l'appelait à Londres ne lui permettait aucun délai; et que tout ce qu'elle pouvait désirer était que quelque âme compatissante voulût bien, par esprit de charité chrétienne, la faire conduire sans danger jusqu'à la première ville où elle pourrait louer des chevaux et un guide; que, quant à la poursuite des brigands qui l'avaient arrêtée, elle y pensait d'autant moins, qu'elle savait que son père ne trouverait pas bon qu'elle parût devant une cour de justice anglaise pour y prêter serment, le pays n'étant pas favorisé de la vraie croyance évangélique.

—Votre père est-il donc quaker? demanda M. Staunton.

—Non, Dieu merci, monsieur : il n'est ni hérétique ni schismatique; et bien connu pour n'être pas tel.

—Et quel est son nom?

—David Deans, monsieur, nourrisseur de bétail à Saint-Léonard Crags près d'Édimbourg.

Un cri douloureux, qu'on entendit dans la pièce voisine, empêcha le recteur de lui répondre. —Bon Dieu! malheureux enfant! s'écria-t-il; et, laissant Jeanie dans la bibliothèque, il en sortit précipitamment.

CHAPITRE XXXIII.

> « Terribles passions qui déchirez mon cœur,
> » Qui répandez sur moi la honte et la terreur !
> » Que de crimes, hélas! il faut cacher encore !
> » Craignant ce que je sais comme ce que j'ignore,
> » Les maux que j'ai soufferts, ceux que j'ai fait souffrir,
> » M'entrainent tour à tour du crime au repentir. »
>
> COLERIDGE.

Jeanie, restée seule dans la bibliothèque, employa le temps à réfléchir sur sa situation. Elle mourait d'impatience de se remettre en route; mais elle était encore à portée de la vieille Meg et de ses affidés, de la violence desquels elle avait tout à craindre. En rapprochant la conversation qu'elle avait entendue la nuit précédente dans la grange des propos étranges et sans suite que Madge lui avait tenus dans la matinée, elle comprenait que la mère de celle-ci avait quelques motifs de vengeance pour mettre obstacle à son voyage si elle le pouvait. Or, de qui Jeanie pouvait-elle espérer secours et protection, si ce n'était de M. Staunton? Tout en lui, son visage et ses manières, semblait encourager cette espérance. Ses traits étaient beaux et prévenans, quoique exprimant une profonde mélancolie; son ton et son langage avaient quelque chose de doux et de consolant; comme il avait servi dans l'armée pendant une partie de sa jeunesse, il était resté dans son air cette franchise aisée, particulière à la profession des armes. C'était d'ailleurs un ministre de l'Évangile; et quoique, selon les opinions religieuses de Jeanie, ce fût dans la cour des gentils qu'il exerçait son ministère, quoiqu'il fût assez égaré pour porter un surplis, quoiqu'il lût le Livre Commun des prières [1], et écrivît jusqu'au dernier mot de son sermon avant de le débiter, quoique, du côté de la force des poumons et de la quintessence de la doctrine, il fût bien inférieur à Boanerges Stormheaven, Jeanie ne put s'empêcher de croire qu'il devait être bien différent du des-

---

(1) Le rituel anglican. — Éd.

servant Kilstoup, et autres théologiens prélatistes du temps de la jeunesse de son père, qui avaient coutume de s'enivrer dans leur costume canonique, et lançaient les dragons après les Cameroniens fugitifs. Quelque chose semblait avoir troublé les gens de la maison ; mais, comme elle ne pouvait supposer qu'on l'eût tout-à-fait oubliée, elle pensa qu'il était convenable qu'elle attendît dans l'appartement où elle était que quelqu'un vînt faire attention à elle.

La première personne qui entra fut, à son grand contentement, une personne de son sexe, une espèce de femme de charge d'un âge mûr. Jeanie lui expliqua sa situation en peu de mots, et réclama son assistance.

La dignité de la femme de charge ne lui permettait pas de montrer trop de familiarité à une personne qui était dans le rectorat pour une affaire de police et dont le caractère pouvait bien lui paraître douteux ; mais elle fut polie, quoique réservée.

Elle lui apprit que son jeune maître avait eu le malheur de tomber de cheval il y avait peu de jours, et que cet accident lui occasionait de fréquentes faiblesses ; qu'il venait d'en éprouver une qui avait alarmé toute la maison, et qu'il était impossible que Sa Révérence vît Jeanie avant quelque temps, mais qu'elle pouvait être sûre que le recteur ferait pour elle tout ce qui serait juste et convenable, dès qu'il pourrait s'occuper de son affaire. Elle conclut cette déclaration en offrant de conduire Jeanie dans une chambre où elle pourrait attendre le loisir de Sa Révérence.

Notre héroïne profita de cette occasion pour demander à changer et ajuster ses vêtemens.

La femme de charge, qui mettait la propreté au nombre des premières vertus d'une femme, entendit cette demande avec plaisir, et en prit une idée plus favorable de la jeune personne contre laquelle elle avait d'abord conçu quelque prévention ; quand elle la revit une heure après, à peine put-elle reconnaître la voyageuse aux vêtemens sales et chiffonnés, dans la petite Écossaise propre, fraîche et de bonne mine, qu'elle avait devant les yeux. Flattée d'un changement qui lui plaisait, mistress Dalton l'engagea à dîner avec elle, et ne fut pas moins charmée de son maintien honnête et décent pendant le dîner.

— Sais-tu lire dans ce livre, jeune fille? lui dit mistress Dalton après le dîner en mettant la main sur une grande Bible.

— Je l'espère ainsi, madame, répondit Jeanie; mon père aurait préféré manquer de bien des choses plutôt que de souffrir que je manquasse de cette leçon.

— C'est faire son éloge, mon enfant. Il y a trop de gens qui ne voudraient pas se priver de leur part d'un pluvier de Leicester (ce qui n'est autre chose qu'un pouding) quand il ne s'agirait que de jeûner pendant trois heures pour mettre leurs pauvres enfans en état de lire la Bible d'un bout à l'autre. Mais prends le livre, ma fille, car j'ai les yeux bien fatigués, et lis au hasard, c'est le seul livre où tu ne puisses pas mal tomber [1].

Jeanie était d'abord tentée de choisir la parabole du bon Samaritain; mais elle se reprocha cette idée. Sa conscience lui dit que ce serait vouloir faire servir les saintes Écritures non pas à sa propre édification, mais à engager les autres à lui accorder les secours dont elle avait besoin. Elle lut donc un chapitre du prophète Isaïe; et, malgré son accent écossais, elle mit dans sa lecture tant d'onction et de ferveur, que mistress Dalton en fut enchantée.

Ah! si toutes les Ecossaises vous ressemblaient! lui dit-elle. Mais notre malheur a voulu qu'il ne nous vînt de ce pays que des diablesses incarnées plus méchantes les unes que les autres. Si vous connaissiez quelque brave fille comme vous, qui cherchât à se placer, eût une bonne réputation, ne voulût pas courir toutes les foires et les veillées, et consentît à porter tous les jours des bas et des souliers, je pourrais trouver à l'occuper ici. Auriez-vous une cousine, une sœur à qui cette place pourrait convenir?

---

[1] Telle est en effet la préoccupation des gens du peuple en Angleterre, parce qu'ils ne comprennent guère ce qu'ils lisent; mais, malgré les préjugés antipapistes des anglicans comme des presbytériens, nous avons entendu des Anglais de bonne foi avouer que la Bible est un livre dangereux dans son intégrité, et qu'ils seraient au désespoir d'y laisser lire au hasard leurs enfans. — Éd.

Une pareille demande rouvrit toutes les blessures du cœur de Jeanie. Heureusement l'arrivée du même domestique qu'elle avait déjà vu la dispensa d'y répondre.

— Mon maître désire voir la jeune fille d'Ecosse, dit-il en entrant.

— Rendez-vous auprès de Sa Révérence, ma chère enfant, dit mistress Dalton; contez-lui toute votre histoire, et ayez confiance en lui. En attendant je vais vous préparer du thé, avec un petit pain bien beurré; c'est ce que vous voyez rarement en Ecosse.

— Mon maître attend! dit Thomas d'un ton d'impatience.

— Mon maître! combien de fois vous ai-je dit d'appeler M. Staunton Sa Révérence? Maître! on dirait que vous parlez d'un petit gentilhomme de campagne.

Thomas ne répondit rien; mais en se retirant il murmura entre ses dents: — Il y a plus d'un maître dans cette maison; et, à laisser faire mistress Dalton, nous y aurions bientôt une maîtresse aussi.

Il conduisit Jeanie par des corridors où elle n'avait point passé jusqu'alors, et la fit entrer dans une chambre où les volets fermés empêchaient le grand jour de pénétrer.

— Voici la jeune fille, monsieur, dit Thomas.

Une voix sortant d'un lit à rideaux, et qui n'était pas celle du recteur, répondit: — C'est bien; retirez-vous, et soyez prêt à venir quand je sonnerai.

— Il y a ici quelque méprise, dit Jeanie étonnée de se trouver dans la chambre d'un malade; le domestique m'a dit que le ministre...

— Ne vous inquiétez pas, dit le malade, il n'y a pas de méprise. Je connais vos affaires mieux que mon père, et je suis plus en état de vous servir. Ne perdons pas le temps, il est précieux. Ouvrez un de ces volets.

Jeanie lui obéit. Le malade tira un des rideaux de son lit, et Jeanie vit un jeune homme extrêmement pâle, la tête enveloppée de bandages, couvert d'une robe de chambre, et étendu sur un lit dans un état de grande faiblesse.

— Regardez-moi, Jeanie Deans, lui dit-il, me reconnaissez-vous?

— Moi, monsieur! lui dit-elle d'un ton de surprise; non vraiment, je ne suis jamais venue dans ce pays.

— Mais je puis avoir été dans le vôtre. Regardez-moi bien; je ne voudrais pas prononcer un nom que vous devez détester. Voyez, souvenez-vous!

Un souvenir terrible se présenta en ce moment à l'esprit de Jeanie, et le son de la voix du jeune homme changea ses doutes en certitude.

— Calmez-vous! Souvenez-vous de la butte de Muschat, et d'une nuit qu'il faisait clair de lune.

Jeanie se laissa tomber sur un fauteuil, et joignit les mains avec douleur.

— Oui, dit-il, me voici comme un serpent écrasé sous les pieds, frémissant de me trouver incapable de mouvement. Je suis ici quand je devrais être à Edimbourg, à Londres, remuant ciel et terre pour sauver une vie qui m'est plus chère que la mienne. Et comment est votre sœur? Juste ciel! condamnée à mort, je le sais. Pourquoi faut-il que ce malheureux cheval, qui m'a toujours conduit sans accident partout où m'appelaient des passions effrénées, m'ait presque tué pour la première fois que je faisais une course dont le but était louable! Mais il ne faut pas que je me livre à la violence : trop d'agitation me tuerait, et j'ai bien des choses à vous dire. Donnez-moi le cordial qui est sur cette table. Pourquoi tremblez-vous? Laissez, laissez! je n'en ai pas besoin.

Jeanie, quoique avec répugnance, lui présenta la tasse qu'il lui avait montrée, et ne put s'empêcher de lui dire :

— Il y a aussi un cordial pour l'âme, monsieur, si le coupable veut abandonner ses erreurs, et chercher le médecin des âmes.

— Silence! et cependant je vous remercie. Mais dites-moi sans perdre de temps ce que vous faites en ce pays. Quoique j'aie été le plus cruel ennemi de votre sœur, je verserais tout mon sang pour elle, et je désire vous servir pour l'amour d'Effie. Personne ne peut vous donner de meilleurs avis que moi, puisque personne ne connaît si bien toutes les circonstances de cette affaire. Ainsi donc, parlez-moi sans crainte.

— Je ne crains rien, monsieur, répondit Jeanie en recueillant toutes ses forces ; ma confiance est en Dieu ; et, s'il lui plaît de sauver ma sœur, je ne demande qu'à être l'humble instrument de sa clémence. Quant à vos avis, monsieur, je dois vous dire franchement que je ne les suivrai qu'autant qu'ils me paraîtront conformes à la loi sur laquelle je dois m'appuyer.

— Au diable la puritaine ! s'écria Georges Staunton ; car c'est ainsi que nous devons le nommer à présent. — Je vous demande pardon, je suis naturellement impatient, et vous me faites bouillir le sang dans les veines. Quel mal trouvez-vous à me faire part des projets que vous pouvez avoir pour servir votre sœur ? Vous pourrez toujours refuser de suivre mes conseils, si je vous en donne qui ne vous paraissent pas convenables. Vous voyez que je vous parle avec calme, quoique ce soit contre mon caractère ; mais ne me mettez pas au désespoir, vous ne feriez que me rendre incapable de rien faire pour sauver Effie.

Il y avait dans les paroles et dans les regards de ce malheureux jeune homme une ardeur et une impétuosité qu'on voyait qu'il s'efforçait de contenir, et qui ressemblait à l'impatience d'un coursier fougueux qui se fatigue à ronger son frein. Après quelques instans de réflexion, Jeanie ne vit aucune raison pour ne pas lui dire ce qu'il désirait savoir, et pour ne pas écouter les conseils qu'il pourrait lui donner, sauf à ne pas les suivre, si elle les jugeait incompatibles avec son devoir. Elle lui conta donc le plus brièvement qu'elle le put les détails du jugement et de la condamnation de sa sœur, et de son voyage jusqu'à Newark. Il semblait être à la torture en l'écoutant. C'était le monarque mexicain sur son lit de charbons ardens ; et cependant il concentrait en lui-même le sentiment de ses souffrances, et il n'interrompit son récit par aucune exclamation. Il sembla d'abord n'apprendre que la confirmation de ce qu'il savait déjà, et sa figure annonçait le remords plutôt que la surprise. Mais quand Jeanie en fut au détail de ce qui lui était arrivé la nuit précédente, il redoubla d'attention, montra le plus grand étonnement, et lui fit beaucoup de questions sur les deux hommes qui l'avaient arrêtée, et sur la conversation qu'elle avait entendue entre l'un d'eux et la vieille femme.

Quand Jeanie dit que celle-ci avait parlé de lui comme de son nourrisson : — Cela n'est que trop vrai, s'écria-t-il ; et c'est sans doute dans son sein que j'ai puisé le germe fatal de vices qui avaient toujours été étrangers à ma famille : mais continuez.

Jeanie passa légèrement sur la conversation qu'elle avait eue avec Madge dans la matinée, ne sachant comment distinguer, dans tout ce que celle-ci lui avait dit, ce qui était vrai de ce qui n'était que l'effet d'un dérangement d'esprit.

Staunton resta quelques instants comme plongé dans de profondes réflexions, et il s'exprima ensuite avec plus de calme qu'on ne pouvait l'attendre de son caractère.

— Vous êtes aussi vertueuse que sensée, Jeanie, lui dit-il ; et je vous dirai de mon histoire plus que je n'en ai jamais dit à personne. C'est un tissu de folies, de crimes et de malheurs. Mais faites bien attention ; je veux avoir votre confiance en retour. Il faudra que vous suiviez mes avis dans cette affaire épineuse, c'est à cette condition que je vous parle.

— Je ferai tout ce que doit faire une sœur, une fille, une chrétienne ; mais ne me confiez pas vos secrets. Il n'est pas bien que je reçoive votre confidence, ni que j'écoute une doctrine qui mène à l'erreur.

— Quelle fille simple ! Regardez-moi bien. Je n'ai ni pieds fourchus, ni cornes à la tête, ni griffes au bout des doigts ; et si je ne suis pas le diable en personne, quel intérêt puis-je avoir à détruire les espérances qui vous consolent ? Écoutez-moi patiemment, et vous verrez que vous pouvez monter au septième ciel avec mes avis, sans vous en trouver d'une once plus chargée dans votre ascension.

Au risque de causer un peu de cet ennui que procurent ordinairement les explications, nous devons ici essayer de former un récit clair des révélations que le malade communiqua à Jeanie, avec des détails trop circonstanciés et trop souvent interrompus par son émotion pour que nous puissions transcrire ses propres termes. Il en tira, il est vrai, une partie d'un manuscrit qu'il avait préparé peut-être pour apprendre son histoire à sa famille après sa mort.

— Pour abréger mon récit, dit-il, cette misérable sorcière, cette Meg Murdockson, était femme d'un domestique favori de mon père. — Elle avait été ma nourrice, — son mari était mort, — elle demeurait dans une chaumière à deux pas d'ici ; elle avait une fille, jeune, jolie alors, mais dont la tête était déjà légère. Elle voulait la marier avec un riche vieillard du voisinage ; mais la jeune fille me préférait, et... et, en un mot, je me conduisis avec elle comme... oh! non, pas aussi cruellement qu'avec votre sœur ; mais avec trop de cruauté encore. N'importe, la faiblesse de son esprit aurait dû lui servir de protection. Mon père, à cette époque, m'envoya sur le continent. Je dois lui rendre la justice de convenir que ce n'est pas sa faute si je suis devenu ce que je suis : il employa tous les moyens possibles pour me corriger. Quand je revins chez lui, la mère et la fille avaient été chassées du pays. Mon père avait découvert mon intrigue avec Madge : il me fit des reproches qui me déplurent ; et je quittai sa maison, décidé à n'y plus rentrer.

Maintenant, Jeanie, voici le secret qui va vous rendre maîtresse de ma vie, et non seulement de ma vie, mais du bonheur d'un vieillard respectable, et de l'honneur d'une famille distinguée. J'aimais la mauvaise compagnie, mais mes funestes dispositions étaient d'une nature toute particulière. Je n'avais pas adopté l'esprit de rapine, d'intérêt et de licence qui animait la plupart de ceux dont je faisais ma société ; mais leur intrépidité, leur présence d'esprit, leur adresse, me plaisaient, et j'aimais à partager leurs dangers. Avez-vous examiné ce rectorat, sa situation, ses environs, Jeanie? N'est-ce pas une retraite bien agréable?

— Certainement, répondit-elle, fort étonnée de le voir changer si brusquement de sujet de conversation.

— Eh bien! je voudrais qu'il fût à cent mille pieds sous terre, avec les dîmes et les terres qui en dépendent ; sans ce maudit rectorat qu'on me destinait, il m'aurait été permis de suivre mon inclination ; j'aurais embrassé la profession des armes, et la moitié du courage dont j'ai fait preuve en suivant une carrière de vices et de crimes, aurait suffi pour m'assurer un rang honorable parmi mes concitoyens. Pourquoi ne passai-je pas chez l'étranger quand je quittai la maison paternelle! ou plutôt pourquoi la quittai-je! Mais j'en suis venu au point que je ne puis sans délire reporter mes yeux sur le passé, et que je ne puis envisager l'avenir sans désespoir.

Les chances d'une vie errante me conduisirent malheureusement en Écosse, et j'y menai une conduite plus répréhensible que par le passé. Ce fut à cette époque que je fis connaissance avec Wilson, homme remarquable par son sang-froid, son courage et sa résolution. Doué d'une force prodigieuse de corps, il n'avait pas moins de fermeté dans l'esprit, et une sorte d'éloquence naturelle le plaçait au-dessus de tous ses compagnons. Jusque là j'avais été

> Un vrai désespéré plongé dans la licence;
> Mais il restait encor des lueurs d'espérance.

Ce fut le malheur de cet homme et le mien que, malgré la différence que le rang et l'éducation mettaient entre nous, il obtînt sur moi une influence que je ne puis m'expliquer qu'en songeant à la supériorité que le sang-froid acquiert toujours sur une ardeur trop bouillante. J'étais comme entraîné par un tourbillon; je le suivais partout, et je prenais part à toutes ses entreprises, où il déployait autant de courage que d'adresse. Ce fut alors que je vis votre sœur dans ces réunions de jeunes gens qu'elle fréquentait à la dérobée, — cependant Dieu sait que mon crime envers elle ne fut pas prémédité, et que j'avais ensuite dessein de le réparer, autant que le mariage pouvait le faire, dès que je serais libre de suivre un genre de vie plus convenable à ma naissance. Je faisais d'étranges rêves!—Je me berçais de l'espoir de feindre de la conduire dans quelque obscure retraite, et de lui donner soudain un rang et une fortune inconnus à ses désirs. Je chargeai un ami d'ouvrir une négociation avec mon père pour en obtenir mon pardon; mais on lui avait donné sur ma conduite des renseignemens qui en exagéraient encore l'infamie: il envoya à mon ami une somme qu'il le chargea de me remettre, en m'annonçant qu'il ne voulait plus me revoir, et qu'il me désavouait pour son fils. Je me livrai au désespoir ; je m'enfonçai encore plus avant dans le désordre, et Wilson n'eut pas beaucoup de peine à me faire envisager comme de justes représailles le vol qu'il méditait sur un officier des douanes dans le comté de Fife.

Jusqu'alors j'avais encore gardé certaines mesures dans ma carrière criminelle ; mais depuis ce temps je ne connus plus aucunes bornes, et je goûtais un plaisir farouche à me dégrader ; je ne prenais point part au pillage, je l'abandonnais à mes camarades ; je ne leur demandais que le poste le plus dangereux. Je me souviens que lorsque j'étais, l'épée nue à la main, gardant la porte de la maison dans laquelle la félonie [1] était commise, je ne pensais nullement à ma sûreté ; je ne songeais qu'aux torts prétendus de ma famille, à ma soif impuissante de vengeance, et à l'impression que produirait sur les orgueilleux Willingham la nouvelle qu'un de leurs descendans, que l'héritier présomptif de tous leurs honneurs, avait été pendu par la main du bourreau pour avoir volé un commis des douanes. Nous fûmes arrêtés ; je m'y attendais. Nous fûmes condamnés ; je n'en fus pas plus étonné. — Mais la mort, à mesure qu'elle s'approchait de moi, m'apparaissait plus terrible, et le souvenir de l'état dans lequel je laissais votre sœur me détermina à faire un effort pour sauver ma vie.

J'ai oublié de vous dire que j'avais retrouvé à Édimbourg Meg Murdockson et sa fille. Meg avait suivi les camps dans sa jeunesse, et, sous prétexte d'un petit commerce, elle avait repris des habitudes de déprédation auxquelles elle n'était que trop familière.

Notre première entrevue fut orageuse ; mais, grâce à l'argent que je lui donnai, elle me pardonna, ou feignit de me pardonner l'outrage fait à sa fille. La malheureuse elle-même sembla à peine reconnaître son séducteur, encore moins se souvenir de mon crime envers elle. Son esprit est totalement dérangé, ce qui provient, selon sa mère, d'une

---

(1) On appelle généralement *félonie* tout crime entraînant peine de mort ; il s'agit ici de vol à main armée. — Éd.

réclusion à laquelle on l'avait condamnée; mais c'est bien moi qui en suis cause : — nouvelle pierre suspendue à mon cou pour m'entraîner au fond de l'abîme. Chaque mot, chaque regard de cette pauvre créature, l'aliénation de son esprit, ses souvenirs imparfaits, les allusions qu'elle faisait à des choses qu'elle disait avoir oubliées, étaient pour mon cœur autant de coups de poignard. Que dis-je! c'étaient des tenailles brûlantes dont il me fallait endurer les tortures. Mais je reviens au temps où j'étais en prison.

Je m'y trouvais d'autant plus malheureux, que l'époque des couches de votre sœur approchait. Je savais qu'elle vous craignait ainsi que votre père. Elle m'avait dit souvent qu'elle aimerait mieux périr mille fois que de vous faire l'aveu de sa situation humiliante. Je savais que la vieille Murdockson était une infernale sorcière, mais je croyais qu'elle m'aimait et qu'avec de l'argent je pouvais compter sur sa fidélité : elle m'avait procuré une lime pour Wilson et une scie pour moi. Elle promit volontiers de prendre soin d'Effie, et je savais qu'elle avait les connaissances nécessaires pour l'aider dans son indisposition. Je lui remis l'argent que m'avait envoyé mon père. Il fut convenu qu'elle recevrait Effie chez elle, et qu'elle l'y garderait jusqu'à ce que je me fusse évadé de prison. Je recommandai la vieille sorcière à Effie, dans une lettre qui lui resta. Je me souviens que je tâchais de jouer le rôle de Macheath condamné à mort, joyeux et hardi scélérat qui joue le tout pour le tout... Telle était ma misérable ambition! Cependant j'avais résolu de changer de vie, si j'échappais heureusement au gibet. Il me restait quelque argent; j'avais formé le projet de passer avec elle aux Indes occidentales, après l'avoir épousée, et là j'espérais, de manière ou d'autre, pourvoir à nos besoins.

Notre tentative pour nous sauver de prison ne réussit point, par l'obstination de Wilson, qui voulut absolument passer le premier. Vous savez avec quel courage et quel désintéressement il se sacrifia pour faciliter ma fuite de l'église de la Tolbooth; on en parla dans toute l'Ecosse, et ceux même qui condamnaient le plus sévèrement sa vie désordonnée et criminelle vantèrent l'héroïsme de son amitié.

J'ai bien des vices, mais l'ingratitude et la lâcheté n'en ont jamais fait partie. Je ne songeai plus qu'à ne pas être en arrière de générosité : je m'occupais des moyens de sauver Wilson, et même le salut de votre sœur, pendant quelque temps, ne tint que le second rang dans mes pensées.

Je n'oubliai pourtant pas Effie, mais les limiers de la justice étaient si ardens à ma poursuite que je n'osais pas me montrer dans mes anciens lieux de refuge : la vieille Murdockson, à qui je donnai un rendez-vous, m'informa que votre sœur était heureusement accouchée d'un fils. Je recommandai à la vieille de tranquilliser sa malade, et de ne la laisser manquer de rien, quelque argent qu'il pût m'en coûter : puis je me retirai dans ces repaires où les hommes du métier désespéré que faisait Wilson se cachaient eux et leur contrebande. Des cœurs qui désobéirent à la fois aux lois divines et humaines ne sont pas toujours insensibles aux traits de courage et de générosité. On nous assura que la populace d'Edimbourg, vivement touchée de la dure situation de Wilson et de son dévouement, seconderait tout mouvement qui aurait pour but de le délivrer même au pied du gibet.

Dès que je m'en déclarai le chef, je ne manquai pas d'hommes qui s'engagèrent à y prendre part.

— Je ne doute pas que je n'eusse réussi à arracher Wilson à la corde qui le menaçait, continua Georges Staunton avec un feu qui semblait encore un reste de celui qui l'avait animé dans son audacieux projet ; — mais entre autres précautions, les magistrats en avaient pris une, suggérée, nous apprit-on depuis, par le malheureux Porteous, qui déconcerta nos mesures. Ce fut d'avancer d'une demi-heure l'instant de l'exécution. La crainte d'être remarqués par les officiers de police à qui la plupart de nous n'étaient que trop connus, nous avait décidés à ne paraître sur la place de Grassmarket qu'au dernier moment, et quand nous y arrivâmes, tout était terminé. Je m'élançai pourtant sur l'échafaud ; je coupai de ma propre main la corde où était suspendu le malheureux Wilson, mais il était trop tard, ce généreux et hardi criminel n'existait plus, et il ne nous restait désormais que la vengeance — une vengeance, pensais-je, doublement réclamée de celui à qui Wilson avait sauvé la vie et la liberté, au lieu de se sauver lui-même.

— O monsieur, dit Jeanie : et aviez-vous oublié ce passage de l'Écriture : C'est à moi qu'appartient la vengeance, dit le Seigneur.

— L'Écriture! il y avait plus de cinq ans que je n'avais ouvert une Bible.

— Grand Dieu! s'écria Jeanie ; et le fils d'un ministre !

— Il est naturel que vous pensiez ainsi, Jeanie ; ne m'interrompez pas, les instans sont précieux. L'insensé Porteous, après avoir fait tirer sur le peuple, quand cela n'était plus nécessaire, devint l'objet de sa haine pour avoir fait plus que son devoir, comme il l'était de la mienne pour l'avoir trop bien rempli. J'étais sans nouvelles d'Effie, et, au risque de ma vie, j'entrai dans Édimbourg, et je me rendis chez la vieille Murdockson dans l'espoir d'y trouver mon épouse future et mon fils.

Elle me dit qu'Effie, ayant appris le peu de succès de la tentative faite pour sauver Wilson, et les recherches actives qu'on dirigeait contre moi, avait été attaquée d'une fièvre avec transport au cerveau, et qu'ayant été obligée de quitter un moment la maison, elle n'y avait trouvé à son retour ni elle ni son fils. Je l'accablai de reproches qu'elle écouta avec un calme désespérant, car c'est un de ces caractères qui tantôt se livrent à tous les excès de l'emportement, et tantôt ne vous opposent qu'une tranquillité imperturbable. Je la menaçai de la justice ; elle me répondit que je devais la craindre plus qu'elle. Elle avait raison. Je lui parlai de vengeance ; elle me conseilla de redouter la sienne. Enfin, au désespoir, je la quittai ; je sortis d'Edimbourg ; je chargeai un de mes camarades de s'informer si Effie n'avait pas reparu à Saint-Léonard. Mais avant que j'eusse reçu sa réponse, un des limiers de la justice avait trouvé mes traces, et je me vis forcé de fuir dans une retraite plus éloignée. Un émissaire dévoué vint enfin m'informer que Porteous venait d'être condamné, et que votre sœur était en prison.

Autant la première de ces nouvelles me causait de plaisir,

autant j'étais désespéré de l'autre. Je retournai chez la vieille Meg pour lui faire de nouveaux reproches. Je ne pouvais lui supposer d'autre motif, pour avoir abandonné Effie, que le désir de s'approprier l'argent que je lui avais remis. Votre récit jette un nouveau jour sur ses intentions, et je vois qu'elle voulait se venger du séducteur de sa fille, de celui à qui elle attribuait toutes ses infortunes. Juste ciel! pourquoi n'a-t-elle pas fait tomber sa vengeance sur le coupable? pourquoi ne m'a-t-elle pas livré à la corde du gibet?

—Mais, dit Jeanie, qui, pendant ce long récit, avait assez de sang-froid et de discernement pour avoir toujours les yeux ouverts sur ce qui pouvait jeter du jour sur les infortunes de sa sœur, quel compte vous rendit cette misérable de ma sœur et de son enfant?

—Elle ne voulut m'en rendre aucun. Elle me dit qu'Effie s'était enfuie un soir, au clair de la lune, avec son enfant dans ses bras, et qu'elle l'avait sans doute jeté dans le North-Loch, ou dans les carrières qui sont au voisinage d'Edimbourg,—ce dont, ajouta-t-elle, cette Effie est bien capable.

—Et qui vous fait croire qu'elle ne disait pas la vérité? lui demanda Jeanie en tremblant.

—C'est que je vis Madge à cette seconde visite, et que je compris à ses discours que sa mère avait enlevé ou fait périr l'enfant, pendant la maladie de votre sœur. Il est vrai que ses propos sont toujours si décousus, qu'on ne peut y ajouter entièrement foi; mais le caractère altier de sa mère prouve suffisamment qu'elle en est capable.

—Et cela se trouve conforme à ce que dit ma sœur, ajouta Jeanie.

—Une chose dont j'étais certain, c'était qu'Effie ne pouvait être coupable de cet acte de barbarie : mais comment pouvais-je la justifier? Je tournais toutes mes pensées sur les moyens de la sauver. Je dissimulai mon ressentiment contre la vieille Murdockson : ma vie était entre ses mains, je m'en souciais peu ; mais de ma vie dépendait celle de votre sœur. Je me contraignis, je parus avoir confiance en elle, et, en ce qui me concernait personnellement, elle me donna des preuves d'une fidélité extraordinaire. Je ne savais trop d'abord quelles mesures prendre pour sauver Effie; mais la fureur qui sembla animer tout le peuple d'Édimbourg lorsqu'on apprit le sursis accordé à Porteous, me fit concevoir le projet hardi de forcer la prison, d'arracher votre sœur innocente à l'injustice d'une loi sanguinaire, et d'assurer la punition du misérable qui avait ajouté de nouvelles tortures aux derniers momens de Wilson, comme si c'eût été un malheureux captif au milieu d'une troupe de sauvages cannibales. Je parcourus les groupes dans le moment de la fermentation, d'autres amis de Wilson en firent autant; tout fut organisé, et je fus choisi pour chef de l'entreprise. Je ne me suis jamais repenti, je ne me repens pas encore de ce que je fis en cette occasion.

—Puisse le ciel vous pardonner, s'écria Jeanie, et vous inspirer de meilleurs sentimens!

—Soit, répliqua Staunton, s'il est vrai que je sois dans l'erreur. Mais j'avoue que, quoique disposé à coopérer à ce que je regardais comme un acte de justice, j'aurais désiré qu'on eût choisi un autre chef, parce que je prévoyais que les devoirs que j'aurais à remplir en cette qualité m'empêcheraient de m'occuper des moyens de pourvoir à la sûreté d'Effie. Je la vis pourtant un moment, mais sans pouvoir la décider à me suivre. Un de mes compagnons que j'avais chargé de veiller sur elle, lui fit de nouvelles instances, quand nous eûmes quitté la prison; mais tout fut inutile, et il fut obligé de songer à sa propre sûreté. Tel fut au moins le récit qu'il me fit quand je le revis ensuite; mais peut-être fut-il moins pressant que je ne l'aurais été, si je fusse resté près d'elle.

—Effie a bien fait, s'écria Jeanie, et je l'en aime davantage.

—Et pourquoi cela?

—Vous ne comprendriez pas mes raisons, monsieur, quand je pourrais vous les expliquer clairement, répondit-elle avec calme; ceux qui ont soif du sang de leurs ennemis ne savent ce que c'est que la résignation à la Providence.

—Mon espoir fut ainsi trompé une seconde fois, continua Staunton. Je pensai alors à sauver Effie par sa sœur. Vous ne pouvez avoir oublié tout ce que je fis pour vous y déterminer. Je ne vous blâme pas de votre refus; je sais qu'il avait pour cause vos principes, et non une coupable indifférence; mais il me mit au désespoir, parce qu'il ne me restait aucun moyen de venir à son secours. On me cherchait partout, je ne pouvais espérer d'échapper long-temps; je quittai l'Ecosse, je vins ici, je me jetai aux pieds de mon père, et mon désespoir obtint de lui un pardon qu'il est si difficile à un père de refuser au fils le plus coupable. J'y attendais dans des angoisses inexprimables le résultat du procès.

— Sans rien faire pour la sauver! dit Jeanie.

— Jusqu'au dernier moment je me flattais d'une issue plus favorable; enfin j'appris la fatale nouvelle il y a deux jours. Ma résolution fut prise sur-le-champ, je montai à cheval dans le dessein de me rendre à Londres en toute diligence, et de composer avec sir Robert Walpole en lui offrant pour prix de la vie de votre sœur, de livrer entre ses mains Georges Robertson, le complice de Wilson, le chef de l'insurrection qui avait forcé la prison d'Édimbourg, et mis à mort le capitaine Porteous.

— Et comment cela pouvait-il sauver ma sœur? demanda Jeanie avec surprise.

— J'aurais fait mon marché en conséquence. Les reines aiment la vengeance tout autant que leurs sujets. C'est un poison qui flatte tous les goûts, depuis celui du prince jusqu'à celui du dernier paysan. Me refuser la vie d'une obscure villageoise! non, non. Je demanderais le plus précieux des joyaux de la couronne royale, que je l'obtiendrais pour porter au pied du trône la tête d'un chef de révoltés. Aucun de mes autres plans ne m'avait réussi, mais celui-ci était immanquable. Le ciel est juste, il ne voulut pas que je pusse m'honorer de ce dévouement volontaire. Je n'avais pas fait dix milles, que mon cheval, qui jamais n'avait trébuché sur les rochers, au milieu des précipices, s'abattit sous moi sur une route excellente, comme s'il eût été frappé d'un boulet de canon; ma tête porta contre le pavé, et je fus ramené chez mon père, presque sans connaissance, et dans l'état où vous me voyez.

Thomas ouvrit précipitamment la porte en ce moment :

— Monsieur, lui dit-il, Sa Révérence est sur l'escalier, et sera ici dans un instant.

— Mon père! s'écria Staunton. Pour l'amour du ciel! Jeanie, cachez-vous dans ce cabinet.

— Me cacher! répondit Jeanie; non, monsieur; je ne suis pas venue ici dans de mauvaises intentions, et je ne dois pas me cacher aux yeux du maître de la maison.

— Mais, grand Dieu! s'écria Staunton, faites donc attention...

Avant qu'il eût fini sa phrase, son père était déjà dans sa chambre.

CHAPITRE XXXIV.

« A l'honneur, au devoir, à l'amour paternel,
» Va-t-il sacrifier un penchant criminel? »

CRABBE.

JEANIE se leva, et fit tranquillement sa révérence quand le recteur entra dans la chambre de son fils. Il montra la plus grande surprise en le trouvant dans une telle compagnie.

— Je m'aperçois, madame, que j'ai commis une méprise. J'aurais dû laisser à ce jeune homme le soin de vous interroger; car il paraît que ce n'est pas d'aujourd'hui que vous vous connaissez.

— Si je suis ici, répondit Jeanie, ce n'est pas moi qui l'ai cherché. Ce domestique est venu me dire que son maître me demandait, et j'ai cru que ce maître était vous.

— Allons, pensa Thomas, c'est sur mes oreilles que tout va tomber. Pour peu qu'elle ait de bon sens,—est-ce qu'elle ne pouvait pas trouver une autre réponse?

— Georges, dit M. Staunton, si vous êtes encore ce que vous avez toujours été,... sans respect pour vous-même, vous auriez pu du moins, respectant votre père, ne pas choisir sa maison pour le théâtre d'une telle scène.

— Sur ma vie, sur mon âme, mon père, dit Georges en se mettant sur son séant...

— Votre vie, monsieur!... Quelle a été votre vie jusqu'ici? Votre âme! Quel égard avez-vous jamais montré pour elle? Portez la réforme dans l'une et dans l'autre avant d'oser les offrir en garantie de votre conduite.

Vous vous trompez, monsieur, répondit Georges. Je puis avoir donné dans bien des travers, je mérite vos reproches; mais en ce moment vous me faites injure, je vous le jure sur mon honneur.

— Votre honneur! répéta son père en jetant sur lui un regard de mépris;—et se tournant du côté de Jeanie : Quant à vous, jeune femme, lui dit-il, je ne demande ni n'attends de vous aucune explication ; mais, comme père, et comme ministre de la religion, je vous ordonne de sortir de cette maison. Si votre histoire romanesque n'a pas été un prétexte pour vous y introduire, ce qu'il m'est permis de soupçonner d'après la compagnie dans laquelle je vous ai vue, vous trouverez à deux milles d'ici un juge de paix auquel vous pourrez faire votre plainte plus convenablement qu'à moi.

— Cela ne sera pas, s'écria Georges Staunton en se levant. Monsieur, vous avez toujours été bon et humain, que ce ne soit pas moi qui vous rende cruel et implacable. — Renvoyez ce coquin curieux (montrant Thomas), et emportez toute votre essence de corne de cerf, ou votre meilleure recette contre l'évanouissement, et je vous expliquerai en deux mots la seule liaison qui existe entre cette jeune femme et moi. Il ne faut pas qu'elle perde sa réputation pour moi ; je n'ai déjà attiré que trop de malheurs sur sa famille, et je sais trop bien quelles sont les suites d'une réputation perdue.

— Sortez, Thomas, dit le recteur au valet. — Et quand celui-ci eut obéi, il ferma la porte avec soin.

— Eh bien, monsieur, ajouta-t-il d'un ton sévère, quelles nouvelles preuves de votre infamie avez-vous à me donner?

Son fils s'apprêtait à lui répondre, mais c'était là un de ces momens où ceux qui comme Jeanie Deans possèdent l'avantage d'un courage décidé et d'un caractère égal, peuvent exercer un véritable ascendant sur des esprits plus impétueux, mais moins fermes.

— Monsieur, dit-elle à M. Staunton père, vous avez sans contredit le droit de demander à votre fils compte de sa conduite; mais, quant à moi, je ne suis qu'une voyageuse, et je n'en ai aucun à vous rendre, parce que je ne vous dois rien, si ce n'est le repas que j'ai pris ici, et que ni pauvre ni riche ne refuse en Ecosse, repas d'ailleurs que j'offrirais de payer, si je ne craignais de vous faire un affront, car je ne connais pas les usages de ce pays.

— Tout cela est fort bien, jeune femme, reprit le recteur un peu surpris de ce langage, et ne sachant s'il devait l'attribuer à la simplicité ou à l'impertinence, tout cela est fort bien; mais venons-en au fait. Pourquoi fermez-vous la bouche de ce jeune homme? Pourquoi l'empêchez-vous d'expliquer à son père, à son meilleur ami, des circonstances qui paraissent suspectes, puisqu'il prétend pouvoir les expliquer.

— Il peut vous dire tout ce qu'il voudra de ses propres affaires, répondit Jeanie avec assurance; mais je ne vois pas quel droit il peut avoir de parler de celles de ma famille sans mon consentement; et comme elle n'est pas ici pour s'expliquer, je vous prie, en son nom, de ne faire à M. Georges Rob......, je veux dire à M. Staunton ou n'importe son nom, aucune question sur moi ni sur les miens, parce qu'il ne se conduira ni en chrétien, ni en homme d'honneur, s'il y répond contre mon gré.

— Voilà la chose la plus extraordinaire que j'aie entendue de ma vie, dit le recteur en détournant les yeux de Jeanie, qui le regardait d'un air assuré, mais modeste, pour les porter sur son fils : — Et qu'avez-vous à dire, monsieur? lui demanda-t-il.

— Que je me suis trop avancé, monsieur : bien certainement je n'ai pas le droit de parler des affaires de la famille de cette jeune personne sans son consentement.

— Fort bien ! dit le père en les regardant tour à tour d'un air de surprise; je crains que cette affaire ne soit une des fautes les plus honteuses dont vous vous soyez rendu coupable, et j'exige que vous m'expliquiez ce mystère.

— Je vous ai déjà dit, monsieur, répliqua son fils d'un air d'humeur, que je n'ai pas le droit de parler des affaires de la famille de cette jeune femme sans son consentement.

— Et je n'ai point de mystère à vous expliquer, monsieur, ajouta Jeanie; tout ce que je vous demande, comme à un ministre de l'Évangile, comme à un homme de bien, c'est de me faire conduire en sûreté jusqu'à la première auberge sur la grande route de Londres.

— Je veillerai à votre sûreté, s'écria Georges; vous n'avez pas besoin d'autre protection que la mienne.

— Osez-vous parler ainsi en ma présence! s'écria le recteur d'un ton irrité. Peut-être avez-vous l'intention de remplir jusqu'au bord la coupe de la désobéissance et du libertinage, en contractant un mariage obscur et honteux? mais prenez bien garde à ce que vous ferez; je vous en avertis.

— Si vous craignez que ce ne soit avec moi, dit Jeanie, vous pouvez être bien tranquille. Vous me donneriez toute la terre qui est entre les deux extrémités d'un arc-en-ciel, que je ne voudrais pas épouser votre fils.

— Il y a quelque chose de fort singulier dans tout ceci! dit le recteur: suivez-moi, jeune femme.

— Écoutez-moi d'abord, Jeanie, s'écria Georges; je n'ai qu'un mot à vous dire. Je me fie entièrement à votre prudence; dites à mon père tout ce que vous jugerez convenable; mais quoi que vous jugiez à propos de lui dire, il n'en apprendra de moi ni plus ni moins.

Son père lui lança un regard d'indignation qui se changea en pitié quand il le vit retomber sur son lit, épuisé de la fatigue que cette scène lui avait occasionée. Il sortit de la chambre, et Jeanie le suivit. Elle était sur le seuil de la porte lorsque Georges Staunton se leva et prononça le mot : *souvenez-vous* [1]! du même ton que Charles Ier sur l'échafaud.

[1] Ce fut au moment de mettre la tête sur le billot fatal que Charles Ier adressa ce mot, *remember!* à l'évêque Juxon qui l'assistait dans ses derniers moments. Ce mot donna lieu à de singulières interprétations : les uns voulaient que ce fût une menace, les autres une recommandation de pardon adressée à son fils. — Éd.

M. Staunton le père conduisit Jeanie dans un cabinet dont il ferma la porte.

— Jeune femme, lui dit-il, il y a dans votre air et dans votre visage quelque chose qui annonce le bon sens, la candeur, l'innocence même, si je ne me trompe pas; et, s'il en est autrement, vous êtes l'hypocrite la plus consommée que j'aie jamais vue. Je ne vous demande pas de me révéler des secrets que vous voulez cacher, surtout ceux qui concernent mon fils; sa conduite ne me permet pas d'espérer que j'en apprenne jamais rien qui puisse me donner quelque satisfaction. Mais si vous êtes telle que j'aime à le supposer, croyez-moi, quelles que soient les malheureuses circonstances qui vous ont fait contracter des liaisons avec Georges Staunton, vous ne pouvez assez vous hâter de les rompre.

— Je ne sais trop si je vous comprends bien, monsieur, mais je puis vous assurer que je l'ai vu aujourd'hui pour la seconde fois de ma vie, et la première je n'ai point passé avec lui plus d'un quart d'heure; ces deux entrevues me portent à désirer bien vivement de ne le revoir jamais.

— Ainsi donc, votre dessein bien réel est de quitter ce comté et de vous rendre à Londres?

— Bien certainement, monsieur. Il y va de la vie, et si j'étais sûre de ne pas faire de mauvaise rencontre en route...

— J'ai fait prendre des informations sur les gens dont vous m'avez parlé. Ils paraissent avoir quitté leur lieu de rendez-vous, mais ils peuvent être cachés dans les environs; et, comme vous prétendez avoir des raisons particulières pour les craindre, je vous confierai à un homme sûr, qui vous conduira jusqu'à Stamford; là vous pourrez prendre la voiture qui va de cette ville à Londres.

— Ah! une voiture n'est pas faite pour des gens de ma sorte, dit Jeanie, ne connaissant pas les diligences, qui n'étaient encore en usage, à cette époque, que dans le voisinage de la métropole.

M. Staunton lui expliqua en peu de mots que cette manière de voyager serait plus prompte, plus sûre et moins chère que toute autre, et Jeanie lui témoigna sa reconnaissance d'un air si sincère, qu'il lui demanda si elle avait suffisamment d'argent pour son voyage, et lui offrit même d'y suppléer. Elle le remercia, et lui dit qu'elle n'en manquait point. Il est vrai qu'elle avait économisé sa bourse avec le plus grand soin. Cette réponse servit à éloigner quelques doutes que M. Staunton conservait encore assez naturellement, et il fut convaincu que, si elle cherchait à le tromper sur quelque point, du moins l'argent n'entrait pour rien dans ses projets. Il lui demanda ensuite dans quel quartier de Londres elle comptait aller.

— Chez une de mes cousines, monsieur, mistress Glass, marchande de tabac, à l'enseigne du Chardon, quelque part dans la ville.

Jeanie prononça ces mots avec une satisfaction intérieure, comptant bien que des relations si respectables lui donneraient quelque importance aux yeux du recteur. Elle fut donc bien surprise quand il lui dit :

— Et n'avez-vous pas une adresse plus précise, ma pauvre fille? n'avez-vous réellement pas d'autre connaissance à Londres?

— Je dois voir aussi le duc d'Argyle, monsieur ; peut-être pensez-vous que je ferais mieux d'aller d'abord chez lui? Sa Grâce me ferait sans doute conduire, par quelqu'un de ses gens, à la boutique de ma cousine.

— Vous connaissez donc quelqu'un des gens du duc d'Argyle?

— Non, monsieur.

— Il faut qu'il y ait quelque chose de dérangé dans son esprit! pensa le recteur. Cependant elle parle sensément, il n'y a pas de reproche à lui faire ; elle ne manque pas d'argent, elle en refuse même ; je n'ai donc aucun droit de mettre obstacle à son départ. Comme j'ignore la cause de votre voyage, lui dit-il, et que je ne vous la demande même pas, je ne puis vous donner d'avis sur ce que vous aurez à faire; mais la maîtresse de l'auberge où la voiture de Stamford s'arrête, est une femme respectable; je loge chez elle quand je vais à Londres, et je vous donnerai pour elle un mot de recommandation.

Jeanie le remercia en lui faisant une de ses plus belles révérences, et lui dit qu'avec sa recommandation et celle de mistress Bickerton, maîtresse de l'auberge des Sept-Étoiles à York, elle ne pouvait manquer d'être bien reçue à Londres.

— Je présume, lui dit-il, que vous désirez partir sur-le-champ?

— Si j'étais dans une auberge, monsieur, dans un endroit où je pusse m'arrêter, je ne voyagerais pas le saint jour de dimanche; mais j'espère que, dans les circonstances où je suis, Dieu ne s'en trouvera point offensé.

— Vous pouvez passer avec mistress Dalton le reste de la journée; mais songez que je ne veux pas que vous revoyiez mon fils. Quels que puissent être vos embarras, ce n'est pas à un jeune homme comme lui qu'une jeune personne de votre âge doit demander des conseils.

— Votre Honneur a bien raison. Je vous ai déjà dit que c'était sans le savoir que je me suis trouvée près de lui tout à l'heure. A Dieu ne plaise que je lui souhaite aucun mal! mais tout ce que je désire, c'est de ne jamais le revoir.

— Comme vous semblez une jeune femme d'un caractère sérieux, dit le recteur, vous pourrez assister aux prières du soir que nous faisons en famille.

— Je vous remercie, monsieur, mais je doute que je puisse y être édifiée.

— Quoi! si jeune encore, seriez-vous assez malheureuse pour avoir déjà perdu le goût des exercices religieux?

— Dieu m'en préserve, monsieur; mais j'ai été élevée dans la foi des restes souffrans de l'Église presbytérienne, et je ne crois pas pouvoir assister aux cérémonies d'un culte contre lequel mon père et tant de saints martyrs ont rendu témoignage.

— Fort bien, fort bien, mon enfant, dit le recteur en souriant; je suis ami de la liberté de conscience. Vous devriez pourtant songer que la grâce divine est une source inépuisable qui ne coule pas seulement en Écosse; comme elle est aussi essentielle à nos besoins spirituels que l'eau à nos besoins terrestres, ses sources, différentes en qualité, mais également efficaces en vertu, se rencontrent abondamment dans toute la chrétienté.

— Les eaux peuvent se ressembler, répondit Jeanie, mais la bénédiction n'est pas répandue sur toutes : il fallait les eaux du Jourdain pour guérir la lèpre du Syrien Naaman; seules elles étaient sanctifiées pour sa cure, vainement se serait-il baigné dans le Pharphar et l'Abana, fleuves de Damas.

— Sans entrer dans de longs détails sur le mérite de nos Églises, dit le recteur, je me bornerai à tâcher de vous convaincre qu'on pratique dans la nôtre la charité chrétienne, et que nous cherchons à assister nos frères dans leurs besoins.

Il fit venir alors mistress Dalton, lui recommanda de prendre soin de Jeanie, et assura celle-ci que, le lendemain à la première heure, elle aurait un cheval et un guide sûr pour la conduire à Stamford. Il lui fit alors ses adieux d'un air de dignité affable, et lui souhaita une pleine réussite dans l'objet de son voyage, ne pouvant douter, ajouta-t-il, d'après les sentimens qu'elle avait montrés dans sa conversation, que le but n'en fût louable.

La femme de charge reconduisit Jeanie dans son appartement. Mais celle-ci n'était pas destinée à passer la soirée sans nouvelles importunités de la part du jeune Staunton. Le fidèle Thomas étant venu sous quelque prétexte dans la chambre de mistress Dalton, glissa adroitement dans la main de Jeanie un papier qui l'informait que son jeune maître désirait la voir, et que toutes les mesures avaient été prises pour que leur conversation ne pût être interrompue.

— Apprenez à votre jeune maître, dit tout haut Jeanie sans s'inquiéter des signes par lesquels Thomas cherchait à lui faire comprendre qu'il ne fallait pas mettre mistress Dalton dans le secret de cette correspondance; apprenez à votre jeune maître que j'ai promis à son digne père de ne pas le revoir, et que je tiendrai ma promesse.

— Thomas, dit mistress Dalton, d'après la livrée que vous portez et la maison dans laquelle vous servez, je croyais que vous auriez un emploi plus honorable que celui de porter des billets de M. Georges aux jeunes filles que le hasard amène chez son père.

— Quant à cela, mistress Dalton, je suis payé pour faire

ce qu'on m'ordonne, et je n'ai pas le droit de refuser d'obéir aux ordres de mon jeune maître, quand bien même il aurait quelque petite fantaisie. Au surplus quel mal y a-t-il? je vous le demande, quel mal y a-t-il?

—Songez pourtant bien à l'avis que je vous donne, Thomas ; si je vous y reprends jamais, Sa Révérence en sera informée, et vous n'embarrasserez pas long-temps sa maison.

Thomas se retira d'un air confus et mécontent, et le reste de la soirée s'écoula sans aucun évènement qui mérite d'être rapporté.

Après les périls et les fatigues de la journée précédente, Jeanie passa la nuit dans un excellent lit, et la satisfaction d'avoir rempli tous ses devoirs lui procura un sommeil si paisible, qu'elle ne s'éveilla que lorsque mistress Dalton vint l'avertir le lendemain à six heures que le guide et le cheval qui lui avaient été promis étaient prêts et l'attendaient. Elle se leva promptement, prononça une courte mais fervente prière, et après avoir accepté un déjeuner que la bonne femme de charge lui avait préparé, elle prit le chemin de Stamford, en croupe derrière un vigoureux paysan portant à sa ceinture deux pistolets, destinés à la défendre en cas d'attaque.

Ils marchèrent en silence pendant environ un mille, suivant une route de traverse qui rejoignait à peu de distance le grand chemin, un peu au-delà de Grantham.

—Ne vous nommez-vous pas Jeanie Deans? lui dit alors son conducteur.

—Oui, répondit Jeanie surprise de cette demande, en éprouvant déjà un mouvement d'inquiétude.

—C'est que j'ai un chiffon de papier à vous remettre, lui dit son guide. C'est de mon jeune maître, à ce que je puis juger. Dame! tout ce qui habite Willingham est obligé de lui obéir, par crainte ou par amitié, car au bout du compte il sera un jour maître de la terre.

En même temps il lui passa par-dessus l'épaule une lettre qui était sous enveloppe et soigneusement cachetée.

Jeanie l'ouvrit aussitôt, et lut ce qui suit :

« Vous refusez de me voir. Sans doute vous redoutez mon

caractère ; mais puisque je me suis peint à vous tel que je suis, vous devez au moins m'accorder le mérite de la sincérité, et convenir que je ne suis pas un hypocrite. Cependant vous refusez de me voir ! Cette conduite peut être naturelle, mais est-elle sage ? Je vous ai exprimé le désir que j'avais de prévenir le malheur de votre sœur aux dépens de ma vie, de mon honneur, de celui de ma famille ; vous me regardez sans doute comme indigne de sacrifier pour elle ce qui me reste de vie et d'honneur. Mais si l'offre de ce sacrifice ne peut être faite par moi, la victime n'en est pas moins prête. Il y a peut-être quelque justice dans le décret du ciel qui ne me permet pas de paraître le faire volontairement. Allez donc trouver le duc d'Argyle, et quand vous aurez échoué auprès de lui, dites que vous avez le moyen de livrer à la justice le chef des conspirateurs qui ont fait périr Porteous. Dût-il être sourd à toute autre prière, il vous écoutera quand vous lui parlerez ainsi. Demandez la grâce de votre sœur, faites vos conditions, elles ne dépendront que de vous. Vous savez où l'on peut me trouver. Soyez bien assurée que je ne disparaîtrai pas comme à la butte de Muschat. Semblable au lièvre, je serai pris au gîte d'où je suis parti dans le matin de ma vie.

» Je vous le répète, faites vos conditions. Ce n'est pas assez de la vie de votre sœur ; demandez une récompense pour vous, une place avec d'honorables revenus pour Butler, demandez tout ce que vous voudrez ; on vous accordera tout pour pouvoir faire monter sur l'échafaud un homme qui mérite bien d'y figurer, un homme déjà vieux dans la carrière du crime, mais qui, après une vie cruellement agitée, n'aspire qu'après le repos et le dernier sommeil. »

Cette lettre extraordinaire était signée des initiales G. S.

Jeanie la lut plusieurs fois avec grande attention, ce qui lui fut d'autant plus facile que le cheval, gravissant alors une montagne assez escarpée, n'allait qu'au petit pas.

Déchirant ensuite cette lettre en aussi petits morceaux qu'il lui fut possible, elle les dispersa peu à peu sur la route, pour qu'une pièce si dangereuse pour celui qui l'avait écrite ne pût jamais tomber entre les mains de personne.

La question de savoir si, à la dernière extrémité, elle avait le droit de sauver la vie de sa sœur en sacrifiant celle d'un homme qui, quoique coupable envers le gouvernement, ne lui avait fait à elle personnellement aucun mal, fut ensuite le sujet de ses réflexions. Dans un sens, il semblait qu'en dénonçant Staunton, qui était la seule cause des fautes et des malheurs de sa sœur, elle ne commettait qu'un acte de justice, un acte qui pouvait passer pour un décret équitable de la Providence. Mais Jeanie, suivant les principes rigoureux de morale dans lesquels elle avait été élevée, avait à considérer l'action dont il s'agissait, non seulement sous un point de vue général, mais relativement à ses propres principes et à sa conscience. Quel droit avait-elle de sacrifier la vie de Staunton pour sauver celle d'Effie ; de vendre le sang de l'un pour épargner celui de l'autre ? Son crime. Ce crime pour lequel il était proscrit par la loi, était un crime contre l'ordre public, mais ce n'en était pas un contre elle. Il n'avait aucun rapport ni aux malheurs ni à la condamnation d'Effie.

Quoique l'esprit de Jeanie se révoltât toutes les fois que l'idée de la mort de Porteous se présentait à son imagination, cependant elle ne pouvait regarder cet attentat comme un meurtre qui doit armer contre l'assassin tous ceux qui peuvent connaître sa retraite. Ce crime était accompagné de circonstances qui, sans lui ôter son caractère de violence, en diminuaient au moins l'horreur aux yeux des gens de la condition de Jeanie. Les rigueurs employées ou proposées par le gouvernement contre la ville d'Édimbourg, l'ancienne métropole de l'Écosse, la mesure impopulaire et peu sage de forcer le clergé à proclamer en chaire la récompense offerte aux dénonciateurs du coupable, n'avaient fait qu'irriter le peuple, et le meurtre de Porteous s'associait en quelque sorte dans son esprit à l'idée de son ancienne indépendance. Il était hors de doute que quiconque dénoncerait un des complices de cet acte de violence serait regardé par la populace comme coupable de trahison envers son pays. Jeanie joignait au rigorisme presbytérien une sorte d'esprit national, et n'aurait voulu pour rien au monde acquérir parmi ses concitoyens la honteuse célébrité du perfide Mon-

Leith et de quelques autres qui, ayant trahi la cause de leur patrie, sont voués à l'exécration du peuple et des paysans de génération en génération. Et cependant, quand il ne fallait une seconde fois qu'un mot pour sauver la vie de sa sœur, c'était un effort bien pénible pour le cœur aimant de Jeanie que de se décider à ne pas le prononcer.

— Que le Seigneur daigne m'inspirer ce que je dois faire, et m'en donner le courage! pensa-t-elle. Il semble que ce soit sa volonté de me soumettre à des épreuves qui sont au-dessus de mes forces.

Cependant son conducteur, ennuyé du silence, devenait plus communicatif. C'était un paysan qui ne manquait pas de bon sens, mais qui, n'ayant ni plus de délicatesse ni plus de prudence que ses pareils n'en ont ordinairement, choisit pour sujet de conversation, suivant l'usage assez ordinaire des gens de sa condition, les affaires de la famille Willingham, et Jeanie en apprit quelques particularités que nous croyons devoir faire connaître à nos lecteurs.

Le père de Georges Staunton avait été militaire. Pendant qu'il servait dans les Indes occidentales, il avait épousé la fille d'un riche colon dont il n'avait eu qu'un seul enfant, le malheureux jeune homme dont nous avons déjà tant de fois parlé. Il passa ses premières années près d'une mère trop tendre, qui ne le contrariait jamais, entouré d'esclaves qui se faisaient une étude d'obéir à ses moindres caprices et de satisfaire toutes ses fantaisies. Son père était un homme de mérite et de sens; il voyait avec peine l'indulgence excessive de son épouse pour leur enfant; mais les devoirs de son état le retenaient souvent hors de chez lui; mistress Staunton, belle et volontaire, était d'une santé faible, et il était difficile pour un homme tendre et paisible de la contrarier dans son excessive indulgence pour un fils unique. Tout ce qu'il fit même pour balancer les funestes effets du système de sa femme ne fit que les rendre plus pernicieux. Georges, forcé de se contraindre un peu en présence de son père, s'en dédommageait en se donnant une triple licence quand il était absent. Ce fut ainsi que, dès son enfance, il contracta l'habitude de regarder son père comme un censeur rigide dont il désirait secouer le joug aussitôt qu'il lui serait possible de le faire.

Il n'avait encore que dix ans, et déjà il portait dans son cœur le germe des vices qui s'y développèrent plus tard, lorsqu'il perdit sa mère, et que son père désolé retourna en Angleterre. Pour mettre le comble à son imprudence et à son indulgence inexcusable, mistress Staunton avait laissé une partie considérable de sa fortune à la libre disposition de son fils, et Georges connut bientôt son indépendance et les moyens d'en abuser. Voulant corriger les vices de son éducation, son père l'avait placé dans un pensionnat bien réglé ; mais quoiqu'il montrât quelque facilité à apprendre, sa conduite désordonnée devint bientôt insupportable à ses maîtres. Il trouva le moyen de contracter des dettes (ce qui n'est que trop facile à tout jeune homme qui a des espérances de fortune), et avec l'argent qu'il se procura il fut à même d'anticiper dès son jeune âge sur les folies et les excès d'un âge plus mûr : aussi fut-il rendu à son père, déjà corrompu et capable d'en corrompre cent autres par son exemple.

M. Staunton, à qui la mort de sa femme avait laissé une mélancolie que la conduite de son fils n'était pas de nature à dissiper, était entré dans les ordres ; et son frère sir William Staunton lui fit passer le bénéfice de Willingham, héréditaire dans la famille. Le revenu était un objet important pour lui, car il n'avait que la fortune d'un cadet de famille, et celle de sa femme se réduisait pour lui à bien peu de chose. Il voulut que son fils habitât avec lui dans le rectorat, mais il trouva bientôt que ses désordres étaient intolérables : et comme les jeunes gens du rang de Georges ne purent long-temps souffrir l'insolence du jeune créole, qui était fier d'être plus riche qu'eux, il prit le goût de la mauvaise société, qui est plus funeste — que la mort sous le fouet et la pendaison[1]. Son père lui fit faire un voyage sur le continent ; il en revint pire encore. Ce n'était pas qu'il fût dénué de toutes bonnes qualités. Il avait de l'esprit, un bon cœur, une générosité sans bornes, et des manières qui au-

---

(1) Citation de Shakspeare. — Éd.

raient pu le rendre agréable dans la société, s'il fût resté sous une salutaire tutelle. Mais tout cela ne lui servit à rien. Il était si souvent dans les maisons de jeu, dans les courses de chevaux, dans les amphithéâtres de combats de coqs, et tous les autres rendez-vous plus funestes encore de la folie et du libertinage, que la fortune de sa mère fut épuisée avant sa vingt-unième année : il se trouva bientôt endetté et dans le besoin. L'histoire de sa première jeunesse peut se conclure en empruntant les expressions avec lesquelles notre Juvénal anglais[1] décrit un semblable caractère :

« Obstiné dans la carrière où il s'était jeté, il crut les re-
» proches injustes et la vérité trop sévère. La maladie de
» son âme était parvenue à sa crise ; il dédaigna d'abord le
» toit paternel, et puis l'abjura ; et, quand il se fit vaga-
» bond, il se fit gloire de sa honte, en disant : Je serai libre. »

— Et cependant c'est bien dommage, dit l'honnête paysan, car M. Georges est généreux comme un prince, sa main est toujours ouverte ; et, tant qu'il a eu quelque chose, il n'a jamais laissé manquer personne.

Cette vertu, si l'on peut donner ce nom à une profusion sans sagesse, est ce qui frappe davantage les yeux du pauvre, et ceux qui en profitent sont assez portés à la regarder comme un manteau qui couvre bien des fautes.

Jeanie fut rendue à Stamford assez à temps pour prendre place dans la diligence qui allait partir, et elle arriva à Londres dans la soirée du second jour après son départ. Grâce à la recommandation de M. Staunton, elle fut parfaitement reçue dans l'auberge où la voiture s'arrêtait, et le correspondant de mistress Bickerton lui apprit la demeure de mistress Glass, sa cousine, qui l'accueillit avec une affectueuse hospitalité.

(1) Crabbe. — Éd.

CHAPITRE XXXV.

> « Oui, je m'appelle Argyle, et vous êtes surpris
> » De me voir à la cour rester toujours le même. »
>
> *Ballade.*

Peu de noms dans l'histoire d'Ecosse, à l'époque dont nous parlons, méritent une mention plus honorable que celui de John, duc d'Argyle et de Greenwich. Ses talens, comme homme d'état et comme militaire, étaient universellement reconnus. Il n'était pas sans ambition, mais sans avoir les vices qui l'accompagnent, sans cette coupable propension qui excite souvent les hommes puissans, dans une position particulière comme la sienne, à saisir tous les moyens de s'élever, au risque de troubler la paix d'un royaume.

Pope l'a célébré comme étant né

> — Pour tenir dans ses mains les foudres de l'état,
> Et craint également aux conseils, au combat.

Il n'avait pas les vices ordinaires aux politiques, la dissimulation et la fausseté, ni ceux qu'on remarque souvent dans les guerriers, l'esprit de désordre et la soif des honneurs.

L'Ecosse, sa terre natale, se trouvait en ce moment dans une situation incertaine et précaire. Elle était unie à l'Angleterre, mais ce lien n'avait pas eu le temps de prendre de la consistance. L'irritation produite par d'anciens outrages subsistait encore, et le mécontentement jaloux des Ecossais d'une part, la hauteur méprisante des Anglais de l'autre, occasionaient souvent des querelles dont il était à craindre que les suites ne rompissent l'union des deux nations, si nécessaire à l'une et à l'autre. L'Ecosse avait en outre le désavantage d'être divisée en factions intestines qui n'attendaient qu'un signal pour en venir aux mains.

Dans de telles circonstances, un homme du rang du duc d'Argyle, doué des mêmes talens, mais qui n'aurait pas eu les mêmes principes, aurait pu songer à s'élever très haut en excitant un mouvement et en cherchant à le diriger. Il tint une conduite plus sûre et plus honorable.

Supérieur à toutes les petitesses des partis, il appuya toujours les mesures qui avaient pour base la justice et la modération, soit qu'elles fussent proposées par le ministère, soit qu'elles fussent demandées par l'opposition. Ses talens militaires, à une époque mémorable, en 1715, avaient rendu à la maison d'Hanovre des services peut-être trop grands pour qu'on pût les reconnaître ou les récompenser. Après l'insurrection qui avait eu lieu cette année en Ecosse, il avait employé tout son crédit pour obtenir quelque indulgence en faveur des malheureux seigneurs de ce pays, qu'un sentiment de loyauté mal dirigé avait égarés, et il en fut récompensé par l'estime et l'amour de tous ses compatriotes. On supposait qu'une popularité obtenue chez une nation guerrière et mécontente n'était pas vue sans inquiétude à la cour, où l'on pardonne difficilement le pouvoir de devenir dangereux, même à ceux qui sont le plus éloignés de vouloir en faire usage. La manière indépendante et un peu fière avec laquelle le duc d'Argyle s'exprimait dans le parlement et agissait en public n'était pas faite d'ailleurs pour lui concilier les bonnes grâces de la couronne. Il était donc toujours respecté, souvent employé, mais il n'avait jamais été le favori ni de Georges II, ni de son épouse, ni de ses ministres. On l'avait même, à différentes époques, regardé comme en disgrâce complète, quoiqu'on ne pût jamais le considérer comme membre décidé du parti de l'opposition. Il n'en était devenu que plus cher à l'Écosse, parce que c'était ordinairement en soutenant les intérêts de son pays qu'il encourait le déplaisir de son souverain.

Après l'émeute qui se termina par la mort de Porteous, l'éloquence énergique avec laquelle il s'opposa aux mesures de rigueur que le ministère proposa au parlement contre la ville d'Édimbourg excita en sa faveur dans cette capitale un nouvel élan de reconnaissance publique, d'autant plus qu'on assurait que la reine Caroline s'était crue personnellement offensée de son intervention. Nous avons déjà cité la réponse hardie qu'on lui attribue à ce sujet, et l'on conserve encore quelques passages des discours qu'il prononça dans le parlement à cette occasion. Il rétorqua contre le chancelier, lord Hardwicke, l'imputation que celui-ci lui avait faite de se conduire en cette affaire plutôt en partie qu'en juge. — J'en appelle à la chambre, dit Argyle; qu'elle examine toute ma vie, toutes mes actions, soit en campagne, soit dans le cabinet: y trouvera-t-on une tache qui puisse ternir mon honneur? Je me suis montré ami zélé de mon pays, et sujet fidèle de mon roi; je suis prêt à le faire encore sans m'inquiéter un instant du sourire d'affection ou de mépris des courtisans. J'ai éprouvé la faveur et la disgrâce de la cour, j'attends l'une et l'autre avec indifférence. J'ai donné mes raisons pour m'opposer au bill qu'on nous présente; j'ai prouvé qu'il est contraire au traité d'union qui lie les deux couronnes, — à la liberté de l'Écosse, et par suite même à celle de l'Angleterre, à l'intérêt général, au bon sens, à la justice. Faudra-t-il que la métropole de l'Écosse, la capitale d'une nation indépendante, une cité honorée par la résidence d'une longue suite de monarques, soit dépouillée de ses droits, de ses honneurs, de ses privilèges, de sa garde et de ses portes, pour punir la faute de quelques factieux obscurs et ignorés? Faudra-t-il qu'un Écossais voie de sang-froid une pareille injustice? Je me glorifie, milords, de m'opposer à de tels projets; c'est avec orgueil que je prends la défense de mon pays, qu'on veut soumettre à une humiliation si peu méritée.

D'autres orateurs, soit anglais, soit écossais, parlèrent dans le même sens; le bill ne fut adopté qu'après avoir été dépouillé de ses dispositions les plus rigoureuses, et ce qu'il contint de plus remarquable fut une amende prononcée contre la ville d'Édimbourg au profit de la veuve de Porteous; de manière, comme on le remarqua dans le temps, que des débats si animés n'aboutirent qu'à faire la fortune d'une ancienne cuisinière, car telle avait été la condition de cette femme avant son mariage.

La reine ne pardonna pas facilement au duc d'Argyle la part qu'il avait prise à cette discussion. Il vit qu'il était reçu avec froideur à la cour, s'abstint d'y paraître, et fut de nouveau regardé comme disgracié. Il était nécessaire de mettre ces circonstances sous les yeux du lecteur, parce qu'elles servent à lier ce qui précède avec ce qui va suivre.

Le duc était seul dans son cabinet, quand son valet de chambre vint lui dire qu'une jeune villageoise écossaise insistait pour lui parler.

— Une villageoise et une Écossaise! dit le duc; et quelle affaire peut amener la folle à Londres? Quelque amoureux *pressé* et embarqué; quelques fonds perdus dans les spéculations de la mer du sud; et il n'y a que Mac-Callummore qui puisse arranger des choses si importantes. La popularité à bien ses inconvéniens. N'importe, Archibald, faites entrer notre compatriote; il n'est pas poli de faire attendre.

Archibald introduisit une jeune fille de taille moyenne, dont l'air modeste était aussi expressif qu'agréable, quoique son teint fût un peu bruni par le soleil. Elle était vêtue du plaid écossais, qui couvrait sa tête en partie, et qui retombait sur ses épaules; de beaux cheveux blonds flottaient sans art sur son front et sur son plaid, et sa physionomie annonçait le respect que lui inspiraient le rang et la présence du duc, quoiqu'on n'y aperçût aucune trace de crainte ni de mauvaise honte. Tout son ajustement était celui que portent ordinairement les jeunes villageoises d'Écosse, et ne se distinguait que par cette propreté qui est si souvent réunie à la pureté de cœur dont elle est l'emblème.

Elle s'arrêta à la porte, et fit une grande révérence en croisant les mains sur sa poitrine, sans prononcer un seul mot. Le duc s'avança vers elle; et, si elle admira la richesse de ses habits ornés de toutes les décorations qui lui avaient été accordées et qu'il avait si bien méritées, elle ne fut pas moins frappée de l'air de bonté qui régnait dans tous ses traits. Le duc, de son côté, ne remarqua pas sans quelque plaisir la modestie et la simplicité du costume et des manières de son humble compatriote.

—Est-ce à moi que vous voulez parler, ma bonne fille? lui dit le duc, ou est-ce la duchesse que vous désirez voir?

— C'est à Votre Honneur, milord,... je veux dire à Votre Grâce que j'ai affaire.

— Et de quoi s'agit-il, ma chère enfant? lui dit le duc du ton le plus doux et le plus encourageant.

Jeanie jeta un regard timide sur le valet de chambre.

— Retirez-vous, Archibald, lui dit le duc, et attendez dans l'antichambre.

Le domestique étant sorti, — Eh bien! ma bonne fille, dit le duc, asseyez-vous, reprenez haleine, et contez-moi votre affaire. Je vois à vos vêtemens que vous arrivez de notre pauvre vieille Écosse. Êtes-vous venue ici à travers les rues avec votre plaid?

— Non, monsieur,... non, Votre Grâce. Une de mes parentes m'a conduite dans une de ces voitures qu'on trouve dans les rues. C'est une femme fort honnête, ajouta-t-elle, prenant du courage et de l'assurance en voyant la complaisance avec laquelle le duc l'écoutait, et vous la connaissez, c'est mistress Glass, à l'enseigne du Chardon.

— Ma digne marchande de tabac? dit le duc en souriant. J'achète souvent moi-même mon tabac chez elle pour causer un instant avec une compatriote. Mais votre affaire, mon enfant, votre affaire : vous savez que le temps et la marée n'attendent personne.

— Votre Honneur saura donc... Pardon, milord, c'est Votre Grâce que je veux dire...

Il est bon de remarquer ici que mistress Glass avait très fortement recommandé à Jeanie de donner au duc le titre dû à son rang, ce qui était, dans l'opinion de la bonne femme, une chose de la plus haute importance, et les derniers mots qu'elle dit à Jeanie quand elle descendit de voiture furent : — N'oubliez pas de dire Votre Grâce! Or Jeanie, qui de sa vie n'avait parlé à un personnage plus grand que le laird Dumbiedikes, éprouvait quelque difficulté à se conformer à un cérémonial tout nouveau pour elle.

Le duc vit son embarras : — Ne vous inquiétez pas de Ma Grâce, ma bonne fille, lui dit-il avec son affabilité ordinaire; contez-moi votre affaire tout simplement, et prouvez que vous avez dans la bouche une langue écossaise.

— Je vous remercie, monsieur. Je vous dirai donc que je suis la sœur de cette pauvre malheureuse jeune fille, Effie Deans, qui a été condamnée à mort à Edimbourg.

— Ah! ah! dit le duc, je connais cette fâcheuse histoire; Duncan Forbes [1] en a parlé l'autre jour en dînant chez moi.

— Je suis venue d'Écosse, monsieur, pour voir ce qu'on pourrait faire pour obtenir sa grâce ou son pardon, ou quelque chose de semblable.

— Hélas! ma pauvre enfant, vous avez fait inutilement un voyage bien long et bien pénible. Je sais que le rapport de l'affaire a été fait au conseil, et que l'exécution a été ordonnée.

— Mais, monsieur, on m'a assuré que le roi peut toujours faire grâce si c'est son bon plaisir.

— Cela est très vrai; mais cela ne dépend que du roi. Le crime pour lequel elle a été condamnée est devenu trop fréquent. Tous les gens du roi en Ecosse pensent qu'il est nécessaire de faire un exemple. Ensuite les désordres qui viennent d'avoir lieu à Edimbourg ont indisposé le gouvernement contre la ville et même contre la nation, et, au lieu de songer à accorder des grâces, on ne pense qu'à employer des mesures de sévérité. Qu'avez-vous à dire en faveur de votre sœur, ma pauvre enfant? quel crédit avez-vous? sur quels amis comptez-vous à la cour?

— Je ne compte que sur Dieu et sur Votre Grâce, dit Jeanie ne perdant pas courage.

— Hélas! ma bonne fille, il n'existe peut-être personne qui ait en ce moment moins de crédit auprès du roi et des ministres. Il est cruel pour les hommes qui se trouvent dans ma situation de voir que le public leur suppose une influence qu'ils n'ont point, et qu'on attend d'eux des secours qu'ils n'ont pas le pouvoir d'accorder. Mais au moins tout le monde peut être franc et sincère. Ce serait rendre votre position encore plus fâcheuse que de vous faire concevoir des espérances qui ne pourraient se réaliser. Je n'ai aucun moyen de changer le sort de votre sœur. Il faut qu'elle meure.

— Il faut que nous mourions tous, monsieur, reprit Jeanie, c'est la punition du péché de notre premier père; mais nous ne devons point nous chasser les uns les autres de

---

[1] Le même que Saddletree avait mentionné à David Deans, et devenu avocat-général. — Éd.

ce monde, c'est ce que Votre Honneur sait mieux que moi.

— Ma bonne fille, lui dit le duc avec douceur, chacun est toujours porté à blâmer la loi qui le condamne. Mais vous paraissez avoir été trop bien élevée pour ne pas savoir que, d'après les lois de Dieu comme d'après celles des hommes, tout meurtrier doit mourir.

— Mais Effie, monsieur! mais ma pauvre sœur! dit Jeanie avec agitation, on n'a point prouvé le meurtre dont on l'accuse, elle ne l'a point commis; et si elle est innocente et que la loi la condamne, qui est-ce qui est le meurtrier?

— Je ne suis pas homme de loi, et j'avoue que les dispositions de la loi qui la condamne me paraissent bien sévères.

— Mais au moins vous êtes un de ceux qui les font, répondit Jeanie, et par conséquent vous devez avoir de l'autorité sur elles.

— Non pas comme individu, ma bonne fille; je n'ai qu'une voix au milieu de beaucoup d'autres, et je ne puis vous servir. Je n'ai pas en ce moment assez de crédit auprès du souverain (je veux bien qu'on le sache) pour pouvoir lui demander la plus légère faveur. — Mais qui a pu vous déterminer à vous adresser à moi?

— Vous-même, monsieur.

— Moi! jamais je ne vous ai vue.

— Cela est vrai, monsieur; mais tout le monde sait que le duc d'Argyle est l'ami de son pays; qu'il parle et qu'il combat pour la justice. Vous êtes un des justes d'Israël; ceux qui se trouvent injuriés peuvent se réfugier sous votre ombre, et vous ne voudrez pas laisser répandre le sang d'une malheureuse fille de votre pays, qui est innocente, si vous pouvez l'empêcher. — D'ailleurs, j'avais encore une autre raison pour m'adresser à vous.

— Et quelle est-elle?

— J'ai appris de mon père que la famille de Votre Honneur... c'est-à-dire, votre respectable grand'père, a eu l'honneur de périr sur un échafaud dans le temps des persécutions; et mon père a été aussi honoré de pouvoir rendre témoignage en prison et au pilori, comme on le voit dans les livres de Peter Walker le colporteur, que Votre Honneur connaît, j'en suis sûre, car il fréquente surtout l'ouest de l'Écosse. Et puis, monsieur, quelqu'un qui prend intérêt à moi m'a aussi engagée à vous voir, parce que son grand'père a eu le bonheur de rendre service au vôtre ; vous verrez tout cela dans ces papiers.

En même temps elle lui remit un paquet que le duc ouvrit sur-le-champ, et où il lut d'un air de surprise : Rôle des hommes servant dans la compagnie de ce saint homme le capitaine Salathiel Bangtext.— Obadias Muggleton ; Mépris-du-Péché, Double-Knock ; Ferme-dans-la-Foi, Gipps; Tourne-à-Droite, Thwack-Away.

— Que diable est ceci ? une liste du Parlement, Loué-Soit-Dieu-Barebone, ou de l'armée évangélique du Vieux Olivier ; — à en juger par son nom, le dernier devait être fort sur l'exercice ; — mais qu'est-ce que tout cela signifie, ma fille ?

— C'était cet autre papier, monsieur, dit Jeanie un peu confuse de sa méprise.

— Oh ! c'est l'écriture de mon malheureux aïeul, je la reconnais. Voyons : — A tous ceux qui sont attachés à la maison d'Argyle, ces présentes sont pour attester que Benjamin Butler, dragon dans le régiment de Monk, m'a sauvé la vie en me défendant contre quatre soldats anglais qui voulaient me massacrer. Privé en ce moment de tout moyen de lui prouver ma reconnaissance, je lui donne ce certificat, espérant qu'il pourra lui être utile ou à quelqu'un des siens pendant ces temps de troubles. Je conjure mes parens, mes amis, mes partisans dans les basses et dans les hautes terres d'Écosse d'assister et protéger ledit Benjamin Butler, ses parens et sa famille, en toute occasion ; et d'acquitter, par tous les moyens possibles, la dette de reconnaissance que j'ai contractée envers lui. En foi de quoi j'ai signé les présentes.

LORN.

— Voilà une forte recommandation. Ce Benjamin Butler était sans doute votre aïeul, car vous êtes trop jeune pour pouvoir être sa fille.

— Il ne m'était rien, monsieur; mais c'était le grand-père d'un... du fils d'un voisin... d'un jeune homme qui me veut sincèrement du bien. Et elle fit une révérence en baissant les yeux et en rougissant un peu.

— J'entends, j'entends, dit le duc, une affaire d'amour. Ainsi Benjamin Butler est l'aïeul du jeune homme que vous devez épouser?

— Que *je devais* épouser, monsieur, dit Jeanie en soupirant, mais cette malheureuse affaire de ma pauvre sœur...

— Quoi! interrompit le duc, vous aurait-il abandonnée pour cela?

— Oh! non, monsieur, il serait bien le dernier à abandonner un ami dans le malheur. Mais je dois penser à lui autant qu'à moi. — Il est dans les ordres, monsieur, et il ne doit pas épouser une femme qui aura une telle tache dans sa famille.

— Vous êtes une jeune fille bien extraordinaire! Vous pensez donc à tous les autres avant de songer à vous? Et êtes-vous réellement venue à pied d'Édimbourg, dans l'espoir incertain de sauver la vie de votre sœur?

— Pas tout-à-fait à pied, monsieur, répondit Jeanie; j'ai eu de temps en temps une place dans un chariot, j'étais à cheval depuis Ferry-Bridge, et pris la voiture...

— Fort bien, fort bien! dit le duc; mais quelle raison avez-vous pour croire votre sœur innocente?

— D'abord, monsieur, elle me l'a assuré. Et ensuite rien ne prouve qu'elle soit coupable, vous le verrez en lisant ces papiers.

Elle lui remit alors copie de toutes les pièces du procès d'Effie. Butler se les était procurées par le moyen de Saddletree, immédiatement après le départ de Jeanie, et les lui avait envoyées chez mistress Glass, dont le vieux Deans lui avait donné l'adresse, de manière qu'elle les y avait trouvées en y arrivant.

Le duc parcourut ces pièces rapidement, mais avec attention, faisant des marques au crayon en divers endroits. Quand il eut fini sa lecture, il leva les yeux sur Jeanie, qui ne perdait pas un seul de ses gestes; il semblait vouloir lui parler, mais il examina de nouveau différens passages, comme s'il eût craint de donner une opinion trop précipitée : il fit tout cela en beaucoup moins de temps qu'il n'en aurait fallu à un homme d'un talent ordinaire ; mais le duc avait ce coup d'œil sûr et pénétrant qui démêle à l'instant la vérité, et qui saisit sur-le-champ tout ce qui peut mener à la découvrir.

—Jeune fille, lui dit-il après quelques momens de réflexion, la condamnation de votre sœur doit certainement être regardée comme bien rigoureuse.

—Que le ciel vous bénisse! s'écria Jeanie ; c'est là une parole de consolation.

—Il semble contraire au génie des lois anglaises, continua le duc, de trouver la conviction où la preuve n'existe point, et de punir de mort un crime qui, malgré tout ce qu'a dit le ministère public, peut n'avoir jamais été commis.

—Que Dieu vous récompense, monsieur, dit Jeanie en se levant toute tremblante, les mains tendues vers le ciel et les yeux en larmes.

—Mais pourtant, ma pauvre fille, ajouta-t-il, quel bien vous fera mon opinion, à moins que je ne puisse la faire partager à ceux dont dépend la vie de votre sœur? D'ailleurs, comme je vous l'ai déjà dit, je ne suis point homme de loi, et il faut que je consulte à ce sujet quelques uns de nos jurisconsultes écossais.

—Oh! monsieur, s'écria Jeanie, il est impossible que ce qui vous paraît raisonnable ne le leur paraisse point aussi!

—Je ne sais trop. Vous connaissez le vieux proverbe de notre pays : — Chacun serre sa ceinture à sa manière.— Mais je ne veux pas que vous ayez eu confiance en moi tout-à-fait inutilement. Laissez-moi tous ces papiers, et vous aurez de mes nouvelles demain ou après-demain. Ayez soin de ne pas sortir de chez mistress Glass, et soyez prête à venir me trouver à l'instant où je vous ferai avertir. Il ne sera pas nécessaire de donner à mistress Glass la peine de vous accompagner.—Surtout ne manquez pas de vous habiller exactement comme vous l'êtes en ce moment.

—J'aurais bien mis un chapeau, monsieur, dit Jeanie,

mais vous savez que ce n'est pas l'usage en Écosse avant qu'on soit mariée; j'ai pensé d'ailleurs qu'à tant de milles du pays, le cœur de Votre Grâce s'échaufferait à la vue du tartan,... elle regardait l'étoffe de son plaid en parlant ainsi.

—Et vous avez bien pensé. Le cœur de Mac-Callummore aura cessé de battre, quand il ne s'échauffera plus en voyant le tartan écossais. Adieu, mon enfant. Songez à être prête quand je vous enverrai chercher.

—Ah! ne craignez rien, monsieur, je ne suis pas venue ici pour m'amuser, et puis qu'est-ce qu'il peut y avoir d'amusant dans ce désert de maisons noires? cela ne vaut pas nos montagnes. Mais, monsieur, me permettrez-vous de vous dire... si Votre Grâce a la bonté de parler à quelqu'un d'un rang bien au-dessus du sien... j'ai peut-être tort de parler ainsi, car vous pourriez penser que je crois qu'il y a autant de différence de vous à lui, que de la pauvre Jeanie Deans de Saint-Léonard à vous. Mais enfin, monsieur, ne vous laissez pas rebuter par une réponse un peu brusque.

—Soyez tranquille, répondit le duc en riant; une réponse brusque ne m'a jamais beaucoup inquiété. Ne vous flattez pas trop cependant; je ferai de mon mieux, mais Dieu tient dans sa main le cœur des rois.

Jeanie fit une révérence et se retira. Elle fut reconduite jusqu'à son fiacre par le valet de chambre du duc avec un respect que son humble costume n'exigeait point, mais que cet homme croyait sans doute devoir au long entretien que son maître avait daigné lui accorder.

CHAPITRE XXXVI.

« Pendant que le soleil resplendit dans les cieux,
» Shene! nous gravissons ton site gracieux,
» Embrassons du regard ce vaste paysage. »
THOMSON.

MISTRESS GLASS, bonne et officieuse, mais un peu commère, avait attendu Jeanie dans le fiacre, et elle lui fit subir un très long interrogatoire sur son entrevue avec le duc, pendant qu'elle retournait dans le Strand, où le chardon de la bonne dame fleurissait dans toute sa gloire, avec la devise *nemo me impune*; et c'était l'enseigne d'une boutique bien connue alors à tous les Ecossais qui se trouvaient dans Londres, de quelque condition qu'ils fussent.

— Mais êtes-vous bien sûre, dit-elle à Jeanie, que vous l'avez toujours appelé Votre Grâce ? C'est qu'il faut faire une grande distinction entre Mac-Callummore et tous ces petits seigneurs qu'on appelle des lords. Il y en a beaucoup qui feraient croire que la façon n'en est pas bien chère, et j'en connais à qui je ne voudrais pas vendre six sous de tabac à crédit, et d'autres pour qui je ne voudrais pas me donner la peine d'en faire un cornet. Mais j'espère que vous avez montré votre savoir-vivre au duc d'Argyle, car quelle idée aurait-il de vos amis de Londres, si vous l'aviez appelé milord, lui qui est duc?

— Il ne paraît pas s'en embarrasser beaucoup, répondit Jeanie, d'ailleurs il sait que j'ai été élevée à la campagne.

— Au surplus, Sa Grâce me connaît bien, ainsi j'en suis moins inquiète. Jamais je ne remplis sa tabatière, qu'il ne me crie de sa voiture : — Comment cela va-t-il, ma bonne mistress Glass? ou bien : — Avez-vous reçu des nouvelles d'Ecosse depuis peu? Et vous pouvez bien croire que j'accours sur le seuil de la porte en lui faisant une belle révérence, et je lui dis : — Milord duc, j'espère que la noble épouse de Votre Grâce se porte bien, ainsi que ses jeunes demoiselles, et que Votre Grâce est toujours contente de mon tabac. Et s'il se trouve quelques pratiques dans la boutique, tout le monde s'empresse pour le saluer, et si ce sont des Ecossais, il faut les voir tous chapeau bas, et chacun regarde partir le vrai prince de l'Ecosse, que Dieu le protège ! Mais vous ne m'avez pas encore conté tout ce qu'il vous a dit.

Jeanie n'avait pas dessein d'être tout-à-fait si communicative. Malgré toute sa simplicité, elle avait aussi, comme le lecteur peut l'avoir observé, la réserve de son pays. Elle répondit donc, en termes généraux, que le duc l'avait reçue avec bonté, qu'il lui avait promis de s'intéresser pour sa sœur, et de lui donner de ses nouvelles le lendemain ou le jour suivant. Elle n'ajouta point qu'il lui avait recommandé d'être prête à venir le trouver à l'instant où il la ferait avertir, encore moins qu'il lui avait dit qu'elle n'avait pas besoin de se faire accompagner par mistress Glass. La bonne dame fut obligée de se contenter de cette réponse, après avoir inutilement essayé d'obtenir des détails plus circonstanciés.

On concevra aisément que le lendemain Jeanie garda la maison. Ni la curiosité, ni l'envie de faire de l'exercice ne purent la décider à sortir. Elle passa toute la journée dans le petit salon de mistress Glass, respirant une atmosphère qui ne lui semblait pas trop pure, ce qui provenait de quelques carottes de véritable tabac de la Havane, soigneusement serrées dans une armoire secrète, et que la bonne marchande, soit par respect pour la manufacture, soit par crainte de l'excise, ne se souciait pas de placer en évidence dans la boutique. Elles communiquaient à l'appartement un parfum qui, quoique agréable à l'odorat d'un connaisseur, ne flattait nullement celui de Jeanie.

—Mon Dieu! pensait-elle, est-il possible que, pour avoir une robe de soie, une montre d'or, et quoi que ce puisse être au monde, ma cousine se condamne à rester assise toute la journée, et à éternuer dans une boutique, tandis que si elle le voulait elle pourrait se promener sur les vertes montagnes!

Mistress Glass n'était pas moins surprise de la répugnance que sa cousine montrait pour sortir, et du peu de curiosité qu'elle avait de voir ce que Londres renfermait de remarmarquable. — On a beau être dans le chagrin, pensait-elle, on aime toujours à voir quelque chose; cela aide à passer le temps. Mais Jeanie fut inébranlable.

Elle demeura toute la journée dans cet état pénible que causent des espérances qu'on se flatte de voir se réaliser à chaque instant, et qui ne se réalisent point. Les minutes succédaient aux minutes, les heures aux heures, et aucune nouvelle n'arrivait. Son cœur tressaillait chaque fois qu'elle entendait entrer ou parler dans la boutique; elle ne put même se résoudre à bannir tout espoir quand il fut trop tard pour pouvoir en conserver raisonnablement. Enfin toute la journée s'écoula dans les inquiétudes d'une attente inutile.

La matinée du jour suivant se passa de la même manière; mais à midi un des gens du duc entra dans la boutique de mistress Glass, et lui demanda à voir la jeune Ecossaise qui était chez elle.

— C'est sûrement ma cousine Jeanie Deans, M. Archibald, dit mistress Glass. Si vous avez quelque message de Sa Grâce pour elle, je lui en ferai part dans un moment.

— J'ai besoin de lui parler à elle-même, mistress Glass.

— Jeanie! Jeanie Deans! s'écria mistress Glass au pied d'un petit escalier tournant qui était au fond de son arrière-boutique, descendez, descendez bien vite; voici M. le valet de chambre de Sa Grâce le duc d'Argyle qui désire vous parler.

On pense bien que Jeanie ne se fit pas attendre. Elle mit son plaid, descendit sur-le-champ, mais les jambes étaient près de lui manquer en entrant dans la boutique.

— Je suis chargé de vous prier de m'accompagner, lui dit Archibald en la saluant.

— Je suis toute prête, monsieur, répondit Jeanie.

— Est-ce que ma cousine va sortir, M. Archibald?... Bien sûrement il faut que je l'accompagne. James Rasper, veillez à la boutique. M. Archibald, ajouta-t-elle en ouvrant un vase de porcelaine rempli de tabac et en le lui présentant, au nom de notre ancienne connaissance, remplissez votre tabatière, tandis que je vais me préparer. C'est le tabac de Sa Grâce.

M. Archibald faisant passer modestement quelques grains de tabac du vase dans sa boîte, dit à mistress Glass qu'il était obligé de se priver du plaisir de sa compagnie, n'ayant reçu ordre de conduire chez le duc que la jeune personne.

— Que la jeune personne, M. Archibald? Cela n'est-il pas un peu extraordinaire? Mais Sa Grâce sait ce qui est convenable, et vous êtes un homme de poids, M. Archibald: ce n'est pas au premier venu, arrivant de la maison d'un grand seigneur, que je confierais ma cousine. Mais, Jeanie, vous ne pouvez aller dans les rues avec M. Archibald, votre plaid de tartan sur vos épaules, comme si vous conduisiez un troupeau de bestiaux dans vos montagnes. Attendez que je vous aille chercher mon schall de soie; vous feriez courir la foule après vous.

Jeanie ne savait comment échapper aux soins officieux de la bonne marchande; mais Archibald la tira d'embarras.

— Je ne puis attendre un seul instant, madame, lui dit-il; d'ailleurs j'ai un fiacre à la porte, et je ramènerai votre jeune parente de la même manière.

En même temps il présenta la main à Jeanie, et la fit monter dans la voiture, tandis qu'elle était plongée dans la surprise et l'admiration du ton d'aisance avec lequel il avait éludé les offres obligeantes de mistress Glass, sans expliquer les ordres de son maître, et sans entrer dans aucune explication.

M. Archibald se plaça sur le devant du fiacre, en face de Jeanie. Une demi-heure se passa sans qu'un seul mot fût prononcé de part ni d'autre. Enfin Jeanie remarqua que la première fois qu'elle avait été chez le duc, elle n'avait pas été si long-temps en route, et elle se hasarda à demander à son silencieux compagnon où ils allaient.

— Milord duc vous en informera lui-même, madame, lui répondit-il avec l'air de politesse qui distinguait toute sa conduite. Quelques instans après, le cocher arrêta ses chevaux et quitta son siége pour ouvrir la portière; Archibald sortit de voiture, et donna la main à Jeanie pour l'aider à en descendre. Elle se trouvait sur une grande route à la sortie de Londres, près d'une barrière, et à deux pas était une voiture attelée de quatre beaux chevaux, mais sans armoiries, et les domestiques ne portaient pas de livrée.

— Je vois que vous avez été ponctuelle, Jeanie, dit le duc pendant qu'Archibald ouvrait la portière: maintenant vous allez être ma compagne de route; Archibald attendra ici avec le fiacre jusqu'à notre retour.

Avant que Jeanie pût lui répondre, elle se trouva, à sa grande surprise, assise à côté d'un duc, dans un superbe équipage dont le mouvement, malgré la rapidité de sa course, était bien autrement doux que celui du fiacre qu'elle venait de quitter.

— Ma chère enfant, dit le duc, après avoir bien examiné toutes les circonstances de l'affaire de votre sœur, je persiste à croire que l'exécution de sa sentence pourrait être une grande injustice. J'en ai conféré avec deux ou trois des meilleurs jurisconsultes de l'Angleterre et de l'Ecosse, et ils partagent mon opinion. Ne me remerciez pas encore, écoutez-moi jusqu'au bout. Je vous ai déjà dit que ma propre conviction est de peu d'importance. Il s'agit de la faire passer dans l'esprit des autres. J'ai donc fait pour vous ce que, dans le moment actuel, je n'aurais pas fait pour moi : j'ai sollicité une audience d'une dame qui a le plus grand crédit sur l'esprit du roi, et qui mérite de l'avoir. Elle me l'a accordée, et je désire qu'elle vous voie et que vous lui parliez vous-même. Point de timidité. Il ne s'agit que de conter votre histoire comme vous me l'avez contée à moi-même.

— Je suis fort obligée à Votre Grâce, répondit Jeanie qui se souvint en ce moment des leçons de mistress Glass ; mais puisque j'ai eu le courage de parler à Votre Grâce pour la pauvre Effie, il me semble que je ne serai pas plus honteuse pour parler à une dame. Mais, monsieur, je voudrais bien savoir comment je dois l'appeler. Faut-il dire milady, Votre Honneur ou Votre Grâce ? je tâcherai de m'en souvenir; car car je sais que les dames tiennent plus à leurs titres que les messieurs.

— Vous n'avez besoin de l'appeler que madame. Dites lui ce que vous croirez le plus propre à faire impression sur elle. Seulement regardez-moi de temps en temps, et quand vous me verrez porter la main à ma cravate, comme cela, arrêtez-vous. Je ne ferai ce geste que lorsque vous direz quelque chose qui pourrait déplaire.

— Mais, monsieur, si ce n'était pas trop exiger de Votre Grâce, ne vaudrait-il pas mieux me dire d'avance ce que je dois dire ? J'ai une bonne mémoire, et je tâcherais de l'apprendre par cœur.

— Cela ne produirait pas le même effet, Jeanie ; vous auriez l'air de lire un sermon, et vous savez que nous autres bons presbytériens, nous prétendons qu'un sermon lu à moins d'onction que lorsqu'on le débite sans livre. Parlez aussi simplement et aussi facilement à cette dame que vous m'avez parlé avant-hier; et si vous pouvez l'intéresser à vous, je gage un plack, comme nous le disons en Ecosse, qu'elle obtiendra du roi la grâce de votre sœur.

Le duc, tirant alors une brochure de sa poche, se mit à lire; et Jeanie, qui avait ce tact et ce bon sens qui constituent ce qu'on pourrait appeler le savoir-vivre naturel, jugea par là que Sa Grâce désirait qu'elle ne lui fît plus de questions; elle garda le silence pendant le reste de la route.

La voiture roulait rapidement à travers des prairies fertiles, ornées de vieux chênes majestueux, et de temps en temps on apercevait le miroir des eaux d'une rivière large et paisible. Après avoir traversé un joli village, l'équipage s'arrêta sur une hauteur d'où la richesse des paysages anglais se déployait dans toute sa magnificence. Le duc descendit de voiture, et dit à Jeanie de le suivre.

Ils restèrent un moment sur la colline pour jouir de la perspective sans égale qu'elle offrait. Une vaste mer de verdure, avec des promontoires formés par des bouquets d'arbres de toute espèce, offrait à l'œil de nombreux troupeaux qui semblaient errer en liberté dans de gras pâturages. La Tamise, tantôt bordée de belles maisons de campagne, tantôt couronnée de forêts, s'avançait paisiblement comme le fleuve-roi de ces lieux, dont tous les autres charmes n'étaient qu'accessoires; sur son sein erraient des navires et des esquifs dont les blanches voiles et les pavillons flottans donnaient la vie à tout le tableau.

On pense que le duc d'Argyle connaissait ce point de vue, mais il est toujours nouveau pour un homme de génie. En s'arrêtant pour contempler ce paysage inimitable avec cet enthousiasme qu'il fait naître nécessairement dans le cœur de tout ami de la nature, il reporta naturellement ses pensées sur ses domaines d'Inverrary, plus imposans, et qui ne sont guère moins beaux peut-être. — Voilà une belle vue, dit-il à Jeanie, curieux peut-être de connaître ses sensations; nous n'avons rien de semblable en Écosse.

— Certainement, dit Jeanie, voilà de bons pâturages pour les vaches, et ils ont ici une belle race de bétail ; mais j'aime autant les roches d'Arthur's-Seat, avec la mer qui s'étend au-delà, que tous ces arbres-là.

Le duc sourit à cette réponse, qui se sentait de l'esprit national de Jeanie et de sa profession. Il donna ordre à son cocher de l'attendre en cet endroit ; et, traversant un sentier qui paraissait peu fréquenté, il conduisit Jeanie, par plusieurs détours, à une petite porte pratiquée dans un mur de brique fort élevé. Elle était fermée, mais le duc ayant frappé légèrement, un homme qui l'attendait regarda par une petite grille en fer ajustée dans la porte pour voir ceux qui s'y présentaient, et ayant reconnu le duc d'Argyle, il l'ouvrit aussitôt, et la referma soigneusement dès qu'il fut entré avec sa compagne. Tout cela se fit avec une grande promptitude, et l'homme qui avait ouvert et fermé la porte disparut si soudainement, que Jeanie eut à peine le temps de jeter un coup d'œil sur lui.

Ils se trouvaient alors au bout d'une allée longue et étroite, couverte d'un vert gazon, qui semblait sous leurs pieds un tapis de velours. De grands ormes, entrelaçant leurs rameaux, ne laissaient point pénétrer les rayons du soleil. La solennité du demi-jour qui régnait sous ces arceaux de feuillage, et les troncs de ces arbres antiques, qu'on aurait pris pour autant de colonnes, rendaient cette allée semblable à l'aile latérale d'une ancienne cathédrale gothique.

CHAPITRE XXXVII.

« .... J'embrasse vos genoux ;
» Voyez ces pleurs, ces mains qui s'élèvent vers vous !
» A Dieu seul jusqu'ici j'adressai ma prière ;
» Mais vous êtes de Dieu l'image sur la terre,
» Soyez donc, comme lui, bon et compatissant. »

Le Frère sanguinaire.

Quoique encouragée par les bontés de son noble compatriote, ce ne fut pas sans un sentiment qui approchait de la terreur que Jeanie se vit seule, dans un endroit en apparence si solitaire, avec un homme d'un rang si élevé. Qu'il lui eût été permis de voir le duc chez lui, d'en obtenir une audience particulière, c'était déjà une circonstance bien marquante dans les annales d'une vie aussi simple que la sienne; mais se trouver sa compagne de voyage dans sa propre voiture, et ensuite seule avec lui dans un lieu si retiré;... il y avait là quelque chose d'inexplicable et d'imposant. Une héroïne de roman aurait soupçonné et redouté le pouvoir de ses charmes; mais Jeanie avait trop de bon sens pour qu'une pareille idée se présentât à son esprit; elle n'en désirait pourtant pas moins ardemment savoir où elle était et à qui elle allait être présentée.

Elle remarqua que les vêtemens du duc étaient élégans et convenables à son rang, car il n'était pas encore d'usage que les hommes de qualité s'habillassent comme leurs cochers et leurs valets de chambre, mais cependant ils étaient plus simples que ceux qu'elle lui avait vus dans son hôtel, et il n'avait aucune des décorations qu'elle avait remarquées sur ses habits, lors de sa première entrevue avec lui. En un mot, il était mis aussi modestement que pouvait l'être à Londres, le matin, un homme de bon ton. Cette circonstance contribua à bannir de l'esprit de Jeanie l'idée qu'elle commençait à avoir que le duc avait peut-être dessein de lui faire plaider sa cause devant la reine elle-même. Car certainement, pensa-t-elle, il aurait mis sa *belle étoile* et sa *jarretière*, s'il avait l'intention de paraître en présence de Sa Majesté; et, après tout, ce jardin ressemble plutôt au château d'un seigneur qu'au palais d'un roi.

Ce raisonnement n'était pas dénué de bon sens, mais Jeanie ne connaissait pas assez l'étiquette ni les relations qui existaient entre le duc d'Argyle et le gouvernement, pour pouvoir apprécier les motifs de sa conduite. Le duc, comme nous l'avons déjà dit, était alors en opposition ouverte avec l'administration de sir Robert Walpole, et passait pour être en disgrâce auprès de la famille royale, malgré les services importans qu'il lui avait rendus. Mais une maxime politique de la reine était de se comporter à l'égard de ses amis avec la même précaution que s'ils pouvaient être un jour ses ennemis, et d'agir avec ceux qui s'opposaient à son gouvernement avec la même circonspection que s'ils pouvaient en devenir les plus fermes soutiens. Depuis Marguerite d'Anjou, aucune reine n'avait eu autant d'influence que Caroline sur les affaires politiques en Angleterre; et l'adresse dont elle avait fait preuve en bien des occasions avait puissamment contribué à convertir plusieurs de ces Torys déterminés qui, après la mort de la reine Anne, dernière reine du sang des Stuarts, avaient conservé des dispositions favorables à son frère le chevalier de Saint-Georges, et ne reconnaissaient pas au fond du cœur les droits de la maison de Hanovre. Son époux, dont la plus brillante qualité était son courage sur le champ de bataille, et qui remplissait la place de roi d'Angleterre sans avoir jamais pu acquérir les habitudes, ni se familiariser avec les usages de la nation, trouvait le plus puissant secours dans l'adresse de sa royale compagne; et tandis qu'il affectait, par jalousie, de ne consulter que sa propre volonté et de n'agir que d'après son bon plaisir, il avait en secret assez de prudence pour prendre et pour suivre les avis de la reine plus adroite. Il lui laissait le soin important de déterminer les divers degrés de faveur qui pouvaient être nécessaires pour s'attacher les esprits encore vacillans; confirmer dans leurs bonnes dispositions ceux sur lesquels il pouvait compter, et enfin pour gagner ceux qui n'étaient pas favorablement disposés.

A toutes les qualités séduisantes d'une femme accomplie, pour le temps où elle vivait, la reine Caroline joignait la fermeté d'âme de l'autre sexe. Elle était naturellement fière, et sa politique était quelquefois insuffisante pour modérer l'expression de son déplaisir; quoique personne ne fût plus habile à réparer une fausse démarche de cette nature dès que la réflexion succédait au premier mouvement de vivacité. Elle aimait à jouir de la réalité du pouvoir, et s'inquiétait peu d'en avoir l'apparence. Quelque sage mesure qu'elle fît prendre, quelque acte propre à acquérir de la popularité qu'elle conseillât, elle voulait toujours que le roi en eût tout l'honneur, convaincue que, plus il serait respecté, plus elle aurait droit de l'être elle-même. Elle désirait tellement se conformer à tous ses goûts, qu'ayant été attaquée de la goutte, elle eut plusieurs fois recours à des bains froids pour en calmer l'accès, au risque de sa vie, afin de pouvoir accompagner le roi comme à l'ordinaire dans ses promenades.

Il était dans le caractère de la reine Caroline de conserver des relations secrètes avec ceux à qui elle paraissait en public avoir retiré ses bonnes grâces, ou qui, par différentes raisons, n'étaient pas bien avec la cour. Par ce moyen, elle tenait en main le fil de plus d'une intrigue politique, et elle empêchait souvent le mécontentement de se changer en haine, et l'opposition de devenir rébellion. Si quelque accident faisait remarquer ou découvrir cette correspondance secrète, ce qu'elle tâchait avec soin de prévenir, elle en parlait comme d'une liaison de société qui n'avait aucun rapport à la politique; et le premier ministre, sir Robert Walpole, fut obligé de se contenter de cette réponse, quand il découvrit que la reine avait accordé une audience particulière à Pultenay, depuis comte de Bath, son ennemi le plus redoutable et le plus invétéré.

D'après ce soin de la reine Caroline d'entretenir quelques liaisons avec des personnes qui ne passaient pas pour être favorables au système du gouvernement, on doit supposer qu'elle s'était bien gardée de rompre entièrement avec le duc d'Argyle. Sa haute naissance, ses talens distingués, le crédit dont il jouissait dans toute l'Ecosse, les grands services qu'il avait rendus à la maison de Brunswick en 1715, le plaçaient au premier rang des personnages qu'il aurait été imprudent de mécontenter tout-à-fait. Lui seul, par son influence, était venu à bout d'arrêter la rébellion des Highlanders que leurs Chefs avaient appelés aux armes pour les Stuarts, et il n'y avait nul doute qu'il ne pût, d'un seul mot, les soulever encore et renouveler la guerre civile. On savait d'ailleurs que la cour de Saint-Germain avait fait faire au duc les propositions les plus séduisantes. On connaissait peu le caractère et les dispositions des Ecossais; on regardait ce pays comme un volcan dont les feux mal éteints pouvaient se ranimer tout-à-coup et produire une éruption épouvantable. Il était donc de la plus haute importance de conserver toujours quelques relations avec un homme tel que le duc d'Argyle, et Caroline s'en était ménagé par le moyen d'une dame avec laquelle on aurait pu supposer que l'épouse de Georges II avait des liaisons moins intimes.

Ce n'était pas la moindre preuve d'adresse qu'avait donnée la reine, que d'avoir conservé parmi les principales dames de sa suite lady Suffolk, qui réunissait les deux caractères, en apparence si opposés, de maîtresse du roi et de confidente soumise et complaisante de la reine. Par cette adroite manœuvre, Caroline garantissait son pouvoir du danger qu'elle avait le plus à craindre, l'influence d'une rivale ambitieuse. Si elle se soumettait à la nécessité de fermer les yeux sur l'infidélité de son époux, elle était du moins en garde contre ce qui pouvait, à ses yeux, en être le plus fâcheux résultat, et trouvait d'ailleurs l'occasion de lâcher de temps en temps quelques petits sarcasmes contre — sa bonne Howard [1] — qu'elle traitait cependant en général avec les égards convenables. Lady Suffolk avait des obligations au duc d'Argyle. On en peut voir les causes dans les souvenirs [2] qu'Horace Walpole nous a laissés de ce règne. Le duc avait, par son entremise, quelques entrevues particulières avec la reine. Elles avaient cessé depuis la part qu'il avait prise à la discussion qui avait eu lieu dans le parlement sur l'affaire de Porteous, la reine étant disposée à regarder l'émeute qui avait eu lieu à Edimbourg comme une insulte préméditée faite à son autorité, plutôt que comme une effervescence soudaine de vengeance populaire. Cependant les moyens de communication restaient ouverts entre eux, quoiqu'on n'en eût pas fait usage depuis ce temps. Ces remarques sont nécessaires pour faire comprendre comment s'était préparée la scène que nous allons présenter au lecteur.

Quittant l'allée droite qu'ils avaient traversée, le duc en prit une plus large et non moins longue. Là, pour la pre-

---

(1) Henriette Howard (lady Suffolk) avait épousé M. Howard, à qui la mort de ses frères aînés procura plus tard le titre de comte de Suffolk.

(2) Les souvenirs d'Horace Walpole portent le titre de *Reminiscences of the reigns of George I et II*. Cet ouvrage est un recueil d'anecdotes de cour.

mière fois depuis qu'ils étaient dans le jardin, Jeanie aperçut deux personnes qui s'avançaient vers eux.

C'étaient deux dames. L'une marchait à quelques pas derrière l'autre, assez près d'elle cependant pour pouvoir l'entendre et lui répondre. Comme elles s'approchaient lentement, Jeanie eut le temps d'étudier leur physionomie. Le duc d'ailleurs ralentit aussi le pas, comme pour lui donner le loisir de se remettre de son trouble, et lui répéta plusieurs fois de ne pas être intimidée. La dame qui marchait la première avait des traits assez agréables, quoiqu'un peu marqués de la petite vérole, ce fléau pestilentiel que chaque Esculape de village peut maintenant (grâce à Jenner) dompter aussi facilement que son dieu tutélaire terrassa le serpent Python. Ses yeux étaient brillans, elle avait de belles dents, et pouvait prendre à volonté un air aimable ou majestueux. Quoique chargée d'un peu d'embonpoint, sa taille avait de la grâce, et sa démarche ferme et pleine d'aisance n'aurait pas permis de soupçonner qu'elle souffrait en ce moment du mal le plus funeste pour l'exercice à pied. Ses vêtemens étaient plus riches qu'élégans, et ses manières nobles et imposantes.

Sa compagne, d'une taille moins grande, avait les cheveux d'un châtain clair, et des yeux bleus pleins d'expression. Ses traits, sans être absolument réguliers, étaient plus agréables que s'ils avaient été d'une beauté au-dessus de toute critique; un air mélancolique, ou du moins pensif, auquel sa situation ne lui donnait que trop de raison pour se livrer, dominait en elle quand elle gardait le silence, mais faisait place au sourire le plus agréable dès qu'elle parlait.

Quand le duc fut à douze ou quinze pas de ces dames, il fit signe à Jeanie de s'arrêter, et s'avançant vers elles avec la grâce qui lui était naturelle, il fit un salut respectueux à la première, qui le lui rendit d'un air de dignité.

— J'espère, dit-elle avec un sourire affable, que je vois le duc d'Argyle en aussi bonne santé que ses amis, ici et ailleurs, peuvent le souhaiter, quoiqu'il ait été bien étranger à la cour depuis quelque temps?

Le duc répondit qu'il s'était fort bien porté, mais que la

nécessité d'assister aux séances de la chambre des lords, et un voyage qu'il avait fait depuis en Écosse, l'avaient forcé d'être moins assidu qu'il l'aurait désiré aux levers et aux drawing-rooms [1].

— Quand Votre Grâce pourra trouver quelques instans pour des devoirs si frivoles, reprit la reine, vous savez les titres que vous avez pour être bien reçu. J'espère que la promptitude avec laquelle je me suis rendue aux désirs que vous avez exprimés hier à lady Suffolk sera pour vous une preuve suffisante qu'il existe au moins une personne de la famille royale qui n'a pas oublié d'anciens et importans services pour s'offenser de ce qui pourrait paraître un peu de négligence.

Tout cela fut dit d'un air de bonne humeur et d'un ton qui annonçait le désir de la conciliation.

Le duc répondit qu'il se regarderait comme le plus malheureux des hommes, si on le supposait capable de négliger ses devoirs dans des circonstances où il pourrait penser qu'ils fussent agréables; que l'honneur que Sa Majesté daignait lui accorder en ce moment le pénétrait de reconnaissance, et qu'il espérait qu'elle reconnaîtrait qu'il ne s'était permis de l'interrompre que pour un objet qui pouvait avoir quelque importance pour les intérêts de Sa Majesté.

— Vous ne pouvez m'obliger davantage, duc, répliqua la reine, qu'en m'accordant le secours de vos lumières et de votre expérience pour tout ce qui concerne le service du roi. Votre Grâce n'ignore pas que je ne suis que le canal par lequel l'affaire peut être soumise à la sagesse supérieure de Sa Majesté; mais, si elle vous concerne personnellement, j'ose croire qu'elle ne perdra rien à lui être présentée par moi.

— Je sens toute la force des obligations que j'ai à Votre Majesté, dit le duc. Il ne s'agit pourtant pas d'une affaire qui me soit personnelle, mais d'un objet qui intéresse le roi comme ami de la justice et de la clémence. C'est une occa-

---

[1] Les *levers* sont des assemblées d'étiquette où l'on va faire sa cour au roi. Le *drawing-room* (salon) est ce que nous appelons en France le cercle chez le roi. — Éd.

sion qui peut servir à calmer la malheureuse irritation qui existe en ce moment parmi les fidèles sujets d'Écosse.

Il se trouvait dans ce peu de mots deux choses qui déplurent à la reine. La première, c'est qu'elle écartait l'idée flatteuse quelle avait conçue que le duc d'Argyle désirait employer son entremise pour faire sa paix avec le gouvernement, et obtenir sa réintégration dans les emplois dont il avait été privé; la seconde, c'est qu'elle était mécontente de l'entendre parler du soulèvement d'Édimbourg comme d'une irritation qu'il fallait calmer, tandis qu'elle le considérait comme une révolte qu'il convenait de punir.

D'après le sentiment qui l'agitait en ce moment, elle répondit avec assez de vivacité : — Si le roi a de bons sujets en Angleterre, milord, il doit en rendre grâce à Dieu et aux lois; mais, s'il a des sujets en Écosse, je crois qu'il n'en est redevable qu'à Dieu et à son épée.

Le duc, tout courtisan qu'il était, sentit le sang écossais lui monter au visage. La reine vit qu'elle avait été trop loin, et sans changer de ton ni de physionomie, elle ajouta, comme si c'eût été la suite de la même phrase : — Et à l'épée des vrais Écossais, amis de la maison de Brunswick, surtout à celle de Sa Grâce le duc d'Argyle.

— Mon épée, comme celle de mes pères, madame, a toujours été aux ordres de mon roi légitime et de ma patrie. Je crois qu'il est impossible de séparer leurs droits et leurs intérêts véritables. Mais il ne s'agit en ce moment que d'une affaire particulière, d'une affaire qui concerne un individu obscur.

— Quelle est cette affaire, milord? sachons d'abord de quoi nous parlons, afin qu'il ne puisse y avoir de malentendu entre nous.

— Il s'agit, madame, de la vie d'une malheureuse jeune Écossaise, condamnée à mort pour un crime dont tout me porte à croire qu'elle est innocente. Mon humble demande consiste à supplier Votre Majesté d'employer sa puissante intercession auprès du roi pour obtenir son pardon.

Ce fut alors la reine qui rougit à son tour. Son front, ses joues, son cou, son sein, devinrent pourpres. Elle garda le silence un instant, comme si elle se fût méfiée d'un premier mouvement de colère ; prenant enfin un air sévère de dignité : — Milord, lui dit-elle, je ne vous demanderai pas quels sont vos motifs pour m'adresser une requête que les circonstances rendent si extraordinaire. Le chemin du cabinet du roi vous est ouvert ; comme pair du royaume et comme conseiller privé, vous avez le droit de lui demander une audience. Mon intervention n'est aucunement nécessaire ici, je n'ai que trop entendu parler de pardons accordés en Écosse.

Le duc s'attendait à ce premier débordement d'indignation, et il se contenta de garder un silence respectueux. La reine, habituée à se commander à elle-même, reconnut à l'instant qu'en s'abandonnant à la colère elle courait risque de laisser prendre avantage sur elle. Reprenant donc aussitôt le ton d'affabilité qui avait marqué le commencement de son entretien, elle ajouta : — Vous devez me permettre, milord, d'user des priviléges de mon sexe, et vous ne me jugerez pas sans indulgence, quoique vous me voyiez un peu émue au souvenir de l'insulte que l'autorité royale a reçue dans votre ville, à l'époque où ma personne en était momentanément revêtue. Votre Grâce ne peut s'étonner que j'y aie été sensible alors, et que je m'en souvienne encore aujourd'hui.

— Il est très certain que cette faute ne peut s'oublier sur-le-champ : mes pensées à ce sujet ont été les mêmes que celles de Votre Majesté, et je dois m'être bien mal exprimé, si je n'ai pas fait voir toute l'horreur que m'inspirait un meurtre commis avec des circonstances si extraordinaires. J'ai pu être assez malheureux pour différer d'opinion avec les conseillers de Votre Majesté, touchant la question de savoir s'il était juste ou politique de faire partager à l'innocent le châtiment dû au coupable ; mais j'espère que Votre Majesté me permettra de garder le silence sur une discussion dans laquelle je n'ai pas le bonheur d'être du même avis que des hommes sans doute mieux instruits que moi.

— Oui, dit la reine, ne parlons plus d'une question sur laquelle nous ne pouvons être d'accord ; mais un mot à l'oreille. Vous savez que notre bonne lady Suffolk est un peu sourde. Quand le duc d'Argyle sera disposé à renouer ses relations avec son maître et sa maîtresse, il se trouvera peu de sujets sur lesquels nous ne soyons du même avis.

—D'après une assurance si flatteuse, dit le duc en la saluant profondément, permettez-moi d'espérer que celui dont je vous parle ne sera pas un de ceux sur lesquels nous ne puissions être d'accord.

—Avant de vous donner l'absolution, dit la reine en souriant, il faut que j'entende votre confession. Quel intérêt prenez-vous à cette jeune femme? ajouta-t-elle en toisant Jeanie d'un air de connaisseuse, elle ne me semble pas faite pour exciter la jalousie de mon amie la duchesse.

— J'espère, répliqua le duc en souriant à son tour, que Votre Majesté m'accorde assez de goût pour que je sois à l'abri de tout soupçon à cet égard.

—Alors, quoiqu'elle n'ait pas l'air *d'une grande dame*, il faut que ce soit quelque cousine au trentième degré dans le terrible chapitre des généalogies écossaises [1].

—Non madame; mais je désirerais que tous mes parens eussent son bon cœur, son honnêteté, toutes ses qualités estimables.

—Tout au moins elle s'appelle Campbell?

—Non, madame, son nom n'est pas tout-à-fait si distingué, s'il m'est permis de parler ainsi.

— Mais elle vient d'Inverrary, ou du comté d'Argyle?

—Non, madame, elle n'avait de sa vie été plus loin qu'Édimbourg.

—Alors je suis au bout de mes conjectures, milord, et il faut que vous preniez la peine de m'apprendre quelle est l'affaire de votre protégée.

Le duc expliqua alors à la reine les dispositions singulières de la loi qui avait motivé la condamnation d'Effie, avec cette aisance et cette précision que l'usage du grand monde peut seul donner, et dont le ton est diamétralement contraire à celui des discours des avocats: il lui parla du long et pénible voyage que Jeanie avait entrepris dans l'espoir incertain

---

(1) Cette passion généalogique des Écossais, et surtout des Highlanders, a souvent fourni des allusions à l'auteur des *Contes de mon Hôte*. — Éd.

d'obtenir la grâce d'une sœur pour laquelle elle était prête à tout sacrifier, excepté sa conscience et la vérité.

La reine Caroline aimait assez à discuter; elle écouta le duc avec beaucoup d'attention, et trouva dans ce qu'il venait de lui dire des motifs pour opposer des difficultés à sa demande.

—Cette loi, milord, me paraît, comme à vous, bien sévère, mais elle existe; je dois croire qu'elle a été adoptée d'après de mûres considérations; les présomptions qui, d'après ses termes, établissent la conviction se trouvent dans le cas de cette fille; elle a donc été justement condamnée. La possibilité qu'elle soit innocente serait peut-être un motif pour demander au parlement le rapport de cette loi, mais ce n'en est pas un pour accorder la grâce d'un individu qu'elle a condamné.

Le duc vit qu'en répondant à ce raisonnement il ne ferait qu'engager la reine à répliquer. Il craignit que la discussion ne fît que l'affermir dans son opinion, et que, pour paraître d'accord avec ses principes, elle ne lui refusât la grâce qu'il sollicitait. Il évita ce piége par un détour adroit.

—Si Votre Majesté, lui dit-il, était assez bonne pour vouloir entendre ma pauvre compatriote, vous trouveriez peut-être dans votre propre cœur un avocat plus capable que moi de dissiper les doutes que vous suggère votre excellent jugement.

La reine parut y consentir, et le duc fit signe à Jeanie d'avancer. Elle était restée à l'endroit où le duc lui avait dit de s'arrêter; elle était trop éloignée pour entendre leur conversation: le mot de Majesté avait seul frappé ses oreilles, et lui avait appris que c'était réellement la reine qui était devant ses yeux. Elle avait cherché à lire le sort de sa sœur sur la physionomie des deux interlocuteurs; mais leurs traits étaient depuis trop long-temps habitués à supprimer tout signe extérieur d'émotion, pour qu'elle pût y rien apercevoir.

Sa Majesté ne put s'empêcher de sourire en voyant avec quel air de terreur respectueuse la petite Écossaise s'avança vers elle, et en entendant son accent écossais fortement prononcé. Mais Jeanie avait un son de voix si insinuant et si doux, que la reine fut émue involontairement quand, se jetant à ses pieds, elle la supplia en pleurant de prendre pitié d'une jeune fille plus malheureuse que coupable.

— Relevez-vous, jeune fille, lui dit la reine avec douceur. Mais quelle est donc la barbarie de votre pays, puisqu'on a été obligé d'y porter une loi aussi rigoureuse que celle qui a motivé la condamnation de votre sœur?

L'esprit national passe avant tout dans un cœur écossais.
—Madame, répondit Jeanie, l'Écosse n'est pas le seul pays où il se trouve des mères cruelles envers leur propre sang.

Il faut observer que les querelles qui existèrent entre Georges II et son fils Frédéric, prince de Galles, étaient alors au plus haut point d'irritation, et que la voix du public en accusait la reine. Elle rougit encore une fois, et jeta un regard pénétrant d'abord sur Jeanie, et ensuite sur le duc. Tous deux le soutinrent imperturbablement, la première, parce qu'elle ne se doutait pas qu'elle eût offensé la reine, le second, parce qu'un courtisan est toujours maître de l'expression de ses traits.—Ma pauvre protégée, pensa-t-il pourtant, grâce à la malheureuse réponse que l'amour du pays lui a suggérée, a brisé le fil auquel était attachée sa dernière espérance.

Lady Suffolk intervint avec adresse et bonté dans ce moment de crise. — Cette dame vous demande, dit-elle à Jeanie, quelles sont les causes qui rendent si commun en Écosse le crime pour lequel votre sœur a été condamnée.

—Il y en a qui pensent que c'est la session de l'Eglise,—c'est-à-dire—c'est le cutty-stool, avec votre permission, dit Jeanie en baissant les yeux, et en faisant la révérence.

— Comment avez-vous dit? demanda lady Suffolk; elle avait l'oreille un peu dure, et Jeanie s'était servie d'une expression écossaise nouvelle pour elle.

— Madame, avec votre permission, répondit Jeanie, c'est la sellette de repentance [1] sur laquelle on fait asseoir celles qui ont été légères dans leurs conversations et leur conduite, et celles qui ont violé le septième commande-

---

(1) La sellette de fornication.

ment. — Ici, ayant levé les yeux sur le duc, elle le vit porter la main à sa cravate, et, sans concevoir en quoi elle avait pu parler mal à propos, elle s'arrêta tout court, et donna par son silence même une nouvelle force à ce qu'elle venait de dire.

Lady Suffolk se retira comme un corps de troupes qui, s'étant avancé pour couvrir une retraite, est forcé par le feu d'une artillerie formidable de quitter le champ de bataille.

— Au diable! pensa le duc d'Argyle : elle tire au hasard, à droite comme à gauche, et tout coup porte.

Le duc lui-même éprouvait une sorte de confusion. Ayant agi comme maître de cérémonies de l'ingénue et innocente Jeanie, il était dans le même embarras qu'un gentilhomme campagnard qui, ayant fait entrer son épagneul dans un salon, l'y voit briser les porcelaines, salir les fauteuils, et déchirer les robes des dames par ses accès de gaieté. Cependant le dernier trait que Jeanie venait de décocher sans s'en douter contre lady Suffolk fit oublier à la reine la blessure que le premier lui avait faite. Tout en songeant qu'elle était reine, elle ne pouvait oublier qu'elle était femme, et un bon mot aux dépens de sa bonne Suffolk ne lui déplaisait jamais. Elle se tourna vers le duc d'Argyle, en souriant d'un air de satisfaction. — Il paraît, lui dit-elle, que vos compatriotes ont des principes de morale sévères. S'adressant ensuite à Jeanie, elle lui demanda comment elle était venue d'Écosse.

— A pied, pour la plupart du temps, madame.

— Quoi! vous avez fait à pied cette longue route? combien de chemin pouvez-vous faire par jour?

— Vingt-cinq milles et un *bittock*[1], madame.

— Une quoi? dit la reine en regardant le duc d'Argyle.

— Et environ cinq milles de plus, répondit le duc; c'est une expression du pays.

— Je croyais être bonne marcheuse, dit la reine, mais voilà qui me fait honte.

(1) Un petit bout de plus. — Éd.

— Puissiez-vous, madame, dit Jeanie, n'avoir jamais le cœur assez déchiré pour vous empêcher de sentir la fatigue de vos jambes!

— Cela vaut mieux, pensa le duc, voilà la première chose qu'elle ait dite à propos.

— Mais je n'ai pas fait toute la route à pied, continua Jeanie, j'ai quelquefois trouvé une place dans un chariot; j'ai eu la rencontre d'un cheval à Ferry-Bridge... Elle coupa court à son histoire, en voyant le duc faire le signal convenu.

— Malgré tout cela, reprit la reine, vous avez dû faire un voyage bien fatigant, et probablement bien inutile, car si le roi accordait la grâce de votre sœur, quel bien en retirerait-elle? je suppose que le peuple d'Edimbourg la pendrait par dépit.

— C'est maintenant qu'elle va se noyer tout-à-fait, pensa le duc.

— Il se trompait. Les écueils sur lesquels Jeanie avait touché étaient cachés sous l'eau, mais celui-ci était visible, et elle sut l'éviter.

— Je suis bien sûre, répondit-elle, que toute la ville et tout le pays se réjouiraient de voir Sa Majesté prendre pitié d'une pauvre malheureuse créature.

— Sans doute, dit la reine d'un ton d'ironie, Sa Majesté en a eu une excellente preuve tout récemment : mais je suppose que milord lui conseillerait de prendre l'avis de la populace d'Édimbourg pour savoir quels sont ceux qui méritent d'éprouver sa clémence.

— Non, madame, répondit le duc, je conseillerais à Sa Majesté de ne consulter que son cœur et celui de sa respectable épouse, et je suis sûr qu'elle ne ferait jamais tomber le châtiment que sur le coupable, encore serait-ce avec regret.

— Fort bien, milord, mais tous ces beaux discours ne peuvent me convaincre qu'il soit convenable de donner si promptement une marque de faveur à une ville, je ne veux pas dire rebelle, mais intraitable et mal intentionnée. Quoi! toute la nation semble liguée pour sauver les abominables assassins d'un homme à qui le roi avait accordé un sursis ! Parmi tant de complices d'un crime si atroce, si public, comment se fait-il que pas un n'ait été reconnu, livré à la justice? Répondez-moi, jeune fille, aviez-vous quelque ami, quelque parent parmi les factieux qui ont assassiné Porteous?

— Non, madame, répondit Jeanie, se trouvant bien heureuse que cette question lui fût faite dans des termes qui lui permettaient d'y répondre négativement sans blesser la vérité.

— Mais si vous en connaissiez quelqu'un, ne vous feriez-vous pas un cas de conscience de lui garder le secret ?

— Je prierais le ciel, madame, de m'indiquer la marche que je devrais suivre.

— Et vous suivriez celle qui conviendrait à votre inclination.

— Madame, dit Jeanie, j'aurais été au bout du monde pour sauver la vie de Porteous et de toute autre personne qui se serait trouvée à sa place ; mais il est mort, et c'est à ses meurtriers de répondre de leur conduite. Mais ma sœur, madame ! ma pauvre sœur Effie, elle vit encore, quoique ses jours soient comptés ! Elle vit encore, et un seul mot de la bouche du roi peut la rendre à un vieillard désolé, qui, dans ses prières le matin et le soir, n'a jamais oublié de supplier le ciel d'accorder à Sa Majesté un règne long et prospère, et d'établir sur la justice son trône et celui de sa postérité. O madame ! si vous pouvez concevoir ce que c'est que de souffrir pour une pauvre créature qui n'est en ce moment ni morte ni vivante, ayez compassion de notre malheur ! Sauvez du déshonneur une honnête famille ! Sauvez une malheureuse fille qui n'a pas encore dix-huit ans, d'une mort ignominieuse et prématurée ! Quand vient l'heure de la mort, milady, elle vient pour les grands comme pour les petits, et puisse-t-elle venir bien tard pour vous ! Ce n'est pas ce que nous avons fait pour nous, mais bien ce que nous avons fait pour les autres qui peut nous donner de la consolation ; et, à cette heure, n'importe quand elle arrivera, vous aurez plus de plaisir à songer que vous avez sauvé la vie d'une pauvre fille, que si vous faisiez pendre tout l'attroupement de Porteous.

Les pleurs coulaient sur les joues de Jeanie, animée des plus vives couleurs, tandis qu'elle plaidait ainsi la cause d'Effie du ton le plus simple et le plus touchant.

—Voilà de l'éloquence, dit Sa Majesté au duc d'Argyle. Jeune fille, dit-elle en s'adressant à Jeanie, je n'ai pas le droit d'accorder la grâce de votre sœur, mais je vous promets d'intercéder, d'intercéder vivement pour elle auprès du roi. Prenez ce petit nécessaire, ajouta-t-elle en lui donnant un portefeuille en satin brodé. Ne l'ouvrez pas à présent, vous y trouverez quelque chose qui vous fera souvenir que vous avez eu une entrevue avec la reine Caroline.

Jeanie se jeta à ses pieds, et aurait répété les expressions de sa reconnaissance, si le duc, qui était sur les épines de crainte qu'elle ne dît trop ou trop peu, n'eût encore une fois touché sa cravate.

—Je crois, milord, dit la reine, que notre affaire est terminée quant à présent, et j'espère qu'elle l'est à votre satisfaction. Je me flatte qu'à l'avenir je verrai plus fréquemment Votre Grâce, soit à Richemont, soit au palais de Saint-James. Allons, lady Suffolk, retournons au château. Adieu, milord.

Le duc d'Argyle fit une profonde révérence, et dès que la reine se fut retirée, il reprit l'allée qui conduisait hors du parc, précédant Jeanie, qui le suivait avec les sensations de celui qui marche en dormant.

CHAPITRE XXXVIII.

« Si du roi je parviens à fléchir le courroux,
» Chacun saura bientôt que j'ai parlé pour vous. »

Cymbeline.

Le duc d'Argyle et son humble compagne arrivèrent bientôt à la petite porte par laquelle ils étaient entrés dans le parc de Richemont, qui fut si long-temps la résidence favorite de la reine Caroline. Le même portier, presque invisible, la leur ouvrit, et ils se trouvèrent hors de l'enceinte de cette maison royale. Pas un mot n'avait été prononcé jusque là de part ni d'autre. Le duc voulait probablement donner à sa protégée villageoise le temps de rappeler ses sens encore troublés, après s'être trouvée en présence d'une reine, et l'esprit de Jeanie était trop occupé de ce qu'elle avait vu et entendu, pour songer à faire aucune question.

Ils trouvèrent l'équipage du duc dans l'endroit où ils l'avaient laissé, et y étant remontés, ils reprirent avec rapidité le chemin de la ville.

— Je pense, Jeanie, dit le duc, rompant enfin le silence, que vous avez lieu de vous féliciter du résultat de votre entrevue avec la reine.

— Et c'était bien véritablement la reine! dit Jeanie. J'ai peine à me le persuader; et cependant je m'en étais doutée quand j'ai vu que vous ne remettiez pas votre chapeau sur votre tête.

— C'était bien la reine Caroline, répondit le duc; mais n'êtes-vous pas curieuse de voir ce qu'il y a dans le portefeuille qu'elle vous a donné?

— Croyez-vous que j'y trouve la grâce de ma sœur? demanda vivement Jeanie.

— Oh! non! dit le duc, cela n'est pas vraisemblable. On ne porte pas ainsi des *grâces* en poche, sans savoir si l'on vous en demandera. D'ailleurs, elle vous a dit que le roi seul avait le droit de faire grâce.

— Cela est vrai, dit Jeanie, j'ai l'esprit si troublé... mais ne regardez-vous pas la grâce de ma sœur comme certaine?

— Vous savez que nous disons en Ecosse: Les rois sont des chevaux qu'il n'est pas facile de ferrer des pieds de derrière; mais la reine sait comment elle doit s'y prendre, et je n'ai pas le moindre doute que la grâce ne soit accordée.

— Que Dieu soit loué! Que son nom soit béni! s'écria Jeanie, et puisse la bonne dame jouir toute sa vie du bonheur qu'elle me fait goûter en ce moment! Que le ciel vous récompense aussi, milord; car, sans votre secours, comment aurais-je pu approcher d'elle?

Elle continua quelque temps à lui parler de cette manière, tenant en main le portefeuille sans l'ouvrir. Le duc ne l'interrompit point ; il voulait voir si le sentiment de la reconnaissance l'emporterait long-temps sur la curiosité. Mais Jeanie, sachant que le pardon de sa sœur ne s'y trouvait point, n'était nullement pressée, et le duc, peut-être plus curieux qu'elle ne l'était elle-même, fut obligé de lui en parler une seconde fois. Elle l'ouvrit alors, et outre l'assortiment ordinaire de ciseaux, d'aiguilles, etc., elle y trouva un billet de banque de cinquante livres sterling.

—Qu'est-ce que ce morceau de papier ? demanda Jeanie.

Le duc lui en ayant expliqué la valeur, elle lui témoigna son regret de la méprise que la reine avait faite, et voulut remettre au duc le billet, pour qu'il trouvât le moyen de le lui rendre.

—Non, non, dit le duc, il n'y a point ici de méprise. La reine sait que votre voyage a dû vous occasioner des frais, et elle a voulu vous en indemniser.

— Elle est cent fois trop bonne, dit Jeanie, le portefeuille était lui seul un assez beau présent. Voyez donc le nom de la reine CAROLINE, brodé par-dessus, peut-être de sa propre main, et surmonté d'une couronne ! Au surplus, je suis bien aise de pouvoir rendre, plus tôt que plus tard, l'argent que m'a prêté le laird de Dumbiedikes.

—Dumbiedikes ! dit le duc, qui connaissait parfaitement Edimbourg et tous ses environs. N'est-ce pas un franc-tenancier qui demeure à peu de distance du château de Dalkeith, et qui porte une perruque avec un chapeau galonné ?

— Oui, monsieur, répondit Jeanie, qui avait ses raisons pour être laconique sur cet objet.

— Je l'ai vu deux ou trois fois, le brave homme. Il n'est point bavard. Est-ce un de vos cousins, Jeanie ?

— Non, monsieur.

— C'est donc un amoureux ?

— Monsieur...

—Eh bien ?

—Oui, milord, répondit Jeanie en hésitant et en rougissant.

Si le laird se présente, je crains que mon ami Butler ne coure quelques risques.

— Oh! non! monsieur, répondit Jeanie avec vivacité, en rougissant encore davantage.

— Fort bien, Jeanie, dit le duc; je vois que vous êtes une fille à qui l'on peut confier le soin de ses affaires, et je ne vous ferai pas d'autres questions. Mais, pour en revenir à la grâce de votre sœur, je veillerai à ce qu'elle soit promptement expédiée et revêtue de toutes les formalités nécessaires. J'ai un ami dans le cabinet qui me rendra ce service, en considération de notre ancienne connaissance; et comme j'ai besoin d'envoyer en Écosse un exprès qui voyagera plus vite que vous ne pourriez le faire, j'aurai soin de la faire parvenir aux magistrats. En attendant, vous pouvez écrire par la poste à vos amis pour leur faire part du succès que vous avez obtenu.

— Votre Honneur pense-t-il que je ne ferais pas mieux de prendre mes jambes à mon cou et de me mettre en chemin?

— Non, certainement; vous savez que les routes ne sont pas sûres pour une femme qui voyage seule.

Jeanie reconnut intérieurement la vérité de cette observation.

— D'ailleurs, continua le duc, j'ai un autre projet pour vous. D'ici à quelques jours, la duchesse doit envoyer à Inverrary une femme pour prendre soin de la laiterie; je dois aussi y envoyer votre connaissance Archibald, pour y conduire une calèche et quatre chevaux que je viens d'acheter. Il y aura place pour vous dans la voiture; il vous mènera jusqu'à Glasgow, et de là prendra les moyens de vous faire arriver sûrement à votre domicile. Chemin faisant, vous donnerez à votre compagne de voyage quelques instructions sur la manière de gouverner une laiterie et de faire le fromage, car je suis sûr que vous y excellez.

— Est-ce que Votre Grâce aime ce fromage? demanda Jeanie avec un air de secrète satisfaction.

— Si je l'aime! répondit le duc, qui prévoyait ce qui allait suivre : du fromage et du pain cuit sous la cendre font un dîner digne d'un d'empereur.

—Ce n'est pas pour me vanter, dit Jeanie d'un air modeste, et cependant contente d'elle-même, mais bien des gens trouvent que les fromages que je fais sont aussi bons que le véritable Dunlop, et si la Grâce de Votre Honneur voulait en accepter un ou deux, j'en serais bien heureuse et bien fière. Mais peut-être préférez-vous les fromages de lait de chèvre de Buckolmside. Je ne puis dire que je les fasse aussi bien, mais j'ai ma cousine Jeane qui demeure à Lockermagus à qui je puis en parler, et...

— Non, non! dit le duc; le fromage de Dunlop est celui que j'aime de prédilection; et vous me ferez le plus grand plaisir de m'en envoyer un à Roseneath quand j'y serai. Je vous en informerai. Mais ayez soin qu'il vous fasse honneur, Jeanie; je vous préviens que je suis connaisseur.

—Je ne crains rien, dit Jeanie d'un air de confiance. Mais je sais d'ailleurs que Votre Honneur a trop de bonté pour trouver à redire à ce qu'on aurait mis tous ses soins à faire; et certainement ce n'est pas ce qui manquera de ma part.

Ce discours amena un sujet de conversation sur lequel nos deux voyageurs, quoique si différens par le rang et l'éducation, trouvèrent beaucoup de choses à dire. Le duc, outre ses autres qualités patriotiques, avait des connaissances en agriculture, et s'en faisait honneur. Il fit des observations sur les différentes races de bestiaux d'Ecosse, et vit que la jeune fille était en état de lui apprendre encore bien des choses sur cette matière, tant il est vrai que la pratique est toujours au-dessus de la théorie : il en fut si satisfait, qu'il lui promit une couple de vaches du Devonshire pour lui payer cette leçon; et il goûtait tant de plaisir à causer ainsi des diverses occupations champêtres, qu'il regretta de voir son équipage s'arrêter en face du fiacre dans lequel Archibald était resté à l'attendre. Tandis que le cocher bridait ses haridelles, et ramassait soigneusement un reste de foin poudreux dont il les avait régalées, le duc recommanda à Jeanie d'être discrète avec son hôtesse sur tout ce qui s'était passé.

—Il est inutile de parler d'une affaire, lui dit-il, avant qu'elle soit tout-à-fait terminée. Si la bonne dame vous fait trop de questions, renvoyez-la à Archibald; c'est son ancienne connaissance, et il sait comment il faut agir avec elle.

Il fit alors cordialement ses adieux à Jeanie, en lui disant de se tenir prête à retourner en Ecosse la semaine d'après. — Il la regarda monter dans le fiacre, et s'éloigna, dans son propre carrosse, en fredonnant une stance de la ballade qu'on lui attribue :

> Dumbarton, quand mes yeux te reverront encore,
> Je veux mettre ma toque et m'avancer joyeux;
> Alors à mon côté sonnera la claymore.
> Et les bons gâteaux d'orge, au goût si savoureux,
>   Me sembleront meilleurs encore.

Il faudrait peut-être être Ecossais pour concevoir avec quelle ardeur, malgré toutes les différences de rang et de situation dans le monde, les habitans de ce pays sentent une sorte d'instinct qui les attache naturellement les uns aux autres. Il existe, je crois, une liaison plus étroite entre les hommes d'une contrée inculte et sauvage qu'entre ceux qui habitent un sol fertile et bien cultivé. Leurs ancêtres ont changé moins souvent de résidence; le souvenir mutuel qu'ils conservent d'anciennes traditions est plus exact; le riche et le pauvre prennent plus d'intérêt à leur prospérité réciproque, le sentiment de la parenté se continue jusqu'à un degré bien plus éloigné; en un mot, les liens d'une affection patriotique, toujours honorables, même quand ils sont un peu trop exclusifs, y ont plus d'influence sur le cœur et sur les actions des hommes.

Le fiacre qui cahotait Jeanie sur le pavé de Londres, alors détestable, la déposa enfin, avec Archibald, à l'enseigne du Chardon. Mistress Glass, qui l'attendait depuis long-temps avec impatience, l'accabla à l'instant de questions qui tombaient, l'une après l'autre, avec la rapidité des eaux du Niagara. — Avait-elle vu le duc?... Que Dieu le protège!... La duchesse... Les jeunes demoiselles?... Avait-elle parlé au roi?... Que le ciel le bénisse!... A la reine... Au prince de Galles... A quelqu'un de la famille royale?... Avait-elle obtenu le pardon de sa sœur?... Était-ce une grâce entière?... N'était-ce qu'une commutation de peine?... Avait-elle été bien loin?... Où avait-elle été?... Que lui avait-on dit?... Pourquoi avait-elle si long-temps?...

Telles étaient les questions que la curiosité dictait à mistress Glass, et qui se succédaient avec une telle promptitude, que Jeanie n'aurait pu y répondre quand elle en aurait eu la volonté. Elle se trouva assez embarrassée quand la soif d'interroger de sa bonne hôtesse se fut un peu calmée, et eut fait place au désir d'obtenir une réponse. Mais Archibald, qui avait probablement reçu des instructions de son maître, vint à son secours.

— Mistress Glass, lui dit-il, Sa Grâce m'a particulièrement recommandé de vous dire qu'il vous prie de ne faire aucune question à miss Deans sur l'état de ses affaires, attendu qu'il se réserve de vous donner lui-même les renseignemens que vous pouvez désirer à ce sujet, et de vous demander votre avis sur quelques objets qu'elle ne pourrait vous expliquer aussi bien. Il se propose de passer ici incessamment pour cela.

— Sa Grâce a bien de la bonté, répondit mistress Glass, dont la curiosité fut arrêtée par la dragée qu'Archibald lui donna si à propos. Sa Grâce doit sentir que je suis en quelque façon responsable de la conduite de ma jeune parente, et milord-duc est sans contredit le meilleur juge de ce qu'il doit confier à elle ou à moi de l'affaire dont il s'agit.

— Vous avez certainement raison, mistress Glass, reprit Archibald avec une gravité imperturbable : aussi Sa Grâce compte sur votre discrétion, et se flatte que vous ne ferez à miss Deans aucune question sur ses affaires ou celles de sa sœur, jusqu'à nouvel ordre. En attendant, elle m'a chargé de vous dire que tout allait aussi bien que vous pouvez le désirer.

— Sa Grâce a bien de la bonté, bien de la bonté, certainement, M. Archibald. J'obéirai aux ordres de Sa Grâce, et... Mais vous avez fait une longue course, M. Archibald, j'en juge par le temps de votre absence; et vous ne vous en trouverez pas plus mal pour accepter un verre de véritable rosolio.

— Je vous remercie, mistress Glass, je suis obligé d'aller

rejoindre mon maître sur-le-champ. Et, saluant les deux cousines avec politesse, il prit congé de la maîtresse du Chardon.

— Je suis charmée, Jeanie, dit mistress Glass, que vos affaires soient en si bon train; au surplus, mon enfant, on ne pouvait en douter, du moment que le duc voulait bien s'y intéresser. Je ne vous ferai pas de questions, puisque Sa Grâce, qui est la sagesse et la prudence même, se réserve de me dire tout ce que vous savez, et peut-être plus que vous n'en savez. Cependant, si cela pouvait vous faire plaisir de m'instruire sur-le-champ de tout ce qui s'est passé, je n'y vois pas d'inconvénient; car, puisque je dois le savoir, qu'importe que je l'apprenne de vous ou du duc? D'ailleurs, si je sais d'avance ce qu'il doit me dire, j'aurai bien soin qu'il ne s'en aperçoive point, et je pourrai préparer d'avance les avis qu'il veut me demander. Ainsi donc, ma chère, ne vous gênez point : ouvrez-moi votre cœur, si cela vous fait du bien; dites-moi tout ce que vous voudrez : seulement, songez bien que je ne vous fais pas de questions.

Jeanie fut encore embarrassée. La confiance qu'elle pouvait montrer à sa bonne parente était peut-être le seul moyen qu'elle eût de lui prouver sa reconnaissance de la manière amicale dont elle en avait été accueillie. Son bon sens lui fit pourtant sentir que l'entrevue qu'elle avait eue avec la reine Caroline ayant été accompagnée d'un air de mystère, n'était pas un sujet à abandonner au caquet d'une femme comme mistress Glass, qui avait plus de bonté dans le cœur que de prudence dans la tête. Elle lui répondit donc en termes généraux, que le duc avait bien voulu prendre des renseignemens très détaillés sur l'affaire de sa sœur; qu'il espérait réussir à obtenir sa grâce, et qu'il se proposait de dire lui-même à mistress Glass tout ce qu'il en pensait.

Cette réponse ne satisfit qu'à demi la maîtresse du Chardon. Aussi insinuante que curieuse, et en dépit de sa promesse, elle ne put s'empêcher de faire encore quelques questions à Jeanie.

Avait-elle passé tout ce temps chez le duc d'Argyle? Le duc était-il toujours resté avec elle? Avait-elle vu la duchesse et les jeunes demoiselles, et surtout lady Caroline Campbell?

A toutes ces questions Jeanie répondit en général qu'elle connaissait si peu la ville, qu'elle ne pouvait dire exactement où elle avait été, que le duc ne l'avait pas quittée; qu'elle ne croyait pas avoir vu la duchesse; qu'elle n'avait vu que deux dames, dont l'une se nommait Caroline, et que là se bornait tout ce qu'elle pouvait dire à ce sujet.

— C'est bien certainement la fille aînée du duc, lady Caroline Campbell, dit mistress Glass; mais Sa Grâce m'en apprendra bien certainement davantage. A propos, il est trois heures; je vous ai attendue une heure pour dîner, et voyant que vous ne veniez pas, j'ai mangé un morceau : il est temps que vous en fassiez autant. Je n'ai pas oublié notre proverbe écossais :—Le ventre affamé n'écoute pas volontiers le ventre plein.

CHAPITRE XXXIX.

« L'art d'écrire, Abailard, fut sans doute inventé
» Par l'amante captive ou l'amant agité. »

Pope.

A force de faire jouer la plume, Jeanie vint à bout d'écrire, et de mettre à la poste le lendemain jusqu'à trois lettres; tâche à laquelle elle était si peu accoutumée, que, si elle eût eu du lait à discrétion, elle eût préféré faire trois fois autant de fromages de Dunlop. La première lettre était fort courte; elle était pour M. Georges Staunton, au rectorat de Willingham, par Grantham, adresse qu'elle avait apprise du paysan bavard qui l'avait conduite à Grantham. Elle contenait ce qui suit :

« Monsieur,

» Pour prévenir de nouveaux malheurs, et attendu qu'il y en a déjà bien eu assez, la présente est pour vous faire part que j'ai obtenu la grâce de ma sœur de Sa Majesté la reine. Vous en serez sûrement charmé, et de savoir que je n'ai pas eu besoin de parler des choses que vous savez. Ainsi, monsieur, je vous souhaite une meilleure santé de corps et d'âme, et que le grand médecin de l'un et de l'autre puisse vous guérir! Cependant, monsieur, je vous prie de ne plus revoir ma sœur, vous ne l'avez que trop vue. Ainsi donc, sans vous vouloir de mal, et en vous souhaitant tout le bien possible, c'est-à-dire que vous rentriez dans la bonne voie, je demeure, monsieur, votre servante, *vous savez qui*. »

La seconde lettre était pour son père ; elle était fort longue, et nous n'en donnerons qu'un extrait. Voici comment elle commençait :

« MON TRÈS CHER ET TRÈS HONORÉ PÈRE,

» Je crois de mon devoir de vous informer qu'il a plu à Dieu de briser la captivité de ma pauvre sœur par les mains de sa respectable Majesté la reine, pour laquelle nous devrons prier tous les jours de notre vie, et qui a peut-être acquitté la rançon de son âme en lui accordant sa grâce. J'ai parlé à la reine face à face, et je n'en suis pas morte, car elle ne diffère pas beaucoup des autres femmes, si ce n'est qu'elle a l'air plus imposant, et que ses yeux perçans comme ceux d'un faucon, semblaient vouloir me pénétrer jusqu'au fond de l'âme. Et tout ce bonheur nous est venu, toujours sous la volonté du grand dispensateur, à qui tout le reste ne sert que d'instrument, par les mains du duc d'Argyle, qui a un cœur véritablement écossais, qui n'est pas fier comme certains autres que nous savons, et qui se connaît assez bien en bestiaux. Il m'a promis deux vaches du Devonshire, dont il est comme amoureux, quoique je tienne toujours à la race des vaches blanches de l'Ayrshire. Je dois lui envoyer un fromage, et si notre vache tachetée, Gowans, fait une génisse, il faudra l'élever pour lui, car il n'en a pas de cette race; et il n'est pas orgueilleux, et il ne dédaignera pas le présent des pauvres qui cherchent à se décharger d'une partie du fardeau de la reconnaissance qu'ils lui doivent. Ce ne sera pas ma faute s'il a jamais mangé un fromage de Dunlop meilleur que celui que je lui enverrai. »

Ici suivaient, sur les bêtes à cornes et sur les travaux de la laiterie, quelques observations que nous nous proposons d'envoyer au comité d'agriculture. Après quoi, elle continuait ainsi :

« Au surplus, tout cela n'est que du regain auprès de la belle moisson dont la Providence nous a gratifiés en nous accordant la vie de la pauvre Effie. Mais, ô mon cher père, puisqu'il a plu à Dieu de se montrer miséricordieux envers elle, accordez-lui aussi votre pardon, cela la rendra propre à devenir un vase de grâce, et à être la consolation de vos cheveux blancs.

» Mon cher père, voulez-vous bien faire savoir au laird Dumbiedikes que l'argent qu'il m'a prêté lui sera fidèlement rendu. J'ai plus qu'il ne faut pour m'acquitter. Je vous expliquerai comment. J'en ai une partie en argent; quant au reste, il ne faut pas de bourse ni de sac pour le garder ; ce n'est qu'un petit chiffon de papier, suivant la mode de ce pays, mais je suis sûre que cela vaut de l'argent.

» C'est grâce à M. Butler que j'ai été si bien reçue par le duc, car il paraît qu'il y a eu des liaisons entre leurs grands-pères, dans le temps des persécutions. Et mistress Glass a été aussi bonne pour moi que si elle eût été ma mère; elle a ici une belle maison, et y vit fort bien, ayant deux servantes et un garçon de boutique. Elle doit vous envoyer une livre de son meilleur tabac en poudre, et aussi du tabac à fumer. Il faudra que nous songions à lui faire quelque présent, puisqu'elle a eu tant de bonté pour moi.

» Le duc doit envoyer la grâce par un exprès, attendu que je ne puis pas voyager si vite, et je reviendrai dans un carrosse avec deux domestiques de Son Honneur : M. Archibald, qui est un homme fort honnête, déjà d'un certain âge ; il dit qu'il vous a vu autrefois quand vous achetiez des bestiaux dans l'ouest, du laird d'Aughtermugity; mais peut-être ne vous en souviendrez-vous pas, quoiqu'il soit fort civil ; et puis mistress Dolly Dutton, qui va être fille de laiterie à Inverrary. Ils me conduiront jusqu'à Glascow, d'où je n'aurai pas un bien long voyage à faire pour me rendre à Saint-Léonard, ce que je désire par-dessus toutes choses. Puisse celui qui accorde tous les biens vous maintenir en bonne santé, mon cher père! c'est la prière fervente de votre affectionnée fille,

» JEANIE DEANS. »

La troisième était pour Butler, en voici le contenu :

« MONSIEUR BUTLER,

» Vous aurez du plaisir à apprendre que le but de mon voyage est rempli, grâce à Dieu, et tout pour le mieux, et que le papier où il est question de votre grand-père a été bien reçu du duc d'Argyle, et qu'il a écrit votre nom tout au long sur un petit livre, ce qui me fait croire qu'il a dessein de vous faire avoir une école ou une église, car on dit qu'il n'en manque pas de vacantes.

» J'ai vu la reine, qui m'a donné de sa propre main un porte-feuille brodé; elle n'avait pas sa couronne ni son sceptre : on les conserve pour les grands jours, comme les beaux habits des enfans. On les garde dans une tour qui n'est pas comme la tour de Libberton, ni comme celle de Craigmiliar : elle ressemblerait plutôt au château d'Édimbourg si on l'abattait, et qu'on le reconstruisît au milieu du lac North. La reine a été fort généreuse pour moi : elle m'a donné un morceau de papier qui vaut cinquante livres sterling, pour payer les frais de mon voyage, tant pour venir que pour m'en aller. Ainsi, M. Butler, comme nous sommes les enfans de deux voisins, sans parler de ce dont il a pu être question entre nous, j'espère que vous ne vous laisserez manquer de rien de ce qui peut être utile à votre santé; car à quoi bon l'un de nous garderait-il de l'argent, tandis que l'autre en aurait besoin? Et songez bien que je ne vous parle pas ainsi pour vous rappeler des choses que vous feriez mieux d'oublier, si vous obteniez une église ou une école. J'aimerais pourtant mieux que ce fût une école, parce que, pour une église, il y a la difficulté du serment, qui pourrait contrarier mon père, le brave homme. A moins que ce fût celle de Shreegh-me-Dead, car je lui ai entendu dire qu'on est meilleur presbytérien dans cette paroisse au milieu des bruyères, que dans Canongate d'Edimbourg. — Je voudrais savoir les livres que vous pouvez désirer, M. Butler, car il y a ici des maisons qui en sont pleines. Il y en a tant, qu'on en met jusque dans la rue, et l'on est obligé de faire avancer les toits pour les mettre à l'abri du mauvais temps. A coup sûr, ils doivent être à bon marché. C'est une bien grande ville que Londres, et j'y ai vu tant de choses, que la tête m'en tourne. Vous savez que je n'ai jamais été une femme de plume, et cependant il est près de onze heures du soir. Je reviendrai au pays en bonne compagnie et sans aucun danger. J'en ai couru quelques uns en venant à Londres, comme je vous le conterai; c'est ce qui fait que je suis plus contente de revenir comme je reviendrai.

» Ma cousine, mistress Glass, a ici une bien belle maison, mais tout y est empoisonné de tabac, et je ne fais qu'éternuer du matin au soir. Mais qu'est-ce que tout cela auprès de la délivrance qu'il a plu à Dieu d'accorder à ma pauvre sœur, ce dont vous vous réjouirez comme notre ancien et sincère ami? Adieu, mon cher M. Butler, je suis votre dévouée servante, pour les choses de ce monde et celles de l'autre.

» J. D. »

Après ces travaux d'un genre auquel elle n'était guère habituée, Jeanie se mit au lit, mais elle ne put dormir une heure de suite. La joie qu'elle éprouvait d'avoir obtenu la grâce de sa sœur l'éveillait à chaque instant, et chaque fois qu'elle s'éveillait elle rendait de nouvelles actions de grâces à l'être souverain dont elle avait auparavant invoqué la protection et la clémence.

Le lendemain et le jour suivant, mistress Glass ne fit qu'aller et venir dans sa boutique, comme une toupie fouettée par des écoliers, dans l'attente de la visite qu'on lui avait annoncée. Enfin, le troisième jour, un superbe équipage, derrière lequel étaient quatre grands laquais en livrée fond brun à galons d'or, s'arrêta à l'enseigne du Chardon, et le duc d'Argyle lui-même, en habit brodé, portant la jarretière et tous les ordres dont il était décoré, entra dans la boutique.

Il demanda à mistress Glass des nouvelles de sa jeune compatriote. Elle était en ce moment dans sa chambre. La bonne marchande voulait la faire descendre, mais le duc lui dit que cela n'était pas nécessaire, probablement parce qu'il ne voulait pas que sa visite pût donner lieu à des soupçons que la malignité des hommes est toujours trop portée à concevoir. Il dit à mistress Glass que la reine avait pris en considération la situation malheureuse d'Effie Deans; qu'elle avait été touchée de la démarche courageuse que l'affection de Jeanie l'avait déterminée à risquer; qu'elle avait eu la bonté d'employer auprès du roi sa puissante intercession, et que sa demande lui avait été accordée : en conséquence, il venait de faire partir pour Édimbourg la grâce d'Effie, à laquelle il n'était attaché d'autre condition que son bannissement d'Écosse pour quatorze ans : l'avocat du roi, ajouta-t-il, avait insisté pour que cette punition lui fût au moins infligée; attendu que depuis sept ans seulement il y avait eu en Ecosse vingt-un exemples d'infanticide.

— Le malheureux! s'écria mistress Glass, qu'avait-il besoin de parler ainsi de son pays? et à des Anglais encore! J'avais toujours cru l'avocat-général un homme prudent et sage, mais je vois que ce n'est qu'un mauvais garnement; je demande pardon à Votre Grâce de me servir d'une telle expression. Et qu'est-ce qu'il veut que la pauvre fille fasse en pays étranger, loin de ses parents, sans amis, sans bons conseils? c'est vouloir la mettre dans le cas de recommencer.

— Il ne faut pas prévoir le mal, dit le duc : elle peut venir à Londres; elle peut passer en Amérique, et trouver à se marier malgré ce qui est arrivé.

— Votre Grâce a raison. Cela est possible, vous me faites songer à mon ancien correspondant en Virginie; Éphraïm Buckskin, qui depuis quarante ans approvisionne *le Chardon*, et ce n'est pas une mauvaise pratique : il y a dix ans qu'il m'écrit de lui envoyer une femme, et un mot de moi arrangerait l'affaire. Il n'a guère plus de soixante ans;

il se porte bien, il a une bonne maison. On ne s'inquiéterait guère là-bas du malheur d'Effie, outre qu'il ne serait pas bien nécessaire d'en parler.

— Est-ce une jolie fille? Sa sœur est passable, mais on ne peut la citer comme une beauté.

— Oh! Effie est beaucoup mieux que Jeanie, dit mistress Glass; il y a long-temps que je ne l'ai vue, mais je l'ai entendu dire à tous ceux qui la connaissent, car vous savez qu'il ne vient pas un Écossais à Londres que je ne le voie. Nous autres Écossais nous tenons les uns aux autres.

— Et c'est tant mieux pour nous, dit le duc, et tant pis pour ceux qui nous attaquent, comme l'exprime fort bien la devise de votre enseigne. Maintenant, mistress Glass, j'espère que vous approuverez les mesures que j'ai prises pour le retour de votre cousine chez ses parens. — Il les lui détailla, et la maîtresse du Chardon lui exprima sa reconnaissance pour toutes ses bontés.

— Vous lui direz, ajouta-t-il, de ne pas oublier le fromage qu'elle doit m'envoyer. J'ai donné ordre à Archibald de la défrayer de tout sur la route.

— Je demande pardon à Votre Grâce, mais il ne fallait pas vous inquiéter de cela. Les Deans sont à leur aise dans leur état, et Jeanie a la poche suffisamment garnie.

— Cela se peut, mistress Glass, mais vous savez que Mac-Callummore paie tout quand il voyage. C'est notre privilége, à nous autres Highlanders, de prendre ce qui nous manque, et de donner ce qui manque aux autres.

— Oui, dit mistress Glass, mais Votre Grâce aime mieux donner que prendre.

— Pour vous prouver le contraire, je vais remplir ma boîte de votre tabac, et je ne vous paierai seulement pas un *plack*.

L'ayant ensuite chargée de ses complimens pour Jeanie, il remonta dans son équipage, laissant mistress Glass la plus fière et la plus heureuse de toutes les marchandes de tabac de l'univers.

La bonne humeur et l'affabilité du duc d'Argyle produisirent aussi un effet favorable pour Jeanie. Quoique mistress

Glass l'eût reçue avec politesse et bonté, elle était trop au fait des belles manières pour être fort contente de l'air campagnard et du costume provincial de sa cousine; et, comme sa parente, elle était un peu mortifiée et scandalisée de la cause de son voyage à Londres. Elle aurait donc fort bien pu avoir moins d'attentions pour Jeanie, sans l'intérêt que semblait prendre à elle le plus noble des nobles écossais, car tel était le rang assigné au duc d'Argyle par l'opinion générale. Mais envisagée comme une jeune fille dont le courage et la vertu avaient reçu l'approbation de la royauté même, Jeanie se présentait à ses yeux sous un jour bien plus favorable, et elle la traitait non seulement avec amitié, mais encore avec une sorte de respect.

Il n'aurait donc tenu qu'à Jeanie d'être présentée à toutes les connaissances de sa cousine, et de voir tout ce que Londres offrait de curieux, mais elle ne s'en souciait point. Elle alla seulement dîner deux fois chez des parens éloignés, et une fois, à l'instante prière de sa cousine, chez mistress Deputy Dabby, épouse du digne sir Deputy Dabby, de Farringdon Without. Mistress Dabby étant, après la reine, la femme du rang le plus élevé qu'elle eût vue à Londres, elle faisait quelquefois une comparaison entre elles, disant que mistress Dabby était deux fois plus grosse, parlait trois fois plus haut et quatre fois davantage que la reine, mais qu'elle n'avait pas ce regard de faucon qui fait baisser les yeux et plier les genoux, et que, quoiqu'elle lui eût fait présent d'un pain de sucre et de deux livres de thé, elle n'avait pas cet air agréable avec lequel la reine lui avait remis le portefeuille.

Peut-être Jeanie aurait-elle eu plus de curiosité pour voir toutes les beautés de la capitale, si la condition du pardon d'Effie n'avait laissé un fond de chagrin dans son cœur. Elle en fut pourtant soulagée en partie par une lettre qu'elle reçut de son père en réponse à celle qu'elle lui avait écrite. Il lui envoyait sa bénédiction, et lui disait qu'il approuvait complètement la démarche qu'elle avait faite; selon lui c'était sans doute une inspiration du ciel, qui avait voulu se servir d'elle comme d'un instrument pour soutenir une maison près de s'écrouler.

« Si jamais la vie doit être précieuse, disait-il, c'est quand on la doit à quelqu'un qui nous est uni par les liens du sang et de l'affection; mais que votre cœur ne se chagrine point parce que cette victime, que vous avez sauvée de l'autel où elle était attachée avec les liens de la loi humaine, est maintenant forcée de s'éloigner au-delà des frontières de notre pays. L'Ecosse est une terre de bénédiction pour ceux qui aiment les règles du christianisme, et c'est une mère patrie qui est belle et chère pour ceux qui y ont toujours vécu; et avec raison, ce judicieux chrétien, le digne John Livingstone, marin de Borrowstouness, disait, comme le rapporte le fameux Patrice Walker : — qu'il crut que l'Ecosse était une géhenne[1] de méchanceté pendant qu'il y vivait, mais que lorsqu'il en était absent, il la regardait comme un paradis; car le mal de l'Ecosse, il le trouvait partout, et le bien de l'Ecosse nulle part. — Mais nous devons nous rappeler que, quoique l'Ecosse soit notre terre natale et celle de nos pères, elle n'est point comme Goshen en Egypte, et que le soleil des cieux ne brille pas en Ecosse seulement pour laisser le reste du monde dans les ténèbres; ainsi donc, comme mon accroissement de fortune à Saint-Léonard peut bien être l'effet d'un souffle venant de la terre glaciale de l'égoïsme terrestre, où jamais plante de la grâce ne prit racine, et parce que je sens que je commençais à être trop attaché aux biens de ce monde, je reçois cette condition mise au pardon d'Effie comme un avertissement de Dieu, qui m'ordonne, de même qu'à Abraham, de quitter le pays d'Haram, d'abandonner les parens de mon père, la maison de ma mère, et les cendres de ceux qui se sont endormis avant moi, et auxquelles les miennes devaient se joindre. Je suis encore fortifié dans ma résolution de changer de pays, quand je considère combien les cœurs sont devenus tièdes dans cette contrée, et combien les voies de la véritable religion y sont peu fréquentées.

» On m'assure qu'on trouve à louer des fermes à un prix raisonnable dans le Northumberland, et je sais qu'il y a dans

---

[1] *Enfer* dans le style biblique. — Éd.

ce pays un assez grand nombre d'âmes précieuses de notre Eglise souffrante. C'est donc là que j'ai dessein d'aller m'établir. Il sera facile d'y conduire les bestiaux que je voudrai conserver, et je ferai vendre les autres.

» Le laird s'est montré notre ami dans nos afflictions. Je lui ai rendu l'argent qu'il avait dépensé pour la défense d'Effie ; car Nicol Novit ne lui en a rien remis, et le laird et moi nous nous y attendions bien : la loi, comme on dit, a une grande bouche, elle avale tout. J'ai emprunté cette somme dans cinq ou six bourses. M. Saddletree me conseillait d'exiger par sommation, du laird de Lounsbeck le remboursement de mille marcs qu'il me doit ; mais je n'ai pas entendu parler de sommation depuis ce terrible jour où une fanfare de cor, à la croix d'Edimbourg, enleva de leurs chaires la moitié des fidèles ministres d'Écosse[1]. Cependant je ferai dresser une assignation, ce qui a remplacé, dit M. Saddletree, les anciennes sommations ; et je ne perdrai pas si je peux l'éviter.

» Quant à la reine et aux bontés qu'elle a eues pour vous, et à la compassion qu'elle a montrée pour la fille d'un pauvre homme, je ne puis que prier pour son bonheur dans ce monde et dans l'autre, et pour le solide établissement de sa maison sur le trône de ces deux royaumes. Je ne doute pas que vous n'ayez dit à Sa Majesté que j'étais le même David Deans dont on parla à l'époque de la révolution lorsque je fis entre-choquer les têtes de deux faux prophètes, ces Anti-Gracieuses Grâces, les Prélats, que je rencontrai dans High-Street, après leur expulsion de la convention des états. Le duc d'Argyle est un seigneur aussi noble que généreux, qui plaide la cause du pauvre, de l'affligé et du malheureux sans appui. Il en sera récompensé sur la terre et dans le ciel.

» Je vous ai parlé de bien des choses, et je ne vous ai encore rien dit de ce qui me tient le plus au cœur. J'ai vu la brebis égarée. Elle sera mise en liberté demain matin ; je

---

(1) Un messager d'armes (un huissier) portait la lettre de sommation à celui qu'elle concernait, et, avant de l'arrêter (soit comme débiteur, soit comme condamné pour tout autre délit), il remplissait la formalité de sonner du cor.—Éd.

suis caution qu'elle quittera l'Ecosse avant un mois. Je ne suis pas satisfait de l'état de son âme : elle semble tourner ses regards vers l'Egypte. Je n'ai pas besoin de vous dire de revenir le plus tôt possible ; car après le Seigneur vous êtes ma seule consolation. Prenez bien garde d'enfoncer vos pieds trop avant dans la vallée de vanité dans laquelle vous vous trouvez, n'allez pas à l'office qu'on célèbre dans les églises de Londres : ce n'est qu'une messe mal déguisée, comme le disait Jacques VI, quoique ce prince et son malheureux fils aient voulu ensuite l'introduire dans leurs états, et c'est pour cela que la justice divine a traité leur race comme une écume qui surnage à la surface de l'eau, et qu'elle l'a rendue errante sur la terre. Voyez les prophéties 7, 9, 10 et 17 d'Osée. Nous et les nôtres, répétons avec le même prophète : Retournons au Seigneur, c'est lui qui nous a frappés, c'est lui qui guérira nos blessures. »

Il lui disait ensuite qu'il approuvait la manière dont elle comptait revenir par Glascow ; et, après être entré dans divers détails domestiques que nous ne jugeons pas nécessaire de rapporter, il finissait par une ligne qui ne fut pas celle que Jeanie relut le moins souvent et avec le moins de plaisir. « Reuben Butler a été un fils pour moi dans mon affliction. » Comme David Deans prononçait rarement le nom de Butler sans y joindre quelque sarcasme plus ou moins direct contre ses connaissances mondaines ou contre l'hérésie de son grand-père, elle fut charmée de voir qu'il donnait en ce moment des éloges sans restriction, et elle en conçut un augure favorable.

Quoique l'imagination de Jeanie fût ordinairement fort calme, elle devint en cette circonstance assez vive pour la transporter d'avance en idée dans une jolie ferme du Northumberland, environnée de montagnes et de gras pâturages, et garnie de bestiaux de toute espèce. Elle voyait une assemblée de vrais presbytériens choisir Butler pour leur guide spirituel. Elle était rendue sinon à la gaieté, au moins à la tranquillité; elle voyait son père, ses lunettes sur le nez et son livre de prières à la main ; elle-même avait changé le ruban virginal pour le chapeau dont se couvrent les femmes mariées; elle se figurait être dans l'église, écoutant des paroles d'édification qui faisaient d'autant plus d'impression sur les auditeurs, que celui qui les prononçait leur était alors lié par les nœuds du sang. Ces visions lui devenaient plus chères de jour en jour ; elle attendait avec impatience l'instant où elles pourraient se réaliser; son séjour à Londres lui devenait insupportable, et elle reçut avec la plus vive satisfaction l'avis que lui fit enfin donner le duc d'Argyle qu'elle devait se préparer à se mettre en route sous deux jours pour le nord.

CHAPITRE XL.

« Les crimes, les forfaits étaient sa jouissance ;
» Son cœur ne nourrissait que haine, que vengeance;
» Ses yeux, brillans encor d'un courroux impuissant,
» Semblaient sur l'échafaud s'éteindre en menaçant. »

CRABBE.

JEANIE était depuis trois semaines dans la métropole de l'Angleterre, quand arriva le jour où elle devait en partir.

Elle prit congé de mistress Glass avec la reconnaissance que méritaient les attentions que cette bonne parente avait eues pour elle, et elle monta dans un fiacre avec son bagage devenu plus considérable par quelques présens qu'elle avait reçus, et diverses acquisitions qu'elle avait faites; le fiacre la conduisit chez le duc d'Argyle, où elle se rendit dans l'appartement de la femme de charge, pendant qu'on préparait la voiture dans laquelle elle devait voyager. A peine était-elle entrée, qu'on vint l'avertir que le duc désirait la voir ; et, à sa grande surprise, on la conduisit dans un superbe salon, où il était avec son épouse et ses trois filles.

— Je vous présente ma petite concitoyenne, duchesse, dit le duc ; si j'étais à la tête d'une armée dont tous les soldats auraient son courage et sa fermeté, je ne craindrais pas de me battre un contre deux.

— Ah! papa! dit une jeune fille aux yeux vifs, qui paraissait avoir environ douze ans, vous étiez pourtant au moins un contre deux à la bataille de Sheriff-Moor, et cependant... elle se mit à chanter la ballade bien connue :

> Nous nous dîmes vainqueurs, ils nous disaient vaincus;
> Et puis d'autres disaient qu'on ne vainquit personne.
> Mais n'importe qui fut ou battans ou battus,
> Je sais qu'à Sheriff-Moor la bataille fut bonne.

— Hé quoi! s'écria le duc, ma petite Marie est-elle devenue Tory? voilà une belle nouvelle à envoyer en Ecosse par notre jeune compatriote!

— Nous pouvons bien devenir Torys, pour les remercîmens que nous avons gagnés pour être restés Whigs, dit une de ses sœurs.

— Taisez-vous, petits singes mécontens, et allez jouer avec vos poupées. Quant à la ballade de Rob de Dumblane :

> S'ils ne sont pas battus encore,
> Bien battus, bien battus, bien battus;
> Nous saurons bien les battre encore,
> Les battre encore, encore, encore.

— L'esprit de papa baisse, dit lady Marie; comme le pauvre homme se répète! N'est-ce pas là ce que vous chantiez sur le champ de bataille, quand on vint vous annoncer que les Highlanders avaient taillé en pièces votre aile gauche?
Le duc ne lui répondit qu'en lui tirant un peu les cheveux.

— Ces braves Highlanders, s'écria-t-il, je les aimerai toujours, malgré le mal qu'ils m'ont fait alors. Mais allons, petites folles, dites donc un mot de politesse à votre compatriote. Je voudrais que vous eussiez la moitié de son bon sens. J'espère que vous aurez son bon cœur et sa loyauté.

La duchesse s'avança alors vers Jeanie, et, d'un air aussi bienveillant qu'affable, l'assura de l'estime que lui avaient inspirée la bonté du cœur et la force d'esprit dont elle venait de donner des preuves. — Quand vous serez de retour chez vous, ajouta-t-elle, vous y recevrez de mes nouvelles.

— Et des nôtres aussi, dirent les trois demoiselles, car vous faites honneur au pays que nous aimons tant.

Jeanie resta tout interdite en recevant des complimens auxquels elle s'attendait si peu, car elle était loin de s'imaginer que le duc eût fait part à sa famille du malheur d'Effie, et de ce qu'elle avait fait pour la sauver. Elle ne put y répondre que par sa rougeur, en faisant à droite et à gauche des révérences, et en disant : —Bien des remerciemens ! bien des remerciemens !

— Jeanie, dit le duc, il faut *doch an dorroch*[1], sans quoi vous ne seriez pas en état de voyager.

Il y avait sur un buffet des verres, du vin et un gâteau ; il emplit deux verres, en vida un à la santé de tous les vrais amis d'Ecosse, et présenta l'autre à Jeanie.

—Je vous remercie, monsieur, lui dit-elle, je n'ai jamais goûté de vin dans toute ma vie.

— Et pourquoi cela, Jeanie? ne savez-vous pas que le vin réjouit le cœur?

—Oui, monsieur, mais mon père est comme Jonabad, fils de Rechab, qui avait enjoint à ses enfans de ne pas boire du vin.

— J'aurais cru à votre père plus de bon sens, mais peut-être préfère-t-il de l'eau-de-vie. Au surplus, Jeanie, si vous ne voulez pas boire, il faut que vous mangiez pour sauver l'honneur de ma maison.

Il lui présenta le gâteau, et Jeanie s'apprêtait par obéissance à en casser un petit morceau. —Non, non! lui dit-il, emportez-le tout entier. Vous serez peut-être bien aise de le trouver en route avant de revoir le clocher de Saint-Giles d'Édimbourg. Je voudrais bien le revoir aussitôt que vous. Adieu, bien des amitiés à tous mes bons amis d'Écosse; bon voyage.

Et joignant la franchise d'un soldat à l'affabilité qui lui était naturelle, il serra la main de sa protégée, fit venir Archibald, lui recommanda d'en avoir le plus grand soin, et la vit partir sans inquiétude, bien convaincu que les égards qu'il avait eus pour elle lui assuraient de la part de ses domestiques des attentions soutenues pendant tout son voyage.

---

[1] En gaëlique, le coup de l'étrier.

Il ne se trompait point, car les deux compagnons de Jeanie eurent pour elle tous les soins imaginables, et son retour en Écosse fut, de toutes manières, beaucoup plus agréable que le voyage qu'elle avait fait pour en venir.

Son cœur n'était plus chargé du poids de la honte, de la crainte et du chagrin qui l'accablaient avant son entrevue avec la reine à Richemont ; mais l'esprit humain est si capricieux que, lorsqu'il ne souffre point de véritables malheurs, il s'en crée d'imaginaires. Elle était maintenant surprise et inquiète de n'avoir reçu aucune nouvelle de Butler, quoiqu'il maniât la plume bien plus facilement qu'elle.

— Cela lui aurait coûté si peu ! pensa-t-elle ; car j'ai vu quelquefois sa plume courir sur le papier aussi vite que lorsqu'elle rasait la surface d'un étang dans l'aile de l'oie sauvage. Serait-il malade ? mais mon père m'en aurait dit quelque chose, puisqu'il me parle de lui. Peut-être a-t-il changé d'idée, et ne sait-il comment me le dire. Il ne faut pas tant de façon pour cela, ajoutait-elle, quoique une larme arrachée par la tendresse et par un sentiment de fierté, brillât alors dans ses yeux. Jeanie Deans n'est pas fille à l'aller tirer par la manche, et à lui rappeler ce qu'il désire oublier. Je n'en ferai pas moins des souhaits pour son bonheur, et s'il est assez heureux pour obtenir une église dans nos environs, je n'en irai pas moins entendre ses sermons, pour lui prouver que je n'ai pas de rancune contre lui. — A cette réflexion, la larme qu'elle eût voulu retenir s'échappa de ses yeux.

Elle put se livrer sans distraction à ses rêveries mélancoliques, car ses compagnons de voyage, domestiques dans une maison du grand ton, avaient bien des sujets de conversation auxquels elle ne pouvait prendre part, et qui étaient au-dessus de sa portée : elle eut donc tout le temps de réfléchir et de se tourmenter, car on marchait à petites journées pour ne pas fatiguer les jeunes chevaux que le duc envoyait à Inverrary, et ils furent sept jours pour faire le voyage de Londres à Carlisle.

Ils étaient sur le point d'entrer dans cette ancienne cité, quand ils virent un rassemblement considérable sur une hauteur située à peu de distance de la grande route. Des paysans, qui couraient pour se rendre au même endroit, leur apprirent qu'on s'y attroupait ainsi pour voir payer la moitié de ce qui était dû à une voleuse, à une sorcière écossaise ; car on allait seulement la pendre sur Haribee-Brow, au lieu que, si on lui avait rendu justice, on l'aurait brûlée toute vive.

— Ah! M. Archibald, dit la future surintendante de la laiterie d'Inverrary, j'ai déjà vu pendre quatre hommes, mais je serais bien curieuse de voir pendre une femme.

M. Archibald était Écossais, et il ne se promettait pas un grand plaisir à voir pendre une de ses concitoyennes, quelque coupable qu'elle pût être. Il avait d'ailleurs du bon sens et de la délicatesse, et connaissait le motif qui avait occasioné le voyage de Jeanie à Londres, quoiqu'il eût la discrétion de n'en point parler, et il sentait parfaitement qu'un tel spectacle ne pouvait que réveiller en elle de fâcheux souvenirs. Il répondit donc sèchement à mistress Dutton qu'il ne pouvait s'arrêter, attendu qu'une affaire qu'il avait pour le duc à Carlisle exigeait qu'il y arrivât de bonne heure, et il ordonna aux postillons de continuer à marcher.

La route passait alors à environ un quart de mille de la hauteur nommée Haribee, ou Harabee-Brow, située sur les bords de l'Eden, et qu'on aperçoit de très loin, quoiqu'elle ne soit pas fort élevée, parce que cette rivière arrose un pays plat. C'était là que jadis maint outlaw et maraudeur des frontières de chaque royaume avait figuré suspendu dans les airs pendant les guerres et les trèves, à peu près aussi hostiles, entre ces deux royaumes. C'était sur Harabee que depuis d'autres exécutions avaient eu lieu avec aussi peu de cérémonie et de compassion, car ces provinces frontières furent long-temps agitées ; et même, à l'instant où nous écrivons, cette province est encore plus sauvage que celles qui sont situées au centre de l'Angleterre.

Tandis que les postillons continuaient leur route qui tournait autour de cette éminence, les yeux de mistress Dutton étaient sans cesse fixés sur la scène qu'elle aurait bien voulu voir de plus près. Elle pouvait reconnaître distinctement le gibet qui se dessinait sur un ciel bleu, et les ombres du tableau, formées par l'exécuteur et la victime placés sur l'extrémité de l'échelle. Bientôt une de ces deux figures fut comme lancée tout-à-coup, et s'agita dans une angoisse convulsive, semblable de loin à une araignée retenue par son fil invisible, tandis que l'autre descendait et se cachait derrière la foule.

Mistress Dutton ne put retenir un cri en voyant le dénouement de cette scène tragique, et Jeanie, par un mouvement assez naturel, tourna la tête du même côté. La vue d'une femme subissant le châtiment terrible auquel sa sœur chérie avait été condamnée si récemment, et auquel elle n'avait échappé que par une faveur signalée de la Providence, fit un tel effet sur elle, qu'elle se rejeta vivement de l'autre côté de la voiture et fut saisie de violentes convulsions. Mistress Dutton l'accabla aussitôt de questions et d'offres de secours, demanda qu'on fît arrêter la voiture, qu'on envoyât chercher un docteur, qu'on lui fît avaler des gouttes cordiales, qu'on brûlât des plumes et de l'assa-fœtida, qu'on apportât de l'eau claire et de la corne de cerf; tandis qu'Archibald, qui connaissait la cause de cet accident, se contenta d'ordonner aux postillons de doubler le pas. Quand on ne put plus apercevoir le lieu où cette tragédie s'était passée, voyant que Jeanie était encore à peu près dans le même état, et que son visage était couvert d'une pâleur mortelle, il fit arrêter la voiture, descendit, et alla chercher lui-même, de toute la pharmacopée de mistress Dutton, le médicament le plus facile à se procurer, et qui était peut-être aussi le plus salutaire, un verre d'eau fraîche.

Tandis qu'Archibald s'éloignait, guidé par son désir de soulager sa compagne, et qu'il maudissait les fossés remplis de bourbe, qu'il rencontrait à chaque pas, en contraste avec les milliers de ruisseaux qui, dans ses montagnes, lui auraient offert sur-le-champ l'onde limpide dont il avait besoin, les témoins de l'exécution commencèrent à passer près de la voiture qui s'était arrêtée sur la grande route, en vue de la ville de Carlisle, et l'on juge bien que cet évènement faisait le sujet de leur conversation.

Jeanie, malgré ce qu'elle souffrait, ne pouvait s'empêcher de prêter l'oreille à leurs discours, de même que les enfans écoutent avec avidité un conte de revenans, quoiqu'ils sachent qu'il ne leur servira qu'à inspirer de la terreur quand ils se le rappelleront. Du peu de mots qu'elle entendit, elle conclut que cette malheureuse était morte dans l'endurcissement, sans crainte de Dieu, sans regret de ses crimes.

— Une fière et rude femme ! disait un paysan dont les sabots faisaient sur le pavé autant de bruit qu'un cheval bien ferré.

— Elle est allée à son maître avec son nom dans la bouche, dit l'autre ; faut-il que le pays soit infecté de sorcières et de chiennes qui viennent de cette Ecosse ! Moi je dis : Prenez et noyez.

— C'est vrai, voisin Tramp ; morte la bête, mort le venin. Qu'on pende toutes les sorcières, et il n'y aura plus tant de désastres dans le pays. Savez-vous que la maladie est dans mes bestiaux depuis deux mois?

— Et mes deux garçons qui sont malades depuis six semaines?

— Taisez-vous, mauvaises langues ! dit une vieille femme qui passait près d'eux en boitant tandis qu'ils s'étaient arrêtés pour causer à quelques pas de la voiture ; ce n'était pas une sorcière ; elle a été pendue pour vol et pour meurtre : c'est bien assez, je crois.

— Le croyez-vous, dame Hinchup? dit l'un d'eux en se dérangeant d'un air civil pour la laisser passer. Vous devez le savoir mieux que nous ; allons, nous ne vous disputons rien ; mais, dans tous les cas, ce n'est qu'une Ecossaise de moins, et il en reste bien encore assez.

La vieille femme continua son chemin sans lui répondre.

— Voyez-vous, Tramp, dit le même interlocuteur quand elle fut assez loin pour ne plus pouvoir l'entendre ; — voyez-vous comme une sorcière est toujours prête à en soutenir une autre? Anglaise ou Ecossaise, n'importe.

— Quand une sorcière de Sark-foot, dit Tramp en secouant la tête et baissant la voix, monte sur son manche à balai, les femmes d'Allonby sont prêtes à monter sur le leur, comme dit le proverbe des montagnes :

> Si le Skiddaw met un chapeau,
> Le Criffel le saura bientôt [1].

— Mais dites donc, continua Gaffer Tramp, ne pensez-vous pas que la fille de cette pendue soit sorcière comme sa mère?

— Cela se pourrait bien; mais on parle là-bas de la baigner dans l'Eden.

Ils se souhaitèrent alors le bonjour, et prirent leur chemin de différens côtés.

Comme ils venaient de partir, Archibald arriva avec un verre d'eau fraîche. Tandis que Jeanie le buvait, une foule d'enfans des deux sexes, appartenant à la populace, et dont quelques uns touchaient à la jeunesse, arrivaient du lieu de l'exécution, poussant de grands cris, et entourant une grande femme singulièrement vêtue, qui bondissait au milieu d'eux sans pouvoir leur échapper. Un souvenir horrible se présenta à l'esprit de Jeanie, à l'instant où elle jeta les yeux sur cette malheureuse créature, et la reconnaissance fut réciproque, car Madge Wildfire ne l'eut pas plus tôt aperçue, qu'employant toutes ses forces et toute son agilité, elle se débarrassa de ceux qui la tourmentaient; et, s'élançant vers la calèche, elle s'accrocha fortement des deux mains à la portière, en s'écriant d'une voix aiguë, et semblable à un rire sardonique : — Hé! Jeanie Deans, savez-vous la nouvelle? ma mère est pendue. Passant alors tout-à-coup au ton de la douleur et de la prière : — Dites-leur qu'ils me permettent de couper la corde! s'écria-t-elle; serait-elle pire que le diable, elle n'en est pas moins ma mère; — elle ne sera pas plus mal que Maggie Dickson, qui cria plusieurs jours après avoir été pendue; sa voix était rauque et son cou un peu rouge, sans quoi vous ne l'auriez pas distinguée d'une autre femme.

---

(1) Deux montagnes du Cumberland. Il est difficile que l'une soit chargée de nuages sans que l'autre en ait sa part, ou sans qu'on les aperçoive du sommet de l'autre.

M. Archibald, voyant que cette femme avait évidemment l'esprit aliéné, cherchait dans la foule quelque constable ou quelque bedeau pour le prier de la faire retirer; mais il ne s'en trouvait aucun. Ce fut en vain qu'il essaya de la forcer à lâcher la portière, à laquelle elle se tenait toujours des deux mains; Madge était douée d'une force peu ordinaire, et il ne put y réussir. Cependant elle continuait à crier : — Qu'on me laisse couper la corde! Combien vaut-elle? douze pence? Qu'est-ce que douze pence auprès de la vie d'une femme? Mais en ce moment arriva une troupe de jeunes gens; — la plupart étaient des bouchers et des paysans dont les bestiaux souffraient depuis quelque temps d'une épizootie qui régnait dans le pays, et qu'ils attribuaient à la sorcellerie. Ils se jetèrent sur Madge en vrais sauvages, et l'arrachèrent de la voiture en s'écriant : — De quel droit arrêtes-tu les gens sur le grand chemin? N'avez-vous pas déjà fait assez de mal, toi et ta mère, par vos maléfices et vos sortiléges?

— Jeanie, Jeanie Deans, s'écria la pauvre insensée tandis qu'on l'entraînait, sauvez ma mère! sauvez ma mère! et je vous mènerai encore chez l'interprète, je vous apprendrai de jolies chansons, et je vous dirai ce qu'est devenu...

Les cris que poussait la foule qui l'environnait empêchèrent qu'on pût en entendre davantage.

— Sauvez-la, pour l'amour de Dieu, sauvez-la des mains de ces furieux! dit Jeanie à Archibald.

— Messieurs, dit Archibald, c'est une folle : ne lui faites pas de mal. Vous voyez que c'est une folle. Conduisez-la devant un magistrat.

— Oui, oui, nous aurons soin d'elle, cria une voix dans la foule; passez votre chemin, brave homme, et mêlez-vous de vos affaires.

— N'entendez-vous pas que c'est un Ecossais? dit un autre; qu'il descende de sa voiture, et je me charge d'emplir ses habits d'os brisés.

Il était certainement impossible de donner à Madge aucun secours, et Archibald, dont le cœur était plein d'humanité, commanda aux postillons de courir à toute bride à Carlisle, afin de pouvoir informer sur-le-champ les magistrats du danger qu'elle paraissait courir. En s'éloignant, ils entendirent les cris tumultueux de la populace et les accens plaintifs de la malheureuse victime, et ce ne fut qu'en entrant dans Carlisle que ce tumulte cessa d'affliger leurs oreilles.

Archibald fit arrêter la voiture à la première auberge, et, ayant laissé Jeanie et sa compagne dans un appartement qu'il y demanda, il se fit conduire sur-le-champ chez un magistrat pour l'informer des violences qu'on exerçait contre cette infortunée privée de raison, et du danger qu'elle courait.

Il ne revint qu'au bout d'environ deux heures, et apprit à Jeanie que le magistrat, instruit de ce qui se passait, était parti à l'instant avec des aides de police pour porter du secours à la malheureuse Madge; il l'avait accompagné lui-même, et avait trouvé le rassemblement sur le bord d'une mare fangeuse, dans laquelle les plus furieux faisaient faire le plongeon à Madge, ce qui était leur supplice favori. Le magistrat était parvenu à la tirer de leurs mains; mais sans connaissance, par suite des mauvais traitemens qu'elle avait essuyés. On l'avait conduite dans un hôpital, où elle avait recouvré le sentiment, et l'on espérait, dit M. Archibald, que cet évènement n'aurait pas de suites fâcheuses.

Cette dernière circonstance n'était pas tout-à-fait conforme à la vérité, car les médecins avaient déclaré qu'ils ne comptaient pas que Madge pût survivre aux mauvais traitemens qu'elle avait éprouvés. Mais Jeanie paraissait prendre un tel intérêt à cette infortunée, qu'Archibald ne crut pas devoir lui faire connaître sa véritable situation. Il la voyait si abattue et si agitée, par suite de cet évènement, que, quoiqu'il eût le projet d'aller coucher à Longtown, il jugea convenable de passer la nuit à Carlisle.

Cette décision fut très agréable à Jeanie, qui résolut de tâcher d'avoir une entrevue avec Madge Wildfire. Rapprochant quelques uns de ses discours sans suite du récit que lui avait fait Georges Staunton, il lui semblait qu'il était possible de tirer d'elle quelques renseignemens sur le sort du malheureux enfant dont la naissance et la disparition mystérieuse avaient coûté si cher à sa sœur, et elle ne voulut pas en laisser échapper l'occasion. Elle connaissait trop bien la triste situation de l'esprit de la pauvre Madge pour concevoir à ce sujet de bien vives espérances ; mais à présent que la vieille Meg n'existait plus, elle ne voyait aucun autre moyen pour arriver à la connaissance de la vérité, et cette vérité lui paraissait trop importante pour négliger la moindre démarche qui pouvait contribuer à la faire découvrir.

Sous prétexte qu'elle avait connu Madge autrefois, et que par humanité elle désirait s'assurer par elle-même qu'il ne lui manquât rien, elle témoigna à M. Archibald qu'elle souhaitait aller la voir à l'hôpital dans lequel on l'avait conduite. Il eut la complaisance de s'y rendre d'abord lui-même pour s'informer si l'on pouvait lui parler ; mais le médecin avait rigoureusement défendu que la malade vît personne. Il y retourna le lendemain, et apprit qu'elle avait été fort tranquille pendant quelques heures, et que le ministre qui remplissait les fonctions de chapelain de l'hôpital avait fait auprès d'elle des prières qu'elle avait paru écouter avec attention, mais que son esprit était ensuite retombé dans son délire habituel. Le médecin lui dit qu'elle n'avait plus qu'une heure ou deux à vivre, et qu'en conséquence on pouvait la voir si l'on le désirait, aucune précaution, aucun soin ne pouvant maintenant la sauver.

Dès que Jeanie apprit cette nouvelle, elle courut à l'hôpital, accompagné de M. Archibald. Ils trouvèrent la malade, ou pour mieux dire la mourante, dans une grande salle où étaient rangés dix lits, mais dont le sien était le seul qui fût occupé. Elle chantait quand ils entrèrent, mais elle n'avait plus cette voix aiguë et perçante qui exprimait naguère son délire : c'était plutôt le ton d'une nourrice qui chante pour endormir son enfant. Le désordre de son imagination était toujours le même, mais les forces de son corps étaient épuisées, et les approches de la mort se reconnaissaient dans ses accens plaintifs. Le couplet qu'elle chantait quand ils arrivèrent faisait partie d'une vieille ballade où des moissonneurs parlent de leurs travaux :

> La nuit va succéder au jour ;
> Le repos va suivre l'ouvrage ;

> La moisson nous offre en partage
> Travail et plaisir tour à tour.
> La nuit revient quand le jour cesse:
> Le travaille cesse avec le jour.
> Le foyer, avec allégresse,
> Nous verra rangés tout autour.

Elle se tut en ce moment, et Jeanie, s'approchant du lit, appela Madge par son nom; mais Madge ne reconnut point sa voix : — Garde, s'écria-t-elle, garde, tournez-moi la tête du côté du mur, afin que je n'entende plus prononcer ce nom, et que je ne songe plus à un monde méchant.

La garde ayant fait ce qu'elle désirait, elle parut plus tranquille, et se mit à chanter une strophe d'un cantique dont l'air était grave et solennel comme celui d'un hymne méthodiste :

> La foi réunie à la grâce
> A chassé l'incrédulité;
> Et dans mon cœur la charité
> A fait à l'espérance place.
> Le banquet est prêt à s'ouvrir,
> On n'attend que moi dans la salle;
> Revêts ta robe nuptiale,
> Ame chrétienne, il faut partir.

L'air était solennel et touchant, grâce surtout à l'accent pathétique d'une voix qui avait été naturellement belle; et si la faiblesse de la malade en diminuait l'éclat, elle ajoutait à sa douceur. Archibald, quoique homme de cour, et insouciant par habitude et par état, fut attendri, la dame de la laiterie sanglota, et Jeanie sentit les larmes remplir abondamment ses yeux. La garde elle-même, à qui toutes les sortes d'agonie étaient familières, ne semblait pas maîtresse de son émotion.

Il était évident que la pauvre Madge s'affaiblissait de plus en plus; sa respiration devenait plus pénible, et ses gémissemens annonçaient que la nature allait succomber dans sa dernière lutte. Mais l'esprit de mélodie, si l'on peut l'appeler ainsi, qui avait dû, dans le principe, posséder si fortement cette infortunée, semblait, à chaque intervalle de souffrance, triompher encore de sa faiblesse et de ses angoisses. Il est remarquable qu'on pouvait reconnaître dans ses chants quelque chose d'approprié indirectement à sa situation présente. Elle avait commencé une ancienne ballade :

> Ma couche est froide et solitaire,
> Je n'ai qu'un pénible sommeil;
> Perfide auteur de ma misère,
> Avec moi tu seras au coucher du soleil.

> Le traître, hélas ! à son amie
> Avait pourtant promis sa foi !
> Mais demain finira sa vie !
> Vous qui m'aimez encor, ne pleurez plus sur moi.

Tout-à-coup elle abandonna cet air pour un autre plus bizarre, moins monotone et moins régulier ; mais ceux qui l'écoutaient ne purent recueillir que quelques fragmens des paroles :

> Marie est au bocage
> Errante au point du jour ;
> Caché sous le feuillage,
> L'oiseau chante l'amour.

> — Rouge-gorge fidèle,
> Obtiendrai-je un époux ?
> — Une couche, ma belle,
> Se prépare pour vous !

> — Où mon lit d'hyménée
> Est-il, petit oiseau ?
> — Ton lit, infortunée,
> Ne sera qu'un tombeau !

> Du clocher solitaire
> Le hibou chantera :
> Sous l'if du cimetière
> Son cri t'appellera.

Sa voix expira avec les dernières notes ; elle tomba dans un sommeil dont la garde, instruite par l'expérience, assura ceux qui étaient là qu'elle ne se réveillerait plus, excepté peut-être dans sa dernière agonie.

Sa première prédiction s'accomplit. La pauvre maniaque

quitta la vie sans faire entendre même un soupir ; mais nos voyageurs ne furent pas témoins de cette catastrophe : ils sortirent de l'hôpital aussitôt que Jeanie se fut convaincue qu'elle ne pourrait obtenir de la mourante aucun éclaircissement sur l'infortune de sa sœur.

CHAPITRE XLI.

> « Veux-tu donc m'accepter pour guide?
> » La lune brille, et calme est l'Océan :
> » J'en connais le sentier humide.
> » Viens avec moi, sois confiant. »
>
> SOUTHEY. *Thalaba.*

JEANIE, malgré sa constitution robuste, se trouvait si agitée par ces différentes scènes, qu'Archibald jugea convenable de lui faire prendre un jour entier de repos au village de Longtown. Ce fut en vain qu'elle l'assura qu'elle n'en avait pas besoin. L'homme de confiance du duc d'Argyle agissait avec prudence, et comme il avait étudié la médecine dans sa jeunesse (c'était du moins ce qu'il disait), pour avoir, trente ans auparavant, broyé, pendant six mois, des drogues dans le mortier de M. Mangelman, apothicaire de Greenock, il ne cédait pas aisément toutes les fois qu'il s'agissait d'une question qui intéressait la santé.

Dans cette occasion, il avait reconnu des symptômes fébriles dans le pouls, et, ayant expliqué à Jeanie cette phrase scientifique qu'elle ne comprenait point, il lui persuada de se mettre au lit, et lui ordonna l'eau de gruau et la tranquillité.

Mais Archibald ne bornait pas son attention à l'état physique de la malade, ses observations se dirigeaient aussi sur son état moral. Il avait remarqué que l'exécution de la vieille femme et la fin déplorable de sa malheureuse fille avaient fait sur Jeanie une impression trop forte pour qu'on pût ne l'attribuer qu'à des motifs d'humanité. Cependant c'était une jeune fille sensée, d'une force d'esprit peu ordinaire ; elle n'avait pas les nerfs délicats et sensibles des belles dames de la ville, et Archibald ignorant qu'il y eût jamais eu aucune relation entre la malade et Madge ou sa mère, si ce n'est qu'elle avait vu autrefois la fille en Écosse, attribua la sensation si vive que ces évènemens lui avaient fait éprouver, aux circonstances malheureuses dans lesquelles sa sœur s'était trouvée tout récemment. Il résolut donc de veiller avec soin à ce que rien à l'avenir ne pût lui rappeler ce souvenir douloureux.

Il ne tarda pas à trouver l'occasion d'exercer sa vigilance à cet égard. Dans la journée, il entendit la voix rauque d'un colporteur qui arrivait de Carlisle, crier dans les rues de Longtown : — Relation de l'exécution et des dernières paroles de Meg Murdockson, du meurtre barbare de sa fille Madge Murdockson, dite Wildfire, et de son pieux entretien avec Sa Révérence l'archidiacre Fleming, chapelain de l'hôpital. Comptant que la curiosité publique lui assurerait le débit de cette feuille intéressante, ce colporteur en avait pris un nombre d'exemplaires assez considérable, mais il trouva à s'en débarrasser beaucoup plus tôt qu'il ne l'avait espéré ; car au premier cri qu'Archibald entendit, il le fit appeler, et lui acheta sa collection tout entière pour le prix de quelques shillings, le laissant aussi satisfait de sa spéculation qu'il l'était lui-même de sa prévoyance.

Toute l'emplette était sur le point d'être livrée aux flammes, quand elle en fut préservée par l'intervention de la laitière en chef d'Inverrary. Elle représenta prudemment que c'était dommage de brûler du papier dont on pouvait se servir pour des papillotes et tant d'autres usages ; ayant bien promis d'enfermer soigneusement toute la collection dans sa malle, et de n'en pas laisser tomber un seul fragment sous les yeux de Jeanie, elle obtint d'Archibald toute la liasse. — Au surplus, ajouta-t-elle en mettant ces précieux papiers en lieu de sûreté, je ne sais pas pourquoi mistress Jeanie est si chatouilleuse ; elle a eu assez de temps de songer à la potence pour pouvoir en supporter la vue.

Archibald rappela assez sévèrement à mistress Dutton la

recommandation toute particulière faite par le duc leur maître, d'avoir pour miss Deans tous les soins et tous les égards possibles, et lui enjoignit que, comme elle devait bientôt s'en séparer, elle eût soin de ne se permettre, pendant le reste du voyage, aucune observation ni sur sa santé ni sur son caractère; injonction qui ne satisfit pas beaucoup la bonne dame, mais dont il fallut qu'elle se contentât.

Ils se remirent en route le lendemain matin, traversèrent le comté de Dumfries et une partie de celui de Lanark, et arrivèrent enfin dans la petite ville de Rutherglen, à environ quatre milles de Glascow. Là, un exprès d'Édimbourg, dépêché à Archibald par le principal agent du duc en cette ville, lui apporta de nouveaux ordres de son maître.

Il n'en parla point à Jeanie pendant la soirée, mais le jour suivant, dès qu'ils furent en voiture, le fidèle confident du duc lui dit qu'il venait de recevoir l'ordre de la conduire à quelques milles au-delà de Glascow. Des causes momentanées de mécontentement avaient fait naître quelque agitation dans la ville et dans les environs; et il en résultait qu'il ne serait pas prudent à miss Deans de faire le voyage de Glascow à Édimbourg seule et sans protection; au lieu qu'en allant un peu plus loin, il trouverait un des agens de sa Grâce, qui allait avec sa femme du comté d'Argyle à Édimbourg, et avec qui elle pourrait voyager sans crainte et sans dangers.

Jeanie fit des objections à ce nouvel arrangement. Il y avait bien long-temps qu'elle était absente de chez elle; son père et sa sœur devaient être impatiens de la voir, elle avait d'autres amis qu'elle avait laissés en mauvaise santé; elle prendrait un cheval et un guide à Glascow; et qui d'ailleurs voudrait faire du mal à une pauvre créature qui n'en avait jamais fait à personne? A coup sûr elle était fort obligée de cette offre, mais jamais le cerf altéré n'avait désiré une source d'eau vive aussi ardemment qu'elle souhaitait de se retrouver à Saint-Léonard.

L'intendant de la garde-robe et la souveraine de la basse-cour se jetèrent en ce moment un regard d'intelligence qui éveilla les craintes et les inquiétudes de Jeanie.

— M. Archibald, mistress Dutton, s'écria-t-elle, s'il est arrivé quelque malheur à Saint-Léonard, par compassion, pour l'amour du ciel, ne me tenez pas en suspens!

— Je ne sais véritablement rien de Saint-Léonard, miss Deans, répondit Archibald.

— Et moi je sais... bien certainement je n'en sais pas davantage, dit mistress Dutton, dont la bouche semblait prête à laisser échapper une communication qu'un regard d'Archibald arrêta au passage; et elle serra les lèvres l'une contre l'autre, de manière à les fermer hermétiquement, comme si elle eût craint que le secret n'en sortît malgré elle.

Jeanie vit qu'on lui cachait quelque chose, et ce ne fut que d'après les assurances réitérées d'Archibald qu'il n'avait reçu aucune mauvaise nouvelle de son père de sa sœur, ni d'aucun de ses amis, qu'elle reprit un peu de tranquillité. Elle ne pouvait appréhender aucun danger de la part de ses compagnons de voyage, qui avaient la confiance de son bienfaiteur; cependant Archibald la vit si chagrine, que, comme dernière ressource, il lui présenta le billet suivant :

« JEANIE DEANS, —

» Vous me ferez plaisir de consentir à accompagner Archibald à une journée de distance au-delà de Glascow, et de ne lui faire aucune question. Vous obligerez votre ami,

» ARGYLE ET GREENWICH. »

Cette épître laconique d'un seigneur à qui elle avait tant et de si grandes obligations, mit fin à toutes les objections de Jeanie; mais, loin de diminuer sa curiosité, elle ne fit que l'augmenter, car il était bien certain qu'il existait un mystère qu'on voulait lui cacher : mais obéissant aux ordres du duc, elle ne se permit aucune question.

On ne semblait plus se diriger vers Glascow; au contraire, on suivait la rive gauche de la Clyde, dont les détours leur offraient mille perspectives pittoresques, et qui ne tarda pas à présenter à leurs yeux le spectacle imposant d'un fleuve navigable.

— Vous n'entrez donc pas dans Glascow? dit Jeanie en voyant les postillons passer à côté du pont qui conduisait à cette ville, sans le traverser.

— Non, répondit Archibald : il y règne quelque agitation ; et comme on sait que le duc est en opposition avec le gouvernement en ce moment, nous y serions peut-être trop bien accueillis. Peut-être aussi s'aviserait-on de se rappeler que le capitaine de Carrick descendit dans la ville avec les Highlanders à l'époque du tumulte de Shawfield en 1725[1], et alors nous pourrions y être trop mal reçus. Dans tous les cas, il vaut mieux pour nous, et surtout pour moi, qu'on peut supposer dans la confidence de Sa Grâce, laisser ces bonnes gens agir à leur fantaisie, sans leur donner lieu de songer à nous.

Jeanie ne trouva rien à répliquer à un tel raisonnement. Il lui parut pourtant destiné à lui faire sentir toute l'importance d'un personnage tel que M. Archibald, plutôt qu'à lui faire connaître la vérité.

La voiture roulait cependant ; la rivière allait toujours s'élargissant, et prenait par degrés la dignité d'un détroit ou bras de mer. On voyait que l'influence du flux et reflux de la mer devenait de plus en plus sensible, et, suivant les belles expressions de celui qui porte la couronne de laurier [2] :

L'onde de plus en plus écarte ses rivages.
. . . .
Le cormoran, posé sur les rescifs,
Ouvre à demi ses noires ailes.

— De quel côté se trouve Inverrary? demanda Jeanie en portant ses regards sur ce sombre océan des montagnes d'Écosse, qui, comme entassées les unes sur les autres, et entrecoupées de lacs, s'étendent vers le nord sur le rivage opposé du fleuve ; ce château est-il la demeure du duc?

---

(1) Cette insurrection avait été causée par un impôt sur la drèche, qui mécontenta toute l'Écosse : les mutins pillèrent la maison de M. Campbell Shawfield, membre du parlement, et repoussèrent les troupes du roi. Le gouvernement fut obligé de faire des concessions, et tout se calma. — Éd.

(2) Southey, poète lauréat.

— Ce château? répondit Archibald : non vraiment. C'est l'ancien château de Dumbarton, la place la plus forte de l'Europe, n'importe quelle est la seconde. Le gouvernement en est toujours confié au plus brave Écossais. Sir William Wallace en était gouverneur dans le temps de nos guerres avec l'Angleterre, et sa Grâce le duc d'Argyle en est le gouverneur actuel.

— Et le duc demeure donc sur ce rocher élevé? demanda Jeanie.

— Non, non. Il a un vice-gouverneur qui y commande pour lui, et qui demeure dans cette maison blanche au pied du rocher. Le duc y va quelquefois, mais il n'y fait pas son domicile.

— Je l'espère bien, dit mistress Dutton, sur l'esprit de laquelle la route n'avait pas fait une impression favorable depuis Dumfries : s'il demeurait là, tout duc qu'il est, il pourrait bien siffler afin de faire venir une autre femme que moi pour surveiller sa basse-cour. Je n'ai pas quitté une bonne place et mes amis pour voir des vaches mourir de faim sur des rochers nus et stériles, ou pour être perchée au haut d'un roc, comme un écureuil dans sa cage suspendue à la fenêtre d'un troisième.

Archibald sourit intérieurement de ce que ces symptômes de mauvaise humeur ne s'étaient pas manifestés avant que la belle mécontente se trouvât entièrement sous sa patte, comme il se le disait à lui-même. — Ce n'est pas moi qui ai fait ces montagnes, lui répondit-il avec un grand sang-froid, et je ne vois pas trop comment on pourrait vous en débarrasser : mais, quant à la cage, je vous assure que vous en trouverez une fort agréable à Inverrary, et même dans la charmante île de Roseneath, où nous nous rendons d'abord.

— Dans une île! s'écria Jeanie, qui, dans tous ses voyages, n'avait jamais quitté la terre ferme; est-ce qu'il faudra que j'aille dans une de ces barques que je vois là-bas? elles semblent si petites, et les vagues si agitées!

— Bien certainement, s'écria mistress Dutton, je n'y entrerai point. Je ne me suis point engagée pour quitter le pays, ni pour faire des voyages par mer. Vous n'avez qu'à dire aux postillons de prendre une autre route, et de nous y conduire par terre.

— Nous allons trouver à deux pas, dit Archibald, une excellente pinasse appartenante à Sa Grâce, et vous n'avez aucune crainte à concevoir.

— Mais j'ai des craintes, M. Archibald ; j'en ai de très grandes, et j'insiste pour que nous allions par terre, dussions-nous faire dix milles de plus.

— Je suis fâché de ne pouvoir vous obliger, mistress Dutton ; mais, comme je vous l'ai dit, Roseneath est une île.

— Et que m'importe? quand ce seraient dix îles, je vous dis que je veux y aller par terre. Parce que c'est une île, ce n'est pas une raison pour que je me fasse noyer.

— Ce n'est pas une raison pour que vous soyez noyée, répondit le valet de chambre avec le plus grand sang-froid, mais c'en est une excellente pour que vous ne puissiez y aller par terre.

— En même temps il fit signe aux postillons de quitter la grande route, et d'avancer vers quelques cabanes de pêcheurs qu'on voyait sur le rivage, où était amarrée une chaloupe mieux décorée qu'aucune qu'ils eussent encore vue, et dont le pavillon déployait une tête de sanglier, surmontée d'une couronne ducale. Quelques mariniers montagnards étaient à bord, et semblaient les attendre.

La voiture s'arrêta, les postillons se mirent à dételer les chevaux, et Archibald ordonna aux mariniers de transporter le bagage à bord de la pinasse.

— *La Caroline* est-elle arrivée? demanda-t-il à l'un d'eux.

— Elle est venue de Liverpool en cinq jours, répondit-il, et elle est maintenant à l'ancre à Greenock.

— Eh bien, dit Archibald aux postillons, vous allez conduire les chevaux et la voiture à Greenock, et vous les embarquerez sur *la Caroline* pour le château du duc à Inverrary. Vous logerez chez mon cousin Duncan Archibald. Allons, mesdames, ayez la bonté de descendre ; il faut profiter de la marée.

— Miss Deans, dit mistress Dutton, vous êtes bien la maîtresse de faire ce qu'il vous plaira ; mais, pour moi, je passerai toute la nuit dans la voiture, plutôt que d'aller dans cette coquille de noix peinte. L'ami! l'ami! que faites-vous là? dit-elle à un Highlander qui se préparait à emporter une petite malle ; cette malle est à moi, de même que cette boîte et ce sac de nuit. Je vous défends d'y toucher. Osez y toucher!

Le Celte la regardait fixement. Quand elle eut cessé de parler, il se tourna vers Archibald, et, à un signe de celui-ci, il chargea la malle sur son épaule, mit la petite boîte sous son bras, prit le sac de nuit par la corde qui le fermait ; et, sans s'embarrasser des cris de mistress Dutton, partit avec tout son bagage, et le porta tranquillement sur la pinasse.

Tout le bagage étant placé, M. Archibald donna la main à Jeanie pour l'aider à descendre de voiture, et ce ne fut pas sans un léger battement de cœur qu'elle se vit transporter par deux matelots qui étaient dans l'eau jusqu'à la ceinture, à quelques pas du rivage dont la chaloupe ne pouvait approcher davantage. Quand Archibald la vit à bord, il revint à la voiture pour faire la même politesse à mistress Dutton ; mais celle-ci refusa opiniâtrément d'en sortir, menaçant tous ceux qui avaient directement ou indirectement pris part à l'enlèvement de ses effets, d'une poursuite judiciaire en dépens, dommages et intérêts, et comptant sur ses doigts le nombre de robes, autres nippes, etc., dont elle se croyait séparée pour toujours.

Archibald ne se donna pas la peine de lui faire des remontrances ; il appela deux de ses Highlanders, et leur ayant dit quelques mots en langue gaëlique, les rusés montagnards s'approchèrent tranquillement, sans faire soupçonner leur intention, et saisissant mistress Dutton avant qu'elle eût le temps de leur opposer aucune résistance, ils la tirèrent hors de la voiture, et la chargeant presque horizontalement sur leurs épaules, ils la transportèrent jusqu'à la place et à travers les brisans, pour la déposer dans la chaloupe sans autre inconvénient que d'avoir un peu chiffonné ses vêtemens. La terreur, la surprise et la mortification qu'elle éprouva en se voyant transportée de cette manière si subitement, la privèrent pendant quelques minutes de l'usage de la parole. Cependant les mariniers montèrent à bord ; un seul resté sur le rivage pour mettre la barque à flot, s'élança ensuite auprès de ses compagnons, qui déployèrent leur voile, se mirent à ramer, et fendirent gaiement les eaux du golfe.

— Misérable Écossais ! s'écria enfin la demoiselle en fureur en s'adressant à Archibald, comment osez-vous traiter ainsi une femme comme moi ?

— Madame, répondit Archibald, il est temps que vous sachiez que vous êtes dans le pays du duc, et qu'il n'y a pas un de ces hommes qui ne vous jetât à la mer aussi vite qu'ils vous ont apportée dans cette chaloupe, si c'était le bon plaisir de Sa Grâce.

— Que le ciel ait donc pitié de moi, plus que je n'en ai eu moi-même ! répliqua-t-elle. Si j'avais su cela, je ne me serais jamais engagée avec vous.

— Il est un peu tard pour y penser, mistress Dutton, dit Archibald ; mais vous verrez que nous avons aussi nos plaisirs et nos agrémens dans nos montagnes. Par exemple, vous allez avoir une douzaine de laitières et de filles de basse-cour sous vos ordres : eh bien ! vous pourrez leur faire prendre un bain dans le lac quand vous le jugerez convenable, car les principaux domestiques du duc ont sur leurs subordonnés la même autorité que le duc a sur eux-mêmes.

— Cela est bien étrange, M. Archibald ; au surplus, je vois bien qu'à présent il faut faire de nécessité vertu. Mais êtes-vous bien sûr que la barque ne chavirera point ? Il me semble qu'elle penche bien d'un côté.

— Ne craignez rien, répondit Archibald en prenant une prise de tabac d'un air d'importance. Ce passage nous connaît ou nous le connaissons, ce qui revient au même, et il est sans exemple qu'il y soit jamais arrivé aucun accident à quelque personne employée au service du duc.

— Et vous, miss Deans, dit la vestale laitière à Jeanie, qui, assise près d'Archibald dirigeant le gouvernail, n'était pas très rassurée, — n'avez-vous pas peur de ces sauvages dont les jambes sont nues jusqu'aux genoux ? ne craignez-vous pas de vous trouver dans cette coquille de noix qui ressemble à une écumoire dans un seau de lait?

— Non! non, madame! je n'ai pas peur, répondit Jeanie en hésitant un peu; j'ai déjà vu des montagnards, quoique jamais de si près; et, quant au danger d'être noyée... je n'ai jamais été sur l'eau, mais je sais que la Providence peut nous protéger sur mer comme sur terre.

— Voilà ce que c'est que d'avoir appris à lire et à écrire! s'écria mistress Dutton. Quoi qu'il puisse arriver, on trouve toujours de belles choses à dire.

Archibald vit avec plaisir l'impression que la mesure vigoureuse qu'il avait prise avait faite sur l'esprit ci-devant intraitable de mistress Dutton, et il chercha alors à conserver par des voies de douceur et de conciliation l'ascendant qu'il avait obtenu par la force. Il lui représenta combien ses craintes étaient déraisonnables; lui fit sentir qu'après le voyage qu'ils avaient fait, il ne pouvait ni la renvoyer, ni l'abandonner sur le rivage dans une voiture vide : enfin il réussit si bien, qu'une parfaite harmonie était rétablie entre eux avant qu'ils débarquassent à Roseneath.

CHAPITRE XLII.

« Est-ce donc le hasard, le destin, la fortune,
» Qui, guidant cet esquif à travers maints dangers,
» A dans un heureux port conduit ces passagers? »

FLETCHER.

Les îles qui se trouvent dans le détroit de la Clyde, et où l'on se rend si facilement aujourd'hui par le moyen des bateaux à vapeur, étaient du temps de nos pères des rivages retirés, presque inconnus; un voyageur y descendait rarement. Elles sont toutes d'une beauté ravissante et variée. Arran, pays montagneux, abonde en sites imposans et romantiques. Bute, couvert de bois, présente un caractère plus doux. Les Cumrays, unies et couvertes de verdure, forment un contraste avec ces deux îles, et sont comme les anneaux d'une chaîne qui ferme le bras de mer, quoique séparées les unes des autres par des intervalles considérables. Roseneath, plus petite, est située sur la rive occidentale, près de l'embouchure du lac nommé le Gare-Loch, et non loin du Loch-Long et du Loch-Seant ou Holy-Loch [1], qui vont se perdre dans le golfe que forme la Clyde.

Dans ces îles, les vents glacés du printemps, si contraires à la végétation en Écosse, ne se font comparativement que peu sentir, et, excepté l'île gigantesque d'Arran, elles sont peu exposées aux tempêtes si fréquentes dans la mer Atlantique, parce qu'elles sont protégées à l'occident par les côtes élevées du comté d'Ayr. Le saule pleureur et le bouleau s'y trouvent en abondance, de même qu'un grand nombre d'autres arbres qui ne se plaisent pas autant dans la partie orientale de l'Écosse, et l'air y est assez doux pour qu'on le recommande aux malades attaqués de consomption.

Parmi toutes ces îles, aucune n'offre tant de beautés pittoresques que celle de Roseneath; aussi les comtes et ducs d'Argyle, dès les temps les plus reculés, y avaient fait construire une espèce de rendez-vous de chasse et de pêche, où ils venaient fréquemment faire des parties de plaisir. Ce bâtiment est devenu un palais avec le temps, mais il était encore dans sa simplicité primitive quand la chaloupe que nous avons laissée traversant le détroit approchait du rivage.

Lorsque nos voyageurs arrivèrent au lieu de débarquement, ombragé par de grands chênes et par quelques touffes de noisetiers, ils aperçurent à travers les arbres deux ou trois personnes qui semblaient attendre leur arrivée. Jeanie y fit peu d'attention, et elle éprouva une surprise semblable au choc d'une commotion électrique quand, les mariniers l'ayant déposée à terre, elle se trouva dans les bras de son père.

Cet évènement était presque incroyable; il ressemblait trop à un heureux songe pour être long-temps à ses yeux une réalité. Après avoir reçu le premier embrassement de son père, elle recula pour s'assurer que ce n'était pas une illusion. Elle ne pouvait plus en douter : c'était Douce Da-

---

(1) Lac Saint. — Éd.

vid Deans, c'était son habit des dimanches, bleu de ciel, garni de larges boutons de métal; c'étaient son gilet et ses culottes de même étoffe, ses guêtres de drap gris, ses boucles de cuivre, sa large toque bleue des Lowlands rejetée en arrière tandis qu'il levait les yeux au ciel dans un transport de reconnaissance silencieuse. Elle reconnaissait ces cheveux blancs qui ombrageaient ses joues basanées, ce front chauve sillonné de rides, cet œil dont l'âge n'avait pas encore diminué la vivacité, ces traits ordinairement graves et sérieux, qui exprimaient en ce moment la joie, la tendresse et la reconnaissance. Cette figure était telle, que si je vois jamais mes amis Wilkie ou Allan, je veux leur emprunter ou leur dérober une esquisse de cette scène.

— Jeanie! s'écria le vieillard, ma chère Jeanie! ma digne et bonne fille! Que le Dieu d'Israël soit ton père, car je suis à peine digne de toi! Tu as racheté notre captivité! tu as rendu l'honneur à notre famille! Que la bénédiction du ciel se répande sur toi; mais il t'a déjà bénie en te choisissant pour l'instrument de sa clémence.

Malgré son stoïcisme habituel, ce ne fut pas sans verser quelques larmes qu'il prononça ces paroles. Archibald avait eu l'attention délicate de renvoyer tout le monde, de manière que le père et la fille, dans cette première entrevue, pouvaient se livrer à l'effusion de leurs sentimens sans autres témoins que les arbres du bois et le soleil couchant.

— Et où est Effie, mon père? demanda Jeanie après s'être abandonnée aux premiers transports de la tendresse filiale.

— Vous le saurez, vous le saurez, lui répondit-il; et il commença à rendre de nouvelles actions de grâces au ciel pour avoir protégé Jeanie contre les dangers qui pouvaient menacer son corps et son âme dans un pays de schismatiques, d'hérétiques et de lions dévorans.

— Et Effie? répéta une seconde fois sa sœur. Le nom de Butler était sur ses lèvres, mais elle n'osa pas encore le prononcer. Et le laird de Dumbiedikes? et M. et mistress Saddletree? et tous nos amis?

— Dieu soit loué! tous se portent bien.

— Et..., et M. Butler? il était malade quand je suis partie.

— Il est guéri, parfaitement guéri.

— Que le ciel soit béni! Mais, mon cher père, où est Effie? où est donc ma sœur?

— Vous ne la verrez plus, mon enfant, lui répondit son père d'un ton solennel. Vous êtes maintenant la seule branche qui reste sur le vieux tronc.

— Elle est morte! la grâce est venue trop tard! s'écria Jeanie en levant les mains au ciel.

— Non, Jeanie; elle vit dans la chair, mais elle est morte à la grâce; elle est délivrée des liens de la justice, mais elle est toujours dans ceux de Satan.

— Que le ciel nous protège! s'écria Jeanie; serait-il possible qu'elle vous eût quitté pour suivre ce misérable?

— Cela n'est que trop vrai. Elle a abandonné son vieux père qui a prié et pleuré pour elle; elle a abandonné sa sœur qui a fait pour elle autant qu'une mère; elle a abandonné les ossemens de sa mère et la terre de son peuple, et elle est partie pendant la nuit avec ce fils de Bélial.

Deans s'arrêta à ces mots, une sensation qui tenait le milieu entre le chagrin et le ressentiment lui coupant la parole.

— Avec cet homme! s'écria Jeanie, avec cet homme coupable! Et c'est pour le suivre qu'elle nous a abandonnés! O Effie! Effie! qui l'aurait pu croire, après la faveur signalée que le ciel vous avait accordée!

— Elle s'est éloignée de nous, reprit Deans, parce qu'elle n'est pas des nôtres. C'est une branche flétrie qui ne rapportera jamais les fruits de la grâce; une chèvre d'expiation qui a fui dans le désert, chargée, je l'espère du moins, de tous les péchés de notre petite congrégation. — Qu'elle jouisse de la paix du monde, et puisse-t-elle un jour jouir de celle du ciel! — Si elle est du nombre des élus, son heure viendra. Je ne la maudirai point. — J'invoquerai pour elle au contraire les bénédictions du ciel. Mais, Jeanie, son nom ne doit plus être prononcé entre nous. Je ne veux plus m'en souvenir que dans mes prières. — Elle a disparu à nos yeux telle que le ruisseau desséché par la chaleur de l'été, comme dit le saint homme Job, et il ne faut plus chercher les traces de son passage.

Un silence mélancolique succéda à ce discours. Jeanie aurait voulu demander à son père plus de détails sur la fuite d'Effie, mais il lui avait défendu d'un ton trop positif de lui parler d'elle davantage pour qu'elle osât lui désobéir. Elle était sur le point de lui parler de la conversation qu'elle avait eue avec Staunton au rectorat de Willingham; mais elle jugea qu'elle ne ferait qu'augmenter encore ses chagrins, et c'était d'ailleurs ramener indirectement l'entretien sur Effie. Elle espéra qu'elle ne tarderait pas à revoir Butler, et qu'elle apprendrait de lui toutes les circonstances du départ de sa sœur.

Mais quand devait-elle revoir Butler? C'était une question qu'elle n'osait faire à son père, surtout quand, lui montrant le pays qui les entourait, il lui demanda si ce ne serait pas une demeure agréable. Il lui apprit alors qu'il y avait fixé son domicile, et que le duc d'Argyle lui avait confié la conduite d'une belle ferme, où il devait s'occuper de l'amélioration des terres et des diverses races de bestiaux.

Le cœur de Jeanie se resserra en apprenant cette nouvelle.
— Sans doute c'est une belle et bonne terre, dit-elle; les collines exposées à l'occident sont couvertes d'une belle verdure qui doit faire d'excellens pâturages, car l'herbe paraît encore fraîche en dépit de la sécheresse; mais il se passera bien du temps avant que je puisse oublier les marguerites et les renoncules jaunes des vertes pelouses de Saint-Léonard Crags.

— N'en parlez plus, Jeanie, s'écria Deans; je ne veux plus en entendre parler; c'est-à-dire quand la vente de la ferme sera faite et tous les billes acquittés. Mais j'ai amené ici toutes les bêtes que vous aimiez: Gowan, votre vache blanche, et la génisse à qui vous aviez donné le nom..., mais je n'ai pas besoin de vous dire quel nom vous lui aviez donné. Je n'ai pu me résoudre à vendre la pauvre bête, quoique sa vue me fende quelquefois le cœur; mais ce n'est pas sa faute, l'innocente créature! J'ai séparé encore deux ou trois autres bêtes pour être conduites avant le reste du troupeau, afin qu'on pût dire, comme lorsque le fils de Jessé revint du combat: Voilà les dépouilles de David.

D'autres détails dans lesquels il entra fournirent à Jeanie une nouvelle occasion d'admirer la bienveillance active de son protecteur le duc d'Argyle. Il s'occupait en ce moment d'établir dans l'île de Roseneath une ferme destinée à faire des expériences en économie rurale, et il avait besoin d'un homme entendu pour la diriger. La conversation qu'il avait eue avec Jeanie sur l'agriculture l'avait porté à croire que son père, dont elle avait si souvent cité l'expérience et les succès, devait être la personne qui lui convenait.

Cette idée se présenta encore plus fortement que jamais à son esprit, quand la condition attachée à la grâce d'Effie lui fit croire que David Deans se déciderait aisément à changer de résidence; et comme il était enthousiaste en bienfaisance comme en agriculture, il crut trouver le moyen de satisfaire en même temps ses deux goûts favoris. Il écrivit donc sur-le-champ à l'agent chargé de ses affaires à Édimbourg de prendre des renseignemens sur David Deans, nourrisseur à Saint-Léonard, et si c'était un homme tel qu'il lui avait été représenté, de lui offrir les conditions les plus avantageuses pour se charger de conduire la ferme qu'il établissait à Roseneath.

Cette proposition fut faite au vieux David le lendemain du jour où la grâce de sa fille était arrivée à Édimbourg. Sa résolution de quitter Saint-Léonard était déjà prise. L'honneur d'être choisi par le duc d'Argyle pour diriger un établissement tel que celui dont il s'agissait ne lui permit pas d'hésiter un moment, et la bonne opinion que sa modestie chrétienne ne l'empêchait pas d'avoir de ses talens lui persuada qu'en acceptant ces propositions il reconnaîtrait en quelque sorte les obligations récentes que sa famille avait à ce seigneur. Les offres qu'on lui faisait étaient fort libérales, et, indépendamment des appointemens qui lui étaient assurés, on lui laissait la faculté de continuer pour son compte le commerce de bestiaux. Or David vit sur-le-champ que le pays était on ne pouvait pas plus favorable pour cette spéculation. Il y a bien quelques dangers à courir pour les bestiaux de la part des montagnards, pensa-t-il, mais le nom du duc d'Argyle nous servira de protection, et une bagatelle de black-mail[1] achèvera de nous mettre à l'abri de leurs rapines.

Il y avait pourtant deux points qui l'arrêtaient encore. Le premier était un scrupule de conscience. Il craignait que le ministre qui desservait l'église de la paroisse qu'on lui proposait d'habiter ne partageât point sa croyance religieuse, la seule bonne, la seule véritable à son avis ; mais on trouva moyen de lui donner toute satisfaction à cet égard, comme nous le dirons tout à l'heure. Le second obstacle, c'était qu'Effie était obligée de quitter l'Écosse, et qu'il désirait ne pas s'en séparer.

L'agent du duc ne fit que rire de cette dernière crainte, et lui dit qu'il fallait interpréter la loi moins rigoureusement ; qu'il suffirait que sa fille s'absentât d'Écosse pour quelques mois, même pour quelques semaines, et qu'elle pourrait ensuite venir rejoindre son père par mer, en côtoyant les rives occidentales d'Angleterre ; que personne ne serait instruit de son arrivée, au moins personne qui eût la volonté ou le pouvoir de lui nuire, que tous les magistrats qui se trouvaient dans les vastes domaines du duc d'Argyle étaient sous la juridiction de Sa Grâce, qui leur donnerait ordre de ne pas inquiéter Effie ; que d'ailleurs, se trouvant dans le pays des Highlands, elle pouvait être censée hors de l'Écosse, c'est-à-dire hors du cercle des lois et de la civilisation ordinaire.

Tous ces raisonnemens n'avaient pas entièrement convaincu le vieux Deans, mais Effie ayant disparu la troisième nuit qui suivit son retour chez son père, il conçut un tel dégoût pour Saint-Léonard, qu'il accepta sur-le-champ les offres qui lui étaient faites. Il entra avec plaisir dans le projet qu'avait conçu le duc de surprendre Jeanie, afin de rendre plus frappant pour elle son changement de résidence. Le duc avait informé Archibald de toutes ces circonstances, et lui avait dit d'agir d'après les instructions qu'il recevrait à Rutherglen ; c'était là que celui-ci avait appris que Deans était déjà à Roseneath, et qu'il devait y conduire Jeanie.

(1) Voyez les notes de *Waverley* sur cette contribution payée aux maraudeurs ou aux chefs de clan.

Le père communiqua toutes ces circonstances à sa fille en se rendant lentement sur un terrain inégal à la Loge[1] qu'on apercevait à travers les arbres à environ un demi-mille de distance de la petite baie où l'on avait débarqué.

Comme ils approchaient de la maison, Deans, faisant une espèce de grimace qui était le seul sourire auquel ses traits eussent jamais pu se prêter, apprit à sa fille qu'il se trouvait là un gentilhomme respectable et un révérend ministre.

Le gentilhomme respectable était Son Honneur le laird de Knocktarlity, bailli de la seigneurie sous le duc d'Argyle, qui, dit le vieillard, était piqué de la même mouche que la plupart des Highlanders, c'est-à-dire vif, emporté, négligeant les choses qui concernent le salut, pour s'occuper des intérêts terrestres, et ne connaissant pas trop la distinction entre *le mien* et *le tien;* du reste, bon voisin, hospitalier, et avec lequel il serait prudent de vivre en bonne intelligence (car les Highlanders étaient violens, très violens). Quant au révérend ministre, il était, par la faveur du duc d'Argyle, *candidat* pour l'église de la paroisse. Il employa cette expression parce que pour rien au monde il n'eût prononcé celle de *presentee*[2]. Il est probable, ajouta-t-il, qu'il sera agréable à toutes les âmes chrétiennes de la paroisse, qui doivent être affamées de la manne spirituelle, n'ayant eu jusque là que les grossiers alimens que leur donnait M. Duncan Mac-Donought, le dernier ministre, qui commençait l'œuvre de chaque jour, le dimanche comme le lundi, en vidant une pinte d'usquebaugh. Mais je ne vous en dirai pas davantage de ce nouveau ministre, dit-il en faisant une seconde grimace, car je crois que vous le connaissez déjà, et je le vois qui vient au-devant de nous.

Jeanie leva les yeux; ce ministre n'était autre que Reuben Butler lui-même.

[1] On appelle *Lodge* (loge, logis) les maisons dépendantes d'un château, une espèce de maison de fermier, surtout quand elle est située près d'un bois.

[2] Ne reconnaissant pas, même au duc d'Argile, le droit de *présentation* d'un ministre qui, selon sa croyance, devait être élu par les saints de la congrégation.

CHAPITRE XLIII.

« Tu ne reverras plus cette sœur si chérie;
» A tes embrassemens le destin l'a ravie. »

Élégie sur mistress Anne Killigrew.

CETTE seconde surprise, éprouvée par Jeanie, avait été produite par la baguette du même enchanteur bienfaisant, dont le pouvoir avait transporté son père des rochers de Saint-Léonard sur les bords du Gare-Loch. Le duc d'Argyle n'était pas homme à oublier la dette de reconnaissance dont l'acquit lui avait été légué par son aïeul, et il avait résolu de récompenser le service rendu à celui-ci par Bible Butler, en accordant à son petit-fils l'église de Knocktarlity dans le comté de Dumbarton, dont dépendait l'île de Roseneath; le titulaire venait justement de mourir; mais comme avant tout il voulait être sûr que Reuben Butler posséderait les talens et les qualités nécessaires pour remplir dignement cette place, il chargea son agent à Édimbourg de prendre des informations sur lui, et elles ne se trouvèrent pas moins satisfaisantes que celles qu'il avait reçues à l'égard de David Deans.

Par cette nomination, le duc d'Argyle rendit à son amie et sa protégée Jeanie un plus grand service qu'il ne le pensait, car il ne se doutait pas que son père pût avoir quelques objections à faire contre le mariage de sa fille avec Butler, et il contribua à les détruire.

Nous avons déjà dit que Deans avait une sorte de préjugé contre Butler, quoiqu'il lui fût sincèrement attaché. Cette prévention venait peut-être, jusqu'à un certain point, de ce qu'il avait à peu près découvert que le pauvre sous-maître d'école osait regarder sa fille aînée avec les yeux de l'affection, et c'était, à ceux de Deans, un péché de présomption, quoique Butler n'eût jamais eu la hardiesse de lui faire connaître ses sentimens, ni de lui demander ouvertement la main de Jeanie. L'intérêt que Butler lui avait témoigné dans ses malheurs récens, la part qu'il avait prise à son affliction, les marques d'attention qu'il lui avait prodiguées, avaient contribué d'autant plus à diminuer les préventions du vieillard, que, Jeanie étant absente, il ne pouvait attribuer ses assiduités qu'à son respect et à son attachement pour lui-même. Mais tandis qu'il concevait ces bonnes dispositions pour Butler, un autre incident eut encore beaucoup d'influence sur son esprit.

Dès que Deans eut un peu oublié la douleur que lui avait causée la disparition d'Effie, son premier soin fut de se procurer la somme nécessaire pour rendre au laird de Dumbiedikes l'argent qu'il avait déboursé pour le procès, et ce qu'il avait prêté à Jeanie pour son voyage. Mais depuis le départ de celle-ci, le laird, son cheval, sa pipe et son chapeau galonné n'avaient point reparu à Saint-Léonard : il fallut donc que Deans prît le parti de se rendre lui-même au château de Dumbiedikes.

Il y régnait un mouvement extraordinaire. Des ouvriers travaillaient à détacher les anciennes tapisseries pour en substituer de nouvelles; on peignait les boiseries, on grattait les murs, on réparait les brèches; enfin la vieille maison n'était plus reconnaissable. Le laird lui-même semblait fort affairé; il accueillit Deans avec politesse, mais non pas tout-à-fait avec son air de cordialité ordinaire. L'extérieur du maître n'offrait pas moins de changemens que sa maison. Il portait un habit retourné dont la coupe était presque à la mode; le vieux chapeau avait été repassé, et garni d'un galon neuf; au lieu d'être rejeté en arrière sur la tête du laird, il était incliné avec intention sur un de ses sourcils.

David Deans lui apprit le motif de son arrivée et lui remit la somme dont il lui était redevable. Le laird la compta avec grande attention, et tandis que Deans lui parlait de la captivité de Judas, il lui demandait s'il ne croyait pas qu'une ou deux guinées étaient un peu rognées. Après les avoir pesées, et s'être tranquillisé l'esprit à ce sujet, il mit l'argent dans sa poche, en donna un reçu à David, et s'informa, avec une sorte d'embarras, s'il avait reçu des nouvelles de Jeanie.

—Sans doute, répondit David, et elle vous remercie de l'argent que vous lui avez prêté.

—Et... et elle ne vous dit pas autre chose pour moi?

—Non, répondit le vieillard, qui crut que le laird, après avoir fait pendant long-temps une cour silencieuse à sa fille, allait enfin s'expliquer. C'était véritablement son intention, mais l'explication ne devait pas être telle que David se l'imaginait.

—Elle doit savoir ce qui lui convient, dit le laird : quant à moi, je me suis défait d'un mauvais attelage; j'ai chassé Jenny Balchristie et sa nièce, et je me marie dimanche prochain.

David fut étourdi de cette nouvelle; mais il était trop fier pour laisser apercevoir qu'elle lui causât une surprise peu agréable.

—Je souhaite que vous soyez heureux, monsieur, grâce à celui qui peut seul donner le bonheur. Le mariage est un état honorable.

—Et je prends une femme dans une famille honorable, David : la fille du laird de Lickpelf, qui occupe à l'église le banc à côté du mien... c'est ce qui m'a fait songer à elle.

Il ne restait plus à Deans qu'à lui souhaiter de nouveau toutes sortes de félicités, et à reprendre le chemin de Saint-Léonard, en réfléchissant sur l'instabilité des projets et des résolutions des hommes. L'espoir que Jeanie serait, un jour ou l'autre, lady Dumbiedikes s'était enraciné, presque à son insu, dans son esprit; il pensait au moins que ce mariage ne dépendait que de sa fille, et que le laird se déclarerait dès qu'elle voudrait lui donner un peu d'encouragement. Maintenant cette espérance était évanouie, et il rentra chez lui dans une disposition d'esprit qui ne lui était pas ordinaire, mécontent de Jeanie, parce qu'elle n'avait pas donné d'encouragement au laird, mécontent du laird, parce qu'il avait eu besoin d'encouragement, et mécontent de lui-même, parce qu'il était mécontent de tout.

A son retour, il trouva une lettre de l'agent du duc d'Argyle, qui l'engageait à passer chez lui le plus tôt possible, et il se rendit sur-le-champ à Edimbourg.

C'était pour avoir sa réponse définitive sur les propositions qui lui avaient été faites. Deans était déjà presque déterminé à les accepter ; cependant il fit quelques questions sur les sentimens religieux du ministre chargé du soin des âmes dans la paroisse qu'il s'agissait d'aller habiter.

— La place est vacante en ce moment, répondit l'agent du duc; mais Sa Grâce la destine à un jeune homme dont on lui a rendu un compte avantageux, nommé Reuben Butler.

— Reuben Butler!... quoi! Reuben Butler, sous-maître d'école à Libberton!

— Lui-même ; la famille de Sa Grâce a quelques obligations à un de ses ancêtres, et, d'après les arrangemens que je suis chargé de faire, peu de ministres auront une place aussi agréable que M. Butler.

— Des obligations!... Le duc!... Reuben Butler!... Reuben Butler ministre d'une église en Ecosse! s'écria Deans dans le plus grand étonnement ; car le peu de succès de toutes les démarches que Butler avait faites jusqu'alors pour obtenir de l'avancement faisait qu'il le regardait comme un de ces enfans que la fortune traite en marâtre, et qu'elle finit par déshériter tout-à-fait.

L'instant où nous sommes disposés à penser le plus favorablement d'un ami est presque toujours celui où nous le voyons s'élever dans la bonne opinion des autres. Deans, bien assuré du changement total qui allait s'opérer dans la situation de Reuben, en témoigna sa satisfaction, et fit observer que c'était à lui qu'il en était redevable. — C'est moi, dit-il, qui conseillai autrefois à sa grand'mère, bonne femme qui avait une pauvre tête, de le faire entrer dans l'église, et qui lui prédis que, si Dieu bénissait ses efforts, il deviendrait un pilier poli de son temple. Il fait un peu trop de cas des connaissances humaines, mais c'est un brave garçon, qui a de bons principes ; et sur dix ministres, tels qu'ils sont aujourd'hui, vous en trouverez neuf qui ne valent pas Reuben Butler.

Il prit congé de l'homme d'affaires du duc, après avoir terminé tous les arrangemens relatifs à la ferme, et retourna chez lui tellement absorbé par ses calculs sur la nouvelle étonnante qu'il venait d'apprendre, qu'il ne songea pas à la fatigue. L'honnête David avait alors à s'occuper d'un travail important, celui de mettre d'accord son intérêt et ses principes, et, de même que tant d'autres quand ils y songent sérieusement, il y réussit assez bien.

Reuben Butler pouvait-il accepter, en toute sûreté de conscience, un grade dans l'église d'Ecosse, soumise comme elle l'était, selon David, aux empiètemens érastiens du pouvoir civil? C'était là une grande question qu'il médita avec attention. « L'église d'Ecosse était dépouillée de ses rayons, » de son artillerie et des bannières de sa puissance; mais il » lui restait des pasteurs zélés, et doués d'une grâce féconde, » ainsi que des congrégations prudentes, et, avec toutes ses » taches et ses souillures, on ne pouvait trouver encore sur » la terre une église égale à celle d'Ecosse. »

Les doutes de David avaient été trop multipliés et trop scrupuleux pour lui permettre de s'unir jamais complètement à aucune des sectes dissidentes qui, par divers motifs, s'étaient séparées de l'église nationale. Il s'était même souvent associé à la communion des membres du clergé reconnu, qui se rapprochaient le plus de l'ancien modèle presbytérien et des principes de 1640, et quoiqu'il y eût bien des amendemens à faire à ce système, cependant il se rappelait que lui David Deans, il avait toujours été un humble avocat de la bonne cause, d'une manière légale, et sans jamais se jeter dans les excès, les divisions et les *séparations* de ce qu'on appelait l'extrême droite. Comme ennemi de ces séparations, il pouvait donc mettre sa main dans celle d'un ministre de l'église d'Ecosse actuelle; *ergo*, Reuben Butler pouvait prendre possession de la paroisse de Knocktarlity sans perdre son amitié ou sa bienveillance : Q. E. D. [1]. Mais secondement, venait l'article épineux du patronage laïque, que David Deans avait toujours dénoncé comme « une intrusion par la » fenêtre et par dessus les murailles, une tromperie, une ma-

---

(1) Q. E. D. Cette abréviation est empruntée au langage des mathématiciens: *Quod Erat Demonstrandum*, « ce qui était à démontrer. » — Éd.

» nière d'affamer les âmes de toute une paroisse, pour vêtir
» les épaules et remplir le ventre du bénéficier. »

Quel que fût le mérite, quel que fût le noble caractère
du duc d'Argyle, la présentation faite par ce seigneur était
donc « un membre de l'image d'airain, une dépendance du
» mal; » et aucune raison ne pouvait engager David et sa
conscience à favoriser une telle transaction. Mais si les paroissiens eux-mêmes, d'une voix unanime, réclamaient Reuben Butler pour leur pasteur, était-il juste que cette malheureuse présentation fît refuser à leurs âmes les consolations
de sa doctrine? Si le presbytère l'admettait dans l'église,
en vertu de l'acte de patronage, plutôt que par égard pour
le vœu général de la congrégation, c'était une erreur personnelle et une erreur bien grossière; mais *si* Reuben Butler
acceptait la cure comme lui étant offerte par l'élection de
ceux qu'il était appelé à instruire et qui s'étaient montrés
avides d'instruction, *si*... par la vertu toute-puissante de ce
SI, David, après avoir bien médité la chose, en vint à être
d'opinion qu'il pouvait en toute sûreté approuver cette
transaction.

Il restait une troisième pierre d'achoppement, — le serment exigé des ministres reconnus, par lequel ils reconnaissaient un roi et un parlement érastien, approuvaient l'union
de l'Angleterre à l'Ecosse. Par lequel acte le second royaume
était devenu partie intégrante du premier, d'où la prélature, sœur du papisme, était venue asseoir son trône et
montrer les cornes de sa mitre. C'étaient là de ces symptômes
de défection qui avaient souvent forcé David de s'écrier :
« — Mes entrailles! mes entrailles! — Je suis souffrant jusque
dans le fond de mon cœur! » Il se souvenait aussi qu'une
sainte matrone de Bow-Head avait été enlevée de ce monde
dans un évanouissement, dont les cordiaux et les plumes
brûlées ne purent la tirer, rien que pour avoir entendu,
dans l'église de la Tolbooth, ces paroles terribles prononc-
cées du haut de la chaire par le ministre lisant la proclama-
tion contre les meurtriers de Porteous : — « Il est prescrit
par les lords *spirituels* et temporels ; — ces sermens étaient
donc une coupable complaisance et une fatale abomination,

— un piége du péché, — un danger de défection. — Mais ce *Shibboleth*[1] n'était pas toujours exigé; les ministres avaient quelquefois des égards pour leurs consciences timorées, et pour celles de leurs frères. Ce ne fut que plus tard que l'assemblée générale et le presbytère tinrent d'une main plus ferme les rênes de l'autorité spirituelle. La conciliante particule vint encore au secours de David. SI un bénéficier n'était pas tenu à ces concessions coupables, *si* Butler pouvait trouver une légitime entrée dans l'Église sans intrusion.... en un mot, David Deans fut d'avis qu'il pouvait légalement jouir du spirituel et du temporel de la cure des âmes à Knocktarlity, avec les émolumens, la manse cléricale, la glèbe et autres appartenances.

Les hommes les plus droits et les plus vertueux sont quelquefois placés dans de telles circonstances, qu'il serait un peu rigoureux de chercher trop sévèrement si l'amour paternel n'avait pas contribué pour beaucoup à inspirer à Deans tous ces raisonnemens. Réfléchissons sur sa situation. Une de ses filles était perdue pour lui, et la résolution subite que venait de prendre le laird de Dumbiedikes anéantissait l'espérance secrète qu'il avait conçue depuis si long-temps pour son aînée, à qui il était si redevable. A l'instant où ce contre-temps vient l'affliger, Butler se présente à son imagination, non plus en pauvre sous-maître en habit râpé; mais comme le ministre bénéficier d'une paroisse nombreuse, chéri de sa congrégation, menant une vie exemplaire, prêchant avec éloquence la saine doctrine, remplissant ses fonctions, comme jamais ministre ne l'avait fait avant lui dans les montagnes d'Écosse, ramenant les pécheurs comme un chien de berger conduit les moutons, favori du duc d'Argyle, et jouissant d'un revenu fixe de huit cents livres d'Écosse, plus quatre charretées de denrées en nature. L'idée de le voir épouser Jeanie faisait plus que balancer le regret qu'il éprouvait de renoncer à entendre nommer sa fille lady Dumbiedikes, car un ministre presbytérien était dans son esprit bien au-dessus d'un laird. Il ne fit pas attention qu'il était

---

[1] Nous avons déjà signalé la signification de ce mot souvent employé dans le sens de *mot d'épreuve*.

probable que ce mariage plairait à sa fille plus que celui qu'il avait eu en vue; l'idée de consulter ses sentimens à ce sujet ne se présenta pas plus à lui que la possibilité qu'elle eût une opinion différente de la sienne.

Le résultat de ces méditations fut qu'il fallait qu'il se chargeât de conduire toute l'affaire, afin de donner, s'il était possible, sans coupable complaisance, sans apostasie, et sans défection d'aucune espèce, un digne pasteur à l'église de Knocktarlity. En conséquence, par l'entremise de l'honnête négociant en lait et beurre, qui demeurait à Libberton, il fit dire à Reuben Butler de venir le voir sur-le-champ : il ne put même s'empêcher de donner cette commission à ce digne messager avec un certain air d'importance; car celui-ci, en s'en acquittant, dit à Butler que le brave homme de Saint-Léonard avait sûrement quelque grande nouvelle à lui apprendre, attendu qu'il paraissait aussi fier qu'un coq dressé sur ses ergots.

Butler soupçonna le motif de cette invitation, et l'on doit bien croire qu'il se rendit sur-le-champ à Saint-Léonard. Le bon sens, la franchise et la simplicité formaient les élémens de son caractère, mais l'amour en cette occasion y ajouta un peu d'adresse. Il était instruit de la faveur que le duc d'Argyle voulait bien lui accorder, et il en avait reçu l'avis avec des sentimens qui ne peuvent être appréciés que par ceux qui ont passé tout-à-coup d'un état de dépendance et de pauvreté à un état de liberté et d'aisance. Il résolut cependant de laisser le vieillard s'attribuer le mérite de lui en apprendre la première nouvelle, et surtout de le laisser disserter sur ce sujet aussi longuement qu'il le voudrait, sans l'interrompre ni le contredire. Ce plan, dans sa dernière partie surtout, était le plus prudent qu'il pût adopter, parce que le vieux Deans, dans les articles de controverse, éclaircissait souvent ses doutes en les discutant lui-même, mais ne voulait jamais se laisser convaincre par autrui; et soutenir une opinion contraire était le plus sûr moyen de l'affermir dans la sienne.

Il reçut Butler avec cet air de gravité importante que des infortunes trop réelles lui avaient fait quitter depuis quelque temps, et qui appartenait au temps où il donnait à la veuve Butler des leçons sur la manière de cultiver la petite ferme de Bersheba. Il lui parla avec détail du projet qu'il avait formé de quitter sa résidence actuelle pour aller conduire une ferme appartenant au duc d'Argyle dans l'île de Roseneath, comté de Dumbarton. Il lui détailla les nombreux avantages qu'il devait y trouver, et assura son auditeur patient que rien n'avait autant contribué à lui faire accepter cette proposition que la conviction que ses connaissances pourraient rendre d'importans services au duc d'Argyle, et qu'il lui prouverait par là sa reconnaissance de la protection que ce seigneur lui avait accordée, — dans une malheureuse circonstance, ajouta-t-il, et une larme vint obscurcir les yeux du vieillard, qu'animait un sentiment d'orgueil. — En confiant cette place à un grossier Highlander, pouvait-on s'attendre à voir en lui autre chose qu'un chef de parleurs comme le méchant Doeg l'Édomite ? tandis qu'aussi long-temps que ces cheveux blancs couvriront ma tête, il n'y aura pas une des vaches de Sa Grâce qui ne soit soignée comme si elles étaient toutes les vaches grasses de Pharaon.

— Et maintenant, Reuben, continua Deans, — voyant que nous allons porter notre tente dans une terre étrangère, vous jetterez sans doute de notre côté un regard de regret, avant de trouver quelqu'un pour prendre conseil sur votre conduite dans ces temps de faux pas et d'apostasie : sans doute vous vous souviendrez que le vieux David Deans fut l'instrument choisi par Dieu pour vous retirer du bourbier de l'hérésie et du schisme où la maison de votre père aimait à se vautrer. Souvent aussi, sans doute, quand vous serez trop pressé par les épreuves difficiles, les tentations et les faiblesses du cœur, vous qui êtes comme un soldat de recrue marchant pour la première fois au son du tambour, vous regretterez le vétéran hardi et expérimenté qui a bravé l'orage de plus d'un jour de terreur, et qui entendit siffler à ses oreilles autant de balles qu'il lui reste de cheveux sur la tête ! —

Il est très possible que Butler pensât au fond du cœur que David aurait bien pu s'épargner l'allusion aux principes religieux de son grand'père, et qu'il fût assez présomptueux pour se croire, à son âge et avec ses propres lumières, assez fort pour conduire sa barque sans prendre le bon David pour pilote; mais il se contenta d'exprimer le regret que quelque évènement pût le séparer d'un ami si ancien et si éprouvé.

— Mais comment l'empêcher, jeune homme? comment empêcher notre séparation? Vous ne pourriez me le dire. Il faut que vous l'appreniez de quelque autre, du duc d'Argyle ou de moi, Reuben, ajouta-t-il en faisant la grimace qui lui tenait lieu de sourire; c'est une bonne chose que d'avoir des amis dans ce monde, — à plus forte raison dans l'autre.

David, dont la piété n'était pas toujours raisonnable, mais sincère et fervente, tourna les yeux vers le ciel avec respect, et garda le silence. M. Butler fit connaître qu'il recevrait avec plaisir l'avis de son ami sur un sujet si important, et David reprit la parole :

— Que pensez-vous, maintenant, Reuben, d'une église, — une église régulière sous le gouvernement actuel? — Si on vous en offrait une, seriez-vous libre de l'accepter, et avec quelles réserves? Je ne vous le demande que pour vous le demander?

— Si l'on me faisait une telle proposition, répondit Reuben, j'examinerais d'abord s'il est vraisemblable que je puisse être utile au troupeau qui me serait confié; car, sous tout autre point de vue, vous devez bien juger qu'elle ne pourrait que m'être très avantageuse.

— Bien répondu, Reuben, très bien répondu : votre conscience doit être satisfaite avant tout ; car comment enseignerait-il les autres, celui qui aurait si mal appris les saintes Écritures, que, par l'amour du lucre et d'un avancement terrestre, c'est-à-dire d'une manse, des émolumens et des rétributions en nature, il se laisserait aller à accepter ce qui ne lui appartiendrait pas dans le sens spirituel, — ou qui ferait de son Eglise un cheval de relai pour arriver à son salaire? Mais j'attends de vous quelque chose de mieux, et surtout souvenez-vous de ne pas vous en rapporter à votre seul jugement, ce qui est une source de tristes erreurs, d'apostasie et de défections à droite comme à gauche. Si une semblable épreuve vous était imposée, ô Reuben, vous qui êtes jeune, quoique doué des langues charnelles, comme celle qu'on parle à Rome, ville aujourd'hui le siège de l'abomination, et celle des Grecs à qui l'Evangile semblait une folie, — ceux qui vous veulent du bien peuvent vous exhorter à prendre conseil de ces chrétiens prudens, résolus et aguerris, qui ont su ce que c'était que de se cacher dans des fondrières, des marais et des cavernes, ou de risquer de perdre la tête, pour conserver l'intégrité du cœur.

Butler répondit que certainement, puisqu'il avait un ami, et il l'espérait avoir dans David Deans lui-même, qui avait vu toutes les vicissitudes du siècle précédent, il serait bien coupable de ne pas profiter de son expérience et de ses bons conseils.

— Assez, — assez, Reuben, reprit David Deans triomphant au fond du cœur : si vous étiez dans la position dont je parlais, certes je croirais de mon devoir de pénétrer jusqu'à la racine de la chose, et de vous dévoiler les apostumes et les ulcères, les plaies et la lèpre du temps où nous vivons; je le ferais à haute voix et sans rien taire.

David Deans était dans son élément. Il commença son examen des doctrines et des croyances de l'église chrétienne depuis les Culdes[1] eux-mêmes; passa de là à John Knox, de John Knox aux sectaires récusans du temps de Jacques VI, — Bruce, Black Blair, Livingstone; — et de là aux courtes et enfin victorieuses époques de la splendeur du presbytérianisme, jusqu'à son oppression par les Indépendans anglais. Vinrent ensuite les temps lugubres de la prélature, des indulgences au nombre de sept, avec leurs obscurités et leur vrai sens, jusqu'à ce que Deans arrivât au règne du roi Jacques, dans lequel il avait été lui-même, croyait-il,

---

[1] *Cuil* en gaëlique signifie caverne, et *cuil-deach* cénobite, homme solitaire. On appelle Culdes ou Kouldes un corps de prêtres ou de moines catéchisant, qui, vers le sixième siècle, s'étaient établis en Irlande, dans les Hébrides, en Écosse et dans le pays de Galles : ils étaient célèbres par leur piété, ne reconnaissaient point d'évêques, et restaient soumis à un abbé élu par eux-mêmes.

un acteur et un martyr nullement inconnu : alors Butler fut condamné à entendre l'édition la plus détaillée et la plus longuement commentée de ce qu'il avait tant de fois entendu auparavant, — savoir : l'histoire de la réclusion de David Deans dans la Tolbooth de Canongate, et la cause d'icelle, etc.

Nous serions injustes envers notre ami David, si nous omettions un récit qu'il regardait comme essentiel à sa gloire. Un soldat des gardes du roi, nommé Francis Gordon, avait pourchassé, étant ivre, six ou sept whigs persécutés parmi lesquels était notre ami David, et après les avoir forcés de s'arrêter il allait se prendre de paroles avec eux, lorsqu'il y en eut un qui fit feu sur lui avec un pistolet et l'étendit mort. David avait coutume de rire en hochant la tête lorsqu'on lui demandait si c'était *lui* qui avait été l'instrument dont le ciel s'était servi pour enlever ce perfide persécuteur de la face de la terre. En effet, le mérite de cet acte était douteux entre lui et son ami Patrick Walker le colporteur, dont il aimait tant à citer les ouvrages. Ni l'un ni l'autre ne se souciait de réclamer directement le mérite d'avoir réduit au silence M. Francis Gordon, parce qu'il y avait non loin d'Edimbourg quelques cousins du garde-du-corps qui auraient pu avoir conservé encore le désir de la vengeance; mais aucun d'eux ne voulait désavouer ou céder à l'autre l'honneur de cette défense énergique de leur culte. David disait que « s'il avait tiré un coup de pistolet ce jour-là, c'était la première et la dernière fois de sa vie; » et quant à M. Patrick Walker, il nous a dit dans un de ses livres, « que sa grande surprise fut de voir un si petit pistolet tuer un homme si grand. » Tels sont les termes de ce vénérable biographe, dont le métier n'avait pu lui apprendre par expérience « qu'un pouce vaut une aune [1] : » — « Il (Francis
» Gordon) attrapa dans la tête une balle sortie d'un pistolet
» de poche plutôt fait pour amuser un enfant que pour
» tuer un homme si furieux et si fort, et qui cependant le
» tua raide. »

[1] C'est-à-dire qu'on parvient à mesurer avec un pouce comme avec une aune. Expression proverbiale. — Éd.

S'appuyant sur la base étendue que lui offrait l'histoire de l'Église pendant son court triomphe et ses longues tribulations, David aurait étourdi tout autre homme que l'amant de sa fille, lorsque, infatigable dans ses discours, il se mit à exposer ses propres règles pour guider la conscience de son ami, considéré comme aspirant au ministère. Là-dessus le brave homme trouva, en vrai casuiste, une telle variété de problèmes délicats, il supposa tant de cas extrêmes, fit des distinctions si critiques et si pointilleuses entre la droite et la gauche, entre la condescendance et la défection, — les pas rétrogades et les déviations, — les faux pas et les chutes, — les piéges et les erreurs, — qu'enfin, après avoir borné le chemin de la vérité à la ligne mathématique, il fut conduit à admettre que la conscience de chacun, après avoir apprécié les écueils de sa navigation, devait être sa meilleure boussole. Il cita les exemples et les argumens pour et contre l'acceptation d'une église sur le modèle de la révolution actuelle, avec plus d'impartialité pour Butler qu'il n'avait pu le déduire pour lui-même; puis il conclut qu'il devait méditer les choses et en croire la voix de sa conscience, pour savoir s'il pouvait se charger d'une fonction aussi redoutable que celle de la charge des âmes, sans faire tort à sa conviction intérieure sur ce qui était mal ou bien.

Quand David eut terminé sa longue harangue, interrompue seulement par quelques monosyllabes de la part de Butler, l'orateur lui-même fut grandement étonné de trouver que la conclusion à laquelle il désirait naturellement arriver semblait bien moins facile à être obtenue que lorsqu'il avait discuté la question dans son esprit.

Dans cette occasion, David, par le contraste de sa pensée et de ses paroles, ne fit que donner une nouvelle preuve de ce qu'on a dit souvent de l'excellence d'une discussion publique; car sous l'influence de l'esprit de parti, il est certain que la plupart des hommes sont plus facilement convaincus dans le secret de leur cœur sur l'opportunité d'une mesure, que lorsque, obligés d'en vanter le mérite à un tiers parti, la nécessité de paraître impartial leur fait donner aux argumens contraires plus de latitude qu'ils ne leur en accordaient tacitement. Ayant ainsi dit tout ce qu'il avait à dire, David se crut obligé d'être plus explicite et de déclarer que ce n'était pas un cas hypothétique dont il s'agissait; mais une question sur laquelle (grâce à son influence et à celle du duc d'Argyle), Reuben Butler serait bientôt appelé à décider.

Ce ne fut même pas sans un sentiment d'inquiétude que Deans entendit Reuben lui répondre qu'il prendrait la nuit pour y réfléchir, et qu'il lui donnerait sa réponse le lendemain matin. L'amour paternel était ce qui dominait en ce moment dans le cœur du vieillard. Il insista pour qu'il passât la soirée avec lui. Il alla même (chose rare!) chercher dans son cellier deux bouteilles de vieille ale. Il parla de sa fille, de son affection, de ses bonnes qualités, de son économie; enfin il amena Butler à lui faire l'aveu de son amour pour elle, et le mariage fut décidé avant que la nuit arrivât.

Ils auraient regardé comme peu délicat d'abréger le terme que Reuben avait demandé pour délibérer sur ce qu'il devait faire, mais il parut suffisamment convenu entre eux qu'il deviendrait très probablement ministre de Knocktarlity, pourvu que la congrégation fût aussi portée à l'agréer que le duc à le présenter. Quant au Shibboleth, ils arrêtèrent qu'il serait temps de le discuter quand on le lui demanderait.

Plus d'un arrangement fut adopté ce soir-là, et convenu ensuite dans une correspondance avec l'homme d'affaires du duc d'Argyle, qui confia à Deans et à Butler les intentions bienveillantes de Sa Grâce. Le duc désirait qu'ils allassent tous attendre Jeanie revenant d'Angleterre à la Loge-de-Chasse de Roseneath.

Ce coup d'œil en arrière, si intéressant pour les paisibles amours de Jeanie Deans et de Butler, explique le récit précédent jusqu'à l'époque où nous avons abordé à l'île de Roseneath.

CHAPITRE XLIV.

« Toi que je puis nommer par les noms les plus doux
» Qu'aux mortels fortunés ait permis la nature,
» Ma femme, reconnais la voix de ton époux.
» Maisons, amis, parens, quitte tout sans murmure;
» Ma maison, mes amis, mes parens sont les tiens. »

LOGAN.

La réunion de Jeanie et de Butler, dans les circonstances qui promettaient de couronner l'union de deux cœurs attachés l'un à l'autre depuis si long-temps, fut plus remarquable par la sincérité de leur affection que par la véhémence de leurs transports. David Deans, dont la théorie n'était pas toujours d'accord avec la pratique, les inquiéta d'abord en leur citant les opinions de plusieurs célèbres prédicateurs presbytériens, qui avaient soutenu que le mariage, quoique déclaré honorable par les lois de l'Écriture, était témérairement envié par les chrétiens, et surtout par les jeunes ministres, dont quelquefois le désir désordonné de paroisses, d'émolumens et de femmes, avait occasioné mainte complaisance coupable pour la défection générale du temps. Il leur dit aussi qu'un mariage trop précipité avait été la perte de plus d'un sage professeur de la foi ; que la femme incrédule n'avait que trop souvent justifié la prédiction des livres saints en pervertissant l'époux; croyant enfin que, lorsque le fameux Donald Cargill, alors caché à Lee-Wood, dans le comté de Lanark, à une époque de mort pour les fidèles, avait marié, pour céder à ses importunités, Robert Marshall de Starry Shaw, il s'était exprimé en ces termes : — Qui a engagé Robert à épouser cette femme? elle a fait triompher sa pensée coupable sur sa volonté pieuse ; — il ne suivra pas long-temps le droit chemin ; — ses jours de prospérité sont finis. — Je fus témoin moi-même du triste accomplissement de cette prophétie, ajouta David, car Robert Marshall s'étant laissé aller à de fatales complaisances pour l'Ennemi, revint chez lui, entendit les prêtres intrus, fit d'autres démarches de défection, et perdit la bonne estime qu'on avait de lui.

—En effet, observait David, les grands soutiens de l'étendard de la foi, Cargill, Peden, Cameron et Renwick, avaient moins de plaisir à bénir les nœuds du mariage qu'à remplir les autres fonctions de leur ministère ; et, quoiqu'ils s'abstinssent de dissuader les autres ou de leur refuser leurs fonctions, ils considéraient ceux qui les appelaient pour cette solennité comme des indifférens aux tristes épreuves du temps. Mais, tout en maintenant que le mariage était pour plusieurs un piége, David était d'avis (comme il l'avait prouvé par son exemple) qu'il était en lui-même honorable, surtout dans une époque où les honnêtes gens pouvaient être à l'abri d'être fusillés, pendus ou bannis, et avaient de quoi vivre pour eux et pour ceux qui pouvaient venir après eux. — Ainsi donc (car il lui arrivait de conclure quelquefois brusquement), ainsi donc, dit-il à Reuben et à Jeanie, qui l'avaient écouté, en rougissant, déclamer pour et contre le mariage, — je vous laisse à vos tendres causeries.

Les deux amans eurent ensuite une longue conversation, dont le sujet n'est pas difficile à deviner ; mais, comme l'intérêt ne serait peut-être point partagé par nos lecteurs, nous ne leur ferons part que des détails que Butler communiqua à Jeanie sur la fuite de sa sœur, détails qu'elle n'avait osé demander à son père.

Effie, après être sortie de prison, en conséquence de la grâce qui lui avait été accordée, était retournée à Saint-Léonard. Avant sa mise en liberté, Deans avait eu avec sa fille pécheresse plusieurs entrevues très touchantes ; mais Butler ne put s'empêcher de déclarer que, lorsque le vieillard n'eut plus à craindre de la perdre d'une manière si terrible, et qu'elle fut rentrée sous le toit paternel, il avait soumis sa conduite à des restrictions assez sévères pour exaspérer un esprit naturellement indocile, et devenu plus irritable encore par le sentiment de ses torts.

La troisième nuit qui suivit son retour à Saint-Léonard, elle disparut sans que personne sût la route qu'elle avait prise. Butler parvint pourtant à découvrir ses traces, et les suivit jusqu'à une petite baie où un ruisseau porte ses eaux à la mer entre Musselburgh et Édimbourg. On y a construit depuis ce temps un petit port, auquel on a donné le nom de Porto-Bello, et l'on a bâti à l'entour de jolies maisons de campagne. Mais, à cette époque, c'était un terrain inculte où l'on ne voyait que des genêts sauvages, et qui n'était fréquenté que par quelques contrebandiers. Un lougre avait paru dans la rade le jour de la disparition d'Effie, et Butler apprit d'un paysan qu'un canot s'était approché du rivage pendant la nuit, et avait reçu une femme à bord. Comme le lougre était connu pour faire la contrebande, et qu'il avait repris le large sans débarquer aucunes marchandises, Butler ne put douter qu'il ne fût monté par des complices de Robertson, venus dans le Frith uniquement pour favoriser la fuite d'Effie.

Cette présomption devint une certitude le lendemain, car Butler reçut par la poste une lettre signée E. D., mais qui n'indiquait ni le jour où elle avait été écrite, ni le lieu d'où elle était partie. Dans cette lettre, comme dans tout ce que faisait et disait cette malheureuse fille, il y avait de quoi louer et de quoi blâmer. Elle y disait qu'elle ne pouvait supporter l'idée que son père et sa sœur dussent se bannir pour elle et partager sa honte. Que si son fardeau était pesant, elle se l'était imposé elle-même, et devait le supporter seule; qu'elle ne pouvait plus ni leur apporter de consolation, ni en recevoir d'eux, puisque chaque mot, chaque regard de son père lui rappelait sa faute, et semblait devoir lui faire perdre l'esprit; qu'elle l'avait presque perdu pendant les trois jours qu'elle avait passés à Saint-Léonard; que son père avait sans doute de bonnes intentions à son égard, mais qu'il ne savait pas les angoisses terribles qu'il lui causait en lui reprochant sans cesse ses fautes; que si Jeanie avait été à la maison, les choses auraient probablement été toutes différentes; que Jeanie était comme les anges du ciel qui pleurent les fautes du pécheur, mais qui ne les comptent point; qu'elle ne la reverrait plus, et que cette pensée lui causait plus d'affliction que tout ce qui lui était arrivé par le passé et tout ce qui pourrait lui arriver à l'avenir; qu'elle prierait nuit et jour pour Jeanie, tant à cause de ce qu'elle avait fait, qu'à cause de ce qu'elle n'avait pas voulu faire pour elle; qu'elle priait son père de donner à sa sœur tout ce qui pouvait lui revenir du chef de sa mère; qu'elle avait fait un acte qui lui laissait le droit de le recevoir, et qui était entre les mains de M. Novit; quant à elle, que les biens du monde devaient être désormais les moindres de ses soucis, et qu'elle ne serait pas dominée par eux : elle espérait que la cession qu'elle faisait à sa sœur pourrait faciliter son établissement; et, immédiatement après cette expression, elle ajoutait qu'elle souhaitait toute sorte de bonheur à M. Butler en retour des bontés qu'il avait eues pour elle; que quant à elle, elle savait que sa destinée ne pouvait être heureuse, mais que c'était sa propre faute, et qu'elle ne demandait pas qu'on la plaignît. Que cependant elle voulait apprendre à leurs amis, pour leur satisfaction, qu'ils n'auraient pas à rougir d'elle à l'avenir; que celui qui lui avait fait le plus de tort était disposé à lui faire la seule réparation qui était en son pouvoir; et qu'en conséquence elle serait, sous certains rapports, plus heureuse qu'elle ne le méritait; mais qu'elle priait sa famille de se contenter de cette assurance, et de ne faire aucunes démarches pour savoir ce qu'elle serait devenue.

Cette lettre n'apporta pas une grande consolation à David Deans ni à Butler; car que pouvait-on espérer d'une malheureuse fille qui allait unir sa destinée à celle d'un homme comme Robertson? Pouvait-on interpréter autrement la dernière phrase de sa lettre? N'était-il pas vraisemblable qu'elle deviendrait la complice et la victime de tous ses crimes? Jeanie, qui connaissait le rang et le nom de celui qu'on lui désignait sous le nom de Robertson, n'était pas sans une lueur d'espérance : elle augurait bien de la promptitude avec laquelle il était venu réclamer celle qu'il regardait comme son épouse, et elle se flattait qu'elle en avait déjà le titre. Si cela était, il ne lui paraissait pas probable qu'avec la fortune qu'il devait posséder un jour, et appartenant à une famille respectable, il reprît le cours de sa vie criminelle; il devait sentir d'ailleurs qu'il y allait de sa vie qu'on ne pût jamais reconnaître l'audacieux, le coupable Robertson, dans l'héritier présomptif de la famille Willingham, et il ne pouvait être sûr que ce secret important serait gardé, qu'en changeant entièrement toutes ses habitudes, et en évitant toute liaison avec ceux qui l'avaient connu sous ce nom emprunté.

Jeanie pensa donc qu'il était vraisemblable que Georges Staunton passerait avec son épouse sur le continent, et qu'ils y resteraient jusqu'à ce que le temps eût fait entièrement oublier l'affaire de Porteous; et il en résultait qu'elle avait plus d'espoir pour sa sœur que son père et Butler n'en pouvaient concevoir. Elle n'osait pas cependant leur faire part de la consolation qu'elle éprouvait en songeant qu'Effie serait à l'abri des rigueurs de la pauvreté, et qu'il n'y avait guère d'apparence que son mari cherchât à l'entraîner dans les sentiers du crime; il aurait fallu pour cela qu'elle leur fît connaître l'identité de Staunton avec Robertson; et, malgré sa confiance en l'un et l'autre, c'était un secret qu'elle ne se croyait autorisée à révéler à qui que ce fût. Après tout, il n'était guère moins effrayant de songer que sa sœur était mariée à un homme condamné à mort pour vol à main armée, et qu'on cherchait partout pour lui faire son procès comme assassin. Ce n'était pas sans chagrin qu'elle réfléchissait aussi que, comme elle était en possession de ce dangereux secret, il était vraisemblable que, tant par un sentiment de honte que par crainte pour sa propre sûreté, il ne permettrait jamais à la pauvre Effie de la revoir.

Après avoir lu et relu la lettre de sa sœur, elle se soulagea par un déluge de larmes, que Butler s'efforça en vain d'arrêter. Elle fut pourtant enfin obligée de s'essuyer les yeux et de retenir ses pleurs, car son père, pensant avoir laissé aux deux amans tout le temps de s'entretenir, arrivait du château avec le capitaine Duncan de Knockdunder, que ses amis se contentaient d'appeler Duncan, par abréviation, et dont Deans avait déjà parlé à sa fille sous le nom du laird de Knocktarlity.

C'était un personnage de la première importance dans l'île de Roseneath, et même dans les paroisses du comté de Dumbarton voisines de la mer. On voit encore les ruines de la tour de Knockdunder sur un roc situé sur le bord de Holy-

Loch. Duncan jurait qu'elle avait été un château royal; si le fait est vrai, c'était un des plus petits qui eussent jamais existé, car l'intérieur de la tour ne contenait qu'un espace de seize pieds carrés, édifice assez ridicule, vu l'épaisseur des murs, qui était de dix pieds. Quoi qu'il en soit, ce château avait donné depuis long-temps aux ancêtres de Duncan le titre de capitaine, correspondant à celui de seigneur châtelain. Ils étaient vassaux des ducs d'Argyle, et exerçaient sous eux une juridiction subalterne, de peu d'importance à la vérité, mais qui en avait une grande à leurs yeux; aussi mettaient-ils à remplir leurs fonctions une rigueur qui allait quelquefois au-delà même de ce que la loi prescrivait.

Le représentant actuel de cette antique famille était un homme d'environ cinquante ans, de petite taille, mais vigoureux, et qui se plaisait à réunir dans sa personne le costume anglais et celui des montagnards écossais. En conséquence, il se couvrait la tête d'une perruque noire surmontée d'un grand chapeau à cornes, bordé d'un galon en or, et il portait le jupon et le plaid des montagnards. Le district soumis à sa juridiction était situé, partie dans les montagnes, partie dans les basses terres, et peut-être voulait-il annoncer par son costume qu'il ne ferait aucune différence entre les *Grecs* et les *Troyens*. Cette bizarrerie produisait pourtant un singulier effet, car sa tête et son corps semblaient appartenir à deux personnes différentes, ou, comme le prétendait quelqu'un qui avait vu les exécutions des insurgés faits prisonniers en 1715, on aurait dit qu'un enchanteur, pressé de rappeler à la vie ceux qui venaient d'être décapités, avait replacé la tête d'un Anglais sur le corps d'un Highlander. Pour achever le portrait de l'aimable Duncan, il avait l'air gonflé d'importance, la parole brève, le ton décidé; et son nez court, rouge de cuivre, annonçait qu'il avait un égal penchant pour la colère et l'usquebaugh [1].

Lorsque ce grand dignitaire arriva près de Jeanie : — M. Deans, dit-il, je prendrai la liberté d'embrasser cette jeune personne, votre fille sans doute? C'est un des droits de

---

(1) Eau-de-vie d'orge aromatisée.

ma charge d'embrasser toutes les jolies filles qui arrivent à Roseneath.

Après ce galant discours, il s'avança vers elle, et la baisa sur les deux joues en lui disant qu'elle était la bienvenue dans le pays du duc d'Argyle. S'adressant alors à Butler :

— Allons, lui dit-il, c'est demain le grand jour; tout le clergé rustique sera à la Loge pour terminer votre affaire, et nous l'arroserons sûrement d'usquebaugh. On ne fait rien sans cela dans ce pays.

— Et le laird, dit David Deans...

— Dites donc le capitaine, s'écria Duncan : on ne saura pas de qui vous parlez, si vous ne donnez pas aux gens les titres qui leur conviennent.

— Eh bien donc, reprit David, le capitaine vient de m'assurer que le vœu des paroissiens est unanime en votre faveur, Reuben; qu'il règne entre eux à cet égard une harmonie parfaite.

— Oui, dit Duncan, aussi parfaite qu'on peut l'attendre de gens dont une moitié crie en saxon, et l'autre braille en gaëlique, comme des mouettes ou des oies avant un orage. Il aurait fallu avoir le don des langues pour savoir précisément ce qu'ils disaient. Je crois que ce qu'on entendait le mieux, c'était : Vivent Mac-Callummore et Knockdunder ! et, quant à leur unanimité, je voudrais bien savoir lequel d'entre eux oserait s'aviser de ne pas vouloir ce que le duc et moi avons décidé.

— Si pourtant, dit Butler, quelqu'un d'entre eux avait des scrupules sur la légalité de ma nomination, comme cela peut arriver à un ami sincère de la vérité, je tâcherais de le convaincre que...

— Ne vous en inquiétez pas, s'écria Duncan : laissez-moi faire ; de par tous les diables, je ne les ai pas habitués à avoir des scrupules sur ce qu'on leur ordonne; et s'il y en avait un qui osât se rebiffer, vous verriez le sincère ami, comme vous le nommez, solidement lié par une bonne corde à la poupe de ma chaloupe, faire une promenade dans le Lac Saint pour essayer si l'eau le débarrasserait de ses scrupules comme de ses puces. Goddam !

Il ajouta encore quelques menaces mal articulées qui semblaient promettre aux récusans, s'il s'en trouvait, une conversion un peu rude. Deans aurait certainement rompu une lance en faveur du droit qu'avait une congrégation chrétienne d'être consultée sur le choix de son pasteur ; ce qui, à son avis, était le plus précieux et le plus inaliénable de ses priviléges ; mais heureusement il était occupé à écouter les détails que Jeanie lui donnait sur son voyage, avec une attention qu'il accordait rarement aux choses étrangères à ses occupations habituelles et aux affaires religieuses. Cette circonstance fut heureuse pour l'amitié que le capitaine de Knockdunder paraissait avoir conçue pour lui, et que Deans attribuait à son mérite et à ses talens, tandis qu'il la devait réellement à la recommandation que le duc avait faite à Duncan d'avoir tous les égards possibles pour lui et pour sa famille.

—Maintenant, messieurs, dit Duncan d'un air imposant, je suis venu pour vous inviter à souper au château. J'y ai laissé M. Archibald à demi affamé, et une femme saxonne dont les yeux semblent sortir de la tête, de surprise et d'effroi, comme si elle n'avait jamais vu un gentilhomme en philabeg.

— Mais, dit David, Reuben Butler désire sans doute se retirer chez lui pour se préparer par la méditation à l'affaire sérieuse qui doit l'occuper, et se rendre digne de paraître devant les respectables ministres qui...

— Ta, ta, ta, vous n'y entendez rien ! s'écria Duncan, il n'y en a pas un parmi eux dont le nez ne fût assez fin pour sentir d'ici le pâté de venaison qui nous attend, et qui n'abandonnât pour lui toutes les méditations du monde, quoi que M. Butler et vous puissiez en dire.

David soupira ; mais comme il avait affaire à un *Gallio*[1], il jugea que ce serait perdre son temps que de lui répondre. Ils suivirent donc le capitaine, et s'assirent en grande cérémonie autour d'une bonne table. La seule circonstance de toute la soirée qui mérite d'être remarquée, c'est que Butler

---

(1) A un païen.

prononça le bénédicité, que le capitaine le trouva trop long, et que Deans jugea qu'il était trop court, d'où le charitable lecteur conclura probablement qu'il était exactement de la longueur convenable.

CHAPITRE XLV.

« Du roi David entonnez les cantiques,
» Et commencez votre sabbat mystique;
» Chantez-nous donc les versets, les répons,
» Et de Bangor les pieuses chansons. »

Burns.

Nous voici arrivés au jour important où, suivant les formes et le rituel de l'église écossaise, Butler devait être ordonné ministre de Knocktarlity, par le presbytère de... L'attente de cet évènement intéressant éveilla chacun de très grand matin, excepté pourtant la souveraine de basse-cour, mistress Dutton, qui ne devait partir pour Inverrary que dans quelques jours.

Le capitaine, dont l'appétit était aussi aiguisé que son caractère était absolu, ne manqua pas d'avertir de bonne heure toute la compagnie de venir partager un déjeuner substantiel, composé de laitage préparé d'une douzaine de manières différentes, de viandes froides, d'œufs frais et d'œufs durs, de beurre, de fromage, d'un demi-baril de harengs bouillis et grillés,—enfin, de thé et de café pour ceux qui en voudraient, dit Duncan en ajoutant que ces deux denrées ne lui coûtaient presque que la peine de les envoyer prendre sur le bord de la mer, en montrant en même temps avec un signe expressif un petit lougre qu'on voyait à l'ancre près du rivage.

— Est-ce que la contrebande se fait ici d'une manière si publique? demanda Butler. Cela ne me donnerait pas bonne opinion de la morale des habitans.

— Le duc, M. Butler, ne m'a pas donné ordre de l'empêcher, — répliqua le capitaine, convaincu que cette réponse ne pouvait rien laisser à désirer.

Butler était prudent. Il savait que les remontrances ne sont utiles que lorsqu'elles sont faites en temps convenable, et il crut ne devoir rien dire en ce moment sur ce sujet.

Le déjeuner était à moitié fini quand mistress Dutton arriva, aussi belle qu'une robe bleue et des rubans roses pouvaient la rendre.

—Bonjour, madame, dit le maître des cérémonies; j'espère que vous ne serez pas malade pour vous être levée trop tôt.

La dame fit ses excuses au capitaine : — Mais en vérité, ajouta-t-elle, j'étais comme le maire d'Altringham, qui reste couché pendant qu'on raccommode ses culottes : la fille avait oublié de monter ma malle dans ma chambre. Eh bien ! je suppose que nous allons tous à l'église aujourd'hui ? Capitaine, oserais-je vous demander si vous comptez y aller en jupon? Est-ce là la mode dans ce pays du nord?

—Oui, madame, j'irai à l'église comme vous me voyez, et fort à votre service; car si je devais rester au lit, comme votre maire je ne sais qui, jusqu'à ce que mes culottes fussent raccommodées, je pourrais bien y rester toute ma vie : je n'en ai jamais mis que deux fois, quand Sa Grâce amena ici la duchesse; encore j'empruntai du ministre une paire de culottes pour les deux jours qu'elle passa ici. Mais de par tous les diables, ni pour homme ni pour femme au monde, je ne me remettrai dans une pareille prison, sauf les cas, bien entendu, où Sa Grâce la duchesse reviendrait ici.

La princesse de la laiterie écouta cette déclaration formelle d'un air très étonné, mais n'y répondit rien, et se mit à prouver autrement que par des paroles que les terreurs qu'elle avait éprouvées la veille n'avaient fait aucun tort à son appétit.

Après le déjeuner, le capitaine proposa à la compagnie de monter dans sa chaloupe, pour faire voir à mistress Jeanie sa future résidence, car la paroisse de Knocktarlity ne se bornait pas à l'île de Roseneath; une partie de son territoire était dans le comté de Dumbarton, et c'était là qu'était situé le presbytère. Il voulait aussi, ajouta-t-il, s'assurer par lui-même si l'on y avait fait tous les préparatifs nécessaires pour recevoir ceux qui devaient y habiter.

La matinée était délicieuse; l'ombre immense des montagnes dormait immobile sur le miroir des vagues transparentes du Frith, aussi paisibles que celles d'un lac de l'intérieur des terres. Mistress Dutton elle-même ne concevait plus aucune crainte. D'ailleurs Archibald l'avait prévenue qu'il y aurait après le sermon une espèce de banquet; et cette annonce l'avait mise de belle humeur. — Quant à l'eau, dit-elle, elle était si calme, qu'on croyait faire une partie sur la Tamise.

Toute la société s'embarqua donc dans une grande chaloupe que le capitaine appelait son équipage à six chevaux, et suivie d'une plus petite, qu'il nommait son gig [1]. Duncan fit gouverner vers la petite tour de l'ancienne église de Knocktarlity, et les efforts de six rameurs vigoureux leur firent faire cette traversée rapidement. A mesure qu'ils s'approchaient du rivage, les hauteurs leur semblaient s'éloigner, et une petite vallée, formée par le cours d'une rivière descendue des montagnes, se développa tout-à-coup à leurs yeux. L'aspect de la contrée était pastoral, et ressemblait, par la simplicité de ses sites, à la description d'un auteur écossais oublié aujourd'hui :

« L'onde coulait doucement, avec un léger murmure, sur
» un terrain aplani; de chaque côté les arbres étendaient
» leurs vastes rameaux devenus harmonieux par les chants des
» oiseaux qu'ils recélaient dans leur feuillage; un épais gazon formait à leurs pieds un tapis des plus frais; de vertes
» fougères décoraient la base des monts, où la chèvre et l'agneau bondissans semblaient suspendus, et broutaient les
» jeunes arbrisseaux. »

Ils abordèrent dans cette Arcadie écossaise, à l'embouchure de la petite rivière qui arrosait le charmant et paisible vallon. Les habitans de toutes les classes accoururent en foule, autant pour voir les nouveaux arrivés, que pour témoigner leur respect au capitaine, qui ne leur aurait pas facilement pardonné de manquer à ce devoir. Quelques uns

---

[1] Espèce de cabriolet. — Éd.

d'entre eux étaient des hommes selon le cœur de David Deans, de rigides presbytériens émigrés des comtés de Lennox, d'Ayr et de Lanarck, parce qu'ils étaient persécutés pour avoir pris parti pour le duc d'Argyle, aïeul du duc actuel, dans la rébellion de 1686, et à qui le père de celui-ci avait accordé un asile sur ses terres. C'étaient pour Deans des pains pétris avec le bon levain, et sans cette circonstance, dit-il à ses amis intimes, le capitaine l'aurait fait fuir du pays en vingt-quatre heures, tant il était horrible de l'entendre jurer à la moindre occasion qui venait le tenter.

Il se trouvait aussi des paroissiens plus sauvages, descendus des lieux plus élevés, qui parlaient le gaëlique, marchaient en armes, et portaient le costume des Highlands. Mais les ordres et les précautions du duc avaient établi un si bon ordre dans ses domaines, qu'ils vivaient dans la meilleure intelligence avec leurs voisins, habitans des basses terres.

Ils visitèrent d'abord la *Manse*, nom qu'on donne en Écosse aux presbytères. C'était un ancien bâtiment, mais en bon état. Il était entouré d'un petit bois de sycomores, et avait un jardin fort bien planté, borné par un ruisseau qu'on apercevait en partie des fenêtres de la maison; le reste de son cours était caché par de jolis bosquets. L'intérieur de l'habitation était moins agréable qu'il aurait pu l'être, parce que le dernier titulaire l'avait considérablement négligé; mais des ouvriers travaillaient en ce moment à l'embellir par ordre et aux frais du duc d'Argyle, sous l'inspection du capitaine Duncan. Sa Grâce y avait même envoyé de nouveaux meubles par un brick qui lui appartenait, et qu'il avait nommé *la Caroline*, d'après le nom de sa fille aînée. Il s'en fallait de peu que la maison ne fût prête à recevoir ses nouveaux maîtres.

Duncan prétendit pourtant que les ouvriers n'avaient pas fait tout ce qu'ils auraient dû faire, et ayant appelé devant lui les délinquans, il leur annonça d'un air d'autorité qui n'admettait pas de réplique, le châtiment que méritait leur négligence : c'était tout au moins une amende de la moitié de leur journée; encore voulait-il être damné s'il leur payait l'autre moitié, et ils iraient chercher justice où ils voudraient. Les pauvres gens implorèrent humblement l'indulgence du capitaine. Enfin Butler lui fit observer que c'était presque un jour de fête, et que les ouvriers comptaient sans doute aller à l'église pour assister à l'ordination. — Duncan consentit à leur pardonner pour cette fois, par égard pour le nouveau ministre.

— Mais si jamais je les prends à négliger leurs devoirs, s'écria-t-il, je veux que le diable m'emporte si je leur fais grâce, et il n'y aura pas d'église qui tienne. Qu'est-ce que ces gens-là ont à faire à l'église? Le dimanche, à la bonne heure, encore pourvu que ni le duc ni moi n'ayons pas besoin d'eux ailleurs.

Il n'est pas nécessaire de dire avec quel sentiment de douce satisfaction Butler jouit de la perspective de passer ses jours dans cette vallée tranquille, chéri et honoré de ses paroissiens comme il espérait l'être, et combien de regards d'intelligence furent échangés entre lui et Jeanie, dont les traits, animés par le plaisir secret qu'elle trouvait à examiner les appartemens où elle devait bientôt être la maîtresse, auraient pu en ce moment paraître doués de beauté. Elle fut plus libre de se livrer au sentiment secret de son cœur quand la compagnie, ayant quitté la manse, se fut rendue à l'habitation destinée à David Deans.

Jeanie vit avec plaisir qu'elle n'était située qu'à une portée de fusil de la manse, car elle se serait trouvée bien moins heureuse, si elle avait été obligée de demeurer loin de son père, et elle savait qu'il y avait de grands inconvéniens à ce que Butler et lui habitassent la même maison. En un mot, la distance qui les séparait était précisément tout ce qu'elle aurait pu souhaiter.

Rien ne manquait à cette ferme de tout ce qui pouvait être commode et agréable, tant pour le logement du fermier que pour l'exploitation des terres. C'était bien autre chose que tout ce qu'elle avait vu à Woodend et à Saint-Léonard : un joli jardin, un grand verger, la basse-cour la plus complète ; tout lui plaisait dans cette habitation. Elle était située à mi-côte, et dominait sur la vallée où était la manse, qu'on apercevait de la ferme, ainsi que le petit ruisseau qui circulait dans les environs. En face on voyait l'île de Roseneath, qui n'était séparée de l'Écosse de ce côté que par un bras de mer fort étroit ; la vue était bornée à gauche par les montagnes de Dumbarton, habitées autrefois par le clan belliqueux des Mac-Farlane, à droite par les monts sourcilleux du comté d'Argyle, et plus loin par les pics foudroyés de l'île d'Arran.

Toutes ces beautés pittoresques ne firent pourtant pas autant de plaisir à Jeanie que la vue de la vieille May Hettly, qui vint la recevoir à la porte, revêtue de sa robe brune des dimanches, et de son tablier bleu proprement arrangé par-devant pour la ménager. La bonne vieille ne montra pas moins de joie en revoyant sa jeune maîtresse, et elle se hâta de l'assurer que pendant son absence elle avait pris tout le soin possible de son père et des bêtes. Elle ne manqua pas de la tirer à l'écart, et la conduisit sur-le-champ dans la basse-cour, afin de recevoir d'elle les complimens qu'elle se flattait de mériter sur le bon ordre qui régnait. Elle ne fut pas trompée dans son attente ; Jeanie la félicita, et se réjouit dans la simplicité de son cœur de retrouver Gowan et ses autres favorites, qui semblaient la reconnaître et recevoir avec plaisir ses caresses.

—Ces pauvres bêtes sont bien aises de vous revoir, dit la vieille May, et cela n'est pas surprenant, Jeanie, car vous avez toujours été bonne pour les bêtes et pour les gens. Mais il faut que je m'habitue à vous appeler mistress, ajouta-t-elle d'un air malin, et je ne crois pas que ce soit le nom de Deans qu'il faudra ajouter à celui de Jeanie.

— Appelez-moi toujours Jeanie, votre Jeanie, ma bonne May, et vous ne risquerez pas de vous tromper, répondit-elle.

Dans un coin de l'étable était une génisse blanche que Jeanie regardait les larmes aux yeux. — Pour celle-là, dit May, c'est toujours votre père qui en prend soin lui-même, et vous vous doutez bien pourquoi. Que le cœur d'un père est une singulière chose ! Je suis sûr qu'il fait plus de prières pour la pauvre fille que pour vous-même. Et au vrai qu'avez-vous besoin de prières ? Ah ! si la pauvre enfant prodigue revenait au bercail, comme il tuerait volontiers le veau gras! Et cependant le veau de la brune ne sera bon à tuer que dans trois semaines.

Après avoir examiné toute la basse-cour, Jeanie alla retrouver le reste de la compagnie, qui examinait l'intérieur de la maison. Il n'y manquait que Deans et Butler, qui étaient allés à l'église rejoindre les ministres et les anciens déjà rassemblés.

Cette habitation avait été construite et meublée tout récemment, par ordre du duc, pour un vieux serviteur favori à qui la mort n'avait permis d'en jouir que quelques mois, et il y avait fait ajouter alors tous les bâtimens nécessaires pour en faire une ferme.

Dans la chambre à coucher de Jeanie se trouvait une caisse qui avait excité toute la curiosité de mistress Dutton, car elle était bien sûre que l'adresse, A miss Jeanie Deans, à Auchingower, paroisse de Knocktarlity, était de l'écriture de mistress Semple, femme de chambre de la duchesse. May remit alors à Jeanie un paquet cacheté qui était aussi à son adresse, et dans lequel se trouvait la clef de la caisse avec un billet portant que ce qui y était contenu était une marque de souvenir pour Jeanie Deans de la part de ses amies la duchesse d'Argyle et ses demoiselles.

Le lecteur ne peut douter que la caisse ne fut bientôt ouverte. Elle était remplie de linge et de vêtemens de la meilleure qualité, et néanmoins convenables à la condition de Jeanie dans le monde; chaque article portait le nom de la personne qui en faisait présent, comme pour faire sentir à celle à qui on l'offrait qu'elle avait inspiré un intérêt particulier à chacun des membres de cette digne famille. Je n'essaierai pas de donner le nom de tous les objets qui s'y trouvaient, parce que la plupart ne seraient pas reconnus aujourd'hui dans le vocabulaire des marchandes de modes; mais si quelques uns de mes lecteurs désirent plus de renseignemens à ce sujet, je les préviens que j'ai déposé un inventaire complet de tout le contenu de la caisse entre les mains de ma digne amie miss Marthe Buskbody, qui se fera un plaisir de le leur communiquer, en y ajoutant ses commentaires. Je me contenterai de dire ici que le présent était digne de celles qui l'offraient, et qu'on n'y avait rien oublié de ce qui pouvait être utile à la garde-robe d'une jeune villageoise qui allait devenir l'épouse d'un ministre respectable.

Tout fut déployé, examiné, admiré. La bonne Mayne pouvait revenir de son étonnement, et demandait si la reine avait de plus beaux habits et en plus grand nombre. La laitière anglaise ne put voir toutes ces belles choses sans un peu d'envie, et ce sentiment peu aimable, mais assez commun, se manifesta par la critique qu'elle fit, sans goût comme sans fondement, de divers articles, à mesure qu'on les lui montrait. Mais ce fut bien une autre chose quand, au fond de la caisse, on trouva une robe de soie blanche, fort simple, mais de soie, et de soie française, sur laquelle un petit billet était attaché avec une épingle portant que c'était un présent du duc d'Argyle à sa compagne de voyage, pour être porté le jour où elle changerait de nom.

Mistress Dutton ne put résister à un tel coup, et se penchant à l'oreille de M. Archibald :—C'est une bonne chose que d'être Écossaise, lui dit-elle tout bas : on pendrait bien toutes mes sœurs, et j'en ai une demi-douzaine, avant que personne s'avisât de m'envoyer seulement un mouchoir de poche.

— Ou sans que vous fissiez rien pour les sauver, lui répondit-il sèchement. Mais je suis surpris, dit-il en regardant à sa montre, de ne pas encore entendre la cloche de l'église.

— Diable! M. Archibald, s'écria le capitaine de Knockdunder, voudriez-vous qu'on sonnât la cloche sans être sûr que je sois prêt? j'en ferais manger la corde au bedeau, s'il prenait une telle liberté. Mais si vous voulez qu'on la sonne, mettons-nous en chemin, et dès qu'on me verra sur cette hauteur là-bas, je vous réponds que vous l'entendrez.

On partit sur-le-champ, et effectivement, dès que le galon d'or du chapeau du capitaine parut comme l'étoile du soir sur la montagne, la cloche s'ébranla dans la vieille tour, et le marteau continua à en battre les parois fêlées jusqu'à ce qu'ils fussent arrivés à l'église, Duncan ne cessant de répéter à ses compagnons :—Ne vous pressez pas! ne vous pressez pas! du diable s'ils commencent avant que j'y sois.

En conséquence, la cloche ne cessa de faire entendre ses sons discordans que lorsque toute la compagnie entra et se plaça au banc du duc dans l'église, précédée de Duncan; mais David Deans n'était pas avec les autres, ayant déjà pris sa place parmi les Anciens.

Nous ne fatiguerons pas nos lecteurs des détails du cérémonial de l'ordination de Butler. Toutes les formes d'usage furent observées, et le sermon qui fut prononcé eut le bonheur de plaire à Deans, quoiqu'il n'eût duré que cinq quarts d'heure, ce qu'il appelait une assez maigre provision spirituelle.

Le prédicateur qui l'avait prononcé partageait en grande partie les opinions du père Deans, et il s'excusa tout bas auprès de lui de sa brièveté, en lui disant qu'il avait remarqué que le capitaine bâillait d'une manière effrayante, et que, s'il l'avait retenu plus long-temps, il ne savait pas combien il aurait pu lui faire attendre le paiement du terme suivant de ses émolumens.

Deans soupira en voyant que des motifs si humains pouvaient avoir une telle influence sur l'esprit d'un prédicateur de l'Évangile. Mais un autre incident l'avait scandalisé encore bien davantage pendant le service divin.

Lorsque les prières furent finies, et que le sermon allait commencer, Duncan fouilla dans sa poche de cuir, suspendue sur le devant de son jupon, en tira sa pipe, et dit presque à voix haute : —J'ai oublié ma poche à tabac! Lachlan, cours au clachan[1], et rapporte-m'en pour un sou. — Cinq ou six bras furent à l'instant étendus vers lui, chacun lui présentant une poche à tabac. Il en prit une en faisant un léger mouvement de tête en signe de remerciement, remplit sa pipe, battit le briquet, alluma son tabac, et fuma du plus grand sang-froid pendant tout le temps du sermon. Quand il fut fini, il secoua les cendres de sa pipe, la remit dans sa poche, rendit la poche à celui à qui elle appartenait, et assista au reste de l'office avec décence et attention.

(1) Au village.

Lorsque toutes les cérémonies furent terminées, et que Butler eut été installé, reconnu comme ministre de l'église de Knocktarlity, et investi de toutes les immunités et priviléges spirituels de cette place, Deans, qui avait gémi et murmuré de la conduite irrévérencieuse du capitaine de Knockdunder, fit part de ses pensées à Isaac Meiklehose, dont l'air grave et sérieux et les cheveux gris l'avaient disposé en sa faveur. — Un sauvage indien, lui dit-il, ne se permettrait pas d'être assis dans une église, lâchant des bouffées de fumée de tabac comme s'il était au cabaret. Comment est-il possible qu'un chrétien, qu'un homme comme il faut, se le permette?

— Cela n'est pas bien, répondit Meiklehose en branlant la tête, cela n'est pas bien; mais qu'y faire? Le capitaine a ses manières, et lui faire des représentations sur quelque chose, ce serait vouloir mettre le feu à la maison. Il tient la haute main sur tout le pays, et sans sa protection nous ne pourrions rien faire avec les montagnards. Au fond, il n'est pas méchant, et vous savez que les montagnes dominent sur les vallons.

— Cela peut être, voisin, mais Reuben Butler n'est pas ce que je le crois, s'il n'apprend pas au capitaine à fumer sa pipe ailleurs que dans la maison de Dieu, avant la fin du quartier qui court.

— Qu'il y prenne garde; et, si un fou peut donner un avis à un sage, je lui conseille d'y songer à deux fois avant de se brouiller avec Knockdunder. Il a de longs bras en état de tirer le diable par les cornes. Mais tout le monde est allé dîner, et si nous ne marchons pas plus vite nous arriverons trop tard.

Deans suivit son nouvel ami sans lui répondre, et commença à reconnaître par expérience que la vallée de Knocktarlity, comme tout le reste du monde, offrait des sujets de regret et de mécontentement. Son esprit fut tellement occupé à réfléchir sur les moyens de faire sentir à Duncan la nécessité de se conduire avec plus de décence pendant le service divin, qu'il oublia de s'informer si le serment avait été exigé de Butler, et en quels termes il l'avait prêté.

Quelques personnes ont insinué que cet oubli fut à peu près volontaire ; mais je crois que cette explication de son silence ne s'accorde point avec la franchise de mon ami David. Les recherches les plus exactes que j'ai faites ne m'ont d'ailleurs rien appris sur cet objet important, les registres qui auraient pu nous éclairer ayant été détruits en 1746 par un certain Donacha-Dhuna Dunaigh, à l'instigation ou du moins avec la connivence du généreux Duncan de Knockdunder, qui voulait qu'il n'existât aucune trace de la faiblesse d'une jeune fille de la paroisse, nommée Kate Finlayson.

CHAPITRE XLVI.

« Du cabaret les salles se remplissent
» De commentateurs altérés ;
» Voyez les tables qui gémissent
» Sous les flacons en rangs serrés.
» L'un en criant demande du biscuit:
» L'autre parle de l'Écriture.
» Tous sont d'accord pour faire un bruit
» Qui lasserait l'oreille la plus dure.
» Ce beau jour, certes, finira
» Par quelque brouhaha. »

BURNS.

Un festin splendide, préparé aux frais du duc d'Argyle, fut offert aux révérends ministres qui avaient assisté à l'ordination de Butler, et presque tous les habitans respectables de la paroisse y furent aussi invités. On y trouvait tout ce que le pays pouvait fournir, car il n'existait rien dans le pays qui ne fût à la disposition de Duncan de Knockdunder. Or, les pâturages nourrissaient des bœufs et des moutons; la mer, le lac et le ruisseau, des poissons de toute espèce ; les forêts du duc, les marécages, les bruyères, etc., toute sorte de gibier, depuis le daim jusqu'au levraut, qu'on n'avait que la peine de tuer ; quant à la boisson, la bière s'y trouvait aussi facilement que l'eau ; l'eau-de-vie et l'usquebaugh ne payaient aucun droit dans ces heureux temps, et l'on y avait le vin pour rien, attendu que, d'après les lois existantes, le duc avait droit à tout le vin en tonneau qui était jeté sur le rivage quand un vaisseau faisait naufrage, ce qui n'était pas très rare sur ces côtes. En un mot, comme Duncan s'en vantait, le régal ne coûtait pas à Mac-Callummore un seul *plack* de sa bourse, et cependant rien n'y manquait.

La santé du duc fut portée avec grande solennité, et David Deans tira, en cette occasion, du creux de sa poitrine, le premier *huzza* qui en fût jamais sorti. Il avait l'esprit si exalté en cette circonstance mémorable, le cœur si disposé à l'indulgence, qu'il ne témoigna pas de mécontentement quand il entendit de la musique, et que trois joueurs de cornemuse firent retentir la salle du festin de l'air : « Voici les Campbell qui viennent. » On porta avec les mêmes honneurs la santé du nouveau ministre de Knocktarlity, et de grands applaudissemens se firent entendre quand un de ses révérends confrères ajouta : — Puisse-t-il avoir bientôt une digne compagne pour tenir la manse en ordre ! — Deans accoucha en ce moment de sa première plaisanterie ; mais cet accouchement fut accompagné sans doute d'efforts douloureux, car il se tordit la figure et fit plus d'une grimace avant de pouvoir s'écrier : — Il vient de recevoir une épouse spirituelle; faut-il donc le menacer le même jour d'une femme temporelle ? — Il partit en même temps d'un éclat de rire aussi bruyant qu'il fut court, et il reprit sur-le-champ son air de gravité silencieuse, étonné lui-même d'avoir pu s'y dérober un instant.

Jeanie, mistress Dolly et quelques autres dames qui avaient honoré le repas de leur présence, quittèrent alors la salle, et laissèrent les hommes à table continuer leurs nombreuses libations.

La gaieté continua à régner parmi les convives. La conversation, grâce au capitaine, n'était pas toujours rigoureusement canonique, mais Deans n'eut pas occasion d'en être scandalisé ; il était tout occupé à causer avec un de ses voisins des souffrances qu'ils avaient endurées tous deux pendant le temps des persécutions, dans les comtés d'Ayr et de Lanarck;

le prudent Meiklehose les invitant souvent à parler plus bas, attendu que le père de Duncan avait été l'un des persécuteurs, et qu'il était probable que lui-même n'avait pas les mains très nettes à cet égard.

La gaieté commençant à devenir un peu trop vive, les personnages les plus graves battirent en retraite, et David Deans fut de ce nombre. Butler guettait l'occasion d'en faire autant; mais la chose n'était pas facile : le capitaine l'avait fait placer à côté de lui ; il voulait voir, disait-il, de quel bois était fait le nouveau ministre ; il le surveillait avec attention pour l'empêcher de quitter la table, et avait soin de remplir son verre quand il était vide, et de l'engager à le vider quand il était plein.

Enfin, sur le tard, un vénérable ministre s'avisa de demander à M. Archibald quand il pouvait espérer de voir à la Loge de Roseneath le duc d'Argyle, *tam carum caput* [1], s'il osait prendre la liberté de parler ainsi. Duncan, dont les idées n'étaient plus très claires, et qui, comme on peut le croire, n'était pas très érudit, trompé par la consonnance d'un mot, s'imagina que l'orateur voulait faire un parallèle entre le duc d'Argyle et sir Donald Gorme de Sleat ; et pensant qu'une telle comparaison était une insulte pour son patron, il s'emporta vivement contre cette insolence.

Le révérend lui expliqua tranquillement le sens des mots qu'il avait prononcés.

— Monsieur! s'écria le fougueux capitaine, j'ai entendu le mot Gorme de mes propres oreilles. Croyez-vous que je ne sache pas distinguer le latin du gaëlique?

— C'est ce qui me paraît probable, monsieur, répondit le ministre offensé à son tour, en prenant une prise de tabac avec un grand sang-froid.

Le nez de cuivre rouge du capitaine devint aussi brûlant que le taureau de Phalaris ; et tandis qu'Archibald jouait le rôle de médiateur entre les deux parties offensées, et que l'attention de toute la compagnie était dirigée sur leur querelle, Butler trouva l'occasion d'effectuer sa retraite.

(1) Cette tête si chère.

Il alla rejoindre Jeanie, qui désirait vivement que tout le monde se levât de table; car, quoique son père dût rester ce soir à la ferme d'Auchingower, et que Butler dût aussi prendre possession de la manse, comme les ouvriers travaillaient encore dans la chambre de Jeanie, il avait été convenu qu'elle retournerait pour un jour ou deux à la Loge de Roseneath, et les barques étaient depuis long-temps prêtes à partir. Mais on attendait le capitaine; et, quoique la nuit commençât à tomber, le capitaine restait encore à table.

Enfin M. Archibald arriva, et, par suite du décorum auquel il se regardait comme obligé, il avait eu soin de ne pas imiter l'intempérance dont il avait sous les yeux plus d'un exemple. Il proposa aux dames de leur servir d'escorte pour les reconduire à Roseneath, ajoutant que, de l'humeur dont il connaissait le capitaine, il était probable qu'il passerait une grande partie de la nuit à table, mais que, dans tous les cas, il ne serait pas en état de paraître devant les dames, quand il la quitterait. Le gig, c'est-à-dire la petite barque de Duncan, était à leur disposition, et la soirée était si belle, que la traversée serait une partie de plaisir.

Jeanie, qui avait la plus grande confiance en la prudence de M. Archibald, y consentit sur-le-champ. Mais il n'en fut pas de même de mistress Dutton; elle voulait partir dans la grande barque; mais, plutôt que de monter dans la petite, elle aimerait mieux, dit-elle, passer la nuit sous un arbre. Raisonner avec elle, c'était peine perdue, et Archibald ne crut pas que le cas fût assez urgent pour recourir à la violence. Il lui fit observer que ce n'était pas agir très civilement avec le capitaine, que de le priver de ce qu'il appelait « son carrosse à six chevaux; » mais que, comme c'était pour le service des dames, il était sûr que son ami Duncan lui pardonnerait cette liberté; que d'ailleurs la petite barque lui serait peut-être plus utile que la grande, parce qu'avec elle on pouvait traverser le détroit à toute heure, et même avec la marée contraire.

Étant bien convenu qu'on partirait dans la grande barque, on se rendit sur le rivage; Butler donnait le bras à Jeanie.

Il se passa quelque temps avant qu'on eût pu rassembler les mariniers, et avant qu'on fût embarqué. La lune, qui venait d'apparaître sur le sommet de la montagne, faisait tomber ses mobiles reflets sur la nappe brillante des eaux; la nuit était si belle, l'atmosphère si calme, que Butler, en disant adieu à Jeanie, n'éprouva pas la moindre crainte pour sa sûreté; et ce qui est bien plus étonnant encore, c'est que mistress Dutton n'en conçut aucune pour la sienne.

L'air était doux, et son haleine parfumée glissait sur le frais cristal de l'onde. Le beau tableau des promontoires, des caps, des baies et de la chaîne bleuâtre des montagnes, n'était qu'imparfaitement visible au clair de lune, tandis que chaque coup de la rame faisait étinceler les flots par le brillant phénomène appelé le feu-de-mer.

Cette dernière circonstance surprit beaucoup Jeanie, et servit à distraire sa compagne jusqu'à l'approche de la petite baie qui s'avançait en demi-cercle dans la mer, et semblait les inviter à débarquer sous le sombre abri des arbres de ses bords.

Le lieu ordinaire du débarquement était à un quart de mille du château. La marée ne permettait pas à la grande barque d'approcher tout-à-fait d'une petite jetée formée de grosses pierres mal jointes, mais la distance n'était que de deux ou trois pieds, et Jeanie, aussi légère que hardie, sauta à l'instant sur le rivage. Mistress Dutton, au contraire, ne voulut jamais se résoudre à courir un pareil risque: et M. Archibald, toujours complaisant, ordonna aux mariniers de doubler le promontoire qui bornait la baie du côté de l'est, et de mettre à terre mistress Dutton dans un endroit où la barque pouvait toucher le rivage. Il se préparait alors à suivre Jeanie pour l'accompagner à la Loge; mais Jeanie, ne craignant pas de se tromper de chemin pour y arriver, puisque la clarté de la lune lui en laissait apercevoir les cheminées blanches qui s'élevaient au-dessus des bois qui l'entouraient, le remercia de son attention, et le pria de rester avec mistress Dutton, qui, se trouvant dans un pays tout nouveau pour elle, et où tout lui paraissait étrange, avait plus besoin qu'elle de secours et de protection.

33

Archibald y consentit. — Ce fut une circonstance bien heureuse pour moi, disait par la suite mistress Dutton à ses amis, car elle me sauva la vie. Je serais infailliblement morte de terreur, si l'on m'eût laissée seule dans la barque avec six sauvages montagnards en jupon.

La nuit était si belle, que Jeanie, au lieu de prendre sur-le-champ le chemin du château, s'arrêta quelques instans, immobile au bord de la mer, regardant la barque s'éloigner du rivage. Bientôt elle cessa de l'apercevoir ; de vagues figures se dessinaient au loin sur les flots, et le joram, ou chant des bateliers, parvenait plus mélancolique et plus doux à son oreille.

Elle savait qu'elle arriverait au château long-temps avant M. Archibald et mistress Dutton, qui, de l'endroit où ils devaient débarquer, auraient à faire beaucoup plus de chemin qu'elle pour s'y rendre. Elle marchait donc à petits pas, et n'était pas fâchée d'avoir un instant de solitude pour se livrer à ses réflexions.

Le changement étonnant que quelques semaines avaient apporté à sa situation, en la faisant passer de la crainte de la honte à l'espoir du bonheur, remplissait son cœur d'une joie douce, et mouillait ses yeux de larmes. Mais cette joie n'était pas sans mélange, et ses larmes coulaient encore d'une autre source... Comme la félicité humaine n'est jamais complète, et que les âmes bien faites ne sont jamais plus sensibles aux infortunes de ceux qu'elles aiment que lorsque leur propre situation ne leur laisse rien à désirer pour elles-mêmes, les pensées de Jeanie se tournaient naturellement sur sa sœur,... cette sœur si tendrement chérie,... à qui elle avait presque servi de mère,... maintenant exilée de sa patrie,... laissant sa famille dans l'incertitude de sa situation, et, ce qui était encore pire, vivant sous la dépendance d'un homme dont il était impossible de ne pas avoir la plus mauvaise opinion, et qui, dans ses plus vifs accès de remords, paraissait si étranger à un véritable sentiment de repentir.

Tandis qu'elle s'abandonnait à ces réflexions mélancoliques, une figure humaine parut se détacher d'un taillis qui était à sa droite. Jeanie tressaillit, et les contes qu'elle avait entendus de spectres et d'esprits qui s'étaient fait voir à des voyageurs pendant la nuit dans des lieux écartés, se présentèrent à son imagination. Cependant cet être, quel qu'il fût, s'avançait de son côté, et les rayons de la lune qui l'éclairaient lui firent reconnaître les vêtemens d'une femme. Au même instant une voix douce et timide, qui se fit entendre à son cœur en même temps qu'à ses oreilles, répéta deux fois avec précaution : — Jeanie ! Jeanie !

— Était-il possible que ce fût elle ? était-ce véritablement Effie ? était-elle vivante, ou le tombeau avait-il lâché sa proie ?... Avant qu'elle eût pu résoudre ces questions qu'elle se proposait à elle-même, Effie la serrait dans ses bras, la pressait contre son cœur, et la dévorait de caresses.—Je ne m'étonne pas, lui dit-elle, que vous m'ayez prise pour un fantôme; je suis ici comme une ombre errante; je ne voulais que vous voir, qu'entendre votre voix; mais vous parler, vous embrasser, c'est plus de bonheur que je n'en méritais, plus que je n'osais en désirer.

— Mais, Effie, comment vous trouvez-vous seule ici, à une pareille heure, sur ce rivage désert, sortant du fond d'un bois ?... Est-il bien sûr que ce n'est pas votre esprit que je vois?

Par un retour momentané de son ancienne gaieté, Effie ne répondit à sa sœur qu'en lui pinçant légèrement le bras, mais doucement, comme le ferait une fée plutôt qu'un fantôme. Les deux sœurs s'embrassèrent de nouveau, souriant et pleurant tour à tour.

— Vous allez venir avec moi à la Loge, Effie, dit Jeanie: vous y trouverez de braves gens qui vous feront bon accueil pour l'amour de moi.

— Non, ma sœur, non. Avez-vous oublié ce que je suis? Une malheureuse bannie, qui n'a échappé au supplice que parce qu'elle avait la meilleure, la plus courageuse des sœurs. Je ne voudrais me présenter devant aucun de vos grands amis, quand même je pourrais le faire sans danger.

— Il n'y en a aucun, il n'y en aura aucun, s'écria vivement Jeanie; ô ma sœur ! laissez-vous guider une seule fois; suivez mes conseils, nous serons si heureux tous ensemble !

— A présent que je vous ai vue, Jeanie, j'ai tout le bonheur que je mérite d'avoir sur la terre; et qu'il y ait ou non du danger pour moi, personne n'aura à me reprocher d'avoir fait honte à ma bonne sœur en venant montrer à ses grands amis la tête qu'elle a sauvée de l'échafaud.

— Mais je n'ai point ici de grands amis... Je n'ai d'autres amis que les vôtres, Reuben Butler et mon père... Malheureuse fille! ne soyez pas opiniâtre, et ne cherchez pas encore à fuir le bonheur... Venez, venez chez nous, vous n'y verrez personne qu'eux... On trouve plus d'ombre sous une vieille charmille que dans un bois nouvellement planté.

— Vous parlez inutilement, Jeanie; il faut que je boive la coupe que je me suis versée... Je suis mariée, et, heureuse ou non, il faut que je suive mon mari.

— Malheureuse Effie! s'écria Jeanie: mariée à un homme qui...

— Paix! dit Effie en lui fermant la bouche d'une main, et en lui montrant de l'autre le taillis, paix! il est là.

Elle prononça ces mots d'un ton qui prouvait que son mari lui avait inspiré autant de crainte que d'affection. Au même instant, un homme sortit du bois et s'avança vers les deux sœurs. La clarté imparfaite que la lune répandait suffit pour faire voir à Jeanie qu'il était bien vêtu et qu'il avait l'air d'un homme d'un certain rang.

— Effie, dit-il, le temps nous presse, et je n'ose rester davantage; il faut que le lougre mette à la voile pour profiter de la marée, et la chaloupe nous attend pour nous y conduire... J'espère que votre bonne sœur me permettra de l'embrasser.

Jeanie recula involontairement.

— Fort bien! mais peu importe. Si votre cœur nourrit de l'animosité contre moi, je sais que du moins ce sentiment ne règle pas votre conduite, et je vous remercie de m'avoir gardé le secret, quand un mot de votre bouche, et qu'à votre place j'aurais prononcé sans hésiter, pouvait m'envoyer à l'échafaud. On dit qu'il faut cacher à l'épouse la plus chérie un secret dont la vie dépend; ma femme et sa sœur savent le mien, et je n'en dormirai pas moins tranquillement.

— Mais êtes-vous réellement mariée avec ma sœur? lui demanda Jeanie, à qui ce ton de légèreté et d'insouciance inspirait des doutes et des inquiétudes.

— Réellement, légalement, et sous mon nom véritable, répondit Staunton d'un air plus grave.

— Et votre père? et vos parens?

— Mon père et mes parens prendront leur parti sur une chose faite, et qu'ils ne peuvent plus empêcher. Cependant, pour rompre de dangereuses liaisons, et pour laisser à la colère de ma famille le temps de se refroidir, j'ai dessein de tenir mon mariage secret quant à présent, et de passer quelques années hors d'Angleterre. Ainsi, vous ne recevrez plus de nos nouvelles d'ici à quelque temps, si jamais vous en recevez. Vous devez sentir que toute correspondance entre nous serait dangereuse, car tout le monde devinerait que le mari d'Effie est... que dirai-je?... le meurtrier de Porteous.

— Quel endurcissement et quelle légèreté! pensa Jeanie. Et voilà l'homme à qui Effie a confié le soin de son bonheur! Elle a semé le vent, il faut qu'elle moissonne le tourbillon.

— Ne le jugez pas trop sévèrement! dit Effie en s'écartant de quelques pas avec sa sœur, pour que Staunton ne pût l'entendre. Il a de l'affection pour moi, plus d'affection que je n'en mérite, et il est déterminé à changer de vie. Ainsi ne vous affligez pas pour Effie, elle est plus heureuse qu'elle ne devait s'y attendre. Mais vous, vous, Jeanie, comment le serez-vous autant que vous méritez de l'être? Jamais avant de vous trouver dans le ciel. Jeanie, si je vis, si le ciel me favorise, vous recevrez de mes nouvelles; sinon oubliez une créature qui ne vous a causé que du chagrin. Adieu! adieu!

Elle s'arracha des bras de sa sœur, courut rejoindre son mari; ils rentrèrent dans le bois, et disparurent.

Cette scène semblait à Jeanie n'avoir été qu'une vision, qu'un jeu de son imagination, et elle ne se convainquit bien de sa réalité qu'en entendant le bruit des rames et en voyant une chaloupe qui se dirigeait avec rapidité vers un lougre qui était en rade. C'était à bord d'un semblable bâtiment qu'Effie s'était embarquée à Porto-Bello, et Jeanie ne douta point qu'il ne fût destiné à les conduire en pays étranger, suivant le projet que lui avait annoncé Staunton.

Il serait difficile de décider si cette entrevue, pendant qu'elle avait lieu, fit à Jeanie plus de peine que de plaisir. Mais lorsqu'elle fut terminée, ce dernier sentiment fut celui dont l'impression dura davantage dans son esprit. Effie était mariée. Elle était devenue, suivant l'expression vulgaire, une honnête femme. C'était un point important. Il paraissait aussi que son mari avait résolu de quitter enfin la carrière criminelle dans laquelle il ne s'était que trop avancé. C'en était un autre qui ne l'était pas moins. Quant à sa conversion finale et effective, il ne manquait pas de bon sens, et la Providence était grande.

Telles étaient les pensées par lesquelles Jeanie tâchait de calmer ses inquiétudes sur la destinée de sa sœur. En arrivant à la Loge elle trouva Archibald inquiet de son absence, et prêt à partir pour aller la chercher. Un mal de tête lui servit d'excuse pour se retirer, ne voulant pas qu'on s'aperçût de l'agitation de son esprit.

Elle évita par là une scène d'une autre espèce, car à peine était-elle montée dans sa chambre que le capitaine arriva mouillé jusqu'aux os. Comme si tous les cabriolets étaient destinés à éprouver des accidens sur mer et sur terre, sa petite barque, qu'il nommait son cabriolet, avait heurté, grâce à l'ivresse du capitaine et des gens de son équipage, contre une plus grande chaloupe qui l'avait fait chavirer, et ils auraient été noyés sans le secours de ceux qui avaient causé involontairement cet accident. Ils n'éprouvèrent pourtant d'autre perte que celle du chapeau galonné du capitaine, qui fut remplacé le lendemain par le bonnet montagnard, à la satisfaction de toute la partie montagnarde qui se trouvait sous sa juridiction.

La colère de Duncan n'était pas encore apaisée le lendemain matin, et il fit plus d'un serment de se venger de la chaloupe qui avait renversé la sienne; mais comme ni la chaloupe ni le lougre auquel elle appartenait n'étaient plus en rade, il fut obligé de dévorer cet affront. Cela était d'autant plus dur, disait-il, qu'il était certain que cette insulte lui avait été faite avec intention, les drôles s'étant cachés dans l'île après avoir débarqué jusqu'à leur dernière balle de thé et de café, et le capitaine étant venu à terre et s'étant informé de l'heure à laquelle sa barque devait revenir à Roseneath.

— Mais la première fois que je les rencontrerai, dit-il d'un air de majesté, j'apprendrai à ces misérables galopins de nuit à savoir garder leur côté de la route, et je les enverrai à tous les diables.

CHAPITRE XLVII.

« Qui pourrait préférer les soucis de la cour
» Aux paisibles plaisirs de ce charmant séjour ?

SHAKSPEARE.

Après l'intervalle de temps nécessaire pour que Butler se trouvât bien établi dans son presbytère et Jeanie chez son père à Auchingower, intervalle dont nous prions chacun de nos lecteurs de fixer la durée selon ses idées particulières des convenances, après la publication des bans et toutes les autres formalités d'usage, les longs amours du digne couple furent resserrés par les saints nœuds du mariage. En cette occasion Deans résista vigoureusement à tous les efforts qui furent faits pour introduire chez lui des cornemuses et des violons, et ne voulut pas même permettre une simple danse en rond sans instrument, à la grande colère du capitaine de Knockdunder, qui jura énergiquement de par tous les diables, qu'il ne serait pas venu à la noce s'il avait cru que ce ne serait qu'une misérable assemblée de quakers.

Sa rancune fut même d'assez longue durée. Il ne laissait pas échapper une occasion de lancer un sarcasme contre le vieux David, et peut-être son animosité se serait-elle portée encore plus loin, sans un voyage de quelques jours que le duc d'Argyle fit à la Loge de Roseneath. Mais quand il vit les égards tout particuliers que ce seigneur témoignait à Butler et à son épouse, et la satisfaction qu'il montra à Deans de la manière dont sa ferme était conduite, Knockdunder jugea prudent d'agir différemment. Même avec ses amis intimes, s'il parlait du ministre et de sa femme, il disait que c'étaient des gens fort estimables, un peu exagérés dans leurs idées, mais qu'après tout il était assez naturel que ces habits noirs péchassent par un excès de dévotion. Quant à David, il convenait qu'il était excellent connaisseur en terre et en bestiaux, et qu'il ne manquerait pas de bon sens, s'il n'avait pas la tête farcie d'un tas d'opinions cameroniennes, que le diable lui-même ne viendrait pas à bout d'en faire sortir. Les principaux personnages de notre histoire, évitant soigneusement de leur côté tout sujet de discussion avec le gracieux Duncan, vécurent donc avec lui en bonne intelligence; seulement le digne David avait l'âme navrée en voyant le capitaine fumer ou dormir à l'église pendant le sermon.

Mistress Butler, car nous tâcherons de nous déshabituer de lui donner le nom trop familier de Jeanie, montra dans le mariage la fermeté d'âme, la bonté de cœur, le bon sens, l'activité, en un mot toutes les qualités estimables dont elle avait donné tant de preuves étant fille. Ses connaissances littéraires étaient loin d'être égales à celles de son mari; elle n'était pas en état de soutenir avec lui une discussion théologique; mais pas un ministre des environs n'avait son frugal dîner mieux préparé, ses habits plus propres, son linge mieux blanchi, enfin tout son presbytère en meilleur ordre.

Si Butler lui parlait de choses qu'elle ne comprenait pas, car il ne faut pas oublier qu'il avait été sous-maître d'école, ce qui lui avait donné un ton un peu scolastique, elle l'écoutait en silence, et pas une femme n'avait plus de respect pour l'érudition de son mari. Mais s'il s'agissait de ses affaires domestiques, ou d'objets à la portée d'un esprit naturellement juste, ses vues étaient plus étendues, ses observations plus sûres que celles de M. Butler. Quand elle allait dans le monde, on reconnaissait qu'elle n'avait pas tout-à-fait ce qu'on est convenu d'appeler le bon ton de la société ; mais on trouvait en elle cette politesse réelle que donnent la nature et le bon sens, un désir d'obliger que rien ne pouvait refroidir, une égalité d'humeur imperturbable, et une gaieté douce qui se communiquait à tout ce qui l'entourait : malgré les soins qu'elle donnait à l'intérieur de son ménage, elle était toujours proprement vêtue, et un étranger, arrivant chez elle, l'aurait toujours reconnue pour la maîtresse de la maison. Duncan la complimentait un jour sur cette dernière qualité : — De par tous les diables, lui dit-il, on dirait que vous avez quelque fée qui vous aide. Jamais on ne voit personne nettoyer votre maison, et toujours on la trouve propre !

— On peut faire bien des choses quand on sait prendre son temps, lui répondit-elle.

— Vous devriez bien apprendre ce secret à nos paresseuses de servantes de la Loge. Je ne m'aperçois quelles nettoient que lorsque je me heurte les jambes contre un balai qu'elles laissent traîner.

Nous n'avons pas besoin de dire que le fromage de Dunlop promis au duc ne fut pas oublié, et il fut trouvé si bon qu'il devint une sorte de redevance annuelle que la reconnaissance de Jeanie se faisait un plaisir de payer à son bienfaiteur. Elle n'oublia pas non plus les services qu'elle avait reçus de mistress Glass et de mistress Bickerton, et entretint une correspondance amicale avec ces deux excellentes femmes.

Mais ce qu'il est surtout nécessaire d'apprendre à nos lecteurs, c'est que dans le cours de cinq ans mistress Butler donna le jour à trois enfans, d'abord deux garçons nommés David et Reuben, ordre de nomenclature qui donna beaucoup de satisfaction à l'ancien héros du Covenant ; et enfin une fille aux yeux bleus, aux cheveux blonds, qui promettait d'être charmante, et qui, d'après les instantes prières de sa mère, reçut le nom d'Euphémie, quoique un peu contre le gré de Deans et de Butler ; mais ils aimaient tous deux Jeanie trop tendrement, et elle avait eu trop de part au bonheur dont ils jouissaient maintenant, pour lui rien refuser de ce qu'elle pouvait désirer. Cependant, comme la coutume en Écosse est d'adopter une abréviation pour tous les noms de baptême, quoique Effie fût ordinairement substitué à Euphémie, on s'habitua, sans chercher à s'en rendre raison, à lui donner le nom de Fémie.

Mistress Butler vivait ainsi dans un état de félicité paisible et sans ostentation, que rien ne paraissait troubler, si ce n'est les petites tracasseries auxquelles la vie la plus tranquille est toujours sujette. Son bonheur n'était pourtant point parfait, il y avait deux choses qui y mettaient obstacle. — Sans cela, disait-elle à la personne de qui nous tenons ces détails, j'aurais été trop heureuse ; et il était peut-être utile que j'eusse quelques croix à porter pendant cette vie, afin de rappeler à mon souvenir celle qui doit lui succéder.

Son premier sujet de chagrin provenait de certaines escarmouches polémiques entre son père et son mari, qu'elle craignait toujours de voir dégénérer en guerre ouverte, malgré l'estime et l'affection qu'ils avaient l'un pour l'autre. David Deans, comme nos lecteurs le savent, était intraitable en fait d'opinions, et s'étant décidé à devenir un membre de la session ecclésiastique sous l'Église établie, il se sentait doublement obligé de prouver que par là il n'avait compromis en rien ses déclarations, soit par la pratique, soit en principe. Or M. Butler, en rendant justice au motif de la conduite de son beau-père, pensait qu'il était plus sage de garder le silence sur les points minutieux de doctrine, et de tâcher de réunir tous les esprits qui étaient de bonne foi dans leurs religions. D'ailleurs, comme homme et comme lettré, il n'aimait pas les leçons continuelles d'un beau-père d'une instruction bornée ; et comme ministre il ne se souciait pas de vivre sous la férule d'un des Anciens de son presbytère. Une fierté qui prenait sa source dans un principe d'honneur lui faisait même porter quelquefois l'opposition aux idées de son beau-père un peu plus loin qu'il ne l'aurait fait s'il n'eût été animé par ce sentiment. Si je lui cède en toute occasion, pensait-il, mes confrères croiront que je le flatte à cause de sa succession, et cependant il y a plus d'un point sur lequel je ne puis lui céder. Jamais je ne persécuterai de vieilles femmes comme sorcières, et jamais je n'occasionerai de scandale dans ma paroisse en cherchant à soulever le voile qui peut couvrir les faiblesses des jeunes filles.

Il arrivait de cette différence d'opinion que, dans certaines questions délicates, David accusait souvent son gendre de tolérance coupable, de relâchement dans la discipline, et d'indifférence quand il s'agissait d'être sévère et de protester contre les apostasies et les scandales du temps, ou d'exiger une explication franche sur des matières controversées : quelquefois l'aigreur se glissait dans la dispute. Alors mistress Butler était un ange médiateur, cherchant plutôt à excuser qu'à défendre les deux partis.

Elle rappelait à son père que Butler n'avait pas comme lui l'expérience de ces temps d'épreuve, où les saints étaient dédommagés de leurs persécutions ici-bas, par le don de voir dans l'avenir. Elle convenait que maints pieux ministres et fidèles croyans avaient reçu des révélations directes, tels que le bienheureux Peden, Lundie, Cameron, Renwick, John Caird le chaudronnier, qui étaient admis à tous les secrets de la foi, et Elisabeth Melvil, lady Culross, qui pria dans son lit entouré d'un grand nombre de chrétiens, et cela pendant trois heures, avec une grâce miraculeuse ; lady Robertland, qui obtint six gages de la grâce, plusieurs autres encore, et surtout un John Scrimgeour ministre de Kinghorn, qui, ayant un enfant malade à la mort, eut la liberté de témoigner à son divin maître un déplaisir si impatient et si amer, qu'enfin il lui fut dit qu'il avait été exaucé cette fois, mais qu'il ne devait plus être si hardi à l'avenir. En effet, à son retour, il trouva son enfant bien portant, assis sur son lit et mangeant sa soupe ; ce même enfant qu'il avait laissé à la veille d'expirer. Mais, disait Jeanie, quoique ces choses pussent être vraies dans ces époques pénibles, je crois que les ministres qui n'ont pas vu ces miséricordes spéciales, doivent consulter les règles des anciens temps. Aussi Reuben étudie-t-il les écritures et les livres des anciens justes : quelquefois il peut bien arriver que deux saints précieux soient d'avis différent, comme deux vaches tirant l'une à gauche et l'autre à droite en mangeant la même botte de foin.

A cela David répondait ordinairement, avec un soupir,
— Ah ! ma fille, tu comprends peu de chose à cela ; mais ce même John Scrimgeour qui ouvrait les portes du ciel comme avec le canon et un boulet de six livres, souhaitait dévotement que l'on brûlât la plupart des livres, excepté la Bible. Reuben est un bon et brave garçon :—j'ai toujours dit cela; —mais quand il s'oppose à faire une enquête contre le scandale donné par Margery Kitklesides et Rory Mac Rand, sous prétexte qu'ils ont raccommodé leur péché par le mariage, Butler agit contre la discipline chrétienne de l'Église, et puis il y a cette Ailie Mac-Clure de Deepheugh, qui pratique ses abominations, disant la bonne aventure aux gens avec des coquilles d'œuf, des os de mouton, des rêves et des divinations ! C'est un scandale pour une terre chrétienne de laisser vivre une sorcière pareille : je le soutiendrai dans toutes les judicatures civiles ou ecclésiastiques.

— Je crois bien que vous avez raison, mon père (c'était le style général des réponses de Jeanie); mais venez dîner à la manse aujourd'hui, nos bambins, pauvres petits, languissent de voir leur grand-papa, et Reuben ne dort jamais bien, ni moi non plus, quand vous avez quelque querelle ensemble.

— De querelle, pas du tout, Jeanie ; Dieu me préserve de me quereller avec lui ou avec tout ce qui t'est cher, ma fille !—et David, mettant son habit de dimanche, se rendait à la manse.

Avec son mari, mistress Butler allait plus directement à son but de conciliation. Reuben avait le plus grand respect pour les motifs du vieillard, une véritable affection pour sa personne, et la plus vive reconnaissance pour son ancienne amitié. Aussi dans ces occasions d'irritation accidentelle, il ne fallait que lui rappeler délicatement l'âge de son beau-père, son éducation bornée, ses préjugés enracinés et ses malheurs domestiques. Ces dernières considérations ramenaient Butler à des sentimens de conciliation, pourvu qu'il pût céder sans compromettre ses principes. C'est ainsi que notre héroïne, simple et sans prétention, avait le mérite de ces conciliateurs qui sont annoncés comme une bénédiction sur la terre.

La seconde croix de mistress Butler, pour parler le langage de son père, c'était que, quoique quatre à cinq ans se fussent écoulés depuis sa dernière entrevue avec sa sœur dans l'île de Roseneath, elle ignorait absolument si elle était heureuse et dans quelle situation elle se trouvait. Dans leur position respective, on ne pouvait espérer, peut-être même ne devait-on pas désirer une correspondance bien active, mais Effie lui avait promis de lui donner de ses nouvelles, si elle vivait, si le sort la favorisait; et, n'en recevant aucune, Jeanie en concluait ou qu'elle n'existait plus, ou qu'elle était tombée dans quelque abîme de malheur. Ce silence lui paraissait du plus mauvais augure, et lui donnait les plus vives inquiétudes sur la destinée de cette sœur chérie. Le voile qui la couvrait se déchira enfin.

Un jour que le capitaine de Knockdunder était venu à la manse, après avoir fait une absence de quelques jours, lorsqu'on lui eut servi, sur sa demande, un mélange de lait, d'eau-de-vie et de miel, qu'il prétendait que mistress Butler préparait mieux qu'aucune femme en Écosse, — A propos, ministre, dit-il à Butler, j'ai trouvé à la poste, à Glascow, une lettre pour votre excellente femme. Le port est de quatre sous, voulez-vous les jouer quitte ou double au trictrac?

Le trictrac et les dames étaient l'amusement favori de M. Whackbairn, principal de l'école de Libberton, où Butler avait vécu si long-temps comme sous-maître. Le ministre se piquait d'une certaine force à ces deux jeux, et sa conscience ne lui faisait aucun reproche de se livrer de temps en temps à un délassement qu'il regardait comme innocent. Mais celle de Deans était plus sévère, et il poussait des soupirs qu'on aurait pu prendre pour des gémissemens quand il voyait les enfans s'amuser avec les tables de jeux dans le salon, ou les dames et les dés. Plus d'une fois mistress Butler avait voulu placer ces objets, si odieux aux regards de son père, dans quelque chambre ou quelque coin moins apparent : — Laissez-les où ils sont, disait alors Butler. Je n'ai point à me reprocher que ces amusemens innocens en eux-mêmes me fassent négliger des devoirs plus importans. Je ne veux donc pas qu'on puisse supposer que je me livre en secret, et par conséquent contre ma conscience, à une récréation qui n'a rien de criminel, et que je puis me permettre de temps en temps ouvertement. *Nil conscire sibi,* Jeanie, telle est ma devise. Cela signifie, ma chère amie, qu'un homme agit avec confiance et franchise, quand sa conscience ne lui reproche rien.

Tels étant les principes de Butler, il accepta le défi du capitaine, et remit à sa femme la lettre qui lui était adressée, après lui avoir fait observer qu'elle portait le timbre d'York, mais que l'adresse ne paraissait pas de l'écriture de son amie mistress Bickerton, à moins qu'elle n'eût fait de grands progrès dans l'art d'écrire, ce qui ne paraissait pas probable à son âge.

Laissant Duncan et son mari occupés de leur partie de trictrac, mistress Butler alla donner quelques ordres pour le souper, le capitaine ayant annoncé qu'il passerait la nuit au presbytère. Elle ouvrit négligemment la lettre, mais elle n'eut pas plus tôt lu les premières lignes, qu'elle courut s'enfermer dans sa chambre à coucher pour la lire.

CHAPITRE XLVIII.

« Le bonheur t'a souri, sois heureuse toujours !
» Garde-toi d'envier ma fortune précaire :
» C'est à moi d'envier le calme de tes jours,
» Et ta si modeste chaumière. »

Anonyme.

Cette lettre ne portait d'autre signature que la lettre E; elle était bien d'Effie. Cependant, ni l'écriture ni l'orthographe, ni le style, n'auraient pu faire reconnaître qu'elle avait été écrite par Effie, dont l'éducation n'avait pas été plus brillante que celle de Jeanie, et qui en avait moins bien profité.

Cette lettre était écrite en caractères appelés écriture

italienne, bien tracés, quoique un peu raides. — L'orthographe et le style indiquaient une personne qui avait fait de bonnes lectures, et vivant dans la haute société ; voici quelle en était la teneur :

« Ma très chère sœur,

» Je me hasarde à vous écrire, à tous risques, pour vous informer que je suis vivante, et que je jouis dans le monde d'un rang beaucoup plus élevé que je ne le méritais et que je ne pouvais l'espérer. Si la fortune, les distinctions, les honneurs pouvaient rendre une femme heureuse, il ne me manquerait rien. Mais vous, Jeanie, vous qui, aux yeux du monde, pouvez paraître bien au-dessous de moi, vous êtes bien plus heureuse !

» J'ai eu le moyen d'avoir de vos nouvelles de temps en temps, ma chère Jeanie; je crois que sans cela mon cœur se serait déchiré. J'ai appris avec grand plaisir que vous êtes entourée d'une charmante petite famille. Nous n'avons pas le même bonheur. La mort nous a enlevé successivement deux enfans, et il ne nous en reste aucun. Que la volonté de Dieu s'accomplisse ! Si nous en avions un, peut-être sa vue dissiperait-elle les sombres pensées qui *le* tourmentent sans cesse, et qui *le* rendent si terrible pour lui et pour les autres. Que cela ne vous effraie pourtant point, Jeanie ; *il* est toujours plein de tendresse pour moi, et je suis beaucoup plus heureuse que je ne le mérite.

» Vous ne reconnaîtrez pas mon écriture, Jeanie. J'ai fait bien d'autres progrès. J'ai eu les meilleurs maîtres en pays étranger, et j'ai beaucoup travaillé parce que je voyais que cela *lui* faisait plaisir. Il est véritablement bon, mais il a plus d'un sujet de chagrin, quand il porte ses regards en arrière. Pour moi, quand je songe au passé, j'ai toujours une lueur de consolation; et je la dois à la conduite généreuse de ma sœur, qui ne m'a pas abandonnée quand tout le monde me délaissait. Le ciel vous en a récompensée. Vous vivez heureuse, aimée et estimée de tous ceux qui vous connaissent; et je mène une vie misérable, ne devant la considération qu'on m'accorde qu'à un tissu de mensonges et d'impostures que le moindre accident peut découvrir. Depuis qu'il a recueilli la succession de son père et celle de son oncle, il m'a présentée à ses amis comme fille d'un Écossais de grande condition, obligé de s'expatrier lors des guerres du vicomte de Dundee; — c'est le vieil ami de notre P...e Clavers [1] : vous savez? Il dit que j'ai été élevée dans un couvent d'Écosse, ce que mon accent rend assez vraisemblable. Mais quand un de mes concitoyens vient à me parler des familles qui prirent part aux guerres de Dundee, et me fait quelques questions sur la mienne, quand je le vois attendre ma réponse, les yeux fixés sur les miens, je ne sais comment la terreur que j'éprouve ne dévoile pas sur-le-champ la vérité; je ne me suis sauvée jusqu'ici que grâce à la politesse et au savoir-vivre, qui empêchent qu'on ne me presse de questions trop embarrassantes. Mais combien cela durera-t-il? et si je fais découvrir qu'*il* a cherché à cacher l'origine véritable de son épouse, ne me haïra-t-il pas? Il me tuerait, je crois, car il est maintenant aussi jaloux de l'honneur de sa famille qu'il s'en souciait peu autrefois.

» Je suis en Angleterre depuis quatre mois. J'ai souvent songé à vous écrire ; mais il peut résulter tant de dangers d'une lettre interceptée, que je n'ai pas osé le faire jusqu'ici. Me voici enfin obligée d'en courir le risque. La semaine dernière, je vis votre grand ami le D. d'A.; il vint dans ma loge au spectacle, il s'assit près de moi. Quelque chose dans la pièce vous rappela à son souvenir. Juste ciel! il conta toute l'histoire de votre voyage à Londres à tous ceux qui étaient dans la loge, et particulièrement à la malheureuse créature qui en avait été la cause. S'il avait su, s'il avait pu se douter près de qui il était assis, à qui il contait cette aventure! Je souffris avec courage, comme le prisonnier indien lié au fatal poteau supporte les horribles tortures de son supplice, et sourit quand ses bourreaux inventent quelque nouveau tourment. Mais enfin je n'y pus plus tenir, je m'évanouis ; on attribua cet accident à la chaleur qui régnait dans

---

(1) E'fie explique ici qu'il s'agit de Claverhouse, ou Clavers par abréviation, comme l'appelaient ses *amis* en Écosse. — Éd.

la salle et à un excès de sensibilité, et je fus assez hypocrite pour confirmer cette double erreur. La découverte de la vérité était ce qu'il y avait de plus redoutable. Heureusement *il* n'y était pas. Mais cet incident m'a causé de nouvelles alarmes. Je rencontre souvent votre D. d'A., et il me voit rarement sans me parler d'E. D., de J. D., de R. B., et de D. D., comme de personnes auxquelles mon aimable sensibilité s'est intéressée. Mon aimable sensibilité! et ce ton de légèreté avec lequel les gens du grand monde parlent des choses les plus touchantes!.. Entendre parler de mes fautes, de mes folies, des faiblesses de mes amis, même de votre résolution héroïque, Jeanie, avec cet air d'insouciance qui est à la mode aujourd'hui! A peine tout ce que j'ai souffert peut-il se comparer à cet état d'irritation continuelle! Alors je n'avais à craindre qu'un seul coup, maintenant il faut mourir à coups d'épingles.

» Il (je veux dire le D.) doit partir le mois prochain pour l'Écosse, et y passer la saison des chasses. Il m'a dit qu'à tous ses voyages il ne manque jamais de dîner une fois à la manse. Soyez bien sur vos gardes, et ne vous trahissez pas s'il venait à parler de moi. Hélas! vous ne pouvez pas vous trahir; vous n'avez rien à craindre. C'est votre E. dont la vie est encore une fois entre vos mains, c'est cette E. qu'il ne faut pas que vous laissiez dépouiller des fausses plumes dont on l'a parée, et peut-être par celui-là même qui a été la cause première de son élévation.

» Vous recevrez deux fois par an la valeur du billet ci-inclus. Ne me refusez pas, Jeanie; c'est mon superflu, et je pourrais au besoin vous en envoyer le double : cet argent peut vous servir, à moi il m'est inutile.

» Ne tardez pas à m'écrire, Jeanie, ou je serais dans de mortelles appréhensions que ma lettre ne fût tombée en des mains étrangères. Adressez-moi votre réponse à L. S., sous l'enveloppe du révérend Georges Whiterose, dans Minster-Close, à York : M. Whiterose croit que je corresponds avec un de mes nobles parens jacobites en Écosse. Comme le feu du zèle épiscopal et sa politique enflammerait ses joues, s'il savait qu'il est l'agent non d'Euphémie Setoun de l'illustre

famille de Winton, mais d'E. D., fille d'un marchand de bestiaux cameronien! — Je puis encore rire quelquefois, Jeanie; mais que le ciel vous préserve de jamais rire ainsi!
— Mon père (c'est-à-dire votre père) dirait que c'est le bruit de quelques branches d'épines, — qu'on jette au feu, mais qui n'en conservent pas moins tous leurs piquans.

» Adieu, ma chère Jeanie; — ne montrez cette lettre à personne, pas même à M. Butler, à lui moins qu'à tout autre. — Je suis pleine de respect pour lui, mais ses principes sont trop rigoureux, et mes blessures exigent une main bien douce. Je suis votre affectionnée sœur, E. »

Il y avait dans cette longue lettre de quoi surprendre et de quoi chagriner mistress Butler. Qu'Effie, que sa sœur Effie vécût dans le grand monde, et en apparence sur un pied d'égalité avec le duc d'Argyle, lui semblait une chose si extraordinaire qu'elle ne pouvait croire qu'elle eût bien lu. Il n'était pas moins merveilleux qu'elle eût fait tant de progrès en quatre ou cinq ans. L'humilité de Jeanie reconnaissait sans peine qu'Effie avait toujours eu plus de dispositions qu'elle; mais elle avait aussi été moins appliquée, et par conséquent elle avait moins profité du peu qu'on avait cherché à leur apprendre. Il paraissait pourtant que l'amour, la crainte ou la nécessité avaient été pour elle d'excellens maîtres, et qu'elle en avait parfaitement profité.

Ce qui plaisait le moins à Jeanie dans cette lettre, c'est qu'elle lui paraissait principalement dictée par un esprit d'égoïsme. Je n'en aurais pas entendu parler, pensa-t-elle, si elle n'avait craint que le duc n'apprît ici qui elle est, et quelle est sa parenté. Je n'ai pas envie de garder son argent, ajouta-t-elle en ramassant un billet de banque de cinquante livres sterling qui était tombé de la lettre; je n'en manque point, et il semblerait qu'elle a voulu acheter mon silence: elle doit bien savoir que pour tout l'or de Londres je ne voudrais rien dire à son préjudice. Il faut que j'en parle au ministre. Elle a beau craindre son mari, ne dois-je pas autant de respect et de confiance au mien? Oui, je lui en parlerai demain, dès que le capitaine sera parti. — Mais qu'est-ce donc qui se passe dans mon esprit? dit-elle après avoir fait quelques pas pour aller rejoindre la compagnie; est-ce que je serais assez folle pour avoir de l'humeur de ce qu'Effie est devenue une grande dame, tandis que je ne suis que la femme d'un ministre?

Elle s'assit sur une chaise au pied de son lit ; croisant ses bras sur sa poitrine, elle résolut de rester seule jusqu'à ce qu'elle eût pénétré dans tous les replis de son cœur, et qu'elle en eût banni tous les sentimens qui ne lui paraissaient pas convenables. Il ne lui fallut pas de longs efforts. Elle fut bientôt maîtresse du mouvement d'amour-propre dont elle avait été agitée un instant en voyant qu'Effie semblait rougir de sa famille ; elle ne songea plus qu'au bonheur de savoir qu'une sœur qu'elle chérissait tant, pour qui elle avait tant fait, qu'elle avait craint de voir tomber dans le besoin, dans la misère, peut-être dans le crime, était maintenant dans l'abondance, dans la prospérité, jouissait de l'estime et de la considération du monde; enfin elle sentit de quelle importance il était pour son bonheur que son secret fût bien gardé, puisque la connaissance de la famille d'Effie pouvait conduire à la découverte que Staunton n'était autre que ce fameux Robertson, si long-temps et si inutilement cherché.

Elle rentra dans le petit salon à l'instant où son mari et le capitaine venaient de finir leur partie de trictrac, et elle entendit celui-ci confirmer la nouvelle que la lettre de sa sœur venait de lui apprendre... l'arrivée prochaine du duc d'Argyle dans l'île de Roseneath.

—Il trouvera beaucoup de grouses et de coqs de bruyères dans les plaines d'Auchingower, dit Duncan. —Probablement il viendra dîner ici, et prendre un lit à la manse, suivant son usage.

—Il y a bien droit, capitaine, dit Jeanie.

—Il a droit à tous les lits du pays, de par tous les diables! s'écria le capitaine. Mais dites à votre bonhomme de père de tenir toutes ses bêtes en bon ordre, car le duc voudra les voir ; et conseillez-lui de faire sortir de sa cervelle, pour un jour ou deux, toutes ses sornettes cameroniennes, si cela lui est possible : quand je lui parle de ses bestiaux, il me répond par un passage de la Bible, et cela n'est pas honnête, à moins qu'on ne porte votre habit, M. Butler.

Jeanie vit que Duncan avait de l'humeur : mais personne ne connaissait mieux qu'elle l'art de désarmer la colère par la douceur, et elle se contenta de lui répondre en souriant qu'elle espérait que Sa Grâce trouverait que son père avait répondu à la confiance qui lui avait été accordée.

Mais le capitaine, qui avait perdu le port de la lettre au trictrac, et qui n'aimait point à perdre, était en disposition de quereller ; et se tournant vers Butler : — M. Butler, lui dit-il, vous savez que je ne me mêle pas beaucoup de vos affaires d'Eglise, mais vous me permettrez de vous dire que je trouverai fort mauvais que vous laissiez punir comme sorcière la vieille Ailie Mac-Clure, attendu qu'elle n'a jeté de sort sur personne, qu'elle n'a rendu aucun de nos hommes aveugle, boiteux, ni possédé du diable, mais qu'elle se borne à dire la bonne aventure, à prédire à nos pêcheurs combien ils prendront de veaux marins et de chiens de mer, etc.; ce qui est fort amusant à entendre.

— Ce n'est pas comme sorcière, dit Butler, qu'elle a été sommée de comparaître devant le presbytère ; c'est uniquement pour l'avertir de cesser à l'avenir des pratiques et des impostures qui n'ont d'autre but que de tromper les ignorans et de leur escroquer de l'argent.

— Je ne sais quelles sont ses pratiques et ses impostures, répliqua Duncan, mais je sais qu'on se propose de la prendre quand elle sortira de l'assemblée, et de lui donner un bain dans le lac. De par tous les diables ! je serai au presbytère, et nous verrons qui sera en mauvaise posture.

Sans faire attention à cette sorte de menace, Butler répondit qu'il ignorait un projet si cruel contre cette pauvre femme, et que pour empêcher son exécution, il lui ferait donner cet avis en particulier, au lieu de la faire paraître devant le tribunal ecclésiastique.

— C'est parler en homme raisonnable, dit Duncan, et le reste de la soirée se passa paisiblement.

Le lendemain matin, après que le capitaine eut fait sa libation du matin avec le liquide appelé le bouillon d'Athole, il partit dans son équipage à six chevaux. Jeanie réfléchit alors de nouveau si elle devait communiquer à son mari la lettre de sa sœur. Elle ne pouvait le faire sans le mettre dans la pleine et entière confidence de la situation d'Effie. Butler ne pouvait douter qu'elle ne fût partie avec ce Robertson qui avait été le principal auteur de la mort de Porteous, et qui même, avant cet évènement, était sous le coup d'une condamnation à mort pour vol; mais il ignorait que ce Robertson ne fût autre que Georges Staunton, homme de qualité, qui avait repris son rang dans le monde. Jeanie savait qu'elle pouvait compter sur la discrétion de son mari, mais le secret qu'il s'agissait de lui découvrir ne lui appartenait point, et elle se détermina à garder le silence.

En relisant cette lettre, elle ne put s'empêcher de remarquer combien est glissante la situation précaire de ceux qui, s'étant élevés par des voies obliques, ne peuvent se maintenir qu'à force de subterfuges et de mensonges dans l'élévation où ils sont parvenus, et ont toujours à craindre d'en être précipités. A la place de sa sœur, elle aurait préféré la retraite à la dissipation du monde; mais peut-être n'était-elle pas libre du choix. Elle ne pouvait lui renvoyer le billet de cinquante livres sans paraître coupable d'une fierté déplacée; elle résolut donc de le garder, et d'employer le montant pour donner à ses enfans une éducation plus soignée que ses propres moyens ne lui auraient permis de le faire. C'était le superflu de sa sœur, il était naturel qu'elle trouvât du plaisir à lui en faire part; Jeanie en aurait fait autant à sa place; un refus déguisé sous le nom de délicatesse ne serait donc qu'un véritable mouvement d'orgueil.

Elle répondit à Effie pour lui annoncer qu'elle avait reçu sa lettre, et la pria de lui envoyer de ses nouvelles le plus souvent possible. En lui donnant des détails sur ses affaires domestiques, elle éprouvait une singulière vacillation dans ses idées, car tantôt elle pensait qu'elle lui parlait de choses peu dignes d'occuper l'attention d'une grande dame, et tantôt il lui semblait que tout ce qui la concernait devait avoir de l'intérêt pour sa sœur. Sa lettre, adressée au révérend M. Witherose, fut mise à la poste à Glascow par un habitant de la paroisse qui avait affaire en cette ville.

La semaine suivante vit arriver le duc d'Argyle à Roseneath, et il ne tarda pas à annoncer son intention d'aller coucher à la manse après avoir chassé dans les environs, honneur qu'il avait déjà fait une ou deux fois à M. et à mistress Butler.

Effie ne s'était pas trompée dans ses conjectures. A peine le duc fut-il assis à la droite de mistress Butler, et eut-il commencé à découper lui-même une volaille, choisie pour lui dans toute la basse-cour, qu'il se mit à parler de lady Staunton de Willingham dans le Lincolnshire, et du bruit que son esprit et sa beauté faisaient à Londres depuis quelques mois.

Ce discours n'était pas tout-à-fait imprévu pour Jeanie ; mais l'esprit d'Effie ! c'est ce qui ne serait jamais entré dans son imagination. Elle ignorait combien il est facile à une femme jeune et jolie d'obtenir dans le grand monde une réputation d'esprit avec des manières qu'on trouverait impertinentes dans un rang inférieur.

— Elle a été tout l'hiver la beauté à la mode, dit le duc, l'astre qui éclipsait tous les autres, l'objet de tous les hommages. C'était réellement la plus jolie femme qui fût à la cour le jour anniversaire de la naissance de Sa Majesté.

Effie à la cour, et le jour de la naissance de Sa Majesté ! Jeanie était anéantie en se rappelant les circonstances extraordinaires de sa présentation à la reine, et la cause qui y avait donné lieu.

— Je vous parle de cette dame, mistress Butler, continua le duc, parce que je trouve dans le son de sa voix, dans son air, dans l'ensemble de sa physionomie, quelque chose qui rappelle votre souvenir. Non pas lorsque vous êtes pâle comme en ce moment... Vous vous serez trop fatiguée ce matin. Il faut que vous me fassiez raison de ce verre de vin.

Elle accepta le verre qu'il lui offrait, et Butler remarqua, en souriant, que dire à la femme d'un pauvre ministre qu'elle ressemblait à une beauté de la cour, c'était une flatterie dangereuse.

— Oh ! oh ! M. Butler, s'écria le duc, je crois que vous devenez jaloux. C'est vous y prendre un peu tard. Vous savez qu'il y a long-temps que je suis un des admirateurs de votre femme. Mais sérieusement il existe entre elles une de ces ressemblances inexplicables que nous trouvons quelquefois dans des figures dont les traits détaillés n'ont rien de semblable.

Mistress Butler sentit qu'il paraîtrait singulier qu'elle continuât à garder le silence, et elle fit un effort sur elle-même pour dire que cette dame était peut-être une compatriote, et que l'accent du pays pouvait aider à la ressemblance que Sa Grâce avait cru remarquer.

— Vous avez raison, reprit le duc, elle est Ecossaise ; elle a l'accent écossais, et elle laisse échapper quelquefois une expression provinciale qui, dans sa jolie bouche, est tout-à-fait dorien [1], M. Butler.

J'aurais cru, dit Butler, que cela aurait paru vulgaire, trivial dans la grande ville.

— Point du tout, répondit le duc. Il ne faut pas vous imaginer qu'elle parle l'écossais grossier qu'on entend dans *Cowgate* à Edimbourg ou dans les *Gorbals* [2] ; le peu d'expressions écossaises dont elle fait usage sont du meilleur goût ; c'est le pur écossais de la cour qu'on parlait encore dans ma jeunesse ; mais il est si peu d'usage aujourd'hui, qu'il a l'air d'un dialecte différent de notre patois moderne.

Malgré son inquiétude, Jeanie ne put s'empêcher de sourire en voyant combien ceux qui devraient être les meilleurs juges peuvent se laisser tromper quand ils sont aveuglés par la prévention.

— Elle appartient, continua le duc, à l'une des meilleures maisons d'Ecosse, à la malheureuse famille de Winton ; mais, ayant perdu ses parens fort jeune, à peine connaît-elle sa généalogie, et c'est moi qui lui ai appris qu'elle descend de Setouns de Windigoul. J'aurais voulu que vous vissiez avec quelle grâce elle rougissait de son ignorance. Au milieu de ses manières nobles et élégantes, on remarque

(1) Le dialecte dorique ou dorien était celui de tous les dialectes grecs qui admettait le plus de termes étrangers ou provinciaux : cette épithète est d'une application très juste quand on entend parler une jolie femme de province avec l'accent et les locutions du pays natal.

(1) Faubourg de Glascow. — Éd.

quelquefois une teinte de timidité, de modestie rustique, si j'ose parler ainsi, qui est la suite de son long séjour dans un couvent, et qui la rend tout-à-fait charmante. On reconnaît sur-le-champ, M. Butler, la rose vierge qui a fleuri dans la chaste enceinte du cloître.

— Oui, dit Butler,

Ut flos in septis secretus nascitur hortis, etc.

Sa femme pouvait à peine se persuader que ce fût d'Effie qu'on parlât ainsi, et que ce fût un aussi bon juge que le duc d'Argyle qui s'exprimât de cette manière. Si elle avait connu Catulle, elle aurait pensé que la fortune avait fait choix de sa sœur pour donner un démenti au passage cité par Butler.

Elle se détermina pourtant à s'indemniser des inquiétudes qu'elle éprouvait, en obtenant le plus de renseignemens qu'il lui serait possible. Elle fit donc au duc quelques questions sur le mari de cette dame.

— C'est un homme très riche, répondit le duc, d'une ancienne famille, qui a tout ce qu'il faut pour plaire, mais qui est bien loin d'y réussir comme sa femme. On prétend qu'il peut être fort agréable en société ! je ne l'ai jamais trouvé tel. Il m'a toujours paru d'une humeur sombre, réservée, capricieuse. Il paraît avoir une mauvaise santé, et l'on dit qu'il a eu une jeunesse fort orageuse ; cependant c'est, au total, un jeune homme de bonne mine. Un grand ami de votre lord grand commissaire de l'Eglise [1], M. Butler.

— Il est donc l'ami d'un digne et respectable seigneur, dit Butler.

— Regarde-t-il sa femme des mêmes yeux que les autres? demanda Jeanie presque à voix basse.

— Qui? sir Georges? On dit qu'il l'aime beaucoup. Quant à moi, j'ai remarqué qu'en certains momens, quand il la regarde, elle semble trembler ; et ce n'est pas un bon signe. Mais il est étrange combien je suis frappé par cette ressemblance de physionomie et de son de voix qui existe entre elle et vous. On jurerait presque que vous êtes sœurs.

---

[1] Le noble chargé de présider au nom du roi la convocation annuelle de l'assemblée générale du clergé presbytérien. — Éd.

Il devint impossible à mistress Butler de cacher plus long-temps son embarras. Le duc s'en aperçut, et l'attribua à ce qu'en prononçant ce mot de sœur il avait, sans y penser, rappelé à son souvenir ses chagrins de famille. Il avait trop d'esprit et d'usage pour faire des excuses de sa distraction; mais il s'empressa de changer de conversation, et s'occupa à régler quelques sujets de contestation qui existaient entre le ministre et Duncan de Knockdunder, reconnaissant que son digne substitut était quelquefois trop opiniâtre dans ses opinions, et trop énergique dans ses mesures exécutives.

— Il est vrai, dit Butler; et quoique je lui rende la justice qu'il mérite sur tout autre point, je sais que bien des gens dans la paroisse pourraient lui appliquer les paroles du poète à Marrucinus Asinius:

Manu
Non bellè uteris in joco atque vino.

La conversation n'ayant plus roulé que sur des affaires de paroisse, nous ne croyons pas qu'elle puisse intéresser plus long-temps nos lecteurs.

CHAPITRE XLIX.

« A quoi bon sur ma tête ont-ils mis la couronne,
» A quoi bon dans mes mains le sceptre qu'on me donne?
» Un étranger viendra les arracher un jour,
» Et je n'ai point de fils qui les porte à son tour! »

MACBETH.

Depuis ce temps les deux sœurs, en prenant les plus grandes précautions pour que leur correspondance ne pût être découverte, continuèrent à s'écrire environ deux fois par an. Les lettres de lady Staunton annonçaient toujours que la santé et l'esprit de son mari étaient dans un état fâcheux. Elle n'avait pas d'enfans, et c'était un des sujets sur lesquels elle s'étendait ordinairement davantage. Sir Georges

Staunton, d'un caractère toujours violent, avait conçu une sorte d'aversion pour un parent assez éloigné qui devait naturellement hériter après lui du domaine de Willingham, et qu'il soupçonnait de lui avoir rendu autrefois de mauvais services auprès de son père et de son oncle; et il avait juré qu'il lèguerait tous ses biens à un hôpital plutôt que de souffrir qu'il en possédât jamais la moindre partie.

— S'il avait un enfant, disait la malheureuse femme, si du moins celui dont la destinée nous est inconnue vivait encore, ce serait un lien qui l'attacherait à la vie; mais le ciel nous a refusé une consolation que nous ne méritons point.

De telles plaintes, variées quant à la forme, mais roulant souvent sur le même sujet, remplissaient toutes les lettres qui partaient du triste et vaste château de Willingham pour le tranquille et heureux presbytère de Knocktarlity. Cependant les années s'écoulaient. Le duc d'Argyle mourut en 1743, universellement regretté, surtout par les Butlers, pour lesquels il avait été le plus généreux bienfaiteur. Comme il ne laissait pas d'enfans mâles, son titre et ses biens passèrent à son frère Archibald, qui continua à leur accorder la bienveillance dont son frère leur avait donné tant de preuves, mais avec lequel ils ne furent jamais dans la même intimité. La protection de ce seigneur leur devint même plus nécessaire que jamais; car, après la rébellion de 1745, et la dispersion des révoltés, la tranquillité du pays fut troublée par des vagabonds et des maraudeurs qui vinrent se réfugier sur les confins du pays des montagnards, où ils trouvaient des retraites dans lesquelles il n'était facile ni de les poursuivre ni de les surprendre, et d'où ils exerçaient des brigandages dans les environs, aujourd'hui si paisibles, de Perth, de Stirling et de Dumbarton.

Le plus grand fléau de la paroisse de Knocktarlity était un certain Donacha Dhu, ou Dunaig, ou le noir Duncan-le-Mauvais, dont nous avons déjà dit un mot. Ce bandit avait été autrefois un chaudronnier ambulant; mais quand une guerre civile s'alluma, il renonça à cette profession, et de demi-voleur devint tout-à-fait brigand. A la tête de trois ou quatre jeunes gens déterminés, étant lui-même actif, vigoureux, intrépide, et connaissant parfaitement les défilés des montagnes, il exerça son nouveau métier avec beaucoup de succès, et se rendit redoutable à tout le voisinage.

Chacun était convaincu que Duncan de Knockdunder aurait pu facilement mettre un terme aux déprédations de son homonyme Donacha, et s'emparer de sa personne, car il y avait dans la paroisse plusieurs jeunes gens de bonne volonté qui, ayant servi dans la guerre civile, sous les bannières du duc d'Argyle, s'y étaient distingués, et n'auraient pas demandé mieux que de contribuer à en délivrer le pays. Comme on savait que Duncan, qui aurait dû leur servir de chef, ne manquait pas de courage, on supposait généralement que Donacha avait trouvé le moyen de s'assurer de sa protection tacite ; ce qui n'était pas rare dans ce pays et dans ce temps. On était d'autant plus porté à le croire, qu'on avait remarqué que les bestiaux du vieux Deans étaient respectés par les voleurs, parce qu'ils étaient sur la propriété du duc, tandis qu'on enlevait une vache au ministre toutes les fois qu'on en trouvait l'occasion. Les brigands parvinrent même une fois à s'emparer de toutes celles qui lui restaient, et ils les emmenaient en triomphe, quand Butler, oubliant sa profession paisible, dans cette extrême nécessité, se mit à leur poursuite à la tête de quelques uns de ses voisins, et réussit à leur reprendre ses bestiaux. Deans, malgré son âge très avancé, prit part à cet exploit ; monté sur un petit cheval ou poney des Highlands, et une grande claymore à sa ceinture, il se comparait (car il ne manqua pas de s'attribuer la réussite de cette expédition) à David, fils de Jessé, reprenant sur les Amalécites le butin qu'ils avaient fait. Cet acte de vigueur produisit pourtant un bon effet : Donacha, voyant qu'on osait lui résister, s'éloigna du pays, et n'y exerça plus de brigandages. Il continua cependant à s'y livrer un peu plus loin, et l'on entendit parler de temps en temps de ses hauts faits jusqu'à l'année 1751, que le destin le délivra de la crainte que lui avait inspirée le second David, car le vénérable patriarche de Saint-Léonard alla rejoindre ses ancêtres.

David Deans mourut plein d'années et d'honneur. On ne

connaît pas au juste l'époque de sa naissance, mais il doit avoir vécu environ quatre-vingt-dix ans, car il parlait d'évènemens arrivés du temps de la bataille de Bothwell, comme de choses dont il avait été témoin. On dit même qu'il y avait porté les armes avec les puritains. Un jour qu'un laird jacobite, pris de vin, disait qu'il voudrait trouver un Whig du pont de Bothwell pour lui frotter les oreilles,—Vous en avez un sous la main, lui dit David en fronçant le sourcil, essayez! et il fallut l'intervention de Butler pour rétablir la paix.

Deans rendit le dernier soupir entre les bras de sa fille chérie, en remerciant la Providence des bienfaits qu'il en avait reçus dans cette vallée d'épreuves, et des croix qu'elle lui avait envoyés pour mortifier l'orgueil que pouvaient lui inspirer les dons qu'elle lui avait accordés. Il pria de la manière la plus touchante pour Jeanie, pour son mari, pour leur famille; et dans une autre prière pathétique, que ne comprirent que trop bien ceux qui l'entouraient alors, il supplia le divin berger de ne pas oublier, quand il rassemblerait son troupeau, la brebis égarée qui pouvait être encore en ce moment la proie des loups ravisseurs. Après avoir aussi demandé au ciel la prospérité de la maison d'Argyle et la conversion de Duncan de Knockdunder, il se trouva épuisé, et fut hors d'état de prononcer aucune prière suivie. On lui entendit seulement murmurer les mots défections, excès de droite, erreur à gauche, etc. Mais, comme May Hettly le fit observer, sa tête n'y était plus; ces expressions n'étaient qu'une habitude automatique, et il mourut en paix avec tous les hommes, environ une heure après.

Malgré l'âge avancé de son père, cette mort fut la source d'une vive affliction pour mistress Butler. Elle était habituée à consacrer une grande partie de son temps aux soins qu'elle lui donnait, et quand le bon vieillard n'exista plus, elle crut avoir fini une partie de ce qu'elle avait à faire dans ce monde. Sa fortune disponible, qui montait à environ quinze cents livres sterling, passa aux habitans de la manse, qu'elle ne consola point de leur perte. Il fallut pourtant penser à l'emploi qu'on pourrait en faire.

— Si nous plaçons cette somme sur hypothèque, dit Butler, il en arrivera peut-être comme de l'argent que votre père a prêté au laird de Lounsbeck, dont il n'a jamais pu toucher ni intérêt ni capital. Si nous la mettons dans les fonds publics, nous devons nous souvenir de l'entreprise de la mer du Sud, dans laquelle les intéressés ont tout perdu. Le petit bien de Craigsture est à vendre; il n'est qu'à deux milles de la manse, et Knockdunder m'assure que le duc ne pense pas à l'acheter. Mais on en demande deux mille cinq cents livres sterling, et cela ne m'étonne pas, car il les vaut bien. Tout ce qui m'embarrasse, c'est qu'il nous manquerait mille livres, et il me répugne de les emprunter, parce que d'une part le créancier pourrait redemander son argent quand nous ne serions pas prêts à le lui rendre, et que si je venais à mourir, cette dette pourrait vous mettre dans l'embarras.

— Et si nous avions cette somme, dit Jeanie, nous pourrions acheter cette belle terre où il y a de si beaux pâturages?

— Certainement, et Knockdunder, qui s'y connaît, m'y engage fortement. A la vérité c'est son neveu qui la vend.

— Eh bien, Reuben! il faut lire un verset de la Bible. Vous savez qu'on y trouve quelquefois de l'argent. Vous en souvenez-vous?

— Si je m'en souviens, Jeanie, oui, oui. Mais ce n'est pas dans ce siècle qu'on voit des miracles tous les jours.

— Il faut pourtant voir, dit mistress Butler. Et ouvrant une petite armoire dans laquelle elle gardait son miel, son sucre, ses pots de gelées, et quelques fioles de médecines pour les bestiaux, elle en tira de derrière un triple rempart de pots et de bouteilles, une vieille Bible qui avait été la compagne fidèle de David Deans dans sa jeunesse, alors qu'il avait été obligé de fuir la persécution; il l'avait donnée à sa fille quand sa vue affaiblie l'avait obligé à en choisir une imprimée en plus gros caractères. Jeanie la présenta à Butler, qui la regardait d'un air de surprise, et lui dit de voir si ce livre ne pourrait rien faire pour lui. Il en ouvrit les agrafes, et y trouva un assez grand nombre de billets de banque de cinquante livres sterling, qui y avaient été placés séparément entre les feuillets.

— Je ne comptais vous parler de mes richesses, Reuben, lui dit-elle en souriant, qu'à l'instant de ma mort ou dans quelque besoin de famille; mais je crois qu'il vaut mieux les employer à acheter ces bons pâturages, que de les laisser au fond de cette armoire.

— Et comment est-il possible que vous ayez une telle somme, Jeanie? dit Butler en comptant les billets : en voilà pour plus de mille livres !

— Quand il y en aurait pour dix mille, dit Jeanie, l'argent est entré chez nous par une bonne porte. Je ne sais pas quel en est le compte, mais c'est tout ce que j'ai. Quant à votre question, comment il est possible que j'aie une telle somme, tout ce que je puis vous dire, c'est que je l'ai eue honorablement, car c'est un secret qui ne m'appartient pas, sans quoi vous l'auriez su depuis long-temps; ainsi donc, Reuben, ne me faites pas d'autres questions, je ne serais pas libre d'y répondre.

— Répondez à une seule; cette somme est-elle à vous pour en disposer à votre gré? est-il possible que personne n'y ait droit que vous?

— Elle est à moi. J'en puis disposer, et c'est ce que j'ai déjà fait, car elle est à vous maintenant. Vous pouvez, Reuben, vous appeler Bible Butler, comme votre grand-père que mon pauvre père n'aimait pas trop. Seulement si vous y consentez, je voudrais qu'à notre mort Fémie en eût une bonne part.

— Ce sera comme vous le voudrez, Jeanie. Mais qui aurait jamais fait choix d'une Bible pour y cacher des richesses terrestres?

— C'est une de mes anciennes rubriques, comme vous dites, Reuben. J'ai pensé que si Donacha venait faire ici un coup de main, la Bible serait la dernière chose dont il se soucierait. Mais s'il m'arrive encore d'autre argent, comme cela n'est pas impossible, je vous le remettrai à mesure, et vous l'emploierez comme vous l'entendrez.

— Et il ne faut pas que je vous demande comment il se fait que vous ayez tant d'argent?

— Non, Reuben, il ne le faut pas; car si vous me le demandiez bien sérieusement, je vous le dirais peut-être, et j'aurais tort. Vous seriez le premier à me le dire.

— Mais au moins ce n'est rien qui vous laisse du trouble dans l'esprit?

— Les biens du monde ne vont jamais sans trouble, Reuben. Mais ne me faites pas de question. Cet argent ne me charge pas la conscience, et personne n'a droit de nous en demander un plack.

— Bien certainement, dit le ministre après avoir de nouveau compté l'argent et examiné les billets, comme pour se convaincre que ses yeux ne le trompaient point, jamais il n'y a eu dans le monde un homme qui ait eu le bonheur d'avoir une femme comme la mienne. Les biens du monde la suivent comme la bénédiction du ciel.

— Oui, dit Jeanie en souriant, jamais on n'en a vu, depuis la princesse des contes d'enfans qui faisait tomber de sa chevelure des pièces d'or en se peignant de la main gauche, et des pièces d'argent en se peignant de la droite. Serrez ces papiers dans votre poche, et ne les tenez pas comme cela à la main, ou je vais les remettre dans la vieille Bible. Nous sommes trop près des montagnes pour laisser voir que nous avons tant d'argent à la maison. Allez donc chez Knockdunder, et convenez du prix avec lui. Ne soyez pas assez simple pour lui dire que vous avez toute la somme nécessaire; dites-lui que vous avez trouvé un ami qui vous aide, c'est la vérité; et marchandez sou à sou.

En lui donnant cet avis, Jeanie prouvait assez, quoiqu'elle ne sût pas faire d'autre usage de son argent que de le cacher soigneusement dans une vieille Bible, qu'elle avait quelque chose de l'adresse de son père David dans les affaires humaines. Et Reuben Butler, qui ne manquait pas de prudence, suivit de point en point le conseil de sa femme.

La nouvelle que le ministre avait acheté Craigsture se répandit promptement dans la paroisse. Les uns s'en réjouirent et lui firent compliment, d'autres regrettèrent que ce domaine fût sorti d'une famille à laquelle il appartenait depuis long-temps.

Butler fut alors obligé de faire un voyage à Édimbourg vers la Pentecôte, pour les affaires de la succession de son beau-père, afin de recueillir quelques sommes qui lui étaient dues, et dont il avait besoin pour effectuer le paiement de son acquisition. Ses collègues ecclésiastiques saisirent cette circonstance pour le nommer leur délégué à l'assemblée générale, ou convention de l'Eglise d'Ecosse, qui a lieu ordinairement tous les ans pendant la seconde quinzaine du mois de mai.

CHAPITRE L.

« Quelle est cette divinité?
» Est-ce une hamadryade, est-ce une néréide
» Qui, fendant la plaine liquide,
» Vient nous faire admirer sa grâce et sa beauté? »

MILTON.

Peu de temps après l'incident de la Bible et des billets de banque, la fortune prouva qu'elle réservait des surprises à mistress Butler, aussi bien qu'à son mari. Le ministre, pour pouvoir terminer les diverses affaires qui nécessitaient son voyage à Édimbourg, avait été obligé de partir de chez lui à la fin de février, calculant que l'intervalle qui s'écoulerait depuis son départ jusqu'à la Pentecôte (24 mai) ne serait pas trop long pour faire passer de la bourse des différens débiteurs de son beau-père dans la sienne, les sommes dont il avait besoin pour compléter le paiement du prix de son acquisition.

Mistress Butler se trouvait pour la première fois séparée de son mari, et la mort récente de son père, avec lequel elle avait toujours vécu, lui rendait cette séparation encore plus pénible. Sa maison lui paraissait un désert, et elle n'était distraite de ses chagrins que par les soins qu'exigeaient ses enfans.

Un jour ou deux après le départ de Butler, tandis qu'elle

s'occupait de quelques détails domestiques, elle entendit entre eux une querelle qui, paraissant assez vive, lui sembla mériter son intervention. Elle les fit comparaître tous trois devant elle, et Fémie, qui n'avait pas encore dix ans, accusa ses deux frères d'avoir voulu lui prendre par force un papier qu'elle lisait.

—C'est un papier qui n'est pas bon à lire pour Fémie, dit l'aîné qui se nommait David.

—C'est l'histoire d'une méchante femme, ajouta Reuben.

—Et où avez-vous pris ce papier, petite sotte? dit mistress Butler : de quel droit osez-vous toucher aux papiers de votre papa?

—Ce n'est point un papier de papa, dit Fémie en montrant une feuille toute chiffonnée; May Hettly me l'a donné, et il enveloppait les fromages qui sont venus hier d'Inverrary.

Il est bon d'informer ici nos lecteurs qu'il avait toujours existé des relations de politesse entre mistress Butler et la laitière en chef d'Inverrary, notre ancienne connaissance mistress Dutton, devenue alors mistress Mac-Corkindale, et qu'elles se faisaient de temps en temps de petits présens.

Jeanie prit des mains de l'enfant le papier qui causait la dispute, afin de s'assurer par elle-même de ce qu'il contenait. Mais quel fut son étonnement en lisant ce titre en grosses lettres : « Relation de l'exécution et des dernières paroles de Meg Murdockson, du meurtre barbare de sa fille Madge Murdockson, dite Wildfire, et de son pieux entretien avec Sa Révérence l'archidiacre Fleming ! » C'était un de ces papiers dont Archibald avait acheté toute la collection à Longtown, et que mistress Dutton avait sauvé du feu par économie; le hasard avait voulu qu'elle se fût servie de quelques unes de ces feuilles pour envelopper les fromages qu'elle avait envoyés la veille à la manse de Knocktarlity.

Le titre de ce papier, qu'Archibald avait désiré soustraire aux yeux de Jeanie pour ménager sa sensibilité, suffit seul pour la faire tressaillir; mais la narration lui en parut si intéressante, qu'elle se débarrassa de ses enfans, et courut s'enfermer dans sa chambre pour en faire la lecture sans interruption.

Cette pièce paraissait écrite, ou du moins corrigée, par le ministre qui avait assisté Meg Murdockson dans ses derniers momens, et qui avait aussi donné les consolations de la religion à sa fille au lit de la mort. On y disait que le crime pour lequel elle avait été condamnée à mort était la part active qu'elle avait prise à un vol et à un meurtre commis quelque temps auparavant, et pour lequel Frank Levitt devait aussi être mis en jugement aux assises de Lancastre. Elle avait été condamnée sur le témoignage d'un de ses complices, Thomas Turck, vulgairement nommé Tyburn Tom, et il était probable que sa déposition ne serait pas moins funeste à Frank, quoique, d'après Meg Murdockson, ce fût Turck lui-même qui eût porté le coup fatal.

Le détail circonstancié du crime pour lequel elle avait été condamnée était suivi d'un abrégé de sa vie, tel qu'elle l'avait donné elle-même au révérend M. Fleming. Elle était née en Ecosse; épouse d'un soldat du régiment Cameronien, et adoptant le métier de vivandière, elle avait sans doute pris à la suite des camps l'amour du pillage et la férocité qu'elle avait toujours montrée depuis ce temps. Son mari, ayant obtenu son congé, était entré au service d'un dignitaire ecclésiastique du comté de Lincoln, dont elle avait nourri le fils. Elle avait ensuite été chassée de cette famille et du village qu'elle habitait, pour avoir souffert un commerce illicite entre sa fille et le fils de ce dignitaire, et parce qu'on la soupçonnait d'avoir fait périr l'enfant qui en était provenu, afin de cacher la honte de sa fille. Depuis ce temps, elle avait mené une vie errante en Angleterre et en Ecosse, tantôt faisant le métier de dire la bonne aventure, tantôt celui de revendre des marchandises de contrebande, mais, dans le fait, recélant des objets volés, et souvent complice elle-même des exploits par lesquels ils étaient obtenus. Il y avait plusieurs de ses crimes dont elle se vantait sans remords, et elle semblait surtout éprouver un mélange de satisfaction triomphante et de regret passager pour une certaine circonstance : lorsqu'elle demeurait dans un faubourg d'Edimbourg, une fille de village, qui avait été séduite par un des confédérés de Meg Murdockson, était venue faire ses couches chez elle, et avait mis au monde un enfant mâle. Sa fille, dont le cerveau était dérangé depuis la perte du sien, suivant la déclaration de la criminelle, avait emporté l'enfant de la pauvre mère, le prenant pour le sien dont elle ne pouvait pas quelquefois se persuader la mort.

Marguerite Murdockson ajouta que pendant quelque temps elle avait cru que sa fille avait détruit l'enfant dans un accès de sa démence, et qu'elle l'avait donné à entendre à son père, mais qu'elle savait depuis qu'il avait été vendu à une femme courant le pays. Elle témoignait quelques remords d'avoir séparé la mère de l'enfant, surtout parce que la mère avait failli être condamnée d'après la loi d'Ecosse, pour un infanticide supposé. Mais quel intérêt avait-elle à exposer l'infortunée à une condamnation qu'elle n'avait pas méritée? A cette question, elle répondit en demandant elle-même si l'on croyait qu'elle irait perdre sa fille pour en sauver une autre. Elle ne savait pas ce que lui ferait la loi d'Ecosse pour avoir fait disparaître l'enfant. Cette réponse n'était nullement satisfaisante, et l'ecclésiastique parvint à reconnaître, en l'interrogeant, qu'elle gardait une vive soif de vengeance contre la jeune fille qu'elle avait si maltraitée. Le même papier disait que tout ce qu'elle avait dit de plus avait été confié par elle secrètement à l'archidiacre, qui s'était donné tant de peine pour lui administrer des consolations spirituelles. Le papier relatait enfin qu'après son exécution, dont on n'oubliait pas les détails, la folle, qui a été souvent mentionnée et connue sous le nom de Madge Wildfire, avait été tourmentée par la populace prétendant qu'elle était sorcière, et n'avait été sauvée que par la prompte intervention de la police.

Sauf les réflexions morales, et tout ce qui ne peut être utile à notre histoire, telle était la teneur de la relation que mistress Butler avait sous les yeux. C'était pour elle un objet très important, car elle offrait la preuve la moins équivoque que sa sœur était innocente du crime dont elle avait été accusée, et qui avait été sur le point de lui coûter la vie. Il est vrai que ni elle, ni son mari, ni son père, ne l'avaient jamais crue capable d'avoir attenté aux jours de son enfant;

mais ils ne pouvaient faire passer leur conviction dans l'esprit des autres, et les ténèbres qui enveloppaient cette affaire rendaient aux yeux du monde l'innocence d'Effie au moins très problématique. Aujourd'hui elle devenait évidente d'après les aveux de la coupable même, et les renseignemens donnés par Madge pouvaient en outre être un fil qui conduisît à la découverte de l'enfant.

Après avoir remercié Dieu de cet évènement inattendu, Jeanie se mit à réfléchir sur ce qu'elle devait faire. Son premier mouvement fut d'en parler à son mari, mais il était absent; et d'ailleurs, par suite de cette confidence, elle pouvait se trouver obligée de lui découvrir le secret de Georges Staunton. Elle jugea donc que le meilleur parti qu'elle pût prendre était d'envoyer sur-le-champ cette pièce à sa sœur, afin qu'elle la communiquât à son mari, et qu'ils vissent ensemble l'usage qu'ils en pourraient faire. En conséquence, elle la mit à l'ordinaire sous enveloppe à l'adresse du révérend M. Whiterose, à York, et l'envoya à Glascow par un exprès. Elle attendait une réponse avec impatience; mais le temps nécessaire pour la recevoir se passa sans qu'il en arrivât, et elle ne savait à quelle cause attribuer le silence de lady Staunton. Elle commença à regretter d'avoir confié à la poste une pièce si importante pour établir l'innocence de sa sœur, et elle se reprocha presque de n'avoir pas écrit à son mari pour le consulter sur ce qu'elle devait faire en cette occasion : elle pensait même à lui faire part de ce qui s'était passé, et à lui demander ses conseils, quand d'autres évènemens rendirent cette démarche inutile.

Jeanie (c'est notre favorite, et nous lui demandons excuse de la nommer quelquefois si familièrement) se promenait un matin avec ses enfans, après avoir déjeuné, sur le bord de la mer; tout-à-coup David, son fils aîné, s'écria : — Maman, voilà le carrosse à six chevaux du capitaine qui arrive avec des dames. Elle porta les yeux du côté de la mer, et vit effectivement la grande barque de Knockdunder qui avançait vers le rivage; deux dames étaient assises à la poupe derrière Duncan, qui remplissait les fonctions de pilote. La politesse exigeait qu'elle se rendît au lieu ordinaire du débarquement, d'autant plus qu'elle voyait que le capitaine était sur la cérémonie. Son joueur de cornemuse, assis à la poupe, faisait entendre une mélodie qui paraissait d'autant plus agréable que dans le bruit du vent et des vagues se perdait la moitié des sons. Duncan avait mis lui-même sa perruque nouvellement frisée, sa toque (car il avait abjuré le chapeau à retroussis) décorée de la croix rouge de Saint-Georges, et son uniforme de capitaine de milice; enfin il avait arboré le pavillon à tête de sanglier du duc d'Argyle : tout indiquait donc ses projets de représentation et de gala.

En approchant du lieu du débarquement, mistress Butler vit le capitaine offrir la main aux dames d'un air respectueux pour les aider à descendre à terre, et toute la compagnie s'avança vers elle, Duncan quelques pas en avant, et l'une des dames appuyée sur le bras de l'autre, qui paraissait sa femme de chambre.

Dès qu'ils furent près d'elle, Duncan lui dit d'un ton d'importance:—Mistress Butler, permettez-moi de vous présenter lady... Eh!... pardon, milady, mais j'ai oublié votre nom.

— N'importe, monsieur, dit la dame. Je me flatte que mistress Butler n'en aura pas besoin. La lettre du duc... Voyant alors l'air de surprise de celle-ci, — N'avez-vous pas envoyé ma lettre hier soir? demanda-t-elle à Duncan avec un peu d'aigreur.

— Madame... Pardon, madame, mais j'ai pensé qu'il suffirait de la remettre ce matin, parce qu'on ne trouve jamais mistress Butler hors de garde, jamais, madame : d'ailleurs, ma voiture était à la pêche, et mon gig était allé chercher un baril d'eau-de-vie à Greenock. Mais voilà la lettre de Sa Grâce.

— Donnez-la-moi, monsieur, dit la dame en la lui prenant des mains; puisque vous n'avez pas jugé à propos de me rendre le service de l'envoyer, je la remettrai moi-même.

— Comme il vous plaira, milady, lui répondit-il humblement.

Mistress Butler était toute attention, elle éprouvait un vif intérêt, un intérêt indéfinissable pour cette dame qui prenait un tel ton d'autorité sur le grand homme de la paroisse et des environs, dont la soumission paraissait sans bornes.

Cette étrangère était de moyenne taille, bien faite, quoique avec un peu d'embonpoint ; son bras et sa main auraient pu servir de modèle ; son air d'aisance et de dignité semblait annoncer une haute naissance, l'usage de la grande société, et l'habitude d'être obéie. Elle était en habit de voyage, avec un chapeau de castor gris, et un voile de dentelle de Bruxelles. Deux laquais en grande livrée portaient une malle qu'ils avaient tirée de la barque, et marchaient à quelque distance.

— Comme vous n'avez pas reçu la lettre qui devait me servir d'introduction, madame, car je présume que je parle à mistress Butler, je ne vous la présenterai que lorsque vous aurez été assez bonne pour me recevoir chez vous sans recommandation.

— Certainement, madame, dit Knockdunder, bien certainement mistress Butler le fera, n'en doutez point. Mistress Butler, c'est lady... lady... De par tous les diables, ces noms anglais s'échappent de ma mémoire, aussi vite qu'une pierre qui roule du haut d'une montagne. Mais je crois que c'est une Écossaise ; c'est d'autant plus d'honneur pour nous. Je crois qu'elle est de la famille de... de...

— Le duc d'Argyle connaît parfaitement ma famille, monsieur, dit la dame d'un ton qui semblait lui ordonner de se taire, et qui lui fit effectivement garder le silence.

Le son de voix, le ton, la démarche, les manières de l'étrangère, tout rappelait à mistress Butler cette sœur qu'elle n'avait pas vue depuis quinze ans. Ses traits, qu'elle ne distinguait qu'imparfaitement à travers le voile qui couvrait son visage, et auxquels un si long espace de temps avait dû apporter quelque changement, contribuaient à lui inspirer la même idée, à laquelle elle n'osait pourtant se livrer, comme si elle eût craint d'être dans l'illusion d'un de ces rêves dont on craint de se réveiller, de peur de perdre les images flatteuses qu'ils nous offrent.

La dame pouvait bien avoir au moins trente ans ; mais ses charmes étaient si bien conservés, et tellement relevés par tous les artifices de la parure, qu'on aurait pu ne lui en donner que vingt-un. Elle montrait si peu d'émotion, tant de calme et de sang-froid, que les soupçons que mistress Butler avait conçus s'affaiblissaient à chaque instant. Jeanie conduisit en silence ses hôtes vers la manse ; perdue dans ses réflexions, elle espérait que la lettre qui devait lui être remise lui donnerait l'explication d'une visite qui paraissait couvrir quelque mystère.

L'étrangère continuait à montrer toutes les manières d'une femme de haut rang. Elle admirait les divers points de vue qui se présentaient à elle, et en parlait en femme qui a étudié la nature, et qui connaît aussi les ouvrages de l'art. Elle daigna faire attention aux enfans.

— Voilà de jolis montagnards ! Ce sont vos enfans, sans doute, madame?

— Oui, madame, répondit Jeanie.

L'étrangère soupira, et soupira de nouveau quand leur mère les leur présenta par leur nom.

— Avancez, Fémie, dit mistress Butler à sa fille, et tenez-vous droite.

— Quel est le nom de votre fille? demanda l'étrangère.

— Euphémie, répondit mistress Butler.

— Je croyais, répliqua la dame, que l'abréviation ordinaire de ce nom, en Écosse, était Effie?

Jeanie ne répondit rien ; mais le ton dont ce peu de paroles avaient été prononcées pénétra jusqu'au fond de son cœur. Il y avait plus de sa sœur dans ce seul mot *Effie*, que dans tout ce qu'elle avait remarqué dans le son de voix, dans les traits et les manières de la dame étrangère.

Quand ils furent arrivés à la manse, la dame remit à mistress Butler la lettre qu'elle avait retirée des mains de Knockdunder ; et lui pressant la main en la lui donnant, elle ajouta :

— Peut-être, madame, aurez-vous la bonté de me faire donner un peu de lait?

— Et à moi une goutte de la barbe-grise [1], mistress Butler, ajouta Duncan.

(1) *Grey-beard.* Les habitudes du capitaine suffiraient sans doute pour mettre sur la voie celui qui chercherait quel est le liquide nommé par lui barbe-grise. Nous

Jeanie se retira, et ayant chargé la bonne May Hettly et son fils aîné David de pourvoir aux désirs de ses hôtes, elle monta dans sa chambre pour lire la lettre. Elle était sous enveloppe, et l'adresse était de l'écriture du duc d'Argyle. Il lui mandait d'avoir tous les soins et toutes les attentions possibles pour une dame de haut rang, amie particulière de feu son frère, lady Staunton de Willingham, qui, tandis que son mari allait faire une courte excursion en Écosse, devait lui faire l'honneur d'habiter sa loge de Roseneath, pour y prendre le petit-lait de chèvre que les médecins lui avaient ordonné.

Mais sous la même enveloppe, qui avait été remise à lady Staunton sans être cachetée, il se trouvait une lettre de cette dame elle-même, dont le but était de préparer sa sœur à cette entrevue, et qu'elle aurait dû recevoir la veille, sans la négligence du capitaine. Lady Staunton lui mandait que les nouvelles contenues dans sa dernière lettre avaient paru si intéressantes à son mari, qu'il s'était déterminé à partir sur-le-champ pour l'Écosse, afin de prendre de nouvelles informations sur ce qu'était devenu le malheureux enfant dont la découverte était si importante pour leur bonheur; enfin qu'à force de prières elle en avait arraché plutôt qu'obtenu la permission de venir passer une semaine ou deux avec sa sœur, tandis qu'il continuerait des recherches sur le succès desquelles elle n'osait compter, mais à condition qu'elle garderait le plus strict incognito, et qu'elle ne laisserait pénétrer son secret par qui que ce fût. Enfin lady Staunton, dans un *post-scriptum*, disait à Jeanie de lui laisser le soin de tout arranger, et de se contenter d'approuver tout ce qu'elle proposerait.

Après avoir lu et relu cette lettre, mistress Butler se hâta de descendre, partagée entre la crainte de trahir son secret, et le désir de se jeter au cou de sa sœur. Effie la reçut en lui adressant un regard affectueux, mais qui semblait lui

---

appellerons cependant la botanique à notre secours pour prouver que c'est ici une personnification du whisky, qui est une eau-de-vie de grain d'avoine. Parmi les variétés d'avoine qu'on cultive en Angleterre, est l'*avena fatua* de Linnée, que ses fleurons barbus et poilus à la base ont fait appeler vulgairement *bearded oats-grain* (avoine barbue). On voit quelle analogie il peut y avoir entre cette céréale et la *barbe-grise* de Duncan. — Éd.

recommander la prudence. Elle prit la parole sur-le-champ.

— Je disais à monsieur... au capitaine... à ce gentilhomme, mistress Butler, que si vous pouviez me donner un appartement chez vous, un cabinet à ma femme de chambre, et un logement quelconque à mes deux domestiques, il me conviendrait mieux de rester ici que de m'installer à la Loge que Sa Grâce a eu la bonté de mettre à ma disposition. On m'a recommandé d'habiter le plus près des chèvres qu'il me serait possible.

— J'ai assuré milady, mistress Butler, dit Duncan, que vous vous feriez toujours un plaisir de recevoir les hôtes de Sa Grâce et les miens; mais que cependant elle ferait mieux de rester à la Loge. Quant aux chèvres, on peut y faire venir ces créatures; il vaut mieux les déranger pour milady, que de souffrir que milady se dérange pour elles.

— Je ne veux pas qu'on dérange les chèvres; je suis sûre que le lait me fera plus de bien en le prenant ici, s'écria lady Staunton d'un air de langueur négligente, et d'un ton de femme habituée à voir tous les raisonnemens céder à sa moindre expression d'humeur.

Mistress Butler s'empressa de dire que sa maison était bien au service de milady.

— Mais le duc m'a écrit... dit le capitaine.

— C'est mon affaire avec Sa Grâce, reprit lady Staunton.

— Mais, milady, tous vos bagages qui sont venus de Glascow...

— Vous me les enverrez ici; je vous serai même obligée de donner des ordres sur-le-champ pour les faire transporter. Mistress Butler, voulez-vous bien me faire voir l'appartement que vous me destinez?

A ces mots, elle fit une demi-révérence au capitaine, et se retira avec sa sœur.

— Voilà bien l'impudence anglaise! dit Knockdunder quand il se trouva seul. De par tous les diables! elle s'empare de la maison du ministre comme si elle en était la maîtresse, et elle parle à un homme comme moi comme si j'étais son domestique, et que je dusse me donner au diable pour elle! mais c'est une amie du duc.—Et le daim que j'ai fait tuer! je l'enverrai avec les bagages; c'est la moindre politesse que je puisse faire à mistress Butler pour lui avoir amené cette mijaurée.

Tout en faisant ces réflexions, il prit le chemin du rivage pour donner ses ordres en conséquence.

Pendant ce temps, les deux sœurs avaient une entrevue aussi touchante qu'extraordinaire, et chacune donnait à l'autre, à sa manière, des preuves de la plus sincère affection. Jeanie était tellement interdite par la surprise et par une espèce de respect que lui inspirait le rang de sa sœur, qu'elle ne pouvait que l'embrasser en silence, sans être en état d'exprimer tous les sentimens qui l'agitaient. Effie, au contraire, riait et pleurait en même temps, serrait sa sœur dans ses bras, sautait dans la chambre en levant les mains au ciel, et se livrait sans contrainte et sans réserve à toute sa vivacité naturelle, et à une impétuosité que personne pourtant ne savait mieux réprimer et maîtriser.

Après qu'elles eurent passé à se donner des témoignages de tendresse mutuelle une heure, qui ne leur parut qu'une minute, lady Staunton aperçut par la fenêtre le capitaine qui revenait du rivage.

—Cet ennuyeux montagnard va encore nous tomber sur les bras! s'écria lady Staunton; mais patience, je vais le prier de nous rendre le service de se retirer.

— Non, non! dit mistress Butler, il ne faut pas fâcher le capitaine.

—Fâcher! et qui s'est jamais fâché de ce que je dis ou de ce que je fais, ma chère? Au surplus, si cela vous est agréable, je supporterai sa présence pour l'amour de vous.

Elle reçut Knockdunder de l'air le plus gracieux, et l'invita même à rester à dîner. Pendant toute cette visite, l'air de respect et les attentions du capitaine pour une dame d'un rang distingué faisaient un contraste plaisant avec la familiarité qu'il affectait avec la femme du ministre.

—Je n'ai pu me faire écouter de mistress Butler, dit lady Staunton au capitaine pendant un moment d'absence de Jeanie, quand j'ai voulu lui parler de l'indemnité que je lui devrai pour venir ainsi mettre garnison chez elle.

—Sans doute, milady, il conviendrait mal à mistress Butler, qui est une femme qui sait vivre, de recevoir des indemnités d'une dame qui vient de la part du duc ou de la mienne, ce qui est la même chose. Mais à propos de garnison, je vous dirai qu'en 1745 je fus mis en garnison avec un détachement de vingt hommes dans la maison d'Inver-Gavy, qui malheureusement était près de là ; car...

—Je vous demande pardon, monsieur, mais je voudrais que vous pussiez m'indiquer un moyen d'indemniser mistress Butler de tout l'embarras que je vais lui occasioner.

—Indemniser ! n'y pensez pas, milady, n'y pensez pas ! Si bien donc que me méfiant des intentions de ceux qui habitaient cette maison d'Inver-Gavy, et ayant entendu...

—Sauriez-vous, monsieur, si l'un de ces jeunes gens, de ces jeunes Butler, je veux dire, aurait quelque goût pour l'état militaire ?

—Je ne saurais vous le dire, milady. Ayant donc entendu une cornemuse dans le bois voisin, j'ordonnai à ma troupe de se mettre sous les armes, et...

—C'est que, continua lady Staunton sans s'inquiéter si elle interrompait la narration du capitaine, rien ne serait plus facile à sir Georges que d'obtenir une commission pour l'un d'eux ; car nous avons toujours soutenu le gouvernement, et jamais nous n'avons importuné les ministres.

—Et me permettrez-vous de vous dire, milady, reprit Duncan, à qui ce discours fit ouvrir les deux oreilles, que j'ai un grand neveu, appelé Duncan Mac-Gilligan, aussi fort et aussi vigoureux lui seul que les deux petits Butler ensemble ? Et si sir Georges voulait en demander une en même temps pour lui, cela ne lui donnerait pas la peine de demander deux fois.

Lady Staunton ne répondit à cette insinuation qu'en jetant sur lui un regard de femme du monde qui ne lui donna aucun encouragement.

Jeanie rentrait alors. Elle ne pouvait revenir de son étonnement en voyant la différence qui existait entre la jeune fille au désespoir qu'elle avait trouvée sur un grabat dans une prison, où elle n'attendait plus que la honte d'une mort prématurée; puis qu'elle avait revue à Roseneath, sur le bord de la mer, prête à se condamner à un douloureux exil, et la femme pleine d'élégance, de bon ton et de grâces qu'elle avait devant les yeux. Sa sœur avait ôté son voile, et ses traits lui paraissaient moins changés que l'expression de sa physionomie, sa tournure et ses manières. A en juger par l'extérieur de lady Staunton, il semblait que le chagrin ne pouvait avoir même effleuré une femme si délicate, habituée comme elle l'était à voir chacun s'empresser de satisfaire tous ses caprices, et à lui épargner presque la peine de former un désir; une femme qui, n'ayant jamais éprouvé la moindre contradiction, n'employait même pas un ton d'autorité, puisqu'elle ne pouvait laisser percer un souhait qu'il ne fût déjà accompli. Dès que le jour commença à tomber, elle se hâta de se débarrasser de Duncan, sans cérémonie; et, sous prétexte de la fatigue, elle l'éconduisit avec un air de nonchalance.

Lorsque les deux sœurs furent seules, Jeanie ne put s'empêcher de témoigner sa surprise du sang-froid et de l'aisance avec laquelle lady Staunton soutenait son rôle.

—Je conçois votre étonnement, dit lady Staunton avec son calme ordinaire; car vous, ma chère Jeanie, depuis le berceau vous avez toujours été la vérité même; mais rappelez-vous que ce n'est pas aujourd'hui mon début : voilà quinze ans que je vis dans la feinte! n'ai-je pas eu bien le temps de m'identifier avec le rôle que j'ai à remplir?

Dans les deux ou trois premiers jours, au milieu de l'effusion des sentimens occasionés par une réunion si désirée, mistress Butler trouvait que les manières de sa sœur étaient entièrement en contradiction avec le ton de tristesse et d'abattement qui régnait dans toutes ses lettres. Il est vrai qu'elle fut émue jusqu'aux larmes à la vue du tombeau de son père, indiqué par une simple inscription qui rappelait sa piété et son intégrité; mais des souvenirs plus rians, des impressions plus frivoles avaient aussi leur influence sur son esprit : elle s'amusait à visiter la laiterie, et en voyant les travaux qu'elle avait si long-temps partagés avec sa sœur, il s'en fallut de peu qu'elle ne se découvrît à May Hettly, pour montrer qu'elle connaissait la fameuse recette du fromage de Dunlop. Aussi elle ne put s'empêcher de se comparer à Bredreddin Hassan, que le visir, son beau-père, reconnut à son talent extraordinaire pour faire des tartes à la crème dans lesquelles il mettait du poivre.

Mais lorsque la nouveauté de ces distractions eut cessé de l'amuser, elle ne montra que trop clairement à sa sœur que les brillans dehors sous lesquels elle cachait son malheur ressemblaient au bel uniforme du soldat lorsqu'il couvre une blessure mortelle. Il y avait des momens où son abattement semblait aller même au-delà de celui qu'elle avait décrit dans ses lettres, et prouvait à mistress Butler que le sort de sa sœur, si séduisant en apparence, était en réalité peu digne d'envie.

Il existait cependant pour lady Staunton une source de plaisir sans mélange : douée d'une imagination plus vive que celle de Jeanie, elle admirait avec enthousiasme les beautés de la nature, goût qui compense bien des chagrins pour ceux qui le possèdent. On ne reconnaissait plus la grande dame lorsqu'elle aurait dû,

> A chaque précipice, à chaque grotte obscure,
> Pousser des cris d'horreur, comme si son regard
> Apercevait soudain un spectre à l'air hagard.

Au contraire, lady Staunton ne craignait pas d'entreprendre, avec ses deux neveux pour guides, des promenades longues et fatigantes sur les montagnes des environs, pour voir des lacs, des vallées, des torrens, et toutes les beautés que la nature avait cachées dans leurs profondeurs. C'est, je crois, Wordsworth qui, parlant d'un vieillard dans des circonstances pénibles, remarque avec une connaissance parfaite de la nature :

> Était-ce le chagrin qui doublait sa vigueur ?
> Dieu seul peut le savoir. Jusqu'à sa dernière heure,
> D'Ennerdale ce fut le plus hardi marcheur.

C'était ainsi que languissante, distraite et malheureuse,

jetant même parfois un regard presque dédaigneux sur le rustique ameublement de la maison de sa sœur, mais s'efforçant tout aussitôt de réparer ses accès d'humeur boudeuse par mille caresses, lady Staunton semblait vivement intéressée, et retrouver une énergie nouvelle lorsqu'elle se voyait en plein air, parmi les sites des montagnes, avec les deux enfans qu'elle charmait en leur racontant ce qu'elle avait vu dans d'autres pays, et ce qu'elle avait à leur montrer dans le manoir de Willingham. Ceux-ci, de leur côté, ne négligeaient rien pour faire de leur mieux les honneurs du comté de Dumbarton à la dame qui paraissait si bonne et si complaisante; aussi y avait-il à peine dans les montagnes voisines un vallon où ils ne se fussent pas empressés de la conduire.

Dans une de ces excursions, Reuben étant occupé ailleurs, David servit seul de guide à lady Staunton, et il lui promit de lui faire voir sur les rochers une cascade bien plus haute et bien plus belle qu'aucune de celles qu'ils eussent encore admirées. Il fallait faire cinq grands milles, sur un terrain inégal; mais la beauté des paysages fit oublier la longueur de la route, et la vue était variée tantôt par la mer et les îles qu'ils apercevaient à travers les montagnes, tantôt par des lacs lointains, tantôt par des rochers et des précipices. Lorsqu'ils furent arrivés au but de leur promenade, la scène qui se déploya aux regards de lady Staunton la dédommagea amplement de la fatigue qu'elle avait éprouvée. Une cascade impétueuse s'élançait à gros bouillons du sommet d'une sombre montagne, dont la couleur contrastait fortement avec l'écume blanche qui jaillissait le long des flancs du rocher; et à la profondeur d'environ vingt pieds, un autre roc interceptait la vue du torrent, dont le bruit terrible indiquait qu'avant de s'arrêter dans le vallon il se précipitait encore de rocher en rocher dans un abîme qu'on ne pouvait apercevoir.

Ceux qui aiment la nature désirent toujours pénétrer jusque dans ses retraites les plus cachées. Lady Staunton demanda à David s'il ne connaissait aucun endroit d'où l'on pût voir le précipice dans lequel le torrent tombait avec un bruit effrayant. Il lui dit que du haut du rocher qui leur en interceptait la vue on dominait complètement sur la chute d'eau, mais qu'on ne pouvait y arriver que par un sentier escarpé, glissant et dangereux. Déterminée à satisfaire sa curiosité, les obstacles ne l'arrêtèrent point; elle dit à David de l'y conduire, et celui-ci, gravissant le rocher devant elle, lui indiquait avec soin les endroits où elle pouvait placer le pied sans danger.

Après avoir grimpé comme les oiseaux de mer contre les flancs du granit, ils parvinrent à en faire le tour, et se trouvèrent en vue du spectacle effrayant d'une cataracte dont les eaux tombant d'environ soixante pieds au-dessus de leur tête, de rocher en rocher, se précipitaient avec un bruit horrible dans un gouffre ouvert sous leurs pieds à une profondeur immense, et dont les yeux ne pouvaient juger, à cause des vapeurs que la chute des eaux en faisait élever, comme un épais brouillard. Ils étaient en ce moment placés sur une pointe de rocher dont la largeur était à peine suffisante pour deux personnes, et le bruit épouvantable des eaux, la vue des précipices qui les entouraient de toutes parts, firent une telle impression sur lady Staunton, qu'elle s'écria que la tête lui tournait et qu'elle allait tomber. Elle serait tombée en effet, et se serait inévitablement brisée sur les rochers, si David ne l'eût soutenue. Il était fort et vigoureux pour son âge, mais il n'avait que quatorze ans, et lady Staunton, peu rassurée par son secours, et trouvant sa situation véritablement périlleuse, se mit à pousser des cris affreux. C'était une nouvelle imprudence, car si ce jeune homme, partageant sa frayeur, manquait un instant de présence d'esprit, il était impossible qu'ils ne périssent pas tous deux.

Cette imprudence les sauva pourtant. Un coup de sifflet si aigu partit à peu de distance, qu'ils l'entendirent malgré le bruit du torrent, et au même instant ils virent paraître au-dessus d'eux sur le rocher une figure humaine couverte de cheveux grisonnans qui, tombant en désordre sur son front et sur ses joues, venaient rejoindre des moustaches et une barbe de même couleur.

— C'est l'Ennemi [1], dit l'enfant, que lady Staunton vit trembler à son tour.

— Non, non, s'écria-t-elle, inaccessible à une terreur superstitieuse, et reprenant, avec l'espoir d'être secourue, le courage et le sang-froid dont le danger de sa situation l'avait privée ; elle se tourna vers l'être que le ciel semblait envoyer à son aide : — Pour l'amour de Dieu, s'écria-t-elle, secourez-nous !

Elle ne reçut aucune réponse ; mais un jeune homme, dont l'air et la physionomie avaient quelque chose de féroce parut à côté du vieillard. Elle lui renouvela ses prières ; mais il ne l'entendit probablement point, à cause du bruit que faisait la cataracte, car elle le vit remuer les lèvres en la regardant, et ne put saisir elle-même les mots qu'il prononçait.

Elle vit pourtant, un instant après, qu'il avait compris ce qu'elle désirait de lui, ce qui n'était pas difficile d'après ses gestes et d'après la situation où elle se trouvait. Le jeune homme disparut un moment, et revint avec une échelle faite de rameaux d'osiers entrelacés, et d'environ huit pieds de hauteur. Il la leur descendit, et fit signe à David de la tenir tandis que la dame s'en servirait pour venir le rejoindre.

La frayeur donne du courage, et lady Staunton n'hésita pas un instant à monter sur une échelle sur laquelle, en tout autre endroit, elle n'aurait pas osé mettre le pied. Elle atteignit le sommet sans accident, et, aidée par le jeune sauvage, elle gagna la partie du rocher où elle l'avait vu. Mais, quoique hors de danger elle-même, elle ne respira librement et ne songea à regarder autour d'elle, que lorsqu'elle vit son neveu suivant intrépidement son exemple, quoiqu'il n'eût personne pour tenir l'échelle.

Il arriva en sûreté à ses côtés. Elle jeta alors les yeux sur les objets qui l'environnaient, et ne put s'empêcher de frémir en reconnaissant en quel lieu et dans quelle compagnie elle se trouvait.

Ils étaient alors sur une espèce de plate-forme, entourée

---

[1] Le diable.

de toutes parts de précipices ou de rochers qui s'élevaient encore plus haut, et qui paraissaient inaccessibles, de manière que ceux qui habitaient ce lieu pouvaient s'y regarder comme parfaitement à l'abri des recherches les plus exactes. Un immense fragment de rocher, détaché de ceux qui étaient plus hauts, et qui avait été arrêté dans sa chute par d'autres pointes de granit, formait comme un toit naturel sur une partie de cette plate-forme. De la mousse et des feuilles sèches amoncelées servaient de lit aux habitans de cette demeure sauvage, où lady Staunton n'aperçut alors que les deux hommes qu'elle avait déjà vus. L'un d'eux, le jeune homme qui les avait secourus si à propos, paraissait un peu plus âgé que David, sa taille était plus grande, il était plus formé, plus robuste, et tous ses membres étaient parfaitement proportionnés. Il était couvert d'un plaid en haillons, portait le jupon des montagnards, et n'avait ni bas, ni souliers, ni chapeau, ni toque. Ses cheveux noirs étaient relevés en tresses serrées contre sa tête, à la manière des anciens Irlandais barbares ; ses yeux étaient vifs et perçans, et ses gestes avaient cette espèce d'aisance et de noblesse qu'on trouve chez les peuples sauvages.

Il faisait peu d'attention à David Butler, mais il regardait avec surprise lady Staunton, dont la beauté et l'habillement étaient sans doute au-dessus de tout ce qu'il avait jamais vu.

Le vieillard dont ils avaient d'abord aperçu la figure était encore couché dans la même position qu'il avait prise lorsqu'il avait entendu le cri que la frayeur avait fait pousser à lady Staunton ; seulement sa tête était tournée de leur côté, et il les regardait avec une apathie qui ne répondait pas à l'expression générale de sa physionomie dure et farouche. Il paraissait d'une très haute taille, mais n'était guère mieux vêtu que son jeune compagnon ; il avait une large redingote des Lowlands, et des *trews*, ou pantalon de tartan, qui tombaient en lambeaux.

Tous les objets d'alentour avaient un aspect singulièrement sauvage et peu rassurant. Sous la saillie du rocher était un feu de charbon sur lequel il y avait un alambic avec un soufflet, des tenailles, un marteau, une enclume portative, et d'autres outils de forgeron ; trois fusils avec deux ou trois sacs et autant de barils, étaient déposés dans un coin, couverts aussi par l'immense fragment de rocher suspendu en quelque sorte au-dessus de cette sombre retraite ; un *dirk* ou poignard, deux épées, et une hache d'armes du Lochaber, étaient dispersés autour du feu, dont la flamme rouge et ardente se réfléchissait sur l'écume de la cascade impétueuse.

Le jeune sauvage, après avoir satisfait sa curiosité en regardant fixement lady Staunton pendant quelques minutes, courut chercher une jatte de terre et une coupe de corne, dans laquelle il versa une liqueur spiritueuse toute bouillante, qu'il venait de tirer de l'alambic, et qu'il offrit successivement à la dame et à l'enfant. Tous deux refusèrent, et le jeune sauvage vida d'un trait la coupe, qui paraissait ne pas contenir moins de trois verres ordinaires. Il alla chercher ensuite une autre échelle dans un coin de la caverne, l'ajusta contre le rocher qui servait en quelque sorte de toit, et fit signe à la dame de monter pendant qu'il la tenait fortement d'en bas. Elle obéit, et parvint au sommet d'un large roc, sur le bord de l'abîme dans lequel le torrent se précipitait. Elle voyait la cascade tomber en bouillonnant le long du flanc du rocher, qu'elle couvrait d'une écume blanchâtre, mais elle ne pouvait apercevoir la plate-forme étroite qu'elle avait eu l'imprudence de gravir.

David n'eut pas la liberté de monter si aisément ; le jeune sauvage, soit par plaisanterie, soit par amour du mal, remua fortement l'échelle lorsque le jeune Butler fut arrivé au milieu, et il semblait jouir de sa terreur, de sorte que lorsqu'ils furent montés tous les deux, ils se regardèrent mutuellement avec un air qui n'était rien moins qu'amical ; mais ils ne se dirent pas un seul mot. Le jeune caird, ou chaudronnier ambulant, ou Égyptien, se montrait attentif pour aider lady Staunton à gravir un rocher escarpé qu'il lui restait encore à franchir, et ils furent suivis par David Butler, qui n'avait pas autant à se louer de son guide. Bientôt ils se trouvèrent tous trois hors du ravin, et sur le flanc d'une montagne couverte de bruyères. L'espèce d'abîme d'où ils sortaient était si étroit, qu'à moins d'être sur le bord même, il était impossible d'en soupçonner l'existence. La montagne semblait toucher à celle qui s'élevait de l'autre côté, sans qu'on pût se douter, de quelque distance, qu'un précipice les séparait, et l'on ne voyait plus la cataracte, quoiqu'on entendît encore son murmure sourd et prolongé.

Lady Staunton, délivrée du double danger qu'elle venait de courir, avait alors un nouveau sujet d'inquiétude et de terreur : ses deux guides se mesuraient des yeux d'un air également irrité, car David, quoique plus petit, et plus jeune d'au moins deux ans, était robuste et plein de hardiesse.

— Vous êtes le fils de l'habit noir de Knocktarlity, dit le jeune sauvage; si vous reparaissez jamais ici, je vous lancerai dans le précipice comme un ballon.

— Votre taille vous rend bien insolent! reprit fièrement le jeune Butler, tandis que d'un œil intrépide il mesurait son adversaire; je pense que vous êtes de la bande de Donacha : si vous descendez jamais dans la vallée, nous tirerons sur vous comme sur un chevreuil.

— Vous pouvez dire à votre père, reprit l'Égyptien, que la feuille qui est sur l'arbre est la dernière qu'il verra. — Nous saurons nous venger de tout le mal qu'il nous a fait.

— J'espère qu'il vivra encore bien des étés, et qu'il vous en fera encore bien davantage, répondit David.

La conversation n'en fût pas restée là si lady Staunton ne se fût pas avancée entre eux avec sa bourse à la main, qui contenait, outre quelques guinées, plusieurs pièces d'argent qu'on apercevait à travers le tissu léger dont elle était composée. Elle en tira une guinée qu'elle offrit à l'Égyptien.

— L'argent blanc, madame, l'argent blanc, dit le jeune sauvage à qui la valeur de l'or était sans doute inconnue.

Lady Staunton lui donna tout l'argent qu'elle avait dans sa bourse, et l'enfant le saisit avec avidité, en faisant une espèce d'inclination de tête en signe de remerciement et d'adieu.

— Hâtons-nous à présent, lady Staunton, dit David; car ils ne nous laisseront pas tranquilles, du moment qu'ils ont vu votre bourse.

Ils s'éloignèrent avec toute la vitesse possible, mais ils

n'avaient pas fait cent pas qu'ils entendirent crier derrière eux, et en se retournant ils aperçurent le vieillard et son jeune compagnon qui les poursuivaient à grands pas, le premier avec un fusil sur l'épaule. Très heureusement un garde-chasse du duc, qui guettait le gibier, parut dans ce moment au pied de la montagne. Les bandits s'arrêtèrent en le voyant, et lady Staunton s'empressa d'aller se mettre sous sa protection. Il lui offrit volontiers de l'escorter jusque chez elle, et il ne fallut rien moins que sa taille athlétique, et son fusil chargé, pour rendre à Effie son courage ordinaire.

Donald écouta gravement le récit de leur aventure; et David lui demandant à plusieurs reprises s'il aurait pu soupçonner que les Égyptiens rôdassent dans ces montagnes, il répondit avec beaucoup de sang-froid : — En vérité, M. David, il n'aurait pas été impossible qu'on eût quelque idée qu'ils fussent par ici, ou bien de quelque côté, quoique je n'en eusse pas, moi, vous sentez bien. Je suis souvent sur la montagne, et ils sont comme les guêpes, voyez-vous, ils mordent ceux qui les provoquent. Par ainsi, moi, je me suis fait une règle de ne pas les voir, à moins que je ne reçoive un ordre exprès de Mac-Callummore ou de Knockdunder; car alors, vous sentez, le cas serait bien différent.

Ils arrivèrent tard à la manse, et lady Staunton, qui resta long-temps avant d'être entièrement remise de sa fatigue et de sa frayeur, ne se laissa plus entraîner aussi avant dans les montagnes par son amour pour les beautés pittoresques de la nature, sans être accompagnée d'une plus forte escorte, quoique en même temps elle se plût à rendre justice à son jeune guide, et à convenir qu'il avait mérité une paire d'épaulettes par le courage qu'il avait déployé dès qu'il avait été certain d'avoir affaire à un antagoniste terrestre.

— Je ne suis ni aussi grand ni aussi âgé que ce gaillard-là, dit David flatté d'entendre vanter ainsi sa valeur; mais contre de pareilles gens, ajouta-t-il en frappant sur sa poitrine avec un petit air martial, c'est le cœur qui fait tout.

CHAPITRE LI.

« Qui vous fait donc pâlir ?
» Quel objet effrayant vous a fait tressaillir ? »

SHAKSPEARE. *Henry V*.

Nous sommes obligés de retourner à présent à Édimbourg, où l'assemblée générale tenait alors ses séances. On sait qu'un noble écossais est ordinairement député, en qualité de grand commissaire, pour représenter la personne du roi dans cette assemblée; que le gouvernement lui fournit les moyens d'étaler une certaine pompe extérieure, et de soutenir dignement l'auguste caractère de représentant du souverain. Toutes les personnes distinguées par leur rang ou par leur naissance, dans la ville ou aux environs, assistent ordinairement aux levers du lord commissaire, et l'accompagnent en grand cortége jusqu'au lieu de ses séances.

Le seigneur qui remplissait alors cette fonction se trouvait être lié particulièrement avec sir Georges Staunton, et ce fut à sa suite que celui-ci se hasarda à traverser la grande rue d'Edimbourg, pour la première fois depuis la nuit fatale de l'exécution de Porteous. Marchant à la droite du représentant de la majesté royale, couvert de broderies, entouré de toutes les marques du rang et de l'opulence, le noble étranger fixait tous les regards. Qui eût pu deviner, au milieu de tant de pompe et de grandeur, le misérable plébéien frappé d'un arrêt de mort, qui, déguisé sous les haillons de Madge Wildfire, avait guidé une populace furieuse courant à la vengeance? Il était impossible que personne le reconnût, quand même quelqu'un de ses anciens compagnons, race d'hommes qui vit si peu de temps, aurait prolongé la courte existence accordée ordinairement aux malfaiteurs. D'ailleurs, l'affaire était assoupie depuis long-temps, de même que les passions haineuses dans lesquelles elle avait pris son origine. Il est certain que des personnes connues pour avoir pris part à cette émeute formidable, et pour s'être enfuies d'Écosse par cette raison, après s'être enrichies chez l'étranger, étaient revenues jouir de leur fortune dans leur pays natal, et y vivaient tranquillement sans être poursuivies par la loi. L'indulgence des magistrats était assurément dans cette occasion aussi sage que juste; car quelle impression utile le châtiment eût-il pu faire sur l'esprit public, lorsque le souvenir de l'offense était effacé, et que la conduite paisible et peut-être même exemplaire du prévenu aurait seule été présente à la mémoire du peuple?

Sir Georges Staunton pouvait donc parcourir le théâtre de ses anciens exploits, où il avait montré tant de courage et d'audace, sans craindre d'être poursuivi par la loi, ni même d'être découvert ou soupçonné. Mais quels sentimens devaient faire tressaillir son cœur? C'est ce que je laisse à deviner au lecteur; il suffira de lui apprendre quel motif avait pu être assez puissant pour lui faire affronter tant de pénibles souvenirs.

En conséquence de la lettre écrite par Jeanie à lady Staunton, et dans laquelle elle avait transmis les aveux de Meg Murdockson et de sa fille Madge, sir Georges s'était rendu dans la ville de Carlisle, et avait trouvé encore vivant l'archidiacre Fleming, le prêtre qui avait reçu ses aveux. Ce respectable vieillard jouissait de la considération publique, et la méritait. Sir Georges crut pouvoir s'ouvrir à lui jusqu'à oser avouer qu'il était père du malheureux enfant qui avait été enlevé par Madge Wildfire, et il représenta son intrigue comme une extravagance de jeunesse de sa part, qu'il brûlait à présent d'expier, en faisant tous ses efforts pour découvrir, s'il était possible, ce que l'enfant était devenu.

En rassemblant les idées confuses qui lui restaient à ce sujet, le vieux prêtre parvint à se rappeler que Meg Murdockson lui avait remis une lettre pour M. Georges Staunton, le jeune, au rectorat de Willingham, par Grantham; qu'il avait fait parvenir la lettre à son adresse, et qu'elle lui avait été renvoyée avec un billet du révérend M. Staunton, recteur de Willingham, disant qu'il ne connaissait pas la personne à qui la lettre était adressée. Comme cela était arrivé précisément à l'époque où Georges avait quitté pour la dernière fois la maison de son père pour enlever Effie, il lui était facile de concevoir la cause du ressentiment qui avait porté son père à le désavouer ; c'était encore une occasion dans laquelle son caractère indomptable avait causé son malheur. S'il fût resté seulement quelques jours de plus à Willingham, il eût reçu la lettre de Meg Murdockson, dans laquelle elle décrivait exactement la personne et la retraite d'Annaple Baïlzou, la femme à laquelle elle avait remis l'enfant.

Il paraît que ce qui avait engagé Meg Murdockson à faire ces aveux, c'était moins un sentiment de repentir, que le désir d'obtenir, par l'entremise de Georges Staunton ou de son père, des secours pour sa fille Madge. Elle disait dans sa lettre à Georges Staunton, que tant qu'elle eût vécu, sa fille n'aurait eu besoin du secours de personne ; et que, pour elle, elle ne se serait jamais mêlée de toutes ces affaires, si ce n'eût été pour se venger du mal que Georges lui avait fait à elle et aux siens. Mais elle devait mourir, et sa fille se trouverait alors sans ressource, sans avoir même la raison pour la guider. Elle avait vécu assez long-temps dans ce monde pour savoir qu'ici-bas on ne faisait rien pour rien ; voilà pourquoi elle écrivait à Georges Staunton tout ce qu'il pouvait désirer de savoir relativement à son fils, dans l'espoir qu'il ne voudrait pas voir la pauvre créature qu'il avait ruinée, périr de misère et de besoin. Quant à ses motifs pour ne pas avoir tout révélé plus tôt, elle avait un long compte à rendre dans l'autre monde, et ils y figureraient.

Le prêtre dit que Meg était morte dans des sentimens à peu près semblables, exprimant souvent quelques regrets à l'égard de l'enfant qui était perdu, mais regrettant plus souvent encore que la mère n'eût pas été pendue ; que son âme était un chaos où se confondaient les remords du crime, la soif de la vengeance, et la crainte de ce que deviendrait sa fille après elle. Cet instinct de sollicitude maternelle, qu'elle avait en commun avec la louve et la lionne, était la dernière ombre de sentiment qui survécût dans ce cœur sauvage.

La triste catastrophe qui termina la vie de Madge Wildfire provint de ce qu'elle profita de la confusion occasionée par l'exécution de sa mère, pour quitter la maison de travail dans laquelle le prêtre l'avait fait entrer, et pour se présenter à la populace furieuse, imprudence dont elle fut la victime, ainsi que nous l'avons déjà vu. Quand le docteur Fleming vit revenir du comté de Lincoln la lettre qu'il y avait envoyée, et le billet de M. Staunton, il écrivit à un de ses amis à Édimbourg, pour le prier de s'informer de ce qu'était devenue la malheureuse fille dont l'enfant avait été dérobé. Son correspondant lui avait répondu qu'elle avait obtenu son pardon, et qu'elle s'était retirée avec toute sa famille dans quelque province éloignée de l'Ecosse, ou avait quitté entièrement le royaume. Les choses en étaient restées là jusqu'au moment de la visite de sir Georges Staunton au vieux prêtre, qui, après avoir cherché long-temps parmi ses papiers, retrouva la lettre de Meg Murdockson, et la lui remit, ainsi que les autres notes qu'il avait conservées relativement à cette affaire.

Quels que pussent être les sentimens de sir Georges Staunton en recueillant cette déplorable histoire, et en écoutant le récit de la fin tragique de l'infortunée dont il avait causé la ruine, toujours prêt à tout sacrifier à ses moindres résolutions, il n'eut plus alors qu'une seule pensée, c'était l'espoir qui semblait se présenter de retrouver son fils, et il oubliait tout pour ne songer qu'aux moyens d'y parvenir. Il était vrai qu'il serait difficile de le produire dans le monde sans raconter, de l'histoire de sa naissance et des malheurs de ses parens, plus que la prudence ne le voudrait. Mais s'il était seulement possible de le retrouver, et qu'il se montrât digne de la protection de son père, il y aurait des moyens de parer à tous les inconvéniens. Sir Georges Staunton pouvait, s'il le voulait, l'adopter pour son héritier, sans révéler le secret de sa naissance; ou bien il pouvait obtenir un acte du parlement qui le déclarât légitime, et qui lui permît de porter le nom et les armes de son père. Cet enfant, d'après les lois de l'Écosse, était même déjà légitime de fait par le mariage subséquent de ses parens. Quoi qu'il en fût, en un mot, l'unique désir de sir Georges était de revoir son fils, dût son retour occasioner une nouvelle série de malheurs aussi terribles que ceux qui avaient suivi sa perte.

Mais où était le jeune homme qui pouvait peut-être encore hériter des honneurs et des biens de cette famille ancienne? Sur quelle bruyère inculte, sous quel vil déguisement errait-il alors? Gagnait-il un pain précaire par quelque pauvre métier, par le travail de ses mains, ou par la violence et le brigandage? Telles étaient les questions que sir Georges brûlait d'éclaircir, et sur lesquelles il ne pouvait obtenir aucun renseignement. Beaucoup de gens se souvenaient qu'Annaple Baïlzou parcourait le pays, mendiant et disant la bonne aventure, faisant des prophéties; quelques uns se rappelaient l'avoir vue avec un enfant en 1737 ou 1738, mais ils ajoutaient que depuis plus de dix ans elle n'avait point paru dans le comté, et qu'ils lui avaient entendu dire qu'elle allait retourner en Écosse, son pays natal. Ce fut donc en Écosse que sir Georges Staunton crut devoir continuer ses recherches; et, après avoir quitté son épouse à Glascow, il se rendit à Édimbourg, où l'époque de son arrivée se trouvant coïncider avec celle des séances de l'assemblée générale, son intimité avec le seigneur qui remplissait les fonctions de grand commissaire l'obligea de paraître en public plus tôt qu'il ne l'eût voulu.

A la table de ce seigneur, sir Georges Staunton fut placé près d'un ecclésiastique dont l'extérieur respectable, les manières simples et la conversation pleine de sens, prévenaient en sa faveur. Il demanda son nom, et apprit que c'était M. Butler. Il n'était jamais entré dans les projets de sir Georges d'admettre son beau-frère dans sa confidence, et ce n'avait pas été sans une joie infinie qu'il avait reçu de son épouse l'assurance que mistress Butler, l'honneur et la sincérité même, n'avait jamais laissé transpirer un seul mot de tout ce qu'il lui avait dit au rectorat de Willingham, sans même faire une exception en faveur de son mari. Mais il n'était pas fâché de trouver l'occasion de converser avec un si proche parent, sans être connu de lui, et d'être à même d'observer son caractère, et d'apprécier son esprit. Tout ce qu'il vit et tout ce qu'il entendit servit à lui faire concevoir une haute opinion de Butler. Il reconnut qu'il était généralement respecté des personnes de sa profession, aussi bien que des laïques qui siégeaient dans l'assemblée. Butler y avait fait plusieurs discours remarquables par la clarté, la candeur et l'énergie; et il était suivi et admiré comme un prédicateur plein d'onction et d'éloquence.

Tout cela était fort satisfaisant pour l'orgueil de sir Georges Staunton, qui se révoltait à l'idée d'avoir une belle-sœur mariée à un homme obscur et inconnu. Il commença alors au contraire à trouver l'alliance si fort au-dessus de son attente, que, s'il devenait nécessaire de l'avouer, dans le cas où il retrouverait son fils, il sentait qu'il n'aurait aucune raison de rougir que lady Staunton eût une sœur qui, par suite des malheurs arrivés dans sa famille, avait épousé un ministre écossais jouissant de la considération de ses compatriotes, et un des chefs de l'Église.

Ce fut dans ces sentimens que, lorsque la compagnie se sépara, sir Georges Staunton, sous prétexte de désirer prolonger la conversation qu'il avait entamée avec Butler sur la constitution de l'Église d'Écosse, pria celui-ci de venir prendre une tasse de café chez lui dans Lawn-Market. Butler y consentit, à condition que sir Georges lui permettrait d'entrer en passant chez une amie dans la maison de laquelle il demeurait, pour lui faire des excuses de ne pas venir prendre le thé avec elle. Ils remontèrent ensemble la grande rue, entrèrent dans le Krames, et passèrent devant le tronc placé pour rappeler aux personnes qui jouissent de la liberté la détresse des pauvres prisonniers. Sir Georges s'arrêta un instant dans cet endroit, et le lendemain on trouva dans le tronc un billet de 20 livres sterling.

Lorsqu'il rejoignit Butler, celui-ci avait les yeux fixés sur l'entrée de la prison, et paraissait plongé dans une profonde rêverie.

—Cette porte paraît très forte, observa sir Georges pour dire quelque chose.

—Elle l'est en effet, monsieur, dit Butler en se retournant et en se remettant à marcher; mais ce fut mon malheur de la voir un jour beaucoup trop faible.

Dans ce moment, il tourna les yeux sur son compagnon,

et voyant sa pâleur, il lui demanda s'il se trouvait indisposé. Sir Georges Staunton convint qu'il avait été assez fou pour manger des glaces, qui presque toujours lui faisaient mal. Avant qu'il pût découvrir où il allait, sir Georges se vit entraîner par Butler, avec une bienveillance irrésistible, dans une maison située près de la prison; c'était celle de l'ami chez lequel celui-ci demeurait depuis qu'il était à Édimbourg, et qui n'était autre que notre vieille connaissance Bartholin Saddletree, chez lequel lady Staunton avait servi autrefois pendant quelque temps en qualité de fille de boutique. Ce souvenir se présenta aussitôt à l'esprit de son époux, et le sentiment de honte qu'il excita dans son âme en bannit la crainte involontaire que la vue de la prison et la remarque de Butler lui avaient inspirée.

Cependant la bonne mistress Saddletree tournait de tous côtés, et se donnait beaucoup de mouvement pour recevoir le riche baronnet anglais, ami de M. Butler; elle pria une dame âgée, vêtue en noir, de ne pas se déranger, d'un ton qui semblait exprimer le désir qu'elle cédât la place à ces nouveaux hôtes. En même temps, apprenant ce dont il s'agissait, elle courut chercher des eaux cordiales d'une efficacité reconnue dans tous les cas de faiblesse quelconques. Pendant son absence, la dame en noir se mit en devoir de se retirer, et elle fût sortie sans être aperçue, si son pied n'eût glissé sur le seuil de la porte, si près de sir Georges Staunton, que celui-ci s'avança aussitôt pour la soutenir, et la reconduisit jusqu'au bord de l'escalier.

—Mistress Porteous est bien changée à présent, la pauvre femme, dit mistress Saddletree en revenant avec sa bouteille à la main. Ce n'est pas qu'elle soit très âgée; oh! non; mais elle a éprouvé un grand malheur par le meurtre de son mari... Cette affaire-là vous a causé assez de tracas, M. Butler. Je crois, monsieur, ajouta-t-elle en se tournant vers sir Georges, que vous feriez mieux de boire le verre entier, car à mon avis vous paraissez plus mal que lorsque vous êtes entré.

En effet il était devenu pâle comme un cadavre, en songeant que la personne qu'il venait de soutenir était la veuve d'un homme de la mort duquel il avait été la principale cause.

— Il y a prescription aujourd'hui pour cette affaire de Porteous, dit le vieux Saddletree, qui était confiné par la goutte sur son fauteuil ; il y a prescription claire et évidente.

— Je ne suis pas de votre avis, voisin, dit Plumdamas ; car j'ai entendu dire qu'il fallait que vingt ans se fussent écoulés pour cela ; or, nous ne sommes qu'en 1751 ; l'affaire de Porteous arriva en 1737, et...

— Vous ne m'apprendrez pas la loi, voisin, à moi qui ai dans ce moment quatre procès à conduire, et qui aurais pu en avoir quatorze, sans ma femme. Je vous dis que le chef des séditieux serait ici à la place où est assis ce seigneur, que l'avocat du roi n'aurait pas le droit de l'arrêter. Il y aurait prescription négative, car la loi dit formellement...

— Allons, taisez-vous, dit mistress Saddletree, et laissez ce monsieur s'asseoir et prendre une tasse de thé.

Mais sir Georges ne désirait pas en entendre davantage ; à sa requête, Butler fit ses excuses à mistress Saddletree, et l'accompagna chez lui. Ils y trouvèrent quelqu'un qui attendait le retour de sir Georges Staunton. C'était encore une vieille connaissance de nos lecteurs, Ratcliffe.

Cet homme avait rempli les fonctions de porte-clefs avec tant de vigilance, de finesse et de fidélité, qu'il s'était élevé graduellement au rang de geôlier en chef, ou capitaine de la prison, et l'on se rappelle encore aujourd'hui que des jeunes gens qui désiraient une société amusante plutôt que choisie, invitaient souvent Ratcliffe à leurs joyeuses réunions, afin de l'entendre raconter les faits extraordinaires de sa vie, l'histoire de ses vols, et la manière dont il s'était tant de fois échappé de prison. Mais il vécut et mourut sans jamais reprendre son premier métier, et il n'y songea jamais qu'en causant le verre à la main [1].

(1) Il semblerait qu'il y a un anachronisme dans l'histoire de ce personnage. Ratcliffe, qui s'était plusieurs fois échappé de prison, fut délivré dans l'émeute au sujet de Porteous, lorsqu'il était sous une sentence de mort. Il s'y trouvait dans la même expectative, lorsque les Highlanders enfoncèrent la prison en 1745. Ratcliffe était un Whig trop sincère pour consentir à être redevable de sa déli-

Un habitant d'Édimbourg l'avait indiqué à sir Georges Staunton comme un homme qui pourrait probablement lui donner des renseignemens sur Annaple Baïlzou, qui, suivant le prétexte dont sir Georges couvrait ses recherches, était soupçonnée d'avoir volé autrefois un enfant appartenant à une famille d'Angleterre à laquelle il prenait intérêt. En lui parlant de Ratcliffe, cet homme de loi ne le lui avait désigné que par le titre officiel auquel lui donnaient droit les fonctions qu'il exerçait, de sorte que lorsqu'on vint annoncer à sir Georges que le geôlier de la prison, à qui il avait fait dire de passer chez lui, y était arrivé et l'attendait, il ne se doutait pas qu'il allait retrouver en lui son ancienne connaissance, James Ratcliffe ou Daddy Rat.

Ce fut donc pour lui une nouvelle surprise, et très désagréable, car il n'eut pas de peine à reconnaître les traits remarquables de cet homme. Mais la métamorphose de Georges Robertson en sir Georges Staunton déjoua la pénétration même de Ratcliffe : il salua très humblement le baronnet et Butler, et dit à celui-ci qu'il espérait qu'il l'excuserait de se rappeler qu'ils étaient anciennes connaissances.

— Et vous avez, dans une certaine occasion, dit Butler, rendu un grand service à ma femme. J'espère que vous avez reçu la marque de reconnaissance qu'elle vous en a envoyée?

— Certainement, certainement! Mais vous êtes bien changé, M. Butler, depuis que je ne vous ai vu, et ce n'est pas en pire.

— Si changé, que je suis surpris que vous m'ayez reconnu.

— Moi! du diable si j'oublie jamais une figure que j'ai vue une seule fois! s'écria Ratcliffe, tandis que sir Georges, au supplice, et ne pouvant s'échapper, maudissait intérieurement la fidèle mémoire du geôlier.

— Et cependant, continua Ratcliffe, le plus habile s'y trompe quelquefois; car en ce moment même, je vois dans cette chambre, si j'ose le dire, une figure que je croirais appartenir à une de mes vieilles connaissances, si je ne savais quel est l'honorable seigneur à qui elle appartient.

vrance à des jacobites, et en récompense il fut nommé un des geôliers de la Tolbooth. Telle est du moins la tradition la plus répandue.

Le baronnet vit le danger dans lequel il se trouvait. — Je ne serais pas très flatté, dit-il en fronçant le sourcil, que ce fût à moi que vous fissiez ce compliment.

— Nullement, monsieur, nullement, dit Ratcliffe en s'inclinant profondément : je suis venu ici pour recevoir les ordres de Votre Honneur, et nullement pour vous ennuyer de mes pauvres observations.

— Fort bien, monsieur, on m'a assuré que vous êtes fort entendu en matière de police. Je m'y entends un peu aussi, et, pour vous le prouver, voici dix guinées d'avance. Vous en aurez quarante autres si vous pouvez me donner quelques renseignemens sur l'affaire dont vous trouverez le détail dans cet écrit. Comme je dois partir incessamment pour l'Angleterre, vous remettrez votre réponse par écrit à M..., mon agent à Édimbourg, ou à Sa Grâce le lord grand commissaire. C'est tout ce que j'avais à vous dire.

Ratcliffe salua et se retira.

— J'ai blessé son orgueil, pensa-t-il en s'en allant, en disant que je trouvais une ressemblance... Et cependant, si le père de Robertson avait demeuré à un mille de la mère de Son Honneur, je ne saurais qu'en penser, le diable m'emporte, quelque fier que soit celui-ci !

Quand sir Georges fut seul avec Butler, il ordonna qu'on servît du thé et du café; et quand on eut exécuté cet ordre, il lui demanda s'il avait reçu depuis peu des nouvelles de sa femme et de sa famille.

Butler, un peu surpris de cette question, répondit qu'il n'en avait pas reçu depuis plusieurs jours.

— Alors, dit sir Georges, je serai le premier à vous annoncer que, depuis votre départ, on a fait une invasion dans votre paisible demeure. Ma femme, à qui le duc d'Argyle a permis d'habiter sa Loge de Roseneath pendant quelques semaines qu'elle doit passer dans vos environs, a établi chez vous son quartier-général, pour être logée plus près des chèvres, à ce qu'elle dit, mais plutôt, je crois, parce qu'elle préfère la société de mistress Butler à celle du digne capitaine chargé de faire les honneurs du château de Sa Grâce.

M. Butler répondit qu'il avait souvent entendu le feu duc

et le duc actuel parler avec de grands éloges de lady Staunton ; qu'il était charmé que son humble habitation eût pu convenir à une dame de leurs amies ; que c'était une bien faible reconnaissance de tous les services qu'il en avait reçus.

— Lady Staunton et moi ne devons pas vous en avoir moins d'obligation de votre hospitalité. Mais puis-je vous demander, M. Butler, si vous comptez retourner bientôt chez vous ?

— Très incessamment, répondit Butler. Les séances de l'assemblée sont terminées ; j'ai fini les affaires particulières que j'avais à Édimbourg, et je ne désire rien tant que de me retrouver au milieu de ma famille. Mais j'ai une somme assez considérable à emporter, et pour faire le voyage plus sûrement, j'attendrai le départ d'un ou deux de mes confrères qui retournent du même côté.

— Mon escorte vaudra bien la leur, M. Butler, et je compte partir demain. Si vous voulez m'accorder le plaisir de votre compagnie, je me charge de vous conduire sain et sauf à la manse de Knocktarlity, pourvu que vous me permettiez de vous y accompagner.

M. Butler accepta cette proposition avec empressement, et sir Georges dépêcha sur-le-champ un de ses domestiques, porteur d'une lettre du ministre, pour annoncer à sa femme leur prochaine arrivée. Cette nouvelle ne tarda pas à se répandre dans le village, et l'on sut bientôt dans tous les environs que M. Butler revenait avec un seigneur anglais, et rapportait les fonds nécessaires pour le paiement de son acquisition.

Cette résolution soudaine d'aller à Knocktarlity avait été adoptée par sir Georges Staunton en conséquence des divers incidents de la soirée. Malgré le changement qui s'était opéré dans ses traits et dans sa fortune, il sentait qu'il avait poussé l'audace trop loin en se hasardant si près du théâtre où il s'était porté à tant d'actes de violence ; il connaissait trop bien, par expérience, la finesse et la pénétration d'un homme tel que Ratcliffe, pour ne pas éviter soigneusement de se retrouver avec lui. Il supposa une indisposition pour ne pas sortir de la soirée, et prit congé par écrit de son noble ami le grand commissaire, alléguant l'occasion qui se présentait de faire le voyage de compagnie avec M. Butler, comme une raison pour quitter Édimbourg plus tôt qu'il ne se l'était proposé.

Il avait eu une longue conférence avec son agent au sujet d'Annaple Baïlzou, et celui-ci, qui était aussi l'homme d'affaires de la famille d'Argyle, fut chargé de recueillir tous les renseignemens que Ratcliffe ou autres pourraient se procurer sur le sort de cette femme et du malheureux enfant; aussitôt qu'il transpirerait quelque chose de la moindre importance, il devait envoyer sur-le-champ un exprès à Knocktarlity. Ces instructions furent appuyées par un dépôt d'argent, et la prière de n'épargner aucunes dépenses, de sorte que sir Georges Staunton n'avait guère de négligence à craindre de la part des personnes à qui il confiait cette commission.

Le voyage que les deux beaux-frères firent de compagnie fut plus agréable même à sir Georges Staunton qu'il n'avait osé l'espérer. Son cœur, en dépit de lui-même, se trouva soulagé d'un grand poids lorsqu'ils perdirent de vue Édimbourg; et la conversation agréable de Butler finit par changer le cours de ses idées, et par le détourner de réflexions pénibles. Il commença même à se demander s'il ne serait pas possible d'établir près de lui Butler et son épouse, en lui donnant le rectorat de Willingham. Il ne fallait pour cela que deux choses : l'une, qu'il procurât une place encore plus avantageuse au titulaire actuel; l'autre, que Butler prît les ordres conformément à l'Église anglicane, mesure à laquelle il ne pensait pas que celui-ci pût avoir la moindre objection à opposer. Il était sans doute pénible de voir mistress Butler entièrement au fait de sa funeste histoire; mais c'était un malheur auquel il n'y avait plus de remède; et quoiqu'il n'eût jusqu'à présent aucune raison de se plaindre de son indiscrétion, il serait encore plus sûr de son silence, lorsqu'il l'aurait auprès de lui. Ce serait aussi une compagnie pour son épouse, qui quelquefois le tourmentait pour rester à la ville, lorsqu'il désirait se retirer à la campagne, en alléguant le manque total de société à Willingham. —

Madame, votre sœur y est,— serait, suivant lui, une excellente réponse à un semblable argument.

Il sonda Butler sur ce sujet, en lui demandant ce qu'il penserait d'un bénéfice anglais de douze cents livres sterling de revenu, à charge d'accorder de temps en temps sa compagnie à un voisin dont la santé n'était pas bien forte, ni l'humeur très égale.—Il pourrait, dit-il, se trouver quelquefois avec une personne de très grand mérite, qui était dans les ordres en qualité de prêtre catholique; mais il espérait que ce ne serait pas une objection insurmontable pour un homme dont les sentimens étaient aussi libéraux que ceux de M. Butler. Quelle serait, ajouta-t-il, la réponse de M. Butler, si cette offre lui était faite?

— Qu'il me serait impossible de l'accepter, répondit M. Butler. Je ne prétends pas entrer dans les débats qui divisent les Églises; mais j'ai été élevé dans celle dont je suis membre aujourd'hui; j'ai reçu l'ordination conformément à ses statuts, je crois à la vérité de ses doctrines, et je mourrai sous l'étendard que j'ai suivi depuis mon enfance.

—Quelle peut être la valeur annuelle de votre place, dit Georges Staunton, s'il n'y a point d'indiscrétion à vous faire cette demande?

— Mais, année commune, elle peut valoir environ cent livres, indépendamment de ma glèbe[1] et de mon champ de dépaissance.

— Et vous vous faites un scrupule de l'échanger contre une de douze cents livres par an, sans alléguer aucune différence essentielle de doctrine entre les deux Eglises d'Angleterre et d'Ecosse?

— Je ne me suis pas prononcé sur cet article, monsieur. Il peut y avoir et il y a certainement des moyens de salut dans l'une comme dans l'autre Église; mais chaque homme doit agir suivant ses propres lumières, et n'écouter que la voix de sa conscience. J'espère que j'ai travaillé et que je travaille encore à la vigne du Seigneur dans cette pa-

---

(1) *Glèbe*; c'est le mot consacré pour les terres dépendantes d'un presbytère, dont les revenus sont de trois sortes: l'argent (la dîme), la terre (la glèbe), et le casuel (offrandes volontaires).

roisse d'Écosse, et il me siérait mal d'abandonner, pour l'appât du gain, mon troupeau dans ce désert. Mais même, pour ne parler que du point de vue temporel sous lequel vous avez envisagé la chose, sir Georges, ces cent livres sterling de revenu m'ont nourri et m'ont vêtu jusqu'à présent moi et ma famille, et ne nous ont rien laissé à désirer; la succession de mon beau-père et d'autres circonstances m'ont encore procuré un revenu de deux cents livres, et je sais à peine à quoi l'employer. Je vous laisse donc à juger, monsieur, si, n'ayant ni le désir ni l'occasion de dépenser trois cents livres sterling par an, il serait sage à moi de vouloir posséder quatre fois cette somme.

— Voilà de la philosophie, dit sir Georges; j'en avais souvent entendu parler, mais je ne l'avais jamais vu mettre en pratique.

— C'est du bon sens, répondit Butler, et il s'accorde avec la philosophie et la religion plus souvent que les pédans et les bigots ne se l'imaginent.

Sir Georges changea de conversation, et ne chercha point à la ramener sur le même sujet. Quoiqu'il voyageât dans sa voiture, le mouvement semblait l'incommoder beaucoup, et il fut obligé de passer une journée à Mid-Calder et une autre à Glascow, pour se reposer.

Ils arrivèrent à Dumbarton, où sir Georges avait résolu de quitter sa voiture et de louer une barque qui les conduirait à la manse en doublant l'île de Roseneath; il était d'ailleurs impossible de voyager en voiture dans ce canton. Il se disposait à partir vers quatre heures après midi, avec Butler, un valet de chambre, homme de confiance, et un domestique, laissant avec la voiture son cocher et un autre laquais, lorsqu'un exprès que lui avait dépêché son agent d'Édimbourg arriva, et lui remit un paquet, que sir Georges ouvrit sur-le-champ, et dont la lecture parut lui occasioner beaucoup d'agitation. Le paquet lui avait été expédié immédiatement après son départ d'Édimbourg, mais le messager avait manqué nos voyageurs à Mid-Calder, et il était arrivé avant eux à Roseneath.

Sir Georges fit sur-le-champ une réponse, en chargea l'exprès, le récompensa libéralement, et lui dit de ne pas perdre un instant pour la remettre à son agent.

Sir Georges et Butler s'embarquèrent enfin dans la chaloupe qui les attendait depuis quelque temps. Pendant toute la traversée, qui fut fort longue parce qu'on avait la marée contraire et qu'il fallait toujours ramer, sir Georges Staunton ne cessa de faire à Butler des questions sur les bandits des Highlands, qui avaient infesté le pays depuis l'année 1745. Butler l'informa que la plupart d'entre eux n'étaient pas des Highlanders, mais des Égyptiens et d'autres misérables qui avaient profité du désordre et de l'anarchie, suite ordinaire des guerres civiles, pour se livrer au vol et au pillage avec impunité.

Sir Georges lui demanda ensuite quelles étaient leurs habitudes et leur manière de vivre; si leurs actes de violence n'étaient pas quelquefois rachetés par des traits de générosité, enfin s'ils ne possédaient pas les bonnes comme les mauvaises qualités qui sont l'attribut des peuplades sauvages.

Butler répondit que sans doute ils laissaient apercevoir de temps en temps quelque lueur de sentimens louables dont il est rare que les plus grands criminels soient entièrement dépourvus, mais que leurs penchans vicieux étaient les principes constans et certains de toutes leurs actions, tandis qu'un trait de vertu n'était chez eux que l'impulsion du moment causée par un concours de circonstantes fortuit et singulier.

En répondant aux questions que sir Georges continuait à lui faire à ce sujet avec un intérêt qui causait quelque surprise à Butler, celui-ci prononça par hasard le nom de Donacha-Dhu-Na-Dunaigh, avec qui le lecteur a déjà fait connaissance. La curiosité de sir Georges parut alors redoubler; il demanda les détails les plus minutieux sur cet individu, son âge, sa figure, les hommes qui composaient sa troupe, et Butler ne put lui donner que peu de renseignemens à cet égard. Donacha était véritablement la terreur des campagnes, et cependant il n'était pas aussi redoutable qu'on se le figurait: jamais il n'avait eu plus de quatre hommes sous ses ordres; et dans la plupart de ses déprédations, il n'était accompagné que de deux ou trois brigands déterminés comme lui. En un mot, M. Butler le connaissait peu, et ce peu suffisait pour qu'il ne désirât pas le connaître davantage.

—Malgré cela, M. Butler, je ne serais pas fâché de le voir un de ces jours.

—Vous n'y réussiriez pas sans danger, sir Georges, à moins que vous ne le vissiez traiter au nom de la loi comme il mérite de l'être, et un tel spectacle n'aurait nul attrait pour vous.

—Et si chacun était traité comme il le mérite, M. Butler, qui pourrait se flatter d'échapper au châtiment?... Mais je vous parle en énigmes; je vous les expliquerai quand j'aurai causé à ce sujet avec lady Staunton... Allons, mes amis, courage, dit-il aux rameurs, nous sommes menacés d'un orage.

En effet, une atmosphère lourde et pesante, des nuages qui s'amoncelaient à l'occident, et qui, frappés par les rayons du soleil à son déclin, semblaient une fournaise ardente; ce silence dans lequel la nature semble attendre l'éclat de la foudre, comme le soldat condamné, les yeux couverts du bandeau fatal, attend le feu du peloton chargé de terminer son existence; tout semblait présager une tempête. De larges gouttes d'eau tombaient de temps en temps, et obligèrent nos voyageurs à mettre leurs redingotes. La pluie cessa, et une chaleur étouffante, peu ordinaire en Ecosse à la fin de mai, les obligea à s'en débarrasser.

— Il y a quelque chose de solennel dans le délai qu'éprouve cet orage, dit sir Georges; on dirait qu'il attend, pour éclater, quelque évènement important qui doit se passer dans le monde.

— Hélas! répondit Butler, que sommes-nous, pour que les lois de la nature soient subordonnées à nos actions et à nos souffrances? La foudre s'élancera du sein des nuages, quand ils seront surchargés de fluide électrique, soit qu'une chèvre tombe en ce moment du sommet du mont Arran, soit qu'un héros expire sur le champ de bataille après avoir remporté la victoire.

— L'esprit se plaît, dit sir Georges, à regarder le destin de l'humanité comme le premier ressort qui fait mouvoir tout l'univers. Nous n'aimons pas à penser que nous nous confondrons avec les siècles qui nous ont précédés, comme ces gouttes d'eau se mêlent dans le vaste Océan, y formant un cercle à peine visible à l'instant où elles y tombent, et disparaissent alors pour toujours.

— *Pour toujours!* s'écria Butler en levant les yeux au ciel ; nous ne disparaissons pas pour toujours. La mort n'est pas une fin pour nous, c'est un changement, c'est le commencement d'une nouvelle existence, dont le sort dépend de ce que nous aurons fait pendant la première.

Tandis qu'ils discutaient ces graves sujets auxquels les avait assez naturellement conduits l'approche d'une tempête qui menaçait d'être violente, des tourbillons de vent impétueux les empêchaient d'avancer dans le bras de mer qui sépare l'île de Roseneath du comté de Dumbarton. Ils n'avaient plus qu'à doubler un petit promontoire pour arriver au lieu ordinaire de débarquement ; mais tous les efforts des rameurs n'en pouvaient venir à bout, et quelques éclairs annonçaient le commencement de l'orage.

— Ne pourrions-nous débarquer de ce côté du promontoire? demanda sir Georges.

— Je ne connais entre ces rochers, dit Butler, aucun endroit où le débarquement soit possible.

— Réfléchissez-y encore, reprit sir Georges ; nous allons avoir une tempête terrible.

— Il y a bien l'endroit que nous appelons Hord's-Cove [1], dit un des mariniers ; mais il y a tant d'écueils aux environs, que je ne sais si je pourrais diriger la chaloupe de manière à les éviter.

— Essayez, dit sir Georges ; il y aura une demi-guinée pour vous.

Le vieux marin s'assit au gouvernail, et leur dit que s'ils pouvaient débarquer dans la petite baie, ils trouveraient un sentier qui les conduirait à la manse en une demi-heure.

— Mais êtes-vous bien sûr de ne pas échouer? lui demanda Butler.

— Je l'espère, répondit-il ; mais j'en aurais été bien plus

---

[1] La Baie du bandit.

sûr il y a quinze ans, quand Dandie Wilson venait si souvent ici avec son lougre de contrebande. Dandie avait alors avec lui un jeune diable d'Anglais, nommé...

— Songez à ce que vous faites, s'écria sir Georges ; si vous bavardez ainsi, vous nous ferez toucher sur l'écueil de Grindstone... Tenez la chaloupe en ligne droite avec ce roc blanc et le rocher de Knocktarlity.

— Par mon Dieu ! s'écria le vieux marinier en regardant sir Georges d'un air d'étonnement, Votre Honneur connaît la baie aussi bien que moi. Ah ! ce n'est pas la première fois que vous passez près du Grindstone !

En parlant ainsi ils approchaient de la petite baie, qui, entourée de rochers, et protégée par une foule d'écueils, les uns à fleur d'eau, les autres cachés sous les ondes, ne pouvait être aperçue et fréquentée que par ceux qui la connaissaient. En y entrant ils virent une petite barque qui y était déjà amarrée, près du rivage, sous de grands arbres où elle semblait avoir été placée pour être mieux cachée.

Butler dit à sir Georges, en apercevant ce bâtiment : — Vous ne sauriez croire combien j'ai de peine à persuader à mes pauvres paroissiens que la contrebande est un trafic criminel. Ils ont pourtant sous les yeux tous les jours ses funestes conséquences. Je ne connais rien qui produise de plus pernicieux effets sur leurs principes de morale et de religion.

Sir Georges s'efforça de dire quelques mots à voix basse sur l'esprit d'entreprise naturel aux jeunes gens, qu'on doit s'attendre à voir avec le temps plus prudens et plus sages.

— C'est ce qu'on voit rarement, monsieur, répliqua Butler. Ceux qui consacrent leur jeunesse à ce fatal commerce, surtout quand ils ont pris part aux scènes de violence et de sang qui n'en sont que trop fréquemment la suite, périssent tôt ou tard misérablement. J'ai eu plus d'une occasion de m'en convaincre. L'expérience et l'écriture nous apprennent, sir Georges, que l'homme qui a répandu le sang ne vivra pas la moitié de ses jours. Prenez mon bras pour vous aider à descendre à terre.

Sir Georges l'accepta, et il en avait besoin, car son corps

se ressentait de l'agitation qu'éprouvait son esprit en se rappelant combien de fois il était descendu en cet endroit avec des sentimens bien différens de ceux qui l'animaient en ce moment.

A peine étaient-ils à terre qu'un grand coup de tonnerre se fit entendre à quelque distance.

— Est-ce quelque présage, M. Butler? dit sir Georges.

— Un présage favorable, sir Georges, répondit Butler en souriant : *intonuit lævum* [1].

Ils prirent alors un sentier qui traversait un petit bois situé au pied d'une montagne, et qui devait les conduire à la manse de Knocktarlity, où ils étaient attendus avec impatience.

D'après la lettre de sir Georges, les deux sœurs avaient cru que leurs maris arriveraient la veille. Le séjour des voyageurs à Calder avait occasioné leur retard; et les habitans de la manse commençaient même à douter qu'ils arrivassent ce même jour. Lady Staunton ne savait trop si elle devait s'affliger de ce délai, car elle craignait pour son époux l'impression pénible que son orgueil souffrirait en revoyant une belle-sœur qui connaissait toute l'histoire des égaremens dans lesquels une jeunesse fougueuse l'avait plongé, et dont il rougissait alors; et elle n'ignorait pas que, quelque empire qu'il pût avoir en public sur ses passions, elle était destinée à le voir s'y abandonner en secret devant elle avec une violence qui lui inspirait en même temps la terreur et la compassion. Elle recommanda cent fois à sa sœur de ne laisser paraître aucune marque d'émotion quand il arriverait, et de l'accueillir comme un homme qu'elle n'aurait jamais vu : elle reçut sa promesse qu'elle se conformerait à ses désirs.

Jeanie elle-même ne voyait pas approcher sans une espèce d'inquiétude le moment de cette entrevue; mais sa conscience ne lui reprochait rien, et l'impatience où elle était de revoir Butler après une si longue absence lui faisait désirer que les voyageurs arrivassent le plus prompte-

---

[1] Il a tonné à gauche.

ment possible. Et pourquoi dissimulerais-je la vérité? Elle avait fait des préparatifs extraordinaires pour recevoir sir Georges Staunton, et elle pensait quelquefois, avec une sorte de regret, que si deux ou trois plats, qui avaient été préparés pour la veille, ne servaient pas le second jour, il ne serait guère possible de les faire paraître le troisième, et alors qu'en pourrait-elle faire? Elle fut tirée de tout embarras à ce sujet par l'apparition subite du capitaine à la tête d'une demi-douzaine de vigoureux montagnards, armés comme lui de pied en cap.

— J'ai l'honneur de vous saluer, lady Staunton ; j'espère que j'ai le plaisir de vous trouver en bonne santé. Bonjour, ma bonne mistress Butler ; voulez-vous bien faire donner à ma troupe quelque chose à manger, quelques pots d'ale, quelques verres d'eau-de-vie? Dieu me damne! depuis la pointe du jour nous courons les bois et les montagnes, et sans résultat.

En parlant ainsi, il s'assit, ôta sa toque, et, repoussant sa perruque en arrière, s'essuya la tête d'un air d'aisance et d'importance, sans faire attention à l'air de surprise par lequel lady Staunton tâchait de lui faire comprendre qu'il prenait un peu trop de liberté.

— Quand on a une mauvaise commission à exécuter, dit Knockdunder d'un ton de galanterie, en regardant lady Staunton, c'est du moins une consolation de savoir qu'on agit pour une belle dame ; car qui sert le mari sert la femme, comme mistress Butler le sait fort bien.

— En vérité, monsieur, dit lady Staunton, comme vous paraissez m'adresser ce compliment, je dois vous dire que je ne comprends pas en quoi votre excursion de ce matin peut concerner sir Georges.

— De par tous les diables! cela est trop cruel, milady! comme si ce n'était pas en vertu d'un mandat qui m'a été remis hier par un exprès dépêché par l'agent de sir Georges à Édimbourg, que j'ai été chargé de rechercher et d'appréhender Donacha-Dhu-Na-Dunaigh, et de le faire comparaître devant Son Honneur, sans doute pour le faire pendre, comme il l'a bien mérité pour vous avoir effrayée, milady, sans compter quelques autres peccadilles moins importantes.

— M'avoir effrayée! jamais je n'ai parlé à sir Georges de mon aventure près de la cataracte.

— Il faut donc qu'il l'ait apprise de quelque autre manière; sans cela, pourquoi me ferait-il courir les champs, battre les bois, gravir les montagnes, pour arrêter ce bandit, comme si je devais y gagner quelque chose, quand il ne peut m'en revenir qu'une balle à travers la tête.

— Est-il vraiment bien possible que ce soit par ordre de sir Georges que vous cherchiez à l'arrêter?

— Par Dieu! milady, si ce n'eût été le bon plaisir de Son Honneur, j'aurais laissé Donacha bien tranquille tant qu'il aurait respecté les propriétés du duc; mais il sera pris, il sera pendu, si cela peut faire plaisir à quelque gentilhomme, à quelque ami de Sa Grâce. Dès que j'ai reçu l'ordre, j'ai prévenu une demi-douzaine de gaillards de bon aloi d'être prêts à me suivre ce matin au lever du soleil, en costume montagnard, et...

— Je suis surprise que vous leur ayez donné cet ordre, capitaine, dit mistress Butler: vous devez connaître l'acte du parlement qui défend de porter ce costume.

— Ta, ta, ta, mistress Butler, cet acte a les jambes trop courtes pour arriver jusqu'ici, c'est un enfant de deux ou trois ans; et d'ailleurs, de par tous les diables! comment voulez-vous qu'on puisse gravir les montagnes quand on est emprisonné dans ces maudites culottes? la vue seule m'en donne de l'humeur. Quoi qu'il en soit, je crois que je connais assez bien les endroits hantés par Donacha, car j'ai conduit ma troupe sur-le-champ au lieu où il avait couché, et les cendres du feu qu'il avait allumé étaient encore chaudes; j'ai battu ensuite tous les bois, tous les buissons; mais je n'ai pas seulement aperçu le pan de son habit; il faut qu'il ait reçu du dehors quelque avis qui l'ait mis sur ses gardes.

— Cela se pourrait bien, dit David, car j'ai vu ce matin une barque dans la *Baie du bandit*.

Les deux jeunes gens, habitués à gravir toutes les montagnes des environs, connaissaient cet endroit, dont leur père ne soupçonnait pas même l'existence.

— Et moi, dit Reuben, je l'ai vu de loin ce matin, entrant dans le petit bois qui couvre le promontoire.

—Par Dieu! s'écria le capitaine, je ne resterai donc pas ici plus de temps qu'il m'en faut pour boire ce verre d'eau-de-vie. Il est très possible qu'il soit dans ce bois, et il peut trouver à propos de rester près de la cheminée quand elle fume, pensant peut-être qu'on ne s'avisera pas de le chercher si près. J'espère que milady voudra bien excuser mon départ; je ne tarderai pas à revenir, et je lui ramènerai Donacha mort ou vif, ce qui doit lui être assez indifférent. J'espère passer une soirée agréable avec milady, et prendre ma revanche au trictrac avec M. Butler; car j'ai toujours sur le cœur les quatre sous qu'il m'a gagnés. Diable! je voudrais qu'il fût déjà ici, car le temps commence furieusement à menacer d'être humide.

En disant ces mots, et après avoir fait mille saluts et mille excuses de quitter milady, qui les agréa très volontiers, et autant de promesses de revenir bientôt, promesses que mistress Butler ne craignait aucunement qu'il oubliât, tant qu'elle aurait de l'eau-de-vie à lui offrir, Duncan quitta la manse, rassembla ses compagnons, et se mit à battre le bois qui était entre le vallon de Knocktarlity et la *Baie du bandit*. David, qui était le favori du capitaine à cause de sa vivacité et de son courage, saisit cette occasion pour s'échapper, et pour aider ce grand homme dans ses recherches.

CHAPITRE LII.

« . . . . Je t'envoyais chercher
» . . . .
» . . . .
» Je voulais que plus tard, lorsque le temps jaloux
» Sous le poids de mon corps eût ployé mes genoux,
» Ta main guidât les pas de ton malheureux père;
» Mais mon étoile, hélas! n'a point été prospère. »

SHAKSPEARE. *Henry VI*, part. I.

DUNCAN et sa petite troupe n'avaient pas encore été fort loin en se dirigeant du côté de la *Baie du bandit,* lorsqu'ils entendirent un coup de feu, qui fut aussitôt suivi d'un ou deux autres.

—Il y a là quelques maudits braconniers, dit Duncan; attention, camarades!

L'instant d'après ils entendirent le cliquetis des sabres, et Duncan, suivi de sa troupe, courut vers l'endroit d'où le bruit partait. Ils virent Butler et les domestiques de sir Georges Staunton au milieu de quatre scélérats qui voulaient les entraîner, tandis que sir Georges était étendu sans connaissance à leurs pieds, avec son épée à la main. Duncan, qui était brave comme un lion, prit aussitôt un pistolet, fit feu sur le chef de la bande, et cria à ses gens:—En avant! Il tira son épée, et la passa au travers du corps du bandit qu'il venait de blesser, et qui n'était autre que Donacha-Dhu-Na-Dunaigh. Les autres scélérats furent bientôt désarmés, à l'exception d'un jeune drôle qui fit une résistance incroyable pour son âge, et dont on eut toutes les peines du monde à s'assurer.

Dès que Butler se vit délivré, il courut au secours de sir Georges Staunton; mais celui-ci avait cessé d'exister.

—Diable! c'est un grand malheur, s'écria Duncan; et je crois que je ferais bien d'en aller prévenir sur-le-champ milady. David, mon garçon, tu as senti l'odeur de la poudre pour la première fois aujourd'hui. Tiens, prends mon sabre, et coupe la tête de Donacha-Dhu-Na-Dunaigh: ce sera un bon apprentissage pour toi, et tu sauras comment t'y prendre lorsque tu voudras rendre le même service à un vivant. Mais attends : cela paraît déplaire à ton père; ainsi n'en parlons plus. Aussi bien, milady aura plus de plaisir à le voir tout entier; et j'espère qu'elle me fera l'honneur de convenir que je ne suis pas long à venger la mort d'un gentilhomme.

Telles furent les réflexions d'un homme trop accoutumé aux anciennes mœurs des montagnards pour éprouver beaucoup d'émotion en voyant le résultat d'une pareille rencontre.

Nous n'essaierons pas de décrire l'effet tout contraire que ce malheur inattendu produisit sur lady Staunton, quand on apporta au presbytère le corps sanglant de son mari, qu'elle espérait à chaque instant revoir bien portant. Tout fut oublié, si ce n'est qu'il avait été l'amant de sa jeunesse, et elle ne songea plus ni aux fautes dont il s'était autrefois rendu coupable, ni à ce qu'elle avait eu à souffrir quelquefois des inégalités d'un caractère aigri par le souvenir de ce qu'il avait toujours à craindre. Elle s'abandonna sans réserve à toute sa douleur : les pleurs, les cris, les évanouissemens se succédèrent sans relâche, et il fallut tout le sang-froid et toute la prudence de sa sœur pour l'empêcher de faire connaître les secrets qu'elle avait un si grand intérêt de cacher.

Enfin le silence de l'épuisement succéda à l'emportement de la douleur, et Jeanie alla trouver son mari pour l'engager à prévenir l'intervention du capitaine, en s'emparant, au nom de lady Staunton, de tous les papiers de son défunt mari. Au grand étonnement de Butler, elle lui apprit que lady Staunton était sa sœur, circonstance qui lui donnait le droit et lui faisait même un devoir d'empêcher qu'un étranger ne prît sans nécessité connaissance de ses affaires de famille.

Un crucifix et un chapelet qu'on trouva sur sir Georges, et un cilice qu'il portait sur sa peau, prouvèrent qu'il professait secrètement la religion catholique, et qu'il cherchait à obtenir par des austérités le pardon des crimes qu'il avait commis.

Pendant que le capitaine était sérieusement occupé à se rafraîchir avec sa troupe, à faire panser un de ses hommes qui avait été blessé, et à faire subir un interrogatoire à ses prisonniers, Butler, autorisé par son alliance avec le défunt à examiner ses papiers, réunit tous ceux qui se trouvaient sur lui et dans son bagage; et dans le paquet qu'il avait récemment reçu de son agent à Edimbourg, il lut avec la plus grande surprise les détails suivans:

Aiguillonné par l'espoir de la récompense qui lui avait été promise, Ratcliffe, à qui les moyens de parvenir à la découverte des crimes les plus secrets étaient familiers, ne fut pas vingt-quatre heures à se procurer les renseignemens qu'on devait avoir sur l'enfant dont il était question. La femme à qui Meg Murdockson l'avait vendu l'avait gardé jusqu'à l'âge de sept à huit ans, et mendiait en le traînant avec elle pour émouvoir la compassion de ceux à qui elle s'adressait. A cette époque elle l'avait vendu à son tour à Donacha-Dhu-Na-Dunaigh; cet homme, à qui aucun crime n'était étranger, était l'agent d'un horrible trafic qui avait lieu alors entre l'Écosse et l'Amérique, pour envoyer dans les colonies des enfans des deux sexes volés à leurs parens, et dont à leur arrivée on vendait les services à quelque planteur pour un certain nombre d'années. Ratcliffe n'avait pu découvrir ce que l'enfant était devenu depuis ce temps, mais il savait que Donacha-Dhu-Na-Dunaigh était alors dans les montagnes du comté de Dumbarton, et il ne doutait pas qu'en l'interrogeant on ne pût en apprendre davantage.

Muni de ces renseignemens, l'agent de sir Georges avait fait partir sur-le-champ un exprès pour les lui porter, et l'avait chargé en même temps d'un mandat d'arrêt rendu contre Donacha-Dhu-Na-Dunaigh, et d'un ordre au capitaine Duncan de Knockdunder de le mettre à exécution.

Ces détails remplirent Butler de sinistres appréhensions. Il alla trouver le capitaine, obtint de lui la communication du procès-verbal de l'interrogatoire qu'il avait fait subir à ses trois prisonniers, et cette pièce, jointe aux aveux que lui fit le plus âgé d'entre eux, qui n'avait pas quitté Donacha depuis plus de dix ans, lui apprit encore les détails suivans:

Donacha Dunaigh avait acheté d'Annaple Baïlzou le malheureux enfant d'Effie, dans l'intention de le vendre à un armateur américain, à qui il fournissait de la chair humaine quand il en trouvait l'occasion. Mais il se passa quelque temps avant que cet armateur parût sur les côtes d'Écosse, et l'enfant, que Donacha avait nommé *le siffleur*, avait fait quelque impression sur son cœur farouche et sauvage, peut-être parce qu'il reconnaissait en lui les germes d'un caractère aussi indomptable et aussi féroce que le sien. Quand il le menaçait, même quand il le frappait, ce qui n'était pas très rare, l'enfant ne demandait ni grâce ni pardon, ne versait pas une larme, mais cherchait à se venger, autant que son âge le lui permettait.

Il avait le mérite sauvage qui gagna au page porte-carquois de Woggarwolfe le cœur dur de son maître.

— « Comme un fier lionceau il s'étendait aux pieds du
» brigand, tenait des propos pleins d'une ironie amère,
» chantait des refrains belliqueux, et vidait la coupe écu-
» mante avec l'air dédaigneux d'un petit homme [1]. »

En un mot, comme disait Donacha-Dhu, le Siffleur était un véritable fils de Satan, et jamais il ne s'en séparerait. Aussi, dès l'âge de onze ans l'enfant prenait déjà part aux déprédations et aux actes de violence que commettait celui qu'il regardait comme son père. Ce furent les recherches faites par son père réel qui amenèrent le dernier évènement de sa vie périlleuse.

Les mesures de rigueur qu'on commençait alors à prendre pour purger le pays des brigands qui l'infestaient, donnaient depuis quelque temps des inquiétudes à Donacha Dunaigh. Il sentait fort bien qu'il n'existait que grâce à l'indulgence précaire de Duncan, et il avait grand soin de ne rien faire qui pût l'offenser personnellement. Mais il savait aussi que cette tolérance pouvait cesser d'un instant à l'autre ; il avait donc résolu de passer en Amérique, sur le navire de l'armateur avec lequel il avait toujours continué de faire son commerce d'hommes, et qui était sur le point de mettre à la

[1] *Ethwald*. Dans cette tragédie de miss Joana Baillie, Woggarwolfe est un thane saxon qui vit de déprédations à l'époque de l'heptarchie.

voile. Mais, avant son départ, il avait résolu de frapper un grand coup.

Il n'avait pas oublié ses anciens projets de vengeance contre le ministre ; il savait que lady Staunton résidait chez lui, et le Siffleur n'avait pas manqué de lui parler des pièces jaunes qu'il avait vues dans la bourse de cette dame ; enfin il était instruit que son mari, seigneur anglais fort riche, y était attendu incessamment avec le ministre, qui, suivant le bruit général, rapportait d'Édimbourg les fonds nécessaires pour le paiement de l'acquisition qu'il avait faite. Tandis qu'il délibérait sur les moyens qu'il emploierait pour satisfaire en même temps sa vengeance et sa cupidité, il apprit, par un de ses affidés, que le bâtiment sur lequel il comptait s'embarquer allait mettre à la voile de Greenock ; par un autre, que le ministre et le lord anglais arriveraient bien certainement le lendemain soir à la manse ; par un troisième enfin, que le capitaine Duncan avait reçu ordre de le faire arrêter, et qu'il ferait bien de pourvoir à sa sûreté en s'éloignant des lieux où il faisait son séjour habituel, le capitaine devant se mettre à sa poursuite le lendemain à la pointe du jour.

Donacha prit son parti sur-le-champ. Il s'embarqua pendant la nuit avec le Siffleur et quelques uns de ses affidés, et descendit avant le jour dans la *Baie du bandit*. Son dessein était de rester caché jusqu'à la nuit suivante dans le bois voisin, parce qu'il supposait qu'étant si près du village, Duncan ne s'aviserait pas de l'y chercher ; il pourrait fondre alors sur la paisible habitation du ministre, et y porter le pillage, le fer et le feu. Ce projet accompli, sa barque devait le conduire avec son butin au vaisseau qui l'attendait en rade, comme il en était convenu avec le capitaine.

Il est probable qu'il aurait réussi dans cet abominable dessein, si Butler et sir Georges Staunton n'eussent point passé par le bois où Donacha était caché avec ses complices. Il reconnut le ministre, et voyant deux domestiques portant l'un une cassette, l'autre un porte-manteau, il jugea qu'il y trouverait l'argent qui était le principal but de son entreprise. Il donna, sans hésiter, le signal de l'attaque ; sir

Georges succomba après une vigoureuse résistance, et tout porta à croire qu'il était tombé sous les coups de ce fils si long-temps, si inutilement cherché, et retrouvé si malheureusement.

Tandis que Butler était à demi étourdi de toutes ces nouvelles, la voix rauque du capitaine vint ajouter à sa consternation.

—M. Butler, lui dit-il, je prendrai la liberté d'emprunter les cordes des cloches, car je vais donner ordre qu'on pende ces trois coquins demain matin, pour leur apprendre à agir à l'avenir avec plus de circonspection.

Butler l'engagea à se rappeler qu'un acte du parlement avait aboli les juridictions seigneuriales en Écosse, et lui représenta qu'il devait les envoyer à Glascow ou à Inverrary, pour qu'ils y fussent jugés par les juges du Circuit [1].

—L'acte des juridictions, s'écria-t-il, n'a rien à voir dans le pays du duc d'Argyle, de par tous les diables! je les ferai pendre tous trois en rang d'ognons, demain matin, devant la fenêtre de lady Staunton. Ce sera pour elle une grande consolation de voir en s'éveillant que la mort du brave seigneur, son mari, a été convenablement vengée.

Butler ayant renouvelé ses instances : — Eh bien! dit Duncan, pour vous obliger, j'enverrai à Inverrary les deux vieux coquins; mais quant au petit drôle qu'ils appellent le Siffleur, et que nous avons eu tant de peine à prendre, par Dieu! je verrai demain matin comment il sifflera au bout d'une corde. Il ne sera pas dit qu'un ami du duc aura été tué dans son pays sans qu'il en ait coûté la vie à deux de ses assassins tout au moins.

— Ne lui refusez pas le temps de faire sa paix avec Dieu, dit Butler, songez à son âme.

—A son âme! dit Knockdunder; il y a long-temps qu'elle appartient au diable, et il faut rendre à chacun ce qui lui appartient.

Toutes les prières furent inutiles, et le capitaine donna des ordres pour que l'exécution se fît le lendemain matin.

---

(1) *Les assises trimestrielles.*

L'enfant du crime et du malheur fut séparé de ses compagnons, et soigneusement garrotté dans une chambre dont le capitaine prit la clef.

Mistress Butler avait pourtant résolu de tâcher de sauver son neveu du sort funeste qui lui était destiné, surtout si, en conversant avec lui, elle entrevoyait quelque espoir de le ramener à une conduite régulière. Elle avait un passe-partout qui ouvrait toutes les serrures de sa maison, et à minuit, tandis que tout dormait autour d'elle, elle parut devant les yeux étonnés du jeune sauvage, qui, pieds et poings liés, était étendu sur un tas de chanvre dans un coin de l'appartement. Elle chercha en vain dans ses traits brûlés par le soleil, couverts de boue, et cachés en partie par de longs cheveux noirs en désordre, quelque ressemblance avec ses parens; et cependant elle ne put refuser sa compassion à un être si jeune et déjà si coupable; — plus coupable qu'il ne pouvait le croire lui-même; puisque le meurtre qu'il avait probablement commis de sa propre main, mais auquel il avait au moins participé, n'était rien moins qu'un parricide. Elle plaça de la nourriture sur une table près de lui, et relâcha les cordes qui lui serraient les mains de manière à ce qu'il pût s'en servir pour manger. Il étendit ses mains encore teintes de sang, peut-être du sang de son père, et dévora en silence ce qu'elle lui avait apporté.

— Comment vous nommez-vous? lui demanda-t-elle pour entrer en conversation.

— Le Siffleur.

— Mais quel est votre nom de baptême?

— De baptême! Qu'est-ce que le baptême? Je n'ai pas d'autre nom que le Siffleur.

— Pauvre infortuné jeune homme! s'écria Jeanie. Et que feriez-vous si vous pouviez vous échapper d'ici, et éviter la mort qui vous attend demain matin?

— J'irais joindre Rob-Roy, ou le sergent More Cameron (deux déprédateurs fameux à cette époque), et je tâcherais de venger la mort de Donacha.

— Malheureux enfant! savez-vous ce que vous deviendrez quand vous serez mort?

— Je n'aurai plus ni froid ni faim.

— Je n'ose le délivrer, pensa Jeanie, et cependant le laisser mourir dans de tels sentimens, c'est tuer son âme avec son corps. C'est le fils de ma sœur, mon neveu, notre chair et notre sang. Elle remarqua en ce moment que les cordes qui l'attachaient étaient tellement serrées, que ses pieds et ses mains étaient enflés. Ces cordes vous font-elles mal?

— Beaucoup.

— Et si je les détachais, ne me feriez-vous pas de mal?

— Non, vous ne m'en avez jamais fait, ni à moi ni aux miens.

— Il peut encore y avoir en lui quelque chose de bon, pensa Jeanie, et en même temps elle détacha ses liens.

Le jeune sauvage se leva avec transport, regarda autour de lui d'un air de joie, battit des mains, sauta en l'air, et effraya Jeanie par les démonstrations du plaisir qu'il éprouvait.

— Laissez-moi sortir! lui dit-il.

— Je n'en ferai rien, à moins que vous ne me promettiez...

— Attendez, vous serez aussi charmée que moi de sortir d'ici.

Il saisit la chandelle que Jeanie avait placée sur la table, et mit le feu au chanvre, qui s'enflamma au même instant.

Mistress Butler s'enfuit en poussant de grands cris. Le prisonnier la suivit, ouvrit la première fenêtre qu'il trouva, s'élança dans le jardin, sauta par-dessus la haie, et gagna le bois avec la vitesse d'un cerf.

Toute la maison fut en alarmes, on éteignit le feu, mais on chercha inutilement le prisonnier. Jeanie garda son secret, et l'on ignora la part qu'elle avait eue à sa fuite. On ne sut que quelque temps après ce qu'il était devenu.

A force de recherches, Butler parvint à apprendre qu'il s'était rendu à bord du bâtiment sur lequel Donacha comptait s'embarquer. Le capitaine du navire l'avait bien reçu, mais se voyant privé de la part que Donacha lui avait promise dans le riche butin sur lequel il comptait, il s'en dédommagea, à son arrivée en Amérique, en vendant le jeune homme pour vingt ans à un planteur de Virginie, qui demeurait bien avant dans le continent. Dès que Butler connut cette nouvelle, il fit passer en Amérique la somme nécessaire pour le rachat de son neveu, avec des instructions afin qu'on prît ensuite les mesures nécessaires pour le corriger de ses penchans vicieux, et développer les bonnes dispositions qu'on pourrait trouver en lui. Mais ce projet bienfaisant ne put se réaliser. Le Siffleur s'était mis à la tête d'une conspiration d'esclaves qui avaient assassiné leur maître, et s'était réfugié chez les sauvages. Depuis ce temps on n'en entendit plus parler, et il est à présumer qu'il vécut et qu'il mourut parmi cette peuplade, aux habitudes de laquelle sa première éducation l'avait parfaitement préparé.

Toute espérance de la réformation de ce jeune homme étant perdue, M. Butler et sa femme ne jugèrent pas à propos de faire connaître à lady Staunton une histoire si pleine d'horreurs, et jamais elle ne sut rien de tout ce qu'on vient de lire relativement à son fils. Elle resta à la manse plus d'un an. Sa douleur fut d'abord excessive, elle fit place à une affliction plus calme, et à une mélancolie que la vie paisible qu'elle menait chez sa sœur n'était pas faite pour dissiper. Un bonheur tranquille n'avait jamais eu d'attraits pour Effie, même dans sa plus tendre jeunesse. Bien différente de Jeanie, elle éprouvait le besoin de la dissipation. Elle quitta donc la solitude de Knocktarlity en versant des larmes qui prenaient leur source dans une affection sincère, après avoir comblé ses hôtes de tous les présens qu'elle pouvait croire utiles et agréables pour eux.

La famille de Knocktarlity apprit dans sa retraite paisible que la belle et riche veuve lady Staunton avait repris sa place dans le grand monde. On ne tarda même pas à recevoir des preuves de son souvenir. Elle envoya à son neveu David Butler une commission pour l'armée, et comme l'esprit militaire de son bisaïeul Bible Butler semblait revivre en lui, sa bonne conduite fit taire la jalousie de cinq cents cadets montagnards de bonne famille, qui ne pouvaient concevoir la rapidité de son avancement. Reuben suivit la carrière du barreau, et s'y distingua aussi, quoique plus lentement. Les charmes et les bonnes qualités d'Euphémie Butler firent la conquête d'un laird montagnard qui ne s'informa jamais quels étaient ses aïeux : la générosité de sa tante en cette occasion ajouta beaucoup à sa fortune ; elle la combla de présens qui rendirent la jeune mariée l'objet de l'envie de toutes les belles des comtés de Dumbarton et d'Argyle.

Après avoir brillé encore dix ans dans le grand monde ; après avoir, comme tant d'autres, caché les chagrins de son cœur sous le masque de la dissipation et de la félicité ; après avoir refusé plusieurs offres avantageuses qui lui furent faites pour rentrer sous le joug de l'hymen, lady Staunton partagea entre la famille de sa sœur la plus grande partie de ses biens, passa en France, et se retira dans le couvent où elle avait reçu son éducation après son mariage. Elle ne prit jamais le voile, mais elle embrassa la religion catholique, vécut et mourut dans la retraite et dans la pratique des vertus et des bonnes œuvres.

Jeanie avait trop de l'esprit de son père pour ne pas regretter amèrement l'apostasie de sa sœur. Butler la consola en lui remontrant que toutes les religions étaient préférables au froid scepticisme, et au tourbillon d'une dissipation frivole qui conduit à l'oubli de tous les devoirs.

Enfin, ces époux estimables, heureux l'un par l'autre, heureux du bonheur de leur famille, vécurent aimés et respectés, et moururent regrettés par tous ceux qui les avaient connus.

LECTEUR,

Je ne vous aurai pas fait lire inutilement cette histoire, si elle sert de preuve à cette grande vérité, que le crime, quoiqu'il puisse atteindre une splendeur temporelle, ne conduit jamais au véritable bonheur ; que les fâcheuses conséquences de nos fautes subsistent long-temps encore après qu'elles ont été commises, et, comme les fantômes des victimes, poursuivent sans cesse le malfaiteur ; — enfin que le sentier de la vertu, s'il ne mène pas aux grandeurs du monde, mène toujours à la douce paix du cœur.

JEDEDIAH CLEISHBOTHAM.

L'ENVOI PAR JEDEDIAH CLEISHBOTHAM.

Ainsi finit le conte du Cœur de Midlothian, qui a rempli plus de pages que je ne pensais. Le Cœur de Midlothian [1] n'existe plus, ou plutôt il est transporté à l'extrémité de la ville, ce qui me rappelle la phrase du sieur Jean-Baptiste Poquelin, dans son amusante comédie intitulée *le Médecin malgré lui*, où le docteur prétendu, accusé d'avoir placé le cœur à droite et non à gauche, répond :

« *Cela était autrefois ainsi, mais nous avons changé tout cela.* »

Si quelque lecteur demande la traduction de cette ingénieuse réplique, tout ce que je puis répondre, c'est que j'enseigne le français aussi bien que les langues classiques, au prix modéré de cinq shillings par trimestre, comme mes prospectus périodiques le font connaître au public.

---

(1) *The Heart of Midlothian*, le cœur de Midlothian, nom de l'ancienne prison.
ÉD.

FIN DE LA PRISON D'ÉDIMBOURG.

www.ingramcontent.com/pod-product-compliance
Lightning Source LLC
Chambersburg PA
CBHW060304230426
43663CB00009B/1577